언어의 연기와 마음의 사회성

언어 기호 · 마음 · 세계에 관한 동서 철학의 융합

2013년도
대한민국학술원 선정
우수학술도서

이 도서는 교육부의 지원으로
대한민국학술원에서 선정한
"2013년도 우수학술도서"임.

언어의 연기와

언어 기호 · 마음 · 세계에 관한 동서 철학의 융합

마음의 사회성

남경희

이화여자대학교출판부

| 머리말 |

인간은 생각하는 갈대이기 이전에 타자에게 말을 건네는 화자였다. 철학이 근원적인 학문이고자 한다면, 철학의 출발점은 언어가 되어야 한다. 언어는 인간 삶에서 시원적인 현상이고, 나아가 가장 포괄적이고 기초적인 것임에도, 그리고 인간의 모든 것이 언어를 통해서 이루어짐에도 불구하고, 서양 철학사에서 언어는 대체로 소외되어왔다. 언어는 정신의 도구에 불과하다고 믿어졌기 때문이다. 2500년 서양 철학사의 주축적인 관심사는 정신, 사유, 이성, 논리, 또는 감각이나 경험이었다.

아리스토텔레스 이래 인간의 동물과의 종차는 이성 또는 정신으로 간주되었다. 데카르트의 '코기토'는 근대 철학을 연 아르키메데스적인 명제이다. 칸트 철학의 중심은 정신의 선험성이다. 헤겔의 주저 역시 정신의 현상에 관한 것이다. 감각, 경험, 자연적 본성, 자연 상태 등은 로크, 흄, 버클리 등 경험주의자들의 대안이었다. 더 멀리 거슬러 올라가면 플라톤은 인간을 영혼적인 존재로 규정하고, 영혼의 대상으로서 보편적이고 추상적인 형상이 있다고 설파함으로써 서양 철학의, 정신관의, 학문의 기초를 놓았다. 전통 철학에 비판적인 20세기 철학자들마저도 철학의 중심 주제는 정신의 틀이자 규칙으로서의 논리라 생각하였다.

이러한 전통에서 언어란 정신과 사유의 종복이며, 이성이 인식한 바를 표현하고 전달하는 매체에 불과하였다. 본 연구서는 이런 통념을 뒤집고자 한다. 새로운 철학의 혁명은 언어를 철학과 인간 삶의 중심에 놓음으로써 시작될 수 있다고 생각한다. 이제 우리는 정신과 언어, 세계와 언어 간의 관계를 재검토해야 한다. 언어는 우리 정신의 도구가 아니라 인간의 삶을 주재하는 군주일 수 있다. 우리의 마음은 언어 활동의 과정에서 형성되는 것이며, 우리의 행동은 언어의 옷을 입어야 의미 있는 것으로 타방의 반응을 유발할 수 있고, 인간의 삶은 언어 공간 속에서 영위된다.

마음이 홀로 세계를 비추는 거울이 될 수 있다거나 언어는 세계의 그림이라는 전통의 입장은 더 이상 호소력을 발휘하기 힘들다. 언어는 기본적으로 타인과의 대사회적 소통의 수단이고, 서로를 조회함으로써 의미를 갖추며, 내재적이고 자율적인 활동 과정에서 자신의 모습과 논리를 만들어간다. 마음은 타자를 요청하며, 언어는 공시적이고 역사적인 존재이다. 이런 마음과 언어의 특색은 마음의 상태나 언어 공간을 반향적이고 반영적이게 만든다. 반향성이나 반영성은 의미들을 응결해내며, 의미 있는 어휘들을 연결하여 서사를 전개하고, 나아가 우리의 마음을 조탁하면서 세계를 구축해간다.

언어와 마음의 주요 특색을 집약하는 원리로 우리는 연기성이라는 개념을 제안하며, 이를 통해 필자는 동서 철학의 융합을 시도한다. 연기성의 개념은 불교에서 유래한 것이지만, 중국, 한국 등지에서 수용되고 변용을 거치면서 불교라는 특정 종교를 넘어서 동아시아인들의 사유 범주가 되었다. 본서는 이를 언어 철학적 관점에서 재해석하고 재조명한다. 연기성의 개념은 언어의 근본 작동원리를 설명해주는 한편, 동서 철학의 융합을 가능하게 할 것이다. 연기성은 언어의 본질을 적절히 포착하면서 언어가 지닌 규정적 힘, 나아가 창조적인 성격, 언어 공간과 마음의 형성, 세계의 전개 방식을 설명해주리라 기대한다. 서구의 논리성, 인과성 등의 개념은 연기성 개념에 의해 포섭될 수 있으며, 그런 점에서 후자가 기초적이면서도 융합적이다.

• • •

필자의 철학적 관심의 출발점은 인간 존재의 기초에 대한 의문이었다. 인간의 존재방식 중에 가장 기초적인 것은 정치성 또는 사회성이라 생각되었고, 이는 두어 권의 정치철학서의 저술로 이어졌다. 정치성에 대한 고대와 근현대의 입장을 비교하는 과정에서, 필자는 정치성의 기초를 언어에서 찾아야 한다고 판단하게 되었다. 언어는 자연적 힘을 대체하여 인간 삶을 규정하는 새로운 힘이며, 타자와의 관계를 가능하게 하는 매체이었다. 언어는 필자의 오랜 연구 생활에서 주된 관심사이었다.

본서의 원고들은 모두 처음 발표되는 것들이다. 20여 년 동안 이 저서를 위한 파일들을 작성해오면서 언어에 대한 생각을 진전시킨 몇 가지 계기가 있었다. 첫째, 20세기 이후 서양 철학은 중대한 변화를 겪고 있는데, 이는 언어적 전회로 특징지을 수 있다는 점이다. 이는 언어관에서의 변화만이 아니라, 서양 철학 전반에 걸친 혁명적인 함의를 내포하고 있다. 언어적 전회는 서구 정신을 지배해오던 플라토니즘에 대한 전면적 반성을 함의하는 것이다. 필자는 서양 철학의 전통을 이해하기 위해 오랫동안 서양고대 철학을 연구해온 바 있는데, 이를 정리하는 한편 본서를 위한 배경으로서 필자는 『플라톤: 서양 철학의 기원과 토대』라는 저서를 발간한 바 있다. 두 번째로, 언어에 관한 첫 번째 저서를 발간한 후 어떤 계기로 소쉬르를 읽게 되었다. 그의 언어 이론은 필자의 생각을 지원해주며, 나아가 그는 현대 철학에서 모색하고 있는 언어관과 유사한 내용을 언어학의 관점에서 제안하는 것으로 이해되었다. 언어 연구와 함께 필자의 연구 생활에서 또 다른 축을 이룬 것은 동서 철학의 융합이었다. 이와 관련하여 더 중요한 것은 세 번째 계기인데, 새로운 언어관이 동아시아 철학을 재조명하고 재해석할 수 있는 개념들을 제공하여 동서 철학을 창조적으로 융합하고 새로운 철학의 길을 모색하게 할 수 있음을 깨닫게 되었다는 것이다. 이는 필자의 연구 생활에서 개안(開眼)의 순간이었다. 언어는 20세기 이후 진행되는 서양 철학의 변화와 동아시아 철학을 연결하는 고리를 제공한다고 생각된다. 언어적 전회는 서구 전통 형이상학, 인식론, 윤리학의 종언을 고하게 하지만, 다른 한편으로는 동아시아 철학의 전통을 재평가하고 재조명하게 하는 계기가 될 수 있다고 판단되었다.

• • •

이번 저서는 언어에 관한 일련의 연구 저술 중 세 번째 저서이다. 첫 번째인 『말의 질서와 국가』에서 국가 구성의 계기가 되는 사회계약을 언어적 관점에서 해석하여, 인간 삶의 공간이 지닌 특색, 언어의 권력적 성격과 규범적 힘, 리바이어던으로서의 언어, 언어와 국가 권력, 공민상태, 일반 의지 등에 관해 논의하였다.

두 번째 『비트겐슈타인과 현대철학의 언어적 전회』에서는 20세기 이후 서양 철학에서 언어적 전회의 계기를 마련한 비트겐슈타인을 중심으로 언어적 전회의 내용과 의의를 검토하였다.

이번 세 번째 저서는 가장 먼저 착수한 저술이지만 가장 늦게 출간하게 되었다. 그만큼 주제가 기초적이고 포괄적이었을 뿐 아니라, 필자가 모색하는 방향과 제시하고자 하는 논제가 조심스러운 것이었기 때문이다. 다양한 분야 여러 사상가들의 글을 조회하고 그들의 도움도 받으며, 필자의 논제들을 다각적으로 검토해 보고자 했다. 언어 기호의 등장에서 반향적 마음의 형성, 연기적 세계의 구축까지 작동하는 원리를 모색하였다. 나아가 서양 철학의 개념과 이론들을 원용하여 연기적 세계관을 재해석하면서, 동서 철학의 융합을 시도하였다.

본서에서는 현대의 주요 사상가들의 이론을 원용, 보완, 확장하여 존재, 자아, 언어 공간의 특성, 세계와 언어, 마음과 언어 간의 관계를 논하였고, 화엄 불교의 연기성 개념을 언어 철학적 관점에서 조명하여 언어 작동의 원리로 제안하였다. 연기성의 원리는 서사의 전개, 세계 구성, 마음 형성의 기본 원리가 될 수 있다 생각한다. 전체적인 주제는 존재론, 의미론, 인식론적인 것들이라 할 수 있다. 논의의 과정에서 서구의 다양한 이분법들을 비판하고, 나아가 기표와 기의, 인식과 존재, 모습과 인식, 감각질과 감각 술어, 심적 속성과 심적 술어 등이 통념보다는 훨씬 더 긴밀한 관계에 있음을 논한다.

• • •

본서의 1부에서는 20세기 이후의 언어적 전회를 위한 기초적인 이론을 제안한 사상가들의 입장을 플라톤 등 서구 전통 철학의 입장과 비교 · 검토 · 보완한다. 언어 기호의 구조를 검토하면서, 언어가 세계와 무연하며, 언어의 소임이 세계의 기술이나 그림이 아니라 인간 고유의 통신 매체이기에 사회적임을 논한다. 바벨적 상황은 언어의 혼란이 아니라 언어의 기원이다. 언어의 생성에서 화자들 간의 믿음과 해석적 활동이 주축적이며, 이 결과 의미와 마음이 등장하면서, 인간 고유의 통신법으로서 언어가 형성된다고 논한다. 고로 마음 역시 사회적이다.

2부에서는 언어는 인간적 삶의 주축을 이루는데, 마음은 언어적 활동과정에서 상정되고 형성되는 것이며, 인간의 삶과 행동에 기초적이고 포괄적인 영향력을 행사함을 논한다. 언어가 이런 역할을 할 수 있는 이유를 언어의 공시성에 주목하여 논의한다.

선재적 세계나 이를 인식하는 사유의 능력, 그 결과로서의 선재적 개념들이 부재한다면, 언어의 단위, 서사의 단위들이 어떻게 의미를 취득할 수 있으며 언어 활동이 어떻게 전개될 수 있는가? 이 물음에 답하기 위해 필자는 연기와 진화의 개념을 제안한다. 3부의 여러 장들은 이 개념들을 천착하기 위한 것이다. 연기성의 개념은 불교에서 차용한 것인 만큼, 필자가 제안하는 언어적 연기와 불교적 연기 간의 차이와 관계를 논한다.

4부에서 화엄경에 나오는 인드라망의 비유를 언어 철학적 관점에서 해석함으로써, 언어 공간이 풍요함과 깊이를 더해가는 상즉상입의 공간임을 논한다. 인간 삶과 정신의 공간을 기초 짓는 것은 언어 공간이며, 언어 공간은 바로 화엄적 공간이다. 필자는 이런 입장을 고대 사유에서 심적 술어들의 등장과정에서 동물 비유가 행하는 역할을 통해 보이려 했으며, 시 예술에서의 은유적 장치가 우리 일상 언어의 연기성을 압축적으로 보여주고 있음을 지적한다. 이를 통해, 우리 언어 공간, 나아가 우리 마음의 세계, 인간 삶의 세계가 연기적임을 논한다.

세계와 마음의 형성에서 언어적 인식은 필수적이다. 5부에서는 외계를 인식하고 언어적으로 기술하는 마음과 존재계의 형성 간의 관계를 논한다. 언어적 인식의 과정에서 창발, 수반, 연기하는 것임을 논하며, 이런 경우 감각질 등의 존재자는 중간적인 존재로서 원리적으로 환원이 불가함을 논한다. 그리고 이들이 객관성을 취득함에 있어서 언어의 역할을 검토한다. 현상이 실재의 구조임은 논하면서 전통적인 존재론의 이분법인 실재와 현상의 배타적 구분이 더 이상 유지될 수 없음을, 연기적 세계는 중간계임을 논한다.

• • •

한국의 학계는 개항 후 한 세기동안 서구 이론과 문화를 수용해왔다. 이제 세계 안에서 한국의 정치경제적 위상은 비약적으로 높아졌다. 단군 이래 최고의 수준일 것이다. 이제 학문, 특히 인문학이나 사회과학에서도 서구를 일방적으로 수용하고 소개하는 단계를 벗어나 동양적인 것, 한국적인 것을 모색하려는 적극적이고 주체적인 노력이 경주될 필요가 있다고 생각된다. 지적 수입국의 지위를 벗어나 자립적 독립국의 위상을 마련해야 할 것이다. 이런 노력은 동양적인 것으로 회귀하고 고수하고자 하는 수구적 사고의 모습으로 나타나거나, 동서 철학을 단순히 비교하면서 유사점과 차이점을 지적하는 것에 그쳐서는 안 될 것이다. 동과 서의 장점이나 상호 보완할 수 있는 내용을 취하여 창조적이고 생산적인 융합의 방안을 마련해야 한다.

학문의 발전을 위해서는 학자들이 각자의 영역에 안주하며 할거하기보다는 공동의 주제를 연구하며 함께 대화 토론하고 생각들을 수렴해가야 한다고 생각한다. 저술은 홀로 하지만, 연구는 함께 이루어져야 한다. 한국의 철학계가 공유할 수 있는 유력한 후보 연구주제는, 그리고 한국의 자생적 철학을 위한 터전을 마련해 줄 수 있는 주제는 동서 철학의 융합이라 생각되며, 실제로도 여러 학자들이나 학회가 오래 전부터 동서 철학의 융합에 대한 관심을 갖고서 다양한 노력을 하고 있는 것으로 보인다.

필자는 본서를 통해 동서의 융합을 위한 하나의 방안과 그 결과를 제시하고자 한다. 필자는 서구적 이론과 개념, 논변 등을 원용하여 동아시아의 철학적 통찰을 재해석하고 재조명하는 방법을 취한다. 이런 방식은 동서 철학의 창조적 융합을 위한 한 유력한 방안이 될 수 있으리라고 믿는다. 앞으로 여건이 허락한다면, 동서의 융합을 위한 연구를 더 진행하여 유교에서 마음과 말의 관계에 대해 논의하고 싶다. 유가철학은 서구나 불가보다 언어에 대해 적극적이고 긍정적인 것으로 이해된다. 불교 경전은 방대하고, 유교는 텍스트의 제국인 중국, 나아가 동아시아의 중심적 사상이다. 이들에 대한 필자의 지식은 제한적이고, 이 저서에서 논의하고 있는 것은 일부분에 불과할 것이다. 그러나 불교나 유교 철학이 적절히 재해석될 때 서양 철학과 만날 수 있으며, 나아가 서양 철학에 대한 대안을 제시할 수 있으리라는 것이 필자의 믿음이다.

• • •

286, 386, 486, 펜티엄, 데스크탑, 노트북, 넷북, 모두 이 저서를 위한 파일들이 거쳐온 다양한 컴퓨터 모델들이다. 기술의 발전은 빠르나 학문을 이루기는 힘들다는 것을 실감한다. 그래도 학왈지(學曰遲)라, 학문은

천천히 이루는 것이라는 순자(荀子)의 말에서 위안을 얻는다. 이 저서를 써오는 동안 다른 두어 권의 저서를 내기는 했으나, 본서는 쉽사리 마무리할 수 없었다. 언어, 그리고 동서 철학의 융합이라는 본서의 주제가 기초적이고 포괄적이기 때문일 것이다.

한국 사회는 인터넷의 속도로 빠르게 변화하며, 그래서인지 신속함과 경쾌함이 선호된다. 한국인의 의식은 좀더 깊이와 넓이를 추구해야 한다는 생각을 자주 품곤 한다. 그래도 하나의 철학적 주제를 지속적이고 집중적으로 연구할 수 있는 여건이 허락되고, 이를 누릴 수 있었다는 것은 학자로서 보람된 일이고 감사할 일이다. 다른 한편으로 이런 특혜가 주어진 것은, 이 사회가 고유의 책무를 맡기기 위해서일 것이라는 생각을 깊이 새겨왔다. 철학자의 소임은 우리의 삶에서 가장 중요하고 기초적인 주제를 찾아 깊이와 정확성을 추구하면서 사유하고 연구하는 것임을 거듭 확인하며 나름의 노력을 경주해왔다.

본서가 힘입은 여러 이론가들은 저서에서 자연스레 드러날 것이다. 한국에서 철학이 설 자리가 좁아지고는 있으나, 그래도 철학에 관심을 표하는 이들이 주위에 많음을 느낀다. 이 사회에서 철학적 사유를 함께 하는 여러 지적 도반들과의 연대의식은 필자에게 힘이 되었다. 본서를 위한 오랜 동안의 작업을 지속할 수 있었던 것은 주위 동료, 선후배들의 관심 때문일 것이다. 이화여대 철학과에서 다양한 주제의 강의를 할 수 있었고, 대학원 세미나에서 학생들과의 토론은 나의 생각을 풀어가는 데 도움이 되었다.

연로하심에도 항상 주위를 배려하시는 부모님은 항상 필자의 든든한 후원자이시다. 자식은 나이가 들어도 부모님의 슬하에 있음을 확인한다. 필자의 내자는 본서의 교정을 보아주었다. 고마운 마음을 전한다. 이 저서의 저술을 시작할 때 갓 첫 걸음마를 떼어놓던 나의 두 딸이 별 탈 없이 자라 이제 성년이 되었다. 나의 아이들과 함께 자라온 본서의 원고를 책으로 내놓으려 하니, 두루 감사한 마음과 함께 여러 감회가 생긴다. 개선점이 있을 것이나 이 사회에 나아가, 이 세상에서 말을 걸어 맺은 인연들 그리고 앞으로 맺게 될 모든 인연들에게 새로운 생각의 계기를 마련하며 무엇인가 기여하는 바가 있기를 기대한다.

이화여자대학교출판부는 상당한 분량에다 이론적인 본서의 출간을 흔쾌히 맡아주었다. 감사한 일이다. 본 저서는 2008년도 정부(교육과학기술부)의 재원으로 한국연구재단의 지원을 받아 수행된 연구이다.[HK인문저술지원사업(KRF-2008-812-A00079)] 필자의 연구를 마무리 지을 수 있게 한 저술계획의 심의위원과 한국연구재단에 사의를 표한다.

2012년 1월 새해를 맞이하며

이매촌 서실에서

南 京 熙

| 차례 |

머리말 5

1부 언어, 세계, 사회 19

1장 언어 제도와 존재론 21

1. 서언: 미완의 철학적 혁명 21
2. 전통 존재론의 문제점 26
3. 존재에서 언어로 32
4. 색깔 어휘: 우리가 세계를 보는 양식 42

2장 문법과 논리의 자의성 46

1. 비트겐슈타인의 문법 자의성론 46
2. 의미와 마음의 위상 58
3. 어휘 의미 형성에서 공시성과 통시성 65
4. 비트겐슈타인과 불교의 언어관 75

3장 기표와 기의의 세계 독립성 82

1. 소쉬르의 자의성 원리와 그 해석 82
2. 자의성 원리에 대한 새로운 해석 88
3. 언어와 세계 107
4. 자의성 원리를 위한 논거와 그 함축 117

4장 믿음과 의미: 인간 통신법으로서 언어의 고유성 125

1. 자의성 원리와 인간 언어의 특질 125
2. 바벨은 언어의 기원 132
3. 해석 조건으로서 기표에 대한 믿음 142
4. 사회성의 기초로서 의미와 마음 151

2부 인간 삶의 언어 의존성 155

5장 언어와 마음의 형성 157

1. 보이지 않는 존재자와 진정한 언어 157
2. 언어의 자율성과 연기성 162
3. 리바이어던적인 언어 169
4. 인식 방식과 통신 방식의 동조화 172
5. 언어 활동은 인간적 행위 방식 179

6장 언어의 공시성 192

1. 공시성의 기초성 192
2. 언어의 진화와 자연종의 진화 197
3. 공시성의 이유 203
4. 공시적 언어 상태와 진리의 장 210

7장 언어 공간의 자율성 215

1. 배타적 공시성과 의미 형성 215
2. 언어 공간의 자율성과 자유의 근거 221
3. 시간에 대한 공간의 기초성 225
4. 기억과 진리, 그리고 언어 상태의 변화 233

8장 언어 상태와 인간의 삶 239

1. 자연 상태와 언어 상태 239
2. 언어는 척도이자 주인 247
3. 공시적 언어의 효과와 함의 254
4. 언어의 공시성과 윤리 규범 258

3부 언어의 연기와 언어의 진화 265

9장 연기성: 서사 전개와 세계 생성의 원리 267

1. 언어의 외적 무연성과 내적 연기성 267
2. 연기성의 원리 275
3. 언어 연기론의 연관 논제들 283
4. 연기적 공간의 불확정성 288
5. 연기성, 역사성, 합리성 293

10장 언어의 연기와 불교적 연기 308

1. 연기는 상(相)의 연기이다 308
2. 불교적 연기 개념의 재해석: 마음에서 말로 319
3. 윤리성의 근원적 기반 326

11장 언어 진화의 구조와 기표의 중심성 333

1. 개념들의 진화 333
2. 언어 진화와 자연 진화 간의 유사성 336
3. 언어 진화에서 기표의 주축성: 자연 진화와의 차이 342
4. 언어의 진화와 기표의 의미가 350

4부 언어 공간의 상호 반향성과 연기 361

12장 인드라망의 언어 철학적 해석 363

1. 인드라망의 비유 363
2. 인드라망과 화자들의 공동체 372
3. 해석과 반향 378
4. 마음의 사회성: 마음의 상호 반향적 형성 390

13장 동물 비유와 상즉상입의 존재론 394

1. 정신의 발견을 위한 반영상 394
2. 대화적 타자의 필수성 406

14장 시 예술과 연기적 공간의 창출 409
1. 시적 공간의 연기성 409
2. 시어와 일상어의 반향성 420
3. 연기적 힘의 기초는 기표 424

5부 연기적 세계의 중간성과 마음 433

15장 인식자의 관점 435
1. 인식자의 관점과 생존방식으로서의 인식 435
2. 존재자의 모습과 언어적 인식 440
3. 혼돈에서 질서를 창출하는 인식자 445
4. 인식의 현재주의적 관점 457
5. 진화론의 언어 의존성 465

16장 인식자의 관점과 존재자의 연기 471
1. 창발론의 새로운 이해 471
2. 언어학과 생물학에서 창발적 현상 478
3. 표현형과 유전자, 어느 것이 우선적인가? 486

17장 자연 언어와 감각질의 불가환원성 491
1. 불가환원론과 그 논거 491
2. 인식자의 의식 상태로서의 감각질 500
3. 감각질의 주관성과 객관성 507

18장 존재계의 중간성과 자율성 515
1. 존재계의 사회성과 자율적 구성 515
2. 실재와 현상 522
3. 존재자의 중간성과 존재자의 본질로서의 결 533

참고문헌 540
찾아보기 549

1부

언어, 세계, 사회

1장

언어 제도와 존재론

1. 서언: 미완의 철학적 혁명

데카르트와 칸트의 창조론적 유산

철학은 새로운 혁명을 필요로 한다. 서양 철학사는 데카르트와 칸트에 의해 획기적인 전환을 이루었다는 것이 일반적인 평가이다. 근대적 전환은 데카르트가 방법적 회의를 통해 코기토에 도달하여 인식 주관에 관심을 돌리게 한 이후 시작되었으며, 주관에 대한 이런 관심은 칸트의 선험적 범주 개념에 이르러 완성을 보았다. 데카르트는 확실성의 탐구를 통해 인식론을 철학의 중심에 서게 하였다. 칸트는 인간 인식의 한계를 설정하면서 고대의 존재론적 이상이 잘못 설정되었다고 비판하여 근대 이후의 철학자들로 하여금 인식론적이고 주관 중심의 철학을 전개하게 하였다. 그는 자신의 그런 업적을 코페르니쿠스적 전환이라 자평하였다.

현대의 많은 철학자들이 근 · 현대는 데카르트의 방법적 회의와 칸트의 비판 철학에 힘입고 있으며, 존재론이나 인식론은 물론이고 윤리학의 분야에서도 그들이 남긴 유산으로 살고 있다고 평가한다. 데이빗슨은 심신의 문제나 자유의 문제에서 우리는 아직도 칸트의 후예라 논하는가 하면,[1] 롤즈 역시 실천 철학에서 우리는 칸트주의를 벗어날 수 없다고 평가한다.[2] 심지어 비트겐슈타인L. Wittgenstein마저도 그 자신의 후기 작업이 칸트적인 문제에 관한 것이라고 하면서 칸트의 유산이 아직도 유효함을 간접적으로 시사하고 있다.[3]

칸트의 전환은 완전하지 않아 보인다. 자신의 철학이 철학사적인 관점에서 코페르니쿠스적 전환를 시도하고 있다는 자평에도 불구하고, 그의 비판 철학은 아직도 전통적인 존재론의 핵심적인 이념을 주축으로 전개되고 있으며, 실천 철학의 영역에서도 그는 아직도 전통주의자이다. 그는 단지 고대의 초월성 이념을 선험성으로 대체하였을 뿐이다. 인식의 한계나 물 자체物自體라는 그의 개념은 존재 자체, 진리 자체라는 개념이 아직도 유효함을 인정하고 있음을 보여준다. 실제로 그는 고대의 초월적 실재에 상응하는 것으로 예지계noumena라는 개념을 제안하였다. 그는 아직도 신들의 세계에서도 타당할 수 있는 절대 객관적이고 보편타당한 규범이 있다고 믿고 있으며, 그러하기에 정언 명령은 플라톤의 정의 그 자체, 모세의 신적인 계율, 신약의 산상수훈과 같은 지엄성이나 절대성의 권위로 우리에게 명령한다는 것이다.

칸트는 기본적으로 인식론, 존재론, 윤리학 모든 면에서 플라토니즘의 전통 위에 서 있다. 그의 인식론은 학적 인식의 보편타당성을 위한 근거를 초월적이거나 신적인 차원에서 구하기보다는 선험적 범주를 통해 마련하려 하였다. 학문의 근거를 인간적인 차원에서 마련하려는 다소 겸손한 시

---

1 D. Davidson, 'Mental Events,' in pp. 207, 209, *Essays on Actions and Events*, Oxford Clarendon Press, 1980.

2 J. Rawls, 'Kantian Constructivism in Moral Theory,' *Journal of Philosophy*(Sep. 1980), 77(9).

3 R. Rhees, *Recollections of Wittgenstein*, Oxford Univ. Press, 1984, p.118.

도이다. 하지만 그의 선험성 개념은 기본적으로 비경험적이라는 점에서 플라톤의 초월성이나 중세 신학의 신성과 유사한 것이며, 그가 제시한 범주들은 플라톤의 형상이나 중세의 보편자의 수를 축소한 것에 그치고 있다. 그는 물 자체란 알 수 없다고 하여 학적 목표의 한계를 제한하기는 했으나, 물 자체가 존재한다는 전통 존재론의 기본 이념이나 학적 인식의 보편타당성이나 객관성에 대한 이념을 그대로 계승하고 있다. 윤리학의 분야에서도 역시 플라톤의 선의 이데아를 선의지로, 주요 덕목들의 형상을 정언 명령으로 대체하였을 뿐이다. 그는 근본적으로 플라톤의 후예이다.[4]

플라톤과 칸트 그리고 이들의 유산을 계승한 근·현대의 철학자들은 철학적 창조론자이다. 아직도 많은 철학자들은 본질, 논리적 원자, 실체, 진리, 존재 그 자체, 최상선, 자체적 선, 정언 명령, 명석판명성, 정의, 논리적 필연 등 소위 철학적 사실이나 '철학적 최상급'적 개념들에 집착하고 있는데, 이들은 철학적 창조론의 유산이라 할 수 있다. 자연종들이 자연진화의 결과라는 다윈의 입장은 이미 비판적 지성을 지닌 철학자들은 물론 일반인들에게까지도 상식이 되어가고 있으며, 그리고 인간 종이 진화의 결과임 또한 논란의 여지가 없는 것으로 수용되고 있다. 그럼에도 불구하고 철학자들은 가치, 규범, 개념, 인간의 사유 능력, 이성에 관한 한 아직도 창조론을, **형이상학적 창조론**을 고수하고 있다.

우리는 이제 초월성이나 신성은 물론이고 선험성의 신화도 버려야 한다. 모든 것은 자연 진화의 결과, 또는 그와 유사한 언어 진화의 과정이 결과한 것들이다. 인간의 주요 능력, 사유 능력, 이성 등과 주요 가치들, 논리적 개념들, 이 모두는 이들의 담지자인 인간 종이 자연적 진화의 결과인 한에서 역시 진화의 결과이다. 우리는 본격적이고 전면적인 전환, 실로 혁명적인 전환을 이루어야 한다. 새로운 코페르니쿠스적 전환은, 역설적이

4 다음 참조: T. K. Seung, *Kant's Platonic Revolution in Moral and Political Philosophy*, The Johns Hopkins Univ. Press. 1994.

지만 천동설을 버리는 것이 아니라 오히려 **천동설로 복귀**할 것을 논리적으로 요청한다. 단 우리가 되돌아가야 할 천동설은 이전 기독교적 천동설보다 더 근원적이고 기초적인 의미의 천동설이다. 철학적 혁명의 완성은 칸트의 생각과는 달리 코페르니쿠스적 전회에 있는 것이 아니라, 전통적 천동설의 의미를 깊이 하는 것이다. 우리는 그 어느 경우에도 인간 중심성을 벗어날 수 없다.

새로운 언어관

20세기 초반에 시작된 철학적 혁명의 시작은 언어관의 변혁에서 시작된다. 전통적으로 언어는 사고와 인식의 도구일 뿐이며, 그 역할은 세계의 모습을 그리는 것이었다. 인간은 이성이나 사고능력을 통해 외계, 진리, 진상, 실재, 존재 그 자체를 인식하고 이를 언어에 담아 표현 · 전달한다고 믿어왔다. 이런 믿음은 서구 학문 이념의 중심을 이루며, 그래서 진리 추구의 정점에 있는 학문은 존재론이나 형이상학으로 간주되었다. 존재론과 형이상학의 이상은 실재계의 궁극적 요소, 즉 물리학에서의 원자, 미립자, 끈 또는 현string과 같은 궁극적 원소를 발견하는 것이었다. 학문의 이상은 그런 인식의 결과를 명료한 언어에 담아 한 권의 존재론적인 교과서를 쓰는 것이었다. 존재론에서 기초적인 어휘, 형상이나 단순 원소의 이름, 논리적 고유명사와 같은 것들은 세계와의 직접적인 접촉을 통해 의미를 취득하는 것으로, 존재와 매우 긴밀한 연계성super-strong connection를 지녀야 한다.[5] 이런 관계를 서구의 철학자들은 '그림', '지칭', '표상', '토대', '더듬이feeler' 등의 개념으로 규정해왔다.

필자는 이하의 몇 장들에서 플라톤에 의해 대표되는 서구 존재론의 기

5 L. Wittgenstein, *Philosophische Untersuchungen*, Suhrkamp, 1952, 192절(영역: *Philosophical Investigations*, tr. by G. E. M. Anscombe, MacMillan, 1953). 이하에서는 *PI*로 약함.

본 이념을 비판적으로 검토한 후에, 비트겐슈타인과 소쉬르F. de Saussure의 말을 빌어[6] 우리의 언어와 인식은 존재나 외계에 대해 자의적이거나 무연無緣함을 논하고자 한다. 언어의 자의성 또는 무연성은 사고와 인식에 대한 언어의 선재성과 독립성을 함의한다. 언어는 단지 도구가 아니라, 주인이며 나아가 절대적 주권자라는 것이 언어 무연성 논제의 중요한 귀결이다.[7] 이들 주제를 논의한 연후에, 언어적 활동의 구조와 논리, 언어 놀이, 진화, 인간 삶의 언어 의존성, 인간 언어와 동물 통신의 차이와 특색, 해석적 활동, 그리고 언어의 연기성, 새로운 인식관, 환원주의 불가론, 자연 언어의 중심성, 마음의 사회성 등을 논하고자 한다. 언어는 외계에 대해서는 자의적이나, 내적으로는 상호간에 매우 긴밀한 유연성 또는 연기성緣起性을 지니고 있음을 보이고자 한다. **언어는 대외적으로는 무연하지만, 내적으로는 연기적이다**. 그리고 세계와 마음은 언어의 연기적 관계 속에서 생성함을 논하고자 한다. 서구 전통 존재론의 문제점은 불교적 연기론 또는 생성론을 적극적이고 긍정적으로 모색하게 한다.

필자가 인간과 세계와의 관계를 검토하면서 사유나 인식과 세계 간의 관계가 아니라 언어와 세계 간의 관계를 먼저 논의하는 이유는 본서의 주요 논제인 언어 중심성과 밀접하게 연관되어 있다. 앞으로 논하겠지만, 언어는 사유의 도구, 전달 매체, 표현 수단이 아니라 오히려 사유와 인식능력을 형성하는 기초적인 역할을 한다. 그런 이유에서 언어 없는 사유란 있을 수 없다. 우리는 세계를 사유하고 인식하기 이전에 우선 언어적 활동을 한다는 것이 이 저서의 주요 입장이다. 언어와 사유는 대물적對物的이라기

---

6 외계에 대한 언어의 무연성 또는 자의성에 관해 비트겐슈타인과 소쉬르는 유사한 입장이다. 그런데 소쉬르가 연대적으로 앞서지만, 전자를 먼저 논하는 이유는 비트겐슈타인이 철학사적 관점에서 서구 전통 존재론의 문제점을 비판하면서 언어의 무연성을 주장함에 비해, 소쉬르는 철학적 입장과는 무관하게 언어학자로서 주장을 개진하고 있다는 점을 고려해서이다. 비트겐슈타인은 언어와 세계 간의 관계에 대한 전통 철학의 견해가 지닌 문제를 먼저 의식하고 비판한 것으로 여겨진다. 소쉬르의 입장에 관해서는 3장에서 논의한다.

7 필자는 이미 다른 저서에서 언어의 절대성에 대해 논한 바 있다: 남경희, 『말의 질서와 국가』, 이화여자대학교출판부, 1995 참조.

보다는 대인적對人的이다. 언어는 사유의 표현과 전달 매체라기보다는 통신 수단으로서 본질적으로 사회적이며, 사유 역시 언어 활동의 소산인 한에서 사회적이다. 그리고 언어 활동의 결과인 마음 역시 사회적이다.[8]

2. 전통 존재론의 문제점

소크라테스의 꿈: 존재론적 원소의 언술 불가능성

서구 철학사에서 중심적 위치를 차지해왔던 것은 형이상학 또는 존재론이다. 그리고 이런 지위는 아직도 유지되고 있는 듯 보인다.[9] 존재론의 제1과제는 궁극적 원소나 실체를 발견하는 일이었다. 원소 또는 실체의 후보로 무엇을 제안했느냐가 대표적 존재론자들 사이의 핵심적 차이이다. 자연철학자들은 물, 불, 원자, 수 등의 다양한 아르케arche를, 플라톤은 형상을, 아리스토텔레스는 개체를 제시하여 실재계를 정초하려 했다. 데카르트는 사유실체와 연장실체를 구분함으로써 주관적 세계의 지평을 전개할 수 있게 하였고, 나아가 존재론 대신 인식론이 철학의 중심적 위치를 차지하게 하는 계기를 만들었다. 현대에 들어서 언어와 논리에 대한 분석을 통해 러셀은 논리적 원자에, 비트겐슈타인은 『논리철학 논고』에서 대상Gegenstand과 같은 개념에 실체의 지위를 부여하였다. 서양 철학의 전 역사에 걸쳐서 제1의 관심사는 실재계의 모습이 어떠하며 실재계의 주민이 누구냐는 것이라 할 수 있다.

실체는 존재론적 탐구의 궁극적 관심대상이라 할 수 있으나, 이 개념은

8 이에 대해서는 4장 참조.

9 20세기 후반 영미권에서 중심적인 주제는 심신관계였다. 형이상학에 대한 근간의 활발한 논의는 다음의 논문집들 참고. J. Kim & E. Sosa eds., *Metaphysics: An Anthology*, Blackwell, 1999; Block, Flanagan and Guzeldere eds., *The Nature of Consciousness*, MIT Press, 1997.

중요한 문제점을 안고 있다. 실체는 분석과 환원 등의 철학적 방법을 통해 발견할 수 있다고 여겨지는 것으로, 원자성, 단순성, 존재 독립성, 항구성, 불변성 등의 특징을 지니고 있다고 믿어졌다. 존재론자들이나 형이상학자들은 실체를 아르케, 형상, 실체, 우시아ousia, 보편자, 감각 여료, 논리적 원자, 대상 등 다양한 이름으로 불렀는데, 이들이 지니고 있는 위의 특성들은 이들의 실체성을 확고히 하기보다는 오히려 무력하고 공허한 존재로 전락시킬 가능성을 내포하고 있다. 플라톤은 이미 『테아이테토스 *Theaetetus*』 편에서 이 문제를 지적하고 있으며, 해법을 다른 대화록에서[10] 시도하고 있다. 그의 말을 들어보자. 이것은 흔히 '소크라테스의 꿈'이라 불리는 구절이다.

> 이제 나의 꿈을 들어보게. 나는 나의 꿈속에서 어떤 사람들이 다음과 같이 이야기한 것을 기억하네: 제1차적 원소들,[11] 말하자면 우리와 모든 다른 것들을 구성하고 있는 것들은[12] 로고스logos를[13] 지니고 있지 않다는 말을; 그들 각각은 그 자체로서는[14] 오직 명명의 대상이요, 그것들에 관해서 다른 어떤 것을, 가령 그것이 있다든가 있지 않다든가 하는 언명을 할 수 없다는 것일세. 왜냐하면 그런 언명을 하면서 우리는 그 원소에 임 또는 있음ousian과[15] 아님 또는 있지 않음me ousian을 덧붙이고 있기 때문이라는 것이지. 그러나 우리가 그 원소 자체만을 표현하고자 한다면, 어떠한 것도 덧붙여서는 안 된

10 다른 대화록은 *Sophistes* 편이다.

11 ta prota stoicheia. 이것은 보통 형상을 의미하는 것으로 해석된다.

12 eks hon humeis te suggkeimetha kai talla. 원소와 복합체의 이분법은 서구 환원주의의 기본 전제이다.

13 logos는 희랍어의 어휘들 중에서 가장 다의적인 것 중의 하나이다. 학자들은 여기에서의 logos를 대략 '설명', '정의', '명제'의 셋으로 번역한다. 필자의 견해는 세 번째이다. 이 해석에 대한 논거는 다음 참조: Nam, Kyung-Hee, *Logos, Knowledge, and Forms in Plato's Theaetetus and Sophist*, Texas Univ. Press, 1982, 제2장.

14 auto kath' hauto hekaston.

15 ousia는 희랍어의 be 동사 einai에서 온 것으로, '임', '있음' 모두를 의미한다. '임'이라는 의미가 보다 구체화되어 본질을 의미하기도 한다. 독일어의 Wesen과 비교해보라.

다네 ……이렇게 해서 원소들은 로고스가 없으며aloga, 알려질 수 없고agnosta, 단지 지각될 수aisthetha[16] 있을 뿐이지. 반면 복합체들은 알려질 수 있고 말해질 수 있으며rhetas, 진인 판단을 통해서 판단될 수 있다는 것일세……[17]

존재론적 환원의 최종점이자·가장 실재적인 실체라 할 수 있는 바로 그것에 대해서 우리는 다른 술어로 규정할 수 없음은 물론, 그것이 '존재한다'고도 말할 수 없다는 것이다. 그것은 단순하며 그 자체로 존재하는 것이므로, 다른 어휘로 규정될 수 없이 명명되거나 또는 지칭될 뿐이다. 플라톤에 따르면 일반적으로 형용사, 명사, 동사는 물론, '있다', '없다'. '임', '아님', '같음', '다름'과 같은 범주적인 어휘들은 형상, 그것도 가장 주요한 형상들의[18] 이름이다. 형상들에 대해서는 기술하거나 설명하는 것이 불가능하기 때문에 이들은 언술의 존재론적 기초이면서도 언술의 범위 밖에 놓이게 된다. 문제는 여기에서 그치지 않는다. 이들은 단순자로서 자신의 본성만을 지닐 뿐 자신 내부에 타자와의 결합 가능성조차 없으므로 타자들과의 결합체를, 가령 사실이나 사태를 구성할 수 없다. 그래서 서술적 언명들이 묘사하는 것으로 여겨지는 사태나 사실들은 존재론적 근거를 갖지 못하며, 따라서 형상들의 단순성은 결국 원래의 의도를 배반하여 언어의 존재와의 연관성을 불가능하게 한다.

---

16 aistheta는 원래 '지각할 수 있는'을 의미하나, 여기서는 '직각될 수 있는'이라는 의미로 해석함이 타당하다 생각된다.

17 Platon, *Theaetetus*, 201d8–202b7. 이 「소크라테스의 꿈」 귀절은, 비트겐슈타인이 『철학적 탐구』에서 그의 전기 철학의 대상 개념이 안고 있는 문제점을 지적하기 위해 인용한 귀절이기도 하다. L. Wittgenstein, *PI*, 46절. 이 양자의 관련성에 대한 논의는 필자의 다음 참조: 남경희, 「비트겐슈타인의 대상 개념–사실존재론에로의 전환」, 『비트겐슈타인의 이해』(분석철학연구회 편), 서광사, 1984.

18 플라톤은 이들을 *Sophist* 편에서 'the greatest kind(megista gene)'라 부른다.

플라톤의 존재론적 해법

플라톤이 단순자를 논의하면서 무엇을 염두에 두고 있었느냐에 관해 고전학자들 간에 의견이 분분하지만, 가장 유력한 후보는 플라톤의 형상이다.[19] 플라톤에 따르면 형상은 경험계의 모든 사물들이 갖는 규정성 또는 성질들의 존재론적 근거이다. 형상은 일종의 질적인 원자로서, 경험계의 사물들은 이들을 분유하거나 모방하고 있기에 언어적 기술의 대상이 될 수 있다. 이들은 보통명사나 형용사 등 보편적 술어들의 의미체라는 점에서 언어적 기술 일반의 의미근거가 되기도 한다. 형상은 일종의 의미체 또는 논리적 원자들이다.[20] 자연 언어의 어휘들 중 보통명사나 형용사는 이들 형상의 이름으로서, 플라톤의 관점에서 보면 논리적 고유명사의 역할을 한다. 이들은 존재론적으로나 의미론적으로나 일차적 원소들, 말하자면 우리와 다른 모든 것들의 구성요소가 되는 것들이다. 경험적 물상들은 이들을 분유分有함으로써 존재론적 모습이나 규정성을 확보하며, 이들에 대한 언어적 기술들은 형상들의 연계체이다.

플라톤은 형상들이 인식 주관과 언어 저편의 초월적 세계에 존재한다고 상정함으로써 규정성이나 성질들, 언어와 존재의 관계, 그리고 언어 의미의 객관적인 근거를 마련하는 데에는 성공하였다. 그러나 형상들 자신은 단순자이므로, 정작 그들 자신의 성질이나 특성들은 정의하거나 언어적으로 규정할 수 없게 되는 당혹스러운 상황에 처하게 되었다. 그것들을 어떤 방식으로든 기술하고 언명하는 것은 논리적으로 불가능하다는 것이 소크라테스의 꿈이 전하는 메시지였다.

이런 철학적 난경에서 벗어나기 위한 플라톤의 해법은 어떤 것인가? 그

19 이에 대한 논의는 필자의 다음 논문 참조: Nam, Kyung-Hee, *Logos, Knowledge and Forms in Plato's Theaetetus and Sophist*, Texas Univ. Press, 1982.

20 이에 대해서, 그리고 다른 학자들의 논의에 관해서는 다음 참조: 「플라톤의 후기 존재론 연구-형상의 Physis와 Dynamis」, 『철학연구』, 제19집, 1984 가을.

는 『소피스트』 편에서 자신의 존재론을 수정 보완하여 형상들 간의 관계 가능성, 나아가 언어의 가능성을 위한 근거를 마련하려 하고 있다. 이곳에서 그는 그가 처한 아포리아를 다시 정리하고 있다.

> 어떠한 일차적 원소에 대해서도 설명하는 것이 불가능하다; 그것에 대해서는 벌거벗은 이름 이외의 어떤 다른 것도 가능하지 않다; 그것이 가진 것은 오직 이름뿐이다. 그러나 이 일차적 원소들로 구성된 것들이 그 자체로서 복합적인 것이듯, 원소들의 이름들은 서로 결합되어 기술적인 언어가 된다. 왜냐하면 언술의 본질은 이름들의 결합이기 때문이다.[21]

문장은 이름들의 결합체이다. 이름, 더 정확히는 논리적 고유명사에 대한 존재론적 대응체는 원소 또는 단순자이다. 논리적으로 엄격한 의미의 고유명사는 원소의 이름이다. 그런데 원소에 자신의 벌거벗은 이름 이외의 다른 어휘들, 가령 다른 원소들의 이름을 결합시킬 수 없다면, 원소들에 대해서는 술어적 규정을 할 수 없으니 이들을 설명하고 언명하는 일이 어려워진다. 더 일반적으로 언술 자체가 불가능해질 것이다. 언술이란 하나의 이름을 다른 이름과 결합할 수 있을 때에만 가능하기 때문이다.

이런 귀결은 수용할 수 없다는 일반적인 견해에 플라톤도 동의한다. 그러면 형상론을 견지하면서 어떻게 언술의 가능근거를 마련할 수 있는가? 한 원소의 이름과 다른 원소의 이름이 결합되어 문장이 구성되며, 이런 결합이 가능하기 위해서는 원소들이 상호 간에 결합될 수 있어야 한다. 문제해결의 단서는 형상들 또는 단순자들이 서로 결합할 수 있도록 하는 존재론적 장치를 마련하는 것이다. 그는 이런 방향에서의 해법을 『소피스트 *Sophistes*』 등에서 시도하고 있다. 그의 해법은 초기의 형상론을 다소 수정하는 것인데, 이 수정의 방향에 관해 학자들 간의 해석은 대략 둘로 갈라

---

21 이에 대한 논의는 위에 언급한 필자의 논문들 참조.

진다. 첫째는 형상들을 두 종류의 형상, 자음 형상과 모음 형상으로 구분하여, 마치 자음들이 모음의 도움으로 연결되어 한 음절이나 어휘를 구성하듯이, 후자의 모음 형상이 전자의 자음 형상을 결합시키는 역할을 수행한다는 것이다. 또다른 해석은 모든 형상들이 자신의 고유한 모습을 드러내는 본성physis에 더하여 타자와의 관계 가능근거인 가능성dynamis을 지니고 있다는 뒤나미스론이다.[22] 필자의 입장은 후자이다.[23]

그 어느 경우든 플라톤은 존재론적 원소라는 것이 존재하는데, 이들은 그 자체로서 존재할 수 있으며, 명명의 대상이라는 입장을 계속 고수한다. 이들 존재자들은 언어의 근거로서 언어에 선행하여 존재하므로, 명명의 행위는 그 자체로서 의미 있으며, 언술 행위에 앞설 수 있다는 것이다. 이런 입장은 오랫동안 서양 철학의 근간을 이루는 강령으로 20세기에 이르기까지 견지되면서, 존재론이나 형이상학으로 하여금 철학의 중심적 역할을 수행할 수 있게 하였다. 20세기 초에 이르러 논리실증주의가 형이상학의 종언을 선언하기는 했으나, 이들의 비판은 실체의 모습은 인간 인식능력의 한계 저편에 있다는 것으로 기본적으로는 칸트의 비판을 반복한 것이었다.

원리적인 비판은 후기 비트겐슈타인의 언어적 혁명을 기다려야 한다. 그는 인간 인식이나 언어 활동과 독립된 실체의 개념 자체에 문제가 있다고 진단한다. 그 역시 플라톤과 비슷하게 존재론적 원소의 문제점을 지적하고 있으나, 그가 추구하는 해법의 방향은 전혀 다른 것이다. 플라톤의 해법이 존재적인 것이라 한다면, 그의 해법은 언어적인 것으로, 이는 언어적 혁명의 시작을 알린다. 이 해법은 존재론적인 원소들이 언어 이전에 존재한다는 전통의 강령에 비판적이며, 전통적인 의미의 존재론은 포기되어야 한다고 압박한다.

---

22 Souilhé, J., *Étude sur le Terme Dynamis dans les Dialogues de Platon*, F. Alcan, 1919.
23 더 자세한 논의는 다음 참조: 남경희, 『플라톤: 서양 철학의 기원과 토대』, 아카넷, 2006.

3. 존재에서 언어로

원소 또는 단순자의 존재론적 지위

비트겐슈타인은 후기 저서에서 서구의 존재론을 전면적으로 비판한다. 비판의 대상에는 자신의 전기 철학도 포함된다. 그는 『철학적 탐구』에서 위에서 언급한 플라톤 대화록의 한 구절, 즉 '소크라테스의 꿈'을 인용하면서, 이 구절의 논의 주제인 일차적 원소가 자신의 전기 철학 『논리철학 논고』에서의 대상과 같다고 지적하며 다음과 같이 논평한다. 위의 인용과 일부 중첩되지만, 비트겐슈타인 자신의 말로 확인하기 위해 그대로 인용하기로 하자.

> 이름들은 실제로 단순자들을 의미한다는 생각의 근거는 무엇인가?—소크라테스는 『테아이테토스』 편에서 다음과 같이 말했다: "내가 올바로 기억한다면, 나는 어떤 사람들이 다음과 같이 말하는 것을 들었다: 일차적 원소들, 말하자면 우리와 다른 모든 것들의 구성요소가 되는 것들은 정의의 대상이 되지 않는다. 왜냐하면 그 자체로서 존재할 수 있는 것들은 단지 **명명될** 수 있을 뿐, 다른 규정이 불가능해서, 그것이 **있다고도 있지 않다고도** 말할 수 없다…… 결과적으로 어떠한 일차적 원소에 대해서도 설명하는 것이 불가능하다; 그것에 대해서는 벌거벗은 이름 이외의 어떤 다른 것도 가능하지 않다; 그것이 가진 것은 오직 이름뿐이다……[24]
>
> 러셀의 '개별자들'과 나의 '대상들'(『논리철학 논고』)은 그러한 일차적 원소들이다.[25](별도 서체는 원문상의 표기)

---

24 이 부분의 번역은 위의 인용에서와 약간 다른데, 위에서는 희랍어 원문에서, 이곳에서는 비트겐슈타인이 인용한 번역본에서 다시 번역한 것이기 때문이다.

25 Wittgenstein, *PI*, 46절. 논리적 원자와 언술의 가능근거 간의 관계는 필자의 다음 논문 참조: 남경희, 「Wittgenstein의 대상개념—사실존재론에로의 전환」, 『비트겐슈타인의 이해』(분석철학연구회 편), 서광사, 1984.

플라톤의 형상, 러셀의 '개별자들individuals'과 『논리철학 논고』에서의 '대상들Gegenstand', 더 나아가 모든 존재론적 원소들은 모두 위의 1차적인 원소들과 같은 존재자라 할 수 있으며, 따라서 모두 위의 문제점을 안고 있다. 그런 존재자는 우리의 의미론적, 존재론적, 인식론적 문제를 해결해주기는커녕 그들에 대한 논의 자체를 불가능하게 한다. 이에 대한 비트겐슈타인의 해법은 무엇인가?

> 우리가 이 원소들을 단지 명명만 할 수 있을 뿐 정의(즉 기술)할 수 없다는 말은 무슨 뜻인가? ……왜냐하면 명명함과 기술함은 등위(等位)적인 활동이 아니기 때문이다: 명명함은 기술함을 위한 준비이다. [장기 놀이를 시작하기 위해] 장기판 위에 장기말을 제자리에 놓는 것이 장기 놀이의 한 동작이 아닌 것처럼, 명명함 역시 아직은 언어 놀이의 한 동작이 아니다.[26]

> 원소들에는 존재함도 존재하지 않음도 귀속시킬 수 없다는 말의 의미는 무엇인가? ……우리가 그것은 길이가 일 미터라고도 또는 일 미터가 아니라고도 말할 수 없는 것이 하나 있다. 그것은 파리(Paris)의 표준 미터이다.-- 그러나 그것을 표준 미터라 함은 물론 그것에 어떤 특별한 속성을 부여하는 것이 아니라, 미터법에 의한 측정이라는 언어 놀이에서[27] 그것이 행하는 고유한 역할을 표시하는 것일 뿐이다……[28](별도 서체는 원문상의 표기)

비트겐슈타인은 위의 논평들에서 자신의 전기 철학에서의 대상Gegenstand이 플라톤이 『테아이테토스』 편에서 검토하고 있는 단순자와 같은 것임을 지적하고, 이어 그런 존재자들의 논리적 문제점을 제기하고

---

26 Wittgenstein, *PI*, 49절.

27 비트겐슈타인이 미터법에 의한 측정을 일종의 언어 놀이로 보고 있음을 우리는 주목할 필요가 있다.

28 Wittgenstein, *PI*, 50절.

있다. 이 논평은 단지 자신과 러셀, 그리고 플라톤의 존재론에 대한 문제점 제기에 그치는 것이 아니라 실로 서구 존재론의 전 역사에 대한 비판으로 해석될 수 있다. 결론부터 말한다면, 그의 비판의 요점은 탐구의 대상이 될 존재론적 원소, 단순자, 실체라는 것은 언어의 구조에 대한 오해에서 비롯한다는 것이다. 그런 것은 언어 밖에서는 존재하지 않는다. "그것이 존재해야만 하는 것으로 보이는 바는 언어의 일부"[29]라는 것이다. 존재자는 언어의 요청이다. 우리는 원소의 이름에 대응하여 언어의 저편에 원소가 존재해야 하며, 원소의 이름은 언어 밖의 그 존재자의 이름으로서, 그것과 지칭의 관계를 갖는다고 믿는다. 하지만 그런 믿음 자체가 언어의, 언어 활동의 일부라는 것이다. 표준 미터는 일종의 언어 놀이인 미터법의 체계 내에서만 의미를 지니고 역할을 한다. 그와 같이 원소의 이름 역시 문장의 일부로서, 언어 놀이의 안에서만 의미를 지니고 역할을 한다.

서구의 존재론이나 형이상학은 언어의 저편에 있을 것으로 여겨지는 진리, 실재자들, 실체들, 물 자체, 예지계를 탐구한다. 이런 탐구를 위한 방법이 흔히 환원적 분석이다. 그런 분석의 극한에 있는 것이 다양한 종류의 원자적 존재자들인데, 그런 것은 존재하지 않는다는 것이다. 비트겐슈타인의 비판이 타당하다면, 서양 철학의 중심을 차지하는 존재론이나 형이상학은 탐구할 대상을 갖지 못하며, 따라서 이들의 학문적 위치에 대해 우리는 회의적일 수 밖에 없다.

제도론: 미터원기原器는 측정 제도의 일부

비트겐슈타인이 플라톤의 해법을 참조하였는지는 모르겠으나, 그의 처방은 플라톤의 것보다 급진적이고 전복적이다. 비트겐슈타인은 존재론적 논의의 출발점 자체를 새로이 해야 한다고 보았다. 위와 같은 문제가 야기

---

29 Wittgenstein, *PI*, 50절.

된 것은 플라톤을 비롯하여 그 이후 많은 철학자들이 견지하는 존재론의 기본 전제가 잘못되었기 때문이다. 그 전제는 인식 주관과 언어의 저편에 인간 인식의 대상으로서 존재론적 원자 또는 실체가 있다는 믿음이었다. 철학적 인식의 목표는 그런 존재자를 발견하는 일이며, 언어의 이상은 실체적 존재자에 대한 인식을 왜곡 없이 반영하고 기술하는 것이다. 학문의 이상은 진리이다. 이런 전제 하에서만이 존재론적 탐구, 더 일반적으로 학적 탐구가 진행될 수 있다. 그러나 과연 그런 것이 존재하는가?

서구 전통 존재론에 따르면, 언어와 존재는 반영적 관계에 있으며, 술어, 감각 어휘 또는 논리적 고유명사 등에 상응하는 실재계의 실체들이 존재한다. 이런 입장은 전기 비트겐슈타인의 그림 이론과 대상 개념에서 전형적으로 표현된다. 실체들은 말하자면 논리적 원자들이다. 플라톤에서 일반 명사들 또는 술어적 어휘들, 그리고 비트겐슈타인의 전기 철학에서의 논리적 고유명사는 언어와 존재의 접촉점이다.[30] 이들은 존재론적 원자들을 명명하여 언어와 존재를 매개하고 언어 활동을 존재론적으로 기초지우는 역할을 한다. 플라톤을 비롯한 서구의 존재론자들은 우리가 이상적인 상황에서는 진리나 실재계를 인식할 수 있으며, 우리의 인식을 담는 언어는 그런 접촉의 흔적을 담고 있다고 보았다. 그들이 논리적으로 고유명사를 찾으려 하는 이유는 바로 존재와의 접촉점을 우리의 언어에서 발견할 수 있다고 보았기 때문이다. 과연 우리의 인식은, 그리고 우리의 언어는 존재와의 접점을 확보할 수 있는가?

형상이나 논리적 원자는 미터원기와 같으며, 이들의 이름은 기초적인 측정 단위에 비유할 수 있다. 이 세상에 길이를 지니고 있는 모든 것들은 미터원기에 조회됨으로써 그 모습의 정당성을 확보한다. 연장적인 것들은 모두 미터원기에 의해 인증된 측정 단위 '1meter'로 재어져서 몇 미터라

---

30 Wittgenstein, *Tractatus Logico-Philosophicus*, Suhrkamp Verlag. 2.1512, 2.15121, 2.1515. 이하 *TLP*로 약함.

고 규정되는 것이다.[31] 미터원기는 이 세상 모든 1미터인 것들이 '1미터'일 수 있음을 최종적으로 공인한다. 같은 논리로, 이 세상에 있는 모든 빨간 것들은 빨강의 형상과의 유사성을 확보할 수 있기에, 또는 빨강의 잣대에 비추어서 '빨갛다'라고 불린다는 것이 플라톤의 논리이다. '아름답다'고 평가되는 이 세상의 모든 것들은 아름다움의 형상을 모방 또는 분유하기에 '아름답다'고 기술된다.

> 아름다움 그 자체 이외에 다른 아름다운 것들이 있다면, 그것이 아름다운 이유는 단적으로 그 아름다움 자체를 분유하고 있기 때문이다.[32]

모나리자, 설악산, 모차르트의 음악, 이 모두는 아름답다고 상찬된다. 플라톤에 따르면 이들이 그런 속성을 지닐 수 있는 것은, 또는 '아름답다'는 술어에 의해 기술될 수 있는 이유는 이들이 아름다움을 분유하고 있기 때문이라는 것이다. 이런 식의 설명은 어쩌면 공허하고 동어반복적이며 우둔하기까지 하지만 가장 안전할 뿐 아니라 논리적인 해법이라는 것이다. 나아가 존재론적으로 확실한 기초를 제공한다는 것이 플라톤의 논리이었다.[33] 그리하여 우리가 발화하는 규정적 서술문장들은 궁극적으로 이 실체들과의 관계를 통해 존재와의 접촉점을 확보하고 진리치를 지닐 수 있는 근거를 마련한다고 믿어져왔다.

우리는 미터원기의 존재방식에 유념할 필요가 있다. 미터원기는 미터법이라는 측정제도로부터 독립적으로 존재하는 것이 아니라, 그 제도의 구성적 일부이다. 미터원기는 미터법이라는 측정방식의 일부로서 합의된 것이다.[34] 측정의 행위가 이루어지지 않는다면, 또는 측정의 제도가 있다

---

31 Wittgenstein, *TLP*, 2.1512; *PI*, p.225. 그러나 측정 행위와 측정 대상의 관계에 대해서는 입장의 변화를 보인다.

32 Platon, *Phaedon*, 100c; 74b–c 참조.

33 플라톤의 이런 해법의 의의에 관해서는 다음 참조: G. Vlastos, *Platonic Studies*, Princeton Univ. Press, 1973.

고 하더라도 미터법을 택하지 않는다면, 미터원기는 있을 필요가 없다. 미터원기와 미터법은 구체적 측정 행위와 이 측정법에 의해 재어진 것들을 떠나서는 존재할 수 없다.[35] 미터원기는 측정의 행위와 측정되어지는 것들을 위해, 그러므로 이들 때문에 존재하는 것이지, 측정되는 것들이 미터원기 때문에 존재하는 것은 아니다. 구체적 측정 행위와 이에 의해 재어지는 것들이 없다면, 미터원기는 존재할 이유가 없다. 그런데 미터원기 자체는 재어질 것들을 위한 것이기에, 그 자신은 자에 의해 재어질 수 없으며, 따라서 미터원기는 1미터라고 말해서는 안 된다. 우리가 어떤 것을 '미터원기'라 규정함은 그것에 어떤 특별한 속성을 부여하는 것이 아니라, 명명된 바의 그것이 언어 놀이의 일종인 측정제도에서 행하는 고유한 역할을 표시하는 것뿐이다.

플라톤 자신도 형상들이 미터원기와 같은 잣대의 역할을 한다고 보았으나,[36] 그들이 미터원기와는 달리 독립적으로 존재할 수 있다고 보았다. 그의 논리에 따르면, 그런 존재 독립성을 확보하고 있어야 잣대의 역할을 할 수 있다는 것이다. 비트겐슈타인이 지적하고자 하는 것은, 미터원기가 존재 독립성을 갖추어야 할 이유도 없지만, 나아가 그런 독립성은 오히려 미터원기로 하여금 잣대로서의 역할을 수행하지 못하게 한다는 점이다.

> ……어떤 것이 명명될 때, 우리는, 아직은 아무 것도 행해지지 않았다고 말할 수 있다. 그것은 언어 놀이 안에서가 아니라면 이름을 얻어 갖지도 못한다. 이것이, 어휘는 오직 문장의 일부로서만 의미를 지닌다 했을 때, 프레게

---

34 1960년에 구성된 국제도량형위원회는 「크립톤-86 스펙트럼이 발하는 등적색선 파장의 1,650,763.73배」를 1미터로 새로이 정의하였고, 다시 1984년에는 진공 속에서 1/299,792,458초 동안 빛이 진행한 거리로 규정하였다. 『브리태니커백과사전』 참조.

35 위의 각주에서 언급한 *PI*, p.225에서 비트겐슈타인은 길이가 무엇인지는 길이 측정의 방법과 무관하다는 입장을 비판한다. 즉 측정 대상의 양적 특성은 측정 행위 또는 측정 방법에 의해 정의된다, 그에 의존된다는 것이다.

36 Platon, *Phaedon*, 74d, 74e.

가 의미한 바이다.[37]

명명되는 대상이란 언어 놀이의 장 밖에 있는 것이 아니며, 놀이 활동과 무관하게 이름을 지닐 수 있는 것도 아니다. 그것은 언어 놀이의 한 장기말로서만 존재할 수 있고, 모습을 지닐 수 있다. 그러므로 존재자란 이름을 가지면서 언어 놀이의 장기말로 역할할 수 있고, 그런 역할 수행을 통해 비로소 존재할 수 있다.

언어로부터 독립적인 존재는 없다

과연 측정 단위 또는 그에 상응하는 존재자가 측정제도, 측정 행위, 측정된 것들과 무관하게는 존재할 수 없는가? 왜 단순자의 이름은 언어의 밖에 존재할 수 없는가, 왜 언어 놀이 안에서가 아니라면 이름조차 얻을 수 없는가? 단순자의 언어 활동 또는 언어 놀이 의존론에 대한 몇 가지 논거를 생각해 볼 수 있다.

언어 활동으로부터 독립적인 존재자 a가 있다고 가정해보자. 그러면 이들은 언어적 기술과는 무관한 것으로, 일종의 직관을 통해서만 인지될 것이다. 1) 그런데 그것이 직관된다 해도, 직관적 인식의 내용은 표현 · 기술될 수도 없고, 다른 사람들에게 전달될 수도 없다. 전달되기 위해서는 언어적으로 기술되어야 하고, 기술되기 위해서는 언어적으로 표현되는 다른 것들과 어떤 연관성을 지니고 있어야 하는데, 그것은 언어의 밖에 있어서 그런 연관성을 맺을 수 없다. 2) 그런 것들의 경우는 심지어 그것을 직관한 인식자 자신도 그가 직관한 바가 바로 자신이 직관했다고 믿는 바의 것인지조차 확인할 방법이 없다. 그래서 그에 대한 객관적 인식은 불가능하다. 3) 그리고 이제 언어로부터 독립적인 또 하나의 다른 존재자 b가 있다

37 Wittgenstein, *PI*, 49절.

고 할 때, 그것을 인식하는 방법 역시 일종의 직관에 의해서일 것이다. 하지만 그 직관의 내용은 앞선 a에 대한 직관의 내용과 비교될 수도, 연결될 수도 없을 것이다. 그런 것들에 대한 직관 이후 우리의 인식 주관의 풍경은 상호 무관한 다수의 점들이 떠도는 공간과 같을 것이다. 그런 상태를 인식이라 할 수 있을까?

미터라는 측정 단위나 미터원기가 미터법적 측정제도, 미터자로 재어진 것들, 길이를 지닌 여러 다양하고 구체적인 것들과 무관하게 독립적으로 존재한다고 해보자. 그런 경우 미터원기는 있으되, 전혀 측정의 행위가 이루어지지 않으며, 1미터의 길이를 지닌 것들이 없는 그런 상황이 있을 수 있을 것이다. 그런 상황에서 과연 미터원기가 의미 있게 존재할 수 있는가? 그런 경우 미터원기는 기준 역할을 할 장場이 없으니 존재이유도 없겠거니와 더 이전에 그것은 '미터원기'로서 존재할 수도 없다. 그 이유는 다음이다. '미터'니 '원기'니 하는 개념은 특정의 측정 제도에 의존해서만이 이해되는 개념들이다. 그러므로 측정 행위나 측정되는 것들이 없는 상황에서 그런 개념들은 불가해할 것이며, 따라서 그 소위 '미터원기'도 이해할 수 없는 존재가 될 것이다. 우리는 1미터 길이를 지닌 구체적인 것들과 미터원기 간의 존재론적인 관계를 재정위해야 한다. 미터원기는 미터법적 측정제도와 구체적 측정 행위에, 그리고 그런 측정에 의해 1미터라 규정된 많은 구체적인 것들에 자신의 존재와 정체성을 의존하고 있다.

지칭적 언어관의 문제점

측정 단위는 측정 행위와 불가분의 관계에 있다고 하더라도, 원자적이고 실체적인 존재자들이 존재함도 그들을 명명하는 술어들에 의존하고 있는가? 어휘들도 측정 단위와 유사한 논리를 적용받는가? 이름들과 이들이 지칭하는 것들이 기술활동, 언어 놀이의 과정에서 서술되는 구체적인 사물들에 선재하여, 그런 것들로부터 독립하여 존재할 수는 없는가? 그들은 과연 구체적인 언어 활동의 문맥을 떠나서는 의미를 지닐 수 없는가? 원자적이고 실체적인 것들은 정의상 자립적인 존재이며, 이름은 이들의 이름이므로, 우리가 실체를 인식할 수 있다면, 이들에 이름을 붙일 수 있는 것으로 보인다. 그러므로 이름이란 기술활동, 언어 활동과 독립하여 존재할 수 있는 것으로 생각된다. 그러나 과연 그런가?

우선 플라톤이 통찰한 대로 술어적 기술 역시 일종의 측정활동이므로, 술어가 원자적 형상들과 같은 것의 이름이라 하더라도, 그것은 구체적 언어 활동의 문맥을 떠날 수 없음을 지적하자.[38]

전통적인 언어관이나 의미론은 근원적인 문제점을 안고 있다. 서구 전통의 언어관은 다음을 전제하고 있다. 즉 술어나 이름들은 원자나 실체, 논리적 원자들에 대한 언어적 대응체인데, 존재론자들의 원자, 실체들, 논리적 원자들은 그 자체로서 존재할 수 있다는 것이다. 만약 그렇다고 한다면, 이들은 문장과 언어 활동과 이름들 이전에, 자체의 모습을 지니고서 존재할 수 있고, 있어야 한다. 가령, 상식적으로도 빨강, 노랑, 사각형, 따스함 등의 속성들은 이들을 기술하는 술어들에 앞서 존재하고, 나아가 다른 색깔, 형태, 촉감 등과 독립하여 자체적으로 존재할 수 있어야 한다. 그리고 어휘들이란 이들의 이름이며, 이름들이란 이들을 지칭함으로써 의미를 취득한다. 이런 입장을 우리는 지칭적 언어관 또는 에덴적 언어관이라 할 수 있다. 이런 믿음은 서구 언어관의 주축을 형성하며, 별 문제를 야기하지 않는다고 믿어져왔다.

지칭적 언어관의 문제는 지칭이라는 개념이 그리 자명하지 않다는 것이다. 지칭은 불투명할 수밖에 없어서 이름과 사물 간의 일대일 관계를 확립하기 어렵고, 지칭적 관계가 성립할 수 있다 해도, 그 관계의 객관성을 확인하기 위해서는 제3자적 입장을 취해야 하는데 이는 불가능하다.[39]

---

38 이에 관해서는 필자의 다음 논문 참조: 「세계 구성과 측정」, 『정대현철학을 토론한다』(정대현 교수 정년퇴임기념논문집), 2006, pp.329-361.

인식론적인 난점에 더하여 논리적인 문제점을 추가할 수 있다. 빨간색이 자체적으로 존재할 수 있다면, 그것은 홀로서도 존재할 수 있을 것이다. 그렇다면 빨간색만이 존재하는 세계가 있을 수 있을 것이다. 그런데 그런 세계를 상상할 수 있는가? 그런 세계가 있을 수 있는가? 그런 세계는 최소한 가시적이어서 연장성을 지녀야 할 것이다. 형태나 가시성의 특성과 결부됨이 없이 홀로 존재하는 빨간색이나, 그런 것이 존재하는 그런 세계는 상상하기 어렵다. 빨간색이 있는 세계에는 또한 사각형이거나 원이거나 여하간 면적을 지닌 것이 존재해야 할 것이며, 그러면 그것은 어떤 한계에 의해 구획된 것이며, 그 한계의 밖은 다른 색, 가령 노란색이거나 파란색일 수도 있어야 할 것이다.

빨간색만이 있는 곳에서는 그것이 빨간색으로 구분되어 인지될 수도 없다. 빨간색만 있는 곳에는 빨간색이 없다. 사각형만 있는 세계에서는 사각형이 없다. 빨간색만 있는 곳에서는 그 색의 모습이 인지되지 않으므로, 고로 존재한다고 말할 수도 없다. 빨간색은 노란색 등 다른 색들과 공존하는 경우에만 빨간색으로 존재할 수 있다. 노랑, 파랑 등의 다른 색들은 빨간색과 다른 것이기는 하나, 이들은 바로 그런 차이로써 **빨간색의 정체성 구성에 기여한다**. 이런 점에서 노란색은 빨간색의 가능성이고, 역으로 빨간색은 노란색이나 파란색의 가능성이기도 하다. 색깔의 모습은 타자와의 차이를 통해서 형성되는 것이다. 색들만이 아니라 사각형, 원, 따스함 등의 모든 속성들이 그러할 가능성이 있다. 빨간색은 노란색 등 다른 색들과 함께, 그리고 다른 가시적 속성들, 사각형, 원 등과 함께 존재하며, 타자들에 의존해 존재성, 나아가 정체성을 확보한다. 모든 것들은 모든 것들과 함께 존재한다. 아낙사고라스의 말대로 모든 것들 속에는 모든 것들이 있다고 말할 수도 있다.

---

39 지칭적 언어관, 에덴적 언어관의 문제점에 관해서는 여러 곳에서 지적했다: 남경희, 『말의 질서와 국가』, 『비트겐슈타인과 현대철학의 언어적 전회』 등 참조.

4. 색깔 어휘: 우리가 세계를 보는 양식

색깔과 색깔 어휘

미터원기를 '1미터 길이'라고 말하는 것이 무의미하다면, 색상표의 표준색 표본이 그 자체로 '빨간색'을 지녔다고 부르거나 기술하는 것 역시 무의미할 것이다. '빨강'이라는 어휘는 언어의 밖에 있는 어떤 표준적인 색깔을 명명하기 위해 사용되는 어휘라기보다는, 일상생활에서 보는 가시적 사물을 규정하기 위한 하나의 장치이다. 우리는 우리 주위에 있는 사물들을 **색깔의 관점에서 기술**하기 위해 '빨강'을 포함한 다양한 색깔 어휘를 도입하여 경험 대상들을 이런 어휘들에 의해 구분 · 분류한 것이다. '빨강'을 포함한 색상 어휘들은 색깔의 언술과 독립해 존재하는 대상의 이름이 아니다.

언어권마다 색깔의 분류방식이 다르다는 점을 주목할 필요가 있다. 미국 인디언 나바호Navaho어는 'blue'와 'green'을 구분하지 않는다. 일본어의 'ao'는 문맥에 따라서 'green', 'blue', 'pale' 모두를 의미한다. 아마존의 파다한족들에게는 색을 명명하는 어휘가 아예 없다고 한다.[40] 한국어 역시 나바호어나 일본어와 같이 'blue'와 'green'을 구분하지 않기에, 한국인에게는 초원도 푸르고, 하늘도 푸르다. 이와 대조적으로 한국어는 어느 경우 매우 섬세한 색 감각을 드러내는데, 가령 '파르스름하다'와 같은 어휘가 묘사하는 색깔이 한국어의 색깔 어휘체계와 독립적으로 존재할 수 있는지 회의적이다.

색깔들이 있으니 색상 어휘가 고안되었다기보다는 오히려 색깔 어휘들이나 색깔 언술에 의해 색깔들이 생성되었다고 볼 수 있다. 우리는 시각적

40 D. 에버렛, 『잠들면 안 돼, 거기 뱀이 있어』, 꾸리에, 2009, 57, 225쪽; 이들은 빨간색은 '피와 같다', 초록색은 '아직 익지 않았다'고 표현한다는 것이다.

인 대상들을 보더라도 명암만으로, 형체만으로, 또는 그것이 반사하는 초음파에 의해 파악할 수도 있다. 색깔, 형체, 명암 등은 대상의 특성이라기보다는 우리가 **대상을 보거나 접하는 한 방식** 또는 양식이거나, 외계의 대상과 우리의 방식 사이에서 생성되는 **중간적 특성**이다. 그래서 우리는 빨강이라는 색이 '빨강'이라는 색상 어휘 이전에 존재하는 것이라기보다는, 그 색상 어휘의 도입에 의해 비로소 외부의 사물들이 빨강이라는 색깔, 다시 말해 색깔의 규정성을 갖게 되었다고 말할 수 있다.

존재자와 언어 활동

형상들이나 원소들은 일종의 미터원기와 같다. 미터원기가 미터법이라는 측정제도의 일부로 마련되듯이, 형상이나 원소 역시 이들의 이름과 그 이름을 기초로 하는 언어적 활동과 이에 의해 형성된 세계관과 함께 등장한다. 형상이나 원소는 언어적 기술이나 서술 행위와 무관하게 존재하지 않을 뿐 아니라, 그것에 의존하여 그런 활동의 결과로서 등장하게 된다. 원소들의 언어적 대응물인 이름은 서술의 행위나 제도 밖에서는 무의미하다. 그와 같이 이름의 상응물인 원소 역시 제도 밖에서는 존재할 수 없다. 원소들은 언술 행위의 밖에서는 논리적으로 존재할 수 없으니, 언술을 떠나 이들의 존재를 운위하는 것조차 무의미하다. 이들의 언어적 대응체인 이름들은 특정 방식의 서술이나 언명에서 어떤 역할을 행하는 언어 요소로서만 존재 이유를 지닌다. 그리고 원소들은 이름의 대응체로서만 의미를 지닐 수 있다. 언어적 역할과 독립하여, 그런 역할로부터 휴가받은[41] 상태에서 원소들의 존재와 비존재를 운위하는 것은 무의미하다.

명명과 기술은 등위의 개념이 아니다. 명명은 언어 놀이를 위한 준비이고, 기술은 언어 놀이의 일부이다. 전자는 놀이의 경계를 구성함에 비해,

---

41 Wittgenstein, *PI*, 11절, 39절, 132절 참조.

후자는 놀이의 장 안에 있다. 우리는 언어와 세계 간의 관계를 재규정해야 한다. 언어는 언어 밖의 무엇을 기술하고 표상하는 매체, 또는 세계의 그림이 아니라, 우리가 외계를 접하는 방식, 우리가 외계와 관계하는 방식, 인간에게 고유한 삶의 양식이다. 언어가 기술 표상하는 것이 있다면, 그것은 언어 속에, 또는 언어에 의존하여 존재한다.

명명은 언어 놀이의 단초에 이루어진다. 물론 일단 언어 놀이의 장이 형성되면 그 안에서 명명의 행위는 수행될 수 있을 것이나, 그 경우라도 이름은 언어 밖의 무엇이 아니라, 언어에 의해 존재성을 확보하는 것, 언어 안의 무엇, 즉 또다른 언어를 지칭한다. 명명은 언어적 활동, 플라톤이 대비시키고 있는 기술의 행위를 위한 준비이다. 기술될 수는 없으되 명명될 수는 있는, 아니 명명의 대상으로서만 존재하는 원소, 형상이나 논리적 원자나 『논고』의 대상과 같은 존재는 철학적 허구이다. 이 말은 언어 놀이, 언어적 활동의 장 밖에는 실질적으로 아무것도 없다는 것을 의미한다. 명명의 대상은 언어 놀이의 장 속에서만, 그리고 언어적 활동의 일부로서 존재하기에, 그것은 동시에 명명의 대상도 되고 기술의 대상도 될 수 있는 것이다.[42]

존재한다는 것은 **언어 공동체에서 어떤 역할을 수행한다는 것**을 의미한다. 한 언어 요소는 역할의 수행을 통해 존재근거를 확보하므로, 그 언어 요소의 의미근거로서 구태여 그것에 대응하는 대상을 언어의 밖에 상정할 필요가 없다. 한 어휘에서 중요한 것은 그에 대응하는 존재자가 있느냐 없느냐는 것이 아니라, 그것이 언어 활동의 장에서 역할을 하느냐 하지 않느냐이다. 자연세계에서 어떤 역할이나 활동을 통해 생존능력을 발휘하지 못하는 것은 도태되어 버리듯이, 역할을 하지 않는 언어 요소도 도태되어 버린다. 존재론적 원자들은 이들에 상응하는 어휘들이 언어 놀이에서 역

---

42 대상이나 원소에 대한 후기의 견해는 비트겐슈타인이 전기 철학에서 대상의 논리적 형식을 통해 해결하려는 원소의 역설을 자동적으로 해소시킨다.

할을 수행하는 한에서만 존재할 수 있으므로, 존재자에 상응하는 어휘들이 존재이유를 상실하면, 그 존재자 역시 존재계에서 퇴장할 것이다. 아마도 우리는 그 어휘에 대응하는 것으로 여겨지는 존재자를 제거해도 상관이 없을지 모른다. 어휘들에 상응하는 존재를 구태여 상정함은 중복적일 것이기 때문이다.

2장

문법과 논리의 자의성

1. 비트겐슈타인의 문법 자의성론

언어 놀이의 문법과 사물의 본질

존재론적 실체가 언어 제도의 산물이라 한다면, 존재계가 우리의 언어 활동을 근거 짓는 것이 아니라, 역으로 언어 활동이 존재자의 존재와 모습을 생성시킨다. 그리고 언어 활동은 외계와는 상관이 없이 수행되는 것이다. 전통 존재론자들이 탐구해오던, 아르케, 실체, 원자, 단순자 등 존재의 기본 토대가 언어적 제도나 언어 활동의 산물이라는 비트겐슈타인의 입장은 그의 여러 핵심 개념이나 주장들, 즉 언어 놀이론, 본질문법론, 문법 자의성론에 의해 더욱 명확하게 확인된다.

주지하다시피, 비트겐슈타인 후기 철학의 핵심 개념 중 하나는 놀이 개념이다. 그는 언어 활동을 언어 놀이라 규정하고 있다. 놀이의 주요 특징은 다음 네 가지이다. 1) 놀이 활동은 놀이장 밖의 일과 무관하다. 2) 놀이적 활동은 자율적이다. 놀이자의 정체성은 놀이과정에서 획득되며, 놀이 규칙들은 외부에서 주어지는 것이 아니라 놀이과정에서 형성된다. 놀이가 이루어지기 위해 외부의 지원이 있어야 하는 것이 아니다. 3) 놀이는 목적 내재적인 활동이다. 그것은 무엇을 위해 봉사하는 활동이 아니라 그 자체의 재미를 위해서 이루어진다. 4) 놀이의 제 요소들, 놀이 동작의 의미나 놀이자의 역할은 놀이의 공간 내에서 내부적으로 의미를 취득한다.

만약 언어 활동이 놀이라 한다면, 1) 모든 놀이가 그러하듯이, 언어 활동 역시 **외계와 무관**하게 이루어진다. 2) 언어 활동은 **자율적**이다. 즉, 그 언어 요소들의 의미나 역할, 어휘 사용의 규칙들이 자율적으로 언어 공간 내에서 형성된다. 3) 언어 활동은 언어 외부의 어떤 것을 기술·보고하거나, 언어 이전에 이루어지는 것으로 여겨지는 인식이나 사고를 표현·전달하기 위한 활동이 아니다. 이 점에서 목적 내재적인 측면이 있다. 4) 어휘의 의미, 어휘 구사의 규칙인 문법은 내부적으로 형성된다. 이런 특징 중 언어는 외계와 무연하다는 것이 언어 놀이론의 핵심적인 함의로 생각된다.

우리 인간은 언어 주체이며, 언어의 질서는 인간 삶의 기반이다.[1] 우리는 비트겐슈타인의 입장을 좇아 인간의 언어 활동을 일종의 놀이, 언어 놀이라 규정해 볼 수 있다. 왜 그가 언어 활동을 놀이라 보았는지, 왜 언어가 외계와 무관하다고 보았는지는 곧 살펴보기로 하고, 우선 언어 놀이론의 함의를 살펴보기로 하자. 언어 활동이 놀이이거나 놀이의 구조를 지니고 있다면 다음과 같은 결론을 이끌어낼 수 있다.

놀이에 놀이 동작, 놀이자, 놀이 규칙, 놀이장 등이 있듯이, 언어 활동에도 발언이나 문장, 언어 주체, 언어 규칙, 언어의 장 등이 있을 것이다. 이들은 어떻게 형성되는가? 놀이 동작의 의미나, 놀이를 위한 규칙, 놀이장 등은 놀이 활동 자체에 의해 자율적이고 내재적으로 형성된다. 현재 우리

---

1 남경희, 『말의 질서와 국가』, 이화여자대학교출판부, 1997.

가 하는 놀이들, 바둑, 장기, 축구 등의 놀이는 이미 규칙이 있다. 각 놀이 동작들의 의미는 이 규칙들에 의해 결정되며, 놀이장의 성격 역시 이들에 의해 특징 지어지는 것으로 보인다. 그러나 최초의 놀이는 외계와 상관없이, 맹목적으로 그 자체의 재미를 위해서 시작된 것이다. 점차 놀이 동작이 다양해지고, 참여하는 놀이자들의 수가 늘어나면서 놀이 동작의 패턴이 생기며 규칙이 확립되고 그와 함께 놀이 동작의 의미가 형성된다. 나아가 놀이장의 경계도 점차 명확하게 구획지어진다. 놀이의 중요한 특징은, 놀이의 공간이나 규칙이 놀이 활동에 선재하지 않는다는 것이다.

어휘의 의미들과 이들의 사용 규칙들 역시 언어적 활동에 의해 취득되고 구축되며, 우리 언어 공간, 나아가 우리 삶의 공간 역시 언어 놀이의 과정에서 확보된다. 놀이 규칙들이 놀이가 진행되면서 형성되고 발전되듯이, 언어 놀이의 규칙과 언어 공간 역시 언어 활동에 선재하지 않는다. 놀이가 진행되며 형성되는 규칙들과 이를 따라 이루어지는 놀이 활동들이 엮어져 놀이의 장이 구축되며, 이 장에서 놀이를 하면서 우리는 다시 새로운 규칙을 만들어간다. 언어 놀이의 장기말이 되는 것은 바로 어휘들이다.

놀이의 또다른 특징은 놀이 활동을 통해 놀이장이 구축되고, 놀이가 진행되면서 놀이의 장이 공고해진다는 점이다. 그와 같이 언어 활동도 역시 활동이 진행됨에 따라 언어 놀이의 장이 복잡하고 섬세·정치해지며, 그 장은 점차 단단해져서, 마치 굳건한 암반이 언어 활동을 지지하고 있다는 믿음을 갖게 한다. **언어 놀이를 통해서 자연스레 형성되는 말놀이의 규칙**을 우리는 '문법'이라 표현할 수 있다. 정확히 표현한다면, 그 규칙들은 문맥, 문리 또는 이런 맥과 무늬를 따라가는 길, 말의 결의 모습으로 존재한다. 우리 삶의 세계를 구성하는 존재자나 가치는 이런 말이나 무늬의 결구로서 생성된다.

> '슬픔'이란 우리 삶의 직조물 위에서 다양한 변양으로 반복해서 등장하는 무늬를 기술한다.[2]

놀이와 언어 활동 간에는 중요한 차이가 있는 것으로 보인다. 놀이가 자율적이고 목적 내재적 활동임은 분명하지만, 언어 활동은 외부의 목적에 봉사하는 것으로 보인다. 언어 활동은 자율적인 것으로, 그 규칙은 언어 활동의 과정에서 형성된다고 인정할 수 있는 듯 보이나, 목적 내재적인 활동이라는 입장은 수용하기 어려운 것으로 생각된다. 우리의 발언과 문장은 세계와 대상에 관한 것으로 여겨진다. 언어는 의사소통의 수단이며, 세계를 인식한 바를 표현, 기술하고 보고하기 위한 도구라는 것은 의심의 여지가 없는 것으로 받아들여진다. 우리는 어휘에 상응하여 대상들이 존재한다고 믿으며, 어휘의 의미는 그 대상들의 본질을 반영하거나 그 본질에 의해 근거지어진다고 생각한다.

통념에 따르면 문법과 대상의 본질은 아무 상관이 없다. 전자는 언어적 요소이나 후자는 세계 내에 있는 것이며, 나아가 언어적인 것으로 대상과 관계 있는 것은 어휘들이지, 이들의 사용 규칙인 문법이 아니라고 여겨지기 때문이다. 나아가 언어 활동의 전형은 사실의 기술 · 보고이고, 기술 · 보고되는 사실이나 대상은 언어의 저편에 있다고 여겨진다. 대상은 문법과는 아무 상관이 없다. 대상과 관계가 있는 언어적 요소가 있다면 그것은 어휘이지 문법은 아니다.

비트겐슈타인은 이런 통념을 비판한다. 전통적으로는 언어의 의미는 대상의 본질에 의존했다. 어휘는 근본적으로는 세계 내에 있는 대상을 지칭하거나 기술함으로써 의미를 취득한다. 이것이 지칭적 의미론이다. 전기 비트겐슈타인의 입장은 이런 지칭론 또는 그림론의 전형이라 할 수 있다. 후기에 가서 비트겐슈타인은 이런 입장을 뒤집어, 역으로 대상의 본질이 오히려 언어에, 더 구체적으로 문법에 의존한다고 논한다. 발언과 문장의 주제가 되는 대상과 세계, 나아가 우리의 의사와 인식 내용뿐 아니라, 인식과 사고의 능력까지도 언어 활동의 과정에서 형성된다는 것이 그의 입

---

2 Wittgenstein, *PI*, p.174.

장인 것으로 보인다. 우리 삶에서 의미 있는 모든 존재나 가치는 문법이나 문리文理에 얽혀서 존재하고 그 정체성이 결정된다.

놀이 공간 속에 있는 것은 놀이 동작과 이들에 의해 구성되는 놀이 규칙들, 다시 이들에 의해 제약되는 놀이 행위들뿐이다. 놀이 규칙들과 놀이 동작의 관계망은 놀이장, 놀이 동작, 그리고 놀이자의 정체성과 모습을 구성하는 근간이다. 비슷한 논리를 언어 활동에도 적용할 수 있다. 우리가 존재자라 부르는 것들의 본질은 언어적 활동에 의해 형성되고 다시 거꾸로 이들을 제약하는 문법에 의해 구성된다. 존재자, 적어도 우리에게 의미 있는 존재자들은 언어 공간 속에서만 있을 수 있으며, 구체적 언어 활동의 결과이다.

> 본질은 문법에 의해 표현된다.[3]
> 문법은 무엇이 어떤 종류의 대상인지를 말해준다.[4]

본질문법론을 통해서 비트겐슈타인은 존재자란 언어 공간 속에서만 운위될 수 있음을 분명히 하고 있다. 문법은 어휘들의 사용 규칙이다. 어휘에는 대응하는 대상이 있어야 할 것이고, 그것은 언어 공간 밖에 존재해야 할 것으로 생각되는데, 비트겐슈타인은 그런 기대를 뒤집고 있다. 이 대상은 언어의 밖에 존재하는 것이 아니라, 언어 내부에서 형성되는 것으로 그것의 **모습과 본질은 바로 그 대상에 대응하는 어휘들의 사용규칙**이라는 것이다. 가령 사과의 본질은 '사과'라는 어휘의 문법, 이 어휘의 사용 규칙이다. 이런 규칙의 실질은 다른 어휘들과의 관계방식이다. 그러므로 사과의 본질이 그에 대응하는 어휘 '사과'의 문법이라 한다면, 그 본질을 구성하는 것은 무수히 많은 다른 어휘들과의 올바른 관계망이다. '사과'라는

---

3 Wittgenstein, *PI*, 371절.
4 Wittgenstein, *PI*, 374절.

어휘는 물론 달콤하고 시큼하기도 하고, 겉과 속의 색깔이 다르고 아삭거리는 식감을 지닌 열매를 뜻하겠지만, 나아가 창세기와 윌리엄 텔, 가을, 심지어 (대표적인 사과 품종 이름이 '후지'이므로) 후지산山과 연관되는 것이기도 하다. 이렇게 볼 때, 대상의 본질은 일종의 핵심, 명석판명한 의미체, 울타리가 명확한 원의 모습으로 존재하는 것이 아니다. 그것은 사과에 관한 문장들의 네트워크, 그물망, 다른 어휘들과의 관계망, 그것도 앞으로 새로운 것과의 관계에 열려 있는 개방적 관계망으로 존재하며, 명확하게 정의할 수 없는 애매모호함을 특징으로 하는 방사적 관계망으로, 구심적이기보다는 원심적인 것으로 존재한다.

대상이나 대상의 본질은 언어 놀이의 과정에서 구체적이고 개별적인 언어 활동에 의해 생성된다. 문법이나 논리는 언어 놀이의 과정에서 형성되는 것이니, 외계와는 무관하고, 초월적 질서나 선험적 범주 등과는 아무 상관이 없다는 것이다. 이런 입장을 더 추구해 나아가면, 인간의 사고나 이성 역시 언어 활동의 결과로 볼 수 있다. 나아가 언어는 사회적 매체이므로, 사고와 이성 역시 사회적 소산이라고 할 수 있다.[5] 언어가 표현한다고 하는 생각이나 인식 내용은 그 자체가 일종의 언어이므로, 언어 활동은 자기봉사적이고 목적 내재적일 수밖에 없다. 우리는 통상 언어는 의사소통의 도구라고 생각해왔지만, 이제 이런 견해는 수정될 필요가 있다.

앞 장에서 논의한 바와 같이, 실체는 언어 제도의 산물이다. 그러므로 대상은 언어 놀이의 방식이 달라짐에 따라, 언어 제도가 변경됨에 따라 없어질 수도 있고 새로이 생겨날 수도 있으며, 그 본질 역시 가변적이다. 인식의 활동이란 인식 주체 자신이 만든 바를 이리저리 새로운 단위로 재어서 재배치하고 재구축하는 활동일지도 모른다. 외계를 미분적인 측정 단위로 재어서 그리면 자연과학의 세계가, 거시적으로 보고 재어 적분하여 그리면 인문 · 사회과학의 세계가 전개된다.[6]

5 이에 관해서는 본서 4장, 11장 참조.

문법 자의성론과 그 논거

본질 문법론은 전통적인 본질론과는 전혀 다른 입장으로, 존재의 언어 의존성에 대한 입장과 관련이 있다. 이에 대한 논의는 다른 장에서[7] 자세히 하기로 하고 우선 문법에 대한 그의 언명을 계속 들어보자. 흥미로운 것은 그가 본질을 문법이라 정의한 뒤 바로 이어서, 이런 문법, 즉 대상의 본질을 구성하는 문법이 필연적인 것으로 여겨지지만, 그렇지 않고 오히려 자의적인 것이라 주장하고 있다는 점이다.

> 다음을 고려하라: 언어에서 내재적 필연성에 상응하는 유일의 것은 자의적 규칙이다. 이것이 우리가 내재적 필연성에서 짜내어 명제에 주입할 수 있는 유일의 것이다.[8]

다른 저술에서는 더욱 명백히 문법의 규칙들이 자의적이라 규정하며 그 이유를 논하고 있다.

> 왜 나는 요리술의 규칙들은 자의적이라 부르지 않고, 왜 문법의 규칙들은 자의적이라고 부르려 하는가? 그 이유는 '요리술'의 개념은 요리술의 목적에 의해 정의된다고 생각하지만, '언어'의 개념은 언어의 목적에 의해 정의된다고 생각하지 않기 때문이다. 올바른 규칙과는 다른 규칙들에 따라 요리를 하는 경우, 우리는 형편없는 요리를 하게 된다; 그러나 장기 규칙들과 다른 규칙들을 따른다면, 우리는 다른 놀이를 하는 것이다…….
>
> 문법의 규칙들은 측정 단위의 선택이 자의적인 것과 같은 의미로 자의적이다. 그러나 이 말이 의미하는 바는 단지 다음 이상을 의미하지 않는다: 단

---

6 어휘는 측정 단위, 도량형이라는 입장은 『순자荀子』의 「정명」 편 참조.

7 본서 3부와 4부의 여러 장들.

8 Wittgenstein, *PI*, 372절.

위의 선택은 측정될 대상들의 길이로부터 독립되어 있다는 것, 그리고 한 단위의 선택은 '진리' 이고 다른 단위의 선택은 '허위' 인 것이 아니라는 것이다. 물론 이는 '길이의 단위' 라는 어휘의 문법에 대한 언급이다.[9]

어떤 실재가 문법을 설명해 주는 것은 아니다. 의미를 결정하는(구성하는) 것은 문법적 규칙들이고, 그래서 문법적 규칙들 자신은 그 어떤 의미에 상응해야 하는 것이 아니고 그런 한에서 자의적이다.[10]

대체 문법이 자의적이라는 말의 의미는 무엇인가? 문법이 자의적이라 한다면, 대상의 본질 역시 자의적이라 할 것인데, 대상이 자의적이라면 대상들에 의해 구성되는 세계 역시 자의적이라는 말인가? 왜 비트겐슈타인은 이렇게 자의성을 강조하여 말하고 있는가? 문법이 자의적인 이유를 앞의 인용문에서 찾아보면 다음과 같다.

(1) " '언어' 의 개념은 언어의 목적에 의해 정의되지 않기 때문이다." 언어가 봉사할 언어 외부의 목적이란 없다. 언어에 대한 기존 입장에 따르면, 언어는 철저히 도구나 수단이며 매체이다. 언어적 표현이란 정신에 의해 형성된 사유 내용을 타인이 시청각적으로 인지할 수 있게 표현하는 수단이요, 타인에게 전달하는 매체이다. 그리고 이를 통해 세계의 모습을 객관적으로 그려 보이는 것이다. 비트겐슈타인은 이런 입장을 비판하고 있다. 그에 따르면, 언어 활동은 자기목적적인 활동이라는 점에서 놀이와 유사하다. 이 지구상에는 무수히 많은 자연 언어들이 있다. 이들 각각에 담

---

9 Wittgenstein, *Philosophical Grammar*, 184-5절.

10 Wittgenstein, *Philosophical Grammar*, 184; 186절 참조. (*Zettel*, 357절의 다음 문장도 참조: "우리는 수의 체계를 갖는 방식으로 색들의 체계를 갖고 있다. 이들의 체계는 우리의 본성 또는 사물들의 본성에 거하는가? 우리는 어떻게 말해야 하는가? - 수들이나 색깔들에 거하는 것은 아니다." 이에 관해서는 다음의 논의 참조: Baker & Hacker, *Wittgenstein: Rules, Grammar and Necessity*(An Analytical commentary on the Philosophical Investigations, Vol 2), Blackwell, 1985.

겨 있는 세계의 모습이나 삶의 방식은 제각각이다. 그런데 이들 중 어느 것은 진리요 어느 것은 허위이며, 어느 것은 옳고 어느 것은 그르다 평가하고 판단할 수 있는, 일정한 하나의 모습을 지닌 언어 외부의 세계란 없다. 있다고 해도 그런 것은 인식할 수도 없다. 언어 활동은 외부 세계와의 관계 하에서 이루어지는 것이 아니라, 그것과 무관하게 자의적으로 이루어진다. 그러하기에 언어는 자율적이며, 그 점에서 모든 자연 언어의 체계는 말 그대로 자연스럽게 형성된 것이다.

(2) "문법의 규칙들은 측정 단위의 선택이 자의적인 것과 같은 의미로 자의적이다." 길이 측정 단위는 측정될 대상들의 길이로부터 독립되어 있다. 그 단위의 선택은 임의적이다. 그와 같이 언어의 문법도 언어적으로 기술될 것으로부터 독립되어 있다는 것이다. 길이를 가진 대상 x는 미터 자로도, 야드 자로도, 손바닥으로도 잴 수 있다. 길이를 지닌 어떤 대상 x가 자신의 길이를 드러내기 위해 특정의 단위를 요구할 수 있는 것은 아니다. 문법은 기술되거나 언술될 수 있는 것으로부터 독립적이다. 즉 언술되는 것이 자신의 언어적 모습을 위해 특정한 어휘나 기술 방식을 선택할 수 있는 것이 아니다. 우리는 그것을 언술하기 위해 임의적으로 다양한 어휘들을 동원하고 임의적으로 다양한 시각에서 기술할 수 있다. 그 대상은 다양한 어휘들에 의해, 다양한 시각과 측면에서 기술될 수 있으며, 이런 기술 방식에 의해 그것의 모습과 본질이 결정된다는 것이 비트겐슈타인의 주장이다. 이 말의 함의는 대상이란 임의적인 언어 기술 이전에 선재적으로 모습이나 본질을 지니고 있지 않다는 것이다.

(3) "어떤 실재가 문법을 설명해 주는 것은 아니다." 이런 입장을 우리는 그의 전기 철학과, 더 일반적으로는 서구 전통 존재론의 강령과 비교할 수 있다. 그의 전기 존재론에서 실체인 대상은 논리적 형식을 지니고 있어, 이것에 따라 그를 기술하는 문장이 무의미할 수도 있고 유의미할 수도 있으며, 의미 있는 경우에는 진일 수도 있고 허위일 수도 있었다. 더 일반적으로, 서구 존재론이나 학문의 진리 개념은 세계를 기술하는 문장들이

합법적으로 구성되어야 함을 전제한다. 합법성의 기준은 언어 밖 세계에 있었다. 문법은 논리를, 논리는 세계의 구조를 반영해야 한다. 그의 문법 자의성론은 이런 강령을 기초로 하는 존재론의 전복을 선언하는 것이다. 전통적인 입장에 따르면, 본질이 문법을 결정하는 것이었으나, 이제는 그 반대로 **문법이 대상의 본질을 결정한다**.

우리는 비트겐슈타인의 입장을 곧 논의할 소쉬르의 언어 이론과 그의 언어 기호의 자의성 논제와 비교해볼 수 있다.[11] 비트겐슈타인의 자의성 논제는 전통의 지칭적 의미론 또는 그림 의미론을 전면적으로 비판하기 위한 것이다. 그런 점에서 소쉬르와 비슷한 의도를 담고 있다. 그는 이런 비판을 통해 새로운 의미론을 제시하는 데에 그치는 것이 아니라 의미란 일종의 신화라고 규정하면서 의미라는 개념 자체에도 회의적인 시선을 보낸다.[12] 언어 기호의 의미는 그에 상응하는 대상이나 그에 대한 인식 내용에 의해 결정되고 영향을 받는다는 것이 전통의 입장이었으나, 후기 비트겐슈타인에 따르면, 그것은 언어 놀이 속에서 우리가 그 기호를 어떻게 사용하는가에 의해 결정된다. 장기 놀이의 장기말이 하는 역할은 놀이의 국면에 따라 역동적으로 변화하며, 사용의 문맥은 특수적이므로, 기호의 의미 역시 그에 따라 가변적이다.

자의성 논제의 인식론적 함의

우리는 위의 논평들에서 비트겐슈타인이 말하는 문법의 의미, 문법이 자의적이라는 주장의 의미를 정확히 이해할 필요가 있다. 그가 말하는 문법은 통상적 의미의 문법보다 폭이 넓다. 그의 문법은 언어 요소들 간의 결합 법칙을 의미하는 일상적 의미의 문법을 포함하여 어휘나 문장의 사

---

11 비트겐슈타인과 소쉬르 간의 유사성에 관해서는 다음 참조: R. Harris, *Language, Saussure and Wittgenstein*, Routledge, 1988.

12 Wittgenstein, *PI*, p.147.

용규칙 모두를 포괄한다. 더 나아가 그의 문법은 우리 삶의 규칙들을 총체적으로 일컫는다. 우리 삶의 규칙 전체를 문법이라 할 수 있는 이유는, 우리의 삶이 언어에 의존되어 있으며, 우리 삶의 행로가 언어의 사용법에 의해 규제되기 때문이다.[13]

비트겐슈타인에게 어휘들의 의미란, 어휘의 사용 이전에 선재하여 어휘 사용을 위한 규칙의 역할을 하는 것이 아니다. 오히려 그 의미는 어휘들의, 더 정확히는 언어 기호 또는 기표들의 사용 규칙들에 의해 구성된다. 그러므로 문법적 규칙들은 어휘들의 의미를 구성하는 구성적 규칙들이기도 하다. 문법이 자의적이라면 그에 의해 구성되는 의미, 나아가 **사물의 본질들 역시 자의적**일 수밖에 없으며, 이런 귀결은 혁명적인 주장을 함축한다. 사물의 본질은 언어 밖의 세계에 존재하는 것들에 대해 자의적이므로, 언어 밖의 세계는 우리의 인식과 아무 상관이 없다. 또는 일정한 모습을 지닌 것으로서의 사물들은 외계에 있는 것이 아니다. 우리는 존재계를 임의적으로 구성할 수 있고, 그러하기에 우리는 존재론을 재정의해야 한다.

통상적으로 우리는 생득적인 인식 능력에 의해 외계를 인식하거나 사유 활동에 의해 어떤 생각들을 형성하고 의미를 파악한 후, 이를 표현하고 전달하기 위해 언어를 표현 도구나 전달 매체로 고안하여 사용한다고 생각해 왔다. 대상들은 물론이고 생각이나 의미들은 언어에 앞서 존재한다. 동일한 사유 내용이 영어로, 한국어로, 독일어로 표현될 수 있으며, 이 동일한 생각을 어떤 식의 외적 언어 기호를 선택하여 표현할지는 상황에 따라 달라질 수 있는 우연적이고 자의적인 것이다. 이에 비해 표현될 내용으로서의 인식이나 사유 내용, 또는 그 의미는 우리의 사유 활동이 세계와 관계함으로써 취득되는 것이므로, 세계와 필연적이거나 긴밀한 내적인 관계를 갖는다는 것이 전통적인 믿음이었다. 사고나 의미, 인식 내용 자체는

13 이에 관해서는 2부의 장들 참조.

외부 세계와 그림, 표상, 유사성, 인과성 등의 관계, 나아가 필연적인 관계까지 맺고 있다는 것이 보통 사람들은 물론이고 플라톤 이래로 서구 철학자들의 전통적인 믿음이었다. 비트겐슈타인 자신도 이런 믿음을 그의 전기 저서 『논리철학 논고』에서 언어 그림론을 통해 표현했다.

문법이 자의적이라는 비트겐슈타인의 주장은 이런 서구 전통의 믿음을 근본적으로 재고하도록 요구한다. 우리는 흔히 세계가, 그것이 실재계이든 현상계이든 간에, 하나의 일정한 모습을 지니고 있다고 믿는다.[14] 존재론이나 학문의 이념은 그 하나의 모습을 인식하는 것이다. 학적인 수준에서가 아니더라도 인식의 활동이란 인간에게 가장 특유하며 기본적인 활동이다. 우리의 삶의 토대가 되는 인식의 대상은 당연히 우리 삶이 그 속에서 영위되는 세계의 모습일 것이다. 사유의 내용이나 의미는 세계에 대한 이런 인식 활동을 통해 형성된다고 믿어지므로, 이들은 당연히 세계의 모습과 필연적이거나 인과적인 관계, 또는 '투사'나 '그림' 또는 '지칭'의 관계를 맺고 있어야 할 것이다. 달리 표현하면, 우리의 언어와 의미들은 세계 내의 존재자들과 단단한 끈으로 연결되어 있다고 믿어져왔다. 적어도 우리의 사고나 의미는 허공에서 형성되거나 우리의 머릿속에서 자생적으로 성장하는 것이 아니라는 믿음이 서구 존재론과 인식론, 나아가 학문 이념의 기초를 형성해왔던 뿌리 깊고 굳건한 신조였다.

우리가 어느 정도는 세계 속에서 성공적으로 삶을 영위해가고 있다는 사실은 우리의 사고, 인식, 의미가 세계의 모습과 긴밀한 관계를 맺고, 그 모습을 성공적으로 인식하고 있음을 입증해주는 듯하다. 그래서 우리의 사고, 인식, 언어적 기술이 우리 밖의 외계에 대해 우연적이고 자의적이라는 주장은 전혀 설득력이 없어 보인다. 과연 그럴까? 과연 세계가 그 자체로서 자신의 모습을 지니고 있는가? 지니고 있다고 해도 그 모습이 하나

14 동아시아적 사고에서는 이런 식의 사유가 없다. 하나의 대상의 모습, 진리라는 개념이 생소하다. 그 대신 전체의 상, 흐름, 변화하는 상의 개념이 있다.

라고 할 수 있을까? 하나의 모습을 지니고 있다 해도 우리는 그 모습을 인식할 수 있을 것인가? 그 모습이라는 것이 우리 인간의 언어적 인식틀에 담길 수 있는 그런 것인가? 우리가 살면서 그리고 있는 세계가 외계 자체의 모습 그대로는 아니어도 그 근사치는 된다고 볼 수 있지 않을까? 다른 한편으로, 세계가 과연 언어와 같이 분절되어 있을까? 언어 내의 분류 체계가 세계의 분류 체계를 반영한다고 할 수 있는가?[15] 통상의 믿음과는 달리 인식과 언어적 기술은 우리로 하여금 세계의 모습을 접촉하게 하기보다는 오히려 세계의 모습에서 멀어지게 하는 것은 아닐까?

2. 의미와 마음의 위상

표현과 의미의 구분

전통적인 의미론에 따르면 어휘의 의미는 그 어휘 내부에 또는 그것을 사용하는 사용자들의 마음이나 인식 내용 속에, 또는 인식 대상이 되는 사태에 있다. 그리 존재하는 의미는 화자가 그 어휘를 사용하는 방식을 규제하는 규칙의 역할을 한다. 어휘의 의미는 그 어휘 사용 이전에, 그리고 사용 문맥과 독립하여 존재해야 의미의 규제적 역할을 할 수 있다는 것이 선재론의 한 주요 논리였다.

이와 긴밀하게 연결되어 있는 것이 언어와 사유 간의 관계이다. 사유는 언어에 앞서며, 언어는 단지 사유를 표현하기 위해 고안된 도구에 불과하다고 믿어왔다. 사유는 말하자면 내적인 언어인데, 이 내적인 언어에서 화자는 의미들을 연결하여 발화를 위한 준비를 한다는 것이다. 언어와 독립

15 어떤 의미에서는 그렇다. 그러나 그 이유는 언어가 세계를 인식한 결과를 표현하기 때문이 아니라, 세계의 모습, 분류가 언어 체계에 의해 결정되거나 영향을 받기 때문이다.

적이고 그에 선재적인 사유 능력이라는 것이 있다면, 사유 대상이자 내용으로서 의미가 있어야 한다. 의미의 선재성이 요구되는 이유는 사유가 언어에 앞선다는 신념 때문이다. 서로 다른 언어들 간에 번역이 가능한 이유는 표현의 배후에 의미가 매개되어 있기 때문으로 보이며, 논리학에서의 사용과 언급의 구분은 이를 지지하는 듯하다.

'비가 온다'라는 한국어 문장과 'It rains'라는 영어 문장은 표현은 다르나 그 의미는 같아 보인다. 이들 문장의 의미는 경험적으로 관찰되거나 사유 능력에 의해 파악되어 우리의 사유 내용을 구성한다. 두 언어 간의 번역은 이 의미를 매개로 이루어진다. 의미론에서 이루어지는 어휘의 사용use과 언급mention 간의 구분은 표현과 의미 간의 구분에 기초한다. 다음의 두 문장을 비교해보자.

(A) "숲에는 나무가 많다."

(B) "'숲' 에는 나무가 많다."

전자는 진리이나, 후자는 허위이다. 전자에서 '숲'은 일정한 의미를 지닌 표현으로 사용되었으나, 후자에서는 의미가 배제된 채 단지 한글 표현으로서 언급되었을 뿐이기 때문이다. 이에 대해서 긴 논의는 생략하고 다음의 몇 가지만을 지적하기로 하자.

첫째, 사용과 언급의 구분은 당연하다고 생각되지만, 그렇지 않은 경우가 있다. 한문과 같은 상형문자에서는 사용과 언급의 구분이 없다.[16] 상형문자의 의미는 그 자신의 모습에 의해 표현되기 때문이다. 한문에 관한 다음의 두 문장을 위의 문장들과 비교해보자.

---

16 일반적으로 고대 언어에서는 인용부호가 발달하지 않았으며, 이는 그들이 한 어휘의 사용과 언급 간의 구분을 의식하지 않고 있었음을 시사하는 것일 수 있다. 그들은 근·현대인들과는 달리, 언어 그 자체를, 그것이 음성문자적이든 상형문자적이든, 의미나 존재로 보았을 수도 있다.

(C) "森林에는 나무(木)가 많다"

(D) "'森林' 에는 나무(木)가 많다"

앞서 나온 두 문장에서와는 달리 이 경우 (C)와 (D)는 모두 진리이다. 두 문장 모두에서 '森林'은 동시에 한문적 표현이기도 하고 그 표현의 의미이기도 하기에, 하나의 동일한 한문 어휘가 동시에 **언급되면서 사용되었다**고 말할 수 있다. 한문과 같은 상형문자적 언어권에서는 기표와 기의, 표현으로서의 어휘와 그 의미를 구분하지 않았을 가능성이 있으며, 그래서 따옴표와 같은 장치가 불필요하다.

둘째, 사용과 언급의 구분은 근원적인 것이 아닐 수 있다. 비트겐슈타인이 주장하듯이 어휘의 의미가 사용에 의한다고 한다면, 또는 소쉬르가 논하듯이 의미의 취득이 차이의 체계에 의한다면, 표현과 의미, 기표와 기의는 구분되기 어려울 것이다.[17] **사용 의미론에서 사용되는 것은 기표이며, 차이의 체계에서 차이를 보이는 것 역시 기표**일 것이기 때문이다. 그렇다고 한다면, 상형문자권만이 아니라 음성문자적 언어권에서도, 적어도 언어 발전의 초기 단계에서는 표현과 의미 간의 차이가 없었을 것이며, 따라서 어휘의 사용과 언급은 구분될 수 없었을 것이다. 문자가 도입되기 이전 구술 문화의 단계에서는 표현과 의미 간의 구분이 없었다는 점을 유념할 필요가 있다. 고대의 음성 문화 시대는 물론이고 문자가 도입된 이후에도 상당 기간 동안 문자가 바로 존재라고 믿어졌거나, 의미의 개념이 확실히 형성되어 있지 않아, 표현의 사용과 언급 간의 구분이 이루어지지 못했을 수도 있다.

셋째, 의미의 존재에 대한 논거로 상이한 언어들 간의 번역 가능성을 제시하지만, 아주 기초적인 문장의 경우에도 완전하게 정확한 번역은 불가

17 소쉬르는 실제 기의/기표가 종이의 표리 관계에 있다고 본다. F. de Saussure, *Course in General Linguistics*, McGraw-Hill, 1959. 이하 *Course*로 줄인다.

능하다. 나아가 원초적 번역의 상황에서는 번역 가능성의 조건으로 진리 조건과 배경적 믿음의 전반적 동일성 등이 전제되어야 하는데,[18] 이런 전제 요소들은 언어권마다 다를 수밖에 없다. '비가 온다'는 한국어 문장과 'It rains'라는 영어 문장이 공유하는 하나의 동일한 의미 또는 명제가 존재한다거나 동일한 사태를 기술한다는 믿음은 재고되어야 한다. 한국어에서는 '비'가 명사임에 비해 영어에서는 'rains'가 동사라는 사실에 주목할 필요가 있다. 두 언어권에서 동일한 기상 현상을 언어화하는 방식이 전혀 다르다. 한국적 사고에서 비는 **실체화**되어 있으나, 영어적 사고에서는 rain이 **동사적 현상**으로 간주되고 있다. 동일한 사태를 한국어와 영어는 전혀 달리 범주화하고 있으며, 이런 언어적 사실은 하나의 동일한 의미가 있다는 믿음을 회의하게 만든다.

이상의 이유에서 근원적으로 표현의 사용과 언급, 표현과 의미, 기표와 기의가 구분되는 것이 아니라고 한다면, 이는 표현의 의미는 표현과 독립적으로 존재하는 것이 아니라 한 언어권 내에서 그 표현의 사용방식임을, 즉 그 표현의 어법이나 문법임을 시사한다.

말과 생각 : 언어 없는 사유는 가능한가?

전통적인 의미론과 관련하여 더 근원적으로 검토해야 할 전제는 사유와 언어의 관계에 관한 것이다. 일반적으로 사유는 언어에 선재한다는 것이 통념이며, 현 단계에서는 어느 면에서 타당한 점이 있다. 근원적으로는 어떤 것이 선재적일까? 통념에 대한 여러 반론을 생각할 수 있으나, 여기에서는 사유 선재론에 대한 한 가지 논변만을 간략히 언급하도록 하겠다.

인간에게 사유 능력이 있으되, 사유 능력이 언어 능력으로부터 독립적이며, 언어 사용 이전부터의 타고난 능력이라고 해보자. 그러면 언어 능력

---

18 D. Davidson, *Inquiries into Truth and Interpretation*, Oxford Clarendon Press, 1984 참조.

은 사유 능력과는 무관하거나 사고 활동에 대해 우연적인 것이 된다. 인간은 사유 내용을 표현하기 위해 언어와는 판이하게 다른 표현 도구를 채택할 수도 있으며, 표현 여부에 전혀 관심이 없을 수도 있다. 시청각적인 매체로 표현하지 않고 초음파나 텔레파시와 같은 특별한 전달방식을 고안할 수도 있을 것이다. 사유 능력이 언어 능력의 도움 없이도 발전하고 발휘될 수 있는 것이라면, 진화의 과정을 거치지 않고서도 인간에게 주어질 수 있을 것이다. 인간이라는 생명체의 다른 능력이나 특징과는 달리 사유의 능력만은, 전통적으로 생각되어왔듯이, 신에 의해 창조되어 인간에게 선물로 주어졌을 수도 있으며, 정신 유전자가 우주 어디선가 혜성처럼 날아와 우리 두뇌에 이식된 것일 수도 있다. **사유 독립론은 일종의 창조론을 함의한다**.

그런 신적인 능력은 방금 지적한 것처럼 텔레파시와 같은 특별한 전달매체를 고안할 수도 있다. 또는 사유 내용을 전달하는 것이 아니라, 아예 그 사유 내용의 근거가 되는 존재나 사태의 모습을 타인에게 직접 보게 할 수도 있을 것이다. 무엇을 보고서 이를 이야기로 전달하기보다는, 할 수만 있다면, 당사자가 직접 보게 하는 것이 훨씬 더 진리 전달에 효과적일 것이다. 가령, SF 영화에서 그러하듯 당사자를 순간이동시켜 현장을 목격하게 할 수도 있을 것이다. 그러나 그런 경우에 사유란 것이 과연 존재할 수 있는 것인지, 있다면 그런 사유의 구조가 어떤 것인지, 언어와 무관한 사유란 어떤 모습일지 상상하기 힘들다. 육신이 없는, 따라서 언어를 사용하지 않는 정신적 주체들의 인식 활동이나 이들 간의 의사소통이란 대체 어떤 모습일까? 아니 그런 존재들 사이에 의사소통이 필요하기는 한 것인가?

더욱 심각한 난점이 기다리고 있다. 사유 능력이 언어 능력과 무관한 것이라면, 바위나 깡통, 심지어 공기 등이 사유하지 않는다고 확언할 수도 없을 것이다. 이들은, 인간과는 달리 감각기관이 없으며 말할 수도 없지만, 오히려 그런 까닭에 그런 것들의 방해 없이[19] 인간보다 더욱 심오한 사유 속에 잠겨 있거나, 텔레파시나 인간이 전혀 알 수 없는 그들 고유의 방식으로 다른 인식 주체들과 교유하는 초능력적이고 초사유적인 존재일 수 있다. 망부석은 설화가 전하는 것처럼 실제로 멀리 떠난 낭군을 천 년 이상 기다리며 그리워하고 있는 중이며, 북한산의 인수봉은 고뇌에 찬 사색 속에서 바위로 굳어버렸는지 모를 일이다. 아낙사고라스의 말대로 모든 것에는 모든 것이 있어서 공기 속에도 미세한 사유 주체들이 퍼져 있으며, 대기 중에는 사랑과 정의의 동질소同質素 입자들이 떠돌고 있어서 우리가 사유하고 사랑하며, 정의 실현의 여부는 그런 입자들의 호흡 여부에 달려 있다고 할 수도 있다. 공기가 탁한 곳에서는 정신도 탁해진다. 그런 곳에서는 사랑도 정의도 실현되지 않는다!

공기가 사유하는 이런 세계의 가능성은 흥미롭고 환상적이기는 하지만 당혹스러운 결과를 야기한다. 이런 세계가 가능하다면, 모든 것이 가능하다. 그리고 모든 것이 가능한 세계에서는 모든 것이 불가능하다. 어떤 것은 가능하고 어떤 것은 불가능해야 혼돈을 피할 수 있으며, 질서란 가능성이 일정하게 제약될 때, 일정한 것만이 가능할 때 자리 잡을 수 있다. 상상이란 사유의 무한한 확장 가능성, 제약적인 현실을 넘어서 날개를 펴고 무한 천공으로 비상할 수 있는 가능성을 함의하는 개념이기는 하다. 하지만 상상력이란 밀랍으로 만든 이카로스Icarus의 날개와 같은 것이어서 항상 태양과 일정한 거리를 유지하는 경우에만, 즉 일정한 한계 안에서만 우리를 날게 할 수 있다. 상상력에는 한계가 있으며, **상상의 세계가 유의미할 수 있는 이유는 그런 한계 때문이다**.

의사소통이 언어의 교환, 더 정확히는 기표의 교환 활동을 필수적으로 요청한다고 한다면, 기표 또는 언어는 사고에 필수적이라고 보아야 하며

---

19 전통적으로 감각은 이성적 사유에 방해 요인, 이성적 인식을 오염시키는 요인이라고 믿어져왔다. 대표적으로 플라톤은 죽음을 정신이 신체로부터 해방되는 계기로 상정하기도 했으며, 칸트의 선험성의 이념은 인식의 보편성과 실천의 순수 도덕성을 확보하기 위해 경험적인 것을 제외하기 위해서였다.

그 경우, 사고 능력의 형성에 언어 활동은 핵심적인 기여를 하지 않을까? 사유 능력이 언어 능력과 독립적일 수 없다면 양자 간의 올바른 관계는, 인간의 사유가 스스로의 객관화를 위해 언어를 도구로 고안했다기보다는 언어 활동의 결과 사유가 발달했다고 보는 것이 타당할 것이다.

언어 선재론에 대해 흔히 제기되는 반론은 다음의 둘, 즉 헬렌 켈러와 같은 중증 장애자의 사례와 '말로 표현할 수 없는 사유'의 존재이다. 사유 선재론자들은 중증 장애자들이 언어 능력을 습득할 수 있는 이유가 그들에게 사유 능력이 선재하기 때문이라고 논한다. 하지만 그 사례들을 자세히 살펴보면, 주위 사람들이 이들에게 음성은 아니지만 촉각이나 몸짓 등 다른 방법에 의한 의사소통법을 체계적으로 학습시켰다는 것을 확인할 수 있다. 그런 비음성적 의사소통법은 일종의 언어라고 할 수 있으며, 따라서 그들은 언어 습득을 통해 선천적 장애를 극복하고 정상적인 사고 활동을 할 수 있었던 것이다. 그들의 사례는 사유 선재론을 입증하기보다는 오히려 그들이 정상적인 사유 활동을 하기 위해서는 타인들과의 의사소통 방법을 배워야 함을 지원한다. 일반적으로 관찰되는 바에 따르면, 청각 장애인(농자, 聾者)이나 언어 장애인(아자, 啞者)이 정상인들과 의사소통하는 법을 배우지 못하면, 사유 능력에서 지체를 보인다고 한다. 그들은 장애로 정상적인 언어 활동이 저해되어 있으므로, 그들에게 가능한 다른 감각들, 가령 시각이나 촉각 등을 동원하여 타인들과 정상적인 언어와 유사한 방식의 의사소통 방법을 익히고, 이와 함께 사유의 능력을 취득하는 것이다. **타인과의 의사소통에 의한 자극** 없이는 사유 능력은 발달하지 않는다.

소위 '말로 표현할 수 없는 사유'의 경우는 어떤가? 말로 표현할 수는 없지만 어떤 내용 있는 사유가 있다고 생각되는 이유는 무엇인가? 이는 다름 아니라 우리의 의식 구조 자체가 언어적으로 분절되어 있기 때문에, 우리의 의식이 우리의 사유 내용을 언어적으로 표현하길 요구하고 있기에 그런 사유가 포촉되는 것이다. 우리의 의식이 언어망으로 교직되어 있지 않다면 그런 사유의 존재 여부도 파악되지 않을 것이다. 원숭이나 바퀴벌

레에게, 아니 더 가까이 유인원이나 유아에게 '말로 표현할 수 없는 사유' 나 '말로 표현되기를 기다리는 사유'가 있을까? '말로 표현할 수 없는 사유'의 존재는 오히려 무엇이 우리의 사유 내용이 되기 위한 기준이 언표가능성임을 지원해준다.

3. 어휘 의미 형성에서 공시성과 통시성

어휘 의미의 형성과 공시성

본질 문법론, 문법 자의성론, 기표의 사용과 언급의 구분 부정, 언어 선재론 등을 수용할 때, 의미는 제거되어야 할 것으로 보인다. 실제로 비트겐슈타인은 '의미'는 신화라 비판하면서, '의미'라는 어휘의 사용에 소극적인 태도를 보이고 있다. 그러나 위에서 언급한 바와 같이 어휘는 단지 끼적임이나 흔적에 불과한 것이 아니다. 의미는 아니어도 기표나 어휘의 사용을 위한 기준과 같은 것은 있어야 한다. 그래서 그가 제안한 것이 의미 사용론인데, 이는 순환적이다. 의미를 어휘 사용을 위한 기준이라고 한다면, 기준은 어휘 사용에 선행적이어야 하지만, 한 어휘의 사용례는 어휘 사용 후에 생기는 것, 즉 후행적이기 때문이다. 순환의 고리를 끊는 한 방안은, 소쉬르와 같이 어휘 또는 언어 기호의 최초 사용은 자의적인 것으로 간주하고 이후의 사용은 최초의 사용례를 유비로 하여 이루어진다고 보는 것이다.

여하간 비트겐슈타인의 사용 선재론을 수용하더라도, 사용례들로부터 단일한 의미가 생성되기 위해서는 두 가지 조건이 충족되어야 한다. (1) 우선, 한 어휘의 연속적인 사용례들 사이에서 유사성이 인지되어야 하며, 이들이 연결되어 하나의 연쇄가 구성되고, 그래서 이 연쇄 고리들 사이에서 가족 유사적인 관계가 확인되어야 한다. 연쇄 고리 역할을 하는 것은 물론 어휘의 표현, 즉 기표일 것이다. (2) 다음으로 사용례들의 연쇄가 가족 유사적인 관계를 맺고 있더라도, 이런 관계 자체가 어휘 사용을 위한 기준 역할을 하기에는 불충분하다. 이들 사용례들 사이의 국면적 유사성들은 총체적으로 통합되어, 느슨하고 모호하기는 하지만 여하튼 하나의 울타리에 의해 한계가 지어지고, 그리고 어느 정도는 하나의 모습을 형성해야 고정적인 기준 역할을 할 수 있기 때문이다.[20] 어휘 사용 기준은 여러 언어 주체들 사이에서 공유되어야 하는 것이기에 **하나임의 조건**은 필수적인 것으로 보인다. 잠정적으로라도 그런 고정적인, 나아가 **공유된 의미의 안정성**이 없으면, 어휘의 사용, 이들 의미의 이해, 그리고 의사소통은 불가능할 것이다.

이 두 조건을 충족시키기 위해서는 새로운 차원이 전개되어야 한다. 이는 소쉬르가 말하는 공시성의 차원과 같은 것이다. 통시성이나 시간성을 좌에서 우로 직선 이동해 가는 화살의 궤적으로 비유한다면, 공시성의 지평은 이 궤적의 이동선을 정지시키고서 그 정지점에서 역으로 세운 원추형 바닥에 구축한 공간과 같은 것이다.

이런 공간은 어떻게 구축되는가? 언어도 자연의 사물들과 같이 시간의 흐름을 따라 변화해간다. 이것이 언어의 통시성이다. 현재 우리가 사용하는 언어는 무수히 많은 언어 요소들로 구성되어 있는데, 이들은 오랜 시간의 변화 과정을 겪어왔다. 이런 변화 과정을 진화에 비유하여, 자연 진화에 대응해 언어 진화를 논할 수 있다.[21] 현재의 언어 요소들은 언어 진화의 과정에서 사용 가치가 인정되어 도태의 위협을 극복하고 살아남은 것들이다. 우리는 이들 각각의 요소들을 위한 진화의 계열을 구축할 수도 있다. 언어, 이를 구성하는 어휘들의 등장은 진화 과정의 결과이다.

---

20 비트겐슈타인은 이 점을 충분히 인지하지 않았던 것으로 보인다. 어휘 또는 기표의 사용을 위해서는 사용 기준이 필요한데, 가족 유사적 관계와 사용례들 자체만으로는 어휘 사용을 위한 기준이 마련될 수 없다.

21 언어 진화에 관해서는 본서의 11장 참조.

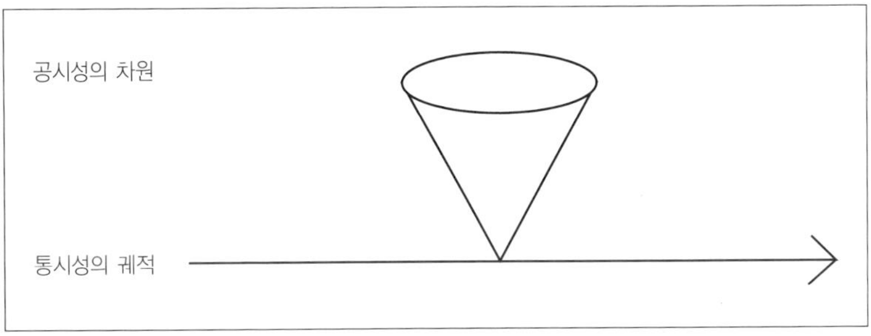

인간이 생명체인 한, 언어만이 아니라 인간의 모든 것이 진화적 변화의 과정을 겪을 것이다. 그런데 언어는 인간의 여느 국면과는 전혀 다른 고유한 특성을 지닌다. 그 특성이란 시간의 흐름이 생성한 다른 모든 것들과는 달리, 언어는 시간의 흐름에 얹혀서 존재하는 것이 아니라, 오히려 그 흐름이 중단되어야 등장하며 기능을 발휘한다는 점이다. 구체적 자연 언어의 등장과 사용은 이런 통시성의 흐름을 현재적 관점에서[22] 정지시키고, 공시성의 공간을 전개해야 이루어진다. 공시성의 공간이란 통시성의 흐름을 단절시켜 그 흐름의 현재적 단면을 드러내고, 이를 중심으로 현재의 구성 요소들을 절대화하여 하나의 체계를 구축함으로써 이루어진다. 자연 진화에서와 같이 언어 진화의 과정에서도 변이들이 지속적으로 등장하는데, 공시성의 공간은 일정 시점에서 이런 변화 과정을 정지시키고, 그 시점에서의 언어 상태를 완결된 총체로 간주함으로써 구축된다. 그리고 이 공간 속에서의 구성원들을 진화의 최종점이자 절대적인 것으로 간주한 다음, 각 성원들에 이르기까지의 진화의 계열, 또는 사용례들의 계열을 구축해야 한다. 이런 계열이 구축되어야 이들 사이에 가족 유사성이 인지되며 의미가 형성된다.

22 엄밀히 말해서 '현재적 관점'이라는 것도 언어적 지평이 전개되어서 설정될 수 있다. 이에 관해서는 5장 참조.

의미 사용론과 진화론

앞에서 우리는 의미 형성을 위해서는 시간적인 측면이 고려되어야 한다고 논한 적이 있다. 이런 시간적인 측면에서 비트겐슈타인의 의미 사용론, 즉 사용례들이 의미를 형성한다는 입장은 진화론적인 논리를 수용한다. 우리는 어휘의 사용례들을 진화 과정에서 등장하는 변이들에, 그리고 언어 체계의 핵심적 구성원인 의미나 개념들을 자연종에 비유할 수 있다. 어휘 사용례들은 하나의 자연종이 진화하는 과정에서 등장하는 무수히 많은 변이들과 같으며, 사용례들 간의 유사성은 자연종의 진화 과정에서 등장하는 무수히 많은 변이들 간에 있는 것과 같은 가족적 유사성이다. 자연종의 변이들이나 어휘 사용례들은 서로 다르기는 하지만, 각각 이전 것의 변이이고 동일 어휘의 사용례이므로 이전 것과 유사하다. 하지만 시간적으로 원격적인 두 변이 또는 두 사용례는 거의 알아볼 수 없을 정도로 다를 수 있다.

변이는 이전의 것과 다르면서 또한 유사하다. 이런 식으로 이전과 이후의 것들 사이의 유사성을 연결하면 가족 유사성의 연쇄적 고리를 엮을 수 있다. 한 자연종의 진화 과정을 구축할 수 있는 이유는 바로 그간 등장한 변이들을 이어주는 가족 유사성의 사슬이 존재하기 때문이다. 인간과 침팬지, 침팬지와 오랑우탄 등의 변이 과정의 사슬을 거슬러 올라가면 우리는 인간과 가령 선충이나 나아가 아메바와도 가족 유사성의 관계를 정립할 수 있다.

우리는 진화의 구조에 관해 유념할 필요가 있다. 변이들 간의 연쇄적 유사성은 변이들 자체에서 객관적으로 인지되는 내용이 아니다. 하나의 유전자로부터 무수히 많은 변이가 생겨날 수 있다. 이들 변이들 중에서 어떤 변이는 파충류로, 어떤 것은 포유류로, 어떤 것은 조류로, 어떤 것은 갑각류로 진화해갈 수도 있다. 하나의 줄기에서 무수히 많은 곁가지가 갈래쳐 나갈 수 있다. 그리하여 처음에는 유전적으로 가까웠던 것들이 시간이 흐름에 따라 전혀 다른 모습을 지닌 것으로 발전해간다. 하나의 유전자에서 생성될 수 있는 다양한 변이들은 다양한 갈래로 뻗어나 다양한 생물종들을 형성하며, 그런 까닭에 하나 또는 소수의 원초적 생명체에서 시작하여 현재와 같이 다양한 종들이 지구 표면을 덮을 수 있는 것이다. 지구상의 모든 다양한 종들은 하나나 소수의 원생체에서 출발하였다는 점에서 서로 친척 관계에 있다.

생명체들의 세계를 거시적으로 그리고 총체적으로 볼 때, 하나의 객관적인 진화 계열이란 없다. **오직 현재의 관점에서** 이미 생성된 자연종을 기준으로 **유사성의 관계를 역추적할 경우에만** 유사성의 연쇄 고리를 구성해낼 수 있다. 진화 계열이라는 개념은 진화 과정이 과거에서 현재로 진행된다는 함의를 내포하고 있으나, 그 계열은 사후적인 것으로 현재에서 과거로 역추적하여 구성해낸 것이다. 그러므로 제3자의 관점, 또는 신의 관점에서는 그 진화 계열상에 등장하였던 변이들 사이에 가족 유사성의 관계란 보이지 않는다. 그런 유사성은 특정의 관점에서만 부상되거나 인지될 수 있는 것이다.

진화의 계열은 존재한다. 그렇기에 진화론이 제안되고 보편적인 설득력을 얻을 수 있으며, 진화생물학이라는 학문이 성립할 수 있을 것이다. 하지만 그 진화의 계열은 우리 인간의 관점에서 이루어진 학적 탐구의 소산이라는 점을 간과해서는 안 된다. 학적 탐구는 항상 **현재를 출발점으로** 하며, 그래서 진화의 계열은 오직 결과로서 등장한 현재 자연종의 관점에서만 구축할 수 있다. 살아남은 자만이 역사를 쓸 수 있으며, 진화의 과정을 역추적할 수 있고, 그 추적의 시발점이자 기준이 되는 것은 살아남은 자의 현재이다. 역사를 쓰는 자는 자신의 삶과 그 삶의 공간을 준거로 할 수밖에 없다.

현재의 종을 등장시켰던 진화 계열상의 변이 유전자들은 전혀 다른 것으로 진화했었을 수도 있었다. 현재의 자연종을 등장시킨 변이는 과거의 시점에서 보면 무엇으로도 발전해갈 수 있었다. 그것이 진화해나아갈, 확정된 진화의 궤도 같은 것은 없다. 다윈은 자신의 진화론을 개진한 저서를 『종의 기원』이라 제함으로써 종의 기원이 있다는 인상을 주었으나, 엄밀하게 말해서 종의 기원이란 없다. 현재 종들은 어떤 기원에서 필연적인 경로를 밟아 등장한 것이 아니며, 인간종의 기원이라 불리는 것은 다른 종의 기원이 될 수도 있었으므로, 그 기원을 인간종의 기원이라 말해서는 안 된다.

종의 기원은 존재한다고 할 수도 있다. 인간 종이란 허공에서 튀어나온 존재가 아니라, 역사적인 존재이다. 하지만 종의 기원을 운위할 수 있으려면, 현재의 자연 체계를 완결된 총체, 한계가 있는 총체로서, 그리고 이 총체적 공간 속에 있는 현재의 자연종들 역시 절대적으로 완결된 자연계의 구성원으로 간주해야 한다. 말하자면 생태계라는 공시적 공간을 구축하여야 한다. 그리고 이 종들의 관점에서 가족 유사성을 역으로 추적하여 과거 자연사를 재구축해야 한다. 그러면 현재의 종들을 부상하게 한 자연적 진화의 계열이 구축될 수 있을 것이다.

자연 진화라는 시간적 과정은 생태계라는 공시적 공간을 준거로 하여 구축된 것이다. 언어 진화의 과정 역시 마찬가지이다. 언어는 통시성과 공시성을 지니는데, 언어의 통시적 과정은 공시적 언어 상태를 준거로 한다. 하나의 어휘가 개념이 되거나 또는 하나의 언어 기호가 언어 놀이의 장에서 장기말로서 기능할 수 있기 위해서는, 어느 정도의 고정적 정체성을 지니고 있어야 한다. 어휘의 사용례만을 늘어놓아서는, 이들이 서로 가족 유사성을 지니고 있다고 기술하는 것만으로는 의미의 존재를 설명할 수 없다. 비트겐슈타인은 의미를 신화라고 했지만, 의미 또는 이에 해당하는 것, 적어도 어느 정도의 고정성을 지닌 무엇인가가 있어야 할 것이다. 우리는 이런 언어 기호의 정체성을 전통적 어법을 좇아 기의 또는 의미라고 부르기로 한다.

어휘의 의미는 어휘들이 지속적으로 새로운 환경에서 새로이 사용되는 과정에서 자라나는 것이다. 언어 환경은 자연 환경과 유사한 구조를 지니는 것으로 끊임없는 변이의 과정을 겪어간다. 이런 측면이 언어의 통시성이다.

언어에는 통시성보다 더 중요한 차원이 있다. 언어적 활동은 비트겐슈타인이 통찰하고 있듯이 놀이 활동이며, 놀이 활동은 놀이의 장이 있어야 한다. 이런 장이 마련되어야 언어 요소들은 어느 정도 고정적인 자신의 역할을 확보하고 수행할 수 있다. 물론 놀이의 장이란 역동적인 장으로서, 그 속에서 장기말이나 놀이의 선수들은 끊임없이 변화하는 환경이나 새로운 문맥에서 자신의 역할을 지속적으로 재규정해간다. 그러나 그런 역동적이고 지속적인 재규정은 이전의 고정점을 축으로 해야 이루어질 수 있는 것이다.

언어 요소들은 어느 정도는 정태적이고 안정적인 공간 속에서 타자와의 관계를 설정함으로써 자신의 정체성을 확보한다. 이런 관계를 가능하게 하는 것이 언어 상태, 언어 공동체, 언어 놀이의 장이다. 이것이 소쉬르가 말하는 공시성의 장이다. 우리는 공시성의 개념에 놀이의 개념이 함의하는 역동성을 부여할 필요가 있다. 언어의 사용 행위와 언어의 발전은 흐르는 시간 속에서 통시적으로 이루어지지만, 어휘 사용을 위한 기준이나 의미의 형성은 그 통시성을 수직으로 가르면서 형성되는 공시적 차원, 영원성이나 무시간성 또는 현재성의 지평에서 이루어진다. 놀이의 장기판은 동태적이면서도 정태적인 장이다.[23] 의미 사용론이 함의하는 진화론적 구조를 감안할 때, 우리는 의미 사용론을 진화적 의미론이라고 부를 수 있다.

진화론은 자연종들 사이에 질적인 차이가 없다는 연속론을 내포한다. 진화적 의미론 역시 어휘들 또는 기표들 사이에 질적인 차이, 즉 질적으로 타자와 판명하게 구분되는 의미라는 것이 없다는 주장을 함의한다. 의미 사용론 또는 진화적 의미론에 따르면 한 어휘의 내부나 배후에는 아무것

---

23 언어는 언어 진화의 과정을 거쳐 등장하였다. 즉 언어는 시간의 산물이다. 그러나 시간의 산물인 언어는 시간을 정지시킨 공간, 공시성의 공간에서 성립하는 것이다. 그리고 나아가 언어는 자신을 산출한 시간성을 공시성의 지평에서 재규정한다.

도 없다.[24] 한 어휘가 어떤 언어 놀이의 장에서 그리고 어떤 언어적 환경에서 언급되어 일정한 효과나 반응을 불러일으켰다면,[25] 그 어휘는 사용된 것이다. 마치 장기판에서 장기말이 움직여지고, 그에 따라 상대방이 어떤 반응을 했을 경우에만 장기말이 사용되었다 할 수 있으며, 그때 비로소 실질적인 장기말이 될 수 있는 것과 같다.[26]

일정한 역할의 실제적 수행은 어떤 것이 장기말이 되는 데 필수적이다. 장기말에는 마馬니 상象이니 차車니 하는 기능의 이름이 새겨 있기는 하지만, 그것만으로 실질적인 장기말의 지위를 갖는 것은 아니다. 실제 장기 놀이에서 역할을 수행하지 않는다면, 그것은 없는 것이나 마찬가지이다. 같은 논리로 어떤 존재자가 이름을 지니되 우리의 삶에서 하는 역할이 없다면 그것은 부재의 존재이다. 역할의 실제적 수행은 그것이 존재하기 위한 충분조건이 되기도 한다. 무엇이 장기말이 될 수 있는가의 여부는 장기판 위에서의 기능 수행이 결정적이고 절대적이므로, 장기말을 대신하여 돌조각을 차車나 포包로 사용하여 장기 놀이를 한다 해도, 그 돌조각은 장기말의 지위를 가질 수 있다. 하나의 어휘나 장기말 각각이 언어 단위나 장기말이 될 수 있는가는 선험적으로, 즉 언어 놀이나 장기 놀이의 실제적 수행 이전에 결정되는 것이 아니다. 의미와 존재자를 창출하는 것은 구체적인 놀이 활동이다.

---

24 *Routtedge Encyclopedia of Philosophy*(ed. by E. Craig, 1998) p.481에 소재한 'Saussure' 항 참조. D. Holdcraft, *Saussure: Signs, System, and Arbitrariness*, Cambridge Univ. Press, 1991 또한 참조. 색의 어휘들은 눈의 구조나 대상의 구조를 반영한 것이 아니며, 인간 사고의 범주라 불리는 어휘들 역시 인간 사고나 존재계의 구조를 반영한 것이 아니라 체계 내의 차이들의 소산, 언어 놀이의 소산이다.

25 Wittgenstein, *Philosophical Grammar*, 191절, 187절.

26 하지만 주의할 것은 언어는 단지 우리의 목적을 실현하기 위한 수단에 불과하지는 않다는 사실이다. 그것은 우리 위에 군림하는 주체이다.

외계 인식보다는 상호 통신이 우선적

서구의 철학자들은 인간 언어의 본무나 존재 이유는 세계를 그리는 것이라 생각했다. 언어는 세계의 그림이다. 언어는 통신의 도구이지만 먼저 인식을 표현하는 도구라는 것이 전통적인 언어관이었다. 소통의 내용은 사유와 인식이라는 것이다. 언어는 사실을 기술하고 묘사한다는 상식의 입장 또한 이런 견해를 반영한다. 이런 이념은 플라톤의 형상 개념, 그리고 비트겐슈타인의 그림 이론에 의해 집약되며, 더 일반적으로는 서구 철학의 의미론에서 핵심을 이룬다.

비트겐슈타인은 후기 저서에서 자신의 전기 입장을 포함하여 서구 전통의 존재론과 언어관을 비판하고 있다. 곧 검토하겠지만, 소쉬르 역시 언어학의 관점에서 이런 언어관을 비판하고 있다. 언어는 세계를 그리지 않는다. 언어는 외계의 모습과 무연하다. 과연 그럴까? 언어 자체가 외계를 기술하는 것은 아니라 하더라도, 언어는 인식과 사유에 종속되어 있는 도구, 인식의 결과를 전달하고, 사유 내용을 표현하는 매체적 도구에 불과한 것이 아닐까? 그렇다면 언어는 세계의 그림이라 할 수 있지 않을까? 언어가 통신의 매체임은 분명하지만 통신 내용은 바로 세계의 모습이지 않을까?

시원적 언어는 야수들의 우짖음이나 새소리와 같이 철저히 통신수단이었다. 누구도 동물들의 우짖음이나 새소리가 외계를 기술한다고 주장하지 않을 것이다. 이는 상호의 통신을 위한 것이다. 그렇다면 인간의 언어도 그 원형에서는 외계를 기술하는 것이 아니라는 주장을 이해하기 어렵지는 않을 것이다. 하지만 인간의 언어는 새소리와는 그 종류가 다르지 않을까? 인간이라는 자연 종이 새와는 다른 차원의 존재이며, 전혀 질적으로 다른 삶의 방식을 살고 있다면, 인간의 언어 역시 분명 새소리와는 다른 차원을 지닐 것이다. 인간의 언어는 과연 새소리와는 질적인 차이를 지니고 있는데, 이에 관해서는 후에 논의할 것이다. 하지만 인간의 언어는 새소리로서 출발했다는 사실, 인간 언어의 시원은 새소리나 동물들의 우짖음과 유사한 것이었다는 사실을 우리는 잊지 말아야 한다.

통신에는 내용이 있을 것이고, 그 내용을 구성하는 것은 외계를 인식한 결과이다. 통신 내용은 분명 통신자의 주관적인 내부에서 자생적으로 생긴 것은 아니다. 그 내용은 통신자가 자연 속에서 생존하는 과정에서 외부로부터 들어오는 자극이나 인상 등에 의해 생성된 것이리라. 하지만 통신자에게 외계 자체의 모습은 관심의 대상이 되지도 않으며, 그럴 가능성도 없다. 새나 원숭이가 숲이나 열매 그 자체에 관심을 가질 이유가 없다. 외계는 동물의 단계에서는 자극 요인으로만 기능할 것이고, 어느 정도 발전된 단계에서도 생존기제, 이해와 관심, 관점 등 통신자의 주관적인 요소의 제약 아래에서 철저히 선별적으로 수용된 것만이 통신 내용의 형성에 관여한다.

동물은 물론이고 초기 언어를 사용하던 인간들에게도 '세계의 모습'이나 '인식' 등의 개념은 형성되어 있지 않았을 것이다. 세계는 단지 생존과의 관계에서만 관심의 대상이 된다. 언어적 삶이 상당히 진전된 연후에야 비로소 인식이나 객관적 세계의 이념이 생성되었을 것이다. 이런 이념들은 언어적 삶이나 언어 활동의 결과일 뿐이다. 고로 그런 이념들은 언어 공간 속에서, 언어 놀이의 문맥 속에서, 타인과의 의사소통 과정에서 의미를 취득하고 역할을 수행할 수 있다. 현재의 언어가 시원적 언어를 기초로 발전했다면, 현재의 언어도 통신적 기능이 우선적이고 기초적이라고 보는 것이 자연스러울 것이다.

문법이, 즉 대상의 본질이 자의적이며, 그리고 언어의 본질적 기능은 인식의 표현이 아니라 통신이라는 입장은 대상과 세계에 대해 전통의 견해와는 판이하게 다른 생각을 함축한다. 우리는 세계, 존재, 진리, 대상, 나아가 삶의 규범과 가치에 대해 회의주의적 견지를 피할 수 없거나, 이전과는 전혀 다른 관점에서 그들의 근거를 모색해야 하는 처지에 놓이게 된다.

4. 비트겐슈타인과 불교의 언어관

불교의 언어관과 존재관

이상에서 살펴본 바와 같이 비트겐슈타인의 언어관에 따르면, 언어란 세계와 무관하다. 이제 우리는 더 이상 서구 전통 존재론이나 인식론 또는 윤리학을 견지하기 어렵다. 하지만 그렇다고 해서 회의주의, 불가지론, 상대주의가 마지막 선택이 되는 것은 아니다. 새로운 존재관과 윤리 규범의 모색을 위해 뒤에 오는 장들에서 불교의 연기관을 검토하고 재해석할 것이다. 우리는 서구 전통의 존재관이나 인식관 또는 언어론을 견지할 수 없는 경우에도 건설적인 존재관을, 아니 존재자들과 우리 간의 더욱 긴밀한 관계를 도모할 수 있는 존재관 또는 생성관을 모색할 수 있다고 제안할 것이다.

그 전에 우리는 비트겐슈타인의 언어 무연성 논제나 본질 문법론은 불교의 언어관 또는 존재관과 유사하다는 점을 지적하고 넘어가기로 하자. 비트겐슈타인이나 불교 모두 존재자를 이름의 소산으로 본다. 먼저 언어와 존재에 관한 비트겐슈타인의 입장을 다시 들어보자.

> 우리는 다음과 같은 실수를 범하는 경향이 있다: 우리는 기호의 용도를 찾으면서, 그 기호에 상응하여 **공존하는** 대상이 있는 것처럼 생각하고서 그 기호의 용도를 찾는다. (이런 실수의 여러 원인 중 하나는 '실명사substantive에 대응하는 사물'을 찾는 것이다.)[27](별도 서체는 원문상의 표기)

서구 존재론의 주축이 되었던 진리, 실체, 실재계 등의 개념, 그리고 존재론의 주류를 이루어왔던 본질주의는 근본적으로 어휘를 물화함에서 연

---

27 Wittgenstein, *The Blue and Brown Books*, Blackwell, 1969, p.5.

유하는 오류로 진단할 수 있다. 형용사나 명사에 대응하는 실체가 있으며, 이런 실체들이 고유의 모습이나 본질을 지니고 있다는 믿음에서 플라톤은 형상론을 제안하였다. 구사하는 방법과 어법의 차이는 있으나 이런 믿음은 현대에도 견지된다. 현대의 논리적 원자론자들은 언어란 존재 또는 세계에 의해 근거 지어져야 한다는 입장을 견지하면서, 문장들을 분석하여 논리적 고유명사들의 관계로 환원시키고, 이들 고유명사에 상응하여 논리적 원자들을 찾으려고 했다. 논리적 고유명사는 논리적 원자와 지칭적 관계를 맺음으로써 우리의 인식이나 언어는 존재론적인 근거를 마련할 수 있게 된다. 지칭적 관계나 그림의 관계란 비트겐슈타인이 말하는 존재와 언어 간의 초강력 관계super-strong connection이다.

우리는 이 입장을 불교의 『능가경』의 다음 구절에 표명된 언어관이나 존재관과 비교해볼 수 있다.

> 대혜야! 만일 네가 낱말들이 있으므로 그 낱말들에 대응하는 대상들이 반드시 존재한다고 말한다면 네 말은 아무런 의미도 없다. 붓다의 세계에서 언어는 쓰이지 않는다. 대혜야, 언어란 사람들에 의해 만들어진 것일 뿐이다.[28]

> 어리석은 자들은 세계를 토막 내어 서로 다른 이름을 붙여 대상화한다. 이런 행위를 분별이라고 한다.

> 어리석은 사람들은 이름들과 개념들과 기호들에 집착한다. 그들의 마음은 이러한 길을 따라간다. 그들의 마음이 그렇게 흘러감에 따라 수많은 대상들이 존재한다고 여기게 되며, 급기야는 영혼과 정신적인 것들에 대해 그릇된 관념을 가지게 되고 현상에 집착하게 되는 것이다.[29]

---

28 C. Gudmunsen, 『비트겐슈타인과 불교』, 고려원, 1991, 105쪽에서 재인용(*Wittgenstein and Buddhism*, The MacMillan Press, 1977).

29 C. Gudmunsen, 위의 책 106쪽에서 재인용.

우리가 사는 경험 세계는 감각만이 아니라 분별적 언어의 관여에 의해 생성되었다. 그 배후의 것이 무엇인지는 모르겠으나, 적어도 우리의 언어가 그리는 바가 그것의 모습은 아니라는 뜻이다. 우리는 어휘들에 상응하여 또는 그 배후에 어떤 존재자가 있다고 상정하는데, 이런 믿음은 우리로 하여금 언어에 집착하게 한다. 이런 집착은 고통을 야기할 수밖에 없다. 집착이 고통을 낳는 이유는 그 대상이 허구에 불과한 것이기 때문이다. 불교적 깨달음이란 언어의 가구물架構物을 실재로 착각하는 망상을 깨어 부수는 것이며, 해탈이란 언어의 족쇄로부터 해방될 때 이를 수 있다.

용수의 입장을 통해 불교의 언어관을 다시 확인하기로 하자.

> 용수의 문장들은 다르마dharma가 격정과 잘못된 생각들들을 화제의 대상으로 삼으므로, 이들이 존재한다는 주장을 논박한다. 이런 주장은 이름들의 교의doctrine of names의 전형적인 예이다. …… 즉 어휘들이 무엇인가를 의미해야 하며, 그러므로 어휘가 있으면 그에 상응하는 것으로 사물이 있다는 믿음, 용수는 이를 부정한다.[30]

사물들이란 우리가 명명하면서부터 존재하기 시작한다. 사물들은 언어의 규정력에 의거하여 모습을 갖추게 되고, 그러면서 비로소 존재하게 된다. 니르바나의 해탈이란 결국 언어의 구속을 벗어던지는 것, 그리하여 언어 이전의 흐름으로 나아가 그것을 직시하는 것이다. 언어가 그리는 바가 허상이라는 것만 깨닫는다면, 즉 언어로부터 해방될 수만 있다면, 우리가 사는 세계가 바로 진상의 세계, 진리의 세계이다. 언어에 대한 집착만 벗어난다면 윤회samsara와 열반nirvana 간의 구별은 없다.

---

30 R. H. Robinson, *Early Madhyamika in India and China*, Wisconsin, 1967(『비트겐슈타인과 불교』, 38쪽에서 재인용).

> 삶의 과정samsara을 자유 또는 해탈nirvana로부터 구분하는 것은 전혀 없다; 해탈을 삶의 과정으로부터 구분해 주는 것도 없다. 해탈의 극한koti과 삶의 과정의 극한, 이들 양자 사이에는 조금의 차이도 없다.[31]

우리는 불교의 언어관에 동조적이기는 하나, 언어로부터 벗어날 수 있다는 입장에 대해서는 유보적인 입장을 취하고자 한다.[32] 우리가 언어의 저편에 있는 흐름 자체의 세계로 나아갈 수 있는가? 언어의 밖으로 나아가는 것, 언어의 위에 올라서는 것, 언어의 구속으로부터 벗어나는 것이 가능할까? 이는 불가능하다. 세계가 어떠한지에 관한 우리의 모든 가정들로부터, 삶의 모든 형식들로부터, 모든 언어 놀이들로부터 완전히 벗어나는 것은 인간 능력의 한계 밖에 있다. 수년간의 면벽 수행으로도 언어를 떠날 수 없음은 언어의 구속이 강고하고 근원적인 것임을 반증한다.

언어를 끊는다는 것, 이는 오랫동안 우리의 인간적이고 일상적 삶을 가능하게 한 삶의 기반을 부정하는 것이며, 어떤 의미에서는 인간이기를 그치는 것을 의미하기에 불가능할 것이다. 불가능한 것은 삶의 이상이 될 수도 없다. 그것은 동물적 자연 상태로 되돌아가는 것을 의미하는데, 이는 가능하지도 않고 바람직하지도 않다. 우리는 인간인 이상 언어에 의존하면서 언어의 길을 따라가야 한다. 우리가 할 수 있는 최선은 언어의 실체성을 절대화하지 않는 것, 언어의 저편에 실체적 무엇이 있다는 믿음을 저버리는 것, 그래서 언어의 가구물에 집착하지 않으면서 사는 것, 바로 그것이라고 생각한다. 언어는 오래된 도시이며, 바그다드의 미로와 같은 곳이지만, 우리는 그를 벗어나 살 수 없다. 언어 밖에 있다고 상정되는 새로운 세계로 나아가는 것이 아니라, 단지 그 미로와 같은 도시에서 헤매지

---

31 Nagarjuna, *Madhyamikakarikas* 25:19–20, in D. Kakupahana *Nagarjuna: The Philosophy of the Middle Way*, SUNY, 1986, pp. 366–7.

32 이에 대해서는 뒤의 「언어의 연기」 장에서 보다 자세히 논할 것이다. 용수 역시 윤회와 해탈이 구분되지 않는다고 논하면서, 우리가 언어적 삶을 벗어날 수 없다고 시사하는 듯하다.

않고 길을 바로 찾아나가는 것, 그것이 삶의 지향점이요, 그런 과업을 위해 조언하는 것이 철학이나 종교의 소임일 것이다.

무자성론無自性論과 연기론

언어 활동은 놀이이다. 놀이는 놀면 놀수록 복잡해지고, 자신의 정교한 논리를 갖추어간다. 그에 따라 놀이는 자율적이 된다. 놀이는 놀이 속에 있는 모든 것들, 선수나 장기말의 정체성, 운신의 논리, 규칙들을 자신의 논리에 따라 규정한다. 이런 규정에서 놀이 밖의 요소들은 차단되어 관여할 수 없다. 놀이의 가장 중요한 특색은 외계와의 무관성과 배타적 자율성이다. 뒤에서 논의하겠지만 언어 놀이의 경우, 이런 배타적 자율성은 더욱 현저하며, 인간 삶을 특징짓는 기초적인 역할을 한다.

언어 활동 초기에 아마 우리는 외계와의 접촉점을 지니고 있었을 것이다. 그러나 언어 놀이가 복잡해짐에 따라 우리는 점차 놀이에 몰입되어 가며, 그에 따라 외계와의 접촉감을 완전히 상실하게 된다. 이런 언어 놀이의 특성 때문에 언어는 우리로 하여금 외계의 모습을 담을 수 있게 하기보다는 오히려 외계로부터 우리를 멀어지게 하는 경향이 있다. 언어는 세계에 대한 인식을 담는 그릇이거나 세계의 모습을 전하는 매체라기보다는, 세계가 과연 일정한 모습을 지니고 있는지 모르겠으나, 있다 해도 오히려 세계의 모습으로부터 우리를 괴리시키는 경향을 지닌다. 여기에서 언어가 우리를 혼란시키는 경향성이 자라나는 것이다.

비본질주의, 무자성론, 의미 부정론, 독립적인 의미나 사유의 세계가 없다는 주장은 우리의 삶을 공허하고 빈곤하게 만들 것으로 보인다. 모든 것이 우연적인 것들, 기표들의 흔적, 궤적, 진화의 과정, 환경 등일 뿐이라면, 우리의 삶을 인도할 보편적이고 본질적인 질서나 가치는 찾을 수 없으며 모든 것은 우연한 상황에 맡겨져야 할 것으로 보인다.

본질, 보편성, 필연성보다는 상황성, 특수성, 우연성 등이 주재적일 때,

실은 더욱 더 풍요하고 역동적인 세계가 전개될 수 있다. 영원한 본질이란 없다. 존재는 언어에 의존하며, 한 사물의 본질은 그 사물을 지칭하는 어휘의, 더 정확히는 기표의 문법이나 기표의 사용방식에 따라 결정된다. 이런 세계관에서 세계는 언어의 공간만큼이나 역동적이고 풍요하게 전개될 수 있다.

하나의 기표는 여러 세대에 걸쳐 수많은 사람들에 의해 사용된다. 한 기표의 그 모든 사용례들이, 적어도 한 언어 공동체에 의해 기억되는 범위 안에서, 그 기표의 의미를 구성한다. 이런 사용례들은 일정한 패턴을 형성하면서 그 기표의 문법, 사용 방식, 다른 기표들과의 관계 방식이 된다. 이 문법 또는 사물의 본질은 수많은 사람들의 기억 속에서 여러 세대에 걸쳐 누적되어 만들어진 고집적 회로로서, 우리의 삶과 행동, 정서, 생각을 규제하고 인도한다. 이런 본질을 담고 있는 사물이나 이를 표현하는 어휘는 고집적 회로가 들어 있는 반도체와 같다. 어휘들은 단순히 알파벳의 조합체이거나 사물의 이름표에 그치는 것이 아니다. 어휘들은 인간이 발명한 가장 강력한 저장 장치이다. 어휘의 문법이 회로라 할 수 있는 이유는 그 문법이 다른 어휘들과의 관계를 조정하며, 나아가 그것들을 사용하고 듣는 이의 마음속에서 다양한 생각과 느낌을 불러일으키고 반향을 만들어내면서, 우리의 정서, 생각, 행동에 영향을 끼치기 때문이다. 어휘들은 사람들을 조정하고 움직인다.

무자성론을 취할 때, 허무주의나 세계의 공허성에 빠져들기기보다는 더 풍부한 세계관을 취할 수 있다. 우리는 화엄의 연기적 세계관을 수용할 수 있다. 자연종 창조론을 일종의 본질주의라 할 때, 진화론은 비본질주의라고 말할 수 있다. 후자는 자연종들 간의 질적 차이를 인정하지 않는다. 그런데 우려하는 바와는 달리 생명의 세계에서 창조론보다는 진화론이 자연종의 본성을 더 풍부하게 하고, 다른 생명체와의 연관성을 더 밀접하게 한다. 인간의 유전자에는 대양을 유영하던 물고기의 기억, 물과 뭍을 오가던 양서류의 기억, 원숭이의 나무 타던 기억 등이 내밀하게 저장되어 있다.

그러하기에 유전자적으로 인간은 물고기, 양서류, 원숭이 등과 인척 관계에 있다.

우리의 의미 사용론 또는 **진화적 의미론** 역시 풍부하고 깊은 울림이 있는 세계를 전개할 수 있게 한다. 진화적 의미론은 전통의 지칭론이나 아담적 언어관과는 달리 어휘들과 어휘들과의 관계를 필수적이게 하며, 사물들 사이의 연관 관계를 더 밀접하고 풍부하게 한다. 어휘들의 의미는 다른 어휘들과의 관계에 의해 결정되며, 한 사물의 본질은 다른 사물들의 본질이 관여하지 않고서는 형성될 수 없기 때문이다. 모든 것들은 상즉, 상입, 연기적 관계에 있으며, 모든 것이 모든 것 속에 있다고 말할 수 있다. 나아가 그 어휘들로 생각하고 느끼며 행동하는 모든 사람들, 다시 말해 그 어휘를 공유의 매체이자 전도체로 하는 언어 공동체의 모든 사람들의 의식을 상호 소통하게 하고 연결되게 하며 전일적全一的 총체성의 일부이게 하는 것이다. 나는 상당한 정도로 타인이며, 타인의 마음속에는 나의 의식이 깊숙이 스며들어 있다. 어휘와 어휘, 사물과 사물들은 연기적 관계에서 상호 반향·반영하며 화엄적 세계를 구축해간다.[33] 하루이틀의 삶에서 전 생애의 기억을 불러올 수 있으며, 빵 한 조각의 향기가 과거로의 긴 시간 여행을 가능하게 한다.[34]

---

33 언어의 연기성, 세계의 연기성에 관해서는 3부와 4부에서 자세히 논의할 것이다.

34 제임스 조이스의 『율리시스』나 마르셀 프루스트의 『잃어버린 시간을 찾아서』를 생각해보자.

3장

기표와 기의의 세계 독립성

1. 소쉬르의 자의성 원리와 그 해석

언어학의 제1원리로서 자의성 원리

앞에서 우리는 전통 존재론의 문제점, 그리고 비트겐슈타인의 문법론과 의미론에서 언어 기호는 외계와 무관하다는 무연성 논제를 논의하였다. 철학과는 다른 관점에서이기는 하나 비트겐슈타인의 입장과 유사한 원리를 제시한 언어학자가 있다. 바로 소쉬르F. de Saussure이다. 소쉬르는 이런 원리를 **자의성 원리**라 이름하고 언어학의 제1원리로 제시한다. 자의성 원리가 내포하는 혁명적 함축을 그가 의식했는지는 분명치 않다. 그러나 후대에 가서 그의 언어 이론은 철학을 포함한 여러 분야에 기초적인 영향력을 행사해왔는데, 그의 언어 이론에서 중심이 되는 것은 자의성 원리라는 것이 필자의 이해이다. 그에 따르면 언어 기호는 개념(뜻)과 음성 이미지가 통합하여 생겨난다.[1] 언어 기호는 양자가 결합되지 않으면 생겨날 수 없다.[2] 개념은 심적이고 추상적인 요소이다. 음성 이미지는 순전히 물리적 존재로서의 음성적인 소리가 아니라, 그것이 우리의 청각에 각인한 감각상相이라는 점에서 중간적인 존재이다. 따라서 물리적이면서도 감각적인 것이기는 하지만, 논의를 단순화하기 위해 일단 물리적인 것으로 보기로 한다. 언어 기호는 음성 이미지와 개념을 두 가지 요소로 하는, 물리적이면서 심리적인 존재자, 즉 양면적인 존재자이다.

우리는 언어 기호에 대한 소쉬르의 이런 주장들에서 그가 세계, 대상, 사물 등을 전혀 언급하고 있지 않다는 사실에 주목할 필요가 있다. 전통적으로 언어의 기본 요소는 이름이고, 이름이 언어 기호로서 기능할 수 있는 것은 이들이 사물의 이름이기 때문이라고 믿어왔다. 이름들의 연쇄인 문장들은 사실이나 사태 등 외계를 기술하는 데 그 일차적 기능이 있다. 언어가 언어일 수 있는 이유, 언어 기호가 언어 기호로서 기능할 수 있는 이유는 외계를 그리거나 지칭하고 있기 때문이다. 이러한 언어에 대한 전통적인 견해를 비판하는 소쉬르의 입장은 그의 자의성 원리에 요약되어 있다.

일반적으로 언어의 두 가지 주요 기능은 인식을 표현하여 세계의 모습을 기술하는 일과 생각을 전달하여 통신하는 매체의 역할이었다. 통신 기능은 세계 기술의 역할에 종속적이고 이차적인 것으로 여겨져 왔는데, 이 둘 중 어느 것을 주된 것으로 보느냐에 따라 언어의 성격이 판이하게 달라진다. 전통적 입장에서와 같이 언어를 세계와의 관계에서 파악할 경우, 언어는 그림이거나 반영상이며, 언어의 요소들은 대상을 지칭하는 이름이어야 한다. 그리고 의미근거는 존재계 내의 사물들이다. 후자의 통신 기능

1 Saussure, *Course*, p.66. 소쉬르의 자의성 원리는 비트겐슈타인의 후기 언어 이론보다 먼저 제안되었다. 하지만 소쉬르가 자의성 원리의 철학적 함의를 의식했는지 분명하지 않거니와, 서구 존재론의 기본 입장과의 연관성을 의식하고서, 실로 전면적인 비판을 의도하고 개진된 것은 비트겐슈타인의 견해이기에 그를 먼저 논의했다.

2 소쉬르의 이런 규정은 의미나 개념이라는 심적 존재가 존재함을 전제한다. 이 점에서 그는 비트겐슈타인과 차별적인 것으로 보인다.

을 언어의 주된 기능으로 볼 경우, 언어에서 주요 관여자는 세계라기보다는 언어 공동체와 다른 언어 주체가 된다. 그리고 언어의 유의미성의 근거나 주요 조건은 소통 가능성의 조건이다.

언어가 세계의 그림이라면, 필연적으로 언어 내용이 세계의 모습과 부합하는지의 여부가 중요해지며, 전통의 존재론자들이나 데이빗슨이 논하는 대로, 진리가 언어의 등장에서 원초적인 개념이 될 것이다.[3] 이렇게 세계와의 관계가 긴밀해야 한다면, 인식이나 의사 전달의 수단이나 매체로서 언어는 결코 세계에 대해 자의적일 수 없을 것이다. 물론 물리적인 존재로서의 언어 기호는 발성자의 성대 구조, 시간과 지역적 차이 등의 경험적인 상황에 따라 달라지기에 우연적이고 자의적일 수밖에 없으며, 모든 도구들이 그러하듯이 우리의 임의적인 선택 대상이다. 하지만 의미를 지닌 언어 자체는 자의적이어서는 안 될 것이다. 의미를 지닌 언어는 세계를 그리거나 접촉해야 한다. 의미는 세계 인식의 결과라고 생각되기 때문이다.

언어에서 통신 기능이 주축적일 경우, 언어 주체로서는 화자의 의도나 발화 내용을 객관적으로 파악하는 일이 필수적인데, 파악된 내용이 객관적이려면 다른 언어 주체, 나아가 언어 공동체의 승인과 수락 여부가 중요하다. 뿐만 아니라 언어는 세계에 무관해질 수도 있으며, 이 경우 언어 기호는 전체로서 세계에 대해 자의적일 가능성이 생긴다.

이런 문맥에서 볼 때, 소쉬르는 통신적 기능을 일차적으로 보는 것으로 여겨지는데 과연 그러할까? 소쉬르가 말하는 자의성이란 무엇을 의미할까? 그의 말을 검토해보자. 소쉬르는 언어 기호를 구성하는 두 요소들 중에서 음성 이미지를 '기표signifier', 개념을 '기의signified'라 부르는데, 그에 따르면 자의적인 것은 이 둘 사이의 관계이다. "기표와 기의 간의 연결

3 진리가 원초적 개념이라고 고수한다는 점에서 데이빗슨은 전통적이지만, 인간의 행동, 사유의 형성에서 언어의 기초성을 논한다는 점에서, 필자가 이 책에서 개진하고자 하는 입장과 매우 유사하다. 필자의 생각으로는 언어에 관한 그의 생각을 밀고 나갈 때, 진리의 원초성 논제는 유지하기 힘들다고 생각된다.

관계는 자의적이다."[4] 기표와 기의가 결합하여 언어 기호가 형성되므로, 우리는 단순하게 '언어 기호는 자의적이다'고 말할 수 있을 것이다. 이 논제가 언어 기호에 관해 그가 제1원리로 내세우는 자의성의 원리이다. 소쉬르 자신의 말을 인용해보자.

> 원리 1: 언어 기호의 자의성
>
> 기표와 기의 사이의 연결 관계는 자의적이다. 내가 기호라는 말로 의미하는 바는 기표를 기의와 연합한 결과 전체이므로, 우리는 간단히 다음과 같이 말할 수 있다: 언어 기호는 자의적이다.
>
> 누이라는 개념은 프랑스에서 그것의 기표로 역할하는 's-o-r' 라는 음성들의 연쇄와 어떠한 내적 연관성에 의해 연결되어 있는 것이 아니다; 언어들 사이의 차이들과 서로 다른 언어들의 존재가 증거하듯이, 그 개념은 어떠한 다른 음성들의 연쇄에 의해서도 표상될 수 있다; 황소의 개념은 국경의 이편에서는 b-oe-f(boeuf)라는 기표에 의해, 저편에서는 o-k-s(Ochs)라는 기표에 의해 표상된다.[5]

언어 기호를 구성하는 두 요소 중 기표는 우리의 청각이나 시각에 의해 파악되는 소리나 물리적 흔적을 말하며, 이에 상응하는 언어 기호의 개념적 요소가 기의인데, 이는 우리가 일상적으로 '의미'라 부르는 바와 대체적으로 일치한다. 소쉬르는 자의성 원리를 언어학의 제1원리로 제안하면서 그것의 기초적인 중요성을 거듭 강조하고 있다. 이런 중요성에도 불구하고 이 자의성 원리의 정확한 내용은 분명하지 않다. 이 원리에 대한 소쉬르 자신의 설명이 있기는 하나, 이는 오히려 일관성이 없어 원리 해석에 혼선을 야기하고 있다.

---

4 Saussure, *Course*, p.67.

5 Saussure, 위의 책, pp.67–8. 'boef'는 발음기호, 'boeuf'는 철자이다.

그가 말하는 자의성은 두 가지로 해석될 수 있다. 첫째, 위의 인용문에서 표명한 대로, 기의에 대한 기표의 무관성 또는 자의성으로 이해할 수 있다. '누이'라는 개념은 'sor'로도, 'sister'로도, '누이'로도 표현될 수 있다. 이런 자의성은 자명하며, 나아가 필연적이기까지 하다. '황소'라는 표현의 의미 내용을 [ㅎ-ㅗ-ㅏ-ㅇ-ㅅ-ㅗ]로 표현할지, [o-k-s] 또는 [b-oe-f]로 할지는 언어권마다 다를 수밖에 없다. 그것은 자연 언어가 처한 시간과 공간, 발성자들의 성대 구조에 의해 결정되는, 상황적이고 경험적인 것이다. 둘째, 외계에 대한 기의의 자의성으로 해석할 수도 있다. 이 후자의 자의성은 그리 자명하지 않다. 소쉬르가 의미하는 바가 후자라면, 이는 "어느 누구도 언어 기호의 자의적 성격을 논박하지 않을 것"이라는[6] 소쉬르의 주장과는 달리 상당히 심중한 논란을 불러일으킬 뿐만 아니라, 언어에 대한 기존의 견해를 혁명적으로 수정하도록 요구한다. 그런데 이렇게 후자로 해석할 수 있는 여지가 있는 것일까?

자의성 원리에 대한 1차적 해석: 기표에 대한 기의의 자의성

"황소의 개념은 국경의 이편에서는 [b-oe-f]라는 기표에 의해, 저편에서는 [o-k-s]라는 기표에 의해 표상된다"는 소쉬르의 명시적인 설명에 주목할 때, 그의 원리가 의미하는 것은 위의 첫 번째 기의 무관론인 것으로 보인다. 우리가 한국어, 영국인이 영어, 중국인들이 중국어 음운 체계를 사용하게 된 것은 어떤 내적인 필연성이나 당위성이 있어서가 아니다. 그것은 음성학적 우연의 결과이다. 황소라는 개념 내용을 표현하기 위해 어떤 음운체계를 채용할지는 한 언어 공동체가 처한 시공적 차이에 따라 언어권마다 달라질 수 있는 우연적인 것이다. 소쉬르는 그의 자의성 원리를 통해서 이런 점을 다시 확인시키고 있다고 해석할 수도 있다. 자의성 원리를

---

6 Saussure, *Course*, p.68.

지지하는 논거들 중 하나로, 그는 기표와 기의 간에 내적 필연성이 없다는 사실을 들고 있으며, 이런 정황들은 첫 번째 해석을 지원한다.

그의 추가적 부연 설명들의 일부 역시 기의 무관론을 지지하는 것으로 보인다. 1) 이미 언급한 바와 같이, 그는 자의성 원리를 천명하면서 "기표와 기의 사이의 연결 관계는 자의적이다"라고 명시적으로 언명하고 있다.[7] 바로 이어 기표만이 자의적인 것이 아니라 언어 기호 전체가 자의적이라 부연하면서, 그 이유는 기표가 자의적이기 때문이라고 논하고 있다.[8] 2) 다음으로 자의성 원리에 대한 예시적인 설명에서도 그가 말하는 자의성이 기표와 기의 사이의 관계임을 밝히고 있다. "황소의 개념은 국경의 이편에서는 [b-oe-f]라는 기표에 의해, 저편에서는 [o-k-s]라는 기표에 의해 표상된다."[9] 3) 이런 성격의 자의성은 너무도 당연해서 소쉬르 자신도 인정하듯이 누구도 이론을 제기하지 않을 만큼 자명하다.[10] 4) 이어서 그는 기표를 상징과 구분하면서, 기표는 상징과는 달리 기의와 어떠한 종류의 자연적 연계성도 지니고 있지 않다고 지적하고 있다.[11] 언어 기호는 상징과는 다르다. 상징은 오직 부분적으로만 자의적이어서 공허하지 않다. 가령, 정의正義와 정의의 상징으로서 평형을 이루고 있는 저울 간의 관계를 생각해보라. 기표와 기의 사이에는 저울과 정의 사이에 있는 이런 연결 고리가 존재하지 않는다. 이상의 언명이나 설명에 비추어볼 때, 소쉬르가 말하는 자의성은 기의에 대한 기표의 자의성인 것으로 보인다.

기의 무관론은 다음의 문제점들을 안고 있다: 이런 종류의 자의성은 자명함을 넘어 거의 필연적인 까닭에 구태여 원리로 설정하거나 언급할 필요조차 없다. 따라서 이 원리는 소쉬르가 생각하는, 그런 근원적 중요성을

7 Saussure, *Course*, p.67.

8 하지만 우리는 기표가 자의적이라 해서 언어 기호 전체가 자의적인 것은 아니라는 점을 유념해야 한다. 기표는 자의적이나 기의가 자의적이 아니라면, 기호 전체 역시 자의적이 아닐 수도 있다.

9 Saussure, 위의 책, p.68.

10 Saussure, 위의 책, p.68.

11 Saussure, 위의 책, p.68.

함의한다고 보기 힘들다. 기표에 해당하는 음성 이미지는 그에 대응하는 의미, 즉 기의와는 차원이 전혀 다르다. 기의는 분절된 사유 질료이고 기표는 분절된 음성 질료로서 양자는 상호 이질적이므로, 기표는 원리상 어떠한 경우에도 기의와 내적인 연결고리를 가질 수가 없다. 자신 스스로의 모습으로 기의를 표상하거나, 기의와 본질적 또는 자연적인 관계를 맺을 수 있는 그런 기표는 원리상 어느 언어권에서도 고안하지 못한다. 상형문자나 의성어의 경우는 다소 다르다 할 수 있으나, 우선 자의성 원리는 모든 종류의 언어 기호에 관한 원리로서 언명되었으며, 상형문자나 의성어의 경우에도 이들 역시 언어인 한, 그 의미는 언어 외적이라기보다는 언어 내적으로 확보된다. 이는 곧 논의할 것이다. 소쉬르 자신이 지적하고 있듯이, 세계에는 다양한 언어들이 있으며 각 언어권은 동일한 의미나 사고 내용을 다른 소리 체계나 문자 체계에 의해 표현하고 있다는 것이 이를 입증한다. 이런 자명성이나 필연성에 비추어볼 때, 이런 의미의 자의성은 구태여 지적할 필요가 없는 것이다.

2. 자의성 원리에 대한 새로운 해석

기표의 관계항은 사물이 아니라 기의이다

의미 있는 자의성은 언어 기호 전체나 기의의 자의성, 나아가 이들의 세계에 대한 자의성이다. 소쉬르 저서의 몇몇 부분은 이런 해석을 지지하는 듯이 보인다. 인간이란 사고와 인식의 능력을 지닌 존재로서, 이 능력을 사용해 세계와 대상의 모습을 인식한 다음에, 이를 반영하여 사유 내용을 형성한다는 것이 우리의 일반적인 생각이다. 외부 대상은 우리에게 인상, 지각, 표상, 개념, 명제들을 형성하게 하고, 우리는 이런 인식이나 사유 내용을 표현하고 전달하기 위해 언어라는 도구나 매체를 고안한다는 것이다. 이런 입장에 따르면, 우리는 언어 기호의 고안 이전에 이미 이를 사용해 표현하고 전달할 개념 내용이나 사유 내용을 지닐 수 있을 것이다. 언어 기호는 이를 그리거나 표상하여 전달하기 위한 도구에 불과하다.

물론 언어 기호들 자체가 세계의 표상이고 그림이지는 않겠지만, 언어가 담고 있는 인식 내용이나 사고 내용은 우리의 인식적 사고의 결과이며, 우리의 인식은 이상적인 상태에서는 세계의 모습을 표상하는 거울이어야 한다. 그런 점에서 언어와 인식은 세계에 대한 논리적 그림이다.[12] 이런 인식관이 맞다면 인식의 결과인 사고 내용, 개념, 기의 등은 외계와 어떤 본질적 관계를 맺고 있으며, 이런 사고나 기의를 담고 있는 언어 기호 역시 외계에 대해 자의적일 수 없을 것이다. 인식 내용이나 개념 또는 기의 등은 세계와의 관계에서 형성되는 것으로 기표 이전에 선재하는 것이지만, 기표는 사후에 이를 표현하기 위해 임의적으로 고안된 것일 뿐이다. 표현 도구이자 매체로서 기표는 자의적이고 우연적이나, 이것이 표현하는 기의나 개념은 외계와 표상, 반영, 그림, 지칭의 관계를 갖는다. 그래서 기표는 외계에 대해 자의적이나, 기의는 세계와 밀접한 관계를 맺는다고 여겨진다.

소쉬르가 자의성 원리를 언어학의 제1원리로 제안한 것은 바로 이런 입장을 비판하기 위해서이다. 이런 이해에 근거해 우리는 자의성 원리에 대한 새로운 해석을 제안하고자 한다. 소쉬르는 **자의성 원리를 통해 전통의 언어관을 비판**하면서, 기표가 기의에 대해 자의적이라는 당연한 명제 이상을 주장하고자 한다: 기표는 기의에 대해 자의적인데, 기의에 대한 기표의 자의성은 바로 **세계에 대한 기의의 자의성**, 그리고 언어 기호 전체의 자의성을 함의한다. 이런 해석을 지원하는 전거와 논거들을 살펴보자.

첫 번째 논거는 언어 기호의 정체성에 대한 그의 견해이다. 소쉬르의 논

---

12 Wittgenstein의 전기 *TLP*에서의 입장: "언어는 세계의 그림이다." Platon의 형상(eidos; idea) 개념의 의미는 '대상의 심적 모습'이다. Rorty의 저서 제목은 이런 서구적 인식관을 잘 표현하고 있다. R. Rorty, *Philosophy and the Mirror of Nature*, Princeton Univ. Press, 1979.

의를 전통의 입장과 비교할 때 우리는 특이성을 발견할 수 있다. 그는 도처에서 언어 기호의 정체성을 논하면서, 이미 지적한 바와 같이, 언어 밖의 대상이나 외계 또는 선재적 관념을 전혀 언급하지 않을 뿐만 아니라 오히려 배제하고 있다.[13]

> 어떤 사람들은 언어가⋯⋯ 단지 명명의 과정, 어휘들의 목록, 그 어휘들 각각이 그것이 명명하는 대상에 상응하는 어휘들의 목록으로 간주한다⋯⋯ 이런 견해는 여러 점에서 비판의 대상이다.[14]

> 언어 기호는 사물과 이름이 아니라, 개념과 소리 이미지를 결합한다.[15]

> 위의 모든 예들에서 우리는, 선재하는 관념들 대신에, 체계로부터 우러나오는 교환 가치들(values)을 발견한다. ⋯⋯교환 가치의 개념적인 측면은 오직 한 언어 체계 내의 다른 어휘들과의 관계나 차이들에 의해 구성된다⋯⋯.[16]

통상적인 견해에 따르면, 어휘는 사물들의 이름이므로, 어휘의 의미근거는 언어 밖 세계 내에 있는 사물들이며, 이름은 외계 사물을 명명하고 문장은 세계를 기술하고 보고한다. 그래서 언어란 세계 내 대상들에 상응하는 어휘들의 목록이다. '사과'라는 표현이 일정한 의미를 지니는 이유는 세계 내의 사과들을 지칭하거나 기술하기 때문으로 보인다. 그러므로 세계와 매우 밀접하며 올바른 관계를 맺는 것은 언어 기호에서 필수적이다. 이런 관계를 맺지 못할 때 기호는 무의미한 소음이나 끼적임으로 전락하며, 맺는다 해도 정확한 대응관계를 확립하지 못하면 허위가 된다. 학문

---

13 Saussure, *Course*, p.65.
14 Saussure, 위의 책, p.65.
15 Saussure, 위의 책, p.66.
16 Saussure, 위의 책, p.114, p.117.

의 이상은 세계에 대한 정확한 텍스트를 확보하는 것이었다. 하지만 위에 인용한 소쉬르의 구절들은 이런 입장을 부인한다. 언어 기호는 사물의 이름이 아니라, 개념과 소리 이미지의 결합으로 생겨나는데, 이 개념은 선재적인 것, 외부 대상을 인식하는 것으로 얻어지지 않는다. 개념 형성에서 중요한 것은 언어 체계 내의 다른 것들과의 관계나 차이이다.

사유와 언어의 관계에 대한 그의 입장은 새로운 해석을 위한 두 번째 논거를 제공한다. 전통적 사유관에 따르면, 사유는 그 자체로 분절적인 사유 내용을 지니거나 일정한 모습을 지닌 세계를 반영한다. 때문에 규정적인 내용을 지니기 위해 구태여 언어의 도움을 필요로 하지 않는다. 매체나 그릇에 불과한 언어가 사유나 인식 내용에 영향을 준다면 이는 나쁜 언어, 정화의 대상이 되는 언어일 것이다. 그러한 언어는 음식의 맛을 변화시키는 그릇과 같다. 그래서 19세기 후반에 논리실증주의나 논리적 원자론은 이상 언어ideal language의 이념을 제안했다. 아래 인용하는 구절에서 소쉬르는 사실 반영론, 사유의 규정성이 사실의 모습에서 온다는 입장을 비판한다.[17] 그의 암묵적인 입장은 사유나 인식이 규정성을 지니기 위해서는 언어 기호가 필수적이라는 것이다. 사유란 그 자체로서는 혼돈스러운 질료로, 이를 분절시켜 규정성을 갖추게 하는 것은 언어의 도움이라고 본다. 그에 따르면, 언어 기호의 정체성과 그에 상응하는 개념 내용은 세계와의 관계에 의해서가 아니라, 음성 질료와 사유 질료가 상호 마찰하는 과정에서 분절되며 확보된다.[18]

> **상호 분절론:** 본성적으로 혼돈스러운 사유는 분해의 과정을 거치면서 질서를 잡게 된다. [내용을 지닌] 사유들에 물질적 형식이 주어지는 것도 아니고, [분절되어 있는] 소리들이 심적 존재로 변환되는 것도 아니다; 신비한 사실은

---

17 Saussure, 앞의 책, pp.65-111: 본서 92, 94쪽의 인용문 참조.
18 Saussure, 앞의 책, p.111.

오히려 '사유-소리'는 분할을 함축하며 언어는 형체 없는 두 덩이들 사이에서 자신의 단위들을 만들어내며 모습을 갖추어간다는 것이다. 넓은 물 표면에 부딪치는 공기 바람의 마찰을 상상해 보자; 공기의 압력이 변함에 따라, 물의 표면은 일련의 부분들로, 즉 파문으로 나뉜다; 그리고 파도 또는 물결은 사유와 음성 질료의 통합체와 유사하다. 언어는 분절들의 영역이라 부를 수도 있을 것이다……." (별도 서체는 원문상의 표기)

상호 분절론은 언어 활동 이전에 일정한 내용을 지닌 선재적 관념들이 존재한다는 기존의 입장을 단적으로 부정한다. 음성 질료는 물론 사유 질료도 질료적인 것이기에, 그 자체로는 규정적인 내용을 지니고 있지 않다. 오직 양자가 만나 접촉할 경우에 양자는 분절되면서 일정한 규정성을 갖추게 되며, 이렇게 분절 규정된 음성 질료와 사유 질료의 결합체가 언어의 단위들이다. 소리의 흐름은 사유 질료를 만나서 명료한 음성으로 전화되고, 사유의 흐름 역시 음성 질료를 만나 분절된 개념들로 변모한다.

음성과 개념은 종이의 앞뒷면과 같이 불가분의 관계에 있어, 동시에 존재하며 모습을 갖는 것이기에, 구조적으로 이중적인 존재자이다. 음성과 개념, 기표와 기의는 개념적으로는 구별할 수 있으나, 외연적으로는(실질적으로는) 동일자이다. 개념 A가 없이는 음성 a도 없고, 음성 a가 없이는 개념 A도 없다. 상호 분절론은 언어와 사유의 동시 존재론 또는 언어와 사유 간의 불가분론을 함의한다. 이런 입장은 수많은 새로운 문제들을 제기한다. 가령, 분절을 유도하거나 원인지우는 것이 무엇인지, 외계에 대한 경험이나 화자의 의도는 전혀 관여하지 않는지, 선재적 규정성 없이 어떻게 상호 분절만으로 다양한 어휘나 개념들이 생성될 수 있을지, 외계의 자극이나 경험은 이런 분절에 어떻게 관여하는지 등의 문제들이 해답을 요구하고 있다.

다양한 문제들에도 불구하고 소쉬르의 입장은 분명하다: 관념, 의미, 개념, 기의 등은 그에 상응하는 음성 등의 기표가 일정한 모습을 지니게 되는 동시에 그 나름의 모습을 지니게 된다는 것이다. 소쉬르의 입장을 더 밀고 나가면 언어는 존재자들과 거의 무관하거나 또는 지극히 간접적인 관계 속에서 등장된다. 적어도 언어 기호들이 자신들의 정체성을 확립하는 데 존재자들의 모습이라는 것은 별로 하는 역할이 없다.

에덴적 언어관의 비판과 「기의/기표」의 도식

우리는 더욱 명시적인 논거를 발견할 수 있다. 소쉬르는 자신의 자의성 원리가 전통의 명명적 언어관을 비판하기 위한 것임을 명확히 하고 있다. 명명적 언어관 또는 지칭적 언어관은 구약 「창세기」 편에 이미 표현되어 있으므로, 에덴적 언어관[19]이라고 부를 수도 있다.

> 여호와 하나님이 흙으로 각종 들짐승과 공중의 각종 새를 지으시고 아담이 뭐라고 부르나 보시려고 그것들을 그에게로 이끌어 가시니 아담이 각 생물을 부르는 것이 곧 그의 이름이 되었더라. 아담이 모든 가축과 공중의 새와 들의 모든 짐승에게 이름을 주니라. 아담을 돕는 배필이 없었으므로……[20]

구약에 따르면 언어 이전에 독립적으로 선재하며, 그 정체성을 확인할 수 있는 실체들이 존재하며, 우리는 이를 인식함으로써 이들에 대한 관념을 형성한다. 언어 요소들은 이렇게 선재하는 관념을 표현하는 이름이라고 믿어진다. 서구 존재론의 역사는 이런 독립적 실체에 대한 모색이었다. 전통적 언어관에 따르면, 언어는 우선적으로 대상을 지칭하기 위한 것이지 인간들 사이에서 소통을 위한 도구가 아니다. 성서에 따르면, 언어는 이브가 태어나기 이전에 아담 홀로 고안하였다. 소쉬르는 이런 입장에 반

---

19 남경희, 『말의 질서와 국가』, 82쪽, 387쪽 이하 참조.
20 구약, 「창세기」 19-20장.

대한다.

> **명명적 언어관 비판**: 어떤 사람들은 언어가 그 원소들로 환원될 경우, 단지 명명의 과정에 불과하다고 간주한다: 즉, 언어는 개별적인 대상들을 명명하는 언어 요소들의 목록이라는 것이다. 가령,
>
> 
>
>
> 이런 견해는 여러 점에서 비판의 대상이 된다. 이는 어휘들 이전에 이미 형성되어 있는 관념들이 있다고…… 가정한다; 이는 이름이 음성적인지 심리적인지를 말해 주지 않으며; 마지막으로, 이 견해는 우리로 하여금 이름과 사물 사이의 연결이 매우 단순한 작업이라고 여기게 한다.[21]

소쉬르의 말을 더 들어보자. 그의 이론에서 중요한 것은 바로 개념 내용이 세계 인식이나 사유 과정을 거쳐 취득되는 것이 아니라 발화, 기표의 교환 등 타자와의 구체적인 음성적 통신 활동 과정에서 오가는 기호들 간의 차이에 의해 형성된다고 본다는 점이다. 우리는 소쉬르의 이런 비판을, [대상-지칭-이름]의 모델을 비판하는 비트겐슈타인의 입장과 비교할 수

---

21 Saussure, *Course*, p.65.

있다.[22] 소쉬르는 이어 위의 [대상/이름]이라는 전통적인 모델 대신에 새로운 모델 [개념/소리 이미지]을 제시한다. 이것이 언어 기호는 기표와 기의의 결합체라는 그의 유명한 [S′/S]의 도식이다.

> 언어 기호 도식 [S′/S]: 언어 기호는 사물과 이름이 아니라 개념과 소리-이미지를 통합한다.[23]

이 도식은 일견 당연해 보이지만 매우 중요한 비판적 통찰을 담고 있다. 우리는 개념이나 기의가 소리-이미지나 기표 없이도 형성될 수 있다고 믿어왔는데, 전혀 그렇지 않다는 것이다. 이런 믿음은 인식 및 사유의 능력과 언어 능력은 별개의 능력이며, 인식 활동은 세계와의 관계이므로, 인식 활동과 그 결과는 언어 활동에 선재적이거나 그와 무관하다는 통념에 기초하고 있다. 우리는 말없이 생각하며, 말로 표현할 수 없는 생각에 상도하는 경우가 있으므로, 이런 통념은 별 문제가 없는 듯하다. 아마 이런 믿음은 인간 정신 성장의 어느 단계 이후로는 수용할 수도 있을 것이다. 그러나 과연 이런 믿음이 언어와 사고 간의 근원적인 관계를 반영하는지는 심각한 논란의 대상이다. 여하간 이런 통념이 맞다면, 개념이나 기의의 형성을 위해 세계와의 접촉은 필수적이긴 해도 소리 이미지의 도움은 필요 없을 것이다.

앞서 나온 소쉬르의 도식은 개념이나 기의가 소리-이미지 또는 기표 없이는 형성될 수 없다는 점을 분명히 하고 있다. 개념과 소리-이미지는 종이의 앞뒷면과 같이 표리 관계를 이룬다. 더 일반적으로, 말과 생각은 불가분의 관계에 있다. 언어 기호 도식 [S′/S]은 언어 기호의 구조에 대한 전통적 통념을 부정하고 새로운 언어 기호관을 제시하기 위한 것이다.

---

22 Wittgenstein, *PI*, 293절.

23 Saussure, *Course*, p.66. [S′/S]는 [signified/signifier]를 의미한다.

많은 학자들이 소쉬르의 도식을 자주 언급하고 있기는 하나, 그 의의는 충분히 이해되지 않은 것으로 보인다. 소쉬르의 도식 [S′/S]은 그 자체만 봐서는 평범하다. 이 도식을 보면 언어 기호란 물리적 기호와 심적인 개념으로 구성되어 있다는 것이니 별로 특별할 것이 없어 보인다. 전통적으로, 그리고 일상적으로도 우리는 소리나 끼적임의 궤적으로서의 언어 기호는 배후에 의미가 있다는 것을, 즉 언어 기호는 [기의/기표]라는 것을 부정하지 않기 때문이다.

이 도식의 혁명적 의의는, 그가 직전에 비판하고 있는 전통의 언어관, 즉 [대상/기표] 또는 [대상/언어]의 모델과 대조할 때, 그리고 **그의 도식은 이 언어관을 비판하고자 하는 것**임을 이해하고, 나아가 그의 자의성 원리와 연결해서 이해할 때 분명해진다. [대상/언어]의 전통적 모델은 언어 기호를 구성하는 기의 부분이, 우리가 인식 능력을 통해 외계와 관계하여 획득하는 것이며, 그래서 개념이 기호에 선재한다는 믿음을 기초로 한다. 기의, 개념, 의미는 외계의 대상이나 사실들과 이름, 지칭, 그림, 묘사, 인과성 등의 관계를 맺고 있는 까닭에 언어 기호는 그 전체로서 외계와 단단한 끈으로 연결되어 있다.[24] 이런 끈이 존재한다고 믿는 이유는, 양자의 관계가 자의적일 경우, 언어는 외계를 기술하고 보고 전달하는 역할을 수행할 수 없으며, 언어의 제1기능이자 역할이라 여겨져오던 존재의 기술 기능을 상실할 것으로 여겨지기 때문이다.

[기의/기표]의 모델은 언어 기호에서 관계되어 있는 것은 언어와 대상이 아니라, 기표와 기의라고 수정하고 있다. 그는 새로운 모델을 제시함으로써 명명적 언어 기호관을 부정하며 언어 기호의 정체성 형성에 외계가 관여하지 않는다는 입장을 천명하고자 하는 것이다. **언어 기호, 또는 기표 이전에 선재하는 개념이나 관념이란 없다**. 더 일반화하면, 언어 이전에 인

24 비트겐슈타인은 이런 관계를 super strong connection이라 칭한 바 있다. *PI*, 428–465절. 이에 관한 논의는 다음 참조: G. Hallett, *A Companion to Wittgenstein's Philosophical Investigations*, Cornell Univ. Press, 1977, 15장.

식이나 사고의 규정적인 내용이란 없다. 개념을 표현하고 전달하기 위해 기표가 고안되는 것이 아니라면, 인식이나 사고 내용을 표현하고 전달하기 위해 언어가 고안되는 것도 아니며, 언어가 이들로부터 내용을 공급받는 것도 아니다. 기표의 내용, 즉 기의는 기표의 정체성과 함께 언어 기호의 체계 내에서 자율적으로 생성되며, 언어가 담는 내용은 언어 공동체 내에서 화자들 간의 언어 활동 과정에서 형성된다. 나아가 세계 개념이나 대상 개념들, 세계나 대상들조차도 언어 공동체 내에서 자율적이고 내재적으로 생성된다고 추론할 수 있을 것이다.

이런 추론이 타당하다면 우리는 언어와 세계, 언어와 인식, 언어와 인식 간의 관계를 전면 재조정해야 한다. 아마도 언어 이전에 인식 활동이, 그리고 인식 활동 이전에 세계가 있다는 통념은 수정되어야 할 것이다. 올바른 그림은 언어 활동의 과정에서 인식과 사고의 능력이 형성되고, 그 과정에서 세계와 대상의 개념이 형성되는 것일 수 있다. 「창세기」는 태초에 신이 존재했고, 이 신에 의해 세계 내의 대상들이 창조되어 존재하였으며, 아담이 그들을 인식하고 구분하면서 이름을 붙였다고 전하고 있다. **태초에 있었던 것은 신이 아니라 말이었을 것이다**. 타자와 의사소통을 하려는 노력의 과정에서 음성이 발화되며, 무규정적인 덩이와 같은 의식 내용이 분절되면서 기표와 기의가 동시적으로 생성되고, 그와 함께 모든 것이, 즉 개념들과 대상들이 생성되었을 것이다. 모든 것을 창조한 것은 언어라는 리바이어던이다.[25]

위에서 지적한 바와 같이, 소쉬르는 언어 기호를 [기의/기표], [S′/S]의 구조로 규정한 바로 직후에 자의성 원리를 제시하고 있다. 이런 논의의 순서는 그의 자의성 원리가 언어 기호 내에서 기표와 기의 사이의 관계만이 아니라, 언어 기호와 외계 간의 관계성 또는 무관성도 포함하는 것으로 해

25 남경희, 『말의 질서와 국가』 참조. 필자는 이 저서에서 홉스가 말하는 리바이어던 또는 필멸의 신은 언어라는 해석을 제안한 바 있다.

석되어야 함을 시사한다. 그는 단지 기표가 기의에 대해서만이 아니라, 나아가 기의가 외계에 대해서도 자의적임을, 그러므로 언어 기호가 전체로서 외계에 대해 자의적임을 주장하려는 것이다.[26]

그의 이야기를 더 들어보자. 사람들은 다음과 같이 가정한다.

> **언어 체계론:** 먼저 대상이 존재하고, 다음에 기호가 따른다는 것이다; 그래서 (우리가 항상 부정하는 바이지만) 언어 기호에 대한 외적 기반이 존재한다고, 그리고 언어는 다음과 같이 표상될 수 있다고 믿는다:

	A ——————— a		
대상들	B ——————— b		이름들
	C ——————— c		

하지만 언어에 대한 올바른 그림은 다음의 것이다.

a ————— b ————— c[27]

언어 기호의 기반은 언어 밖에 있는 대상들이 아니다. 그 기반은 **같은 언어 기호 체계 내에 있는 다른 기호들과의 관계**이다. 이런 점에서 언어 기호의 체계, 나아가 언어는 자율적인 체계이다.

이상 여러 문맥에서 제시한 인용문들, 명명적 언어관 비판, [S′/S]의 도식, 언어 체계론 등은 소쉬르가 언어 기호 이전에 선재하는 것으로서 내용이 분명한 관념이 존재하며, 언어 기호는 이를 표현하는 도구라는 입장을

---

26 J. Culler, *Ferdinand de Saussure*, Penguin Books, 1976, pp.13–15.

27 R. Engler, *Cours de linguistique generale: edition critique*, Wiesbaden, 1967, p.148; D. Holdcraft, *Saussure: Signs, System, and Arbitrariness*, Cambridge Univ. Press, 1991, pp.11–12에서 재인용.

단언적으로 부정하고 있음을 보여준다. 규정적 모습을 지닌 관념이나 기의는 음성 이미지나 기표와 함께, 또는 그에 의존해서 생성되는 것이지, 언어 밖의 세계와 관계해서 생기는 것이 아니다.

기표가 다르면 기의도 다르다

기의의 정체성, 나아가 언어 기호의 정체성은 외계의 사실이나 대상과 무관하다. 그것은 기표에 의존하거나 기표의 형성과 동시적으로 형성된다. 앞의 인용문에서 보는 바와 같이, 소쉬르는 '어휘들 이전에 이미 형성되어 있는 관념들이 있다'는 기존의 믿음에 비판적이다. 관념들과 같이 기의적인 것이 어휘들 이전부터 존재하는 것이 아니라면, 이는 기표들과 함께 등장하며, 기표의 정체성과 함께 기의의 정체성도 결정된다는 것이 소쉬르의 생각이다.

언어 기호는 기표와 기의의 양 측면을 지니고 있는데, 언어 기호 내에서 기표와 기의는 종이의 앞뒷면과 같이 불가분의 관계에 있다.[28] 위의 상호분절론에서 보듯이, 음성 질료와 사유 질료는 서로의 접촉점에서 상호 동시에 분절되면서 규정적인 내용을 지닌 단위들을 산출한다. 기표와 기의, 음성과 사유 간의 표리 관계 때문에 양자의 정체성은 동시에 형성될 수밖에 없다. 종이의 앞면을 삼각형으로 자르면 그 이면도 삼각형의 모습으로 잘리듯이, 음성 질료가 일정한 방식으로 분절되면 그와 함께 그와 불가분리의 관계에 있는 사유 질료도 같은 식으로 분할된다. 바람이 호수 표면을 스치고 지나가면, 물결과 동시에 바람결도 만들어지는 것이다.

이런 불가분성의 한 함의는, 예상치 못한 귀결이지만, **기표의 자의성이 기의의 자의성을 논리적으로 수반한다**는 것이다. 황소를 'boeuf', 'ox', 'Ochs', '황소' 중 어떤 기표로 표현할 것인지는 당연히 황소에 대해 자의

28 Saussure, *Course*, p.113, p.104도 참조.

적이고 상황적이다. 그러나 이런 기표들만이 아니라, 그에 동반하는 기의, 즉 [황소]라는 개념 내용도 황소에 대해, 적어도 언어의 저편에 있는 황소 그 자체에 대해서는 자의적이라는 것이다. 이렇게 되면 우리는 황소 그 자체라는 것이, 일정한 모습을 지닌 사물 자체라는 것이 존재한다는 생각을 포기해야 하며, 황소를 포함하여 모든 사물들의 모습은 언어 놀이의 한 장기말로서 형성되고 등장한다고 말할 수 있다. **황소는 저기 외양간에 있기보다는 한국어라는 언어 공동체 내에 있다**. 그렇다면 한국의 황소, 미국의 ox, 프랑스의 boeuf, 독일의 Ochs는 각각 다른 존재이거나 적어도 그 모습이 다르다!

기표가 다르면 기의도 다를 수밖에 없다.[29] 기존의 입장은 기표가 달라도 기의는 동일할 수 있다고 생각한다. 예를 들어 '어머니'와 'mother'는, '푸른'과 'blue'는 동일한 기의에 대한 서로 다른 표현이라는 것이 일반적인 생각이다. 자의성 원리에 대한 우리의 해석이 맞다면, 이 두 표현이 서로 다른 기표임은 물론이고 서로 다른 기의를 동반하고 있다고 해야 한다. 간단히 말해서 이들은 서로 다른 언어 기호이다. 그러므로 '어머니'와 'mother'는, '푸른'과 'blue'는 기표는 물론이고 기의에서도 다르다.

아마도 인간 삶의 양식이 유사한 만큼 인간의 삶에서 주축적이고 기초적인 어휘들의 경우 그들의 기의가, 가령 '어머니'와 'mother'의 기의가 완전히 다를 수는 없을 것이다.[30] 소쉬르는 기표signifier의 기의signified 또는 의미signification를 의미가value와 구분하고 있는데,[31] 이는 이런 고려에서일지 모른다. 양羊은 영어로는 'sheep', 프랑스어로는 'mouton'이다. 두 어휘는 모두 양을 의미하므로, 이들 어휘의 기의 또는 의미는 같다고 생각된다. 그런데 프랑스어 어휘는 양만이 아니라 양고기를 의미하기도 하지만, 영어 어휘는 양만을 의미하며, 양고기를 뜻하기 위해서는

29 Saussure, *Course*, p.115 이하. 그리고 그에 따라 세계의 모습도 다를 수밖에 없다.
30 차이에서의 이런 제한성은 아마도 인간적 삶의 양식을 공유하기 때문일 것이다.
31 Saussure, 위의 책, p.111, 115.

'mouton' 이라는 다른 어휘를 사용한다. 이런 이유에서 영어의 'sheep' 과 프랑스어의 'mouton'은 기표가 상이하므로 그 기의도 다르다고 단정한다면, 두 언어권 사이의 번역이나 상호 이해는 지극히 어려울 것이다. 소쉬르는 의미가라는 개념을 도입함으로써 이런 문제점을 해소할 수 있다고 생각한다: 영어의 'sheep'과 프랑스어의 'mouton'은 기의에서는 같으나, 의미가에서는 다르다.[32] 그러므로 적어도 기초적인 어휘들의 경우에는 기표의 차이가 기의의 차이를 함의하지는 않는 것으로 보인다. 그래서 우리는 기초적인 어휘들을 토대로 두 언어권 사이의 번역과 상호 이해를 위한 근거를 마련할 수 있을 것으로 생각된다.

과연 그런가? 직접적인 감각의 결과로 여겨지는 한국어 색상 어휘 '푸른'과 영어 어휘 'blue'는 그 외연에서 상당히 차이를 보이며, 그 기의는 전혀 다르다. 영어의 'blue'와 달리, 한국어의 '푸른'은 하늘만이 아니라 초원에도 적용되는 어휘이다. 후자의 외연이 더 넓은데, 그 이유는, 한국어의 '푸른'이 영어 어휘 'blue'와 달리 시각 이상의 측면을 지니고 있기 때문으로 추정된다. 나아가 이들 각각의 배경이 되고 있는 언어 체계가 다른 만큼, 이들의 어감, 의미상의 차이, 연상하는 바, 환기시키는 바, 일으키는 감흥, 이들이 함의하는 규범 체계 등 역시 상당히 다를 것이다. '그립다', '사무치다', '어질다' 등과 같이 더 정교하고 섬세한 상위의 심적 어휘들로 가면 그런 기의적 차이는 더욱 커지고 미묘해지며, 어떤 경우에는 영어로 전혀 번역할 수 없는 의미 내용을 지니고 있다. 어휘는 역사를 지니고 있다는 사실을 유념할 때, 기표의 차이는 기의의 차이를 수반한다는 논리에 우리는 보다 동조적일 수 있을 것이다.

---

32 Saussure, 앞의 책, p.115. 기의와 의미가 간의 구분이 안고 있는 문제점에 대한 논의는 본서 11장 4절 참조.

외계에 대한 언어 기호의 자의성

이상의 논의에서 우리는 언어 기호가 자의적이라고 보는 소쉬르의 이유를 다음과 같이 정리할 수 있다. 그 이유는 흔히 생각하듯이, 이를 구성하는 기의와 기표, 의미와 음성 이미지의 양자 관계가 자의적이기 때문이 아니다. 위에서 지적한 바와 같이 양자의 관계는 필연적으로 자의적이므로 구태여 강조할 필요가 없다. 자의성 원리를 통해서 소쉬르가 주장하고자 하는 것은 기의, 나아가 언어 기호 전체가 세계나 그 속의 대상들에 대해 자의적이라는 것이다. 자의적일 수밖에 없는 이유는 **기표와 기의 간의 불가분적인 관계**에서 연유한다. 기의는 대상이 아니라, 기표의 이면으로 자신의 정체성을 획득한다. 기의는 기표와 불가분적이고 표리적인 관계에서 기표와 동시에 분절되고 모습을 갖추기 때문이다. 그래서 기의의 내용은 대상과 무관하고 자의적인 것이 될 수밖에 없으며, 그런 까닭에 [기의/기표]의 복합체로서 언어 기호는 그 전체로서 대상에 대해 자의적이다.

이상의 논의를 기초로 우리는 다음과 같은 추론을 구성할 수 있으며, 이런 추론을 바탕으로 우리는 소쉬르의 입장을 이해할 수 있다: 기의에 대한 기표의 자의성은 세계에 대한 기의의 자의성을, 그리고 세계에 대한 언어 기호 전체의 자의성을 논리적으로 수반한다.

(1) 기의의, 나아가 언어 기호의 정체성은 세계 내 대상과의 관계에서 형성된다는 전통의 입장은 부정되어야 한다(명명적 언어관 비판).

(2) 기의의 정체성은 기표와 불가분의 관계에서, 표리적 관계에서 형성된다(상호 분절론).

(3) 기표나 음성 이미지는 세계에 대해 자의적이다(기표 자의성론).

(4) 그러므로 기의는 기표와 같이 세계에 대해 자의적이다(기의 자의성론).

(5) 그러므로 언어 기호는 세계에 대해 자의적이다(언어 기호 자의성론).

(6) 전통적인 입장, 즉 언어 기호가 세계에 대해 표상적이거나 그림의 관계

또는 그와 유사한 관계에 있다는 입장은 부정되어야 한다.

위의 (1)은 소쉬르가 그의 저서 벽두에서 표명하고 있다. (2)의 전제는 그의 도식 [S' /S]이 함의하는 바이다. (3)은 위에서 논의한 첫 번째 해석의 내용이나, 이는 소쉬르의 주장이 아니어도 언급할 필요가 없을 정도로 당연하다. (2)와 (3)을 수락하면 (4), (5), (6)의 입장이 논리적으로 바로 뒤따라 나온다.

언어 기호가 자의적인 이유는, 기의의 정체성이 세계와의 관계에서가 아니라, 기표의 이면으로서 기표에 종속되어 형성되기 때문이다. 기의가 세계와 무관하다면, 자신의 정체성을 확보할 수 있는 방안은 의사소통 공간에서인데, 이 공간에서 언어 주체들이 주고받는 것은 기표이지 기의가 아니다. 그러므로 기의는 기표에 얹혀 자신의 모습을 형성할 수밖에 없다. 기의가 독립적으로 자신의 존재성이나 정체성을 확보할 수 있는 길이 없기에, 특정의 기의는 특정의 기표와의 관계에서만 존재성과 정체성을 확보할 수 있다. 기의는 자신을 싣고 가는 기표가 한 체계 내에서 다른 기표들과 어떤 관계를 갖느냐에 따라 자신의 모습을 달리한다. 이런 의존성 때문에 기표가 자의적이면 기의도 자의적이고, 그리하여 언어 기호가 전체로서 자의적이다. 이상이 우리의 새로운 해석이다. 즉 언어 기호가 세계에 대해 자의적이라는 것이 소쉬르가 자의성 원리를 통해 전하고자 하는 의도이다. 요약하면, 기표의 자의성은 기의의 자의성을, 나아가 언어 기호의 세계에 대한 자의성을 함의한다. 결국 **기표가 외계와 기의에 대해 자의적이기에, 기의 역시 외계에 대해 자의적**이라는 예상치 않은 결론에 도달하게 된다.

위에서 우리는 자의성 원리에 대한 소쉬르의 설명이 일관되지 않다고, 일부 설명은 구태여 언급을 필요로 하지 않는 기표의 자의성을 의미하는 것으로 보이는 한편, 다른 언명들은 기의나 언어 기호 전체의 자의성을 시사하는 것으로 보인다고 지적한 바 있다. 이제 우리는 그 비일관적인 듯한 인상을 이해할 수가 있다. 고려해야 할 것은 방금 살펴본, 기표의 자의성과 언어 기호의 자의성 간의 논리적 연관 관계이다. 위에서 언급한 자의성 원리에 대한 두 가지 방식의 해석은 상호 배타적인 것이 아니라 논리적으로 연결되어 있다. 기표의 자의성은 언어 기호 전체의 자의성을 논리적으로 수반할 수 있다. 이는 놀라운 함의를 내포하고 있는 귀결인데, 전혀 예상치 않은 이런 결론이 귀결하게 되는 것은 바로 [기의/기표] 간의 불가분성 논제 때문이다.

언어 기호의 자의성 원리가, 즉 언어가 세계에 대해 무연하다는 논제가 바로 기의에 대한 기표의 자의성 또는 무연성에서 연유한다는 논리는 당혹스럽다. 이런 당혹스러움은 두 가지 믿음에서 연유한다. 먼저 세계를 기술하는 것이 언어의 본질적인 존재 이유라는 기술주의記述主義; descriptivism적 언어관이다.[33] 우리는 이 믿음을 쉽사리 포기하지 못한다. 이는 서구 철학 주류의 입장이었을 뿐만 아니라 상식의 기저를 이루고 있기도 하다. 두 번째는 개념이나 기의란 인식이나 사유의 결과로 형성되는 것이기에 기표와 무관하며 기표에 선재한다는, 언어에 대한 사유 선재론思惟先在論이다.

전자의 기술주의의와 관련해서는 앞 장에서 우리가 지적한 바를 상기할 필요가 있다: 언어는 세계를 그리는 도구이기 이전에, 인간들 간의 통신법이기 때문에 언어의 정체성은 우선은 언어 공동체에 의해 수락 · 통용되어야 한다. 이는 세계를 어떻게 보느냐마저 언어 공동체에 의존적임을 시사한다. 사유 선재론은 어떠한가? 언어에서 통신적 역할이 우선적이고 기초적이라면, 언어는 본질적으로 사회적이고 공적인 것이다. 사유는 내면적이고 사적인 것으로 믿어져왔다.[34] 언어가 공적이고 객관적이기 위해서는 기표적인 면은 필수적이다. 전통적으로 생각되어왔듯이, 사유 활동이 언

33 J. Searle, *Speech Act*, Cambridge Univ. Press, 1969.

34 마음의 사회성에 관한 부분에서 논의하겠지만, 사유는 객관적이고 공적이다. 나아가 언어가 공적인 매체가 될 수 있는 이유는 사유, 나아가 의미의 객관성과 공적 성격 때문이다.

어의 도움 없이 진행될 수 있으며, 언어의 정신이요 본질임을 인정한다 해도, 이는 공적이고 객관적이어야 언어의 정신으로 역할할 수 있다. 그런데 사유는 언표되어야 공적이고 객관적일 수 있다. 즉 사유는 언어의 옷을 입어야 언어의 정신으로서 역할할 수 있다. 언어와 사유 간의 이런 상호 의존성 때문에 소쉬르는 기의란 기표의 이면으로 존재한다고 본 것이다.

사유나 기의가 공적이고 객관적이려면 언어 기호 또는 기표에 의탁해야 한다. 기표의 옷을 입지 않은 기의는 보이지 않는 것에 그치는 것이 아니라 아예 모습을 갖출 수 없다. 기의나 사유적인 것이 설사 기표에 선재하더라도, 그것은 기표의 옷을 입지 않고는 통신될 수 없을뿐더러 실질성도 결여한다. 그런 것들은 사유 주체들 간에도 교환될 수 없다. 사유 주체들도 서로 간의 교류를 위해서는 공유의 매체를 필요로 하기 때문이다. 바로 이런 이유 때문에 기의는 기표의 배면으로서만, 그러므로 기표와 동시에 존재하는 것이다.

세계에 대한 언어의 무연성이 바로 기표의 자의성 또는 무연성에서 연유한다는 논리를 우리는 다른 각도에서 이해할 수 있다. 우리가 세계와 접촉(이런 접촉의 관계가 인지나 인식이든 인과적 촉발이든)할 때 처음 생성되는 것은 기의가 아니라, 소리나 몸짓과 같은 기표였을 것이다. 그런데 그 기표적인 것의 모습은, 우리를 자극하여 그를 생성케 하는 외계의 인과적 요인의 모습에 따라 결정된다고 보기 어렵다. 그 기표의 모습은 **통신의 타방이 그 기표를 어떻게 이해하느냐에 따라 결정**되거나 영향을 받을 것이며, 이해된 바에 대한 합의 또는 동조가 이루어질 때만 공적인 언어 기호가 등장하기 때문이다. 언어 기호의 이런 생성 순서를 생각해보면, 기표의 자의성이 세계에 대한 언어 기호의 무연성을 함의하는 것은 어쩌면 당연할 수 있다. 우리는 선재하는 어떤 심적인 기의가 아니라, 언어 주체들 간에 상호 교환할 수 있는 기표를 가지고 타인에게 접근하고 세계를 조탁한다. 이런 기표를 정과 끌로 삼아 우리는 세계의 모습, 나의 의도, 타인의 의도를 조탁한다.

외적인 무연성無緣性, 내적인 연기성緣起性

우리는 여기서 자의성이라는 개념과 관련하여 두 가지를 언급할 필요가 있다. 첫째, 소쉬르가 언어 기호의 자의성 원리를 통해 주장하고자 하는 바는, 언어 기호의 선택이 언어 공동체에 의해 임의적으로 이루어진다는 것이 아니라, 세계에 대해 무관하다는 입장이다. 이런 점을 고려할 때 자의성보다는 무연성無緣性이라는 표현이 더욱 적절하다. 우리는 소쉬르 언어학의 제1원리, 즉 자의성 원리는 언어 기호와 세계 간의 관계에 관한 것, 또는 그런 관계의 부재성에 관한 것이다. 자의성 원리는 언어의 자율성 원리와 짝을 이루는 원리이며,[35] 우리가 뒤에서 논의할 언어의 연기성과 대조적인 논제이다. 언어는 외적으로는 무연하나 내적으로는 유연적이거나 또는 연기적이다. 이러한 언어의 연기성이 이 책의 중심적 주제이다.

둘째, 언어 기호의 자의성이란 개인들이 기표를 마음대로 선택할 수 있음을 의미하지는 않는다.[36] 개인은 기표의 선택에 관해 어떠한 힘도 발휘할 수 없다. 우리가 어떤 음운체계를 선택할지, 아니 형성해갈지에 관해 개인들은 전혀 무력하다. 설사 개인들이 구체적인 언어 주체이며 언어의 사용자일지라도 이 사실은 변함없다. 정확히 말해서 기표는 개인은 물론 언어 공동체의 수준에서도 선택되는 것이 아니다. 선택의 행위는 선택자가 설정하는 어떤 기준이나 가치 또는 의도를 전제 조건으로 한다.[37] 그런데 소쉬르의 원리가 타당하다면 선택과 자유의 전제가 되는 그런 기준이나 의도의 근거라는 것은 선재적으로 존재하지 않는다.[38] 이 점은 언어의

---

35 Saussure, *Course*. p.76, 87 참조.

36 이런 오해를 피하기 위해서도 우리는 자의성의 개념 대신에 무연성이라는 개념을 사용하는 것이 적합하다.

37 비트겐슈타인이 주장하듯이, 선택, 목적, 의도 등의 개념들은 특정의 자연 언어 이전에는 존재할 수 없다. 이들은 언어 놀이의 한 장기말이다. 그렇기 때문에 언어 놀이의 문맥 안에서만 의미를 지닌다. 그러므로 당연히 자연 언어는 선택의 대상, 우리가 인식의 결과나 선행적으로 형성된 사유 내용을 전달하고 통신하기 위한 도구로서 고안된 것이 아니다. 우리는 유사성의 개념에 대해서도 동일한 말을 할 수 있다. 이는 언어 놀이의 문맥 안에서만 의미를 지닌다.

절대 권력적 성격, 리바이어던적 성격과 깊이 연관되어 있다.

3. 언어와 세계

의성어와 유사성의 문제

자의성 원리가 세계와의 관계에 관한 것이라는 해석은 의성어에 대한 소쉬르의 논의에서 더욱 명확해진다. 의성어는 귀에 들리는 소리를 그대로 묘사하는 것으로 여겨지며, 이런 점에서 자의성 원리에 대한 반증 사례로 생각될 수 있다. 의성어는 언어적 현상의 일부임에도 언어 밖 세계 내의 사태를 묘사하는 것으로 보인다. '꼬끼오'가 닭의 울음을 의미하는 이유는, 그것의 기표, 즉 소리 이미지가 닭의 울음을 닮아 있기 때문이라고 생각한다. 그래서 우리는 그런 어휘들을 '소리를 흉내 낸 어휘들', 즉 '의성어擬聲語'라고 부른다.[39] 하지만 그는 이런 생각을 비판한다. 그 논거는 다음과 같다.

'꼬끼오'와 같은 의성어는 특정의 자연 언어, 즉 한국어의 일부이므로 다른 어휘들과 마찬가지로 기존 언어 체계의 승인 하에, 그리고 그것을 배경으로 해서만 의성어로 역할한다. 이 의성어는 다른 모든 한국어 어휘들과 마찬가지로 한국어의 음성학적 법칙의 지배를 받으며, 다른 어휘들과 적합적 관계에서 형성되었다. 의성어가 한국어의 의성어로 등재되어 역할할 수 있기 위해서는, 이런 적합적 관계가 언어 체계 밖에 있는 닭의 울음소리와의 관계보다 우선적이다.

---

38 이런 점에서도 소쉬르는 비트겐슈타인과 비슷한 입장이다. 후자도 사유, 유사성 등은 언어 놀이의 장기말이라는, 그리고 그 놀이의 장 안에서 의미를 취득하게 된다는 주장을 한다.

39 프랑스어로는 onomatopée, 영어로는 onomatopoeia이며, 이는 희랍어의 onomato-poiia에서 왔다. 이 희랍어는 'coin a name'이라는 의미를 지닌다. 어원적으로는 '의성'이라는 의미가 없으나, 영어나 프랑스어의 현재적 의미는 '의성, 소리를 흉내 낸 어휘'라는 뜻을 지닌다.

외국인들은 '꼬끼오'라는 어휘를 듣고서, 닭의 울음소리를 흉내 낸 말로 알아듣지 못하는데 그 이유는 바로 이 때문이다. 그들의 청각은 한국어 체계의 도움과 지원을 받지 못한다. 언어권마다 닭의 울음소리를 표현하는 의성어가 다르다. 이런 차이는 의성어가 특정 언어 체계의 일부로서 이들이 속한 각 언어 체계의 음성학적이고 형태학적인 규칙에 따라 변용된다는 사실을 알려준다. 특정 어휘들이 '의성어'로 간주될 수 있기 위해서는 이렇게 일정한 자연 언어의 변용을 거쳐야 하며, 이런 조건을 갖추어야 그 어휘는 그 자연 언어의 일부로서 기능한다. '꼬끼오'라는 표현은 한국어의 언어적 관습에 따라, 한국어 체계의 지원을 받아서만 닭의 울음소리를 묘사하는 것으로 간주될 수 있다. 의성어擬聲語는, '소리를 흉내 내는 어휘'라는 표현과는 달리, 적어도 홀로는 소리를 묘사하지 않는다.

의성어에 관한 결론은 원초적 관계로 여겨지는 '닮음' 또는 '유사성'에 관해 중요한 시사를 한다. '꼬끼오'라는 의성어가 의성어일 수 있는 이유는 닭의 울음소리를 닮아서가 아니라, **그 어휘가 속한 언어 체계 내에서 닮았다고 믿어지기 때문이다**. 우리는 상형문자, 나아가 그림에 대해서도 유사한 논리를 적용할 수 있다. 상형문자나 그림은 그려지는 실물과 유사하다고 믿어진다. 표현 그대로 사물을 상형하는 문자라는 것이다. 그러나 이들 역시 실제로 실물과 유사하기 때문이 아니라, **유사하다고 믿어지기 때문에 유사할 수 있다**. 태양의 모습은 日, ⊙, ◎, ＊, ☼ 등 다양하게 그릴 수 있으며, 이들 중 무엇을 태양의 상형으로 볼 것인지는 명시적이거나 암묵적인 사회적 합의에 따른다.

더 일반적으로 모든 기표나 상징적인 것들이 지니는 유사성, 상징성, 대리성의 관계란 대상 자체와 직접적으로 갖는 관계가 아니다. 그것은 기존의 기표 체계, 언어 체계, 언어 놀이 규칙의 승인 하에서만, 유사한 것, 무엇을 상징하고 대리하는 것으로 간주된다. 어떤 그림이 그 무엇의 그림인 이유는 특정의 언어권에서 그것을 그림으로 간주하기 때문이다. 우리가 유념할 것은 사물 자체는 하나의 모습이 아니라 다양한 모습을 지니고 있거나 또는 무규정적이라는 점이다. 따라서 우리는 하나의 사물에 대해 무수히 다양한 관점을 취하여 무한히 많은 수의 그림을 그릴 수 있다.

'Y'가 y를 흉내 내고 있는지의 여부, 'X'가 x를 그리고 있는지의 여부는 언어 공동체의 합의나 언어 놀이의 규칙에 달린 것이다. 'X'나 'Y' 자체가 지니고 있는 모습이나 속성 때문에 우리는 이들이 각각 x와 y를 묘사한다고 말할 수 있는 것은 아니다. 닮음이나 유사성 등은 모두 언어 놀이의 장기말이다.[40] 중요한 것은 닮음, 묘사, 유사성 등이 우리의 언어나 그림이 외계와 갖는 원초적 관계가 아닐뿐더러, 그러한 '원초적 관계'라는 것은 아예 없다는 점이다.

언어 기호의 정체성

언어 기호의 정체성이 외계에 기초하는 것이 아니라고 한다면 기의, 기표, 언어 기호의 정체성은 어떻게 마련되는가? 소쉬르는 언어 기호의 정체성, 즉 의미에 해당하는 것을 '기의signifie' 또는 '가치value'라고 부른다.[41] 이것의 모습은 언어 체계 내에서 타자와의 차이에 의해 확보된다. 언어는 '차이들의 체계'이다.

> 언어는 독립적 항들의 체계인데, 각 항들은 이 체계 속에서 타자들과 동시적으로 현존함으로써만 각 항들의 가치가 결과한다. 이 관계는 다음의 도형이 보여준다.[42]

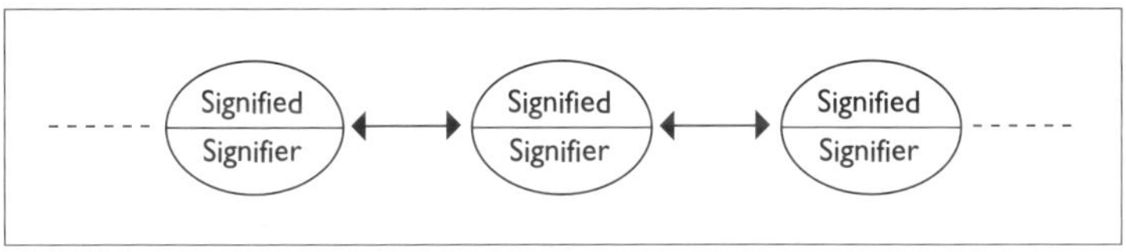

40 Wittgenstein, *PI*, 69절, p.210 참조.

처음에 개념은 아무것도 아닌 것으로, 오직 다른 유사한 가치들과의 관계에 의해서만 개념의 가치가 결정되며, 이 관계 없이 의미 생성(signification)은 일어나지 않는다.[43]

……언어 속에는 오직 차이들만이 존재한다. 더욱 중요한 것은 다음이다: 차이란 일반적으로 차이를 드러내는 두 적극적인 항들의 존재를 함의한다; 그러나 언어에서는 적극적인 항들이 없이 오직 차이들만 존재한다. 기표건 기의건, 언어에는 언어 체계 이전에 존재하는 것으로 여겨지는 관념이나 소리라는 것이 존재하지 않는다. 언어에는 오직 체계로부터 연유하는 개념적 · 음성적 차이들만 존재한다.[44]

언어 기호가 자의적이라는 말은 이미 논한 바와 같이, 세계의 모습에 대한 무관함을 의미한다. 그런데 이런 무관성 내지 무연성은 기호들 각각이 자신의 정체성을 임의로 정할 수 있다는 말이 아님은 이미 지적하였다. 언어 기호들은 외계와 무연하기는 하되, 기호들의 체계 속에서 다른 것과의 차이를 통해 정체성을 확보하기에, 자신과 등위의 다른 기호들에 절대적으로 의존해 있다. 소쉬르는 앞에 있는 첫 번째 인용문에서 언어는 독립적 항들의 체계라고 했지만, 이는 외계에 대해 독립적이라는 의미이지 다른 항들로부터도 독립적이라는 말은 아니다. 언어는 오히려 다른 항들에 철저히 의존되어 있다.

흔히 두 항이 차별적이라 한다면, 그들 각각이 고유의 내용을 지니고 있어서 그렇다고 생각되지만, 언어의 경우는 이런 통념이 적용되지 않는다고 소쉬르는 논한다. "언어에서는 적극적인 항들이 없이 오직 차이들만

41 기의와 가치 간의 관계는 11장에서 논한다.

42 Saussure, *Course*, pp.114–5.

43 Saussure, 위의 책, p.117.

44 Saussure, 위의 책, p.120.

존재한다.” 언어 요소의 정체성, 즉 ‘적극적인’ 내용은 오히려 다른 기호들과의 차이를 통해 획득된다. 언어의 모든 요소들은 항상 체계 내에서 존재하며 등위의 다른 항들과의 관계에서 자신의 정체성을 확보한다.

플라톤 이래로 언어 기호가 지니는 정체성의 근거는 언어 밖의 세계와의 연관성이었다. 가령 플라톤의 존재론에서 명사나 형용사 등은 형상이라는 실체의 이름이므로 의미를 지니는 것이며,[45] 논리적 원자론에서 가장 기본적인 원자原子 문장들은 세계 내의 사실들을 묘사하는 그림이거나, 또는 그 문장들을 구성하는 이름들이 세계 내의 대상들을 지칭한다. 형상이나 논리적 원자는 적극적인 내용을 지닌 최상급의 존재, 속성과 모습의 전형이었다. 이런 견해는 철학자들만의 믿음이 아니다. 상식적으로도 언어는 세계를 기술하고 묘사함으로써 의미와 진리성을 확보한다고 믿어져 왔다.

소쉬르는 언어의 외계 의존성을 분명하게 부정한다. 언어 기호는 언어 기호들의 체계 내에서 자신의 모습을 갖춘다. 언어 기호의 이런 측면을 그는 언어 기호의 자율성이라 부른다.[46] 이 원리는 자의성 원리의 논리적 귀결이다. 자율성이란 언어 기호가 외계로부터 독립하여 존재한다는 것으로, 외계 의존성에 반하는 개념이다. 어휘의 의미는 언어 내적인 논리와 법칙에 따라 결정된다.[47] 바로 이런 이유에서, 뒤에서 논하겠지만 언어 상태, 언어의 공시성 등이 결정적으로 중요한 것이며, 이것들이 언어의 고유한 특성을 이룬다.

---

45 Platon, *Phaedon*, 102a 이하 참조.

46 Saussure, 앞의 책, p.87

47 언어는 차이들의 체계라는 입장, 음성과 사유의 동시 분절론, 화폐와의 비유 등이 이런 내재적 결정론을 지원한다.

세계는 언어적 확실성의 공간이다

의성어에 관한 소쉬르의 기본적인 입장은 세계 개념에 관해 중요한 시사를 한다. 아마도 상식을 좇아 우리는, 의성어를 소리를 흉내 내는 어휘로 볼 수 있을지도 모른다.[48] 다음의 두 문장을 비교해 보자.

(가) "닭이 '꼬끼오' 울어댄다."
(나) "닭이 목청을 돋우어 울어댄다."

(나)의 문장에서 '목청을 돋우어'는 닭의 울음을 의성하는 것이 아니라 닭이 우는 방식, 울음을 울 때의 행태를 기술한다. 그것은 '울어댄다'는 동사를 꾸미는 부사구이다. 이에 비해 우리는 문장 (가)에서 '꼬끼오'라는 부사구가 닭이 우는 행태를 꾸민다고 하지 않는다. (나)는 닭이 우는 행태를 기술하지만, (가)는 닭 울음소리의 내용을 전달한다고 믿어진다. 이런 일상언어적 관습은, '꼬끼오'라는 어휘의 소리 이미지가 소쉬르의 견해와는 달리, 대략적으로나마 닭 울음의 소리 이미지를 들리는 대로 그리고 있다고 보기 때문일 것이다. 그러하기에 우리는 일상적으로 그런 표현을 단지 부사가 아니라 '의성어'라고 부르는 것이다: 우리는 그들 어휘의 어떤 면에는 울음의 모습을 기술하는 측면이 있다고 믿으며, 이런 믿음은 어느

---

48 소쉬르는 자의성을 절대적 자의성과 상대적 자의성으로 구분한다.(Saussure, *Course*, p.131) 이러한 구분은 소쉬르로 하여금 자신의 기호 자의성 테제를 견지하면서, 전통적 언어관이 우리에게 호소력을 발휘하는 이유를 설명해준다.
원초적 언어 기호는 절대적으로 자의적이다. 그 이후의 언어는 상대적으로 자의적 또는 유연적이다. 소쉬르의 자의성 테제는 주로 원초적 언어 기호에 관한 것이다.
상형문자인 한문은 표음문자인 인도유럽어에 비해 자의성은 적고, 조직화는 최소화되어 있다. 한 랑그의 체계에서 자의성의 정도가 크면 조직화의 정도가 크고, 자의성의 정도가 낮으면 조직화의 정도가 낮다. 이런 관계가 표음문자 체계에서와 같은 의미의 문법이 중국어에는 없는 이유를 설명해줄 수 있다. 그러나 깊이 보면, 중국어도 전적으로 자의적이다. 단지 이른바 표음문자에 비해 상대적으로 자의성의 정도가 낮을 뿐이다.

정도 타당성이 있다.

의성어에 대한 통상의 믿음은 중요한 사실을 시사한다: 우리 언어의 일부는 세계에 관한 것이고, 그 세계는 그려지거나 묘사될 수 있는 객관적인 모습을 지니고 있다. 나아가 이런 생각은 일반적으로 이론의 여지가 없이 수용된다. 타인과의 의사소통과 더불어 세계 기술은 우리 언어 활동의 중요한 일부이다. 그렇다면 우리는 세계를 접촉할 수 있는 것일까? 세계 그 자체라는 것이 존재하는 것일까? 언어를 사용하기 시작한 이후 우리는 세계에 대한 직접적인 접촉의 통로를 상실했음을 앞서 지적한 바 있다. 직접적인 관계를 상실했다고 해서 인간 삶의 영위에서 세계가 불필요하다는 것을 의미하지는 않는다. 인간은 언어를 통해 세계를 재구축해야 한다. 인간은 **동물적 확실성을 대체하는 새로운 확실성**을 확보해야 삶을 영위하고 행동을 수행할 수 있다. 통신적 활동과 별도로, 우리가 언어적 활동을 하는 중요한 이유는 동물적 확실성을 상실하면서 잃어버린 세계를 되찾거나 우리 삶의 세계를 다시 구축하기 위해서이며, 세계 구축의 작업은 언어를 통해서 이루어진다.

의성어의 존재는 그런 세계가 확보되어 있음을, 그리고 그 세계가 우리 삶의 배경이나 기반임을 알려준다. 하지만 그 세계나 그의 모습은 우리의 언어적 활동에 의해 구축된다. 우리의 언어는 세계를 구성하지만, 일단 그 세계가 구성되면 우리는 다시 그 세계를 묘사 · 기술하기도 한다. 언어는 동시에 형이하학physika적이면서 형이상학meta-physika적이다. 우리는 세계 개념을 다시 정의할 필요가 있다: **언어를 통해 확보된 확실성의 세계,** 그것이 우리 삶의 세계이다.

언어의 어떤 부분이 세계의 모습을 기술하는지 그 여부를 가릴 기준은 무엇인가? 무엇이 닭의 '실재' 울음인지를 결정하는가? 우리는 '꼬끼오'라는 어휘가 한국어 체계 안에서만 의성어일 수 있다는 사실에 유념할 필요가 있으며, 이런 사실은 닭의 '실재' 울음의 모습을 결정하는 것은 닭의 울음이라기보다는 특정의 자연 언어, 즉 한국어임을 알려준다. 일반적으로 세계의 모습은 특정의 자연 언어 또는 그 자연 언어를 사용하는 언어 공동체에 달려 있다. '꼬끼오'는 한국적 세계의 모습을 그리고 있다. 한국적인 생활 세계에서 닭은 '꼬끼오'하고 우는 데 비해, 독일적 세계에서 닭은 '키켈키' 하고 울며, 한국의 고양이는 '야옹' 하며 울지만, 미국의 고양이는 '미아오 미아오' 하면서 우는 것이다.

그림과 상형문자

유사성이나 닮음의 개념이 언어 놀이의 소산이라면, 그림의 개념 역시 언어 놀이의 소산이다. 자연 상태에서 그림이 담고 있는 현상이 있을지는 회의적이다. 순수하게 감각적 인지 상태에 머물러 있는 동물들은 무엇을 끼적일 수는 있겠지만 그 끼적임을 **무엇에 대한 그림**으로 그릴 수는 없다. 아직 언어를 배우지 못한 어린이도 종이 위에 무엇을 끼적댈 수는 있겠지만, '무엇을' 그릴 수는 없다. 이는 유아가 아직 객관적 세계의 개념을 지니고 있지 않음을 보여준다. 어떤 종류의 신경증 환자는 환상과 실상을 구분하지 못한다고 한다.[49] 무엇에 대한 것이 아닌 그림은 엄밀한 의미에서는 그림이 아니다. 세계에 대한 개념, 즉 자신과 분리되어 있는 것으로서 존재하는 세계에 대한 개념이 있는 주체만이 그림을 그릴 수 있다. 일반적으로 유사성 개념의 사념은, 즉 두 대상이 닮아 있는지 여부를 판별하는 일은 태어나면서부터 가능한, 다시 말해 타고난 감각으로 인지할 수 있는 능력이 아니라 학습을 통해 습득되는 능력이다. 어느 정도는 자연 언어를 학습해야 무엇과 무엇이 유사하다고 말할 수 있기 때문이다.[50]

---

49 다음 저서들의 사례 참조: 올리버, 색스 『화성의 인류학자』, 바다출판사, 2005; 『아내를 모자로 착각한 남자』, 이마고, 2007.

50 그러므로 동물의 경우는 유사성의 관계를 인지하지 못할 것이다. 주인을 알아보는 것은 냄새와 같은 자극에 의한 조건반사이다. 거울을 보고 그 상이 자신이라는 것을 알아볼 수 있는 동물은 침팬지 정도라고 한다. 다음 참조: 크리스틴 케닐리, 『언어의 진화』, 알마, 2009.

어린이가 언어를 배운 뒤에야 무엇을 그릴 수 있다는 사실, 즉 자신이 끼적이는 바를 '무엇에 대한' 그림으로 생각할 수 있다는 사실은 언어와 그림 간의 내적 관계에 관해 중요한 시사를 한다. **그림은 언어의 하위 체계**라는 것이다.

우리는 의성어의 논리를 그림 개념에도 적용할 수 있다. 그림이 그림인 이유는 그림으로 간주되기 때문에, 즉 그림이 대상을 닮아 있다고 언어 공동체 구성원들이 암묵적으로 합의하기 때문이다. 그림은 자신 홀로 대상을 그리는 것이 아니다. 그것은 그림을 보는 자의 시선에 의존하여 그림의 역할을 할 수 있게 된 것이다. 의성어는 대상에 대한 직접 경험이 가능하다는 것에 대한 증거라기보다는, 그와는 반대로 우리의 직접적 감각 경험마저도 기존의 언어 체계에 의해 제약되어 그 내용이 결정된다는 것을 시사한다.

그림이 그림일 수 있는 이유가 언어 공동체에 있다면, 소위 상형문자도 결국은 음성문자와 **동일한 원리에 의거하여 문자로서 기능한다**고 볼 수 있다. 상형문자는 그 스스로 대상을 상형해서라기보다는, 일정한 존재자를 상형한다고 믿어지기 때문에, 특정의 기의를 취득하여 문자로 사용되는 것이다. 그래서 상형문자가 모사적일 수 있는 근원적인 이유는 상형적이어서가 아니라 문자이기 때문이다. 상형문자든 음성문자든 문자로서 기능하는 원리는 동일하다.

20세기 초의 논리적 원자론자들은 언어의 존재론적 근거를 찾는 과정에서 언어의 기초로서 세계를 접촉하는, 논리적 고유명사라는 것이 있다고 보았다. 그들은 이에 상응하는 존재계 내의 궁극적 존재를 논리적 원자라 불렀다. 이 명사들을 결합하여 가장 기초적인 명제인 원자 명제가 구성되는데, 이에 대응하는 존재계의 부분이 원자 사실이다. 원자 명제가 원자 사실과 부합하면 진리이고, 어긋나면 허위이다. 따라서 원자 사실을 인식하고 진리 함수를 도입하면 모든 명제들의 진리치를 결정할 수 있다는 것이 그들의 믿음이었다. 명사와 원자 사이의 관계는 접촉feel이며 명제와 사실 사이의 관계는 그림picture이라는 비트겐슈타인의 언어 그림론은 전통의 언어관을 명료하고 압축적으로 표현하고 있다.

위에서 우리는 그림이란 언어의 일부라고 논하였지만, 인식자가 세계와 관계함에서 그림이 원초적이라는 생각은 상당히 뿌리 깊다. 비단 철학적 이론의 차원에서뿐 아니라, 일상의 차원에서도 언어가 세계의 그림이라는 생각은 오래된 믿음이었다. 유럽 문자는 대부분 음성문자이다. 외계를 그리는 것으로 여겨지는 중국의 상형문자와는 달리, 음성문자는 단지 음성적 언어인 말을 공간적으로 전사轉寫한 것에 지니지 않는다고 믿어졌다. 하지만 음성문자도 역시 그 기초는 심적인 상형문자라는 것이 철학사에서 주류적인 믿음이었다. 비트겐슈타인의 그림 이론이 아니어도, 고대로부터 언어는 표상, 인상, 감각적 지각, 감각 여료 등 외계의 반영상을 담는 그릇이라고 철학자들은 주장했다. 음성언어를 포함하여 모든 언어는, 가시적이냐 심적이냐, 공적이냐 사적이냐의 차이는 있지만, 본질적으로 상형적이라는 생각은 플라톤의 형상, 'eidos' 개념에 의해 간명하고 핵심적으로 표현되었다. 'eidos'란 '모습'이란 의미의 희랍어이다. 그는 언어의 의미나 근거를 'eidos', 즉 존재자의 모습 또는 형상이라 표현함으로써, 언어는 모습을 지닌 존재자를 그림으로써 기능한다는 그림 이론의 원형이자 전형을 제시하였다.

유사성이나 그림이 언어적 제도의 일부라는 앞서의 논의가 타당하다면, 전통적인 언어관, 언어 그림론, 언어의미 형상론, 감각 인상론, 표상론, 토대주의 등은 재고되어야 한다. 우리는 존재론이나 인식론 등의 이론 철학을 넘어서 서양 철학의 주축을 이루었던 실천 철학의 모든 이론들, 자연권론, 자연법론, 본질주의, 정언명령의 개념, 가치 인지주의, 직관론, 이성론, 인간 본성론 등도 다시 검토해야 한다.

4. 자의성 원리를 위한 논거와 그 함축

자의성 원리를 위한 논거

기의와 언어 기호가 세계에 대해 자의적이라는 자의성 원리의 논거는 무엇인가? 소쉬르는 자의성 원리를 언어학의 근원적 원리로 제안하기는 했으나, 유감스럽게도 이에 대한 명시적인 논거는 제시하지 않았다. 그는 기표의 다양성, 언어 기호 내에서 기표와 기의 간의 자의성, 등 논거가 될 만한 것을 두어 가지 간략히 언급하기는 했으나, 이들은 이미 지적한 바와 같이 오히려 원리의 내용을 오해하게 만든다. 하지만 자의성 원리에 대한 새로운 해석, 즉 외계 무연성론을 지원하기 위해 필자가 논의한 소쉬르의 다양한 입장들은 모두 자의성 원리를 위한 논거가 될 수 있다.

그의 가장 중요한 입장은 기의나 개념적인 것이 언어 기호나 기표와 무관하게, 그에 선재하여 있을 수 없다는 주장이다. 소쉬르로 하여금 이런 주장을 하게 만든 요인은, 먼저 언어는 우선적으로 통신 매체라는 사실, 나아가 사유란 그 자체로서는 무정형적이며 객관성을 지니지 못한다는 사실에 대한 통찰로 보인다. 언어 기호는 통신 매체이므로 객관적이어야 하며, 그 모습이 언어 공동체에 의해 합의되어야 한다. 그러므로 언어 기호가 외계를 표상하는지의 여부는 중요하지 않다. 나아가 사유가 소통의 대상이 되기 위해서는 언어라는 객관적 옷을 입어야 한다는 것이다. 사유는 그 자체 홀로서는 자신의 모습을 지닐 수는 없으니, 철저히 언어에, 언어 기호에 의존적일 수밖에 없다는 것이다.

이런 점들을 염두에 두고 자의성 원리를 위한 몇 가지 추가 논거를 생각해보자. 우선 논리적 관점에서 검토해보자. 원초적 언어 기호에 상응하는 대상이 있다고, 즉 명명적 언어관이 타당하다고 해보자.[51] 그러면 어떤 문

---

51 남경희, 「언어의 규정력」, 『철학적 분석』 1호, 2000에서 요약, 발췌.

제가 생기는가? 인간의 원초적 상황으로서 에덴동산을 생각해보자. 에덴동산의 사물들은 신이 무엇인가로 창조한 것이므로, 일의적 모습을 지니고 있으며, 그렇기 때문에 일의적으로 인식할 수 있고, 그들에 대해 하나의 이름을 부여할 수 있다. 그런데 바로 이런 이유에서 에덴에서는 언어가 불필요하다. 이런 상황에서는 아담과 이브가 대상들을 직접 감각하고 지각할 수 있기 때문이다. 각자는 대상들을 직접 보거나 만지거나 할 것이며, 다른 이에게 알릴 필요가 있을 경우에는 가리키면 그만이다.

그런데 이런 무언의 공간이 언어를 필요로 하게 되는 상황으로 변모한다면, 이는 실체와 속성의 구분, 보편자, 심적 상태, 추상적 존재 등, 그들이 에덴에서 직접 지칭할 수 없는 그런 대상들이 등장하였기 때문이다. 간단히 말해서, 언어가 등장하게 된 이유는 대상과 이름이 일 대 일의 직접적 관계를 맺고 있는, 그래서 어휘들의 의미가 명석판명한 상황이 아니기 때문이다. 우리가 언어를 필요로 하게 된 계기는, 언어가 지시하는 대상과 직접적인 접촉을 더 이상 유지할 수 없는 처지에 우리가 들어섰기 때문이다.

이런 가정, 즉 **오직 언어의 매개를 통해서만 접촉할 수 있는 그런 존재자들이 있을 수 있다**는 가정은 언어의 본질과 언어와 존재 간의 관계에 관해 매우 중요한 시사를 한다. 일반적으로 우리는 오직 언어의 매개를 통해서만 접촉하거나 지칭 · 묘사 · 인식될 수 있는 것들은 추상적인 것, 관계적인 것, 심적인 것들이라고 생각한다. 언어는 그런 보이지 않는 것들을 위한 가시적 매개체이자 표현 도구라는 것이다. 그러나 오직 언어를 매개로 해서만이 그런 것들을 접촉 · 인식할 수 있다면, 그것들은 언어 체계의 밖에 있으며 그래서 우리가 이름을 고안하여 지칭하고 명명하는 것이라고 보기는 어려울 것이다. 그것들이 진정 언어 체계 밖에 있다면, 언어 이외의 다른 통로로도 접촉하고 인식할 수 있어야 한다. 오직 언어를 통해서만 접촉할 수 있는 것이라면, 이는 언어 체계의 구성적 일부로 보아야 할 것이다. 미터원기가 미터법이라는 측정 제도의 일부이며, 실체가 존재론적 언어 놀이의 일부인 것처럼 말이다. 더 근원적으로 우리는 구태여 언어의 배후에 그런 존재자를 상정해야 할 이유가 없을지 모른다.[52] 그런 존재자를 상정한다고 해도 어차피 그 존재자에 접근하고 인식할 수 있는 유일한 통로는 언어일 것이기에 그런 존재의 상정 자체가 중복적이다. 언어는 존재로의 통로가 아니라 바로 존재 자체이고, 그 통로를 통해 가고자 하는 목적지이다. 우리는 언어의 배후, 언어의 저편을 탐구할 필요가 없다.[53]

기표 자체만으로는 언어가 될 수 없다. 기표 자체는 끼적임이거나 소리에 불과하다. 이런 기표를 언어 기호이게 하는 무엇이 따로 있을 것이고, 기표는 그 무엇과 긴밀한 관계를 맺고 있어야 하지 않을까? 기표를 언어 기호이도록 하는 것은 바로 신뢰이다. 통신의 타방이 화자의 소리를 통신의 매체로 믿기 때문에, **소리 이상의 것**이라 믿기 때문에 그 소리는 언어 기호로 변모할 수 있는 것이다. 기표적인 것만 있으며, 나아가 이것이 신뢰의 도움을 받아 존재자의 역할을 수행할 수 있다는 주장에서 다소 물러나, 존재자는 아니어도 단지 기의적인 것, 일종의 개념이나 의미가 있다고 보는 생각은 어떨까? 예를 들어 프레게의 의미Sinn나 데이빗슨의 문자적 의미literal meaning를 생각해 볼 수 있다. 이것이 소쉬르가 취하는 방향으로 보인다. 그에 따르면, 기의는 기표와 불가분의 관계에 있다. 종이의 배면이 표면과 동시에 동일한 모습으로 잘리듯이, 기의는 기표와 동시에 존재하며, 정체성을 형성하는 배면과 같은 모습으로 존재한다.

이런 입장은 언어의 지칭 대상으로서 존재자를 상정하는 앞서의 입장과 유사하므로 동일한 논변을 적용할 수 있다. 기표를 통해서만 그 존재를 확인할 수 있으며, 그 정체성이 확보되고, 나아가 그 정체성이 기표의 정체성과 분리할 수 없는 것은, 언어 기호가 지칭하거나 명명할 수 있는 것이

---

52 Wittgenstein, *PI*, 293절에서 beetle in the box에 대한 논의 참조.

53 같은 논지의, 더 자세한 논변은 남경희, 「언어의 규정력」, 20–22쪽 참조.

아니라 **언어 기호의 구성적 일부**이기 때문이다. 또는 우리가 기표들을 사용하여 언어 활동을 할 때, 그에 대응하여 구체적으로 신경적 기제나 기억, 또는 뇌파나 전기화학적 반응기제 등이 활성화되어 있다고 주장해도 무리는 없을 것이다. 어떤 경우든 그것은 언어 기호의 자의성 여부를 평가할 제3자적인 것이 되기 어렵다. 구술 시대나 상형문자적 문화에서 의미론이나 존재론이 부재한 이유를 우리는 이제 이해할 수 있다. 음성 문화적 시대에서는 음성은 바로 행위였고,[54] 상형문자적 문화권에서는 상형문자가 바로 그 문자가 그리는 사실로 여겨졌기 때문이다. 고대 중국 은나라에서 **문자의 세계는 바로 의미의 세계이자 존재의 세계**였을 것이다.

기의이든, 의미이든, 새로운 차원의 무엇이든, 그것이 기표와 불가분의 관계에 있다고 한다면, 그리고 기표의 존재와 모습에 절대적으로 의존하고 있다고 한다면, 기표는 외계와는 무관하다. 기표는 스스로의 운동에 의해 존재를 창출하는 자율적인 주체agent이다.

에덴동산 이야기는 자의성 원리를 위한 또다른 근거를 제시한다. 일물일어론 또는 지칭론에 따르면, 외계의 사물들은 에덴동산에서처럼 하나의 모습으로 존재해야 할 것이다. 에덴은 신이 자신의 개념에 따라 창조한 것이므로, 그 동산의 사물들은 하나의 모습으로 존재한다. 에덴은 말하자면 본질들의 낙원, 그것도 자신이 가장 사랑하는 피조물인 인간들이 인지할 수 있는 것으로서 존재하는 본질들의 에덴이다. 하지만 우리가 경험하고 이름을 부르는 대상들이 존재하는 현실 세계는 그런 본질들의 왕국이 아니다. 우리 주위의 대상들은 여러 모습을 지니고 있으며, 이들 중 무엇이 본질인지를 가릴 수 있는 방법은 없다. 인간과 언어 밖의 외계가 그런 본질들, 즉 하나의 모습, 그것도 인간이 인식하고 지칭하며 명명할 수 있는 모습을 지니고 존재하리라는 믿음은 우리가 아직도 창조론적 사유의 울타

---

54 히브리어에서는 '말'을 의미하는 'dabar'는 말과 동시에 행위를 의미했다고 한다. 월터 J. 옹, 『구술 문화와 문자 문화』, 문예출판사, 1985.

리를 벗어나지 못하고 있음을 알려줄 뿐이다. 본질주의는 일종의 창조론이다.

객관성의 거처

전통적으로 본질주의에 집착한 이유는 의미의 객관성을 확보하기 위해서였으나, 전통적인 전략은 자기 배반적이다. 전통의 입장과 같이, 언어 기호는 언어 밖의 세계와 유관하다고, 기표의 정체성이 기의적인 것 또는 언어 밖의 어떤 대응체에 의존한다고 해보자. 즉 기표나 언어 기호가 올바른 것이고자 한다면 자의적일 수 없으며, 언어 밖의 무엇인가와 긴밀한 관계를 맺어야 한다고 해보자.

그러면 어떤 문제가 생기는가? 1) 그런 경우 대응체의 존재나 정체성은 기표와 독립적일 텐데, 그럴 때 그것의 모습을 어떻게 확인할 수 있는가? 가령 '+' 연산을 하면서, 즉 '+'라는 기표를 사용하면서 우리는 마음속에 더하기plus를 사념할 수도 있지만, 기대와는 달리 더빼기(quus: 두 수를 더한 후에 1을 제하는 함수)를 생각할 수도 있다. 나의 마음 속에서 진행되는 연산 과정은 타인들이 관찰할 수 없을뿐더러, 더 중요한 문제는 나 자신도 확인할 수 없다는 것이다. 내가 더하기plus로 '확인'한 것은 실은 더빼기quus였는데도, 착각이나 환상에 의해 그를 더하기plus로 잘못 생각할 수도 있기 때문이다. 진정으로 마음 속에 있는 사적私的인 것은 타인은 물론이고 나 자신마저 그 존재나 정체성을 객관적으로 확인할 수 없다. 심적으로만 접근할 수 있는 것을 언어 기호의 배후에 상정하여 어휘의 의미로 삼으면, 모든 언어는 사적인 것이 되어 버리며, 그렇게 된 언어는 언어로서, 심지어 나 자신만을 위한 언어로서도 기능할 수 없게 된다.[55] 이것이 비트겐슈타인이 말하는 규칙 준수의 역설이자 사유언어 비판론의 메시지

---

55 Wittgenstein, *PI*, 258절, 270절 참조.

이다.

기표가 자신과 독립적으로 존재하는 기의적인 것이나 대응체에 의존하여 자신의 정체성을 확보한다면, 언어 기호는 객관적이고 공적인 성격을 확보할 수 없게 되고 언어는 사라지고 만다. 언어는 허공에서 생성되는 것은 아닐 것이다. 우리가 외계를 접하면서, 이 외계와의 관계에서 유발된 어떤 필요성이 언어를 등장하게 했을 것이다. 전통적으로는 외계의 모습이란, 의미나 개념의 형태로 우리에게 표상되며 이러한 표상이 언어 기호 정체성의 기초라는 것이었다. 지금까지의 논의는 그 반대를 시사한다: **외계는 오로지 언어 기호, 더 정확히는 기표에 의존해서만 자신의 객관적인 모습을 확보할 수 있다**. 기표의 도움 없이 외계의 모습은 객관성, 공적인 성격, 통용성을 획득할 수 없다.

외계 모습의 기표 의존성은 측정 단위와 측정 대상 사이의 관계를 통해 더욱 잘 이해할 수 있다. 측정 단위는 피측정 대상에 대해 자의적이거나 무연하다. 대상의 길이를 재기 위해 우리는 미터법, 야드법, 또는 한국 전통의 척관법 등 아무것이나 채택할 수 있다. 이런 자의성에도 불구하고 측정 대상이 지닌 양이 객관적 모습을 갖추기 위해서는 자신과 무관한 측정 단위에 기대는 수밖에 없다. 대상이 일정한 길이를 갖기 위해서는 측정되어야 하고, 측정되기 위해서는 측정 단위가 있어야 한다. 그런데 이 측정 단위는 측정되는 대상에 대해 자의적이거나 무연하다. 같은 이유로 언어 기호는 외계에 대해 자의적이거나 무연하다.

언어 기호들은 세계를 재는 측정 단위이다.[56] 미터 등이 대상의 양적인 모습을 객관적으로 드러내듯이, 언어 기호는 생각과 느낌에 객관적인 모습을 부여한다. 언어 기호들은 언어 공동체 구성원들이 서로의 의사와 사고 내용과 세계의 모습을 객관적으로 논하고 그리기 위해 합의한 매체,[57] 다시 말해 그들의 객관적인 모습을 위한 매체이다. 이렇게 객관적으로 그

56 『순자』의 「정명」 편 참조.

모습이 합의된 매체에 담아야 서로의 의사와 세계의 모습에 관한 생각, 인식 등을 재어볼 수 있고, 상호 교환할 수도 있다. 언어는 화폐와 비슷하다. 측정의 행위, 측정의 결과는 외부의 한 대상에 관한 것이기는 하지만, 그 결과가 외계 자체의 모습은 아니라는 점을 우리는 유념할 필요가 있다.

측정 단위는 이미 그 모습이 합의되어 있다. 그러나 언어 기호의 경우, 그것이 외계에 대해 자의적이라 한다면 그 모습을 갖추기 어렵고, 따라서 외계의 모습이나 우리의 사고를 재어서 전달하는 '측정 단위'의 역할을 할 수 없을 것이다. 그러면 그런 것이 어떻게 소통의 매체가 될 수 있을까? 이에 대한 답은 뒤에서 논의할 해석의 개념에서 찾을 수 있다.

자의성 원리의 함축

언어 기호의 자의성 원리는 철학적으로 혁명적인 함축을 내포한다. 그 함축을 간략히 요약 · 정리해보자. 1) 적어도 기본적인 언어 기호들은 한 언어 체계 내에서 타자들과의 차이에 의해 자신의 정체성을 확보한다. 2) 자연 언어는 외계와 사유로부터 독립된 자율적인 체계이다. 3) 나아가 개념이나 기의적인 것은 외계와의 관계에서 자신의 내용적 모습을 취득한다고 여겨져왔었지만, 이들은 오히려 기표에 의존하여 모습을 확보한다. 언어 기호는 적어도 그 정체성에서는 사유는 물론이고 세계로부터도 독립적이다. 언어는 사고로부터, 그리고 존재계로부터도 자율적이다. 4) 언어 기호의 정체성, 즉 어휘의 의미는 존재계의 모습과는 무관하게 형성되며, 따라서 언어에 담긴 분류 체계는 세계 자체의 분류 체계와 무관하다. 우리가 사는 생활 세계의 모습과 분류는 자율적으로 형성된 언어에 의해 결정되거나 영향을 받는다. 5) 언어는 사유된 바를 표현하는 매체나 도구가 아

---

57 레비스트로스에 따르면, 최초의 실질적 언어는 토템의 체계인데, 이는 고대 원시인들이 주위 세계를 분류 정리하기 위한 가장 기초적인 틀이었다. C. Lévi-Strauss, *The Savage Mind*, The Univ. of Chicago Press, 1962:1966.

니라, 역으로 사유의 형성에 주축적인 역할을 한다. 6) 언어의 규정력은 모든 종류의 내용 또는 모습을 결정하거나 기초를 제공하는 기본적인 힘이다. 7) 우리의 인식, 나아가 우리의 행위를 결정한다는 점에서, 언어의 규제력은 근원적인 권력이다.

4장

믿음과 의미: 인간 통신법으로서 언어의 고유성

1. 자의성 원리와 인간 언어의 특질

언어 그림론과 이상 언어론

인간 언어의 기원은 바벨이다. 바벨은 언어의 종식이 아니라, 언어의 시작이자 원리이다. 인간은 자연 상태에서 세계에 대한 직접적 확실성을 누릴 수도 없지만, 타인들과 소통할 공유의 매체도 결여하고 있었다. 언어는 세계를 그릴 수도 없지만, 통신의 매체로서도 불완전한 것이었다. 인간은 이중의 바벨적 상황에 처해 있었다. 동물들은 외계 그리고 동류의 타자들과 직접적 확실성의 관계를 맺고 있으나, 인간은 그 모두와 타자적 관계에 있다. 외계에 대해서도, 타인에 대해서도 소통할 길을 차단당하고 만 것이다. 이런 바벨적 상황은 오히려 언어를 고안하게 하며 새로운 인간의 탄생을 준비한다.

같은 종 내의 다른 개체들과의 통신은 필수적이다. 통신 매체가 없다면,

그들은 같은 종에 귀속될 수 없으며, 더 근원적으로는 하나의 집단을 구성하거나 하나의 자연종으로 자연계에 등록하지도 못했을 것이다. 통신의 수단이 없다면 최소한의 교접이나 생식도 할 수 없을 것이기 때문이다. 동물들은 서식의 방식에 따라 군서성과 단서성으로 나뉘는데, 후자의 경우라 하더라도 적어도 짝짓기를 위한 통신법은 갖고 있어야 할 것이다.

구약의 필자들이 바벨을 언어의 종식으로 생각한 이유는, 언어와 인간에 대한 창조론적인 믿음 때문이다. 전통적 언어관은 구약적 언어관과 유사한 정신관을 전제하고 있다: 즉 생명종으로서의 인간은 아니어도 인간의 정신이나 인식 능력은 창조된 것으로서, 인간에게 태어날 때부터 주어졌다는 것이다. 이에 따르면 인간의 인식 능력은 언어 활동과 무관하게 홀로 등장하거나 발현될 수 있는 것으로, 인간은 마치 에덴의 아담과 같이 언어적 활동 이전부터 외계의 대상들을 직접 접하고 인지할 수 있었고, 이런 인지 결과를 담아 전달하기 위해 언어를 고안했다는 것이다. 이런 믿음은 플라톤과 전기 비트겐슈타인의 언어 그림론이나 논리실증주의의 이상 언어론으로 발전되고 표현된다.

> 단어들은 될 수 있으면 사물을 닮아야 한다.[1]

> 논리적으로 완벽한 언어에서는 단순한 모든 각각의 객체에 대해 오직 한 단어만이 존재할 것이다. 그리고 단순하지 않은 모든 것은 단어들의 결합을 통해서, 당연히 단순한 것을 가리키기 위해서 등록된 단어들을 바탕으로, 각각의 단순한 요소에 한 단어가 대응하는 식으로 도출된 결합을 통해 표현될 것이다. 이런 종류의 언어는 완전히 분석적일 것이며, 긍정 또는 부정하는 구조를 한눈에 보여줄 것이다.[2]

---

1 Platon, *Cratylos* 383a; 개리 마커스, 『클루지』, 갤리온, 2008, 62쪽 참조.

2 Russell, 『클루지』, 156쪽에서 재인용; 완벽한 언어를 만들려 했던 윌킨스의 시도에 관해서는 다음 참조: 스티븐 핑커, 『단어와 규칙』, 사이언스북스, 2009.

첫 번째 인용문은 그림 언어론의 원형이며, 현대에 와서는 전기 비트겐슈타인에 의해 더욱 명료하게 정리되었다. 후자는 이상 언어론 또는 논리 언어론이라 할 수 있는 것으로, 일상의 자연 언어가 세계를 그리기에는 부적합하다는 비판적 평가에 기초하고 있다. 철학자들의 자연 언어 비판론은 역설적이지만, 일종의 철학적 창조론을 상정한다.

이런 비판은 여러 강령을 전제로 한다. 그 전제는 다음과 같다: 1) 우리 인식 주관의 저편에 하나의 일정한 모습을 지닌 세계, 에덴동산과 같은 세계가 있다는 존재관; 2) 우리 인식의 목표는 그 세계의 진상이나 진리를 있는 그대로 인식하는 것이라는 인식관이나 학문관; 3) 우리 언어의 이상은 그 진리를 담아 전하는 것, 세계의 그림이거나 반영상을 표현하고 전하는 것이라는 언어관들이다.

서구 전통의 철학적 입장은 기독교의 존재론에 비판적이면서도, 실은 근원적으로는 창조론의 기본 입장을 답습하고 있다. 창세기에 따르면, 세계는 신에 의해 일정한 모습을 갖는 것으로 창조되었다. 철학적 창조론은 기독교적 존재론에서 신만 제거한 것이다. 이제 신의 존재는 수용될 수 없으나, 그럼에도 세계는 신이 창조하듯이 일정한 모습을 지닌 것으로 존재하고 있으며, 우리의 인식 능력 역시 진화의 소산이라기보다는 일정한 구조와 틀을 지닌 것으로서 인간에게 주어졌다고 본다. 인간의 사유나 인식의 능력, 이성은 생득적이고 천부적인 것으로 믿어지며, 언어는 단지 사유를 표현하고 전달하기 위한 인위적인 도구에 지나지 않는다는 것이다. 당연히 사유 능력과 활동은 언어 활동에 선재한다. 언어가 인식과 사유의 도구에 불과하다면, 그리고 인식 능력이 생득적이고 언어 활동에 선재적이라면, 인간들 간의 통신활동은 세계에 대한 인식의 결과로서, 시초부터 명석판명한 것이며, 타인에게도 그 메시지가 확실했을 것이다.

자의성 원리와 언어 진화론

앞 장에서 우리는, 언어는 외계에 대해 자의적이며, 기의적인 것은 기표와 함께 생성되었고, 의미는 일종의 신화라고 논한 바 있다. 이런 입장에 비추어볼 때, 서구의 전통적 언어관은 수정되어야 하며, 우리는 인간, 사고, 언어에 대해 진화론적인 관점을 취해야 할 것으로 생각된다. 그와 함께 앞서 이야기한 위의 여러 전통적 논제들에 대한 재검토가 요청된다. 이런 관점에서 다음과 같은 몇 가지 생각을 타진해볼 수 있다.

(1) 인간이 자연 진화의 소산이라고 한다면, 인간의 사유와 인식 능력 역시 생득적이지도 천부적이지도 않은 것으로, 시간적 과정을 거치면서 진화된 것이겠지만, 이는 진화 과정에서 유전적 돌연변이에 의해 획득되었거나 아니면 두뇌의 신경망을 기반으로 인간의 적극적이고 주체적인 노력의 결과로 형성되었을 가능성이 높다.

(2) 인간의 사유 능력이 후천적으로 형성되었다면, 그 가능성은 다음의 둘 중 하나일 것이다. 첫째, 사유 능력은 신체와 두뇌가 성장함에 따라, 그리고 감각경험의 영양 공급을 받아 형성된 것일 수 있다. 마치 도토리가 적절한 물리적 조건 아래에서는 상수리나무가 될 수 있듯이 말이다.

(3) 다른 가능성은 인간의 사유 능력이란 언어 활동과 긴밀하게 연관되어 있으며, 나아가 언어 활동의 결과일 수도 있다는 것이다. 후자가 맞다면 우리는 언어와 사유 간의 생성 순서를 바꾸어야 할 것이다.

인식이나 사유 활동 이전에 언어 활동이 선재하거나 그와 동시에 이루어진다고 한다면, 우리는 언어의 일차적 기능을 재규정해야 한다. 언어가 감각경험이나 사유의 지원도 없이 진화와 유사한 과정을 거쳐 등장했다고 했을 때, 언어는 세계와의 관계에서, 그리고 통신의 매체로서 어떤 특징을 지니는가? 언어는 인식된 바를 표현 · 전달하는 도구라기보다는 인간 상호 간의 통신 매체일 것이다. 언어는 그 원형에서 존재론적이기보다는 사회적이며, 대물적이기보다는 대인적이고 사회적인 소통 매체이다.

(4) 언어가 애초에 사유나 인식의 지원을 받지 않는 독립적 현상이었다면, 언어가 세계의 그림이 될 수 없음은 물론이고 사유와 인식의 도구일 수도 없을 것이다. 언어는 그 자체가 인식적 활동이며 삶의 방식이고, 세계를 더듬어 모습을 부여해가는 인간의 방식, 즉 인간의 더듬이로 볼 수 있다.[3] 인간을 둘러싸고 있는 세계는 일정하고 일의적인 모습을 지니지 않았다. 오히려 세계는 인간의 언어적 활동의 결과로서 일의적인 모습을 지니게 되었다고 볼 수 있다.

(5) 언어는 통신 매체로서 불완전하고 불확실하다. 뿐만 아니라 그것은 생득적인 것이 아니라 힘든 노력을 통해 습득되는 것, 다시 말해 경험적이고 사회적인 노력의 소산으로 볼 수 있다. 바로 여기에 인간 언어와 동물들의 통신법 간의 핵심적인 차이가 있다.

우리가 인간에 대해 진화론적인 입장을 수용한다면, 인간의 통신법으로서 언어도 동물적 통신법에서 진화한 것으로 보아야 할 것이다. 이런 경우에도 문제는 여전히 남는다. 생명체로서 인간이 유인원에서 진화하였다면, 인간도 처음에는 동물의 우짖음, 새소리와 같은 매체로 소통하였을 것이다. 그런데 어떻게 하여 그런 기표적인 것이, 우짖음이나 새소리에 지나지 않던 것이 의미를 지닌 언어로 발전하였으며, 그렇게 우짖기만 하던 유인원이 마음을 지닌 존재로 진화할 수 있게 되었을까? 동물의 소리를 인간 특유의 통신법으로 발전하게 한 계기는 무엇이었을까? 인간의 언어는 단지 좀더 정교하고 섬세할 뿐, 동물들의 우짖음이나 새소리와 별다른 차이가 없는 것일까?

---

3 N. Katz, 'Nagarjuna and Wittgenstein on Error', p.308, in N. Katz, ed., *Buddhism and Western Philosophy*, Humanities Press, 1981.

비트겐슈타인의 놀이 개념과 소쉬르의 차이 개념

먼저 비트겐슈타인과 소쉬르가 이 문제들에 관해 어떤 주장을 하고 시사하는지 검토해보기로 하자. 이들에 따르면, 언어 기호는 외계에 대해 무연적이다. 그렇다면 인간의 언어는 외계에 대해 직접적인 확실성을 제공하지 못한다. 동물들 상호 간의 통신법은, 가령 개미의 페로몬이나 벌의 춤은 동류의 타자들에게 외계에 관한 직접적이고 확실한 메시지를 전하지만, 인간의 경우는 그렇지 못했을 것이다. 유인원의 수준에서 상호 원활하게 소통하던 인간들이 어느 단계에 이르러서 무엇인가 새로운 것을 감각 · 체험하고 그것을 타인에게 전하고자 했을 때, 그때의 통신법은 즉각 이해될 수 있는 성질의 것이 아니었을 것이다. 즉, 타인과의 확실하고 믿을 만한 소통 수단이 결여되어 있음을 자각하게 되었을 것이고, 이런 상황이 언어 발전을 위한 계기를 제공했을 것이라 추정할 수 있다.

비트겐슈타인은 말하기는 먹기, 걷기 등과 같이 자연사의 일부라 주장한다.[4] 나아가 언어 활동은 놀이적이며, 어휘들은 언어 놀이에서 역할을 수행함으로써 의미를 취득한다고 논한다.[5] 말하기가 자연사의 일부라고 주장한다는 점에서 비트겐슈타인은 인간의 언어가 동물적 통신법과 별다를 바가 없다고 보는 듯하다. 언어 활동이 놀이라는 제안 역시 별 도움을 주는 것으로 보이지 않는다. 동물들 역시, 가령 강아지, 고양이, 원숭이, 돌고래 등도 일종의 놀이를 하는 것으로 보이기 때문이다. 아마도 그들의 놀이는 의사소통적 활동으로서의 놀이가 아닐 수는 있을 것이다. 그러나 여하튼 인간의 언어 활동이 놀이라는 사실, 통신적 관계를 놀이의 방식으로 한다는 사실이 어떻게 언어의 특징을 설명할 수 있을까?

소쉬르의 입장은 어떠한가? 그에 따르면 언어는 기본적으로 **차이의 체**

---

4 Wittgenstein, *PI*, 25절.

5 Wittgenstein, *PI*, 25절, 이외 여러 곳.

계이다.[6] 기표는 기호 체계 안에서 정체성을 획득하며, 나아가 체계 안에서만 의미 있는 역할을 수행한다는 것이다. 하지만 기표의 교환 과정에서 기표들 간의 차이를 인지하는 것만으로는 언어가 생성되지 않는다. 인간 이외의 동물들도 그들 간에 주고받는 통신 매체 단위들 간의 차이는 인지할 것이다. 차이의 인지는 언어 생성을 위한 최소한의 조건이지 충분조건은 되지 못한다. 더구나 언어 기호는 외계와 무연하기 때문에, 외계를 인지한 후에 발화되는 기표는 타자에게 아무런 메시지도 전달하지 못하고 어떠한 반응도 불러내지 못할 것이다. 인간의 기표는 동물들의 우짖음과 달리 외계와 무연한 것이어서 일정한 메시지도 담고 있지 못하며, 인과적인 힘을 발휘하지도 못한다.[7] 그러나 기표가 언어 기호로, 통신 매체로서 작동하기 위해서는 타자에게 의미 있는 정체성이나 메시지를 담고 있어야 한다.

이에 도움이 되는 소쉬르의 다른 제안이 있다. 그는 기표들이 체계 안에서 기의나 가치를 획득해가는 과정을 장기 놀이에 비유하고 있다.[8] 그도 비트겐슈타인과 같이, 언어 활동을 놀이와 비슷한 것으로 보고 있다. 기표들은 그 자체로서는 아무것도 아니나, 언어라는 체계 안에 들어와 역할을 행함으로써 실재적이고 구체적인 요소가 되며 가치를 지니게 된다는 것이다. 장기말이 장기판 밖에서는 아무것도 아니지만, 장기판 위에서 장기 놀이의 한 요소가 됨으로써, 나름의 역할, 정체성, 의미를 갖는 것과 유사하다.

비트겐슈타인과 소쉬르의 언어 놀이론은 언어의 자의성 논제와 일관된 것이다. 놀이의 한 가지 중요한 특징이 자율적이고 철저히 내적인 활동이라는 점은 지적한 바 있다.[9] 놀이 활동은 놀이장 밖의 요소들과는 아무 상관이 없다. 이런 특징에 비추어볼 때, 이들의 놀이 개념은 인간 상호 간의

---

6 Saussure, *Course*, p.120.

7 언어는 어떠한 적극적 내용(positive term)도 담고 있지 않다. 위의 책, p.120.

8 Saussure, 위의 책, pp.22, 88, 특히 110.

9 Wittgenstein, *Philosophical Grammar*, pp.184-5; Wittgenstein, *Zettel*, 320절.

소통 매체로서 지니는 언어의 특징보다는 언어 활동이 외부 세계와는 상관이 없는 활동임을 부각시키기 위한 비유이다. 놀이 개념은 그러한 까닭에 언어의 무연성이나 불확실성, 즉 인식은 물론 통신수단으로서도 불완전한 매체임을 알려주는 것으로 보인다.

놀이 개념은 더 적극적인 역할을 할 수 있을까? 언어는 공적인 의미를 지니고 있어야 하며, 그래야 상호 간의 통신을 위한 매체가 될 수 있다. 놀이 개념은 공적 언어의 생성을 설명할 수 있을까? 놀이적 특징은 외계와 무연하여 정체성이나 메시지를 지니지 않는 기표들에 어떻게 공적인 정체성을 부여하여 기표를 소통의 매체로 역할하게 할 수 있을까?

2. 바벨은 언어의 기원

언어의 인위성과 외국어의 존재

우리는 현재의 수준에서 인간 언어와 동물 통신법 사이의 차이를 지적할 필요가 있다. 이를 통해 역으로 놀이적 활동이 어떻게 동물의 통신법과는 차원이 다른 언어를 생성시키는지를 확인할 수 있을 것이다. 동물생태학자, 심리학자, 언어학자, 진화론자 등 다양한 분야의 학자들이 동물이 인간과 같은 언어를 배우고 사용할 수 있는지에 대해 오랜 동안 다양한 연구를 진행해오고 있지만, 아직까지는 그에 대한 결론이 내려지지 않은 상황이다. 하지만 전체적으로 가장 고등한 영장류도 인간적 수준의 언어를 사용하지 못하며, 배울 수도 없다는 것이 주류적인 입장이다.[10] 여하튼 우리는 이런 논쟁은 피하고자 한다. 우리의 관심은 그 차이점이 아니라, 인간 언어의 특색, 인간적인 언어의 생성 원리를 규명하는 것이다. 그러므로

10 이에 관해서는 크리스틴 케닐리, 『언어의 진화』 참조.

우리가 여기에서 지적하는 차이점들은 존재론적인 것이라기보다는 방법론적인 것이다.

인간의 언어가 동물들의 통신법과 다르게 지니는 현상적인 차이점은 무엇인가? 일반적으로 지적되는 핵심적 차이는 의미의 유무이다. 인간의 언어는 기표적 차원에 더하여 기의적 차원까지, 물리적 차원에 더하여 심리적 차원까지 갖는다는 것이다. 하지만 의미의 존재는 경험적으로 확인할 수 있는 바가 아니기에 그 존재 자체가 논쟁의 대상이며,[11] 나아가 인간의 언어가 의미의 차원을 전개한다고 하더라도, 의미의 사실은 설명해주는 것the explanans이라기보다는 설명되어야 할 것the explanandum이다. 그것은 해답이라기보다는 문제적 사태이다.

우선 경험적으로 쉽사리 확인될 수 있는 차이점부터 지적해보자. 동물들은 상호 간에 소통할 수 있는 방법을 태어날 때부터 갖고 태어난다. 그들의 통신법은 유전적이고 생득적이다. 인간은 이와 달리 서로 간의 통신법인 언어를 학습에 의해 **후천적으로 습득해야 한다**. 동물들의 인지능력이나 통신의 기제는 자연 상태의 일부이나, 인간의 언어는 비트겐슈타인의 주장과는 달리, 자연사의 일부라 보기 힘든 측면이 있다. 인간의 언어는, 적어도 구체적인 자연 언어는 인위적인 것이다.

인간의 언어는 습득되어야 하기에, 역설적인 측면을 지닌다. 언어는 소통의 매체이지만, **소통의 장애가 되기도 한다**. 우리는 동류의 타인들과 소통하기 위해 언어를 배워야 하며, 언어를 배우지 않는 한, 결코 유적 존재의 일부가 될 수 없다. 동물은 태어나자마자 유적 존재의 일부로 생존해 가지만, 인간은 언어, 그것도 모국어를 배우지 않는 한, 자신의 신체적 모국에서도 타자로 소외될 수밖에 없다. 인간 언어의 이런 역설적 상황을 극명하게 드러내는 것이 **외국어의 존재**이다. 동물들의 세계에서는 종種이

---

11 비트겐슈타인은, 의미는 일종의 철학적 신화라 보며, 소쉬르 역시 기의는 기표의 이면으로서만 존재한다고 본다.

같으면 통신법도 같은 것이 일반적이다. 그런 점에서 동물들의 통신법은 생득적이고 보편적이다. 인간들은 자연의 그런 혜택을 누릴 수 없다. 인간들에게 생득적이거나 보편적인 통신 매체란 존재하지 않는다. 무수히 많은 외국어가 인간들 간의 소통을 가로막고 있을 뿐 아니라,[12] 심지어 모국어도 학습되어야 하는 것이다.

동물들에게는 외국어가 없다. 한국의 진돗개와 독일의 세퍼드가 소통하기 위해서 매개적 통신법을 배워야 한다는 이야기를 들은 바 없다. 개미들에게 외국어 학교란 없다. 하지만 다른 문화권의 인간은 외국어를, 더 이전에 아기가 엄마와 소통하기 위해서도 모국어를 습득해야 한다. 모국어는 엄마의 젖과 같이 생물학적으로 주어지는 생득적인 혜택이 아니라 의지적인 노력으로 배워야 하는 통신법이다. 수많은 자연 언어들이 존재하며, 모국어마저도 학습되어야 한다는 사실은, 언어란 인간이 생존을 위한 노력의 과정에서 스스로 만든 것이며, 경험적이고 역사적인 산물이라는 점을 시사한다. 그렇기에 인간의 언어는 시간과 공간의 제약을 받는다.

바벨, 언어의 종언인가, 언어의 시작인가?

언어란 습득되어야 한다는 사실 또는 외국어의 존재는 인간이나 언어의 본질, 나아가 인식과 사유의 능력, 이성의 능력에 관해 본질적인 측면을 드러내준다. 구약은 다양한 외국어의 등장이 역사의 어느 시점에서 맞게 된 재난이라고 기술한다. 인간의 오만함은 신의 분노를 일으켰고, 신은 그에 대한 징벌로 상호 불통의 상황에 처하는 징벌을 내렸다는 것이다.

---

12 10만 이상의 사람들이 제1언어로 사용하는 언어의 수만도 현재 1,000개 이상이며, 미국 교육부가 주요 외국어로 선별한 긴급 필요 언어(critical language)만도 169개라 한다. D. Crystal, ed., *The Cambridge Encyclopedia of Language*, Cambridge Univ. Press, 2000, pp.344-443.

온 땅의 언어가 하나요, 말이 하나였더라. 이에 그들이[노아의 자손들] 동방으로 옮기다가 시날 평지를 만나 거기 거류하며…… 성읍과 탑을 건설하여 그 탑 꼭대기를 하늘에 닿게 하여 우리 이름을 내고 온 지면에 흩어짐을 면하자 하였더니……

여호와께서 이르시되 이 무리가 한 족속이요, 언어도 하나이므로 이같이 시작하였으니 이후로는 그 하고자 하는 일을 막을 수 없으리로다.

자, 우리가 내려가서 거기서 그들의 언어를 혼잡하게 하여 그들이 서로 알아듣지 못하게 하자 하시고, 여호와께서 거기서 그들을 온 지면에 흩으셨으므로 그들이 그 도시를 건설하기를 그쳤더라. 그러므로 그 이름을 바벨이라 하니 이는 여호와께서 거기서 온 땅의 언어를 혼잡하게 하셨음이니라, 여호와께서 거기서 그들을 온 지면에 흩으셨더라.[13]

성서에 따르면, 언어의 다양화와 그에 따른 통신 관계의 단절은 인간의 오만함에 대해 신이 내린 징벌의 결과로서 닥친 재난이다. 인간들은 원래 하나의 언어를 공유하고 있었다. 그것은 아담의 언어라고 할 수 있는데, 이 언어는 의미 내용이 확실하여 상호 소통에 문제가 없고, 사물들과 일대일의 관계를 지니고 있는 언어이다. 아담적 언어관은 다음을 전제하고 있다: 1) 세계가 일정한 모습으로 있다; 2) 하나의 사물은 하나의 이름을 지닌다; 3) 인간은 에덴과 같은 이상적인 상황에서 사물의 모습을 인식하고 그를 정확히 언표할 수 있다; 4) 나아가 모든 인간들이 원래는 하나의 공유 언어를 소유하고 있었으며, 언어의 메시지는 확실하여 상호 소통에 아무런 문제가 없었다; 5) 인간이 신에게 도전하였기 때문에 신은 징벌을 내렸고, 그 결과 바벨적 현상, 다시 말해 외국어 현상이 초래된 것이다.

만물 창조론을 제외하고는 이상의 믿음들은 서양 철학이 지닌 전통적 언어관의 주요 전제들이기도 하다. 단일 언어론은 아니어도, 그와 비슷한

13 구약, 「창세기」 11장 1–9.

입장을 철학자들도 견지해왔다. 세계는 하나의 모습을 지니고 있으며, 모든 인간들의 고유하고 보편적인 인식 능력은 이상적인 상황에서라면 세계의 모습을 인식할 수 있다는 것이다. 세계가 지닌 하나의 모습은 진리, 진상, 실재계 등 다양한 이름으로 불려왔으며, 인간의 보편적 능력은 이성이고, 이성의 활동에 의해 그 진리, 실재, 진상을 발견하는 것이 학문의 궁극적 목표였다. 나아가 이성과 논리에 의해 하나의 인류 공용 언어도 만들어낼 수 있다고 생각해왔다. 그것이 이상언어론이다. 이런 구약적 언어관과 그 전제들, 그리고 전통 철학의 기본 강령들이 지닌 문제점을 우리는 지적한 바 있다.

우리는 바벨적 현상에 대한 구약적 입장을 뒤바꿀 것을 제안한다. 바벨은 언어의 종말이 아니라, 오히려 언어의 시작이자 원리이다. 바벨은 역사의 과정 중에 일어난 사건이 아니라, 역사의 시발점에서, 인간의 역사를 가능하게 한 원리이다. 어떤 이유에서 그러한가?

자연 상태의 원초적 불확실성

많은 정치철학자들이 자연 상태는 결여적이라고 논한다. 아프리카 사바나의 제왕이라 일컫는 사자도 사냥에서 성공할 확률은 10~20퍼센트에 그치는지라, 굶주림이 다반사라고 한다. 신체적인 생존 수단으로 아무것도 지니지 못한 인간은 자연 상태에서 더욱 곤핍하였을 것이다. 근대 국가론자들은 인간이 자연 상태에서는 의식주를 위한 충분한 재화나 신변 안전을 위한 보호 수단, 만인 대 만인의 투쟁과 갈등을 중재할 수 있는 장치가 결여되었다고 논한다.

인간이 처한 결여 상태는 그보다 더 근원적이었다. 그것은 생존 수단의 결여보다 더 심각한 장애였는데, 이 장애는 종으로서의 생존 노력 자체를 불가능하게 하는 것이었다. 그 장애는 외계의 모습을 직접 인지할 수 있는 **인식적 확실성과 통신적 확실성의 결여**였다. 인간의 감각은 어느 단계에

선가 더 이상 자연의 밀림 속에서 인간을 인도해줄 수 있는 안테나의 역할을 하지 못하게 되었을 것이다. 이로 인해 인간은 안정적이고 확실한 삶의 세계를 누릴 수 없었고, 그들의 삶은 불안해졌다. 동물들과 달리, 인간은 세계를 직접적으로 인지할 수 없는 불확실성의 상태에 놓이게 된 것이다. 인간의 실낙원은 동물적 확실성의 상실을 의미한다. 인간이 국가를 건설한 중요 이유는 **하나의 안정적이고 일의적一義的인 세계**를, 새로운 확실성의 공간을 구축하기 위해서였다.

인간의 감각은 외계에 대해서 불완전한 도구이지만, 상호 소통에서도 믿을 만한 것이 못 되었다. 그렇다고 새로운 소통의 방식을 지닐 수 있었던 것도 아니다. 인간의 고함이나 몸짓은 더 이상 타방에게서 직접적이고 확실한 반응을 이끌어내지 않는다. 자연 상태에서 인간의 통신 능력은 다른 동물들에 비해 열등한 것이었다. 벌이나 개미 등은 자극-반응의 기제로 가동되는 생득적인 통신 매체의 도움으로 즉각 소통할 수 있다. 이에 반해 인간은 더 이상 생득적인 장치에 의해 소통할 수 있는 자연의 혜택을 누릴 수 없는 처지에 내몰렸거나, 어떤 계기로 그런 장치를 상실한 것으로 생각해볼 수 있다.

세계 인식과 상호 통신수단에서 인간의 열등한 처지를 감안할 때, 인간은 진화적 관점에서 보면 도태의 위험에 처해 있는 존재, 생태계의 서자, 자연으로부터 버림받은 존재이다. 자연 속에서 생존하기 위해서는 자연과 밀착되어 있거나, 생태계의 일부이어야 한다. 인간 이외의 동물들은 동물적 확실성을 누릴 수 있어서, 생태계 조직의 일부로 생태계 그리고 서로와 동조적인 관계에서 생존을 도모할 수 있다. 마치 수많은 세포들이 상호 신호망에 의해 하나의 유기체를 구성하듯이, 또는 신경조직 등 유기체의 다양한 부분들이 하나의 조직을 구성하듯이, 그렇게 각 자연종들의 인지 능력과 통신망은 이들을 생태계라는 거대 조직체의 일부로 생존하게 한다. 이와 달리 인간은 원초적 불확실성의 상태, 세계 인식과 소통에서의 이중적 불확실성의 상태에 처하게 된 것이다.

벌들의 통신법을 생각해보자. 벌들은 벌춤을 통해 특정 장소에 꿀이 있음을 알린다고 한다.[14] 그런데 한 마리의 벌이 인지한 내용은 다른 벌들에게 통신될 수 있어야 실질적인 의미를 지닌다. 즉 인지 내용은 **통신 가능성에 의해 제약**되므로, 벌춤의 의미 내용이나 메시지는 그 춤을 유발한 외부 대상 자체에 의해서가 아니라, 동종의 꿀벌들 무리가 그 춤을 어떤 메시지로 받아들이느냐에 의존한다. 한 마리 벌이 추는 벌춤은 그 개체가 속한 벌이라는 자연종에 공통적인 행태 방식의 일부로서, 그것의 의미는 상호 인지될 수 있는 것이다. 일반적으로 각 자연종의 통신수단은 그 종에 고유한 생존 방식의 제약 하에서 형성된 것이므로, 각 자연종 고유의 통신법은 그 종의 생존 방식을 구성하는 구성적 일부이다.

벌들의 경우, 통신된 바는 거의 필연적으로 다른 벌들에게 어떤 일정한 행태를 유발한다. 통신내용과 이것이 결과하는 행위 유형 간에는 인과 결정적 관계가 있다. 달리 말하면, 동물들 간의 통신에서는 일방의 통신 자극과 타방의 반응 행태, 양자를 중간에서 매개하는 것이 거의 필요하지 않다.

인간의 통신법인 자연 언어는 **인간이라는 자연종 고유의 생존 방식**이고, 그래서 상호 이해될 수 있는 것이어야 한다. 인간이 전달하는 인지 내용 역시 많은 경우 타인에게 어떤 행태를 유발한다. 하지만 행태를 유발하는 방식은 동물의 경우와는 판이하게 다르다. 언어에 담긴 인지 내용은 타자에게 직접적인 자극으로 작용하지 않는다. 동물의 통신관계는 일의적이나 인간의 언어는 다의적이다. 동물들의 통신 매체와 달리, 인간의 언어, 더 정확히는 원原 언어는 애초에 그 메시지가 다의적이고 불확실하며 불투명해서 전달 내용이 추정 대상이 되었던 것이다.

---

14 에드워드 윌슨, 『사회생물학』, 민음사, 1992.

불확실성의 원인과 실수의 개념

인간들이 상호간 소통적 불확실성 상태에 처하게 된 계기는 여러 가지로 추정할 수 있을 것이다. 아마도, 음성 기관이나 신경계 변화에 따라 이전보다 정교하고 섬세한 소리를 발할 수 있게 되었거나, 또는 자아나 죽음과 같이 추상적이고 경험되지 않는 것에 대한 상념을 형성하고, 이를 표현하기 위해 새로운 종류의 소리를 발하게 되어서일 수도 있다. 인간의 생존 방식이 단순했을 유인원 시대, 먹고, 배설하고, 자고, 놀고 하는 것이 삶의 모든 활동이었을 때는 통신 관계가 간단했을 것이다. 그러나 어떤 단계에 이르러 인간은 이전과는 다른 메시지를 전할 필요를 느꼈을 수 있다. 가령 탄생과 죽음, 미성년과 성년의 구분, 자아나 부족의 정체성 등에 관한 막연한 사념이 생기고, 이를 표현하고 전달하기 위해 전에는 내지 않았던 이상한 소리를 지르기 시작했을 것이다. 인간이 바벨적 상황에 처하게 된 것은 신의 저주가 아니라, 인간 진화 과정에서 있었던 **어떤 경험적이고 자연적인 계기** 때문이다. 여하간 어떤 막연한 상념이나 의도가 원인이 되어 이전과는 다른 유형의 소리를 발하게 된 것이 원초적 불확실성이나 소통 단절의 계기가 되었을 것이다. 동물적 확실성에서 벗어나 바벨의 시대로 들어선 것이다.

이러한 상호 불가해한 상황에 처하여 되면, 군거적 삶을 영위할 수 없고, 가장 기본적인 모둠살이인 짝짓기도 할 수 없을 것이기에 도태되는 것이 자연의 엄정한 법칙이다. 그런데 진화의 메커니즘은 바벨적 상황에서 인간을 도태시키지 않고 오히려 새로운 소통의 수단인 언어를 발전시키게 하였으며, 진정 인간적인 인간을 등장시켰다. 이것이 **진화의 신비**이다.

바벨적 상황을 극복하게 한 핵심적인 요인 중의 하나는 **실수의 개념**이다. 자연 세계에서 생존하기 위해서는 바벨적 상황을 넘어서야 하며, 이를 위해 다양한 노력이 경주되어야 한다. 세계에 대한 확실한 모습이 확보되어야 행동할 수 있으며, 상호 소통이 되어야 협동하며 공존하고 살아남을 수 있다. 그런 극복의 과정에서 당연히 실수와 오류가 없을 수 없다. 하지만 실수나 오류를 범하는 것에 그치는 것이 아니라, 그런 것들을 실수나 오류로 인지할 수 있어야 하며, 인지하기 위해서는 막연하게나마 실수와 오류의 개념이 있어야 한다. 실수나 오류의 개념이 없으면, 실수나 오류는 실수나 오류로 인지되지 않는다. 그러므로 맞음도, 진리도 없다. 이런 개념이 없으면 성공과 실패를, 진리와 허위를 구분할 수 없을 것이기 때문이다.

인간과 동물, 인간과 기계 사이의 핵심적인 차이를 들라 한다면 바로 **인간이 틀릴 수 있는 존재**라는 사실이다. 동물의 직감은 거의 틀리지 않으며, 기계는 고장날 수 있어도 틀리는 일이란 없다. 그러므로 동물과 기계에는 모두 오류의 개념이 있을 수 없다. 오류의 개념은 인간으로 하여금 새로운 시도를 하게 하였으며, 진리와 객관 세계의 개념을 형성하고 정신세계를 창출하게 하였다. 인간적인 모든 것의 시작이자 원리는 바벨적 상황과 실수할 수 있다는 가능성, 또는 실수의 개념이다. 오류의 가능성, 실수할 수 있다는 것은 일종의 능력이다.

애매모호성은 언어의 본질

바벨의 상태를 벗어나 인간들이 안정되고 믿을 만한 언어로 소통하게 된 이후에도 언어는 본질적으로 애매모호하고, 그럴 수밖에 없으며, 그래야 한다. 언어 기호는 외계에 대해 자의적이고, 다른 언어 기호에 의존하여 자신의 정체성을 확보하며, 나아가 오랜 사용의 역사를 거치면서 축적된 용례를 자신의 의미 기반으로 한다. 이런 출신 성분과 이력 때문에 언어는 다양한 방식으로 불완전하며 비효율적이다. 어휘의 애매모호성은 예외라기보다는 상례에 가까우며, 간단한 한 문장에서 복수의 개념을 다섯 번이나 사용할 정도로 비효율적이다. 가령 영어의 'run'은 '달리기', '스타킹 올이 나가 줄이 생기는 것', '야구에서 올린 득점'과 같이 무엇이든 의미할 수 있다. "These three dogs are retrieves" 라는 영어 문장은 이를 구성하는 다섯 어휘 모두가 주제의 복수성을 표현하고 있다![15] 하지만 이런 불완전성은 제거되어야 할 언어의 약점이라기보다는 언어의 본질이다. 언어의 요소들은 그 자체 또는 외부의 대상과 관계하여 의미를 취득하는 것이 아니라, 타자와의 관계에서, 문맥에서, 그 사용에 따라 자신의 정체성을 취득해 가고 있기 때문이다. 어휘들은 불완전해야 다양한 다른 것들, 새로운 것들과 관계할 수 있으며, 그리하여 의미를 취득하고 나아가 풍부히 해나갈 수 있기 때문이다. 마치 경기의 선수들처럼 역할이 고정되어 있으면, 역동적이고 예측불허의 긴장감 넘치는 경기를 전개할 수 없는 것과 마찬가지이다.

에스페란토어가 실패할 수밖에 없고, 컴퓨터 언어가 일상에서 쓰일 수 없는 이유는 바로 그런 언어는 명확하고 일의적이기 때문이다. 일상 언어의 작동 기반은 오히려 애매성이나 모호성이며, 언어의 원리이자 아르케는 바벨이다. 에스페란토 등의 언어는 기이하게 들릴지 모르나 애매모호하지 않기 때문에 일상 언어로 사용될 수 없다. 러셀 등이 시도했던 이상 언어는 이상적인 것이 아니라, 언어의 유배지이다.

어휘 의미가 고정되어 있다면, 시나 소설을 쓸 수 없다. 더 일반적으로 서사가 전개될 수 없어, 인문학이 꽃필 수 없으며, 정신이 새로운 지평으로 날아가는 자유를 누릴 수 없다. 이상 언어적 상황이 가능하다면, 그런 상황에서는 상상력이란 퇴출되어야 할 능력일 것이다. 애매모호성은 어휘의 본질이다. 시는 언어의 본질에 입각한 예술이라 할 수 있는데, 이는 어휘들의 애매모호성을 기반으로 한다. 한 어휘의 의미는 지속적으로 새로이 형성되며, 문법은 지속적으로 만들어진다. 완결된 의미나 문법이란 없다.

15 개리 마커스, 『클루지』, 갤리온, 2008, 157-9쪽 참조.

3. 해석 조건으로서 기표에 대한 믿음

원原 언어 또는 질료적 언어

언어는 분명 경험적 노력의 산물이라고 할 수 있다. 경험적 노력의 모습은 어떤 것이었을까? 바벨 극복을 위한 노력의 전형적인 모습은 일종의 추정적 활동이다. 둔탁한 인지 능력과 비효율적인 통신수단은 인간의 약점이지만, 그런 열악한 상황이 인간으로 하여금 오히려 언어 능력을 발전시키고, 새로운 종류의 확실성을 마련하게 한다. 인간이 새로이 확보해야 하는 확실성을 우리는 **소통적 확실성 또는 언어적 확실성**이라고 부를 수 있다. 생존하기 위해서는 소통하여야 하며, 소통하기 위해서는 이해되지 않는 이상한 소리를 성공적인 소통 매체로 변모시켜야 한다. 언어는 인간의 가장 중요한 생존의 수단이다. 이를 습득하지 못하면 무리를 지을 수 없고, 무리의 일부가 될 수 없으며, 자연 상태에서 이미 도태되고 말았을 것이다. 인간은 언어를 기반으로 자연 상태를 벗어나 확실한 삶의 공간을 구축한다.

소통적 확실성을 확보하기 위한 발판은 그들의 불완전한 통신 매체일 것이다. 우리는 이런 불완전한 매체를, 타방에 의해 직접적으로는 이해되지 않으나 상호 소통의 바탕이 되는 것을 원原 언어proto-language, 또는 질료적 언어라 부르도록 하자. 이는 인류학자에게 오지 원주민의 언어와 같은 것, 또는 유아에게 엄마의 말과 같은 것, 아니 더 근원적으로 화자에게는 분절되지 않은 소리의 흐름과 같은 것이리라.

데이빗슨의 해석론

미분화된 소리가 어떻게 의미를 지닌 소리로 전화할 수 있었을까? 일부의 언어학자들은 인간에게 선험적이고 생득적인 언어 능력이나 논리적인 구조, 선험적 범주, 선험적 보편 문법과 같은 것이 있다고 제안한다.[16] 필자는 그런 것의 존재 여부에 대해 논의할 입장에 있지 않다. 아마 선험적인 범주나 문법은 아니어도 대체적으로 언어적 능력이라고 할 수 있는 어떤 생물학적 능력을 인간이 지니고 있다는 것은 인정할 수 있을 것이다. 하지만 그 능력은 선험적이거나 논리적인 것이라기보다는 진화의 과정에서 취득된 경험적인 능력일 것이다. 여하간 이에 대한 논의와 별개로, 구체적인 자연 언어는 인위적인 노력에 의해 오랜 시간에 걸쳐 만들어진 것이다. 자연 언어는 식물이 자라듯, 도토리가 상수리나무가 되듯, 시간의 흐름에 따라 자동적으로 발현되는 것이 아니라, **상호적이며 의식적인 노력의 결과**로서 등장한다는 점을 우리는 확인할 필요가 있다.

우리는 이런 노력을 대략 해석적 활동이라고 규정할 수 있다. 바로 이 점에 착안한 것이 미국의 철학자 데이빗슨의 해석 이론이다. 그는 언어의 발생 상황이 **원초적 해석**의 상황과 유사하다고 제안한다. 마치 인류학자, 가령 미드가 오지에 떨어져 그곳 원주민들과 의사소통하는 경우와 같은 상황이다. 양자는 전혀 다른 언어를 사용하고 있으며, 서로를 매개할 제3의 언어도 없는 그런 처지에 놓여 있다. 이런 언어적 절벽의 상태는 가령 샹폴리옹Champollion, J.-F.이 처한 상황보다 더 열악한 것이다. 그는 로제타석에 새겨진 고대 이집트의 상형문자를 해독할 수 있었는데, 그에게는 희랍어라는 매개어가 있었다. 이런 열악한 상황에서 인류학자는 원초적인 해석의 노력을 경주하는데, 해석에서 핵심적인 요소로 데이빗슨은 진리의 개념, 진리 조건, 그리고 자비의 원리라는 의미론적 원리가 동원된다고 논한다. 이런 요소와 조건들이 구비된다면, 인류학자는 원주민의 언어를 번역하여 그와 원주민은 의사소통에 성공할 수 있으리라는 것이다.

우리는 데이빗슨의 제안, 즉 언어가 발생하는 시원적 상황이 원초적 번역의 상황과 비슷할 것이라는 점, 이런 상황에서 번역 또는 해석을 위한

16 예를 들어 N. Chomsky, *Cartesian Linguistics*, Harper & Low, 1966 참조.

노력이 핵심적일 것이라는 점에 동의할 수 있다. 하지만 해석적 노력 이전에 선결적으로 필요한 태도가 있다고 생각된다. 이를 드러내기 위해 원초적 해석의 상황이 어떤 것인지를 더 명확히 분석할 필요가 있다.

해석보다 더 근원적인 조건: 의도와 믿음

우리는 앞서 언어 기호는 외계에 대해 자의적이거나 무연적이라는 비트겐슈타인과 소쉬르의 입장을 검토하였다. 외계와는 아무 상관이 없으며 자신의 물리적 모습밖에 지니지 않은 기표가 어떻게 의미를 지닌 것, 메시지를 지닌 것으로 수용되어 화자와 청자를 매개할 수 있었을까?

기표란 물리적인 것, 청각적인 음파나 시각적인 필적에 불과하다. 새소리나 야수의 포효 역시 물리적이거나 생물학적이기는 하나, 이들은 즉각적으로 인지되어 타방의 반응을 불러일으키므로, 그런 소리의 메시지는 분명하다고 할 수 있다. 이것이 동물적 확실성의 상태이다. 이와 달리 인간의 소리는 동물의 포효나 개미의 페로몬과 같이 타방에 인과적 반응을 결과할 수 있는 그런 인과적 매체가 더 이상 아니다. 인간들은 동물적 확실성을 상실한 것이다. 그렇다고 한다면, 화자가 발한 소리는 분절되어 있지 않은 소리의 흐름에 불과할 터인데, 어떻게 그 소리가 언어로, 서로를 매개할 수 있는 소통의 수단으로, 의미를 지닌 것으로 전화할 수 있는가?

언어 산출을 위한 노력의 핵심은 방금 지적한 바와 같이 해석적 노력이다. 하지만 해석적 노력보다 더 근본적인 조건이 충족되어야 할 것으로 보인다. 원초적 언어 상황은 데이빗슨이 상정한 인류학자의 처지보다 더 막막하고 불확실한 상태이다. 데이빗슨적 상황에서는 원주민이나 인류학자 모두 각자의 자연 언어를 지니고 있다. 이미 언어가 개입되어 있으며, 양자 모두 서로가 내뱉는 소리가 소음이나 괴성이 아니라 언어라고 이해하고 있는 것이다. 이런 상황에서는 이미 지니고 있는 서로의 언어나 언어 능력이, 그리고 더 기초적인 것으로 서로의 소리가 소통을 위한 매체라는 인식이 상호 의사소통에 결정적인 도움을 제공한다. 하지만 최초의 언어가 생성되는 원초적 상황에서는 그런 사전적 인식의 도움마저도 받을 수 없다. 타방이 내지른 소리는 무의미한 외마디일 수도, 고통의 신음일 수도, 적대적인 고함일 수도, 그저 심심해서 내는 소리일 수도, 청자와는 아무 상관이 없는 소리일 수도 있을 것이다. 서로가 내지르는 소리가 이런 것으로 간주될 때, 이는 해석의 대상이 될 수 없다.

타방의 소리가 해석 대상이 되기 위해서 어떤 조건이 추가되어야 할까? 바로 일종의 **믿음이나 신뢰**와 같은 것이다. 청자는 타방의 소리를 단순한 소리 이상의 것으로 간주해야 하고, 보이지는 않으나 어떤 메시지가 소리 배후에 있다고 상정하면서, 상호 소통을 위한 노력의 일환으로 수용해야 한다. 즉 타방이 화자로서 무엇인가를 전달하려는 의도를 가지고 발언했다고 여겨야 한다. 최초의 원 언어는 직접적으로는 이해되지 않는 것이지만, 어떤 메시지를 담고 있으며, 그것이 **전달되고 이해되기를 기대하면서** 발성된 소리였을 것이다. 이런 의도의 존재 또는 이런 의도의 귀속은 언어의 등장에서 결정적이다. 의도가 담긴 것이라고 간주된 연후에야, 그 발언은 이해와 해석의 대상이 되기 때문이다. 귀에 들리는 소리의 배후에 보이지 않는 어떤 것, 다시 말해 마음이나 의미 등이 있고, 그것이 발성의 동기가 되었다는 판단은 해석적 활동의 출발점이나 계기가 된다.

정리하면, 해석보다 근원적인 조건은 청자가 화자의 소리를 **기표로 간주해야 한다**는 것이다. 기표로 간주한다는 것은 소리 배후에 어떤 메시지가 있다고 여기는 것이다. 이런 믿음이 있어야 비로소 소리가 기표로, 언어 기호로 전화할 수 있다. '사람' 이라는 기표가 사람을 의미한다고 믿는 이유는, 그 기표가 어떤 특징이나 근거를 지니고 있거나 또는 그것이 기표 밖의 어떤 사물과 연관되어 있기 때문이 아니다. 기표 자체에는 전혀 그 기표가 사람을 의미하는 것으로 간주해야 할 여하한 특징도 없으며, 그를 지원해주는 존재론적인 근거도 없다. 그 어떤 기호도 그런 특징이나 근거를 지니고 있지 않다. 바로 언어 기호의 이런 특성을 지적한 것이 언어의 자의성 또는 무연성의 원리였다.

청자의 믿음이 필수적인 이유는 바로 이런 이유 때문이다. 즉, 기표 밖에 자신을 지원해주는 아무 후견인이 없기 때문이다. 기표는 청자의 믿음에 의해서만 다른 무엇을 대리할 수 있는 것이 된다. 이렇게 아무런 특징도, 근거도 없는 것을 통신을 위한 매체로, 무엇을 전달하고 있는 기표로 전환시키는 일은 화자와 기표에 대한 믿음이 아니고서는 불가능하다. 나아가 믿음의 중개가 없이는 음성은 언어 기호로 간주될 수 없으며, 화자는 소통의 당사자로 대접받을 수도 없다. 청자 자신의 믿음을 매개로, 비로소 기표는 어떤 힘을 지닌 것, 청자 자신을 움직이고 그에게 유의미한 반응을 불러일으킬 수 있는 것이 된다.

그러면 기표가 대리하고 있는 것은 무엇인가? 가시적인 것으로서는 기표의 정체성을 직접 확인해주는 것은 아무것도 없다. 그러므로 그 기표는 보이는 것이 아니라, 보이지 않는 어떤 것을 대리하고 있는 것이다. 바로 이것이 신뢰를 필요로 하는 또다른 이유이다. 신뢰가 아니고서는 기표를 보이지 않는 것과 연관시킬 수 없다. 이제 청자의 믿음에 의해 화자는 어떤 보이지 않는 세계를 지니고 있는 존재자로 간주되며, 신체적이고 발성적 존재 이상의 어떤 존재자로 전화한다.

화자에 대한 청자의 신뢰가 언어 생성의 가장 기초적이고 원초적인 선결요건인 이유는, 더 근원적으로 이런 믿음을 통해 인간의 지평이 전개되기 때문이다. 신뢰는 인간을 전혀 새로운 차원으로 이행시킨다. 통신적 관계는 믿음을 전제로 하기에, 통신 이상의 의미를 지닌다. 그것은 **인륜적이고 윤리적인 지평**을 전개시킨다.

믿음은 무에서 유를 창조한다는 점에서 가장 기초적인 존재론적 역할을 한다. 기표에 대한 믿음이란 기표의 배후에 기표와는 차원이 다른 존재를 상정하는 것이다. 믿음이 기초가 되어 정신이나 마음이라는 새로운 차원이 형성되는데, 그 단초는 기표에 대한 믿음, 화자에 대한 청자의 믿음이다. **믿음이란 실로 인간의 가장 중요하고 기초적인 태도이다**.

믿음과 절대성

소쉬르에 따르면, 언어 기호는 자의적이기에 절대적이다. 그 이유는 바로 기표를 산출하는 것이 청자의 믿음이라는 사실과 관련 있다. 화자가 발한 언어 기호가 기호 자체의 특성이나 외계에 대한 인식에 의해, 또는 기표 밖의 어떤 합리적 근거에 의거해 발화된 것이라면, 그 언어 기호는 자의적일 수 없다. 그 근거에 비추어 타당성 여부를 평가할 수 있기 때문이다. 즉 그것이 과연 그 무엇의 합법적인 대리인이 될 수 있는지, 정당한 기표가 될 수 있는지의 여부를 평가하고 수정을 요구할 수도 있을 것이다. 그러나 화자가 발한 소리는 단지 청자 자신의 믿음에 의거해 무엇을 대리하는 것으로서, 기표로서 역할하는 것이라면, 그것은 평가 · 수정될 수 없으며, 그러하기에 절대적인 것이다.

이것이 기표의 역설이다: **기표는 자의적이기 때문에** 절대적으로 변경의 대상이 되지 않는다.[17] 믿음이란 어떤 근거나 이유를 요구하지 않고 **믿어버리는 것이다**. 우리는 언어 기호의 절대성에서 언어의 규범성, 나아가 규범의 정언성이 연유하는 것으로 생각할 수 있다. 고대 원시사회에서 토템은 한 공동체의 모든 규범들의 절대적인 축으로 역할하는데, 그런 토템의 선택은 대부분 자의적으로 이루어진다고 한다. 도덕 규범의 정언성은 칸트가 논하듯이, 선험적이거나 초월적인 곳에서 비롯되지 않는다. 정언성의 연원은 의외로 가까운 곳에 있다. 소쉬르의 자의성 개념은 홉스의 완전양도의 개념과 유사하게, 절대성과 정언성을 산출한다.[18]

비트겐슈타인과 소쉬르에 따르면, 언어 활동이 놀이의 구조를 지니고 있다고 지적한 바 있다.[19] 우리는 통신적 관계 또는 언어 놀이에서 신뢰의

---

17 Saussure, *Course*, p.73.

18 홉스의 *Leviathan*에서 완전 양도와 정언성의 관계는 남경희, 『말의 질서와 국가』 참조.

19 언어 놀이의 개념은 비트겐슈타인의 후기 철학에서 핵심적인 개념이고, 더 이전에 소쉬르에 의해 제안되었지만, 삶의 놀이적 성격 또는 유희성은 더 멀리 불교적 사유에서도 중요한 위치를 차지하는 개념으로 생각된다.

필수성을 놀이의 구조를 분석함으로써 확인할 수 있다. 놀이가 전개되기 위해서는 어떤 조건이 구비되어야 하는가? 가령 A가 B에게 공을 던졌다고 해보자. 그런 행위는 한편으로는 실수로, 적대적인 행위로, 무의미한 행위로 간주될 수도 있고, 다른 한편으로는 B에게서 어떤 우호적이고 상호적인 반응을 일으키기 위한 것으로 간주될 수도 있다. 후자의 태도를 우리는 신뢰의 태도로 볼 수 있다. 이렇게 A의 행위를 상호적인 반응을 위한 행위로 믿은 후에야, 그가 어떤 종류의 상호적 활동 또는 놀이를 의도하는지를 해석하고, 적절한 반응을 취할 수 있다. A가 의도했던 것은 놀이이되, 다양한 놀이들 중 하나일 것이다. 그 어떤 것일지는 추정의 대상이며, 여러 번의 시도적 추정의 과정을 거쳐 서로의 의도를 제대로 읽어낼 때 비로소 상호 간의 놀이가 시작될 수 있을 것이다.

최초의 언어적 상황도 이와 유사하다. 타방의 발성 행위를 소통을 위한 행위로 간주한 후에야 비로소 해석의 작업에 착수할 수 있을 것이되, 그런 해석이 여러 번의 시도를 거쳐서 성공할 때, 소통이 가능해진다. 중요한 것은 인간의 통신적 활동이나 놀이란, 동물들의 통신과 달리, **쌍방의 적극적이고 능동적인 노력**이 경주되어야 이루어지는데, 그 노력의 모습은 일종의 심적인 성격을 띠고 있다는 점이다.

불가해한 소리의 설명항으로서 의미

해석의 구조는 데이빗슨의 논의를 참조할 수 있으므로, 그에 대한 자세한 논의는 생략하고 단지 다음만을 지적하도록 하자. 해석이란 이해되지 않는 사태, 화자의 알 수 없는 소리를 설명하기 위한 활동이다. 그리고 그 불가해한 소리를 설명하기 위한 **설명항으로 청자가 화자에게 귀속시키는 것이 의도와 의미이다**. 해석의 결과, 기표의 배후에 있는 것으로 상정되는 것, 그것이 바로 의미와 의미들의 거주지로서의 마음이다.

화자의 발언은 그 전달 내용이 타인에 의해서 이해되어야 하며, 이해를 위해서는 통신 내용이 해석되어야 한다. 그리고 해석적 활동의 결과로 발언의 규정적 내용을 구성하는 의미가 산출된다. 인간의 통신법은 다른 동물들의 경우와는 달리, 이렇게 해석된 의미들의 도움으로 이해되어 타자에게 반응을 유발할 수 있게 된다. 인간 언어에서 결정적인 의미란, 바로 인간의 해석 활동에 의해 구성된다. 의미는 외계의 어떤 대상들에 의해, 가령 형상, 인상, 논리적 원자 등에 의해 지원되는 것이 아니다. 앞에서 우리는 인간의 언어와 동물의 통신법의 차이로서, 흔히 의미의 존재가 언급된다고 지적한 바 있다. 이는 틀리지 않으나, 앞서 논한 것처럼 의미가 생성되기 위해서는 해석적 활동이 전제되어야 하며, 해석적 활동의 전개를 위해서는 믿음의 태도가 있어야 한다. 그러므로 언어와 동물의 우짖음 간의 근원적인 차이는 바로 **믿음의 매개 여부**이다.

의미는 인간에 의해 창출된, 인간만이 지닐 수 있는 차원이다. 의미는 화자와 청자 간의 소통을 가능하게 하는 **매개자라는 점에서 양자가 공유하고 있다**. 기표는 의미를 지니면서 물리적 존재 이상의 것이 되며, 우리 삶을 전혀 새로운 차원으로 이동시키는 핵심적 역할을 하게 된다. 의미란 보이지 않고 경험적으로 확인되지 않으나, 그렇다고 경험 이상의 세계에 후견인을 두고 있는 것도 아니다. 의미는 오직 믿음에 의해서만 창출되지만, 화자와 청자가 모두 공유하는 것이다. 그것은 외계의 물리적인 존재보다 더 실질적인 존재자의 역할을 행하며 우리에게 힘을 발휘하고, 새로운 존재자들을 산출하는 기반이 되기도 한다. 우리 삶의 지평은 이제 의미의 지평에서 전개된다.

믿음과 해석적 태도는 인간으로 하여금 보이고 들리는 것을 넘어 마음과 의미의 차원으로 이동하게 한다. 인간은 이제 마음을 지닌 존재, 의미를 사념하는 존재로 변모한다. 앵무새나 녹음기도 인간과 유사한 소리를 만들어낼 수 있다. 그러나 우리는 이것들이 말을 한다고는 하지 않는다. 이들에게는 의미에 대한 사념이 없거나, 또는 의미를 부여할 수 있는 그런 행태를 보이지 않기 때문이다. 인간과 앵무새를 구분하는 것은 해석적 활동의 유무와 의미에 대한 사념, 그리고 마음의 존재이다.

여기서 우리는 기표의 해석, 그리고 의미나 마음의 귀속과 관련하여 지적할 사항이 있다. 해석 대상이 되는 기표는 소통을 의도하고 발화된 것이기는 하되, 이전 상황에 비추어서는 이해되지 않는 기표라는 점이다. 그것이 불가해한 이유는 발화자의 소리가 이전과는 전혀 다른 낯선 상황에서, 이전에는 접하지 않았던 행태를 동반하면서 발화되었다는 점이다. 청자, 즉 해석자가 그에게 의미와 마음을 귀속시키는 이유는 바로 이런 상황과 행태를 설명하기 위해서이다. 마음 귀속의 이유를 감안한다면, 인간과 앵무새를 가르는 기준은 바로 이런 상황과 행태라고도 말할 수 있다.

청자가 타방의 소리를 기표로 믿고 해석을 위해 노력하게 된 까닭은, 타방의 소리나 행동이 불가해하기 때문이다. 그러므로 더 근원적인 단초는 아마도 청자의 의문, 의아함, 또는 평시와는 다른 소리를 청취한 데서 느끼는 놀라움이라고 볼 수 있을 것이다. 청자의 의문과 놀라움이 언어 생성의 단초이다. 희랍인들은 철학의 단초를 놀라움이라고 설파한 바 있다. 언어 생성의 단초와 철학적 사유의 단초는 동일하다. 전자는 의미와 마음을, 후자는 본질, 보편자, 추상체, 실체 등 수많은 철학적 존재자들을 탄생시켰다.

해석적 활동의 결과 등장하는 의미들에 의해 구성되는 것, 또는 의미들의 거처를 우리는 '마음'이라 부르는데, 이는 그저 x라 해도 상관없다. 서구권에서는 그 x를 'nous', 'thymos', 'psyche', 'soul', 'mind', 'thought' 등으로 한문권에서는 '意', '心', '氣', '思', '魂', '神' 등 다양한 어휘로 호칭하였다. 마음의 거처도 두뇌, 전신, 심장, 횡격막 등 다양한 곳으로 상정되고는 하였다.

4. 사회성의 기초로서 의미와 마음

의미와 마음은 사회적이고 객관적인 것

의미나 마음은 보이지 않는 것이며 객관적이 아니라 주관적인 것이라는 것이 통상의 견해이며, 이런 생각은 당연하게 여겨진다. 의미는 발화된 문장의 배후에 있는 것이며, 마음은 의미의 소재지로서 상정된 것이기 때문이다. 의미와 마음은 보이고 들리는 기표의 배후에 있는, 보이지 않는 것으로 상정되었지만, 다른 한편으로는 청자가 화자의 발언을 해석하는 과정에서 화자에게 귀속되는 것이기에 화자가 발한 기표나 그가 행한 행태, 또는 그가 처한 상황을 통해 간접적으로 그 존재가 인지되는 것이기도 하다. 보이고 관찰할 수 있는 것들이 없으면, 그 보이지 않는 것의 존재를 확인할 길이 없다. 의미와 마음은 보이지 않지만, 이들의 존재 이유나 귀속 이유는 타인에게 인지되는 것이며, 의미와 마음의 존재와 정체성은 화자와 청자가 상호 간에 합의되어야 하는 것이다. 그래야 양자를 매개하는 교량으로서 역할할 수 있다. 이런 점에서 의미나 마음은 본질적으로 사회적이고 객관적인 것이다.

우리는 의미와 마음의 존재 이유를 유념할 필요가 있다. 그런 것이 상정되지 않으면, 화자의 기표나 행태가 이해되지 않는다. 이해되지 않으면 화자와 소통할 수 없다. 서로는 서로에 대해 절벽이고, 각자는 침묵의 감옥 속에서 벗어날 수 없다. 의미와 마음의 매개가 없이는 화자의 기표와 행태는 불가해한 것, 무의미한 것, 저편의 타자로 머물 수밖에 없다. 의미와 마음은 실로 인간들 사이의 소통을 가능하게 하는 매개체라는 점에서 사회성의 기초이다.

전통적인 심신관은 몸과 마음을 배타적으로 구분하면서, 몸은 드러나 있으며 객관적인 데 비해, 마음은 진정으로 주관적이고 사적인 것이라고 특징 지으며 구분하였다. 마음은 나만이 그것의 존재를 확인할 수 있고 그 모습을 내관을 통해 들여다볼 수 있는 특권적인 것이라고 생각해 왔다. 나의 마음은 내가 가장 잘 알 수 있으며, 내가 발한 문장의 의미 역시 내가 가장 잘 확인할 수 있다. 마음과 심적인 것은 사적인 것, 그를 지닌 개인만이 직접 접근할 수 있는 것이었다.

이런 입장은 중요한 문제점을 안고 있다. 우선 논리적인 것으로, 특정한 개인만이 그 존재를 인식할 수 있는 것은 타인들이 그 존재를 객관적으로 확인할 수 없을 뿐 아니라, 그 자신마저도 스스로의 존재를 객관적으로 확신할 수 없다. 자기 자신이 환상이나 착각에 빠져 있을 수도 있을 것이기 때문이다. 그가 보는 것은 환시의 결과일 수도 있다. 이런 논리적인 난점을 떠나 마음이 사회적인 더 근원적인 이유는, 마음이란 화자의 말과 행태를 이해하기 위해 청자나 해석자가 화자에게 귀속시킨 것이므로 태생적으로 객관적인 것일 수밖에 없다는 점이다. 실로 해석하는 타자가 없이는, 제2의 화자가 없이는 마음과 의미가 산출될 길이 없다.[20]

우리는 전통의 견해를 뒤집어야 한다. 마음과 의미는 사적인 것이라기보다는 오히려 화자와 청자를 매개하여 소통을 가능하게 하기에, 가장 공적이고 객관적이며 사회적인 것이다. 원초적 바벨의 상황을 벗어나 화자와 청자가 소통할 수 있게 된 것은 애초에는 불가해했던 소리가 의미의 대리자라고 이해되고 합의되었기 때문이다. 의미의 개입으로 언어가 등장하며, 의미를 후견인으로 하는 언어를 통해 원초적 불확실성을 극복하고 양자는 서로 소통하며 사회적 관계를 맺을 수 있게 된 것이다. 이렇게 볼 때, 사회적 관계와 통신의 가능근거는 마음과 의미의 존재이기에, **이들은 필연적으로 사회적이다**. 바벨적 상황을 극복하려는 해석적 활동, 그리고 그 결과로서의 의미는 사회성의 기초이다. 인간 마음의 주요 구성요소들이 의미라 한다면, 인간의 마음 역시 사회적인 것이다.[21]

---

20 D. Davidson, 'The Second Person,' in French, Uehling, Wettstein eds., *Midwest Studies in Philospphy Vol XVII: The Wittgenstein Legacy*, University of Notre Dame Press, 1992.

분절적 의미들의 인위성

언어 생성에서 해석과 믿음의 필수성과 관련하여 맥긴C. McGinn의 입장을 검토해보기로 하자. 맥긴은 개념이나 의미의 규범성을 설명하는 과정에서, 의미함의 행위 자체가 규범성을 내포하고 있으며,[22] 나아가 의미함의 행위는 인간의 자연적 성향의 하상암下床岩이라고 논하고 있다.[23] 그의 입장은 인식론적 자연주의라 규정할 수 있다. 그에 따르면, 규칙 준수는 우리 본성의 원초적이고 본능적인 부분이거나 자연적 반응에 속하는 것이다.[24]

우리는 이런 입장을 수정, 보완하고자 한다. 해석 대상으로서의 화자의 의미함이나 의도는 자연적 성향의 일부라 할 수 있을 것이다. 그러나 분절적이고 규정적인 내용을 지닌 것으로서의 의미들은 해석적 활동의 결과이며, 해석의 전제는 청자의 믿음이다. 그러므로 의미들은 인위적인 노력의 결과이다. 나아가 이런 의미나 개념들이 규범적 힘을 발휘하는 이유는 바로 이것이 **믿음에 의해 산출된 것**이기 때문이다. 믿음의 결과이기에 그 규범력은 절대적이며, 이미 지적한 바와 같이 여기서 윤리적 규범의 특징인 정언성의 근거를 찾을 수 있다. 언어 기호, 의미를 지닌 것으로서의 언어 기호는 자연적인 것이 아니라 사회적인 것이며, 청자의 믿음, 해석, 그리고 이에 대한 화자의 수렴적 동의의 결과로 등장한 것이다. 철저한 자연상태에서, 타인과의 교류가 없는 상태에서는 기호에 따라 행위할 수 있는 그런 능력이 형성되지 않는다.

개미나 벌들도 통신한다는 사실을 들어 일부 학자들은 이들이 언어를

---

21 M. Rubinstein, *Marx and Wittgenstein: Social Praxis and Social Explanation*, Routledge & Kegan Paul, 1981, p.119.

22 C. McGinn, *Wittgenstein on Meaning: An Interpretation & Evaluation*, Blackwell, 1984, p.163, 각주 31.

23 C. McGinn, 위의 책, p.138, p.40.

24 C. McGinn, 위의 책, pp.82, 83, 120.

지니고 있다고 주장한다. 모든 종류의 통신 매체를 언어라 확대 · 규정한다면, 그들의 주장을 수용할 수 있을 것이다. 그러나 개미나 벌들의 군집적 관계는 의미로 매개되는 것이 아니라 인과적 관계에 그친다. 이런 군집성은 인간이 누리는 수준의 사회성에 미치지 못한다. 그들 사이에는 생물학적 관계만 있을 뿐, 해석적 활동과 의미가 매개되어 있지 않으므로, 그들의 통신 관계는 내적이라기보다는 공간적이고 외적이다. 인간들 간의 관계는 이에 반해 의미에 의해 매개되어 있기 때문에, 인간의 사회성은 내적인 관계이다.

혹자는 의미란 신화에 불과하다고 부정하기는 하지만,[25] 전통 철학이 생각해오던 그런 종류의 의미는 아니어도, 인간의 언어에 그와 유사한 매개체가 있으리라는 점은 인정해야 한다. 사람들 사이의 소통은 동물들의 통신과 달리, 직접적이거나 인과적이 아니다. 동일한 화자가 동일한 상황에서 동일한 소리를 발한 경우에도 청자에 따라 다른 반응을 하는 경우가 많다. 이는 동일한 언어 기호를 사람마다 달리 해석하고 이해하기 때문이다. 즉 그 기호의 의미를 달리 이해하기 때문이다. 우리는 청자가 이해한 내용을 '의미'라 부를 수 있으며, 청자의 반응은 이것에 의해 매개되었다는 점을 인정할 수 있으리라 생각된다.

25 대표적으로 비트겐슈타인은 의미 심상론the theory of images이나 의미 심적 활동론the theory of mental acts에 대해, 의미에 대한 심리주의적이고 개별주의적 입장에 대해 비판적이다. 그 역시 의미란 사회적인 것이라 보고 있다고 이해된다. "Nothing is more wrong-headed than calling meaning a mental activity.", *PI*, 693절 참조.

2부

인간 삶의 언어 의존성

5장

언어와 마음의 형성

1. 보이지 않는 존재자와 진정한 언어

토테미즘과 갑골문의 언어

해석 행위의 매개에 의해 인간의 통신적 관계는 새로운 차원으로 진입한다. 인간의 언어는 이제 단지 보이고 들리는 것을 넘어서 초감각적인 무엇을 지시하는 것으로 간주된다. 진정으로 인간적인 언어가 등장한 것이다. 언어 기호는 소쉬르의 지적대로 자의적이다. 그러나 단순한 소리나 끼적임이기를 그치고 언어이기 위해서는 무엇인가를 의미해야 한다. 즉, 물리적인 것 이상으로서의 정체성을 지녀야 하는데, 이를 위해서는 어떤 보이지 않는 것을 상정해야 한다. 언어는 이제 동물적 생존을 위한 통신법에 머무는 것이 아니라 특별한 존재를 대신하고, 상징하는 것이 되며, 이런 의미론적이고 상징적인 **언어를 매개로 인간은 새로운 질서와 관계한다**.

해석 활동을 통해 인간에게 마음이 귀속되며 인간이 마음을 지닌 존재로 변모한다고 지적한 바 있다. 시간이 흐름에 따라 심적인 것은 집단적인 의미를 지니게 되며, 인간 사회는 자연을 넘어선 질서와 관여하게 된다. 이런 사례를 우리는 토테미즘이나 갑골문의 경우에서 살펴볼 수 있다. 고대 사회에서 토테미즘은 한 부족의 정체성과 관련이 있다. 한 부족은 특정의 토템, 가령 호랑이나 늑대 등의 상징적 존재를 채택해 자신들을 다른 부족과 구분하고, 나아가 스스로를 그들과는 차별적인 존재로 여긴다. 자신들은 토템의 신성한 피를 물려받은 선택된 존재이며, 특별한 세계에 거주하는 인종임에 비해 토템 체계 밖에 있는 다른 부족들과 존재자들은 완전한 타자이거나 자연 세계의 일부로 간주된다. 말하자면 그들은 인간이 아닌 것, 자신들과 존재론적으로 완전히 구분되는 타자이다. 토템은 고대인들의 사유 체계의 주축을 차지하면서 그들에게 정체성을 부여할 뿐 아니라, 주위 모든 것들의 분류를 위한 기본적인 틀을 제공하며 행위와 삶을 위한 준거틀의 역할을 한다.[1]

중국 은나라의 갑골문 속 문자들은 한문의 시원적 모습이다. 그런데 그들에게 문자는 인간들 사이의 의사소통을 위한 매체 이상이었다. 그것은 왕이나 정인貞人들과 하늘의 질서를 매개하는 신성한 매체이었다. 군주들은 국가를 경영하면서 전쟁의 수행, 동맹의 체결, 새로 태어난 왕자의 미래, 거대 건축물의 축조 등에 관한 지혜를 필요로 했다. 이런 지혜는 인간의 지적 능력을 넘어서는 것이기에, 저 높은 곳의 지혜를 빌어야 했다. 고대 중국인들은 그런 문제에 관해 하늘에 문의하였고, 귀갑이나 소의 견골을 가열하여 생기는 균열을 통해 하늘이 해답을 계시해준다고 믿었다. 이 균열을 읽을 수 있는 사람들은 특별한 존재로서, 이들만이 진정한 인간이었다. 왕과 정인은 신성성의 시혜를 받은 자들이므로 당연히 통치의 권한을 발휘할 수 있었다. 이런 상징성이나 특별한 존재와의 연관성 때문에 문자는 통치 수단이었으며, 정치는 신성성의 영역이었다.[2]

---

1 C. Lévi-Strauss, *The Savage Mind*, The Univ. of Chicago Press, 1966.

토템 사회의 언어나 갑골문 문자들은 일상이나 생존 질서를 넘어서는 절대적인 것으로 인간의 복종을 요구하는 무엇을 상징한다. 상호의 일상적 소통을 위한 것이기보다는 범상치 않은 질서를 표시하기 위해 고안되거나 또는 신으로부터 시혜된 것이었다. 이런 논제가 타당하다면, 일상생활의 의사소통을 위한 언어나 생존을 위한 언어는 진정한 언어가 아니다. 인간 고유의 통신법으로서의 언어는 생존을 위한 의사소통의 필요에서 해방된 이후 등장한다. 먹이가 있는 곳을 알리고, 포식자의 접근을 경고하며, 짝짓기를 찾기 위한 구애 등의 생존적인 필요를 넘어 무엇인가 보이지 않는 것, 절대적인 것, 추상적인 것, 보편적인 것, 심적인 것 등과 관계하고자 할 때, 또는 그런 것들이 인간 삶에서 어떤 역할을 하거나 의미를 지니게 되었을 때, 진정한 언어가 생겨난다.

장식과 제례를 위한 언어

고인류학자들에 따르면, 인간 정신이 등장한 시점은 대체적으로 다듬은 조개껍질이나 무덤 주변의 꽃가루 등이 발견되는 시기라고 한다. 전자는 인간이 자신을 장식하기 시작했으며 자신의 신체를 자각하기 시작했다는 증거이고, 후자는 죽음의 의식을 치르며 명계로 떠나는 자에게 꽃을 바쳤을 가능성을 시사한다. 현재까지 가장 오래된 구슬이나 무덤 주변의 꽃가루는 4만 년 전의 것이라 한다. 이 시점이 인간 정신이 등장한 때라고 고인류학자들은 판단하는 시기이다. 생물학적 자연종으로서 인간의 기원을 50만 년으로 본다면 가장 초보적인 수준의 정신이 등장하게 된 것도 극히 최근의 사태이다.

---

2 사라 알렌, 『거북의 비밀, 중국인의 우주와 신화』, 예문서원, 2002; Shaughnessy, *Before Confucius*, SUNY, 1997; D. N. Keightley, *The Ancestral Landscape: Time, Space, and Community in Late Shang China(ca. 1200–1045 B.C.)*, Institute of East Asian Studies Univ. of California Berkeley Center for Chinese Studies, 2000.

장식의 시작과 장례의 시행은 인간이 자신의 정체성과 사후 세계에 관심을 갖고 의례를 치루기 시작했음을 알린다. 고인류학자들은 구슬 놀이와 죽음의 의식에서 정신의 등장을 확인하는 것이다. 자아와 보이지 않는 죽음의 세계에 관심을 갖고, 치장을 하며 의례를 치르는 등의 행위는 정신의 능력이 있어야 가능하리라 생각하기 때문이다. 자아와 죽음을 생각하면서 인간은 동물적 생존의 필연성에서 해방된다. 장식과 의례 이전에도 인간들은 의사소통을 했을 것이며, 그런 한에서 언어를 사용하였을 것이다. 그러나 이런 언어는 정신에 의해 매개된 언어가 아니라, 생존의 필요에 따라 교환되는 언어, 개미의 페로몬이나 벌의 춤과 본질적으로 다를 바가 없는 언어이다.

자신의 모습을 치장하면서 발화된 언어, 죽음의 의식을 치루면서 수행되는 언어의 배후에는 정신이 깃들어 있다. 인간에게만 특유한 언어는 장식의 언어나 의례의 언어이며, 이런 언어가 특별한 이유는 무엇인가 보이지 않는 것, 추상적이고, 초자연적이며, 절대적인 존재자, 일상적 삶의 저편을 지시하고 의미하기 때문이다. 이런 관점에서 보면 아담의 언어는 진정한 언어가 아니다. 그의 언어는 에덴동산에서 볼 수 있는 것들을 지칭하는 데 그치기 때문이다. 보이지 않는 저편의 것들은 상징적 언어의 도움을 받아야만 존재할 수 있지만, 에덴의 피조물들은 아담의 언어가 없이도 존재할 수 있다.

정신의 지향성과 언어의 향일성向日性

여러 철학자들은 인간 정신의 특성으로 지향성을 제시한다. 그리고 지향성을 인간 정신이 자연을 넘어선 존재라는 것에 대한 증거로 본다. 지향성은 경험이나 시간의 소산이 아니라는 것이다. 우리는 정신이 지향적이라는 점을 인정할 수 있으되, 지향성은 인간의 정신이 초자연적이라서 소유하는 특성이 아니라, 인간이 처한 원초적 불확실성, 그리고 이를 해소하려는 언어 활동이 요청하는 해석적 태도에서 연유하는 것으로 볼 수 있다.

언어가 등장하기 위해서는 화자의 의도와 청자의 이해 노력이 있어야 한다고 앞서 논한 바 있다. 인간의 언어 능력이란 불확실하거나 무규정적인 외계나 보이지 않는 타자의 마음을 더듬어 모습을 규정하려는 노력이다. 언어는 인간의 더듬이이다. 이런 태도를 우리는 해석적 태도라 부를 수 있는데, 미지의 타자에 대한 지향성은 이런 해석의 과정에서 형성되었다. 그것은 마치 빛이 보이는 곳으로 뻗어나가는 담쟁이의 넝쿨과도 같다. 언어의 이런 성향을 **언어의 향일성**이라 부르기로 하자. 인간의 언어적 능력은 어둡고 불확실한 미지의 세계에서 빛을 찾고자 한다. 질료적 언어 또는 원原 언어는 통신 매체로서 불완전하며, 언어의 향일성은 바로 원原 언어의 불완전성을 보완하고자 하는 해석자의 의지에서 기인하는 것이다. 정신의 지향성은 언어의 향일성을 기반으로 형성된다. 언어란 인간에게 무규정적이고 혼돈스러운 외계를 규정하여 일의성과 확실성을 부여해주는 **인간적 확실성과 객관적 규정성**의 근원이다.

언어의 권능은 감각을 넘어선 세계를 전개시키는 데 있다.[3] 불투명한 매체로서의 언어는 해석을 요청하며, 해석은 들리는 음성 기호를 넘어서 그 배후에 있는 생각, 믿음, 감정, 정서 등을 상정하여 인간의 원 언어를 보완하게 한다. 그래서 들리는 음성의 배후에, 그 음성의 근거로서 보이지 않는 어떤 세계, 우리가 마음과 의미라 부르는 세계를 상정하게 한다.

의도나 의미가 인간 통신법의 일부를 구성하고 음성 기호와 의미 사이의 상관관계가 확립된 이후의 중요한 변화는 다음과 같다: 인간은 언어 기호를 통해 보이지 않는 대상이나 사태들을 실체화하고, 이들을 언술과 사유의 대상으로 삼을 수 있게 된다. 이 보이지 않는 것들, 즉 의미들은 우리 인간 정신의 구성 요소가 되어 의식 내용을 형성한다. 언어는 인간이 정신을 형성하게 하며, 나아가 보이지 않는 세계를 지향하게 한다. 언어는 우

3 언어는 보이지 않는 세계로 날아가게 하는 상상력의 기반이다.

리 정신의 회로가 되어 우리의 생각, 정서, 행동의 경로를 규정하고 제약한다는 점에서 한편으로 우리를 구속하는 절대 군주와 같은 존재다. 하지만 다른 한편으로는 인간 정신에 날개를 달아주어 보이지 않는 세계로 날아가게 한다. 때로는 이런 자유로운 비상의 과정에서 엮어낸 현란한 언어의 그물망이 다시 우리를 옭아매기도 하며, 언어의 미로는 우리를 혼란에 빠지게도 한다.

2. 언어의 자율성과 연기성

공유 언어 사용계약과 자율성

인간이 타인의 말과 세계의 모습을 해석하는 과정에는 서로의 동의가 필요하다. 해석적 활동은 일종의 사회계약을 포함한다. 다수의 사회계약론자들은 계약의 목표가 공존, 협동과 분업, 사회 정의 등이라 했지만, 보다 더 근원적이고 선결적인 계약은 의미와 마음의 공간을 공유하기 위한 것이다. 진정한 의미의 사회란 공간의 공동체, 몸들의 공존 관계가 아니라, 바로 **공유된 의미와 마음의 사회**이다. 홉스, 루소, 로크J. Locke, 롤즈J. Rawls나 노직 등 근현대 정치철학자들이 제안하는 사회계약 이전에 **더 원초적이고 근원적인 계약**이 체결되어야 하며, 이런 계약의 목표는 언어와 의미를 공유하는 사회의 구성이다.

언어의 공유를 위한 계약이 더 원초적인 이유는 무엇인가? 인간들이 원언어 또는 질료적 언어의 장애적 측면을 해소하고 소통할 수 있기 위해서는, 화자와 청자 상호 간에 불투명한 통신 매체의 모습에 합의해야 한다. 공유 언어에 합의한 이후에야 의사소통을 할 수 있고, 공동체를 구성하며 행동을 주고받을 수 있다. 공유 언어 사용의 계약이야말로 인간을 자연 상태에서 벗어나 독립하게 하는 원초적 사회계약이다. 공유 언어란 의미가 매개되어야만 생성될 수 있다. 공유 언어 사용을 위한 계약이 체결된 후에야 가족, 씨족 등의 정치·사회적 공동체, 주술적 공간, 종교의 세계, 이성과 철학의 세계, 절대성의 공간, 당위성의 공간, 개인성의 담론 공간 등과 같이 다른 모든 새로운 언어 공간들이 지속적으로 구성될 수 있다.

원초적 사회계약을 통해 소통을 위한 통로를 만들어야 한다는 사실은 인간의 생존 공간에 중요한 특징을 부여한다. **공유 언어를 위한 계약**은 인간을 자율적인 존재이게 한다. 동물들의 통신법은 태어날 때부터 본능의 일부로서 주어졌다는 점에서 타율적이다. 동물들의 통신법은 자연적 질서의 일부인 것이다. 이에 비해 인간의 통신법으로서의 언어는 인간들 상호 간의 협의와 계약과 스스로의 노력에 의해 구축된 것이라는 점에서 자율적이다. 인간은 이제 이렇게 합의된 공유 언어로 세계의 모습을 규정하고, 나아가 그 속에서 행위 규범과 삶의 방식을 정립한다. 인간은 자신의 생존과 행동에 있어서 자연의 구속으로부터 독립하게 된 것이다. 이런 자율성에서 우리는 윤리성의 기초를 찾을 수 있다. 윤리적 지평은 인간이 언어를 사용하는 시작점에서부터 전개되기 시작했다. 우리는 이런 모습을 토테미즘에서 볼 수 있으며, **언어의 윤리적·규범적 측면**을 정확히 통찰한 것이 순자荀子의 정명론이다. 언어가 규범적 힘을 발휘하는 이유는 언어가 믿음에 의해 산출되었기 때문이라고 앞 장에서 논의한 바 있다.[4]

인간의 언어는 인간에게 이중적으로 자율적이기를 요청한다. 우선 서로 간의 소통을 위해서 언어 기호의 정체성이 인간 상호 간에 자율적으로 합의되어야 한다. 나아가 외계에 대한 동물적 확실성이나 직접성을 결여하게 되었기 때문에, 인간은 동종의 인간들 사이의 공유 매체인 언어를 사용하여 자신들의 생존 공간을 자율적으로 구축해야 한다. 동물의 통신법과 인간 언어 사이의 본질적인 차이는 타율적이냐 자율적이냐에 있다.

4 더욱 자세한 논의는 남경희, 「순자의 정명론에 대한 비트겐슈타인적 이해-사회규범의 언어 철학적 정초」, 『철학』 102집, 2010. 2. 참조.

언어적 지평의 윤리성

윤리적 지평은 인간적 생존 질서 중에서 가장 기초적이다. 인간은 삶과 행위를 위한 자율적인 질서를 구축하게 되면서, 동물과는 다른 차원의 생존 논리를 확립하며 진정한 인간으로 변모하게 된다. 동물은 힘의 논리에 의해 지배되지만, 인간은 언어로 확립된 **말의 힘과 질서**에 따른다. 윤리의 기원을 이루는 것은 바로 이런 인간의 자율적 생존 규칙이다.

자율적인 생존 규칙은 언어를 고안하면서부터 형성된다. 어휘들은 소통을 위한 매체이자, 동시에 인간의 행위를 위한, 가장 기초적이고 포괄적인 규범과 삶의 질서를 함축하고 있다. 가령 유아가 배우는 최초의 어휘들, '엄마', '지지', '까까'와 같은 어휘를 생각해보라. 이런 어휘를 수용하자마자 유아에게 엄마는 더 이상 단순한 이성異性으로서의 여자가 아니다. '엄마'라는 어휘는 준엄한 성적 금기를 담고 있고, 가족 관계를 전제로 하므로, '엄마'라는 호칭은 그에 걸맞은 행위 규범을 유아에게 요구한다. '지지', '까까'는 먹을 수 없는 것과 먹을 수 있는 것에 대한 구분과 행위 제약적 규범을 담고 있다. 이 둘을 구분하고 그에 맞는 행위를 하지 못한다면, 가족과 밥상을 함께할 수 없다. '동생', '사람', '동물', '좋은 사람', '나쁜 사람', '동무' 등과 같이 다른 모든 어휘들도 인간의 행위를 인도하고 제약한다. 인간 삶의 지평은 언어의 사용과 함께 전개되며, 인간의 삶은 언어의 제약 하에 있는 한 지극히 일상적 차원에서도 이미 윤리적 지평이다.[5] 우리의 일상 어휘들, 지극히 '사실 기술적'이라고 여겨지는 어휘들까지도 모두 행위 규범을 담고 있다는 점에서 행위 계도적이다.[6] '사과'라 불리는 것은 먹을 수는 있으나 사각형과 비교할 수 없다. 그러나 '삼각형'이라 불리는 것은 사각형과 비교할 수 있되, 먹을 수는 없다. 사

5 『논어』, 「위령공」 34, '民之於仁也' 참조. 나아가 「이인」 5장, '식사 중에도 인을 행한다'(君子無終食之間違仁)는 공자의 말 역시 참조.

실과 당위의 간극이란 이론적 허구이다. 사실과 당위 간에는 넘을 수 없는 간극이 있다는 근대 이후 윤리학의 강령, 특히 칸트의 입장은 언어가 본질적으로는 기술적이라고 오해한 데에서 연유한다.

어휘의 역사성과 기억

어휘들이 인간 삶의 규범을 담고 있는 이유는 무엇인가? 그 이유는 어휘의 의미가 어휘 사용례들의 연접이며, 어휘는 이 사용례들을 자신의 기억 속에 저장하고 있기 때문이다. 아동들은 '엄마', '지지', '까까' 등의 어휘들을 배우면서 그 기표와 함께, 그 기표의 사용방식, 그 기표에 의해 불리는 대상들과 다른 대상들 간의 차이, 그 대상에 대한 사람들의 태도, 자세, 행위 방식 등을 배우는 것이다. 그리고 이런 태도와 행위 방식 등은 그 어휘와 함께 기억되어 아동들의 미래 행위를 규제하고 인도한다.

동물의 우짖음은 서로의 소통을 매개하는 것으로 그 소임을 다한다. 인간의 언어는 이를 넘어서 기표의 사용례, 사용 방식, 그 기표로 지칭되는 대상에 대한 경험과 인식을 저장하는 장치이기도 하다. 인간은 기억을 지니며, 인간의 기억은 언어에 의존한다. 우리는 언어를 화폐와 비교할 수 있다. 화폐는 물물교환을 위한 매개체이자 가격 측정의 단위 역할을 한다. 나아가 이를 사용하여 경제 활동을 하는 무수히 많은 경제 주체들과 이들의 활동과정에서 교환되는 재화들에 관한 다양한 역사적 정보를 담고 있는 저장 장치이기도 하다. 일정 시점에서의 한 재화의 가격은 그 재화의 가치뿐만 아니라 그것과 다른 재화와의 관계, 구매자들의 선호도, 시장에

---

6 이는 순자의 정명론에 의해 요약되어 있는 중국적 언어관의 특색이다. 서구의 사실 기술적 언어관과 대조해볼 수 있다. 중국적 언어관에 관해서는 다음 참조: C. Hansen, *A Daoist Theory of Chinese Thought: A Philosophical Interpretation*, Oxford Univ. Press, 1992; C. Hansen, *Language and Logic in Ancient China*, The Univ. of Michigan Press, 1983. 서양에서도 20세기 이후 비트겐슈타인, 오스틴 등은 언어가 인간적 행위 방식이라 논한다. 여기서 언어 행위론이 발전한다. 구술 시대에는 말이 바로 행위이자 인과력을 발휘하는 행위이었다.

서 차지하는 지위, 그 재화의 가치 변화 등 다양한 정보를 담고 있다.

어휘는 너덧 개의 자모로 구성되어 있는 지극히 간단한 끼적임이지만, 화폐보다 훨씬 강력한 저장 장치이다. 언어와 그를 구성하는 문장들과 어휘들은, 그를 사용하여 의사소통하고 삶을 영위해온 무수히 많은 언어 주체들의 사고, 정서, 행위, 삶의 궤적, 그들의 인생관, 세계관, 사회관 등 다양하고 풍부한 정보를 담고 있는 **고밀도의 저장 장치**이다. 기표는 항상 무엇으로서 여겨진다. 이미 지적한 바와 같이 믿음은 음성적이거나 물리적인 존재를 기표로 전화시킨다. 기표의 의미나 정체성은 그것의 사용례들이다. 가족 유사적인 관계에 있는 사용례들, 수세대에 걸쳐 누적된 사용례들, 그 기표의 사용자들이 기억하는 그 모든 사용례들이 엮어져 한 기표의 의미를 구성한다. 그러므로 한 기표의 저장 용량은 원리적으로 제약을 받지 않으며 실제로도 거의 무한대라고 할 수 있다. 시詩란 언어에 저장된 이런 기억을, 그리고 이 기억의 연기성을 기반으로 한 예술이다.[7]

사물의 본질은 그 이름 속에 내장된 회로이다

비트겐슈타인에 따르면, 한 사물의 본질은 그 사물을 지칭하거나 기술하는 어휘의 문법으로 결정된다. 한 어휘에는 그 어휘의 사용을 위한 사용 규칙들 또는 문법이 들어 있다. 문법보다 더 적절한 어휘로 우리는 회로라는 개념을 사용할 수 있다. 어휘란 수많은 사람들의 기억이 수세대에 걸쳐 누적되어 만들어진 고집적 회로가 음각되어 있는 반도체이다. 그래서 우리는 사물의 "본질은 문법에 의해 표현된다"는 비트겐슈타인의 문장을 다시 표현할 수 있다: 사물의 본질은 그 사물을 명명하는 어휘 속 회로에 의해 결정된다. 어휘 속에는 겹겹의 회로가 정교하고 깊게 파여져 있기에 무수히 많은 다른 어휘들과의 다양하고 복잡하며 섬세하고 중층적인 관계망

7 연기성에 관해서는 3부에 속한 장들 참조.

을 구성해낼 수 있고, 이 관계망은 우리의 사유와 의식의 흐름에 방향을 잡아주며, 우리의 행위를 인도하고 제약한다. 우리는 어휘를 사용하면서 마치 우리가 주체인 데 비해 어휘는 사용 대상이나 객체라고 생각하지만, 사용되며 객체적 위치에 있는 것은 우리의 의식과 사유의 흐름 또는 사유 질료이다.

어휘는 복잡하고 정교한 회로를 지닌 반도체와 같은 것이기에 우리의 마음을 깊이 울리고, 멀리 가는 겹겹의 반향을 만들어내며, 우리의 행동을 조종하고, 사람들을 움직일 수 있다. 어휘의 기억들이 회로 역할을 한다고 할 수 있는 이유는 듣는 이의 마음, 정서, 생각, 행동에 영향을 끼치고, 다른 어휘들과의 관계 방식을 조정하기 때문이다. 그래서 수많은 생각, 정서, 나아가 다른 어휘들을 연루시킨다.

사물의 본질은 문법 또는 회로이므로, 한 사물의 본질은 그 자체의 모습을 드러내기보다는 다른 것들과의 다기적인 관계 방식을 보여준다. 한 사물의 본질을 안다는 것은, 그 사물을 대리하는 어휘의 사용 방식 또는 **다른 어휘들과의 총체적 관계 방식**을 아는 것이다. 본질이란 한 사물이 그 자체 홀로 지니거나 홀로 드러낼 수 있는 것이 아니다. 사물의 본질은 다른 것들에 의존하여, 다른 것들과의 관계망에서만 형성될 수 있다. 사물은 발견되기보다 기존 사물들이나 이들을 대리하고 있는 어휘들의 문법 또는 회로를 수정하고 재조정함으로써 새로이 구성된다. 소위 '발견되는' 사물이란 하늘에서 떨어지는 것, 어디엔가 홀로 있다가 발견되는 것이 아니라 기존의 언어 관계망 위에서 점차적으로 구성 · 형성된다.

생명의 세계에서 창조론보다는 진화론이 한 자연종의 내용을 더 풍부하게 하고 다른 생명체와의 연관성을 더 밀접하게 한다. 창조론에 따르면, 사과는 사과일 뿐이고, 무화과는 무화과 이상이 아니지만 진화론에 따르면, 한 자연종은 모든 자연종의 역사를 담고 있다. 인간의 유전자에는 물고기, 양서류, 원숭이의 행태를 조종하던 유전자의 회로가 깊숙이 각인되어 있다. 유전자적으로 인간은 물고기, 양서류, 유인원 등과 인척 관계에 있다. 인간은 유전학적으로 98.4퍼센트가 침팬지이고, 40퍼센트 가까이는 나무이기 때문에, 봄이 되면 몸 어딘가에서 싹이 움트는 듯하고, 마음의 분자들이 아지랑이처럼 따스한 봄날의 공기 속으로 나들이하고 싶어지는지 모른다.

그와 같이 비트겐슈타인의 의미 사용론 또는 우리의 **의미 진화론**은 전통의 지칭론이나 아담적 언어관보다 어휘들의 의미나 사물들 사이의 연관관계를 더 밀접하고 풍부하게 한다. 화엄종이 설파하듯이 사물들은 상즉, 상입, 연기적 관계에 있으며, 아낙사고라스의 통찰대로 모든 것이 모든 것 속에 있다고 할 수 있다. 나아가 어휘의 의미들이 상즉상입의 관계에 있기에, 그 어휘들로 생각하고 느끼며 행동하는 모든 사람들 또는 그들의 의식은 그 어휘를 공유의 매체로 하는 한, 상호 소통하면서 전일적 총체성의 일부가 될 수 있는 것이다.

하나의 자연 언어에는 그를 사용해온 언어 주체들과 언어 공동체의 역사가 완벽하게 내장되어 있다. 언어 이외의 그 어느 문화적 유산도 언어만큼 한 문화 공동체의 역사를 온전히 담고 있는 것이 없다. 생득적으로 주어지는 동물들의 통신법과는 달리, 인간의 언어는 오랜 시간 동안 사용하며 만들어가야 하는 것이기에, 인간의 언어에는 역사가, 그를 통신 매체로 사용한 인간 삶의 흔적이 담겨 있다. 세계가 국제화되어가고 인터넷이 보급되면서 무수히 많은 지역의 자연 언어들이 사라져가고 있다고 한다. 새로운 종류의 제국주의, 즉 언어 제국주의가 확산되고 있는 것이다. 한 언어권의 자연 언어가 소멸된다는 것은 그 언어권의 문화 전체, 박물관, 자연사 박물관, 도서관, 미술관 전체가 없어지는 것보다 더 많은 정보량이 소실되는 것이라 한다. 언어 제국주의가 확산되는 만큼, 인류 문화의 내실은 더욱 빈약해질 가능성이 있다.

3. 리바이어던적인 언어

만물의 척도와 척도의 창조력

애초에 언어는 인간이 자연 상태에서 생물학적으로 생존하기 위한 도구에 지나지 않았다. 하지만 언어는 의도와 의미의 세계를 전개시키면서 인간에게 자율적인 삶의 공간을 구축하게 하고, 자연 상태로부터 벗어날 수 있게 한다. 생물학적 존속과 번영은 자율적 공간에서 인간에게 2차적인 관심 대상으로 격하된다. 언어라는 더듬이는 이제 독립적 생명력과 논리를 갖추고서 인간의 생물학적 조건을 오히려 통제하는 주체의 지위를 점유한다. 인간이 자연 상태를 벗어나기 위해 국가를 구성한다는 것이 근대 서구 국가 계약론자들의 견해이다. 필자는 이 국가 계약을 언어 사용의 계약으로 재해석했으며, 홉스가 리바이어던적이라 규정한 **국가의 실체란 실은 언어로 보아야 한다**고 제안한 바 있다.[8]

언어는 어떤 과정을 거쳐 리바이어던적인 존재로 인간 위에 군림하게 되었는가? 어떻게 이러한 전환이나 주객전도가 가능하게 되었는가? 그 답의 단서는 첫째, 언어 기호가 자의적이라는 사실, 둘째, 언어가 만물의 척도라는 사실에 있다. 자의성과 절대성 간의 관계는 이미 언급한 바 있다. 언어는 모든 사람들 간의 의사소통 매체이지만, 바로 그런 역할로 인해 인간과 인간 주위 모든 것에 객관적 모습을 부여하는 척도의 역할도 수행한다. 모든 것이 객관적인 정체성을 갖기 위해서는 언어의 옷을 입어야 한다. 언어 공동체에서는 객관적인 모습을 지닌 것만이 유통될 수 있는데, 그런 객관적 모습을 부여하는 것은 언어 이외에 다른 것은 없다.

언어의 논리는 화폐의 논리와 비슷하다. 상품 유통 시장에서 공용 화폐로 그 가격이 표시된 것만이 객관적 가격을 지니고서 시장적 교환의 대상

---

8 이에 관해서는 남경희, 『말의 질서와 국가』 참조.

이 될 수 있다. 화폐는 상품 교환의 매체일 뿐만 아니라, 상품이 지닌 가치를 재는 척도의 역할도 한다. 재화는 그 가치가 화폐에 의해 객관화되어야 비로소 가격을 지닌 것으로서 시장 참여자들에 의해 공인될 수 있고, 시장에서 유통될 수 있다. 사람들은 화폐란 그 재화가 이미 지니고 있는 내재적이고 고정적인 가치를 양적으로 표현하는 것에 불과하다고 생각한다. 하지만 화폐란 실질적으로는 그 재화의 **객관적인 가치**를, 그리하여 교환될 수 있는 재화를 창출한다.

같은 논리를 언어에도 적용할 수 있다. 언어라는 매체 역시 전달되는 인식내용과 사유내용에, 그리고 그 속에 담겨 있는 사물들의 모습에 객관적인 모습을 부여하는 척도의 역할을 수행한다. 사물, 생각, 느낌, 행동 등은 언어에 의해 규정될 때 비로소 자신의 객관적인 모습을 구비할 수 있다. 언어 이전에 그런 것들은 무정형적이거나 질료적인 상태에 머물러 있다. 나아가 화자의 생각, 인식, 감정, 나아가 행동까지도 그 모습이 **언어에 의해 객관적으로 규정**되어야 언어 공동체의 다른 구성원들에 의해 의미와 존재성을 지닌 것으로 공인될 수 있다. 그리고 그런 경우에만 그들은 소통되어 다른 이들의 반응을 유발할 수 있다. 그런 점에서 언어는 생각, 느낌, 행동 등이 이미 지니고 있다고 믿어지는 모습을 외적으로 표현하고 전달하는 것이 아니라, 사회적으로 의미 있는 생각, 느낌, 행동들을 창출한다. 생각이나 행동 등이 언어의 옷을 입지 않으면, 그 언어를 사용하는 언어 공동체에서는 실질적으로는 의미를 지니지 않는 부재의 것들이다.

언어의 객관적 규정력과 언어적 확실성

인간이 언어를 사용하면서부터 외계와의 감각적 관계는 상당히 달라진다. 인간도 신체적 존재인 한, 감각을 통해 외계를 접하기는 하나, 감각으로 외계를 지각하더라도 그 지각 내용은 통신 가능성의 제약을 받는다. 감각된 외계의 모습은 언어적으로 기술 · 규정되어야 하기에, 감각 자극이 동일하더라도 이에 대한 언어적 기술은 다양할 수 있다. 인간의 감각은 항상 대상을 무엇으로서 지각하는데, 한 대상을 무엇으로서 지각할지는 대상 자체의 특성보다는 문맥적이거나 배경적인 요인의 영향을 받는다. 감각의 이런 구조는 감각이 언어의 도움을 받고 있음을 알려준다.[9]

외계 그 자체의 모습이라는 것이 있는지도 회의적이지만, 있다고 하더라도 인식될 수 없다. 인식되더라도 외계는 다양한 모습을 지니며, 그 가능한 다양한 모습들 중에서 사회적으로 통용될 수 있는 모습, 언어 공간에서 공인되어 타자에 의해 수용되는 모습이 중요해진다. 이것이 실질적이고 의미 있는, 외계의 객관적 모습이다. 가령, '사과'라 불리는 것은 대체적으로 사과로 지각되는 것이지, 그저 빨갛고 둥근 것, 겉과 속이 다른 것 등으로 지각되지는 않으며, 비트겐슈타인의 '오리-토끼'는 단순한 곡선의 궤적이거나 왼쪽은 오리이고 오른쪽은 토끼인 기이한 동물이 아니라, '오리' 또는 '토끼'로 인지된다.

언어를 사용하면서 인간과 세계 사이에는 거리가 생긴다. 이를 우리는 불확실성의 거리라 부를 수 있다. 이 거리를 메우는 것은 해석의 공간이다. 외계의 자극에 대한 인간의 감각이 언어의 통제 하에 있는 한, 그 감각은 특정 대상에 대한 감각적 반응이자 동시에 언어적 반응이기도 한데, 그 언어적 반응에는 지각 주체가 대상을 해석한 결과가 담겨 있다. 동물들은 감각을 통해 외계와 **인과적 관계**를 맺는다. 이와 대조적으로, 언어를 사용하는 인간은 **해석적 관계**를 맺는다. 인간의 감각은 직관적이 아니다. 감각을 통하더라도 언어적 기제의 영향을 받는 한, 세계를 접하는 인간은 외계의 대상을 어떤 식으로 기술하고 표현할지 망설이게 된다. 즉, 즉각적인

9 Wittgenstein, *PI*, 2부 참조.

행동으로 반응하려 하기보다는 감각적으로 지각한 바를 언어에 의해 기술하고자 주저하게 된다. 이런 주저의 상태는 적극적이고 능동적인 해석을 통해 비로소 해소된다.

언어는 그것이 지닌 객관적 규정력으로 하여 삶의 세계를 구축할 수 있는 권능을 발휘한다. 언어는 인간 세계의 창조주이자 주재자이다. 언어의 규정력은 인간에게 일의적이고 객관적인 외계의 모습을 제공한다. 인간의 인식과 행동을 위해서는 확실성이 필수적인데, 이런 확실성은 **언어의 객관적 규정력**에 의해서만 확보될 수 있다. 이것이 **언어적 확실성**이다. 확실성은 구체성을 담보해준다. 언어 공간만이 인간의 구체적 삶의 공간이다.

4. 인식 방식과 통신 방식의 동조화

언어는 더듬이이다

언어는 인간의 더듬이이다. 왜 그런가? 각 동물 종들의 두뇌 신경조직은 그 종이 외부 세계를 인지하는 방식을 결정한다.[10] 개미와 박쥐의 세계상은 전혀 다를 것이다. 인간의 경우도 인간의 두뇌와 인식기관이 외계를 인지하는 방식을 결정할 것이다. 그런데 일반적으로 외계 인지 방식과 통신의 방식은 다르다고 생각한다. 개미는 페로몬을 분비하여 다른 개미와 통신하지만, 외계를 인지할 때도 페로몬을 분비해서 인지하는 것은 아닐 것이다. 하지만 개미가 인지한 바는 페로몬의 분비라는 양상으로 나타나야 인지된 바가 다른 개미에게 소통될 수 있다. 그래서 외계 인지 방식과 동종 간의 소통 방식 사이에는 매우 긴밀한 동조적 관계 또는 변환 가능성이 있어야 한다. 외계에 대해 인지한 바가 통신될 수 있는 방식으로, 즉 통

10 더 정확히는 외부 세계가 신경조직의 존재나 기능 방식을 결정한다.

신 매체로 변환되지 않으면 소통될 수 없기 때문이다. 그래서 외계 인지 도구와 동료들과의 소통 매체 간의 변환 가능성 또는 동조화는 필수적이다. 사회성이나 군집성이 강할수록 이런 동조성이나 변환 가능성은 더욱 더 절대적이다. 이런 조건이 충족되지 않으면, 개체가 인지한 바는 통용성이 없어 실질적인 유효성을 발휘하지 못한다. **소통 가능성의 조건**은 인간의 언어로 하여금 인간의 외계 인지 방식을 제약하게 하며, 인간의 감각이 언어의 규제를 받는 이유를 설명한다. 언어화될 수 있는 것만이 인지 또는 인식의 범위 내에 들어온다. 언어는 인간에게 외계의 모습을 드러내어준다는 점에서 인간의 더듬이이다.

언어라는 더듬이는 양 방향으로 움직인다. 한편으로는 외계를 향하여, 다른 한편으로는 자신과 동류의 존재를 향하여 움직이는 것이다. 언어는 인간이 외계를 더듬어 외계의 모습을 파악하거나 규정하는 더듬이이자, 동류의 언어 주체들과 소통하는 통신의 수단이기도 하다. 전통적으로 언어는 통신수단에 불과하며, 외계 인식의 주체는 감각과 이성이라고 믿었다. 그러나 이제 감각과 사유가 언어의 통제 하에 있는 한, **인식의 주체** 역시 언어라고 말할 수 있다. 인식의 주체라 여겨지는 이성의 능력은 생득적이라고 믿어져 왔는데, 이런 견해는 재고를 요한다. 이성의 능력이란 언어 활동의 소산으로, 말의 결 또는 그런 결을 조성할 수 있는 능력으로 재규정되어야 한다.

생성적 관점과 인식자의 관점

그러면 왜 우리는 인식이란 외계를 있는 그대로 반영할 수 있는 능력이라고 믿게 되었는가? 우리는 생성적 관점과 인식적 관점을 구분할 필요가 있다. 우리의 직접적 삶의 환경인 자연 세계 그 자체는 생성적인 변화 또는 흐름이다. 자연계 내의 무수히 많은 존재자들은 자연의 변화 과정에서 생성된 것들이다. 이런 생성적 관점에서 보면 모든 것들의 존재와 모습을 결정하는 것은 자연 전체이다. 자연계의 그 어느 것도 스스로 존재하거나 홀로 자신의 모습을 구비할 수 있는 것은 없다. 무수히 많은 변이 유전자들 중에서 적자를 선택하여 생존케 하는 것은 자연 전체의 환경이다.

유전자가 자기 복제의 과정을 거쳐 유기적 생명체를 만들어내고, 이 생명체들이 모여 동·식물들의 생태계가 구축된다. 이들 중 하나를 인간이라는 자연종으로 진화하게 한 것, 이렇게 등장한 인간 종의 두뇌에 적절한 복잡도의 신경조직을 심어, 언어 능력, 자연 언어, 정신 등을 형성하게 한 것은 결국은 자연 세계 전체일 것이다. 우리를 포함하여 모든 것들은 자연 속에서 흘러가는 시간적 과정의 소산이다.

하지만 이런 과정을 거쳐 일단 인식자가 등장한 이후에 이 인식자는 자신의 관점에서 자신의 측정 기준으로 외계를 재면서 세계를 재구축하기 시작한다. 인식의 활동은 본질적으로 관점 제약적일 수밖에 없고, 외계는 관점 없이는 하나의 모습을 가질 수 없으며, 일정한 공유의 측정 단위 없이는 객관적으로 기술될 수 없다. 모든 것들은 인식자의 등장 이후에야 인식될 수 있는 것이 되어간다. 필연적으로 대상이 모습을 갖게 되는 것은 인식자에 의해서이다. 정확히 말하면, 언어적 인식자가 등장하기 이전에는 유전자, 생명체, 자연종, 신경 세포 등도 존재하지 않았다. 언어적 인식 이전의 세계는 그저 헤라클레이토스적 흐름이고 불교적인 윤회Samsara였을 것이다. 외계의 흐름은 그 자체로서는 자신의 모습을 지닐 수 없다. 모습이라는 것은 인식적 내용이 될 수 있는 한, 오직 인식자가 등장한 후에, 인식자에 의해, 그가 취하는 관점에 의해 비로소 생겨나는 것이다. **모습은 인식 의존적이다.**[11]

인식자는 이런 점에서 실질적인 창조주의 역할을 수행한다. 인식자로서 인간은 모습을 지닌 세계를 구성하면서, 바로 그런 지위로 그 세계의 중심에 서 있다. 인식의 행위란 있는 것을 파악하는 것이 아니라 무엇을 일정

11 인식의 구조에 관해서는 4부에서 논의할 것이다.

한 모습으로 존재하게 하는 행위이다. 우리가 인식 행위를 하는 한, 언어적 활동을 하는 한, **천동설적인 입장은 필연적이다**. 즉, 우리 자신이 우주의 중심에 있다고 믿으며, 그러므로 우리가 인식하는 바가 국지적 관점에서 파악한 바라고 생각하는 것이 아니라, 절대 객관적인, 있는 그대로의 모습이라 믿는다. 그것이 우리에게 유일한 관점이기 때문이다. 이런 믿음 하에서만 인식의 활동과 언어적 활동이 이루어질 수 있으며, 우리의 자연 언어는 이런 가정 하에서 형성된 것이다. 그러므로 자연 언어는 필연적으로 천동설적이다.

말이 말하고 생각한다

통신이라는 개념은 인식하고 사유하는 주체들의 존재를 함의하며, 이들 주체들 간에는 통신할 거리가 있다고 믿어진다. 통신하는 자는 홀로 독립적인 생존을 영위할 수 있는 주체이며, 통신행위는 인식과 사유에 부수적이거나 종속적이라는 것이 일반적인 믿음이다. 인지나 사유 없는 통신이란 없으나, 통신행위가 없어도 인식과 사유는 이루어질 수 있다는 것이 일반적인 믿음인 것이다. 그러나 우리는 이 순서를 뒤바꿔야 할지 모른다.

언어 활동은 인간의 생존 방식을 완전히 변모시켜, 인간으로 하여금 자연적인 존재에서 탈피하여 새로운 존재자가, 진정한 인간이 되게 한다고 논한 바 있다. 언어 공동체에 둘러싸여 언어를 습득한 인간과 그렇지 못한 인간, 가령 늑대 소년을 비교해보자. 언어를 습득한다는 것은 단지 사유되고 인식된 바를 전달할 통신 매체를 획득하는 것에 그치지 않는다. 만약 그렇다면 늑대 속에서 자라 인간의 언어를 배우지 못한 늑대 소년도 언어를 습득한 인간처럼 복잡하고 섬세하며 정교한 내용은 아니어도, 실질적인 사유와 인식 내용을 지닐 수 있어야 할 것이다. 그의 사유 능력은 언어의 도움이 없이도 신체적 성장과 함께 발전되거나 개현될 수 있어야 하기 때문이다.

경험적인 증거는 이런 기대에 부응하지 않는다. 늑대 소년은 소년이라기보다는 늑대에 가깝다.[12] 아마도 늑대 소년도 태어날 때에는 대뇌의 신경조직 등과 같은 사유 능력의 기반을 타고났을 것이다. 그러나 인간 사회에 들어오지 못한 채 늑대들 속에서 살게 되면서 이 가능성은 적절한 환경과 자극에 의해 현실화될 기회를 갖지 못하여 굳어버리고 말았다고 진단할 수 있다. 잠재적 가능성을 현실화시키는 것은 인간 사회 속에서의 언어의 습득과 언어적 활동이다. 정상적으로 성장한 소년과 늑대 소년 간의 대조적인 차이가 시사하는 바는 무엇인가? 인간에게 언어란, 그리고 언어적 통신 활동이란 무엇인가? 분명 언어는 동류의 인간들과 소통할 수 있는 매체이기는 하나, 늑대 소년의 사례는 더 근원적으로 언어란 그 이상으로 사유하고 인식할 수 있는 능력을 형성하게 하는 촉매제로 역할함을 시사한다.

자연 상태에서 인간은 자연의 일부로서 생존하는 존재이다. 언어 공동체에 편입되면서 우리는 능동적이고 주체적인 존재가 될 수 있는데, 언어를 학습하며 편입되는 과정에서도 상당히 오랜 동안, 인간은 언어 공동체의 영향력을 수용하는 수동적이고 의존적인 존재일 수밖에 없다. 언어 공동체에 입문하는 과정, 즉 언어 학습의 초기 단계에서의 아동은 전달하고 표현할 의사와 인식 내용조차 결여하고 있기 때문이다. 이 초기의 과정에서, 언어 기호 또는 기표를 학습하고 타자와 기표를 주고받는 과정에서 아동의 인식과 사고 능력이 성장하는 것이며, 사유와 인식을 위한 개념틀이나 회로가 형성되는 것이다. 이를 통해, 그리고 그 이후에 아동은 비로소 자신의 사고를 형성하고 외계를 인식하는 법을 배우게 된다. 인간이 사고의 주체, 데카르트적으로 생각하는 갈대가 되는 것은 상당히 오랜 시간이 흘러서이다.

---

12 이에 관해서는 D. Crystal, ed., *The Cambridge Encyclopedia of Language*, Cambridge Univ. Press, 2000, p.291.

언어 기호의 교환 활동은 사고나 인식 활동에 선행적이다. 그렇다면 의사소통이나 통신 개념의 내용은 상당한 정도로 수정되어야 할지 모른다. 통신 개념은 통신할 내용의 존재를 전제한다. 그런데 언어 활동의 초기 단계에서는 통신할 내용이 선행적으로 존재한다고 보기 어렵다. 언어 학습이 어느 정도 진전된 연후에야 우리는 언어 활동과 독립하여 자신의 의사를 형성하고 인식 활동을 할 수 있으며, 그런 경우 언어는 그 결과를 표현하고 전달하는 매체나 도구의 역할을 한다. 하지만 이 과정에서도 언어 주체는 자신보다 더 큰 주체인 언어 공동체의 승인을 받아야 하며, 더불어 공동체의 의사와 인식을 수용하여 자신의 의식 세계를 형성해간다. 인간은 타인과 대화하고 통신하면서 자아를 형성한다.

통신 활동에서 주체는 통신하는 자라기보다는 통신의 배경이 되는 언어 공동체 또는 언어이다. 말을 하는 것은 개인이 아니라 언어이다. 개인이 주체일 수 있다 해도, 주체로서 역할할 수 있으려면 언어 공동체의 인증을 받아야 하기에, 개인적 주체는 공동체를 전제하고 그의 일부로서 존재한다.

인간의 공동체성

꿀벌이나 개미와 같이 전형적으로 군서적인 동물들은 다른 생물 개체와는 달리 초개체超個體의 일부로서 산다.[13] 개미나 벌들은 진정한 의미의 개체가 아니다. 이들은 불완전 개체이다. 이들이 소속되어 있는 공동체는, 가령 흰개미집의 개미 집단이나 벌집의 벌 떼들은 고유의 통신 수단을 신경망으로 삼아 연결되어 구축된 초개체, 리바이어던적 존재의 일부이다. 우리는 이를 일반화할 수 있다: 모든 유기체는 통신하는 한, 독립적 개체이면서 통신 공동체의 일부이다. 통신망은 거대 개체의 신경망이며, 이는 인간의 세계에서도 타당하다.

13 에드워드 윌슨, 『사회생물학』, 민음사, 1992 참조.

개미나 꿀벌 개체가 주체가 아니라는 주장에는 이의가 없겠지만, 인간의 경우도 이들과 비슷하다는 주장에는 많은 이들이 심각한 거부감을 느낄 것이다. 하지만 인간이라 해도 다를 바가 없다. 오히려 인간의 통신 매체인 언어는 그 심층성이나 복잡성, 섬세함과 정교성 때문에 개별적 인간들로 하여금 개미 개체들보다 더 **공동체에 의존적이고 구속적이게 한다**. 개미들은 생물학적으로만 그들의 공동체에 의존되어 있으나, 인간의 경우는 신체의 차원뿐만 아니라, 사회 · 경제적으로, 정치적으로, 나아가 정신적 · 정서적 · 이성적 차원에서도, 심지어 무의식의 차원에서도 공동체와 연결되고 그에 귀속되어 있다. 아니 그 이전에 연결되고 귀속될 내면마저도 공동체 속에서 타자와의 통신 과정에서 형성되기 때문에, 인간의 공동체 귀속성은 심층적이고 필연적이며 존재론적이다. 인간은 속속들이 공동체적 존재이다.

인간이 공동체로부터 독립할 수 있음은 물론이고, 국가 등장 이전부터 존재할 수 있는 원자적인 주체라는 것이 근대 국가론의 기본 가정이었다. 국가를 구성한 이유는 단지 자연 상태에 거하던 개인들이 자연의 불편함을 극복하기 위해서라는 것이다.[14] 그러나 위의 논의에 따르면 개별적 인간은 개미 개체보다 더 공동체 의존적이므로 자연 상태에는 실체적 개인이란 없다. 주체의 개념은 언어 공동체 안에서 이루어지는 언어 놀이의 과정에서 하나의 장기말로서 형성되었으며, 놀이의 장 안에서만 의미를 지닐 수 있다.

동양 사회에서, 그리고 고대 서구에서도 주체의 개념이 없었다는 사실을 유념할 필요가 있다.[15] 개인적 주체라는 개념은 근대의 소산이다.[16] 개

14 홉스, 로크, 루소의 사회계약론 참조.

15 동아시아 언어권에서 화자는 서구적 사유나 언어에서와는 달리, 언어상으로 잘 표현되지 않는다. 한문의 경우가 그렇고 한국어도 상황은 비슷하다. 고대 서구어에서도 화자는 인칭대명사로서보다는 어미 정도로 표현된다. 희랍어와 라틴어의 경우를 참조할 수 있다.

16 C. Taylor, *Sources of Self: The Making of the Modern Identity*, Cambridge Univ. Press, 1989 참조.

인이 주체일 수 있다 해도, 주체의 의식은 공동체 내에서, 타인과의 관계 속에서, 공동체가 인증할 때만 의미를 지닐 수 있다. 주체와 불가분의 관계에 있는 개념이 **권리 개념**이다. 이 개념은 주체 개념과 같이 국가 내에서 개인의 실체성과 불가침성을 보장해주는 개념이기는 하지만, 이 또한 국가라는 권리의 좌표대 내에서만 의미가 있을 수 있는 개념이다. 국가나 공동체를 떠나서는 개인 또는 그의 권리나 자유란 실질적인 의미를 상실한다.[17]

5. 언어 활동은 인간적 행위 방식

의사소통은 일종의 행위이다

통신 활동과 함께 사고와 인식 능력이 발전하고 그에 따라 통신할 내용이 생겨나는 것이라고 한다면, 우리가 '통신'이라 부르는 활동의 실체는 일상적 의미의 통신과는 전혀 다른 것으로, 의미를 매개로 하는 인간 특유의 행동 방식이거나 삶의 방식일 것이다. 여타 동물들은 몸으로 살고 행동하나, 인간은 의미를 매개로 하여 살고 행동한다는 점에서 종차種差가 있을 것이다. 말하기, 글쓰기, 듣기, 명령, 지시, 약속 등 모든 종류의 언어 활동들은 의사소통의 행위인 동시에 인간적인 방식으로 이루어지는 삶의 다양한 행위나 활동들이다. 언어 활동은 인간적인 행위 방식이다.[18] 나아가 통상적으로 발언과 구분되어 행동으로 분류되는 것도 타인에게 어떤 의미를 전달하기 위한 것이며, 그 본질은 의도나 동기 등 언어적인 것이다.

---

17 남경희, 「권리개념 소고」, 『이성과 정치존재론』, 문학과지성사, 1997 참조.

18 방금 전에 논한 대로 흔히 행위는 언어적 활동을 떠나서는, 그것의 일부가 되지 않고서는 자신의 모습도 구비할 수 없고 의미를 지니지도 않는다.

삶의 다른 행동들과 전혀 무관한, 진리 그 자체나 인식 그 자체 등의 추상적 내용을 전하는, 그런 통신이란 없을 것이다. 전통 철학이 믿어왔듯이, 인식이나 사유, 이의 소통이 우리가 자신의 삶과 삶의 공간을 떠나 객관적인 거리를 두고, 소위 객관적 세계를 관찰하고 인식하여 취득한 내용을 심적으로 표상하여 전하는 활동이라 한다면, 우리의 구체적인 삶의 영역과는 전혀 다른 형이상학적 세계, 즉 철학적 사실들이 존재하는 세계가 있어야 할 것이다. 그런 경우 언어적 활동은 자연종으로서의 삶 이상을 지향하는 활동일 것이다. 그러나 이런 입장은 이제 더 이상 수용되기 어렵다.

말을 주고받는 '통신'의 활동은 동시에 사랑이거나 미움의 행위이며, 또는 타협이거나 투쟁의 행위이고 약속 등의 행위이거나 그 일부이다. 언어 활동은 사회 공간 속에서 인간들이 타인들과 관계하는 인간 특유한 행위 방식, 즉 언어 행위speech-act이다. 이런 언어 행위의 과정은 점차 다방면으로, 다양한 방식으로 전개되어 수없이 많은 종류의 언어 놀이를 수행하게 하고 언어 놀이의 장을 구축해간다. 놀이자들이나 경기자들이 마치 놀이터나 경기장에서 행위와 그에 대한 반응을 주고받듯이, 그렇게 인간들은 생활 세계 속에서 언어 활동이라는 행위를 주고받는다. 언어 놀이를 통해 인간은 삶의 깊이를 천착해가고, 삶의 넓이를 확장해간다. 정신세계를 풍부히 하며, 문화와 역사를 전개시켜 가면서 인간 삶의 존재계를 구축하여간다. 문화文化란 말 그대로 인간 삶의 세계를 언어화해 가는 작업이다.[19]

삶은 놀이 이상의 것이다

고금의 현자들은, 인간의 삶은 유희에 불과하므로 삶을 지나치게 심각

19 Wittgenstein, *Culture and Value*, ed. by G. W. von Wright, The Univ. of Chicago Press, 1980.

하거나 진지하게, 또는 집착을 가지고 대하지 말라고 가르쳐왔다. 인간의 언어가 외계와 무연하며, 인식과 사고가 언어 활동을 떠받치는 근거라기보다는 그 결과라고 한다면, 언어 활동은 비트겐슈타인의 주장대로 일종의 놀이이며, 따라서 인간 삶 역시 놀이일 것이다.

역설적이지만 언어는 외계에 대해 자의적이고 무연적이므로, 오히려 언어 공간은 절대적이다.[20] 언어 공간에서의 인간의 활동은 유희적일지는 몰라도 우리의 삶 자체를 구성하기 때문에 그 활동들은 지극히 심각하고 진지하게 수행되며, 우리 삶의 핵심적 일부를 구성한다. 그런 진지함과 심각성, 진정성 없이는 놀이 자체가 이루어지지 않는다. 경기장에서 선수들이 얼마나 진지하게 경기하는지 생각해보라. 그들은 적어도 경기하는 동안은 절대적으로 경기에 몰입해야 하고, 실제로도 그리 한다.

우리의 언어 활동들이 무엇을 이룰지는 알 수 없으나 진지한 생존 노력임은 부정할 수 없다. 그것은 인간 스스로가 새로운 삶의 공간을 구축하고 그 속에서 생존하려는 노력의 일환이다. 통상적 의미의 놀이가 재미를 원리로 하는 것에 비해, 삶의 구성적 활동으로서의 언어 활동은 의미와 가치를 추구한다. 우리는 언어 활동을 통해 의미나 가치들을 창조하여 절대와 신성의 영역을 구축해가면서 그런 것들에 모든 것을 건다. 아마도 이런 진지성 때문에 삶의 다양한 이념들과 가치들, 다양한 정서들이 생성되는 것이며, 이들을 기초로 형이상학, 존재론, 또는 윤리학의 탐구가 이루어지는 것이리라.

언어 활동이 놀이라는 비트겐슈타인의 입장은 좀더 보완되어야 한다. 언어 활동은 그것이 놀이라고 하더라도 단지 기표의 교환에 그치지 않는다는 점을 유념할 필요가 있다. 언어 놀이는 기표를 주고받는 관계이기는 하지만, 그 기표들은 상대방에 의해 의미, 모습, 정체성이 추정 · 해석되고, 해석된 의미에 **화자의 동의**를 얻어야 청자가 반응할 수 있다. 다시 화

---

20 Saussure, *Course*, p.71; 남경희, 『말의 질서와 국가』 제2장 참조.

자 역시 청자의 기표적 반응을 추정·해석하고 그의 동의를 얻어야 상호 반응하면서 놀이의 과정을 전개시켜 나갈 수 있다. 그런 점에서 언어 놀이는 기표 배후에 있는 것으로 상정되는 **의미들의 교환**을 동반한다. 실로 기표의 교환이나 통신적 관계가 의미를 매개로 해서만이 가능하다는 사실은 여러 가지를 함의한다. 의미의 모습은 타자의 동의를 얻어야 하기에 사회적이며, 사회적 관계란 의미라는 새로운 존재를 매개로 하기에, 사회적 관계란 단지 두 사람이 공존한다는 것 이상을 의미한다: 그것은 새로운 차원을, 의미와 마음의 세계를 전개시켜 그 세계에 거주함을 의미한다. 사회적 관계는 공共을 넘어선 공公의 차원이다. 우리의 언어 활동은 의미를 매개로 한 공적 활동이기 때문에 동물들의 행태와는 질적으로 구분된다. 비트겐슈타인의 주장과는 달리,[21] 언어사는 자연사의 일부가 아니라, 그것을 벗어나고 넘어선 의미의 지평에서 전개되는 전혀 다른 차원의 과정이다.

인간 행위의 언어 의존성

인간은 신체를 지닌 존재이다. 인간의 행위가 신체를 통해 이루어진다는 것을 부정할 수 없다. 그러나 인간 행위는 신체를 기반으로 할지라도 그 모습은 언어를 통해 규정되어야 한다. 왜 인간의 행위에서 언어가 필수적인가? 무엇이 우리에게 의미를 갖고 힘을 발휘하기 위해서, 그것이 우리의 행위와 반응을 유발하기 위해서 갖추어야 할 필수조건의 하나는 그것이 일의적이고 객관적 모습을 갖추어야 한다는 점이다. 신체적으로는 하나의 동일한 동작이라도 그를 유발한 이유, 의도, 동기는 다양할 수 있으며, 행위가 이루어지는 배경이나 좌표대, 상황과 시각 등에 따라 그 행위는 여러 방식으로 달리 기술될 수 있다. 인간의 신체 동작에 일의적 모습을 부여해주는 것은 언어이다. 나아가 인간 행위의 모습은 공동체의 다

---

21 Wittgenstein, *PI*, 25절.

른 행위자들이 이해할 수 있는 객관적인 것이어야 하는데, 인간 행위에 객관적 모습을 부여하는 것은 **언어 이외에 다른 것이 없다.**[22]

일의적이고 객관적인 모습을 갖추게 하는 것으로 언어 이외에 다른 것이 있을까? 외계나 인간의 신체는 그 자체로서는 하나의 객관적인 모습을 지니고 있지 않으며, 감각도, 사유나 이성도 대상에서 그런 일의적이고 객관적인 모습을 드러내거나 부여할 수 있는 위치에 있지 않다. 언어를 떠난 공간에서의 신체 동작은 '허우적거림'에 불과할 뿐이다. 인간 행위는 신체를 통해서 수행되더라도, 그 본질을 보면 언어적이고 심적이다.[23] 그래서 언어의 규정을 입지 않는 인간적인 행위란 없다.

언어를 잃어버린 인간: 신경증의 사례들

언어는 대상에 객관적 일의성과 불변성을 부여할 수 있는 규정력을 발휘한다. 언어의 사용에 의해 불변적이고 일의적인 모습을 가진 대상들을 창출함으로써 인간은 시간의 흐름 속에서 인간만의 고유한 자율적 공간을 구성한다. 이런 공간이 인간 삶의 영위를 가능하게 하는 생활 세계이다. 이런 세계가 없으면 삶이 영위될 수 없다. 국가 또는 정치 공간, 학문적 공간, 정신세계, 역사적 과정 등 다양한 이름으로 불리는 공간들, 이들 모두가 우리 인간 삶의 공간이다.

언어는 인간 삶의 공간을 일의적으로 규정한다. 우리 삶에서 이런 공간은 결정적으로 중요하다. 언어 기제가 문제될 때, 우리의 삶과 행위는 혼돈에 빠지고, 나아가 우리의 생활 세계 자체가 와해되어버린다. 치매나 신경증의 현상이란 바로 이런 것을 말한다. 이들의 증상은 일상적으로 언어가 우리의 삶을 장악하고 있음을, 언어적 규정이 없이는 정상적인 삶이 영

---

22 맥킨타이어는 행위의 이런 성격을 서사적 문맥의 개념을 통해 설명한다. A. MacIntyre, A., *After Virtue*, Notredame Univ. Press, 1981 참조.

23 D. Davidson, *Essays on Actions and Events*, Oxford Clarendon Press, 1980.

위될 수 없음을 알려준다. 언어는 우리의 행동을 위한 행로, 사고의 회로, 정서의 유로流路, 우리 삶의 의지처이다.

언어적 규정성이 필수적임을 예시하는 한 예를 들어보자. 신경증 중에 시각인식 불능증이라는 것이 있는데, 이에 걸린 환자는 특이한 증상을 보인다고 한다. 가령 아내의 머리를 잡고서 자신의 머리에 쓰려고 한다거나, 배우의 표정을 전혀 읽지 못한다는 것이다. 장미를 보고서 "115센티 되는 것으로 붉은 것이 이리저리 복잡하게 얽혀 있고 초록색으로 된 긴 것이 붙어 있는 것"으로, 장갑을 보고서 "크기가 서로 다른 다섯 가지 동전을 넣는 동전 주머니"라고 말한다는 것이다.[24] 생텍쥐페리의 소설 『어린 왕자』에서 외계에서 온 어린 왕자는 모자를 '코끼리를 삼킨 보아뱀'이라고 묘사한다. 우리는 이런 표현을 문학적 상상력의 발휘라 감탄하는데, 신경증 환자의 표현은 생텍쥐페리의 상상력보다 더 기발하다고 할 수 있다.[25] 하지만 안타까운 것은, 이는 상상력이 발휘된 결과가 아니라 오히려 상상력의 기반인 언어 능력에 문제가 생긴 신경증 환자의 대답이라는 것이다.

신경증 환자들의 시력 자체는 땅에 떨어진 바늘을 찾아낼 정도로 좋다고 한다. 이런 사실로 미루어볼 때, 이런 증상의 원인이 정확히 무엇인지는 알 수 없으나 분명한 것은, 이들의 감각 기관에 문제가 있는 것이 아니라는 것이다. 추정컨대, 그런 증상은 그들의 언어 능력 또는 개념 사용 능력과 연관되어 있다고 볼 수 있을 것이다. 그들은 아마도 '장갑'의 개념을 상실했거나, 지니고 있다 해도 그가 본 바에 적용할 수 없었을 것이다. '장갑'이라는 개념이 없으면 다섯 개의 주머니, 연결되어 있음, 서로 다른 크기, 직물 등의 감각 다발을 유기적인 하나로 묶어 대상을 구성할 수 없다. 나아가 그 대상을 손, 손가락, 방한으로부터의 보호라는 개념과도 연

24 올리버 색스, 『아내를 모자로 착각한 남자』, 이마고, 2006, 27-52쪽.

25 상상력이란 정상성에서 벗어나는 것이다. 정상성을 벗어나는 일은, 전혀 다른 시각을 취함으로써 또는 신경증 환자의 경우처럼 우리의 머리를 인도하고 있는, 그리고 구속하고 있는 개념들의 일부를 상실함으로써 가능하다. 그러므로 가끔은 머리를 비우는 것도 좋다.

관시킬 수 없다고 볼 수 있다. 그들의 시각이 파악 · 인지한 것은 얼굴의 모습, '115센티 길이의 것', '붉은 것', '복잡하게 얽혀 있는 것', 크기가 다른 작은 직물 주머니 등의 지각상들의 더미인데, 이들은 어휘나 개념이 있어야 한데 묶여 하나의 대상으로 인지될 수 있는 것이다. 시각인식 불능증 환자들에게는 '나의 아내 마리아'나 '장미' 또는 '장갑' 등의 개념이 없는 것이다.

개념concept; Begriff이란, 서구어의 표현대로 다양한 감각 지각들을 묶어 한 손에 거머쥐고 하나의 대상을 구성하게 하는 것이다. 영어 어휘 'concept'의 어간 cept은 라틴어의 'capio'에서 온 것으로 '잡는다'는 의미를 지니고 있다. 독일어 'Begriff'의 어간 greifen은 '잡는다'라는 독일어 어휘이다. 이런 어원에서 우리는 개념의 본질적인 역할을 확인할 수 있다. 개념이란 지각의 다발들을 묶는 역할을 한다. 개념을, 언어를 상실하면 동일 언어권에서 통용되는 세계를 구성할 수 없으며, 그 결과 정상적인 삶이 불가능하다. 아내를 모자로 착각하고, 아내를 집어 머리에 얹으려 할 수도 있는 것이다. 동물들은 외부 자극에 직접 반응한다. 동물들의 경우와 달리, 인간의 감각은 외부 세계의 대상이나 사태들을 항상 **무엇으로서** 규정하거나 무엇으로 인지하고 난 다음, 그런 규정이나 인지 결과에 따라 행위한다. 인간의 인식 행위는 외부 대상의 모습을 수동적으로 수용하는 것이 아니라 능동적으로 관여하여 모습을 형성하는 측면이 있는데, 이러한 관여에 핵심적 역할을 하는 것이 개념이다.

어휘나 개념의 결여는 더 중요한 장애를 안긴다. 지각상들을 하나의 다발로 묶어 대상화하지 못하는 데 그치는 것이 아니라, 그 다발들을 장미와, 더 정확히는 장미 개념과 연관되어 있는 다양한 개념군과도 연결시킬 수 없게 된다. 장미 개념 결여자는 그 지각 다발을 꽃, 릴케, 가시, 향기, 장미 전쟁, 향수, 꽃의 여왕 등의 개념들과 관계 지을 수 없을 것이기에, 그는 사실상 장미와 연관된 의미망 전체를 상실하는 것이다. 장갑 맹인의 경우 역시, 손가락 크기의 다름, 손에 끼는 것, 양말, 추위, 따스함, 털실,

겨울 등의 개념군과의 관계를 인지할 수 없다. 그러므로 하나의 어휘를 잃어버린다는 것은 그 어휘만이 아니라, 그 어휘를 주축으로 엮어진 관계망이 무너져가고, 그에 따라 그의 삶의 세계에 지각 변동이 일어나고 있음을, 그 세계의 큰 부분이 함몰되어가면서, 서서히 세계가 폐허화되어가는 것을 함의한다. '코끼리를 삼킨 보아뱀' 이라는 어린 왕자의 표현은 일상적 세계의 확장을 의미하지만, 신경증 환자의 표현인 '크기가 서로 다른 다섯 가지 동전을 넣는 동전 주머니' 라는 어귀는 그의 생활 세계가 와해되고 있다는 증거, 그가 정상적 일상 세계에서 점점 멀어져가고 있다는 징후이다.

시각인식 불능증의 증상은 치매 증상과 유사하다. 치매 노인은 신체적으로는 별 이상이 없어도 일상생활을 제대로 영위하는 데 심각한 어려움을 겪는다. 그들이 어휘를 잃어감에 따라 그들의 세계가 무너져가는 데서 그 어려움이 비롯된다고 설명할 수도 있다. 슬픈 일은 그러면서도 그들이 그런 사실을 모른다는 것이다. 이와 대조적인 것은 어휘를 배워나가는 어린아이들이다. 아이들은 어휘들을 습득해가며 세계를 구축해가는 데 반해, 치매 노인은 이제까지 그의 세계를 구축하는 벽돌이었으며, 그의 사고와 행위를 위한 회로였던 어휘들을 상실해간다. 그에 따라 그가 평생을 살아왔던 인간적 삶의 공간이 해체되며 서서히 자연 상태로 미끄러져 빠져들고 있는 것이다.

미국의 한 작가는 자신의 나이든 부친과 어린 딸의 모습을 대조적으로 그리고 있다.[26] 그녀의 딸 에이버는 스펀지 같은 마음으로 사실들과 언어들을 흡수하며 집안을 휘돌아다닌다. 이와 대조적으로 치매를 앓고 있는 그녀의 부친은 가장 단순한 어휘들과 어귀들에 대한 장악력마저 상실해간다. 그가 언어의 조각들을 떨어뜨리고 지나가면, 그의 손녀는 그 어휘들을 집어 그녀의 마음속에 집어넣었다. 그녀의 아버지가 단어를 잃어버릴 때

---

26 *New York Times*, Book Review, April 6, 2003.

마다 그 단어 대신 그가 떠올리는 것들은 아름답기는 하나 가슴 아프게 하는 구절들이었다. 그의 손녀 에이버는 말을 배우는 귀여운 손녀가 아니라 '방을 허리케인으로 몰아치는 아이'였으며, 사과는 '아삭거리는 달콤함을 주는 근사한 것', 토스트는 '헤어져 홀로 된 빵'이었다.

손녀는 언어를 습득해가면서 어휘들로 블록을 쌓듯이 그녀의 자그마한 삶의 세계를 점차 키워가고 있는 반면, 할아버지는 어휘의 상실과 함께 이제까지 살아왔던 생활 세계가 파편화되고 와해되는 폐허화의 과정을 거쳐 가고 있었다. 더 당혹스러운 것은 할아버지가 그에 대한 의식조차 하지 못한다는 것이다. 폐허에 대한 의식마저도 언어의 성城이 온전히 자리 잡고 있어야 가능한 것이기 때문이다.[27]

우리는 흔히 망막에 상(가령, 삼각형의 상)이 맺힌다고 말하지만, 실제로 망막에 생기는 것은 상이 아니라 어떤 물리화학적인 변화이다. 그 변화를 우리의 눈으로, 또는 우리의 두뇌가 보기 때문에 그 변화가 상으로 보이는 것이다. 그러므로 상이 맺혀 있는 처소를 구태여 지적하라고 한다면 망막이 아니라, 그 변화를 상으로 파악하는 우리의 두뇌일 것이다. 그리고 우리가 그 물리화학적 변화에서 삼각형의 상을 보는 과정에서 결정적인 역할을 하는 것은, **동어반복적이지만 삼각형의 개념이다**. 개념의 인도를 받아야 눈에 일어난 변화를 일정한 상으로 볼 수 있는 것이다. 우리는 삼각형의 개념으로 삼각형을 본다. 눈에 일어난 변화가 심상으로 변모하기까지는 여러 과정을 거칠 것이며, 이 과정을 규명하는 일은 대뇌 생리학자, 신경학자, 지각 심리학자들의 직무일 것이다. 그 정확한 과정이 어떤 것이든 간에, 망막 상의 물리화학적 변화에서 특정의 상이 발현 또는 생성

---

27 흥미로운 점은 치매와는 반대로 엄청난 기억력의 소유자 역시 일상적 세계의 와해를 체험한다는 사실이다. Luria는 이런 사례를 기록하고 있다(*The Man with a Shattered World*, Harvard Univ. Press, 1972). 이런 사례에 비추어볼 때 인간의 세계는 일정한 평형성 속에서만 존재할 수 있는 것으로 생각할 수 있다. 모든 것을 기억해도, 또 모든 것을 망각해도 안 된다. 우리의 삶이란 매우 섬세한 일종의 평형 상태에서 유지되는 것일지 모른다. 이 평형이 어느 한쪽으로 기울어도 우리 삶의 항상성은 뒤흔들리며 우리의 생애는 치명적인 위협을 받는다.

되는 과정에서 언어의 역할은 필수적이라 믿어진다. 상이나 감각질의 형성에는 여러 요소들이 관여하고 여러 과정을 거치겠지만, 그 요소와 과정 중에서 가장 중요한 요인 중 하나는 분명 개념이다. 개념이 없으면 지각의 다발은 하나의 일정한 상으로 묶이지 못하며, 더구나 타인들이 이해할 수 있는 공적이고 객관적인 모습으로 규정되지 못한다. 언어란 지각의 다발을 엮어 사물을 만들고(어휘), 사실을 구성해내며(문장), 세계를 체계화하면서 통합적인 하나의 질서로 엮어가는(이야기), 그리하여 세계를 구축하는(서사적 텍스트) 장인匠人, 플라톤이 말하는 데미우르고스와 같은 것이다.[28]

말의 길과 삶의 길

말을 주고받는 통신 활동이 일종의 행동이라 할 때, 또다른 중요한 측면이 부각된다. 일반적으로 통신 개념은 다음을 전제하는 것으로 보인다: 첫째, 통신하는 자는 통신 과정에서 변화하지 말아야 한다. 통신하는 자가 사유 내용을 타인에게 전달해놓고서 변화한다면, 전달받은 자는 통신 내용을 신뢰할 수 없으며, 통신된 바에 대해 확정적인 반응을 취할 수 없을 것이다. 통신 주체의 항상성은 통신 내용의 신뢰성을 위한 필요조건이다. 둘째, 통신 행위 자체는 단지 의사 전달에 불과하므로, 그 자체는 타자의 행위를 유발할 수 있는 인과력을 갖지 않는다고 믿어진다. 첫 번째 믿음은 자아의 시간적 동일성에 대한 신념으로 귀결하며, 두 번째 믿음은 이론과 실천, 인식이나 통신과 행동의 구분으로 이어진다. 위의 두 전제는 수정될 필요가 있다.

서로 말을 주고받는, 이른바 '통신' 활동은 지극히 역동적이다. 이는 타인들에게 인과력을 발휘한다. 실제로도 통신하는 자는 단지 전달된 바가

28 Platon, *Timaeus* 참조.

타방에게 이해되기만을 기대하면서 통신하는 것이 아니라, 타방으로부터 어떤 반응을 불러내겠다는 암묵적 의도를 가지고 통신하는 것이다.[29] 이미 논한 바와 같이 통신 행위는 일종의 행위, 언어 행위이다.

의사소통 과정은 놀이나 경기에서 동작을 주고받는 것과 유사한 방식으로 진행된다. 경기자는 동작을 전하고, 타방의 반응을 예상하면서 다음 동작을 예비한다. 타방 역시 그 경기자의 그런 예상과 예비를 고려하면서 나름으로 반응하고, 역시 다음 동작을 예비한다. 서로의 반응을 예상하면서 자신의 다음 동작을 준비하는 것을 바둑에서는 수를 읽는다고 한다. 수를 멀리 읽을 수 있는 사람이 바둑에서 승리한다. 의사소통이라는 언어 활동 역시 바둑과 마찬가지로 서로의 동작을 예상하면서 다음 동작을 예비하고, 나아가 멀리 수를 읽으면서 진행된다. 이런 과정에서 언어 주체들의 의식 내용, 행위 방식이나 전략과 기준은 바둑에서와는 비교할 수 없을 정도로 다양하고 끊임없이 변화해간다.

언어 놀이에서 화자와 청자는 서로 언어 행위를 주고받으면서 타방의 의식 내용이나 행위 방식을 변화시키며, 그들 자신의 모습도 변화하고 발전해간다. 의사소통의 교화성 때문에 교육이 가능해지고, 사회적 삶에서 타인과의 대화를 통해 인간의 행위가 정교하고 섬세해지며, 깊이를 갖게 되면서 정신적 차원을 지닐 수 있게 된다. 놀이나 경기를 보라. 놀이의 동작들을 주고받으면서 놀이자들은 놀이의 판을 구축해가며, 동시에 서로의 행위를 조절해 나아가기도 하고, 새로운 역할을 수행해간다. 그리고 새로운 역할을 통해 자신의 정체성을 지속적으로 재규정해간다.

언어는 행위 규정적이고 규제적인 성격이 있다.[30] 그렇기 때문에 통신적 활동을 하면서 화자와 청자는 동시에 서로의 행위를 조절하고 규정한다. 이런 점에서 통신적 활동은 윤리적이고 정치적인 활동이기도 하다. 우리

---

29 언어 활동의 수행적 성격은 J. L. Austin의 언어 행위론에 의해 자세히 논의된 바 있다.

30 한문의 행위 규제적 성격에 관한 논의는 다음 참조: C. Hansen, *A Daoist Theory of Chinese Thought: A Philosophical Interpretation*.

는 언어를 주고받으면서 얼굴의 표정을, 몸짓을, 행동을, 삶의 방식을 섬세하고 정교하고 심층적으로 조각해 나아간다. 놀이가 진행되면서 놀이 동작들이 정교하고 섬세해지고, 복잡한 재미나 의미가 산출되는 것과 마찬가지다. 일상의 삶에서 우리는 언어 행위를 교환하면서, 서로의 행위에 영향을 받으며, 거칠고 물리적인 단계에 머물러 있던 우리의 신체 동작을 섬세하고 정교하게 조탁하여 정서, 정신과 윤리의 차원, 상징성 등을 지닌 인륜적 행위로 변모시켜간다.[31]

성위지합性僞之合, 순자는 인간의 품성 형성에서 인위성의 중요성을 통찰한 사상가이다. 인위적인 것 중 가장 중요하고 기초적인 것은 언어이다. 언어는 거친 화강암과 같은 인간의 자연적 야성을 섬세하고 정교하게 다듬어서 깊이를 지닌 인격체로 만들어낸다. 호손의 『큰 바위 얼굴』 이야기를 생각해보자. 소년의 얼굴을 깊이 있고 단단한 인격체의 얼굴로 조탁한 것은 큰 바위 얼굴의 모습을 지닌 인물을 기다리면서 그 소년이 오랜 동안 품었을 생각들, 열망들, 기대들, 바람들, 한 마디로 수많은 문장들이었다. 소년은 바위와 대화를 하면서, 즉 언어 행위를 주고받으면서, 자신의 얼굴을 조각해간 것이었다. 유가의 수양론은 언어적 활동이 발휘하는 인성 조탁력에 대한 통찰에 기초한 것이다.

의사소통 공간 내에서의 언어 행위들도 놀이 동작과 같은 식으로 진행되면서, 통신 활동은 점점 복잡하고 미묘해지며, 그 공간의 길은 다기적으로 갈래를 치고 나아가며 중층적이고 중첩적인 미로들이 뒤얽혀 있는 미궁이 되어가는 것이다.

> ……우리의 언어는 고대 도시로 볼 수 있다: 작은 길들과 광장, 오래된 집과 새 집들, 여러 다른 시대에 걸쳐 증축된 집들로 구성된 미로: 그리고 이는 곧바르게 정돈된 거리와 균일한 모습의 집들을 지닌 수많은 소도시들로 둘러

31 유가의 禮 개념을 이런 관점에서 이해할 수 있을 것이다.

싸여 있다.[32]

언어의 미로를 헤쳐 나가는 것은 미노타우로스의 미궁을 빠져나오는 것보다 힘들다. 아니 언어의 미궁에서 빠져나오는 것은, 미노타우로스의 미궁에서와는 달리, 사실상 불가능하다. 우리의 언어가 고대 도시의 미로와 같다는 비트겐슈타인의 비유는 우리가 미로에서 벗어나야 한다는 인상을 주는 것으로 여겨질 수 있다. 다음의 구절은 이런 인상을 강화하는 것으로 보인다.

> 철학에서 그대의 목표는 무엇인가? 파리에게 파리통에서 빠져나오는 길을 알려주는 것이다.[33]

철학의 목표는 과연 미로에서, 파리통에서 빠져나오는 길을 찾는 것인가? 미로가 이리저리 얽혀 있는 고대 도시, 또는 빠져나갈 수 없는 파리통은 우리가 긴 역사의 과정에서 구축해왔으며, 그리고 앞으로도 지속적으로 확장해가며 삶을 영위할 우리의 거주지이다. 도시의 미로나 파리통으로부터 빠져나올 길이란 없다. 언어라는 도시의 미로는 오히려 우리 인간 삶의 길, 즉 생각, 정서, 느낌의 흐름을 인도하는 수로이며, 행동을 위한 길이다. 철학자들만이 아니라 일반인들도 파리통에 빠진 파리들이다. 언어의 미로는 파리통이거나, 아리아드네의 실타래가 인도하면 빠져나올 수 있는 미노타우루스의 미궁이 아니라, 인간을 위한 안식처 또는 서식지이다. 우리가 해야 할 일은 파리통이나 미로에서 빠져나오는 것이 아니라, 그곳에서 헤매지 않는 것, 올바른 말의 길을 가는 것이다.

---

32 Wittgenstein, *PI*, 18절.
33 Wittgenstein, *PI*, 309절.

6장

언어의 공시성

1. 공시성의 기초성

주체적 분석과 객체적 분석

우리는 위에서 현대 철학은 언어에 대한 새로운 견해를 통해 혁명적 전기를 맞고 있다고 언명한 바 있다. 철학적 사고법의 전환을 요구하는 언어의 고유한 특색은 무엇이며, 그것이 우리의 삶과 사고와 맺는 관계는 무엇인가? 특히 5장에서 논의한 바, 인간 삶에 대한 언어의 다양한 영향력을 가능하게 하는 언어의 특색은 무엇인가? 먼저 20세기 언어학의 혁명을 가져온 소쉬르의 이야기를 들어보자.

언어는 시간적 측면과 공간적 측면, 즉 통시성과 공시성을 갖는데, 소쉬르에 따르면 후자가 절대적으로 중요하며 더 기초적이다. 공시성은 언어를 언어이게 하는 측면이기 때문이다. 언어의 통시성도 언어의 공시성을 전제로 해야 의미 있게 논할 수 있다. 대략 통시성은 변화하는 측면, 공시성은 불변하는 항상적 측면을 이른다. 공시성과 통시성의 관계는 언어학에서 다음 두 종류의 분석, 즉 주체적 분석과, 객체적[1] 또는 역사적 분석과 연관이 있다.[2] 전자는 구체적이고 특수적인 언어 활동 과정에서 진행되는 분석으로, 언어에 대한 화자 자신의 논리와 인식에 기초하여 이루어지는 자발적이고 주체적인 분석이다. 이와 대조적으로 객체적이거나 역사적인 분석은 언어의 발전 과정을 통시적으로 분석한다. 이 후자의 분석에서는 구체적이고 특수적 언어의 사실, 즉 언어 상태 속에서 이루어지는 화자들의 구체적 언어 활동은 무시된다. 이 분석은 역사 언어학자들에 의해 제3의 관찰자의 입장에서 이루어지는 분석이다.

소쉬르는 다음의 프랑스어 어휘 세 개를 예로 들고 있다: entier, enfant, enceinte. 객체적 분석은 어휘들의 역사적 변화 과정을 분석하여 이 세 개의 어휘들에서 공통적인 접두사인 'en-'을 집어낸다. 하지만 실제 언어 생활 속에서 구체적인 화자들이 행하는 주체적 분석에서는 이 접두사가 무시되고, 또 무시되어야 한다.[3] 주체적 분석이 어휘들의 중요 구성 요소를 무시한다고 해서 그 분석이 부당한 것은 결코 아니다. 오히려 주체적 분석은 구체적 언어 상황들에서 이루어지는 분석이므로 정당할 뿐만 아니라, 이 분석이 객체적 분석보다 구체적인 언어 사실을 더 올바로 반영한다. 실제의 언어 생활에서 중요한 것은 객체적 분석보다는 화자의 주체적 분석이다. 언어를 만들어내는 것은 역사적 언어학자들이라기보다는 구체적 화자들이기 때문이다. "역사적(객체적) 분석은 단지 주체적 분석의 변형된 형태일 뿐이다."[4]

---

1 이들의 원어는 각각 subjective, objective인데, 이들의 의미는 각각 '주관적', '객관적'이라기보다는 '주체적', '객체적(또는 대상적)'이라는 의미로 이해된다.

2 Saussure, *Course*, p.183.

3 전체를 의미하는 프랑스어 entier는 라틴어의 in-teger(영어의 in-tact)에서 유래하며, 어린이를 의미하는 프랑스어 enfant은 라틴어의 in-fans(영어의 one who does not speak)에서, 그리고 임신을 의미하는 프랑스어 enceinte는 라틴어의 in-cincta(영어의 without a girdle)에서 유래한다.

4 Saussure, 위의 책, p.183.

공시성이 통시성보다 기초적인 이유는 무엇인가? 객체적 분석은 언어의 통시성에 주목하여, 오랜 시간에 걸친 언어의 변화 과정을 연구 대상으로 한다. 이에 반해 화자의 주체적 분석은 실제 언어 활동의 기초가 되는 분석이다. 이런 분석을 통해 화자들이 실제 어휘들을 쓰면서 발화에서 주로 고려하는 바, 사용 어휘들과 다른 어휘들과의 관계가 드러난다. 언어 사용자의 관점에서 보면 한 어휘의 역사보다는 현재의 언어 상태에서 그 어휘가 다른 어휘들과 맺은 관계가 중요하다. 역사 언어학자의 객체적 분석은 각 시대에 이미 이루어진 구분들을 현재의 관점에서 종합하려는 시도인데, 이런 분석은 기점이나 준거가 있어야 한다. 이런 분석의 기점이자 준거가 되는 것은 바로 현재의 공시적 언어 상태에서 언어 요소들의 모습들이다. 주체적 분석에 의해 이루어지는 언어 활동과 언어 상태가 전제되어 있지 않고는 객체적 분석도 불가능하다.

한 어휘의 접두사는 역사적 진화 과정에서 볼 때는, 그 접두사가 붙어 있는 어간과 구분될 수 있으며, 이렇게 분석하고 구분할 때 한 어휘는 여러 요소들로 환원될 수 있을 것이다. 그러나 실제 언어 사용의 상황에서 화자나 청자는 그 어휘를 접두사와 어간으로 분석하여 사용하거나 듣는 것이 아니라, 하나의 통합적인 전체로서 사용하고 청취한다. 그래야만 언어 활동이 가능해지기 때문이다. 그 언어 요소를 접두사로 하는 어휘는 실제의 언어 상황에서는 총체적인 하나로서 단일한 의미를 지닌 어휘이다. 플라톤의 어휘를 빌리면, 하나의 모습을 지닌 것monoeides이다. 한 어휘에서 어휘의 기표적 측면은 분석·환원되지만, 기의적 측면, 즉 의미는 여러 부분적 요소들로 환원되지 않는다. 의미는 항상 총체적이다. 일상적 삶에서 언어를 사용하는 자에게는 그가 사용하는 **어휘의 현재만이 중요하고, 그는 그것만을 고려한다**.

다시 앞의 예로 돌아가보자. 앞에서 살펴본 프랑스어 어휘 'entier', 'enfant', 'enceinte'는 의미상 전혀 상관없어 보인다. 하지만 이들 어휘의 어원을 추적해보면, 각각 라틴어의 'in-teger', 'in-fans', 'in-cincta'에서 유래한다. 이들의 어원을 준거로 세 어휘들에서 핵심적 공통 요소인 접두사 'in-' [en-]을 집어낼 수 있으며, 의미 형성 과정에서 부정의 뜻이 개입되었다는 것을 알 수 있다. 'entier'는 원래 '손대지 않은[in-tact]', 'enfant'은 '말 못 하는[one who does not speak]', 'enceinte'는 '거들을 착용하지 않은[without a girdle]'을 의미했다. 그러나 이들 어휘에서 핵심적 일부이었던 부정 접두사들은 현재의 구체적인 언어 생활 속에서는 전혀 인지되지 않을 뿐 아니라, 설사 화자들이 이를 인지하고 있다 하더라도 염두에 두지 말아야 한다. 이를 염두에 둔다면 오히려 그들 어휘를 일상 언어 생활에서 사용하는 데 걸림돌이 된다. 가령 'enceinte[임신]'라는 어휘를 사용하면서 '무엇이 없다'는 의미 내용을 전달해야 한다는 생각에 사로잡히면, 자기 모순을 떨칠 수 없을 것이며 의사소통에 실패할 것이다. 언어의 사용 주체들이 염두에 두어야 하는 것은 현재의 언어 상태에서 이들과 의미에서 대조적인 'partie[부분]', 'adulte[성인]', 'stérilité[불임]' 등의 프랑스어 어휘들과의 차이, 또는 위의 프랑스어 어휘들에 대응하는 다른 언어권, 가령 영어의 whole, child, pregnant 등과의 공시적 관계들이다. 그리고 이런 관계에서 그 언어 요소를 접두사로 하는 어휘는 전체로서 환원이 불가한, **질적으로 단일한 하나의 어휘**이다.

자연 언어를 사용하는 자에게는 그가 사용하는 언어의 현재만이 중요하고 그것만이 고려되어야 한다. 'entier'나 'enfant'에서 접두사 'en-'은 'entier'나 'enfant'에서 분리 불가하며, 이 두 어휘 'entier'과 'enfant'은 각각 그 전체로서 분석과 환원이 불가한 하나의 총체적 의미를 지닌 어휘이다. 언어 사용자들이 자신이 사용하는 어휘들이 어떤 식으로 형성되었는가에 관심을 가지게 되면 실제의 언어 활동에 참여할 수 없는데, 그 이유는 마치 놀이에서 놀이자들이 다른 놀이자의 과거에 관심을 두게 되면 효과적으로 놀이를 할 수 없는 것과 마찬가지다.

자연 언어 사용자와 달리, 객체적 분석을 행하는 언어학자는 실제의 언어 활동에 대해서는 **국외자이다**. 실제의 언어 사용자들과는 달리 그들은 구체적인 언어 활동의 장 밖에 서 있기 때문이다. 그들은 언어 활동과 그 활동에서의 요소들을 대상화하여 객체적인 거리를 취하고서야 언어의 과거를 분석할 수 있는 것이다. 어떤 어휘를 사용하는 자는 그 어휘의 현재에 몰두하고 과거에 무관심해야 하지만, 역으로 과거 분석자는 그 어휘의 현재를 망각하고 역사적 과정에만 관심을 쏟아야 한다. 객체적 분석을 행하는 사람은 그 언어의 공시적 공간 밖에 서 있다.

집과 놀이의 비유

소쉬르는 어휘를 집에 비유한다. 한 집의 거주자는 그곳에 오랫동안 살아오면서 집을 구성하는 방들 각각의 용도를 여러 차례 달리 해왔을 수 있다. 그 집에 대한 객체적 분석은, 말하자면 계기적으로 변화해온 방들의 용도 변화와 배치 상태를 종합하고 도식화하려는 주거문화 연구가의 작업과 같다. 객체적 분석은 주거자의 관심사가 아니다. 그 집에서 실제 사는 사람에게 중요한 것은 현재의 집 상태, 즉 방들의 용도와 배치 상태이다. 그가 집에 살면서 고려하는 것은, 그가 살고 있는 현재 시점에서 각 방들의 용도와 방들 간의 관계일 뿐, 과거나 앞으로의 배치 상태는 거의 관심 밖이다. 일상의 구체적 언어 생활에서 화자가 주목해야 할 것 또한 그가 사용하는 어휘들의 어원이나 과거가 아니라, 그가 발화하는 문장 속에서 그 어휘들이 지니는 역할과 의미, 다른 어휘들과의 관계 등이다.

아마도 집의 경우보다 더 적절한 비유는 놀이일 것이다. 주거문화에서는 방의 과거사가 현재의 역할과 용도 결정에 어느 정도 영향을 미치며, 거주자가 그를 적극 감안하는 경우가 많기 때문이다. 가령 사랑하던 사람의 체취가 남아 있는 방을 창고로 사용하거나, 화장실로 쓰던 곳을 부엌으로 쓰는 경우는 드물다. 사람들은 대체적으로 방의 과거 모습을 감안하여 현재적 용도를 결정하려 한다.

놀이는 공시성의 기초성을 보여줄 뿐 아니라, 통시성과 공시성의 배타적 관계를 극명하게 드러내어준다. 가령, 바둑놀이는 오랜 역사를 거쳐 왔으며, 바둑 기사들 역시 각각의 인생사를 겪은 사람들일 것이다. 그러나 바둑을 둘 때, 바둑의 역사나 바둑 기사들의 개인사는 놀이 자체의 운영과는 아무 상관이 없다. 기사들이 그런 것에 관심을 갖게 된다면 바둑을 제대로 둘 수 없을 것이다. 바둑 두기는 바둑의 통시적 과거와는 철저하게 단절한 채, 오직 반상 위에서 바둑돌들 간의 상호 관계나 움직임에만 관심을 두어야 이루어질 수 있다.

언어 공간은 놀이 공간과 같이 폐쇄적인 공간이다. 이는 내적으로는 동질적이고 등위적인 좌표대와 같은 것이며, 외부의 이질적인 요소들을 철저히 배제하는 배타적인 영역이다. 운동 경기장에서 선수들은 같이 뛰는 선수들의 배치 상태, 이 상태 속에서 이들의 역동적인 동작 등에만 관심을 기울인다. 그가 상대방의 개인적 요소, 친소 관계, 과거사 등에 호기심을 보이면 경기 진행이 엉클어지고 말 것이다. 경기자는 철저히 경기의 논리와 규칙에 따라야 한다. 언어 활동을 하는 경우도 화자들은 언어의 장이나 언어 공간에 몰입하고 서로가 사용하는 어휘들이나 문맥의 의미에만 유념해야 한다. 그들이 어휘의 어원, 화자의 음조, 등에 신경을 분산시킨다면, 화자의 의도를 제대로 파악할 수 없을 것이다. 혹자는 화용론에서 그런 요소들은 고려의 대상이 된다고 논할 수 있으나, 이들 역시 언어적으로 규정되는 범위에서만 의미를 지닌다는 점에서, 이들은 공시적 언어 공간 밖의 요소가 아니다.

2. 언어의 진화와 자연종의 진화

자연종 분류에서 배타적 공시성과 인식자의 관점

언어의 공시성과 통시성 간의 대비적 관계를 좀더 분명히 하기 위해서 우리는 언어의 체계를 자연종의 체계와 비교할 수 있다. 자연종들이 자연 진화의 소산이듯이, 언어 요소들은 언어 진화의 결과이다. 양자는 유사한 논리에 따라 지배된다.

진화론에 따라 인간의 진화 과정을 역추적해보면, 인간은 물고기와 긴밀한 관계를 맺고 있다. 물고기는 인간의 과거였다. 하지만 생태계 안에서 인간의 위치나 현재 모습을 결정하는 것은 그런 과거적 사실이 아니라, 현재 자연종 체계 내에서 다른 종들과의 차이와 관계이다. 인간이 한때 물고기의 단계를 밟았다는 사실은 진화 과정을 구축하려는 진화생물학자들에게는 중요한 사실일 것이다. 하지만 인간다운 삶의 영위를 위해 인간이 자신 모습을 파악하고자 한다면, 자신을 현재 생태계에서 다른 생물종들과 비교 · 분석하고 차이를 드러내는 일이 필수적이다. 나아가 인간을 의학적, 심리적, 정치적, 사회적, 정신적으로 분석하려 할 때, 그런 통시적인 사실은 오히려 인간의 실체 파악에 방해가 될 뿐이다.

같은 논리로 언어 요소들은 통시적 과정을 거쳐 등장한 것이지만, 한 언어 요소의 현재적 의미를 결정하는 것은 현재의 언어 상태 또는 그와 동시에 존재하고 사용되는 다른 언어 요소들과의 관계이다. 어휘 의미의 공시성은 전통적인 의미론에 대한 또 하나의 반론을 제공할 것이다. 전통적으로 철학자들은 기초적인 어휘들은 사물들과의 관계에서 그 의미를 취득한다고 믿어왔다(지칭의미론 또는 의미인과론). 가령 창세기 에덴동산의 피조물이 있어서, 그 사물을 지칭하고 기술하기 위해 어휘들이 고안되었다는 것이다. 구약에 따르면 아담이 사과를 지칭하기 위해 '사과'라는 어휘를 고안했다는 것이다.

이미 논한 바와 같이, '최초의 지칭 대상'이나 '원인적 대상'과 같은 것은 존재하지 않는다. 그런 것이 존재한다고 하더라도, 한 어휘의 현재적 의미는 그 대상과 아무 상관이 없다. 인과적 관계나 지칭적 관계는 모호할 뿐 아니라, 위에서 논한 바와 같이 언어 기호는 외계에 대해 자의적이기 때문이다. 뿐만 아니라 사물도, 어휘도 영원한 것이 아니라 시간적인 존재로서 변화의 과정을 겪는다. 어휘들의 실제 사용에서는 그런 통시적인 역사는 망각되고, 오직 공시적 공간 속에서 타자와의 관계, 구조만이 언어 요소들의 의미와 역할, 위치를 결정한다.

진화의 통시적 과정은 현재 자연종들의 공시적인 체계를 전제로 구성된다. 공시적 체계가 통시적 분석의 기초이듯이, 자연종 체계가 진화 과정을 구축하기 위한 기초이다. 진화론은 현재 자연종의 체계를 기준으로 한다. 현재 상태에서 존재하고 그려지는 전체 자연 체계 내에서 자연종들의 구분과 분류에 따라 자연종들의 체계가 정립되어 있지 않으면, 그 과거 진화사 구축의 기준이 되는 자연종의 존재나 모습 자체가 확립되지 않기 때문이다.

그런데 자연종들의 모습은 어떻게 결정되는가? 그것은 현재의 공시성의 공간 안에서 타자와의 관계에 의해서 결정되는데, 그 관계는 인식자의 관점에 따라 달라진다. 생물학적 공시성의 공간에 해당하는 것은 자연종의 체계이다. 자연종들은 진화 과정을 거쳐 등장하기는 하지만, 자연종의 과거사나 진화 과정은 이들 자연종의 현재적 모습에 핵심적인 기여를 하지 않는다. 진화의 개념조차 없었던 고대 · 중세 시대에도, 또 동양 문화권에서도 자연관이 형성되어 있었고, 자연의 분류 체계가 정립되어 있었다. 아리스토텔레스적인 자연 체계, 동양적인 자연 체계, 심지어 토테미즘 시대의 자연 체계를 논할 수 있으며, 이들 각각의 체계 내에서 자연종들의 분류 방식과 각 자연종들의 모습은 다르다. 각각의 분류 체계와 그 안에서의 각 자연종들의 모습은 그 시대와 문화가 정립한 **인식자의 관점**에 의거한다.

동양의 한의학은 식물의 세계를 서양과는 전혀 다른 식으로 분류한다. 가령 약용이냐 아니냐가 한 중요한 기준이 될 것이다. 한국인들은 들판의 잡초를 고유한 방식으로 분류하는데, 그 분류에서 나물의 개념이 중요한 자리를 차지한다. 토템적 삶을 사는 원시 부족들은 예상과는 달리 현재 식물 분류학자들보다 훨씬 더 섬세하게 숲의 식물들에 대한 분류 체계를 정럽하고 있다고 한다.[5] 이런 분류 체계와 그 속에서 자연종들의 모습이 그려지는 데는 분류자들의 인식적 관심이나 관점, 체계 안에서 종들 상호간의 관계가 중요할 것이다.

종의 기원은 없다

진화론을 이해하는 데 주의할 점이 있다: 진화론적 탐구가 추적해 드러낸 진화 계열 내의 항들 사이에는 아무 내적 관계도 없다. 우리는 현재의 한 자연종을 결과하기까지 진화적 과정에 등장하는 종들의 계열을 접하게 되면, 그들 사이에는 어떤 내적인 관계, 가령 가능태와 현실태, 또는 원인과 결과 등의 관계 등이 있다는 믿음을 갖기 쉽다. 그 계열들이 연속적인 긴 과정을 거치면서 엮어져 그 자연종을 결과했다는 생각에서이다. 하지만 진화론이 전해주는 중요한 메시지는 이 진화 계열상의 여러 자연종 사이에는 단지 우연적 관계만이 있다는 지적이다.

진화론에 따르면, 현재 존재하는 수많은 자연종들은 태초부터 존재해온 것이 아니라, 다른 종에서 진화한 결과이다. 가령 새는 새와는 다른 것에서 진화했으며, 이런 진화에서 결정적인 역할을 하는 것은 종이나 유전자 자체의 특징이 아니라 환경의 선택이다. 종의 생존 여부가 환경의 선택에 달려 있다는 말은 진화 과정이 필연적이거나 인과적이라기보다는 상황적이고 우연적이라는 뜻이다. 진화에서는 돌연변이와 상황의 선택이 주요 원리이다. 그래서 역설적이지만, 'x가 y로부터 진화했다'는 말은 'x와 y는 **서로 아무 상관이 없다**'는 말과 같다. 가령, 새와 새의 진화론적 시원, 가령 현재의 새의 모습과 중생대에 존재했었을 법한 새의 과거 모습과는 아무 상관이 없다는 것이다. 그리고 이런 무관성이 오히려 진화의 추동력이 될 수 있었다. 진화의 원리는 **우연성과 상황성**이기에 위의 역설이 성립

---

5 Lévi-Strauss, *The Savage Mind*, 2장.

하는 것이다.

새의 기원으로 제시되는 생명체는 환경이 달리 선택하였다면 다른 자연종이 될 수도 있었을 것이다. 그러하기에 새의 시원은 오직 우연적으로만 새의 시원이다. 그렇다면 **시원이란 없다. 그 무엇이라도 현재에서만 존재한다**.

그러면 이른바 '새의 기원'에서 현재의 새까지 그 진화 계열은 어떤 원리에 의해 구축되는가? 그들 사이에 어떤 연관성이 있어야 하나의 연속적인 계열이 구축될 수 있을 터인데, 그 계열을 구축하는 원리는 무엇인가? 그것은 바로 그를 기술하는 인식자의 현재적 관점이다. 진화 계열은 현재 새의 모습을 기준으로 하여 유비적 관계를 역으로 추적하여 구축한 것이다. **통시적 진화 계열의 구축은 공시성이 기초적 원리가 되어 이루어진다**. 가령 공룡을 진화 과정의 어느 지점에 등장한 새의 조상이라고 가정해보자. 진화론에 따르면 공룡 유전자에 변이들이 생겨 이들 중 어느 것이 자연 도태, 환경의 선택, 적자생존의 과정을 거쳐 진화적 우연에 따라 새가 된 것이다. 그런데 공룡이 익룡으로, 다시 조류로 진화할지의 여부는 어떤 돌연변이가 등장할지, 그들 중 어떤 것이 기존 자연 환경의 적자가 될지, 환경이 어떤 변이를 선택할지 등과 같이, 기존 자연종의 관점에서는 지극히 우연적인 요인들에 의해 결정된다. 공룡이 새가 된 것은 전적으로 자연의 우연에 힘입은 것이다. 새로 등장한 공룡 유전자의 변이는 상황에 따라서는 새로 진화해가는 중간 과정에서 소멸했었을 수도, 그리고 전혀 다른 것으로 진화되었을 수도 있다. 공룡이 새가 된 것이 우연의 결과라고 한다면, 새는 공룡이 진화한 결과라고 기술하는 것은 오도적이다. 그런 식의 기술은 공룡 속에 새의 가능성이 있었고, 이 가능성이 자연 조건에 의해 개현된 것이라는 의미로 오해될 수도 있기 때문이다.

그러면 왜 공룡을 새의 조상이라고 하는가? 현재 자연종의 체계에서 조류의 차별적인 특징을 추출해내고, 조류의 이 모습을 기준으로 화석적 증거들을 시대 별로 배열한 다음, 현재 조류의 모습과 유사한 것들을 유비적으로 역추적한 결과 공룡이 그 계열에 있었기 때문에, 공룡을 새의 조상이라 하는 것이다. 이런 진화론적 추적에서 핵심은 현재의 분류 체계, 그 안에서 조류가 갖는 다른 종들과의 차별적인 특징, 그리고 이들과 화석들 간의 유사성의 관계이다. 즉, 가장 중요한 준거는 일정한 관점에서 이루어진 현재의 분류 체계, 그리고 이를 기준으로 한 유비적 관계이다. 그러므로 공룡을 새의 가능성이요, 조상이라 할 수 있는 핵심적 논거는 현재의 관점이다. 통시적 과거사에서 공룡이 조류로 진화하게 된 것은 우연일 뿐이고, 오직 현재적이고 결과적인 관점에서만 공룡과 새가 연결될 수 있다. 진화의 계열은 현재의 공시적 자연 질서를 과거에 투영해서, 현재의 질서를 척도로 구축한 것이다.

자연 과정 그 자체는 우연의 연속이며, 일종의 흐름일 것이다. 엄밀히 말해서, 이 과정 자체 내에는 돌연변이니, 도태니, 적자니, 생존이니 하는 현상도 없다. 이런 개념들이나 이 개념들에 의해 포촉된다고 여겨지는 현상은 현재 그리고 인간종의 관점에서 형성된 것들이다.

진화론적 탐구를 포함한 모든 학적 과정들은 흐름에서 질서를, 우연적인 것에서 필연적이거나 인과적인 관계를 구축해내는 과정이다. 자연 그 자체가 특정의 종을 진화시키거나 등장시키기 위해 그렇게 진행되어왔던 것은 아니다. 그럼에도 진화론자들은 자연이 마치 현재 자연계를 구성하고 있는 자연종들을 만들어내기 위해 진화 과정을 진행한 것처럼 자연사를 구축하고 기술한다. 학적 구축의 과정에서 핵심적인 매개체는 **측정의 이념과 역으로 진행하는 유비적 추론이다**. 진화론적 탐구는 현재를 측정 단위로 해서 역으로 재어가는 작업이다. 일반적으로 학적 탐구라는 것은 자연의 모습이나 과정 자체를 드러내거나 발견하는 작업[6]이라기보다는, 인간이라는 인식자의 관점을 좌표대의 중심으로 하는, 모든 측정과 탐구의 기준점으로 하는 전형적인 유비적 사고의 과정이다. 역사언어학과 언

---

6 이는 원리적으로 불가능하다.

어 진화에 대해서도 똑같이 말할 수 있다.

우리는 공시성과 통시성, 주체적 분석과 객체적 분석 간의 관계를 더 일반화할 수 있다: 시간의 의식이나 시간에 대한 기술은 공시적인 언어를 전제로 해서만 가능하다.[7] 그래서 현재 어휘들의 의미를 '환원'하여 그 '원초적 의미'를 드러내려는 시도는 애초부터 잘못된 가정을 전제하고 있다. '의미의 기원'이란 없다. 어휘의 '환원적 의미', 기초적인 어휘, '논리적 고유명사' 역시 같은 이유에서 없다.

소쉬르는 통시적 분석을 '역사적 분석'이자 '객관적 분석'이라 규정하기도 했으나, 정확히 말해서, 이는 실제의 역사 과정에 대한 분석도 아니고, 객관적 분석도 아니다. 그것을 역사적 분석이라 할 수 있다면, 현재적 관점에서 바라본 과거에 대한 분석이라는 점에서 역사적 분석이 된다. 마찬가지로 그것이 객관적 분석이라 할 수 있다면, 언어형성 과정을 그 과정 밖에 서서 국외자로서 행한 분석이라는 점에서 그러하다. '객관적' 분석은 주체적 분석에 기초한다. 언어 상태, 언어의 현재적 관점에서 보면 주체적 분석이 언어 활동 자체의 모습이나 기능에 충실하다는 점에서 오히려 객관적이라 할 수 있는 측면이 있다.

3. 공시성의 이유

언어 요소의 무한성과 상호 의존성

언어의 공시성은 인간 삶의 다양하고 고유한 특색들을 가능하게 한다. 인간적 삶의 여러 특성들, 즉 보편성, 객관성, 불변성, 항구성 등에 대한

7 여기서 우리는 시간의 본질은 지속이라는 베르그손의 오류를 발견할 수 있을 것이다. 흐르는 것으로서의 시간은 인식되지도, 인지되지도 않고, 그런 고로 체험의 대상도 아니다.

의식, 기하학적 공간, 실재계의 개념, 학문적 진리의 지평 등은 모두 언어의 공시성을 기초로 형성된 것이다. 동물들이 이런 특성을 누리지 못하는 이유는 그들의 통신 매체가 공시성을 결여하기 때문이다. 동물들의 통신 매체인 페로몬이나 벌춤, 포효, 새소리 등에는 공시적 성격이 거의 없거나 지극히 미약하다. 동물들의 통신적 관계는 거의 자극-반응의 인과적 관계에 머무는 것이기에, 시간의 흐름이나 공간적 거리에 의해 심중한 영향을 받는다. 동물들의 통신 매체는 시간의 흐름에 따라 변하므로, 개미가 오늘 분비한 페로몬은 내일이면 원래의 메시지를 전하지 못한다.

공시성共時性이란 말 그대로 시간을 공유함, 같은 시간 속에 있음을 의미한다. 인간의 언어는 어떻게 시간의 흐름을 정지시키고 공시성의 공간을 구축할 수 있는가? 언어가 공시성을 핵심적 특징으로 하는 이유, 공시성과 통시성을 동시에 취할 수 없는 이유는 무엇인가? 공시성은 인간 언어에서 특유한 것이며 여기에 언어의 신비가 숨어 있다.

공시성에 대한 소쉬르의 설명을 들어보자. 그에 따르면,[8] 언어 기호들의 체계는 가치의 체계이다. 언어 체계는 그 어느 가치 체계들보다 구성 요소들의 수가 많으면서 다양하다. 이런 다수성과 다양성은 언어 기호의 가치들이, 즉 언어 기호의 정체성이 엄격히 상호의존적 관계에서 결정되게 한다는 것이다. 우리는 일상의 언어 생활에서 무수히 많은 어휘들을 사용하며, 원리적으로도 무한히 많은 문장들을 구성할 수 있다. 우리가 동원할 수 있는 음소들의 수는 극히 제한적이지만, 이들을 엮어 만들어낼 수 있는 기초적 어휘들, 이들 어휘들을 조합하여 만들 수 있는 복합 어휘들, 그리고 이들을 연결하여 구성할 수 있는 문장들의 수는 무제한적이다. 지구상에서 사용되어 왔고, 사용되고 있는 무수히 많은 종류의 자연 언어들이나 그 각각의 자연 언어들이 보유하고 있는 어휘들의 수를 생각해보라. 역사적으로 6,000여 개의 자연 언어가 있어 왔다고 하는데, 이들 각각은 저마

8 Saussure, *Course*, p.81.

다 수만에서 수십만의 어휘를 갖고 있을 것이다.[9] 나아가 이 어휘들을 결합하여 만들 수 있는 문장들의 수까지 헤아려본다면 거의 천문학적인 숫자가 나온다. 마치 갠지스 강가의 모래알 하나하나에 갠지스 강이 들어 있다고 할 때 추정되는 모래알 수에나 비유할 수 있을 것이다.[10]

어휘와 문장들의 이런 무한성 때문에 언어 기호들이 외계와 관계하여 정체성을 확보한다는 것은 불가능하다. 인간의 경험은 유한하므로, 외계에 대한 경험에 의존하는 한, 그 무한한 기호들이 정체성을 확보할 수 있는 길은 없다. 그래서 혹자는 이들 중에서 이른바 기초적인 어휘들을, 가령 논리적 고유 명사를 환원적으로 분리해내어, 이들에서 세계와의 접촉점을 찾는 토대주의적 전략을 취하는 것인데, 이 역시 논리적인 문제점이 있음은 앞서 지적한 바 있다. 심적 술어의 경우를 생각해보자. 사적 경험이 이들의 의미근거가 될 수 없음은 원리적이며,[11] 그렇다고 이들이 공적 경험에 의해 의미를 취득하지 않음도 분명하다. 소쉬르 역시 자의성 원리를 통해 토대주의의 가능성을 차단한 바 있다. 언어 기호는 언어 밖 세계 내의 그 어느 것과도 연관성을 갖지 않는다.[12]

남은 유일한 방법은, 언어 기호의 정체성을 외부와의 관계에서가 아니라, 자신과 동류의 기호들에 의해 구축된 자율적 체계 또는 공간에서 확보하는 것이다. 자율적 공간 속에서 타자와의 차이 그 자체가 바로 그 어휘의 의미가 된다. '시원하다', '시원섭섭하다', '서늘하다', '싸늘하다' 등의 어휘를 생각해보라. 가령 '서늘하다'라는 형용사의 의미는 외부 대기의 일정한 온도나 일정한 상태의 촉감이라기보다는 '시원하다'나 '싸늘하

---

9 *Atlas of the World's Languages*(Mosley & Asher, 1994)는 6796개, *International Encyclopedia of Linguistics*(Bright, 1992)는 6604개의 언어가 있다고 한다(이들 숫자는 사어 300개를 포함한 것이다). D. Crystal, *The Cambridge Encyclopedia of Language*, 1997, pp.286–7 역시 참조.

10 『금강경』에 나오는 비유이다.

11 Wittgenstein이 개진한 사적 언어 불가능성의 논변이 함의하는 바이다.

12 Saussure, *Course*, pp.69–73.

다'와의 차이에 의해 형성된다.[13] 이런 방식에 따를 때, 언어 기호의 의미는 동류의 기호들과의 관계에 의해 규정되기 때문에, 원리적으로 기호의 수가 무한하더라도 의미를 분별해내는 데 아무 장애가 없다. 오히려 자신을 차별화할 수 있는 다른 언어 요소들이 많으면 많을수록, 의미의 명료성은 더욱 뚜렷해진다.

통신 공간의 동질성과 관점의 필수성

공시적 공간은 통신 관계를 위한 선결 조건이다. 통신을 위해서는 통신 내용이 있어야 하며, 이를 위해서는 공시적 공간이 형성되어 있어야 하기 때문이다. 모든 것이 흘러가고 변화하는 중에는 통신 관계란 논리적으로 불가능하다. 통신이 이루어지려면 외계 흐름이 정지되고, 나아가 그 정지된 지평에서 관계자들이 근원적인 면에서 동질적인 지위를 이루어야 한다. 모든 면에서 이질적인 존재자들이나 주변적인 어떤 측면에 한해서만 동질적인 존재자들 간에는 소통적 관계가 맺어질 수 없다. 루소의 말대로,[14] 공동체는 논리적으로 평등하다. 또는 동질적이다.

통신 관계는 공시적인 관계를 맺을 수 있는 존재자들 사이에서만, 즉 현재 동시에 존재하는 관계자 사이에서만 가능하다. 이미 사라져버린 과거의 존재자나, 아직 오지 않은 미래의 존재자와는 통신할 수 없다. 현재하지 않는 시간에 속한 것들과 대화할 수 있다면, 그것은 오로지 언어를 사용해 과거와 미래를 기억하고 예기함으로써 현재화하는 경우에만 가능하다.

소통되기 위해서는 발화된 음성의 정체성이 확인되어야 한다. 동물들의 통신 매체는 그 자체로서 인과적 힘이나 메시지를 담고 있어 동류의 타자에게 즉각 인지되고 반응을 유발한다. 동물들의 통신관계는 자연적 인과

---

13 Saussure, *Course*, p.117.

14 J.-J. Rousseau, *On the Social Contract with Geneva Manuscript & Political Economy*, ed. by R. D. Masters, St. Martin's Press, 1978.

관계의 일부이다. 우리는 앞에서 인간의 통신 매체는 외계에 대해 자의적임을 논한 바 있다. 언어 기호는 세계에 대한 인식을 담고 있지 않다. 언어 기호는 불확실한 매체이며 고독하고 절연적인 매체이다. 그러므로 인간의 언어 기호는 동물의 매체와는 다른 방식으로 자신의 메시지를 형성하고 전달하여야 한다. 위에서 우리는 언어, 즉 언어 기호의 의미는 다른 기호들과의 차이를 통해서 형성된다고 지적한 바 있다. 그런데 언어 기호들 간의 차이는 어떻게 드러나는가?

이 질문에 대한 답이 공시성이 형성되는 두 번째 이유와 연관이 있다. 화자가 발화한 발언들의 의미나 정체성을 확정할 수 있으려면, 청자는 한편으로는 발언들 간의 관계나 패턴, 발언을 구성하는 요소들 간의 차이와 관계 등에 유념해야 하지만, 다른 한편으로 그 발언을 구성하는 어휘 등이 거쳐 온 시간적 내력은 철저히 무시해야 한다. 중요한 것은 발화된 발언들이나 그와 관계된 발언들, 발언들을 구성하는 요소들이 변하지 않는다고 간주해야 한다는 점이다. 그래야만 이해되어야 할 발언과 다른 발언들 간의 관계나 차이, 이들이 이루고 있는 패턴 등이 비로소 드러날 수 있다. 언어 요소들 간의 관계와 차이를 드러내기 위해서 불변성의 공간을 상정하는 것은 필수적이다. 이런 불변의 차원을 언어 상태, 언어 공간이라 할 수 있다. 그리고 이런 불변적 공간은 고정적인 시점을 상정해야 구축된다.[15]

한반도의 척추에 해당하는 백두대간은 오랜 지질학적인 시간을 거치면서 융기되었으며, 대간 종주는 수개월에 걸쳐 이루어진다. 하지만 대간의 흐름을 전망하기 위해서는 대간상의 수많은 봉우리들 중 하나의 봉우리를 절대적 시점으로 상정한 후, 그 위에 올라서 바라보아야 한다. 백두대간의 형성 과정에 대한 지질학적인 지식은 대간의 흐름을 파악하는 데 별 도움이 되지 않으며, 백두대간의 능선을 종주하는 과정에서는 대간의 흐름 전체를 전망할 수 없다. 물론 대간을 구성하는 봉우리들과 능선의 관계도 정

15 고정적인 시점이나 인식자의 관점에 관해서는 5부에서 논의할 것이다.

확히 파악할 수 없을 것이다. 나아가 모든 봉우리에서 바라본 전망을 합친 그런 파노라마도 존재하지 않는다.[16] 산 전체에 대한 전망은 **항상 한 곳에서의 전망이다**. 일정한 한 봉우리에 서서 산 전체를 조망하면 봉우리들, 능선들의 윤곽, 봉우리들 간의 높이 차이, 봉우리와 능선을 연결하는 선의 흐름들이 드러나고, 모든 여타의 부차적 차이들은 사라져버린다.

같은 논리로 언어 기호들의 모습을 드러내기 위해서는 현재의 관점에서 기호들 전체를 조망해야 한다. 그렇게 하면 기호들 각각의 다양한 2차적 특성들(어조, 음색, 발화의 상황, 화자의 모습 등)은 배경으로 물러서고, 다른 기호와의 차이와 관계 양상만이 전면에 드러나게 된다. 어휘나 문장의 과거, 어휘를 발화할 때의 어조나 상황 등, 통시적 요소들 역시 자연스레 뒤로 숨어 버린다. 바로 이런 이유에서 의미 영역과 단서 영역이 구분될 수 있으며, 배타적 공시성이 가능해지는 것이다.

관점의 정립은 언어학을 포함한 모든 학문에 필수적인 조건이다. 학문의 관점뿐만 아니라, 일상적인 의사소통 과정에서도 화자와 청자는 자신들이 사용하는 어휘나 문장들의 과거, 이를 구성하는 기호들의 과거에 대한 관심을 철저히 단절하고서야 타방과 의사소통을 할 수 있다. 위에서 말한 바와 같이 화자의 입장에서 이루어지는 분석은 주체적 분석인데, 주체적 분석이 공시적 언어 상태를 산출하는 이유는, 화자는 자신의 입장이나 처지, 자신이 처한 언어적 상황을 고정적으로 전제해야 차이들의 부감俯瞰이나 분석 자체가 이루어질 수 있기 때문이다. 중요한 것은, 인식적 활동이란 언어의 공시성, 그것도 배타적 공시성을 기초로 한다는 점이다.

기억과 언어의 공시성

동물적 수준의 통신법이 언어로 전화하게 한 요인은 해석적 능력과 기

16 Saussure, *Course*, p.82.

억일 것이다. 해석적 수렴에 의해 메시지가 확정된 기표는 언어 기호로 변모하며, 이렇게 언어화된 기표는 기억 속에 보관되어 내일도 모레도 동일한 메시지를 전달하는 매체로 사용될 수 있다. 이런 과정을 거치며 기억의 공간 속에서 다양하고 섬세한 다수의 기표들이 저장되고 연결되면서, 공시성의 공간이 전개된다고 할 수 있다. 언어와 기억에 의해 구축된 공시성의 공간은 인간으로 하여금 시간이 가하는 변화에 저항할 수 있게 한다.

기억 없이는 공시적 언어 상태가 형성될 수도 없지만, 언어 없이는 기억도 불가능할 것이다. 기표는 저장 매체를 제공하여 기억의 보존을 용이하게 한다. 기억과 언어 능력 간의 우선순위를 문제 삼을 수도 있으나, 양자 간의 관계는 상호적이라고 보아야 할 것이다. 기표는 저장 매체를 제공할 뿐 아니라, 해석되고 인지된 것에 객관적인 모습을, 청자와 화자가 합의할 수 있다는 점에서 **객관적이며 일의적이고 고정적인 모습**을 부여해 기억의 공간에 저장할 수 있게 한다. 언어의 중요성, 더 정확히는 기표의 중요성은 바로 여기에 있다: 기표는 인지하고 체험한 바에 객관적 일의성을 부여한다. 기표가 제공하는 일의성 없이는 인지한 바나 체험한 바가 기억될 수 없다. 기억되는 바는 항상 무엇으로 기억되어야 하기 때문이다. 그리고 타인이 수용할 수 있는 객관성 없이는 공적인 인식 내용이 될 수 없다.

다른 한편으로 언어는 인위적으로 고안되고 학습된 통신법이기에 기억력이 뒷받침되어야 차후에도 사용될 수 있다.[17] 타인이 전하거나 외계의 자극에 의해 결과한 외부의 메시지는 **언어화되어 기억되면서** 시간과 함께 흘러가지 않고 정지된 공간 속에 머물게 된다. 그래서 계기적으로 청취된 메시지들은 언어화된 기억에 의해 동시적이 될 수 있으며, 일회적이고 독립적인 것에 머무는 것이 아니라 반복적으로 사용되고 다른 메시지들과 공존할 수 있다. 과거는 흘러가 없어지는 것이 아니라 기억의 공간 속에

---

17 더불어 기억은 우리를 인간의 공간에 머물게 한다. 언어적 기억의 뒷받침 없이는 인간적인 삶을 유지할 수 없다. 치매는 언어적 기억을 상실해가는 과정의 증후일 것이다.

현재하면서 다른 것들과 관계하게 된다. 그리고 이런 관계망을 통해서 공시적 공간이 구축되는 것이다.

4. 공시적 언어 상태와 진리의 장

전면적 회의는 불가능하다

공시적 언어에 의해 구축되는 공간을 언어 상태라 한다. 이는 비트겐슈타인이 말하는 놀이의 장, 또는 데이빗슨이 말하는 자비의 원리에서 해석의 배경이 되는 바의 것, 화자와 청자가 공유하는 믿음 체계와 비슷하다. 이런 상태 또는 장은 의미 있는 명제들에 의해 구축되어 있다. 이들은 또한 대체적으로 진리로 수용되는 문장들에 의해 엮어져 있다는 점에서 **진리의 공간**이기도 하다.

언어의 공시성과 긴밀하게 연관되어 있는 것이 진리와 의미 간의 관계이다. 진리는 언어의 공시성에 의존하고 있다. 전통적으로 진리와 의미는 별개의 문제라고 여겨져왔다. 진리는 문장들이 외계와의 관계에서 갖는 가치이므로, 한 문장이 진리인지의 그 여부는 세계에 조회해보아야 하는 우연적이고 경험적인 문제로 여겨졌다.[18] 이에 비해 한 문장이 의미를 지니는지 아닌지의 여부는 그 문장의 논리적 형식과 관련되는 것으로, 논리적 분석을 통해 선험적으로 판정할 수 있다는 것이었다.[19] 이런 입장은 일정한 모습을 지닌 세계가 언어의 외부에 있고, 우리는 이를 인식하여 언어에 담는 것이므로, 언어가 진리와 세계를 반영하고 기술하는 것이라는 언어 기술론이나 언어 그림론을 전제한다. 이제 언어가 외계와 무연하다고

---

18 가령, Wittgenstein, *TLP* 참조.
19 Wittgenstein, *TLP* 참조.

한다면, 이런 구분은 유지될 수 없을 것이다. 그 이유는 무엇인가?

다음과 같은 기묘한 가능성이 논리적으로 성립할 수 있는지 생각해보자. 우리가 지금까지 곱셈 '12 × 12'를 항상 잘못해왔을 가능성이 있을까? '12 × 12' 의 해가 실은 100이므로, 우리가 144라고 답하는 것은 오류일 가능성이 있지 않을까? 이런 상황의 가능성을 처음 생각한 것은 데카르트이다. 그는 지식의 아르키메데스 지점을 찾기 위한 방법으로, 즉 모든 지식체계를 위한 절대 확실한 지식의 기초를 탐구하기 위해 전면적 회의의 방법을 취한다. 지식으로 간주되어오던 것 모두를 회의하며 검토해가는 과정에서 그는 천재적 악마와 같은 존재를 상상한다. 우리가 아는 수학 기하학의 명제들이 실은 모두 허위이지만 그 영악한 악마가 우리의 이성을 속여 진리로 믿게 할 수도 있다는 것이다.[20] 천재적 악마에 관한 데카르트적 회의의 전제는 모든 명제들이 허위일지라도 의미는 있을 수 있다는 믿음으로, 그는 진리 기준과 의미 기준은 전혀 별개라는 입장을 당연한 것으로 전제하고 있다. 이런 믿음은 그만의 것이 아니라, 전통 존재론과 인식론의 기본 강령이기도 하다

비트겐슈타인 역시 이런 상황의 가능성에 대해 검토한다. 그는 이런 가능성에 대해 회의적인 듯 보이지만, 여하간 가능하다 해도 아무 상관이 없다는 입장이다.

> 다음과 같은 이상한 상황을 생각해보자: 우리는 지금까지 12×12의 곱셈을 하면서 잘못해왔다고! ㅡ그러나 이것이 무슨 문제인가? 이는 전혀 문제가 되지 않는다! ㅡ그리고 이런 경우 수학적 명제의 진리와 허위에 관한 우리의 생각에 틀림없이 어떤 잘못이 있다.[21]

---

20 데카르트, 『성찰』, 성찰 1.

21 Wittgenstein, *Remarks on the Foundations of Mathemathics*, ed. by G. W. von Wright, R. Rhees & G. E. M. Anscombe, Blackwell, 1956, I, 135절 이하; VII, 3절 이하; III, 73절 이하 참조.

항상 그런 결과를 낳았다면, 즉 12×12의 곱이 실은 100인데 항상 144라고 생각해왔다면, 그것은 우리가 하는 계산법일 뿐이다.[22] 측정이나 계산 명제가 의미를 지니기 위한 조건은 측정이나 계산 활동이 **정상적이고 정규적으로 이루어진다**는 데에 있다. "혼돈이 수반된다면 계산이란 의미를 상실한다."[23] **수학이란 항상 측정 그 자체이지 측정되는 것이 아니다.**[24] 즉, 수학은 미터법이나 야드법 등과 같은 일정한 측정 방식이지, 어떤 실재에 관한 것, 수학적인 존재자들의 세계나 그들에 관한 것이 아니라는 뜻이다.

데이빗슨도 데카르트가 상정한 천재적 악마가 연출할 법한 상황의 가능성에 대해 논의하는데, 그의 대처 방식은 약간 다르다. 그는 이를 '전반적인 회의'의 상황이라 부르며, 이런 상황은 논리적으로 불가능하다고 본다. 그런 상황에서는 허위로 상정된 그 명제들이 무엇에 관해 허위인지조차 알 수 없을 것이므로, 천재적 악마가 우리에게 주입한 '허위' 명제들을 허위라 규정하는 것 자체가 무의미하다는 것이다.[25] 왜냐하면 우리가 타인의 말을 이해하는 것은 그의 말들이나 믿음의 체계가 전반적으로 진리라는 전제 하에서, 그 믿음의 체계를 배경으로 이루어지기 때문이라는 것이다. 그의 해답의 정신은 비트겐슈타인의 그것과 비슷해 보이지만, 그의 견해는 해석론, 자비의 원리, 이해의 조건, 진리와 의미 간의 관계에 대한 통찰에 기초하고 있다.

우리 역시 데카르트가 제안한 천재적 악마의 상상이 그리 천재적이 아니라고 생각한다. 즉 우리도 '12 × 12'의 계산을 항상 잘못하는 것은 불가능하다고 생각하지만, 비트겐슈타인이나 데이빗슨과는 다소 다른 방향

---

22 Wittgenstein, 앞의 책, "that is how I calculate", I, 136절; "that's how we do it", III, 74절.

23 Wittgenstein, 앞의 책, III, 75절.

24 Wittgenstein, 앞의 책, III, 75절, "…mathematics as such is always measure, not thing measured."

25 D. Davidson, *Inquiries into Truth and Interpretation*, Clarendon Press, 1984, p.167 이하, 196, 200.

에서 반론을 제시하고자 한다. 고중세의 형이상학이나 신학에서 근현대에 이르기까지 서구 철학은 일정한 모습을 지닌 세계가 언어 외부에 있으며, 우리 인식 능력의 소임은 그것을 발견하는 것이고, 언어의 역할은 그것을 기술하는 것에 있다고 생각해왔다. 인간들이 하는 일상의 곱셈 저편에 신들이 행하는 곱셈이 있거나, 또는 절대적이고 객관적인 수학적 사실이라는 것이 존재하고, 우리 인식의 목표가 그 절대적 진리를 인식하는 데 있다고 해보자. 이런 경우, 아마도 위와 같은 사태는, 즉 우리가 항상 틀린 곱셈을 하는 사태는 논리적으로 가능할 것이다. 나아가 원리적으로 모든 명제들이 의미를 지니면서도 모두 허위인 기만적인 세계가 있을 수도 있을 것이다. 고·중세적 세계관에서 언어와 세계는 원리적으로 분리되어 있으며, 명제의 유의미성 기준은 그것이 실재계를 구성하는 실체들의 논리적 구조에 부합하느냐, 또는 그 구조들에 비추어 합법적이냐의 여부이므로, 데카르트의 악마가 조작하는 전면적 허위의 상황은 논리적으로 가능하다.

이런 경우, 어떤 문제점이 있는가? 우선 모든 명제들이 허위인 상황에서 세계 내 실체들의 논리적 구조를 아는 것이, 그래서 의미 있는 명제를 발화하는 것이 과연 가능한가의 여부에 대해 지극히 회의적일 수 있다. 더 근원적인 난점은 다음이다. 일정한 모습을 지닌 세계가 언어의 밖에 있다고 하더라도 우리는 언어 밖으로 나갈 수 없기 때문에, 우리의 명제가 허위인지 아닌지는 물론이고, 진리인지 아닌지조차 판단할 수 없다는 것이다. 그런 세계는 우리에게는 실질적으로는 부재의 존재일 수도 있고, 그런 세계의 진리성 또한 우리와는 무관한 것일 수 있다. 아니 그런 세계를 상정하는 것 자체가 전혀 무의미하다. 그렇다고 한다면 그 '허위' 명제들이 그리는 세계는 적어도 우리 인간들에게는 진리일 수밖에 없을 것이다.

진리와 의미

이런 사실은 우리가 명제의 진위 개념에 관해, 명제의 진리와 의미 간의 관계에 관해 잘못 생각하고 있다는 것을 보여준다. 우리는 진리와 의미는 별개이며, 진리나 허위는 명제가 세계 내의 사실들과 맺는 관계에서 갖는 술어라고 생각한다. 즉 진리란 하나의 명제가 명제 밖의 어떤 객관적 사실에 부합할 경우, 그리고 허위는 그것과 상치할 경우 갖게 되는 술어라고 생각한다. 이러한 믿음은 수정되어야 한다. 진리는 의미 있는 명제 자체를 구성하는 바, 의미의 구성적 일부이다. 진리는 명제를 명제이게 하는 것 그 자체이다. 왜 그런가? 우리는 다음을 유념할 필요가 있다: 의미란 해석적 활동을 통해서 산출되며, **해석은 발화된 명제를 진리로 간주하고서야 진행될 수 있다**. 그러하기에 진리 개념은 의미 산출의 전제 조건이다. 즉 의미 있는 명제는 일단은 진리로 간주된 바의 것이다. 다시 말하면, **명제들이 의미를 지니게 되면 그 명제들은 이미 대부분 진리라고 볼 수 있다**. 진리를 의미 명제의 구성적 일부로 볼 수 있는 이유는 바로 이 때문이다.

명제의 의미는 명제가 어떤 문맥 위에 놓이게 되면서 지니는 무늬나 패턴이며, 그런 문맥이 형성되기 위해서는 대부분의 명제들이 진리로 간주되어야 한다. **진리는 의미나 사실 구성적이다**. 이런 진리관에 따르면, 진리는 항상 어떤 지평이나 좌표대 위에서의 진리이거나, 그런 지평의 특색이다. 이런 지평이 공시성의 차원이다. 진리는 공시성의 차원이 지니는 특색으로, **공시성의 좌표대 전체에 확산되어 있다**. 이와 달리 전통적 진리관은, 진리치란 한 명제가 세계 내의 한 사실과 대응하면서 갖는 가치이기에, 진리는 본질적으로 개별 명제들이 홀로서도 가질 수 있는 개별적이고 독립적인 것으로 본다. 그래서 전통적 진리관에 따르면 하나의 명제만이 진리이고 다른 모든 명제들이 허위인, 진리 폐허적 상황이 가능하다.

7장

언어 공간의 자율성

1. 배타적 공시성과 의미 형성

의미 형성에서 타자와의 차이와 배타적 공시성

소쉬르는 공시적 언어 상태가 철저히 배타적이라고 논한다. 언어 공간은 그 공간 외부의 것과는 아무 상관이 없으며, 없어야 한다는 뜻이다. 그 이유는 무엇인가? 언어의 공시성이 공시적 공간 밖의 요소나 통시성에 대해 배타적일 수밖에 없는 이유는, 기표들이 정체성을 확보하는 데 다른 기표들과의 관계망이 절대적으로 중요하기 때문이다. 이런 관계망 속에서만 기억된 기표에 본질적인 것과 우연적인 것, 기표의 정체성에 기여하는 것과 무관한 것을 구분할 수 있다. 가령, 한 화자가 '아기'와 '아이'라는 두 기표를 사용하여 발화한다고 생각해보자. 구술적 상황에서 이 두 기표를 발화하는 경우, 두 기표만이 아니라 어조, 음색, 성량, 음성의 고저, 발화 상황 등이 동반될 것이다. 기표적인 존재로서 두 어휘는 자음 하나의 차이로 거의 비슷하다. 그런데 청자가 화자의 말을 이해하는 데 기표만이 아니라 그 기표에 동반하는 요소들을 동등한 비중으로 고려한다면, 화자가 발한 두 기표들 간의 차이가 분명하게 드러나지 않을 것이다. '기'와 '이'가 지니는 자음의 차이는 다른 동반 요소들에 묻혀버릴 것이기 때문이다.

청자가 두 기표들 간의 차이를 판명하게 인지하려면 다른 동반 요소들을 철저히 무시하고 기표들이 보이는 자음의 차이에만 주목해야 한다. 화자는 물론이거니와 청자도 기표의 정체성 형성에 본질적인 것과 우연적인 것을 철저히 구분하고 후자를 배제해야 한다. 이런 선별적이고 편향적인 태도가 갖추어질 때만, 두 기표는 판명하게 차별적인 것으로 드러날 수 있다. 일상의 구체적 발언에서 우리가 기표들에 동반되는 제반의 상황적 요소들, 기표 외적인 요소들을 철저히 구분하고 배제하지 않는다면, 타인과 소통하는 것이 지극히 어렵다. 상호의 소통과 이해에서 중요한 것은 아이/아기, 어머니/아버지, 어머니/할머니, 어머니/여자 등 하나의 동일한 공시적 언어 상태에 있는 다른 기표들과의 차이나 관계이다. 이런 조건이 배타적 공시성 형성의 한 주요 이유이다.

기표들 간의 차이를 명확히 인지하고 기표 외적인 요소들은 철저히 배제하는 능력에는 단지 소통의 문제만이 아니라 생존의 문제가 걸려 있다. 뉴기니 평원의 이야우어는 음높이에 따라 하나의 단어가 여덟 가지의 다른 의미를 갖는다. 소리의 높이를 약간 바꾸면 '의붓어머니'라는 단어가 '뱀'으로 바뀐다는 것이다. 이야우족의 소년이 자신의 의붓어머니를 자칫 뱀이라 부른다면 이는 자살 행위나 마찬가지일 것이다.[1] 이런 사실은 수많은 기표들 간의 차이를 인식하는 것이 얼마나 중요한지를 알려주는 동시에, 인간은 훈련에 따라 지극히 섬세하고 정교한 인지 능력을 발휘할 수 있으며, 인간의 언어 능력이란 이런 능력에 기초하고 있다는 것을 입증한다. 외국어 학습에서 가장 우선시되는 것은 기표들 간의 공시적 차이를 정확히

1 재레드 다이아몬드, 『제3의 침팬지』, 문학사상사, 1996, 225쪽.

습득하는 일이다. 이를 인지하지 못할 때, 외국어는 소음으로 들릴 뿐이다.

새소리나 페로몬 역시 통신 매체이지만, 이들은 시간과 공간이 가하는 변화, 음조, 억양, 몸짓 등 외적인 요소가 가하는 변화에 적극적인 영향을 받는다. 이에 비해 인간의 통신 매체인 기표는, 그것의 정체성 또는 기의 형성에서 타자와의 관계가 절대적으로 중요한 까닭에 배타적 공시성의 지배를 받는다. 동물이라면 가령 페로몬의 향이 강한 경우와 약한 경우의 메시지는 다를 것이다. 하지만 사람이 발화함에서 목소리의 크고 작음은 그 목소리가 발하는 동일 어휘의 의미를 변화시키지 않는다. 동물들 간의 통신에서는 아래에서 논할 의미의 영역과 단서의 영역이 구분되지 않는다. 하지만 인간은 이 두 영역을 구분할 수 있기에 인간 고유의 통신법으로서 언어가 형성되는 것이다. 바로 이러한 구분 능력에 인간 언어의 신비가 숨어 있다. 인간이 공시성의 지평을 형성할 수 있는 이유는 바로 이 양자를 구분할 수 있기 때문이다.

의미의 영역과 단서의 영역

언어의 배타적 공시성은 차이의 체계와 의미들의 공간을 구축한다. 이 공간은 통시적 요소들이 배제될 수 있을 때만 구성될 수 있다. 신경증 환자의 사례는 배타적 공시성의 존재를 입증해준다. 미국의 신경학 전문의는 언어 상실증 환자의 사례를 보고한 적이 있다.[2] 이 환자들은 단어의 의미를 이해하지 못하는 증후를 보인다. 그런데 놀랍게도, 이들은 단어의 의미를 모르면서도 남들이 하는 말을 거의 다 이해한다고 한다. 말의 의미를 이해하지 못하는 언어상실증에 걸렸는데, 어떻게 다른 사람의 말을 이해할 수 있을까? 이들이 발화된 어휘들 중 단 하나의 단어도 이해하지 못하

---

2 올리버 색스, 『아내를 모자로 착각한 남자』, 이마고, 2006, 158쪽 이하. 자폐아 역시 의미가 아니라 그림을 매개로 하여 말하고 생각한다고 한다. 템플 그랜딘, 『나는 그림으로 생각한다』, 양철북, 2005 참조.

는 경우라도 그 어휘들에 감정을 넣어 발화하면, 그 의미를 충분히 파악한다는 것이다. 그들은 어휘의 의미는 이해하지 못하지만, 어조나 발화된 어휘에 담긴 정서 등을 감지하고, 시각적 정보나 말투, 음조 등 어휘들에 동반되는 단서를 통해 어휘들의 의미를 파악한다. 그래서 발언에 수반되는 표정, 몸짓, 무의식적으로 나오는 버릇이나 태도를 제거하고 지극히 부자연스럽게 말을 걸거나, 또는 컴퓨터를 활용한 인공적인 음을 사용할 경우, 이들은 타인의 말을 이해하지 못한다고 한다. 이런 특징 때문에 그들의 증세를 찾아내기 위해 이런 인위적인 방법을 활용한다는 것이다.

언어 상실증 환자는 마치 개와 같다고 비유된다. 말하자면 어휘의 의미는 이해하지 못하지만 어휘의 냄새는 맡을 수 있다는 것이다. 그들은 의미를 통해서가 아니라 언어에 동반된 단서들을 통해서 말을 이해한다. 언어 상실증 환자들도 코미디를 보며 웃을 수 있다. 나아가 다른 사람의 말을 듣고 속는 일도 없다고 한다. 코미디 대사나 거짓 문장의 의미는 이해하지 못하더라도 어조나 분위기는 포촉하기 때문이다. 이들과는 반대로 단어의 의미를 파악하는 능력은 있으나, 목소리의 음색과 표정에 대한 감각을 상실한 사람들도 있다. 이들을 음색인식 불능증 환자라 한다. 언어 상실증은 왼쪽 관자엽에, 음색인식 불능증 환자는 오른쪽 관자엽에 장애가 있다고 한다.

대체 이런 신경학적 사실이 언어의 특성에 대해 함의하는 바는 무엇일까? 언어 상실증 환자에게는 소리와 이에 동반되는 단서들의 세계는 존재하지만, 의미나 의미의 영역은 존재하지 않는다. 의미의 영역은 공시성에 속하는 반면, 단서는 통시성의 영역에 속하는데, 공시적 의미 영역은 통시적 요소들을 제외해야 구성된다.

그래도 이들이 타인의 말에 담긴 전달 내용을 파악할 수 있으므로, 그런 범위 안에서 그들에게도 의미의 영역이 존재한다고 해야 하지 않을까? 이들이 '파악'하는 바는 추상적인 의미라기보다는 구체적인 메시지이다. 동물들이 그들끼리 통신하면서 알아채는 것과 같은 메시지이다. 우리가 언어를 사용한다는 것은, 언어의 의미를 이해한다는 뜻이며, 이는 우리가 **의미의 영역과 단서의 영역을 분리할 수 있을 때만 가능하다**. 언어의 영역, 정상인들에게 언어의 영역은 자율적이고 공시적인 영역이다. 이 영역의 구성원인 의미들은 자신의 논리에 따라 움직인다. 언어에 동반되는 표정, 손짓, 몸짓, 목소리의 음조, 억양 등은 통시적인 요소들인데, 언어 사용자로서 인간은 이런 통시적 요소들과 분리되어 고유의 자율적인 방식으로 움직이는 공시적 세계를 구성할 수 있다. 전자는 자연적이고 구체적인 세계의 일부이고, 후자는 사회적이고 어느 정도는 추상적인 세계이다. 소쉬르가 말하는 랑그란, 바로 후자의 세계를 가리킨다. 말하자면 동물들에게는 표정, 손짓, 음조, 억양 등과 분리된 언어의 세계가 따로 존재하지 않는 반면, 인간에게는 표정, 어조 등의 요소와는 분리된, 독립적인 랑그의 세계가 존재한다. 이런 점이 인간의 언어가 동물의 통신법과 다른 핵심적 차이 가운데 하나이다.

구체적 언어 활동과 언어, 그리고 인간의 실재

공시적인 언어 공간은 인간들의 개별적이고 구체적인 언어 행위들에 의해 구축된다. 그런데 개별적 언어 행위들은 다시 공시적인 공간을 배경으로 해야만 그 의미를 취득하는 것으로 보인다. 랑그는 파롤에 의해 형성되지만, 파롤은 랑그를 전제한다. 그러면서 동시에 구체적인 언어 행위들은 통신의 공간 또는 언어의 장場을 확대해간다.[3] 논리적 관점에서 보면 공시적 공간이 선행해야 구체적 언어 활동(파롤)이 가능한 것으로 보이지만, 생성의 관점에서 보면 개별적이고 특수적인 행위들이 엮어져 점차 일종의 그

3 인간 언어에서 장場이라는 개념은 핵심적 중요성을 지닌다. 소쉬르는 언어 상태라는 개념을 통해 이 장의 개념을 주목한다. 데이빗슨은 자비의 원리를 통해 이런 장이 형성된다고 본다. 언어 놀이는 놀아질 수 있는 장이 형성되어 있어야 한다. 비트겐슈타인은 장의 개념을 중요시하지 않았거나 그 중요성을 간과한 것으로 보인다.

물망이나 직조물처럼 동질적인 공시성의 지평(랑그)이 형성되는 것이다.

놀이와 비유하면, 놀이 동작들은 놀이장을 전제로 하지만, 시원적으로는 개별적 놀이적 활동들에 의해 놀이장이 형성된다. 공시성의 공간이 그물망과 같은 것이라 한다면, 망網의 개념에 비추어볼 때, 직조물의 비유가 더 적절할 듯하다. 씨줄과 날줄이 엮어져 직물이 교직되지만, 이미 직조된 직물은 다시 새로운 실가닥들이 기대어 직물을 확장해가는 기반 역할을 한다. 언어적 활동을 통해 공시적 공간을 구축하는 과정은 놀이장을 형성하는 과정과 유사할 것이다. 진정한 놀이의 장은 운동장이나 바둑판이라기보다는 놀이 활동들이 엮어져 구축한 그물망의 모습인데, 이 그물망은 시공적으로 존재하기보다는 근본적으로는 놀이자들의 의식 속에 그물망의 모습으로 자리 잡고 있다. 소쉬르가 랑그라 말한 것은 바로 이를 이르는 개념이다.

언어 주체는 말하는 동안은 오직 언어 상태나 언어 체계에만 관심을 두고, 언어의 역사에 대해서는 완전히 무관심하고, 또 그렇게 해야 한다. 다른 것들에 한눈을 팔면 의사소통에 실패한다. 아니면 말을 할 수 없다. **공시적 시점이 화자들의 공동체에게는 유일한 실재이다.**[4] 인간의 삶도 마찬가지이다. 인간의 삶에서 공시적 시점이, 또는 공시적인 언어가 전개해주는 세계가 우리에게는 유일한 실재이다. 과거와 미래는 분명 인간에게 영향을 주는 인간 삶의 일부이다. 그러나 이들 역시 언어적으로 규정되거나 그럴 가능성이 있는 한에서만 인간에게 의미 있는 실재이며, 언어적으로 규정된 것으로서 과거와 미래는 현재의 일부이다. 의식되는 기억이나 무의식에 침잠된 기억(무의식)의 형태로라도 간직되지 않은 과거는 실질적인 과거가 아니다. 그것은 말 그대로 사라져버린 과거, 현재現在하지 않는, 존재하지 않는 과거이다.

무엇이 실재하기 위해서는 언어적으로 규정 가능해야 한다는 조건은 인

4 Saussure, *Course*, p.90.

간 삶의 세계를 제한한다고 생각될지도 모르지만, 실제로는 인간 삶의 세계를 확장시켜준다. 언어는 보이지 않는 것들, 추상적인 것들, 타인의 내면에 있는 것들까지도 언어적으로 규정하여 실재계에 편입시킨다. 방금 논한 바와 같이 흘러가 더는 존재하지 않는 과거의 것들, 아직 오지 않아[未來] 존재하지 않는 미래의 것들까지도 언어의 옷을 입고서 실재의 영역에 포섭된다. 이 모든 것은 인간의 삶에 구체적인 힘을 발휘한다는 점에서 실재계의 분명한 일원들이며, 이들이 그럴 수 있는 것은 언어적으로 규정되어 있기 때문이다.

2. 언어 공간의 자율성과 자유의 근거

언어 공간의 자율성

배타적 공시성은 언어 공간의 자율성과 긴밀하게 연관되어 있다. 언어 공간의 자율성이란 다음을 의미한다: 1) 언어 요소들의 정체성이 언어 공간, 또는 언어 체계 내에서 확립되며; 2) 나아가 언어 공간에서 이루어지는 활동들이 공간 자체의 원리와 규칙에 따라 이루어진다는 것을 의미한다; 3)더 근원적으로 언어 공간의 원리와 규칙 자체마저도 외부로부터 주어지기보다는 언어 공간 자체 내에서 형성되는 내재적인 것이다. 세 번째 특색은 의미 형성이나 규범 정립과 깊이 연관되어 있다.

언어 공간의 자율성은 세계에 대한 언어 기호의 무연성, 그리고 통시성에 대한 **배타적 공시성의 귀결**이다. 언어 요소들이 언어 밖의 다른 것들, 외계, 초월적인 것, 선험적인 것, 신적인 것과 무관하다면, 이들이 자신의 정체성을 확보하고 활동의 원리와 규칙을 확보할 수 있는 것은 자율적이고 내재적인 방식밖에 없다. 자율성이란, 언어적 활동이 배타적 공시성을 발휘하여 발화에서 상황적 요인이나 시간성 등을 철저히 배제할 수 있기에 확립될 수 있다. 위에서 논한 바와 같이 이런 배타적 성격이 없다면 언어 요소들이 정체성을 확보할 길이 없게 되며, 그리하여 인간들 간의 통신은 성공할 수 없다. 소쉬르에서 언어 공간의 자율성은 그가 언어학의 제1원리로 제시하는 **언어 기호의 자의성 원리의 계정리**系定理이다. 그는 의성어와 같이 외견상 외계를 묘사하는 것으로 여겨지는 언어 요소들까지도 외계와의 관계가 아니라 언어 공간의 체계 내에서 정체성을 확립한다고 논한다.

소쉬르만큼 명시적은 아니지만 비트겐슈타인도 역시 언어 활동의 자율성을 주장하고 있다.[5] 하지만 그가 생각하는 자율성은 더욱 포괄적이다. 주지하다시피 그는 우리의 언어 활동이 일종의 놀이라고 논하고 있다.[6] 놀이장은 자율적 공간의 전형이다. 이런 자율성으로 인해 언어 활동은 단지 언어 놀이와 유사한 것만이 아니라 본질적으로 그 자체가 철저히 놀이의 구조를 지니고 있다. 우리의 삶이 언어 의존적인 한, 우리의 삶과 문화 전체가 언어 놀이이다.

장기를 생각해보자. 장기말들은 장기가 두어지기 이전부터 정체성을 갖고 있는 듯이 보인다. 장기말들은 차車, 포包, 말馬 등의 이름과 기능을 지니고 있다. 그런데 이 최소한의 정체성은 장기말들이 실제의 장기 놀이에서 역할하는 경우에만 의미가 있다. 장기말들의 이름은 놀이를 위한 준비인 것이다.[7] 장기 놀이라는 실전에서 사용될 수 없다면, 그들이 갖는 가능적 정체성은 아무런 의미가 없다. 그들의 이름은 장기말의 운신을 위한 최소한의 정체성에 불과하다. 가령 차車는 실제의 장기에서는' 상象이나 말馬보다 미미한 역할을 수행할 수 있으며, 경우에 따라 졸卒이 차車보다 더 중요한 역할을 수행할 수도 있다. 각각의 장기말이 어떤 역할을 수행하고 어떤 정체성을 갖는가는 실전에서 매번 변화하는 상황에 따라 결정된다.

---

5 Wittgenstein, *Philosophical Grammar*, pp.184–5; Wittgenstein, *Zettel*, 320절.

6 소쉬르 역시 언어 활동을 체스 놀이에 비유하고 있다. Saussure, *Course*, pp.22, 88, 110. 이런 비유에서 우리는 언어에 대한 두 사상가의 통찰력에서의 동일성을 찾아볼 수 있다.

7 Wittgenstein, *PI*, 49절.

놀이요소들의 정체성이 놀이의 문맥이나 상황에 의존하는 더 명확한 예는 바둑이다. 바둑알들은 바둑판 위에 놓이기 전에는 작은 돌조각에 불과하다. 장기말의 경우와는 달리, 바둑알들은 바둑판에 놓이기 이전에는 기초적인 정체성마저도 지니고 있지 않다. 바둑의 초반 포석 단계에서도 판 위에 놓인 각 바둑알들이 행하는 역할은 지극히 막연하다. 그러나 바둑 경기가 진행되면서 매번 놓이는 바둑알들의 역할은 점차 중요해진다. 나아가 이전에 포석 단계에 놓여 희박한 배경 속에서 별로 하는 역할이 없는 듯 보였던 바둑알마저도 새로운 의미를 지니게 된다.

바둑알의 정체성은 물론 이들의 움직임이나 동작을 위한 규칙 역시 공시적 언어 공간을 전제로 이루어지는 놀이 활동의 과정에서 형성된다. 이 판에서 이루어지는 동작들과 규칙들, 가령 화점 정석, 축, 패, 되먹임 등의 역할과 내용은 오직 이들 놀이의 장에서만, 그리고 다른 동작과의 차이에 의해 마련된다. 놀이의 장은 구체적이고 특수적인 놀이 동작들에 의해 무한히 다양해지고 풍부해질 수 있는데, 이 장은 외부 세계와는 차단되어 있는 독자적이고 자율적인 공간이다. 장기나 바둑, 나아가 모든 종류의 놀이들은 그 놀이의 장 또는 그 판의 바깥 세계와는 전혀 상관없이 움직여진다.

언어 공간의 자율성과 자유

인간이 자유 의지로 스스로의 행위를 선택 · 결단 · 수행할 수 있는 주체라는 개념은 근대에 들어 형성되었다. 인간 자유의 가장 확실한 철학적 기초를 제공한 것은 칸트라고 평가된다. 그는 선의지와 성향, 정언 명령과 가언 명령, 인격의 왕국과 사물의 왕국, 도덕법칙과 자연법칙을 구분하였다. 이런 구분을 통해 인간을 형이상학적 질서나 신적인 계율, 나아가 자연의 인과법칙으로부터 해방시키고 스스로 입법한 법칙에 따라 행위할 수 있는 능동적 주체, 자신의 삶에 책임질 수 있는 존재로 승격시켰다. 하지만 그의 윤리는 형식성, 절대성, 추상성, 선험성, 보편성 등의 이성적인 것을 강조하여, 경험적이고 구체적이며 현실적인 인간을 소외시킬 위험성을 내포하고 있다. 그가 제시한 인간의 이상은 키에르케고르의 지적대로 우리를 윤리적 절망에 이르게 한다. 나아가 칸트는 선험적 실천 이성과 보편주의를 강조하여 구체적인 인간의 삶을 무시한 혐의가 있을 뿐 아니라, 벌린I. Berlin의 지적대로 인간을 이성의 독재에 예종시킬 수 있는 가능성을 지니고 있다. 자유의 실현을 위해서는 이성과 인격의 이상에 도달해야 하는데, 이는 결국 구체적이고 현실적인 인간의 부정을 함의하기 때문이다.[8]

구체적이고 현실적이면서도 현대적인 관점에서 인간 자유의 근거를 마련하고 인과 필연성과 자유의 공존 가능성을 마련한 학자는 데이빗슨이다. 그는 무법칙적 일원론을 제안하는 한편, 심적 술어와 심적 속성을 구분하였다.[9] 심적 술어는 의미론적으로 물리적 술어에로 환원되지 않기 때문에 무법칙적인 반면, 심적 속성은 존재론적으로 물리적 속성으로 환원될 수 있다고 논한다. 그의 입장은 존재론의 영역에서 물리주의를 견지하면서도 심적 술어의 무법칙성과 불가환원성을, 나아가 심적 세계의 자율성을 설명하고 근거를 제시할 수 있는 방안을 마련하였다.

그의 입장은 다음과 같은 문제점을 안고 있다. 첫째, 과연 심적 속성과 심적 술어를 구분할 수 있는 것인지 회의적이다. 의미와 마음이란 화자의 발언을 해석한 결과 화자에게 귀속된 것이라 한다면, 심적인 것에 관한 한, 술어와 속성을 서로 구분하기는 힘들어 보인다. 둘째, 데이빗슨이 물리적인 것을 궁극적인 것으로 보는 중요한 이유는 물리적인 것이 인과력의 근원이라고 생각하기 때문인데, 인과성의 개념이 언어 의존적임은 이미 지적한 바 있다. 세 번째로 지적할 문제점은 두 번째와 연관이 있는데, 물리적인 것의 모습은 관점 의존적이고 언어 의존적이라 할 수 있다. 그렇다고 한다면 물리학의 세계 역시 일종의 언어 활동의 한 귀결일 가능성을

8 이사야 벌린, 『이사야 벌린의 자유론』, 아카넷, 2006 참조.

9 D. Davidson, *Essays on Actions and Events*, Oxford Clarendon Press, 1980.

긍정적으로 고려해볼 수 있다. 비트겐슈타인은 물리학은 물론이고 수학 역시 언어 놀이의 한 종류로 보고 있음을 참조할 수 있다.[10]

칸트나 데이빗슨이 제안한 해법이 지닌 문제점들을 극복할 수 있는 대안으로, 우리는 자유의 근거를 언어 공간의 자율성에서 찾아볼 수 있다. 자유에 관해 언어적 관점을 취할 때, 자유의 본질은 언어 공간에서 언어 활동의 자유가 될 것이다. 그리고 이런 자유는 다중 지성의 존재나 루소의 일반의지 개념을 설명할 수 있다.[11] 언어 공간이 자율적이며 언어 활동이 언어 밖의 다른 요소들에 의해 제약되지 않고 언어 내부의 논리와 원리에 따라 진행된다고 한다면, 그리고 인간의 사고가 언어의 수로를 따라 흐른다고 한다면, 인간의 사고 역시 자율적일 것이다. 인간은 언어 주체이며, 그런 존재로서, 자유로운 존재이다. 하지만 구체적으로 말을 하는 것은 개별적이고 특수적인 인간이지만, 인간은 언어의 규칙에서 벗어날 수 없다는 점에서 궁극적으로 말을 하는 것은 언어이며, 자유로운 것 역시 언어이다. 우리는 언어라는 리바이어던에 구속되어 있는 범위 안에서만 자유롭다.

3. 시간에 대한 공간의 기초성

인간 의식의 시간성과 공시적 언어

이상에서 우리는 언어의 공시성, 인간 삶에서 공시성의 중요성, 공시적 공간이 형성되는 이유, 공시적 공간의 배타성을 살펴보았다. 이들에 대한 논의를 고려할 때, 시간과 공간의 두 축 중에서 공간이 더 기초적이고 주축적인 것으로 생각된다. 의미 있는 시간, 인지되는 것으로서의 시간은 공

10 Wittgenstein, *Remarks on the Foundations of Mathemathics* 참조.

11 다중 지성에 관해서는 스티븐 존슨, 『이머전스』, 김영사, 2004 참조. 루소의 일반의지 개념에 대한 언어적 해석에 관해서는 남경희, 『말의 질서와 국가』 참조.

간적 좌표를 배경으로 한다.

흔히들 인간 의식은 흐름이며, 인간은 내면에서 역사성이나 시간성을 특징으로 한다고 논하는 학자들이 있다.[12] 이를 부인할 수는 없을 것이다. 아마도 우리는 신체보다도 의식 세계에서 인간의 시간성을 더 확실하게 확인할 수 있을 것이다. 신체의 모습은 유전적 기제에 따라 이미 결정되어 주어져 있지만, 정신이나 의식은 시간의 과정을 겪으며 체험하는 것들이 누적되고 상호작용하면서 형성된다. 인간 의식 속에서 과거는 현재와 미래에, 현재는 과거와 미래에, 미래는 현재에 영향을 준다. 나의 과거 의식과 현재 의식은 상당히 다르다고 말할 수 있으므로, 이런 시간의 과정이 의식의 형성에서 주도적이라 할 수 있다. 그러나 신체의 경우 과거의 모습과 현재 상태 간에는 의식의 경우와 달리 현격한 질의 차이가 없다. 예수와 히틀러가 보인 의식의 차이는 극과 극이지만, 그들 사이의 신체적인 차이는 그리 크지 않을 것이다.

인간 의식은 시간적 과정을 거치면서 형성되지만, 인간이 시간적 존재일 수 있는 이유는 의식 내용이 있기 때문이다. 체험된 바들은 의식 내용으로 누적되어가면서 나의 내면을 매번 새로이 변화시킨다. 그런데 의식 내용이 형성되기 위해서는 언어가 필수적이다. 언어는 대단히 집적도가 높고 효율적인 기억 장치이다. 아니 기억은 언어가 있기에 비로소 가능하다. 체험이 언어에 담겨 기억될 때, 이는 다른 기억들과 공시적 공간 속에서 공존하며 엇물림의 관계에 들어서게 된다. 이런 엇물림을 **합리성**이라 한다. 동물의 경우는 그들이 체험한 바가 누적되거나 누적된 바들이 공시적인 관계에서 엇물리는 것이 불가능하다. 체험된 것은 기억되기보다는 인과 자극으로 기능하며, 원인적인 것은 어떤 결과를 내고 시간이 지나면 흘러가 사라져버린다.

---

12 베르그손이나 하이데거의 경우, 시간성은 인간 현존재의 존재 구조이며, 인간은 역사적이고 시간적인 존재이다. 인간이 정신이나 의식을 지니고 있기 때문이다. 시간에 관한 여러 학자들의 논의는 김규영, 『시간론』, 서강대출판부, 1987; 소광희, 『시간의 성찰』, 문예출판사, 2001 참조.

인간은 시간의 과정을 거치면서 체험한 바를 기억의 형태로 누적하면서 자신의 내면적 의식 세계를 형성할 수 있다. 그런데 그 이유는, 다시 말해 인간이 시간적인 존재일 수 있는 이유는, 의식 내용을 언어화하여 기억의 지원 아래 공시적 언어 공간 속에서 누적할 수 있기 때문이다. 그러므로 인간 의식의 시간성은 본질적으로 언어의 공시성에 의존한다. 즉 **인간의 시간성은 공시적 언어의 사용 결과이다**. 베르그손의 주장과는 달리,[13] 인간의 삶과 의식은 지속적인 것이 아니라, 일종의 정태적 상태, 언어의 개입에 의해 형성된 공시적 상태이다.

언어는 인간이 시간을 거치면서 경험한 것들 사이의 공시적 관계를 가능하게 하여, 자율적 삶의 공간을 구축하고 의식 세계를 형성시킨다. 언어는 신비하다. 그러나 그렇다고 언어가 신의 선물이거나 선험적이라고 단정한다면 성급한 일일 것이다. 현재 우리의 지식으로 확실하게 말할 수 있는 것은, 언어란 인간이 자연적 진화의 과정에서 취득한 통신 방법이라는 점이다. 따라서 인간 삶의 비밀을 해명하기 위해서는 인간 특유의 통신법인 언어의 공시성이 어떻게 형성되었으며, 어떤 특징을 지니고 있는지 규명해야 한다. 우리는 공시성을 계界, 장場, 체계 의존성, 현재성 등의 개념으로 대체할 수 있다.

공간과 시간의 선후 관계 : 보르헤스의 시간론

시간이 공간보다 기초적이라는 입장을 보르헤스의 말을 통해 검토해볼 필요가 있다. 그는 다음과 같이 주장한다: "시간과 공간을 대등한 차원에 놓고 논의하는 것은, 마치 괴테와 실러를 대등하게 논하는 것처럼 불경한 일이다."[14] 우리가 공간 의식 없이 사고할 수는 있으나, 시간을 떠나서 사

---

13 H. L. Bergson, *Time and Free Will: An Essay on the Immediate Data of Consciousness*, Allen and Unwin, 1950.

14 호르헤 루이스 보르헤스, 『허구들』(부록 '보르헤스 강연집Borges Oral'), 녹진, 1992.

는 것이 불가능하다는 것이 그 이유이다. 이 주장의 논거로 그는 사유 실험을 제안한다. 우리가 시각은 없고 청각만을 지니고 있다고 해보자. 그러면 숫자나 바늘로 시간을 알려주는 시계는 사라질 것이다. 나아가 환경, 공간, 그 속에 있는 별들, 하늘 모두가 사라진다. 그래도 우리는 아직 의식을 지니고 있을 것이며, 음악과 소리들을 들을 수 있을 것이다. 우리는 이제 소리나 음악으로 소통하게 될 것이다. 이 세계, 의식과 음악 또는 소리로 만들어진 세계가 우리의 세계일 것이다.

청각만이 있는 세계는 보르헤스에게 단지 상상의 세계가 아니라 실재적인 세계이었다. 그는 과도한 독서와 질병으로 만년에 시력을 상실했다고 한다. 그의 청각적인 세계에서 시간을 제거할 수 있을까? 그는 분명 탁월하고 환상적인 사유를 전개했던 소설가이자 평론가인데, 그의 사고가 시간의식 없이 진행될 수 있을까? 보르헤스의 답은 물론 부정적이다. 그의 말을 들어보자.

> 아니다, 우리가 시간 없이 이런 세계[의식과 음악만으로 구성된 상상의 세계]를 상상할 수 있는 방법은 없다. 왜냐하면 시간은 존재의 본질적인 요소이기 때문이다. 시간은 계기이다. 존재함은 시간 속에 있음이다. 우리는 시간이다: 내 말의 의미는 우리가 시간을 내던질 수는 없다는 것이다. 우리의 의식은 지속적으로 한 상태에서 다른 상태로 이행해 가는데, 이런 계기가 시간이다. (별도 서체는 원문상의 표기)

> 왜 시간을 그러잡을 수 없는가: 의심할 바 없이 시간은 기억으로 만들어졌기 때문이다. 우리들 각각은 상당한 정도로 빈약하고 취약한 기억으로 구성되어 있다. 그리고 그 기억은 대체적으로 망각에 의해 구성되어 있다.[15]

15 보르헤스, 앞의 책.

보르헤스의 지적대로 시간 의식은 기억에 의존한다. 그러나 언어 없이는 기억할 내용을 구성할 수 없으므로 기억이 형성될 수 없는데, 언어는 본질적으로 공시적이다. 그래서 언어화된 기억들의 세계는 시간이 정지된, 시간적 흐름의 침투가 차단된 공시성의 지평이다. 기억은 본질적으로 공간적이다. 언어의 도움 없이는, 즉 언어적 공시성의 지평이 전개되지 않고서는 기억할 수도 없고 사유할 수도 없다. 언어의 도움만 있다면 우리는 시간이 없이 사유하고, 사유한 바를 언어로 표현할 수도 있다. 가령 기하학적 증명이나 논리적 추론의 과정을 생각해보라. 기하학적 공간은 무시간적인 언어 공간이다. 하지만 언어 없이는 기하학적 공간이 전개되지 않으며, 언어 공간 없이는 사유할 수도 없다.

다시 수학·기하학적 공간을 생각해보자. 시간성이 없는 이런 세계는 사유하고 기술할 수도 있으나, 공시적 공간이 없는 세계는 존재하지도 않고 사유될 수도 없으며, 물론 언어적으로 기술될 수도, 상상할 수도 없다. 청각만을 지닌 사람이라도, 그가 사유하고 기억하는 한에서는 그의 의식 속에 공시성의 지평이 전개되어 있다고 볼 수 있으며, 그러하기에 그들에게도 사유가 가능한 것이다. 보르헤스가 사고할 수 있었던 것은 그가 기억을 지니고 있었기 때문이다. 그는 다양하고 방대한 독서의 기억을 양분으로 하여 풍부하고 환상적인 사유를 전개할 수 있었던 것이다. 기억의 공간은 사유와 언어를 위한 좌표대이며, 나아가 시간의 의식을 위한 전제조건이다. 보르헤스는 시간이란 계기이며, 우리의 의식은 다양한 상태로 계기적 이행을 하므로 시간이라 했으나,[16] 이런 시간은 언어화된 시간, 기억된 것으로서의 시간이다. 언어의 도움 없이는 계기들의 분절도, 계기의 이행도, 다양한 상태도, 기억도 있을 수 없을 것이다.

시간 그 자체는 흘러가는 것이므로 파악될 수 없다. 아우구스티누스

16 존재함은 시간이라는 주장은 하이데거를, 시간은 계기적 흐름이라는 주장은 베르그손을 연상시킨다.

Augustinus가 통찰한 대로, 과거past는 지나가 버려passed away 없기 때문에 파악할 수 없고, 미래未來 역시 '아직 오지 않은' 시간이므로 인식 대상이 되지 않는다. 현재는 길이가 있다면, 과거와 미래를 일부로 할 것이므로, 그런 현재는 파악되지 않으며, 파악될 수 있는 유일한 현재는 길이가 없는 현재, 즉 순간뿐이다. 그러므로 시간 그 자체는 인식의 대상이 아니고, 실질적으로는 부재이다. 흘러가는 것 그 자체로서의 시간은 물론 파악될 수도 없고, 논의의 대상도 될 수 없다. 이것이 아우구스티누스의 시간론이다.

> 이제 명백한 것은, 올 것들이나 지나간 것들은 존재하지 않는다는 것입니다. '세 종류의 시간, 과거, 현재, 미래가 있다' 고 말하는 것은 적절치 않습니다. 아마도 다음과 같이, 즉 지나간 것들의 현재, 현재하는 것들의 현재, 올 것들의 현재라는 세 종류의 시간이 있다고는 말할 수 있을지 모릅니다. 이들은 어떤 면에서 영혼 속에 존재한다고 할 수 있으나, 다른 곳에서는 인지할 수 없습니다. 과거의 현재는 기억이며, 현재하는 것의 현재는 직관이며, 미래의 현재는 기대입니다.[17]

아우구스티누스의 논리와는 달리, 우리는 시간을 파악하고 논의할 수 있다. 하지만 논의될 수 있는 것으로서의 시간은 언어적 공간을 배경으로 한다. 파악될 수 있는 범위 안에서 시간은, 보르헤스의 주장과는 달리, 망각이 아니라 기억과 예기에 의해 이루어져 있다. 실로 우리에게 과거와 미래가 실재적일 수 있는 이유는 이들이 기억과 예기를 통해 공시적 공간의 일부가 되었기 때문이다. 기억과 예기는 과거와 미래를 현재화한다. 과거와 미래는 현재의 일부로서만 존재한다. 그런데 기억이나 예기라는 명제적 태도의 내용이 구성되기 위해서는 언어의 도움이 있어야 한다. 기억과

---

17 Augustinus, *Confessiones*, XI, 20.

예기만이 아니라 더 근원적으로 상호 간의 의사소통을 위해서도, 인과적 자극-반등 기제에 의거하는 동물적 상태의 통신과 달리, 언어 기호의 정체성을 학습하고 보존하는 것이 인간에게는 필수적이다. 위에서 지적한 바와 같이 음성적 언어들은 시간의 영향을 받지만 기억의 도움에 의해 그 영향에 저항할 수 있다. 즉 기억의 공간에 저장되어 다른 기억된 것들과 함께 공시성의 공간을 구축할 수 있다.

이상의 논의를 정리해보자. 기억능력은 언어적 공시성의 구축을 가능하게 한다. 다른 한편으로 기억은 내용이 있어야 하며, 기억될 내용은 언어가 있어야 형성될 수 있다는 점에서 기억은 오히려 공시적 능력과 언어를 필요로 한다. 이런 점에서 언어와 기억 중에서 시간적으로 선행적인 것은 언어라 추정할 수 있는 측면이 있다.[18] 아마도 기억 능력과 언어 능력은 본질적으로 연결되어 있으며 두 능력의 강화와 정치精緻화는 상호적으로 진행되기 때문에, 이들 간의 정확한 선후 관계를 결정한다는 것은 어렵기도 하거니와 의미가 없을지도 모른다. 언어와 기억은 상보적이다.

시각의 공간성

인간의 현존은 시간에 구속되어 있을 수 있다. 인간의 의식은 시간을 따라 흘러가며, 그런 시간 속에서 체험한 것들은 의식 내용을 형성해간다. 그런데 그 이전에 시간이 인간 의식을 형성하기 위한 기반이 되기 위해서는, 먼저 시간이 사고의 대상이 되어야 하며, 사고 대상이 되기 위해서는 언어화되어야 한다. 사고 활동의 필수적인 전제 조건은 언어의 사용이다. 언어가 있어야 인간의 사유를 분절하여 내용을 형성할 수 있다. 그리고 사

18 고대인들에게 기억의 현상은 신비한 체험으로 간주되었다는 보고를 참조하라: J. P. Vernant, *Myth and Thought among Greeks*, Part II, Routledge and Kegan Paul, 1983. 더 나아가 탁월한 기억력은 진리의 연원이기도 했다. 다음 참조: M. Detienne, *The Masters of Truth in Archaic Greece*, Zone Books, 1996 참조.

유를 통해 인간적인 의식이 형성되며,[19] 의식을 통해서 비로소 시간이 파악되고 의식되는 것이다. 보르헤스의 말대로, 시간을 구성하는 것은 기억이다. 우리의 빈곤하고 연약한 기억은 우리를 망각에 빠져들게 하는 경우가 많으나, 그럼에도 시간이 파악되고 현재할 수 있는 것은 그런 빈약한 기억이 허용하는 범위에 한한다.

우리에게 의미 있는 시간은 인간의 시간이고, 인간의 시간은 기억과 언어에 의존되어 있다. 이 세상의 모든 시계들이 다 5분씩 늦게 가는 일이, 가령 현재 5시임에도 4시 55분을 가리키는 일이 가능한가? 그런 일은 논리적으로 불가능하다. 왜냐하면 그 경우 경험계의 모든 시계들이 모두 5분씩 지연되고 있으나, 현재의 시각은 5시라 주장할 **절대 시계가 없거나, 있다고 해도 우리가 그 시계를 준거로 삼을 수 없기 때문이다**. 아마도 절대 시간, 가령 신의 시간, 또는 신의 시계가 가리키는 절대적 시각이라는 것이 있고, 우리가 그것을 관찰할 수 있다면, 그것을 기준으로 이 세상의 모든 시계들이 모두 5분씩 지연되고 있다고 말할 수 있을 것이다. 그러나 그런 시각은 존재하지 않는다. 영원을 사는 신에게 무슨 시간이 있을 수 있겠는가? 절대 시간이 존재한다고 해도 그런 시각은 우리가 관찰할 수 있는 시각이 아니므로, 우리가 시간을 재는 데는 무용하다.

이 세상 모든 시계들이 '5분씩 늦게 가서' 모두 4시 55분을 가리키고 있다면, 현재의 시각은 5시가 아니라 바로 4시 55분이다. 따라서 그 '늦게 가는 부정확한' 시계들은 정확한 시계들이다. 더 일반적으로 일정한 시각이란 시간의 체계 내에서의 위치이며, **시간의 체계는 언어로 구축된 공시적 공간의 일부이다**. 현재의 시각을 현재의 시각이게 하는 것, 그 근거는 이 세상의 모든 시계들 간의 일치 이외에는 아무것도 없다.[20]

---

19 동물들은 시간을 살지만 의식을 형성할 수 없는 이유는 아마도 여기에 있을 것이다. 언어와 사고 간의 관계는 이전 장 참조.

20 D. Bloor, *Wittgenstein: A Social Theory of Knowledge*, Columbia Univ. Press, 1983, p.37. 이 상황은 앞서 논의한 데카르트의 천재적 악마의 사기 상황과 유사하다.

4. 기억과 진리, 그리고 언어 상태의 변화

구술 문화 시대의 기억과 진리

구술 시대의 사고방식은 시간 의식의 기반인 기억이 시간보다는 공시성과 긴밀한 관계를 맺고 있음을 입증한다. 구술 시대의 사람들은 기억의 공간을 현재의 일부로, 그것도 일상적 현재보다 더 완전한 현재로 생각했다. 그 시대에 기억의 공간은 흘러간 과거의 것이 아니라 현재 우리가 경험하는 것이되 일상의 생활 공간과는 차원이 전혀 다른 불변의 공간이었다. 구술적 사고는 이런 공간을 **진리의 세계**라 불렀다.[21] 우리 현대인들에게는 아득히 먼 곳에서 흘러온 시간, 다시 알 수 없는 미래로 화살같이 달려가는 시간, 이들을 현재와 연결하는 시간축이 전개되어 있다. 그러나 고대인들의 삶에서는 그런 시간의 흐름에 대한 의식이 없다. 그 당시 아득히 먼 과거사는 현재와 연속적인 시간 축의 일부가 아니라, **시간성을 넘어선 차원의 사건**이었다.

그들이 과거를 초일상적 차원의 지평으로 믿은 이유는 무엇인가? 그 이유는 그런 '과거사들'이란 일상의 인간 능력을 넘어서 탁월한 능력을 가진 자만이 접할 수 있는 사건들이었기 때문이다. 서양에 문자가 도입된 것은 호메로스 시대이다. 문자 도입 이전에는 『일리아드』와 『오디세우스』에 서술된 트로이 전쟁의 기록, 부족사, 영웅담, 인간과 신들의 관계, 다양한 의례들, 오디세우스의 험난한 귀향 과정에서 겪은 모험과 같은 것들이 시인들의 기억에 의존하여 전승되고 전파되었다고 한다. 책 두 권 분량의 서사를 통째로 기억하고, 암송해낼 수 있는 호메로스와 같은 시인들의 기억력은 범상치 않은 능력이었다. 그런 기억력은 일상적 기억과는 차원이 전혀 다른 신적인 능력으로 간주되었다. 고대 희랍인들은, 시인들이 그들

21 M. Detienne, 앞의 책 참조.

자신의 능력으로 그 장대한 서사시를 기억하고 암송하는 것이 아니라, 신의 도움으로 그런 일을 행할 수 있다고 보았다. 그래서 신적인 능력의 도움으로 접할 수 있는 서사시의 사건들, 조상과 영웅들의 행적, 신들과의 관계, 거대 전쟁의 사건들, 부족의 시원적 시간 등은 일상의 사건과는 차원이 다른 일로 간주될 수밖에 없었다. 이들은 오직 시인들의 탁월한 기억력이나 신관의 예지력 또는 현자들의 통찰 등에 의해서만 드러나 알려지는 사태들이었다. 고대 희랍인들은 이런 사건들, 시인들, 현자들, 신관들에 의해 전해지는 사실들을 일상의 사건들과 구분하기 위해, 전자를 '진리'라 부른 것이었다. 일상과 연속선 위의 과거사가 아니라 차원이 다른 공간에서 일어나는 일들이라고 생각했기 때문이다. 구술 시대에 일상인들은 시인의 기억, 현자의 통찰 등을 매개로 전혀 새로운 삶과 행동의 준거틀이 되는 진리의 지평을 접할 수 있게 된 것이었다.[22]

기원전 8세기 즈음 문자가 도입되면서 구전되어 오던 호메로스의 서사시가 비로소 책의 형태로 정착되었다고 한다. 문자가 발명 · 도입되면서[23] 문자적 텍스트는 시인의 기억을 대체하게 되었고, 이에 따라 진리의 세계는 문자와 관련된 세계로 변모한다. 진리는 이제 시인에 의해 기억된 것, 신관에 의해 예언된 것, 소수의 현자가 통찰한 것이 아니라 **문자의 배후에 있는 것**이며, 그와 함께 진리의 성격도 변모하게 된다. 그것은 신들, 영웅들, 조상들의 세계에서 일어나는 사건들이라기보다는 **추상적이고 보편적인 세계**에 속한다. 플라톤의 시인 추방론은 이런 변화를 반영하고 있다. 진리는 이제 특별한 소수의 사람들에 의해 기억되는 것이 아니라, 모든 인간에 고유한 능력인 이성에 의해 탐구 · 발견되는 것이며, 진리의 성격은 보편적이고 추상적이었다. 그래서 진리의 주재자는 호메로스와 같은 시인이 아니라 보편적인 것을 변증적 방법에 의해 발견할 수 있는 철학자들로

---

22 M. Detienne, 앞의 책; 남경희, 「소크라테스와 학문의 발견」, 『서양고전학연구』, 28집, 2007 참조.
23 고대 희랍의 문자는 페니키아 문자에 모음을 부가하여 만들어졌다.

교체되어야 한다는 것이 플라톤의 판단이었다. 그의 시인 추방론은 사고방식의 혁명을 위한 기획의 일부였다.

기억도 없고, 문자적 기록도 없어 모든 것이 일회적으로 등장했다가 바로 사라진다고 해보자. 그런 상황은 말하자면 시간만이 흐르는 세계일 터인데, 그런 세계의 모습은 어떠할까? 그런 흐름 속에서는 인간적 삶의 공간도 존립할 수 없을 것이다. 인류가 언어적인 모든 것을, 언어적 기억과 문자적 기록을 모두 잃어버린다고 해보자. 이런 상황이란 인류가 서서히 **집단적인 치매 상태**에 빠져드는 것과 유사할 것이다. 이런 경우 더 이상 문화와 문명의 세계는 건설·유지될 수도 없을 것이다. 뿐만 아니라 이전에 건설되어 남겨진 것들이 있다 해도, 가령 건물, 도시의 기반 시설, 도로, 문명, 나아가 도서관, 박물관, 문헌들, 문화재 등이 남아 있다 해도, 그런 것의 의미를 읽어낼 수 없을 것이니, 그것들은 이제 무의미한 물질 더미에 불과할 것이다. 이런 인간 흔적의 의미를 읽어낼 해독자가 이 우주에서는 더 이상 존재하지 않을 것이기 때문이다. 이런 상황은 문명과 문화의 폐허를 넘어 언어의 황무지로서, 실질적으로는 자연 상태와 같을 것이다. 이런 자연 상태는 무규정적인 흐름이나 혼돈 또는 잡다에 불과하다. 이런 상상을 해보면 인간적 삶의 공간의 실체가 무엇인지, 그것의 핵심적 특색이 무엇인지를 알 수 있을 것이다. 인간 삶의 세계란 언어적 규정이 가해지고 읽혀져야 비로소 건설될 수 있는 것이다.

아리스토텔레스는 변화란 변화하는 것과 변화하지 않는 것이 있어야 한다고 통찰한 바 있다. 변화에는 변화하는 측면과 그 변화를 겪는, 변화의 주체가 있다는 것이다. 이제 우리는 왜 변화가 이런 상반되는 두 가지 측면을 지니는지 이해할 수 있다. 적어도 의미 있게 논할 수 있는 변화는 기술될 수 있고 인식될 수 있어야 한다. 변화의 주체로서 술어문의 주어가 되는 것은, 언어적 기술의 대상이 되려면, 일정한 모습을 일정한 기간 동안 지니고 있어야 한다. 문장의 주어마저 변하면 변화를 의미 있게 말할 수 없다. 변화를 기술하는 문장의 주어, 또는 변화의 주체가 지니는 그런 불변성은 대상 자체의 특성이라기보다는 언어의 공시성에서 오는 것, 또는 공시적 언어가 부여한 것이다. 변화를 공시적 언어 공간에서 논하기에, 변화의 주체는 기술되는 동안은 항상적인 것으로 간주된다. 의미 있게 논할 수 있는 시간이나 변화, 언어적 기술 대상이 되는 변화는 헤라클레이토스적 흐름flux이나 불교의 윤회적 세계samsara와는[24] 아주 다르다. 전자는 언어의 공시적 공간에 있는 것인 반면, 후자는 언어의 저편에 있다.

언어 상태의 변화

공시적 언어 상태는 불변하는가? 언어 상태는 내적으로는 시간이 정지된 공간이지만, 그 상태 전체는 두 가지 요인에 의해 변화할 수밖에 없다. 한편으로는 언어 상태 외부의 요인이 변화의 충격을 가할 수 있으며, 다른 한편으로는 내적인 요인에 의해서도 변화해간다.

언어 상태는 통시성의 산물로서 외적으로 자연의 시간적 요소들과 관계하고 있어 그들의 영향을 받는다. 언어 주체인 인간은 신체적 존재로서 시간의 변화를 거부할 수 없으며, 그의 두뇌와 함께 그에 얹혀 있는 정신 능력도 노쇠해간다. 인간 삶의 더 큰 환경을 구성하는 외계는 끊임없는 변화 과정을 거치며, 이를 기반으로 하여 구축되는 언어 상태 역시 자신의 기반이 되는 것에서 오는 변화를 저항할 수 없다. 언어와 기억에 의해 외계에 대한 경험은 어느 정도 동결되어 있기는 하지만, 언어 상태는 흘러가는 외계의 영향으로부터 완전히 자유로울 수는 없다. 현대 한국의 언어 상태는 조선조의 언어 상태를 기반으로 하지만, 후자와 다르다.

언어 상태는 항상 구체적이고 특수적이다. 그러므로 동시적으로 존재하는 여러 언어 상태가 있을 수 있으며, 이들 간에는 교류, 영향, 소통이 있

---

24 불교의 'samsara'는 'existence in flux'를 의미한다: F. J. Streng *Emptiness: A Study in Religious Meaning*, Abington Press, 1967, p.74.

을 수 있다. 아마도 언어 상태의 외적 변화를 촉진하는 중요한 계기는 자연적인 것이라기보다는 다른 언어 상태일 것이다. 교통·통신의 발달과 함께, 문명과 문명의 교류는 필연적이며, 다른 문화권의 개념들, 이념과 가치, 믿음들, 사고들의 유입과 침투는 불가피하다. 문화의 발전은 이런 교류를 통하여 이루어진다. 현대 한국의 언어 상태는 조선조의 언어 상태를 기반으로 하되, 20세기 이후 유입된 서구의 문물로 혁명적인 변화를 거쳐 형성되어가고 있는 것이다.[25]

변화를 일으키는 내적인 요인은 무엇인가? 언어 상태는 놀이적 공간의 논리와 구조를 지니고 있다. 언어 요소들은 장기말이나 놀이를 위한 규칙들, 놀이를 하는 선수들과 같다. 놀이 규칙들은 놀이의 정체성을 구성하는데, 이들은 선수들의 역동적인 활동을 구속하기 위해서라기보다는 놀이 활동의 자유를 보장하기 위한 것이다. 놀이 참여자들은 이 자유를 구사하며 끊임없이 다양한 놀이 동작을 전개시켜가야 한다. 언어 상태는 어휘들, 의미, 문법 등에서 어느 정도의 항상성을 지니고 있기는 하지만, 본질적으로 지극히 역동적이고 가변적인 공간이다.

이렇게 통시적 외계나 다른 언어 상태의 요소들이 공시적 언어 상태 속으로 틈입해 들어와 점진적이거나, 어느 경우에는 급격한 변화를 야기하며, 내적인 역동성은 예기치 않은 상황을 전개시키고 새로운 요인들을 창출한다. 이런 변화 요인들이 오래 누적되면서, 장기적으로 볼 때, 공시적 언어 상태 전체는 하나의 언어 상태에서 다른 언어 상태로 이행해갈 수밖에 없다. 이전 언어 상태의 주축적 개념들과 믿음들은 시간의 흐름에 따라 다른 개념들과 믿음들에 의해 대체된다. 100년 전 조선조의 언어 상태와 현대 한국의 언어 상태는 현저히 다르다. 영원히 지속하는 언어 상태란 없다. 현재의 생태계가 현재로서는 안정적이고 평형적인 상태이지만, 장기

---

25 이에 관해서는 남경희, 「서구철학의 수용과 한국철학의 정체성」, 『동아연구』, 41집, 2001. 8. 참조.

적으로는 진화의 과정을 겪는 것과 같다.

언어 상태의 변화와 관련하여 두 가지를 유념할 필요가 있다. 먼저 이런 변화는 전반적으로는 매우 천천히 그리고 점진적으로 이루어진다. 다음으로 시간의 영향을 받는 신체 등은 특수적이고 구체적인 것임에 비해, 언어 상태는 공적이고 추상적인 성격을 지닌다. 그런 점에서 특수자들에 가해지는 영향은 언어 상태에 직접 반영되지는 않는다. 특수적 개인들에 가해진 변화가 누적되면서 그것이 다른 개인들과의 합의와 수렴을 거쳐 공적인 성격을 지닐 수 있는 경우에만 언어 상태의 변화로 나타난다. 특수자로서 개인은 시간의 흐름에 따라 소멸해가지만, 언어 주체로서의 개인은 오랜 기간 동안 존속할 수 있다. 이방원의 아들이자 문종의 아버지로서의 세종은 이미 작고했지만, 훈민정음의 창제자이자 언어 주체로서의 세종은 한글과 함께 아직도 살아 있다. 정신의 지속성이나 영혼 불멸성에 대한 믿음은 언어 주체의 지속성이나 공적 성격과 관련이 있을 것이다. 랑그를 구축한 특수적 파롤parole들은 사라졌지만 랑그langue는 존속해간다.

인간의 삶에서는 다양한 공시적 공간이 구축될 수 있다. 이런 공간은 인간의 주체적 노력에 의해 이루어진다. 주체적 노력에서 핵심적인 것은 언어와 기억이다. 공시적 공간의 하나로 역사 의식에 의해 구축되는 역사적 공간을 생각할 수 있다. 역사 의식이란 일종의 집단 기억인데, 이는 지나간 과거를 현재화하여, 그것의 현재적이고 미래적인 의미를 되새기려는 노력이다. 역사 의식이란, 표현이 시사하는 바와는 달리, 과거 그 자체의 의미를 새기는 의식이 아니다. 과거 그 자체란 정의상 이미 흘러가버렸기에, 과거 그 자체는 인식될 수 없다. 역사를 되돌아보는 것은 마치 수개월 동안 종주해 온 백두대간의 능선을 한 지점에서 바라보고 전망하는 것과 같다. 그 흘러가는 능선의 모습은 어느 지점에서 보느냐에 따라 전혀 달라진다. 역사 의식은 철저히 공시성의 능력이며, 과거까지도 현재화한다.[26]

---

26 역사에 대한 여러 견해에 관해서는 이한구, 『역사학의 철학』, 민음사, 2010 참조.

8장

언어 상태와 인간의 삶

1. 자연 상태와 언어 상태

언어는 모든 공시적 체계의 기초이다

언어의 공시 상태는 시간이 정지된 상황이라는 점에서 신비한 현상이다.[1] 언어는 인간이 구축할 수 있는 **모든 공시적 체계의 전제이자 기초**이다.[2] 인간에 특유한 모든 현상들은 공시성의 개념으로 설명할 수 있거나, 언어라는 공시성을 배경으로 해서만 성립되고 이해될 수 있다.

인간이 언어 상태를 전제로 하여 전개하는 전형적인 공시성의 세계는 학문의 세계이다. 학문이란 세계상世界像의 존재를 전제로 하는데, 세계상

1 아마도 공시성은 어느 정도는 통신하는 모든 생명체들의 핵심적 특징이라 할 수 있을 것이나, 인간의 통신 매체인 언어의 공시성은 다른 생명체들의 통신 매체가 지닐 수 있는 공시적 관계와는 달리 몇 가지 중요한 특징을 지닌다. 이에 관해서는 위의 인간의 언어와 동물의 통신법 참조.

2 Saussure, *Course*, p.94.

이란 세계 내의 존재자들의 모습을 동시적으로 그릴 수 있어야 가능하다.[3] 학문 세계, 자연계, 윤리 규범의 체계를 포함한 모든 규범적 질서의 체계, 정치의 장 등도 역시 공시적이다. 이들의 체계를 구성하는 요소들은 언어 요소들과 마찬가지로 통시적인 진화 과정을 거쳐 등장했으나, 그럼에도 이들 체계들은 공시적 언어 상태를 좌표로 하여 구축되는 것이기에 통시적 사실의 영향을 받지 않는다.

인간은 신체를 지니고 있으므로 통시적 과정을 피할 수 없다. 인간은 시간의 흐름에 따라 생로병사의 단계를 거치면서 소멸해간다. 과거는 시간의 흐름을 따라 현재로 흘러 들어와 인간의 현재 삶에 영향을 주려 한다. 시간의 흐름이 인간에게 의미 있으며 영향을 발휘할 수 있기 위해서는, 언어의 옷을 입고 기억의 현재적 공간 속에 저장되어야 한다. 그렇지 않으면 나의 현재에 영향을 줄 수도 없으며, 그 영향력이 인지될 수도 없다. 의미 있는 영향력이란 인식될 수 있는 것이어야 한다. 모습이 파악되지 않는 힘, 이는 인간에게는 신비이거나 부재자이다. 통시성의 수용과 영향력의 발휘는 공시적 언어의 매개를 통해서만 이루어지며, 나아가 통제되고 조절될 수 있다. 인간은 정치적 존재라는 말은 인간이 공시성의 삶을 사는, 언어적 존재라는 말과 동치이다. 인간이 시간을 공시적 언어에 더 이상 담을 수 없을 때, 인간은 자연 속으로 스러져간다.

자연 재해, 질병, 별들의 운행 등은 언어화되지 않는 불가해한 것인데도 인간의 삶에 영향을 주고 있지 않는가? 알 수 없는 질병의 원인이 무수히 많으며, 학문적 물음들이란 언어화되지 않은 것들에 대한 탐구라고 말할 수 있지 않을까? 그러므로 말할 수 없는 것의 존재는 바로 학문적 탐구의 존재 이유라고 할 수 있지 않을까? 위에서 논한 바와 같이[4] 언어 상태는 내·외부의 요인들에 의해 변화해간다. 우리는 인간이 신체적 존재이며,

---

3 하지만 동아시아의 경우는 언어 상태가 형성되어 있는 경우에도 서양과는 전혀 다른 학문관이 형성되었음을 우리는 유념할 필요가 있다.

4 본서 7장 참조.

자연과 우주에 둘러싸여 있음을, 그런 요인들에 의해 우리의 언어 상태가 변화되어 감을 부정하지 않는다. 언어는 일종의 더듬이, 타자 지향적, 일향적인 매체이다. 그렇기 때문에 그 불가해한 영향력을 부단히 언어화하려고 노력한다. 인간 삶의 과정이란 이렇게 언어화되지 않는 것을 언어화하려는 노력이라고 말할 수 있다. 언어화되어야 그것들에 대해 의미 있는 일정한 방식의 태도를 취할 수 있기 때문이다.

동물의 시간과 인간의 시간

동물과 같은 자연적 존재들은 시간 속에서 그저 흘러갈 뿐이다. 엄격히 말해서 그들은 시간의 흐름 속에 있다고 말할 수도 없다. 시간의 흐름 그 자체 속에 있을 때는 시간을 의식할 수도 없다. 시간의 흐름이란 공시성의 지평에서 변화 등과 관련하여 언어적으로 규정되어야만 의식된다. 동물 등은 유기체적 기제[5] 이상의 공시성을 살 수 없으므로 시간의 흐름도 의식하지 못한다. 시간이 의식되어 있지 않으므로, 그들이 시간 속에 있다는 사실은 그들에게는 무의미하며, 그러하기에 그들은 실질적으로는 시간 속에 있는 것이 아니다.

시간을 의식할 수 있기 위해서는 시간 속에서 일어나는 변화를 측정하고 규정할 수 있어야 한다. 변화란 과거와 현재의 차이가 드러나야 인지될 수 있다. 과거와 현재의 차이를 드러내기 위해서는 양자가 동일한 공간 속에 동시에 병존하여 비교될 수 있어야 한다. 그러므로 차이의 부각을 위해서는 공시적 공간이 전제되어야 한다. 인지될 수 있는 것으로서의 시간의 흐름은 공시적이다. 언어적으로 규정되어 공시적 공간 속에 저장되어 병치된 것만이 의식될 수 있는 시간이다.

---

5 유기체의 기제라는 개념도 동물들을 인식자의 관점에서 기술할 경우에만 등장할 수 있는 개념일 것이다.

동물들도 수명이 있지 않은가? 자연적 존재자들이 시간 속에 존재할 수 있다면, 그것은 오직 우리 인간의 시간 의식에 의존했을 때에만 가능하다. 시간 개념은 언어에 의존하며, 언어적 규정을 통해서만 측정될 수 있다. 언어란 공시적인 체계이므로 통시성은 공시성에 의존하여 의식되는 특성이라 말할 수 있다. 그런 점에서 역설적이지만 공시성의 차원을 누릴 수 있는 인간만이 통시성의 차원을 전개할 수 있다. 전적으로 통시적인 존재는 통시성을 의식할 수조차 없다.

인간도 자연 상태에서는 다른 자연적 존재들과 같이 통시성의 흐름 속에서 흘러갔을 것이다. 어떤 계기에 의해 인간은 자연 상태에서 벗어나 인간 특유의 생존 공간을 구축한다. 근대 정치 철학자들은 이 계기를 사회계약이라 해석한다. 인간들은 사회계약을 통해 국가를 구성하고 자연 상태를 벗어났다는 것이다. 국가는 분명 대표적인 공시성의 공간이다. 아마도 우리는 최초의 인간적 공간을 국가나 사회라 부르는 데에 동의할 수 있을 것이다. 그러나 이 최초의, 더욱 근원적인 의미의 국가나 사회 상태는 통상적으로 이해되는 권력의 구조적 조직체라기보다는 언어 사용을 통해 들어선 공시적 언어 상태이다. 그리고 인간이 들어선 새로운 질서와 힘의 실체는 언어의 질서이다.

심층적인 공적 공간으로서 의미의 공간

자연 상태에서 여기저기 흩어져 살던 사람들이 서넛씩 모여 살며 숲 속이나 강 옆에 정착을 하게 되고, 점차 인구가 늘어남에 따라 주거 지역도 넓어지며 그 사이에 가로 세로로 길이 생기면서, 안정적인 주거지인 마을이 형성될 것이다. 이는 물리적 변화이다. 물리적 변화만으로는 많은 수의 사람들이 살 공간이 형성되지 않는다. 사람들이 하나의 동일한 공간 속에 살더라도[6] 그들 사이에 의사소통이 이루어질 수 없다면 공동체가 형성되지 않는다. 마을이 형성되는 과정에서 말들이 교환되고, 교환되는 말들이 많아지고 복잡·미묘해지며, 그에 따라 인간관계도 복잡해질 것이다.

복잡한 인간관계와 삶의 세계를 정리하고 규제해 줄 수 있는 질서로서 말의 질서가 마을의 물리적 변화에 동반하여 형성되어갈 것이다. 점차 사람들 간의 질서와 규범들이 정치해지면서 위계 질서도 자리를 잡는다. 우리는 말의 질서의 실체를 더욱 정확하게 이해할 필요가 있다. 이 질서는 단지 의사소통의 공간, 언어 질서, 문법, 구문, 규범 체계만을 의미하는 것이 아니다. 이런 공간이나 체계가 가능하기 위해서는 더 심층적인 의미의 질서나 공간이 구축되어야 한다. 이는 공유의 공간이자 공적인 지평인데, 우리는 이를 '**이해의 공간**', 또는 '**의미의 공간**'이라 부를 수 있다. 두 화자가 서로의 말을 이해하고 지속적으로 의사소통하며, 공동의 삶을 영위하기 위한 조건은 무엇인가? 그것은 적어도 서로의 삶을 구성하는 모든 요소들, 즉 서로의 사고, 정서, 행위들이 갈등 없이 이해되고 교환되어야 한다는 것이다. 이런 조건은 다시 이들이 상당히 많은 믿음과 정서를, 아니 대부분의 기초적인 믿음과 정서를 공유한다는 사실을 함축하고 있다. 이런 심층적인 차원에서 믿음의 공유, 또는 동질성 없이는 의사소통은 물론 공동의 삶도 영위할 수 없다.

사람들은 자신의 몸을 의탁하기 위한 물리적 공간으로서의 마을과, 마을 한 귀퉁이를 점유하는 자신만의 집을 필요로 한다. 이에 더하여 그들은 그들의 마음을 의탁하기 위해 새로운 종류의 공간을 필요로 한다. 그 새로운 공간은 서로 주고받는 말들에 의해 구축된 질서나 공간이다. 국가의 실체는 바로 이런 공간, 교환되는 말들에 의해, 더 심층적으로는 **의미들에 의해 구축되는 질서나 공간**을 의미한다. 개인들은 의미들의 공간 속에서 자신의 고유한 거처를 필요로 한다. 자아상이란 바로 이런 거처를 의미하기도 하고, 또는 이 거처를 기반으로 형성해가는 자신의 모습이기도 할 것이다.

---

6 아리스토텔레스는 이를 공간의 공유라 하며, 진정한 공동체와 구분한다. Aristoteles, *Politics* 참조.

자아의 자리와 위상을 지정해주는 좌표대는 방금 지적한 공유된 의미의 지평이기에, 개인들은 심층에서는 상당한 정도로 유사하다. 언어적 공간 속에서의 개인들이란 거대한 대양의 파도와 같은 존재들이다. 위에서 보면 서로 구분되지만, 심층에서는 상당히 많은 것들을 공유하고 있어서 거의 동일하다고 할 수 있는 존재, 이것이 바로 공동체 속의 개인들이다.

다시 놀이의 비유를 들면, 바둑이나 야구를 하기 위해서는 바둑판이나 야구장도 있어야 하지만 더 중요하게는 **동일한 놀이 마당**이 기사들이나 야구 선수들의 머리나 의식 속에 자리 잡고 있어야 한다. 중국의 과장적 우화는 놀이 활동에는 추상적이고 심적인 공유의 마당이 존재함을 잘 드러낸다. 중국 남북부의 바둑 고수 둘이 만리장성 위에 바둑판을 놓고서 바둑 경기를 하기로 했다. 북부의 고수가 검은 돌을 집어 들고 첫 수를 놓았다. 그러자 하얀 돌을 놓기로 한 남부의 고수가 장고에 들어가더니, 한참 후에 패배를 선언하면서 돌을 놓았다는 것이다. 황당한 내용이기는 하나 이 이야기는 놀이 구조에 대해 중요한 시사를 한다. 남쪽의 고수는 머릿속 바둑판에서 가능한 모든 수를 고려하며 한 판의 바둑을 두어보고 승산이 없음을 깨달았던 것이다. 고수들의 바둑 게임은 공유된 머릿속 바둑판 위에서 두어진다.

마당의 공유는 놀이자들의 정체성을 재규정하게 한다. 이들은 각각 특수적이고 개별적인 개인이지만, 놀이 마당을 공유하고 있다는 점에서 심층적으로는 상당히 유사한 존재이다. 가령 투수와 포수는 야구장 안에서 지니는 위치와 역할에서는 상당히 다르지만, 다른 한편으로 야구장 밖 관중이나 축구 선수과 비교할 때 투수와 포수 간의 차이는 지극히 표층적이다. 그들은 심층적인 차원에서 유사하고 공유의 지평 위에 서 있기 때문에 같은 경기를 할 수 있는 것이다.

말의 질서가 복잡하고 섬세하게 전개되면서 그 질서는 미로로 여겨질 정도로 복잡다단하게 좌우로, 위아래로 갈래를 뻗어간다.[7] 인간은 이런 언어망 위에서 자신을 형성하고 자신의 위치와 역할을 확인함으로써 비로소 인간적 삶을, 그리고 사회적인 삶을 영위할 수 있다.

미로가 중층적이고 다층적이 되면서 점차 심적 어휘들도 생겨나고 이들에 의해 심적인 지평이나 윤리적인 지평 등이 형성될 것이다. 그리고 이런 담론 지평의 주축에 정신, 영혼, 자아 등의 개념이 자리 잡는다. 이런 개념들을 주축으로 또 새로운 삶의 방식, 언어 놀이가 전개되며, 인간의 정신세계, 문화 등 인간 고유의 세계가 전개될 것이다.

학문적 활동

자연 상태가 통시적임에 비해, 인간 삶의 핵심적인 특성은 공시성이라 한다면, 근대 철학자들이 말하는 국가 구성을 위한 사회계약은 시간의 흐름이 유예되기 시작하는 공시성의 단초가 될 것이다. 필자는 다른 곳에서[8] 국가의 실체는 말의 질서이며, 근대 철학자들이 국가 구성의 계기로 본 사회계약은 시장적 질서나 상호 협동을 가능하게 하는 경제적 의미의 계약이라기보다는 공유 언어의 사용을 위한 계약이라 논한 바 있다. 인간 삶을 위한 최초의 기반적인 공시성이 언어 상태라는 소쉬르의 주장은 필자의 이런 입장을 지원한다.

정치적 삶보다 더 전형적인 공시성의 영역은 학문 세계이다. 모든 학문은 공시성의 공간에서 이루어지는 작업이다.[9] 학문은 기술적인 작업을 전제하는데, 무엇이든 기술되기 위해서는 기술되는 현재적 시점의 지평 위에 펼쳐져 있어야 한다. **인식의 관점은 본질적으로 탈시간적인 현재 관점**

7 이 언어의 미로 속에서 철학도, 종교도, 신화도 생겨난다.

8 남경희, 『말의 질서와 국가』.

9 여기서의 학문은 서양적 의미의 학문이다. 동아시아의 학문관은 서양과 다른데, 그것은 우리 삶의 세계를 정태적인 것으로 보느냐, 동태적인 것으로 보느냐의 차이와 연관된 것으로 보인다. 서양의 학문관은 언어의 공시성을 기초로 하며, 정태적 질서의 탐구와 발견을 목표로 하나, 동아시아에서 학문은 그런 질서보다는 인간 자신의 인격 형성을 목표로 하는 수기학, 일종의 수양의 방식으로 보인다.

이다. 그런 관점 없이는 어떠한 언어적 기술도 불가능하다. 역사 기술 역시 마찬가지이며, 이런 시점 의존성 때문에 역사에 대한 중립적이고 절대적이며 객관적인 기술이란 있을 수 없다. 역사학이나 진화론을 포함하여 모든 학문이 유클리드Euclid 공간 위에서, 소쉬르의 개념을 빌리면, 공시적인 언어 상태 속에서 이루어진다.

흔히 최초의 학문은 철학의 모습으로 고전기 희랍 시대에 시작되었다고 하지만, 우리는 더 소급해갈 수 있다. 최초의 학문적 지평은 시인들의 탁월한 기억력에 의해 전개된 부족이 시작하고, 영웅들이 활약하며, 신들과 교유하던 세계이었다. 이런 사건과 활동들은 위에서 언급한 바 있는 구술시대의 인간들이 '진리'라 부른 지평에 속하는 것들로 그 시대의 구체적이고 현실적인 삶을 위한 준거와 지침이 되었던 것들이었다. 이들이 진리이자 학문적 세계에 속한다고 할 수 있는 이유는 이들이 일상의 시간을 벗어난 세계에서 전개되는 사건들이었기 때문이다. 진리가 점차 보편적이고 추상적인 세계에서 탐구되기 시작하는 것은 철학적 사유가 발전하면서부터라고 이미 지적한 바 있다.

언어학과 경제학 등 가치에 관한 학문의 경우를 제외한[10] 다른 학문들의 경우 역사적인 요인들은 현재의 연구 대상을 기술함에서 고려될 수 있다. 하지만 이런 경우에도 과거는 그 자체로서 연구와 기술 대상이 되기보다는, 현재의 관점에서 재구성되어 공시성의 공간에 나열됨으로써 비로소 연구와 기술의 대상이 될 수 있다. 대표적으로 동식물 분류학을 보자. 동식물 자연종들은 오랜 진화 과정의 산물이지만, 이들을 분류하는 데 각 자연종의 역사는 고려 대상이 아니다. 다양한 자연종들을 분류하여 체계화하려면 그 역사로부터 단절되어야 한다. 역사학의 대상으로서의 역사적 사실들도 문서나 유물, 기억 등에 의해 과거가 현재화되어 있어야만, 즉 현재의 일부로 자리 잡고 있어야만 연구될 수 있으며, 그렇다고 한다면 이

10 Saussure, *Course*, p.79.

들의 모습은 현재의 관점에서 구축된 것이다.

2. 언어는 척도이자 주인

언어는 인간의 거주지이다

인간 삶은 언어 구속적이다. 인간의 사고, 감정, 인식과 행동 모두 언어에 의존되어 있다. 언어는 인간 삶의 길, 사고와 행위를 위한 수로이자 궤도이며, 동물적 확실성을 대신하여 새로운 확실성을 마련해주는 매체이다. 놀이 공간에서는 놀이의 규칙에 따라 처신해야 놀이 행위가 의미를 지닐 수 있으며, 놀이장을 벗어나서는 존재 이유를 상실한다. 같은 논리로, 인간의 사고와 행위가 의미를 갖추려면 언어의 옷을 입어야 하며, 인간적인 사고와 행위의 길인 말의 길을 따라야 한다. 말의 길을 일탈한 것은 사회적으로 수용될 수 없다.

그 이유는 무엇인가? 사고나 정서는 내면의 것이기에, 그 자체로서는 타인에 의해 관찰될 수 없다. 그러므로 객관적 모습과 의미를 지니려면 타인이 이해할 수 있는 매체에 의해 표현되어야 한다. 그리고 신체적 행동 그 자체는 여러 가지 다양한 모습으로 규정될 수 있다. 외계가 그러하듯이, 언어의 옷을 입지 않은 상태에서 신체적 동작은 무정형적이고 불확정적인 것에 그친다. 언어의 옷을 입어야 일의적이고 객관화된 모습을 지니며, 타인에게 의미를 지니는 것이 된다. 언어의 규칙을 따르지 않으면, 그 어떤 것도 이해되지 않으며 통신될 수 없다. 타인이나 타자와 교류하기 위해서는, 그 이전에 자신의 존재나 정체성을 확보하기 위해서는 언어에 의존하고 언어의 승인을 받아야 한다.

인간의 삶에서 언어의 구속성은 절대적이다.[11] 일단 언어의 장에 들어온 후에는 우리는 언어 놀이의 장을 떠날 수 없다. 일상적 놀이의 경우, 우리는 가령 축구장을 떠날 수도 있고, 야구를 할 수도 있다. 경기자는 놀이 규칙에 따라 움직이며, 경기장에 머물러 있는 한 절대적으로 그 규칙에 구속되어 있지만, 공놀이를 하다가 운동장을 떠날 수 있다는 점에서 그 절대성은 한시적 또는 상대적 절대성이다. 하지만 우리는 죽기 전에는 언어의 장을 떠날 수도 없지만, 떠날 수 있다고 가정해도, 이 장을 떠나는 순간 우리는 부재의 존재이거나 인간이기를 그친다. 인간 삶에 대한 영향력을 감안할 때 언어는 우리의 리바이어던이다. 언어는 우리의 종복이 아니라 주인이다. 언어는 타인과 세계를 보는 눈을 결정하며, 인간의 인식, 사고, 행동은 언어의 결재를 받아야 비로소 이루어질 수 있다.

고대 원시사회에서 언어 기호의 전능성

언어의 절대적 전능성은 언어가 가장 기초적이고 포괄적인 매체이자 측정 단위라는 사실에서 비롯된다. 고대 원시사회는 언어의 절대성을 확인시켜준다. 고대 원시사회를 지배하던 사유를 프로이트S. Freud는 **'관념의 전능성'**이라 부르는데,[12] 우리는 우리가 추적할 수 있는 가장 시원적 사고구조인 토테미즘에서 이런 사유의 한 전형을 엿볼 수 있다. 레비스트로스 등의 연구에 따르면, 고대 원시인들의 삶에서 토템은 주축적인 역할을 수행했다고 한다. 이 토템의 핵심적 역할은 그들 부족의 정체성을 결정하는 것이다. 나아가 토템 체계는 인간과 자연, 나아가 행위 등 모든 분류 체계의 축을 형성한다고 한다. 그들 세계관에서 가장 중요한 것은 인간이냐 동물이냐, 사회냐 자연이냐가 아니라, 어떤 토템을 모시느냐 하는 것이었다. 같은 토템적 공간에 거주하는 구성원들은, 사람이든 동물이든 식물이든 간에 상관없이 공감적 연속체에 의해 연결되어 있는 혈연이라고 믿었다.

---

11 Saussure, *Course*, 언어 기호의 절대성 원리 참조.
12 지그문트 프로이트, 『토템과 타부』, 문예마당, 1994.

가령 곰 토템족에게 곰은 자신들의 친족이지만, 다른 토템을 모시는 원숭이족들은 비혈연적일 뿐만 아니라 저급한 존재로 간주되었다. 따라서 곰족이 곰의 고기를 먹는 것은 일종의 식인과 같은 불경스러운 타부로, 이를 어길 때 엄정한 징벌이 가해지지만, 원숭이 토템족을 잡아먹는 것은 현대인의 눈으로는 식인이지만, 그들에게는 별 문제가 되지 않았다는 것이다.

토템 체계에서 흔히 동물들이 토템으로 등장한다. 특정 동물을 자기 부족의 토템으로 삼는 이유는, 그 동물의 어떤 특성이 중요하기 때문이라기보다는 그 동물이 다른 부족과의 차이를 분명하게 드러내어주는 상징적이고 기호적 장치의 역할을 하기 때문이라고 한다. 고대 원시인들에게 원숭이와 곰, 여우와 고슴도치 등처럼 분명한 차이를 보이는 것은 없다.[13] 그들에게 동물들 간의 차이는 다른 모든 차별적인 것들의 구분을 위한 원초적이고 기초적인 차이의 체계이었다.

우리는 '관념의 전능성'이란 표현을 수정할 필요가 있다. 세계 분류에서 중요한 것은 어떤 언어 기호에 의해 불리는가이다. 고대 원시사회에서는 언어 기호와 관념, 기표와 기의, 나아가 언어와 사물의 구분도 없었을 것이다. 언어 기호는 새로운 세계와 대상을 지시해주기 때문에 그 자체가 신성한 존재이었다. 갑골문의 한자들을 생각해보라. 이들은 보이지 않고 추상적인 저편의 존재를 가리키는 상징이었다. 그러므로 '관념의 전능성'이란 표현은 정확히 말하면 **'언어 기호의 전능성'**이라 바꾸어 말할 수 있다.

현대 사회에서 인간과 동물, 인간과 자연의 구분은 가장 기초적인 구분이지만, 고대 사회에서는 그런 구분이 존재하지 않았으며, 상당히 후대라 할 호메로스 시대에 이르기까지도 인간 사회와 자연은 하나의 같은 원리에 따라 지배되는 것으로 믿어졌다. 가령 고대 희랍인들에게는 도덕의 원

---

13 그들에게 동물은 일종의 추상명사였다. B. Snell, *Die Entdeckung des Geistes*, Goettingen, 1955. 이에 관해서는 15장에서 논의할 것이다.

리와 자연 지배의 원리가 같았는데, 그들은 이를 'Moira'라 불렀다.[14] 자연 법칙의 개념은 근대 이후에 등장한다. 더 이전에 고대 희랍에서 자연 세계physis가 관습의 세계nomos로부터 구분되는 것은 소피스트 시대에 이르러서이다. 그 이전에 자연physis은 영혼psyche과 비슷한 존재로서, 인간과 자연 모두에 생기를 부여하는 힘을 함유하는 미세한 물질이었다.[15] 이 동일한 요소에 의해 주재되는 한, 인간 세계와 자연 세계는 동질적이었다.

고대 사회에서는 사회적인 것이 개인적인 것에 우선한다. 원자적 개인의 개념은 근대의 소산으로, 고대 사회에서는 아직 그런 개념이 형성되지 않았을 뿐 아니라, 자연과 인간 사회가 미구분의 상태에 머물러 있었다. 이 모두를 지배하는 것은 언어의 질서, 구체적으로 토템 체계, 갑골문의 질서, 시인들이 기억하여 암송하는 서사시의 내용, 신관의 말과 같이, 한마디로 신성한 언어의 질서였다.

역사의 진전에 따라 인간은 전능적 언어나 관념의 지배로부터 자유로워지고, 인간과 사회가 구분되며, 개인 역시 사회로부터 독립된 영역을 확보하게 된다. 이런 변화가 인간이 관념이나 언어 기호로부터 자유롭게 되었음을 함의한다고 해석할 수 있을까? 우리는 인간적 삶을 사는 한, 언어와 관념의 지배로부터 벗어날 수 없다. 역사가 발전하고 문화가 축적되면 될수록 우리는 오히려 더욱 언어의 섬세한 그물망에 사로잡히게 된다.

언어 의존성의 이유

인간의 삶이 언어 의존적인 이유는 무엇일까? 언어가 그리 막강한 힘을 발휘하는 이유는 무엇일까? 근대 국가론자들이 통찰하였듯이, 인간적 삶은 인간이 자연 상태로부터 벗어나기로 하고 국가나 사회를 구성하기 위

---

14 F. M. 콘퍼드, 『종교에서 철학으로』, 이화여자대학교출판부, 1995.
15 F. M. 콘퍼드, 위의 책.

해 사회계약을 맺으면서부터 시작되었다. 그런데 이런 사회계약을 위해서는 자연 상태에서 지니고 있던 모든 것을 양도하고 새로이 태어나야 한다. 개인들의 모든 것, 즉 그의 지위나 정체성, 또는 행위 방식은 사회계약에 의해 창출된 필멸의 신, 즉 리바이어던적인 국가에 의해 새로이 창조되어야 한다.[16] 인간이 자연 상태를 벗어나 구축한 것은 국가인데, 이 국가의 실질이자 기초는 말의 질서라 할 수 있다.[17] 자연 상태와 인간적 삶의 공간, 이 둘의 차이는 언어적 규정성의 존재 여부이다. 정치상태의 본질은 두 가지로, 첫째는 둘 이상이 공존하는 사회상태라는 점이며, 둘째는 자연의 힘이나 물리적 힘을 대체하는 새로운 힘, 즉 말의 질서가 힘을 발휘하는 공간이라는 점이다. 정치상태에서는 언어가 모든 것을 규정한다. 사회계약 이후 인간은 언어를 통해서만 타인들과 사회적 관계를 맺을 수 있다.

인간은 외계에 둘러싸여 있다. 인간의 삶이 허공에서 이루어지지는 않을 것이다. 이 외계를 철학자들은 자연 상태, 실재, 존재 그 자체, 진상, 또는 일반적으로 세계라 부른다. 철학의 주축을 이루는 존재론이나 형이상학의 목표는, 더 일반적으로 학문의 이상은 이런 세계의 진상이나 진리를 규명하는 것이었다. 모든 지적 활동이나 인식적 활동의 지향점은 존재 그 자체, 진리 그 자체의 발견에 있었다. 플라톤이 이를 자체적인(auto katha' auto; what is by itself) 존재자들이라 규정한 이래, 서구 철학과 학문은 이를 인식의 궁극적 목표로 설정해왔다. 칸트는 후에 이를 물 자체Ding an sich라 규정하면서, 이는 인간 인식의 한계를 넘어서므로 인식의 대상으로 삼을 수 없다고 제한한 바 있다.

우리는 물 자체나 존재 그 자체가 단지 인식의 한계 저편에 있는 것이 아니라 부조리한 개념임을 지적하고자 한다. 물 자체나 존재 그 자체가 인식의 한계 저편에 있다고 한다면, 우리는 이를 언어적으로 규정할 수도 없

16 완전 양도, 필멸의 신이라는 개념에 관해서는 홉스의 여러 저서와 남경희, 『말의 질서와 국가』 참조.

17 남경희, 『말의 질서와 국가』.

다. 규정할 수 없는 것은 의미 있고 실질적인 존재의 지위에 오를 수 없는 것, 바로 사실상의 허무이다.[18] 소리를 볼 수 없는 것은 소리의 본질 때문이지 소리가 시각의 한계 저편에 있기 때문이 아니다. 소리라는 것이 시각의 한계 저편에 있다고 말할 수 있으려면, '완전한' 시각 능력이나 '신의 눈'은 소리도 볼 수 있다고 해야 할 것이다.[19] '물 자체'가 본질적으로 인간 인식의 대상이 아니라면, 이는 인간 인식의 한계 저편에 있는 것이 아니라, 인간 인식에 대해 허무인 것이다.

전통적인 의미의 진상이란 실질적으로는 허무라고 한다면, 있는 것은 자연 상태와 인간이 언어로 구축한 세계이다. 인간이 살고 행위하기 위해서는 무엇이라고 규정할 수 있는 어떤 환경이나 주위 세계, 즉 삶의 세계가 있어야 한다. 인간의 삶이란 허무의 공간에서 허우적거림이 아니다. 이른바 인식을 향한 노력이 경주되는 이유도 바로 행동과 삶을 위한 확실성의 공간을 확보하기 위해서이다. 인간은 자연 상태를 벗어난 이래, 자연적 확실성이나 동물적 확실성은 더 이상 누릴 수 없게 되었다. 인간 삶의 원초적 조건은 불확실성이었다. 근대 계약론자들은 인간은 살고 행위하기 위해서 국가나 새로운 권력의 질서를 구축하였다 논하였지만, 이를 위한 계약이 체결되기 위해서는 우선 확실성의 공간을 구축하여야 한다. 자연 상태의 동물적 확실성을 상실한 이후 인간이 확실성의 공간을 구축할 수 있는 유일한 방법은 언어적 규정성에 의존하는 것이다. 언어는 인간들 간의 소통 매체이므로, 적어도 인간들 사이에는 **일의적이고 객관적인 세계의 모습**을 제공해줄 수 있다. 일의적이고 객관적인 확실성의 유일한 근거는 언어이다. 플라톤 이래 믿음과 인식, 현상과 진상은 배타적으로 구분된다고 여겨져왔으나, 실은 현상과 믿음 모두 언어를 통해 형성되기 때문에 믿음은 인식의 가능성이고, 현상은 진상의 구조이다.

---

18 추가의 논변은 남경희, 『말의 질서와 국가』 참조.

19 소리를 보고 그림을 들을 수 있는 경우가 있다고 한다. 이를 공감각이라 한다. 그런데 공감각은 오히려 감각의 언어 의존성을 증거하는 것으로 여겨진다.

언어가 일의적이고 객관적인 모습의 근거가 되는 이유는 무엇인가? 바로 언어가 세계나 생각의 모습을 재는 측정 도구이며, 측정된 바를 전할 수 있는 매체, 인간들 사이에서 통용성이 있는 매체이기 때문이다. 측정 단위나 매체를 통하지 않고서는 객관적이고 공적인 모습을 확보할 수 없다. 언어는 우리의 의사소통 공간이나 사유의 세계에서 쓰이는 화폐이다. 화폐라는 측정 단위가 없으면, 재화의 양적 크기를 계량할 수 없어 시장에서의 매매활동이 불가능해진다. 마찬가지로 언어라는 단위가 없으면 생각과 느낌, 나아가 행동의 객관적 모습을 공유할 수 없기 때문에 광장에서 생각과 행동을 교류하는 것이 불가능하다.

언어는 인간의 삶에 화폐보다 더 근원적인 제약을 가한다. 화폐가 없어도 물자를 교환하고 소비할 수는 있을 것이다. 그러나 언어 없이는 의사의 형성과 소통은 물론이고 인간적인 행동과 삶조차도 불가능하다. 언어를 상실하게 되면, 인간은 자연 상태로 퇴행해간다. 언어를 잃어버린 신경증 환자의 경우나 치매 상태의 경우를 떠올려보면 알 수 있을 것이다.

언어는 우리를 구속하는 동시에 자유도 가능하게 한다. 다시 놀이와 비교해서 생각해보자. 놀이장이나 놀이 규칙은 선수들에게 일종의 구속이다. 하지만 규칙이 없다면 선수들은 전혀 놀이를 할 수 없거나, 우왕좌왕 좌충우돌하면서 혼돈 속에 빠져들 수밖에 없다. 그들은 놀이장에서의 자유를 상실한다. 따라서 놀이 규칙은 굴레이지만 놀이장 안에서의 자유로운 행동을 위한 가능근거이다. 선수들은 놀이 규칙의 구속을 수용하는 범위 안에서만 자유롭다. 언어는 리바이어던적인 권력이지만, 인간은 그 권력에 복종하는 한에서만 자유로울 수 있다. 언어의 길은 인간적 행동과 삶의 길이다. 그것은 컴퓨터 회로와 같다. 더 원초적으로 인간은 언어의 구속을 수용하였기에 자연으로부터 해방되어 동물들과는 다른 삶을 영위할 수 있는 것이다. 나아가 언어는 인간 삶에 정교성, 중층성, 심층성, 깊이, 복잡성을 더해주며, 뿐만 아니라 비가시적 영역까지도 전개시켜준다. 인간은 언어를 통해 감각으로 접할 수 있는 것 이상을, 추상적이고 보편적이며 심적인 세계를 접할 수 있게 되는 것이다.

3. 공시적 언어의 효과와 함의

고정성과 불변성의 부여

언어의 공시성은 어떤 철학적 의미를 내포하는가? 그것은 인간의 삶과 어떤 관계를 맺고 있는가? 인간을 포함하여 모든 것들은 변화해간다. 이들은 간단없는 시간의 흐름 속에서 생성했다가 소멸해간다. 고대의 헤라클레이토스로부터 현대 물리학에 이르기까지, 제행무상諸行無常을 설파하는 불가佛家나 변화의 철학을 논하는 『주역』에서 신유학의 기론氣論에 이르기까지 외계의 모습에 대한 주축적인 통찰은 모든 것들이 이런 간단없는 흐름 속에 있으며 항존적인 것은 없다는 것이다. 그래서 구약의 「전도서」는 모든 것이 헛되고 헛되다는 허무주의를 선언한다. 다른 한편으로 경험 세계의 변화는 영원과 불변의 관념을 품게 하며, 이런 관념들은 경험을 넘어선 초자연적인 세계나 경험 이전의 선험성의 세계에서 신적인 영원과 불변의 세계를 찾도록 유혹한다. 철학자들은 불변하고 영원한 세계를 실재, 진상, 진리, 물자체, 학적 진리의 세계라 부르며, 그 세계를 이성이나 정신의 능력을 통해 접근할 수 있다고 믿어왔다. 그런 세계를 접할 수 있는 것이 학문적 탐구의, 특히 철학자들의 특권이라고 자부해왔다.

과연 영원불변한 것은 없는 것일까, 아니면 저 너머에 인간의 정신만이 접할 수 있는 그런 신성, 초월성, 선험성의 세계가 존재하는 것일까? 허무주의나 상대주의는 우리 삶의 안정성을 해치며, 다른 한편으로 초월성이나 선험성의 영역을 수용하기에는 형이상학적 부담이 너무 크다.

우리는 **제3의 선택**을 할 수 있다고 생각한다. 불변성, 항상성, 영원성의 관념은 언어에 의존하여 생성된다. 이미 지적한 바와 같이, 언어 활동이 전개하는 공시성의 지평이란 통시성과 대조되며 그와 배타적인 관계에 있다. 공시성의 지평이란 시간의 흐름을 차단하여 구축한 자율적인 공간이다. 우리는 흐르는 외계를 언어로 규정함으로써 그런 변화에 저항할 수 있다. 무엇을 언어적으로 규정한다는 것은, 첫째, 그것을 시간의 흐름에서 끄집어내어 시간이 정지된 차원에 놓고 그 차원에서 그것의 모습을 규정하는 것이며, 둘째, 그 좌표대 위의 다른 것들과의 관계 속에서 그것을 파악한다는 것을 의미한다. 세계 내의 대상들은 언어적으로 규정되면서 일의적인 모습을 지니게 되며, 그와 함께 시간적 흐름에서 벗어나 불변적이고 항상적인 공간 속으로 들어오게 된다. 흘러가는 외계는 언어적으로 규정될 때만 불변의 것일 수 있다. 이렇게 언어는 고정 불변의 모습을 지닌 수많은 존재자들을 창출하여 무시간성의 공간을 전개할 수 있게 한다.

고대의 입문 의식은 공시적 언어의 의의를 극적으로 표현하고 있다. 고대 원시사회의 토테미즘적 체계는 변화하는 세계에서 언어에 의해 구축된 공시적 공간인데, 이 공간은 원시 인간들에게는 신성한 세계이었다. 그들은 그 세계에 들어가야 비로소 진정한 인간이 될 수 있다고 확고하게 믿었다. 그 공간에 들어가는 의식이 바로 입문 의식이었는데, 입문하기 위해서는 엄격한 조건을 충족시켜야 한다.[20]

언어의 공시성을 비유적으로 표현하면, 카메라의 스냅 사진이 발휘하는 효과와 비슷하다. 언어적 기술은 기술되는 것들을 동시적인 존재로, 현재적인 존재로, 시간의 흐름을 벗어나 불변하는 모습을 지닌 것으로 언어적 공간 속에 공존하게 한다. 언어가 발휘하는 그런 냉동 효과는 영원한 것이 아니라 일시적인 것이다. 시간의 흐름은 온도를 상승시키면서 얼어붙어 고정적인 모습을 지니고 있던 대상을 녹여버리며 그 모든 것들의 정체성을 완전히 용해시켜, 언어적 규정 이전의 시간적 변화의 흐름 속으로 빠져들게 한다.

---

20 C. Lévi-Strauss, *The Savage Mind* 참조.

칸트의 선험적 범주에 대한 재해석

공시적 공간을 형성해가는 과정에서 언어는 생득적인 감각활동에까지도 영향을 주어, 감각은 언어의 결제를 받고서야 자신이 지각한 바를 주체에 보고할 수 있다. 사태의 정확한 기술은 다음과 같다. 외계의 자극에 대한 반응 기제에 머물러 있던 감각적 지각은 언어의 도움을 받으면서 인지능력으로 기능하게 된다. 언어의 매개에 의해서 비로소 지각은 규정적인 지각 내용을 전달할 수 있게 되기 때문이다. 지각 내용을 지닌다는 말은, 지각한 바가 공시적인 언어 상태에서 **재규정**되고, 의식의 공간 속에서 자리 매김을 하게 된다는 뜻이다.

칸트는 고중세의 초월성이나 신성의 개념을 선험성으로 대체하여 코페르니쿠스적 전회를 시도하고자 했다.[21] 인간을 넘어서는 형이상적인 존재에 기대기보다는 인간이 타고났다고 믿어지는 선험적 능력을 근거로 학문의 객관성을 확보하고자 하는 전략이다. 그는 우리가 감각 기관으로 경험한 감각 자료들에 시간과 공간, 나아가 오성의 12 범주들이라는 선험적 형식을 더함으로써 객관적 인식을 구성할 수 있다고 논하였다. 그러나 선험성의 개념 역시 초월성이나 신성과 마찬가지로 공적 객관성을 지닐 수 없어 사적인 성격을 면할 수 없기에 고중세의 입장과 같은 문제점을 지닌다.[22]

우리는 아마도 칸트를 재해석함으로써 그를 난경에서 벗어나게 할 수 있을지 모른다. 칸트는 시간과 공간을 감각의 선험적 형식이라 논했으나, 우리는 이들을 감각의 인지 활동에 영향을 주는 언어의 공시성으로 이해할 것을 제안한다. 이러한 제안에 따르면, 인간의 지각은 동물의 감각과는 달리, 공시적 언어 상태를 배경으로 할 때만 실질적인 기능을 수행할 수

---

21 임마누엘 칸트, 『순수이성비판』, 2판 서문.

22 이에 관해서는 남경희, 「사유의 사밀성과 객관성의 거처」, 『비트겐슈타인과 현대철학의 언어적 전회』 참조.

있다. 이런 점에서 언어의 공시성이나 이를 기초로 형성되는 시간과 공간의 개념은 지각 경험의 전제가 된다는 점에서 선험적이라 할 수 있는 측면을 지닌다. 칸트가 말하는 감성적 지각의 '선험적 형식'으로서의 공간이란, 언어 상태의 공시성과 다르지 않다. 하지만 시간과 공간의 개념, 그리고 이들의 기초가 되는 언어 능력은 인간이 등장하면서부터 감성의 구조적 일부로서 타고난 것이라기보다는 자연 진화와 언어 진화의 과정을 거쳐 형성된, 경험의 소산이다. 시공 개념을 선험적이라 할 수 있다면, 오직 공시적 언어의 결제를 받아야 지각적 경험 내용이 형성될 수 있다는 의미에서 그러하다.

인간 삶에 특유한 모든 국면, 정치 공간, 규범 체계, 세계관이나 우주관의 형성, 학문과 예술 활동 등은 모두 언어 상태를 전제로 하며, 나아가 언어에서 연유한다고 할 수 있다. 인간 삶은 비역사적이고 초시간적인 측면을 지니고 있지만, 그렇다고 그런 측면이 인간 삶에 선험성이나 초월성이 있음을 입증하지는 않는다. 언어 상태가 비시간적이고 비역사적이라 하더라도 이는 여전히 자연적이고 언어적인 진화의 소산이다. 전통적으로 선험성이나 초월성의 세계는 우리 사고와 인식에서의 범주적 성격이나 객관성을 설명하기 위해 상정되었다. 언어 상태의 비역사성에 주목할 때, 우리는 선험주의나 초월주의가 범하는 오류를 범하지 않고서도 객관성의 지평이, 나아가 보편성은 아니어도 어느 정도의 일반성의 지평이 어떻게 전개될 수 있는지, 우리 사고가 어떤 연원에서 범주적 성격을 갖는지를 설명할 수 있다.

인간의 이성적 인식은 물론이고 감각적 인지까지도 언어에 의해 구속되고 제약되어 있다. 이렇게 인식이 언어 제약적이라고 한다면, 언어적 '인식'은 외계를 접해서, 외계의 자극을 통해서 이루어진다고 하더라도 외계의 중요한 모습을 제거하여, 즉 외계의 동태적 측면을 차단하여 이루어진다는 역설이 성립한다. 인식은 내용이 있어야 하며, 내용이란 고정적이고 불변성을 지닌 것에 대해서만 있을 수 있기에, 인식은 흐름으로서의 외계와는 오히려 단절해야 이루어질 수 있다.

언어의 저편은 그 자체로서는 흘러가는 것이므로 인식될 수 없고, 인식될 수 있는 것 또는 인식 내용은 언어에 담겨 있는 한, 외계 자체의 모습이라고 보기 어렵다. 외계 인식은 외계의 자극과 그에 대한 우리의 체험에 의해 이루어지지만, 인식의 결과는 외계의 모습을 담고 있지 않다. 그렇다고 한다면 우리는 인식을 재정의해야 할 것이다. 우리는 더 이상 인식을 전통적인 방식으로 생각해서는 안 된다. 인식은 '세계'로 나아가는 길이라기보다는 **인간적 삶의 한 방식**일 뿐이다. 인식을 통해 '접촉'하게 되는 '세계'가 있다면 이는 인간 삶의 공간에서만 존재한다.

4. 언어의 공시성과 윤리 규범

플라톤과 칸트: 윤리 규범의 보편성

우리는 윤리적 규범과 가치 체계를 언어의 배타적 공시성에 의해 설명하고 근거지을 수 있다. 전통적으로 도덕적 가치나 규범들에 대한 입장은 세 가지이다. 첫째, 고대나 중세에서와 같이 초월적이거나 신적인 근거를 들어 이들을 정당화하거나, 둘째, 칸트와 같이 그 근거를 인간에게서 찾되 선험주의의 노선을 취하는 것이다. 셋째로, 이들 비경험적 관점을 비판하면서 가치나 규범 상대주의 또는 회의주의를 수용하는 것이다. 우리는 경험주의적 관점을 유지하면서도 상대주의 등에 빠지지 않을 수 있는 길을 제안하고자 한다: 윤리 규범과 가치 체계는 공시적 언어 상태와 밀접한 관계에 있으며, 그래야만 정당화된다. 윤리적인 것은 언어 일반과 같이 인간 삶의 시초에서 등장하여 긴 역사적 과정을 거치면서 형성되어오는 것이기는 하지만, 윤리의 의미와 역할, 나아가 정당성은 그 과거나 역사적 과정이 아니라, 현재의 우리 삶의 체계 내에서 결정된다.

고중세의 규범 인지론자나 근대 이후의 회의주의자들은 서로 상반된 입장에도 불구하고 모두 기초적인 강령을 공유한다. 즉, 그들은 모두 정당성을 지닐 수 있는 윤리 규범이란 절대적이고 보편타당해야 한다고 믿었으며, 나아가 이들이 원리적으로는 이성에 의해 인지될 수 있다는 인지주의적 입장을 취했다. 가령 플라톤의 정의 그 자체, 칸트의 정언명령 등과 같이 누가 보지 않아도 빛나는 밤하늘의 별과 같이, 보편타당성을 유지하고 있는 것들이 있으며, 윤리적 삶을 위해서는 그런 가치나 규범을 인지하는 것이 필수적이라고 논한다. 인지론자들은 그런 것들을 인간이 인식할 수 있다고 믿음에 반해, 회의주의자들은 그런 것들은 인식 가능성의 저편에 있다고 한계 짓는 차이가 있을 뿐이다. 본서의 입장은 일상적 삶의 세계로부터 독립되어 존재하는, 그래서 인식의 대상이 되는 가치나 행위 규범이란 존재하지 않는다는 것이다. 모든 규범들은 일정한 체계 내에서만 형성되며, 그 체계 내에서만 의미와 타당성을 지닐 수 있다.

플라톤의 형상 개념은 서양 철학 전반에,[23] 그리고 칸트의 정언명령 개념들은 근대 서구 윤리학에 심원한 영향력을 행사했다. 이러한 것들은 철학적 사유와 윤리학의 근거가 된다고 여겨져왔다. 나아가 이런 가치나 규범의 존재 여부와 이들의 현실화 여부는 별개의 문제로, 전자는 형이상학적 탐구의 대상인 데 반해, 후자는 경험적이고 상황적인 문제로 간주되어왔다. 그래서 가치나 규범의 경험적 사례가 전혀 발견되지 않는다 해도, 그 가치와 규범들은 보편적 타당성을 지닐 수 있다는 것이다. 가령 성실한 친구의 사례가 역사상 단 한 번도 없었다 해도 순수한 우정의 가치는 유효하다는 것이다.[24] 순수한 우정의 관념은 우리의 현실적 우정 관계가 목표로 하는 이상으로서 규제적 힘을 발휘하기 때문이다. 이런 믿음은 사실과 가치, '존재is'와 '당위ought' 구분의 기초가 되었다.

---

23 플라톤의 형상 개념은 서양 철학적 사유에서 주축적인 모든 최상급의 원형이다.

24 I. Kant, *Foundations of the Metaphysics of Morals*, tr. by L. W. Beck, The Library of Liberal Arts(*Grundregung zur Metaphysik der Sitten*), 1959(1785), pp.24-5 참조.

그러나 과연 그런 가치나 이념이 의미가 있을까? 우리는 플라톤이나 칸트의 전통을 수용할 수 있을까? 그런 존재를 우리는 윤리적 최상급이라 할 수 있는데, 이들은 진리 자체, 실재계 자체, 물 자체 등의 존재론적 최상급 개념들과 같은 논리적인 문제점들을 내포하고 있다. 인간에게 의미 있는 윤리적 가치와 규범은 인간 대부분이 준수하는 바이며, 대체적으로는 준수되기에 인간 삶의 사실을 구성할 수 있는 것이다. 소수만이 실현할 수 있는 가치는 윤리적으로 무의미하다. 이런 것이 윤리적인 것의 구조라고 한다면, 사실과 당위 간의 간격이란 허구일 가능성이 있다. 의미 있는 당위는 대체로 현실화되는 것이어야 한다.

정직, 약속의 이행, 고통 받는 자에 대한 사랑과 자비 등의 규범이나 가치는 행위자의 '선험적 순수 이성'에 의해 선택되고 준수되는 의무라기보다는, 언어의 의미론적 필연성이거나 사회 제도의 성립을 위한 필수 조건, 또는 인간의 공동체성에서 연유하는 자연스러운 정서이자 행위일 가능성이 있다.

니체의 도덕 계보학

어떤 논자들은 가치나 규범들에 대한 전통의 선험주의적 또는 초월주의적 정당화 논거를 비판하기 위해 규범들의 계보학적 기원을 추적한다. 그들은 기원을 규명하여 규범들의 '실체'를 드러내려 한다. 윤리적 규범들은 그 기원에서 볼 때 전혀 신성하지 않은 것으로, 대개는 사회적인 필요에서 시작된 것이라고 논한다. 도덕을 생물학적 요인들로 환원하려는 사회 생물학자들의 입장이나 사실적 기원으로 환원하여 비판하려는 도덕 계보학적 논의들이[25] 그 대표적인 예들이다.

니체F. Nietzsche는 『도덕의 계보학』에서 전통의 기독교 윤리는 약자의

25 프리드리히 니체, 『도덕의 계보학』, 지만지, 2008; 에드워드 윌슨, 『사회생물학』 참조.

논리라 폄하하면서 도덕적 어휘들의 제거를 주장한다. '선'이니 '정의'니 하는 개념들은 약자들이 규합하여 강자에 대항하기 위해 날조해낸 개념들로, 약자의 논리를 담고 있다는 것이다. 그는 그런 개념의 허상을 드러내고 이제 황금 갈기의 사자들, 초인적 강자의 윤리가 필요하다고 역설한다.

우리는 계보학적 비판을 수용할 수 있는가? 인간 삶의 모든 국면이 그러하듯이, 도덕 규범의 체계 역시 자연적이고 문화적인 진화의 산물임은 틀림없다. 우리는 규범들의 계보학적 기원을 찾을 수 있으며, 아마도 도덕적 가치와 규범의 어휘들이 유약한 자들의 어휘들에서 기원한다는 것, 이들 어휘가 그들에 의해 고안되었을 것이라는 점을 양보하여 인정할 수 있을 것이다. 정의란 힘없는 다수가 자신들의 처지를 합리화하기 위한 논리를 기반으로 출발했을 가능성이 있으며, 초기 기독교의 예수 추종자들(사도들이나 신도들)을 보건대, 기독교적 윤리는 소외된 사회적 주변인들의 윤리이자 생존 방식이었을지도 모른다.

그러나 이미 논한 바와 같이[26] 한 어휘의 어원은 그 어휘가 현재 언어 상태에서 갖는 의미가 될 수 없고, 한 자연종의 기원이 그 기원에서 진화하여 등장한 자연종의 본질적 모습이 아니듯이, 정의와 같은 규범의 계보학적 시원 역시 정의의 본질을 구성하지 않는다. 나아가 '정의'나 이와 유사한 '약자의' 어휘들을 현재 우리 삶에서 제거하는 것이 가능하지도 않으며, 허용되지도 않는다. 기독교적 도덕 규범들의 계보학적 시원이 약자의 논리일지라도, 그런 규범들은 현재의 생활 세계에서는 시원에서와는 전혀 다른 의미를 지닌다. 유럽인들이 사는 현재적 삶의 세계는 기독교적 윤리가 약자의 질서로 여겨지던 과거의 세계와는 전혀 다르기 때문이다.

사회란 강자들만으로 구성되지도 않으며, 그들이 다수를 점하지도 않는다. 강자들은 항상 논리적으로 소수이다. 한 사회에서 강자들이 다수라 한다면, 그들은 더 이상 강자일 수 없고 평범한 보통 사람에 불과할 것이

26 본서 6장 참조.

다. 한 사회가 이질적인 구성원들로 이루어져 강자와 약자가 공존할 수밖에 없는 공간이라고 한다면, 그 사회는 강자의 힘만으로는 결코 평형성과 안정성을 유지할 수 없으며 그 사회는 지속적으로 존속해나갈 수 없다. 강자는 자신들이 강자로서의 지배적 지위를 유지할 수 있는 사회의 존립을 위해서도, 약자들의 어휘를 수용할 수밖에 없다. 우리는 한 사회의 안정적이고 평형적인 존립을 위해 약자의 논리나 윤리를 필요로 한다. 그렇다면 한 사회의 다수를 점하는 '약자들'의 논리와 윤리는 강자를 포함하여 그 사회 구성원 모두의 존립에 기여하는 한, 모두의 논리이고 윤리이다. 니체의 『도덕의 계보학』은 도덕 규범의 공시성을 간과하고 규범의 본질을 통시성에서 찾으려 하는 오류를 범한 것이다.

윤리 규범의 공시성과 객관성

언어 상태나 공시성의 개념은 한편으로 우리로 하여금 초월주의나 선험주의의 논리적 문제점을 떠안지 않도록 하면서, 다른 한편으로는 계보학적 비판이 유도할 수도 있는 회의주의에도 빠지지 않을 수 있는 제3의 길을 열어준다. 우리는 자체적 가치의 개념, 규범의 절대 보편성이나 체계 독립성을 부정하지만, 그렇다고 규범의 본질이 사회적 기원으로 환원된다는 주장에 동의하지도 않으며, 규범 회의주의나 상대주의를 수용하지도 않는다. 우리는 도덕 규범들의 선험성이나 초월성을 부인하면서, 이들이 생물학적 기원 또는 사회학적이거나 인류학적 기원을 지니고 있다는 것을 인정한다. 그러나 그렇다 하더라도 그 기원의 모습은 현재 규범들의 본성과는 아무런 내적 연관성이 없다. 마치 한 어휘의 어원이 그 어휘의 현재적 의미와 별 상관이 없으며, 자연종의 현재 모습이 과거 진화론적 기원과 우연적 관계에 있는 것과 마찬가지이다. 모든 환원적 시도들은 **도덕 규범들의 공시성**을 간과하고 있다.

윤리적 차원이란 언어의 공시성을 기반으로 구축된 초시간적인 공시적 공간에서 성립한다. 도덕 규범들이나 가치들은 **일정한 언어 상태나 체계 속에서만 존재**할 수 있고, 그 속에서 타자와의 정합적 관계를 맺으며 자신의 정체성을 갖출 수 있다. 도덕 규범의 본성은 현재의 도덕 체계, 더 넓게는 우리 삶의 체계 내의 다른 행위 규칙들과의 연관 속에서 결정된다. 우리가 타인들과 공동체적 존재로서 행위하고 살아가는 것은 필연적이다. 공동체적 공간은 어떤 의미의 근원적 동질성이나 평등성을 전제한다고 지적한 바 있다. 이런 동질성의 공간에서 타인들과의 적절한 행위 방식이 정립되어야 하며, 이런 필요의 결과가 윤리적 규범들이다. 그러므로 규범들의 의미와 가치와 정체성은 현재 나와 공존하는 타인과의 관계 속에서 결정될 수밖에 없으며, 그런 한에서 객관적이다.[27] 윤리적 규범들이란 삶이라는 거대하고 기초적인 놀이 장場에서 타인과 관계를 맺기 위한 가장 기초적이고 기반적인 규칙들이다. 이런 관계 방식이 정립되어 있지 않으면, 우리의 삶의 장場은 안정성을 확보할 수 없으며 역동적으로 변화해갈 수 없다. 도덕적 규범들은 삶의 안정성과 다양하고 역동적인 활동을 위한 장치이며 그런 점에서 도덕은 본질적으로 삶의 기반 구성적이다.

어떤 행위가 가치 있는 행위 규범이나 의무로 간주될 수 있느냐는 그 시대의 담론 체계에 의존한다. 100년 전 조선 시대에는 현대 미국 사회와 달리 인공 유산이 도덕적 논의의 대상이 되지 않았다. 그렇다고 해서 그 당시의 윤리적 의식 수준이 현대 미국보다 뒤처졌다고 할 수 있을까? 100년 전에는 전혀 의미를 지니지 않았고 힘을 발휘하지 않던 개념들이 지금 우리 삶의 주축을 형성하는 이유는 현재의 담론 장이 이전에 비해 상당히 변모했기 때문이다. 개인의 권리, 여성의 권리, 여성 자신의 신체에 대한 권리, 태아가 인간이라는 개념, 사생활의 존중, 민주 등은 현재의 삶에서 주축적인 가치이자 규범이다. 그러나 과연 그런 것들이 보편적으로 어느 시

27 언어적 전회에 대처하면서 역사학의 객관성을 모색하려는 시도는 이한구, 『역사학의 철학』, 민음사, 2010 참조.

대에나 그런 지위를 유지한다고 말할 수 있을까? 이들이 과연 100년 전 조선조에서도 중요한 개념들이었을까? 당시에 그들은 아예 개념화도 되어 있지 않았을 것이다.

어떤 유형의 행위들이 도덕적이고 가치를 지니는 행위들이 될지는 그 당시 행위들을 기술하는 기술 체계에 의존한다. 조선조의 기술과 평가 체계에서는 '정절'이니 '열녀烈女' 등으로 기술되는 행위 유형들이 의무로 간주되고 중심적인 가치를 지녔다. 현대적 삶에서는 그런 어휘들에 의해 기술될 수 있는 행위들도 사라져가고 있지만, 설사 그런 행위들이 있다고 해도, 그런 행위를 의무로 간주하고 절대적 가치로 고수하고자 한다면, 지극히 구시대적이고 고식적이라는 비판을, 심지어 부조리하거나 불합리하다는 비판을 면치 못할 것이다. 약혼자가 불의의 사고로 죽었는데 그 약혼녀가 평생 혼자 살 것을 고집한다고 해보자. 그녀가 조선조의 여인이라면 가문의 영광으로 족보에 기록되고, 사회의 귀감으로 칭송받겠지만 현대 한국인이라면 괴팍하고 기이한 사고방식을 지닌 여인으로 평가될 것이다.

규범들이 체계 의존적이라 할 때, 의무의 절대성을 확보할 수 있는가? 체계가 존속하는 한 그 행위는 절대적이다. 왜냐하면 규범과 행위는 삶의 체계나 장場 구성적이기 때문에 그 행위가 절대적으로 준수되지 않는다면, 공유하는 삶의 장이 교란되고 파괴될 가능성이 있다. '정절'이나 '열녀' 등으로 기술되는 행위 규범들은 그 시대 삶의 장을 구성하는 역할을 수행했다. 언어 상태가 오랜 시간에 걸쳐 점차 변화되어 다른 언어 상태로 이행해가듯, 행위들에 대한 기술 체계도 오랜 시간에 걸쳐 점차 변화되어 다른 체계로 이행해간다. 그리고 이렇게 변화된 기술 체계 아래에서는 다른 규범과 가치들이 주축적인 역할을 행한다.

3부

언어의 연기와 언어의 진화

9장

연기성:
서사 전개와 세계 생성의 원리

1. 언어의 외적 무연성과 내적 연기성

언어 활동과 관련된 문제들

언어 기호들이 정체성을 확보하는 기본 원리는 차이의 체계이다. 타자와의 차이를 통해 기초적인 정체성을 확보한 다음의 언어적 활동은 놀이의 모습을 지니게 된다. 이런 놀이의 과정에서 다시 청자와 화자는 서로의 언어적 동작의 의도를, 즉 발언의 의미를 해석적 노력에 의해 추정하려 한다. 추정적으로 해석된 내용이 타당한지의 여부는 서로의 반응과 행위에 의해 확인할 수 있을 것이다. 이렇게 하여 언어 활동이 진행되면서 언어의 장이 전개되는데, 이때 언어 장의 전개 원리는 무엇이라고 규정할 수 있을까? 언어에 관한 대표적인 사상가들이 언어 활동의 핵심적 요소로 제안한 바가 있다. 소쉬르는 차이의 체계를, 비트겐슈타인은 언어 놀이를, 데이빗슨은 해석의 개념을 제시하였는데, 이들은 언어 장의 전개 원리를 충분히 해명하지 못하는 것으로 여겨진다.

우리는 언어 기호가 외계에 대해 자의적임을, 다른 한편으로는 인간 삶과 생활 세계가 언어 의존적임을 논한 바 있다. 이런 논제들을 수락할 때 우리는 다양한 난제들에 봉착한다. 이들 논제에 따르면, 인간의 삶과 세계를 떠받치는 것, 인간공동체의 기반이 되는 것은 발언과 문장들, 그리고 이들에 의해 엮어진 이야기들과 텍스트들이다. 인간은 이야기를 전개하여 삶의 공간을 구축하고, 일상적 말과 행위에 모습과 의미를 부여한다. 서사를 전개함에서는 서사 요소들이 연속적으로 전개되면서 문장을, 문단을, 장과 장들을, 이야기를, 그리하여 텍스트를 구축해 나아가야 한다. 그런데 이런 서사 단위들narreme을 관계 맺게 하는 가능성이나 원리는 무엇일까?

서사의 개념은 최근 학계의 화두 가운데 하나이다. 철학자 맥킨타이어[1]나 심리학자 제롬 브룬너[2] 등이 윤리적 사유의 전개, 자아의 형성, 인간의 삶과 행동의 이해, 나아가 생활 세계의 구성 등에서 서사의 중요성을 강조하고 있다. 그러나 이들 역시 서사나 언어 장 전개의 원리가 무엇인지에 관해서는 언급하지 않고 있으며, 그 원리에 대한 물음도 제기하지 않고 있다. 그렇다면 어휘와 어휘, 문장과 문장, 문단과 문단을 이어 삶, 자아, 사회, 세계에 관한 텍스트를, 나아가 이들 그 자체인 텍스트를 구성하게 하는 원리는 무엇인가?

전통적인 서구의 존재론이나 상식의 존재론을 수용하여, 세계가 저기 저편에 있으며, 우리는 학문적 활동을 통해 진상과 진리를 발견하고, 인식된 진리를 언어에 담아 우리 행동의 확실성, 안정성, 성공을 보장 받는다고 한다면 위의 문제는 제기되지 않는다. 어휘들은 기본적으로는 세계 내 대상들과의 관계를 통해 정체성을 취득하며, 발언이나 문장은 외계를 기술하거나 그리는 것을 통해 의미와 진리성을 지닐 것이기 때문이다. 전통

---

1 A. MacIntyre, *After Virtue*, Notredame Univ. Press, 1981.
2 J. Brunner, *Acts of Meaning*, Harvard Univ. Press, 1990.

적 입장에 따르면, 발언과 발언, 문장과 문장 간의 관계는 기본적으로 존재자들 간의 관계에 의존되어 있다.

우리의 중요한 논제의 하나는 그 자체로서 모습을 지닌 존재자들로 구성된 세계나, 또는 그것이 인과법칙이건, 변증법이건, 논리 법칙이건 자신의 법칙에 따라 존재자를 생성하는 그런 세계란 없다는 것이었다. 이런 법칙들이 관여하지 않을 경우 어휘와 어휘, 문장과 문장을 연결하여 서사를 구성하는 원리는 자의적일 수밖에 없을 것이라 생각되는데, 과연 그러할까? 실상 전통적으로 우리의 언어 활동은 세계와 긴밀한 관계를, 비트겐슈타인의 표현을 빌리면, 초강력 연결관계super-strong connection를 갖는다고 생각했으며, 그 관계를 지칭, 그림, 묘사, 대응, 인과 등의 개념으로 표현했다. 그 이유는 그런 관계에 의해서만 발언과 문장, 이야기, 서사, 텍스트 등이 합리성, 조리, 논리성, 근거, 의미 등을 지닐 수 있다고 추론했기 때문이다. 이제 언어 활동의 기초인 언어 기호나 문법이 세계에 대해 자의적이라 한다면, 이야기를 구성하는 언어 기호들 간의 관계 역시 자의적일 수밖에 없다고 결론을 내려야 할 것인가? 우리는 개별적인 언어 기호들이나 문법은 소쉬르나 비트겐슈타인의 입장을 좇아 세계에 대해 자의적이라는 논제를 수용하지만, 그 이후의 언어적 활동까지도 자의적으로 진행된다고는 생각하지 않는다. 만약 그러하다면 우리의 언어 활동과 삶은 혼돈에 빠질 수밖에 없을 것이기 때문이다.

대체 외계에 대해 **자의적인 언어 기호들이 어떻게, 무엇에 기대어 상호 간에 연결되어 조리 있는 문장을 구축하고 이야기를 펼쳐갈 수 있는가**? 새로운 언어 기호를 등장하게 하고, 이들 기호를 엮어 문장을 만들며, 문장과 문장을 연결하는 서사의 전개 원리는 무엇인가? 나아가 언어만 있는 세계에서 정신이나 의식은 어떻게 형성되는가? 모습을 갖춘 존재자들은 어떻게 생성되며, 이들에 의해 하나의 통합적 세계는 어떻게 구축될 수 있는가? 존재자들의 관계 방식은 무엇인가? 그것은 논리적인가, 변증적인가, 인과적인가, 아니면 다른 원리가 관계하는가? 언어 의존적 세계에서 윤리적 원리는 무엇이 될 것인가? 이와 같이 다양한 문제들이 우리를 압박하고 있다. 그러나 우리는 앞 장들에서 검토한 차이, 놀이, 해석 등의 개념 모두를 포괄하면서도 발언과 발언, 문장과 문장 사이의 연계성, 나아가 존재자들의 생성 원리, 이들 간의 관계를 해명해줄 수 있는 하나의 원리가 있다고 생각한다.

어휘와 어휘를 연결하는 일정한 문법이 있고, 발언과 발언은 어떤 원리에 따라 연결되면서 조리에 맞는 하나의 담론의 질서를 구축하며, 이런 과정에서 직조된 이야기는 일정한 논리나 조리를 지닌다고 여겨진다. 나아가 존재자란 허공에서 불현듯 등장하거나 황무지에서 갑자기 발견되는 것이 아니며, 이전의 것들과 전혀 무관하거나 전적으로 새로운 것이라기보다는 이전의 것들과의 어떤 연관성 속에서 생성되는 것이다. 그러하기에 존재자들은 전체로서 하나의 총체성을 이루는 것으로 볼 수 있다. 하나의 자연, 세계, 우주를 논할 수 있는 것은 이런 연계성이 있기에 가능한 것이다. 총체적 연관성 속에서 서사를 전개시키고 세계를 구축하는 원리로 우리는 **언어적 연기**의 개념을 제안할 것이다. 언어는 외계에 대해 자의적이고 무연無緣하지만, 언어 내적으로는 연기적緣起的이다. 즉 **언어 요소들은 상호 연기적 관계에 있다**.

고대에서 이야기mythos의 역할

서사의 가능근거가 중요한 이유는 그것이 우리의 삶을 떠받치고 있기 때문이다. 이야기의 역할을 좀더 규명해보자. 이야기는 아마도 가장 원초적이고 기초적인 형태의 언어일 것이다. 우리가 추적할 수 있는 가장 오래된 이야기는 신화이다. 신화는 희랍어로 '뮈토스mythos'인데, 이 어휘는 원래 '신들에 관한 이야기'나 '신비한 이야기'가 아니라 그저 '이야기' 자체를 의미했다. 그렇다면 고대인들에게 뮈토스 또는 이야기란 무엇을 의미했는가? 뮈토스는 흔히 생각하듯 고대인들이 그저 빈 시간이나 정신의 공간을 메우기 위해, 또는 여흥을 위해 꾸며낸 것도 아니며, 허구적 상상력의 소산도 아니다. 고대인들에게 뮈토스 또는 이야기 만들기는 인간 삶의 중심적 활동이며, 인간을 인간답게 하는 것으로서, 인간의 진실, 인간을 위한 사실을 구축하는 작업이다.

뮈토스의 가장 중요한 역할은 인간, 사회, 자연, 우주에 관한 하나의 통합적인 전체상을 제공하는 것이다. 낱낱의 실올이나 직물의 조각만으로는 옷이 되지 못한다. 씨실과 날실을 엮고, 조각천을 연결해야 우리의 몸을 감쌀 수 있는 직물과 옷이 만들어진다. 그런 식으로 어휘와 어휘, 문장과 문장을 엮어야 하나의 이야기, 즉 인간과 사회와 자연에 관한 하나의 **언어적 전체상**이 만들어지며, 이는 우리의 삶과 영혼을 위한 거처를 제공한다. 어휘들이 연결되고, 말들에 의해 엮어진 텍스트는 우리 영혼의 거주지이다.

뮈토스 이전에 고대인들의 세계와 삶은 여기저기 흩어져 있는 낱낱의 인상과 경험들로만 구성되어 있었을 것이다. 그들에게는 아직 연면하게 이어지는 생애도, 통합적인 세계도 존재하지 않았다. 이런 단계에서는 세계나 삶의 공간의 개념조차 없었다. 그저 동물적인 즉자적卽自的 존재 양식을 겨우 벗어난 상태에 지나지 않았을 것이다. 고대인들이 파편적인 경험을 엮어서 최초의 텍스트, 이야기를 만들어내면서 이제 그들은 자신들의 삶과 사회, 세계에 대해 총체적인 조망을 할 수 있게 된다. 기억을 축적하여 과거에 대한 의식을 갖게 되고, 내일과 모래, 미래에 관해 이야기하면서 시간을 발명하고, 시간의 지평을 멀리 확장할 수 있게 된다. 이런 시간과 공간의 확장은 오직 텍스트화된 언어인 이야기를 통해서만이 가능한 것이었다. 오랜 세대에 걸쳐 형성된 이런 이야기들은 시인들의 기억 속에 저장되어 아카이아 반도 곳곳으로 전해지면서, 아카이아인들은 정신적 동질성을 확보하게 된다. 그러므로 이야기는 인간적 삶의 기반을 구축하는 것, 인간으로 하여금 허공 위를 날면서도 새로운 세계를 체험하게 하는 아라비안나이트의 양탄자와 같은 것이다. 이야기는 그 자체로 고대 인간들에게 신비한 힘을 발휘하는 것, 자연 세계를 넘어 새로운 질서와 관계할 수 있게 하는 것이었다.

인간이 말을 하면서부터 바로 이야기가 만들어지지는 않는다. 초기의 언어는 동물들의 통신법과 같이 생존이 목적이었을 것이다. 그 언어는 짝짓기를 위한 구애의 표현, 새끼가 어미를 부르기 위한 통신, 포식자의 접근을 알리는 경고, 적을 위협하거나 협공하기 위한 신호의 모습이었을 것이다. 이런 단계의 언어는 순간적인 외침이나 고함, 외마디이거나 단편적인 문장과 같이 단속적인 것이었다. 이는 진정한 의미에서 인간적인 언어라 할 수 없다. 그것은 일상적인 생존의 필요에 따라 그때그때 사용되고 잊히는 소비적인 어휘들이고 발언들이며, 일종의 일회용품과 비슷한 소모성 도구였다. 그런 언어는 동물의 통신법과 질적으로 별다른 차이가 없다.

정신 발전의 어느 단계에 이르러 인간은 보이지 않는 것들에 관심을 갖게 된다. 그 시기가 고인류학자들에 따르면 대략 4~5만 년 전이라 한다. 이 시기에 우리 조상들은 장례를 치르고 구슬로 치장을 하는 등, 이전과는 다른 삶의 행태를 보이기 시작했다고 한다. 학자들은 고대 묘지 주변의 꽃가루, 주거지 주변의 조개껍질 등에서 그런 변화를 추정한다. 이런 단계에 이르러 그들의 언어는 보이지 않는 것들, 즉 죽음, 탄생 이전의 시간, 부족의 기원, 떠나간 조상들의 행적, 매일 아침 만물에 빛과 열을 전하는 태양의 거처, 밤이면 우리의 상상력을 자극하는 별들의 기원 등에 대한 지속적인 관심과 메시지를 그들의 음성에 담아 전달하고자 한다. 그러나 그 내용은 화자의 마음속에 있으므로, 그들의 음성은 추정적 해석의 대상이 된다.

해석적 활동의 결과, 죽음 저편의 명계나 하늘과 별들이 거하는 천상, 타인의 마음과 자아, 자아상, 다양한 심리 현상 등에 대한 이해가 생기면서 이를 표현하기 위한 어휘들이 생겨날 것이다. 그들의 언어는 이제 심적이고 추상적이며, 지속적이고 보편적인 것, 즉 보이지 않는 것들을 자신의 기의로, 자신의 정체성으로 삼을 수 있게 된다. 마침내 진정한 언어, 인간적인 언어가 등장한 것이다.

우리의 조상들은 감각의 저편에 관심을 갖게 되면서 서서히 자연 상태에서 걸어 나오기 시작한다. 그 보이지 않는 세계의 존재자들이 이제는 인간들에게 진정한 실재자들이 된 것이다. 진정한 언어란 이렇게 자연 너머에 있어 추상적이고 심적이며 보편적인 존재자들, 즉 보이지 않는 것들을 계시해주는 것이다. 그러하기에 그것은 일상의 질서를 넘어서는 신성한 것이었다. 이제 새로운 차원의 어휘들을 연결하면서 자아, 사회, 자연, 세계는 물론이고 명계, 천상, 부족과 시간의 기원, 자연을 변화하게 하는 원리 등에 대한 문장들이 생겨난다. 이야기란 단편적인 문장과 문장들이 서로 연결되고 어느 정도의 길이를 갖추면서 부족의 지속적인 관심을 표현하게 될 때 비로소 등장한다. 여러 세대에 걸쳐 다수의 사람들이 참여하여 죽음, 부족의 기원과 정체성, 부족원들을 통합하는 것, 미성년과 성인의 구분, 전쟁과 사냥을 성공적이게 만드는 힘과 같이 보이지 않는 것들에 관해 상당한 문장들을 형성하고 축적하게 되며, 문장과 문장을 연결하여 문단을 만들고 문단들이 이어지면서 본격적인 이야기, 즉 텍스트가 생겨난다. 이 **최초의 텍스트가 바로 신화이다**. 신화는 부족의 형이상학이며 윤리학이자, 법이며, 정체성의 기반이다. 신화는 곧 그들의 세계이고 우주이다.

뮈토스는 원래 인간들에게 존재론적이고 윤리적인 의미를 지니는 것이었다. 신화의 시대에 신화는 신화가 아니었다. 신화를 직조한 고대인들에게 신화는 그들의 삶의 공간이자 세계를 구성하는 과학, 역사, 철학, 종교이며, 헌법이고 교과서였다.

뮈토스에 의존하여 자신과 부족의 삶을 영위하면서부터 인간은 본격적으로 자연 상태에서 벗어나 인간적인 세계를 구축해간다. 이제 인간 삶의 공간을 구성하는 것은 자연적인 것들에서 서서히 문장과 문장들에 의해 직조된 이야기들로 대체된다. 오랜 세월에 걸쳐 세대에서 세대로 이어지면서 직조되고 축적된 이야기들, 신화들의 체계가 고대인들의 삶의 세계를 구성하게 되는 것이다. 이런 이야기들은 호메로스와 같은 시인 집단의 탁월한 기억력 속에 저장되어 암송되고 구전되면서 세대에서 세대로 전승된다. 이 이야기 속에는 부족의 기원, 부족의 정체성, 조상과 영웅들의 무용담, 의례, 관습, 인간들이 삶을 영위하면서 거쳐야만 하는 관혼상제의 의례들, 전쟁이라는 거대 폭력의 의미와 전략, 태양과 달의 의미, 자연과 사회에 대한 견해들이 모두 담겨 있다. 이들이 집약되어 한 공동체의 습속 체계Mores를 구성하는데, 이것이 우주에 투사되어 서구적 사고의 기본 범주로 역할하는 운명이나 모이라Moira 개념이 형성된다고 한다.[3]

신화가 고대인들에게 펼쳐주는 **새로운 삶의 공간**은 인문적 세계라 할 수 있다. 가장 오래 되고 기초적인 인간 삶의 공간은 인문적 세계이다. 고대 희랍인들은, 인문적 환경이란 뮤즈의 신들에 의해 관장된다고 믿었다. 그런데 이 뮤즈의 여신들은 므네모시네Mnemosyne의 딸들이었다. 므네모시네는 기억의 여신이다. 인문적 텍스트는 기억을 관장하는 여신의 도움으로 직조되는 것이었다. 호메로스 등의 시인들은 구전되어오던 『일리아드』의 트로이 전쟁사와 『오디세이』의 길고 험난한 귀향 여정의 방대한 서사를 통째로 외워 희랍 세계 전역을 유랑하면서 암송하였는데,[4] 이들의 기억력은 우리 일상인들의 기억력과는 달리, 신의 도움을 받는 특별한 능력, 신적인 능력으로 간주되었다. **인문적 텍스트의 세계는 신성성의 영역이었다**. 책 두 권 분량의 장대한 서사를 모두 기억할 수 있는 시인들의 기억력은 어제 그제의 일상사를 기억하는 일상인들의 기억력과는 전혀 다른 차원의 능력이었다. 이런 신비한 힘의 덕택으로 고대인들은 먼 과거로 거슬러 올라갈 수 있었고, 그들의 조상과 영웅들의 이야기를 자신들 삶의 일부로 할 수 있게 된 것이다. 그것은 현재와 연장선에 있는 과거가 아니라 전혀 새로운 차원의 세계, 진리의 영역이었다.[5] 인문적 텍스트를 통해 **진리의 영역**을 접할 수 있기에, 그들은 자연 상태의 금수적인 존재와 스스로를 구분할 수 있게 된 것이다.

---

3 F. M. 콘퍼드, 『종교에서 철학으로』.

4 호메로스의 구술적 전통에 대해서는 A. B. Lord, *The Singer of Tales*, Harvard Univ. Press, 1960; M. Parry, *The Making of Homeric Verse*, Oxford Clarendon Press, 1971.

5 M. Detienne, *Masters of Truth in Archaic Greece*, Zone Books, 1996.

2. 연기성의 원리

내재적 원리로서의 연기성

우리의 문제가 제기되는 것은 바로 이 지점이다. 어휘와 어휘, 문장과 문장, 문단과 문단, 장과 장을 이어 서사를 전개시키는 원리는 무엇인가? 나아가 이런 서사의 구성 과정에서 새로운 존재자를, 사실과 사물들을 생성시키는 원리는 무엇인가? 우리는 이 원리를 위에 제안한 대로 언어의 연기성緣起性이라 부르고자 한다. 이 원리는 서사 전개의 원리에 그치는 것이 아니라, 새로운 존재자를 등장시키고 인간의 정신을 형성하며 세계를 구축하는 생성 원리이기도 하다.

이미 지적한 바와 같이, 전통적인 입장에 의하면, 언어는 세계 인식의 결과를 담는 그릇이거나 세계의 그림이었으므로, 어휘들 간의 연결 고리, 문장과 문장을 연결하는 매듭은 언어 밖 경험 세계의 인과관계, 또는 경험을 넘어선 초월적이거나 선험적인 논리에서 온다. 예를 들면, 의미 있는 명제와 무의미한 명제를 구분하는 것은 그들을 구성하는 이름들이 지칭하는 **원자적 대상들의 형식** 또는 **실체들의 내적인 구조**에 달려 있다. 〈삼각형, 달콤하다〉는 무의미한 명제를 산출하지만 〈삼각형, 세 변으로 되어 있다〉는 의미가 있으며 진인 명제를 산출하고, 〈삼각형, 3각의 합이 190도이다〉는 의미는 있으되 허위인 명제를 산출한다. 유의미할 뿐 아니라 진인 명제들로 구성된 텍스트는 세계의 모습을 반영하고 있는 사실적 문장들이다. 이에 비해 유의미하기는 하나 허위인 명제들로 구성된 것들은 가능하기는 하지만 존재하지 않는 허구나 상상 세계를 기술할 뿐이다. 전통적 입장에서 진실과 허구의 구분 기준은 명확히 제시될 수 있다. 20세기 초의 논리실증주의자들은 형이상학과 윤리학의 명제들은 유의미성의 기준을 충족할 수 없는 것이므로 시와 같이 정의적情宜的이거나 사이비 명제들이며, 따라서 이들 학문은 종언을 고해야 한다고 선언하였다. 그들이 이런 선언을 한 것은 바로 전통적 존재관과 언어관에 따른 것으로, 형이상학 등의 문장들에 대해서는 진리 검증 기준을 확보할 수 없다고 믿었기 때문이다.

우리는 위에서 전통의 세계관과 언어관을 비판한 바 있다. 언어 구성원들 간의 연결 가능성의 근거는 이제 세계가 아니라 언어 장의 내부에서 찾아야 한다. 우리는 언어 밖을 나갈 수 없다. 언어 공간은 자율적이다. **연기성의 원리란 언어 공간에서 자율적으로 생성되는 연결의 법칙이다**. 그러면 연기성의 원리는 어떤 것인가? 앞에서 논의한 언어 발생의 상황을 다시 생각해보자.[6] 언어의 기원은 바벨적 상황의 불가해한 소리였다. 이 소리를 언어로 전화시키는 주요 요인들은 소통하고자 하는 의지, 해석적 노력, 믿음의 태도, 차이의 체계 등이었다.

화자가 P라는 문장을 발한다고 가정하자. 문장 P에는 a, b, c의 언어 요소가 결합되어 있다. 그런데 a, b, c의 요소들은 그 자체로서 상호 관계를 맺을 수 있는 어떤 요인들이 있어서 결합되는 것이 아니라, P라는 문장의 일부이기에 상호 연관 관계를 맺게 된다. a, b, c를 연결하여 문장 P를 산출한 것은 화자의 임의에 의한 것으로, 이들 간의 관계는 a, b, c, 그 자체나 청자의 입장에서 보면 자의적인 것이다. 여하튼 이들이 일단 화자에 의해 결합되어 P로 발화된 이상, P는 이제 청자에 의해 해석 대상이 되며, a, b, c는 P의 구성 요소로 간주된다. P가 해석 대상이 된다 함은 청자가 a, b, c들이 P의 구성 요소로서 내적으로 연결되어 있다고 믿음을 함의한다. 청자의 해석 노력이 청자과의 수렴적 합의에 의해 성공적인 것으로 귀결할 때, 문장 P는 의미를 지니게 되는 것이다. 이와 함께 문장 P의 구성 요소, a, b, c의 결합은 의미 있는 문장 P를 산출하는 결합으로 간주되며, a, b, c는 이제 상호 간에 자의적인 것이 아니라, 상호 결합하여 유의미한 문장을 산출할 수 있으므로 서로에 대해 내적인 것으로 전화된다.

P의 해석에 따라 청자는 Q라는 문장을 발하거나 그에 상응하는 반응을

6 본서 4장 참조.

보이고, 이는 다시 화자의 해석 대상이 되며, 위와 동일한 과정을 거쳐 나갈 것이다. Q에 대한 화자의 해석이, 또는 이에 기반한 반응 R이 청자에 의해 수용되면, 다시 청자는 S의 문장을 발할 것이다. 이와 같이 해서 P, Q, R, S…… 등의 문장은 애초에는 아무 연관이 없어 서로에 대해 자의적인 음절들의 나열이었으나, 소통하려는 노력과 해석의 과정을 거치면서 상호 긴밀한 관계, 그것도 내적인 관계를 맺고 있는 것으로 변화한다. 이제 서로에 대해 자의적이고 타자적이었던 a, b, c는 의미 있는 문장 P의 구성 요소로 해석되면서 서로 긴밀한 관계를 갖는 것으로 변모한다. P 역시 소통적 관계에서 Q, R, S……를 연기하며 이제 길고 긴 서사를 교직해 가는 단초를 형성하면서, Q, R 등 다른 문장과 내적인 관계, 즉 의미 있는 서사를 산출한다는 점에서, 내적인 관계를 맺게 된다.

직물의 씨실과 날실은 낱낱으로 있을 때에는 상호 무관하며 아무 역할도 하지 못하는 실낱에 불과하지만, 이들이 엮어지면서 다양한 무늬를 빚어내는 직물이 되며, 나아가 우리의 몸을 감싸는 옷으로 변모할 수 있다. 이들 실낱들은 이런 직물의 씨실과 날실로서 이제 상호 불가분의 관계를 맺게 된다.

최초에 있었던 것은 무형적이고 불가해한 의도와 최소한의 모습만을 지닌 소리 조각들이었다. 의도는 내용적인 것이되 무형적인 것이었고, 발화된 소리 조각은 형태는 있으되 형상 없는 질료, 그것도 최소한의 질료에 불과했다. 그러나 이들이 소통하려는 의지에 의해 결합되어 문장으로 엮어지고, 이 문장은 타방의 해석과 화자의 동의에 의해 객관적인 의미 내용을 지닌 것으로 전화한다. 규정적 모습을 지닌 사유와 분절적인 문장이 탄생하는 것이다. 그리고 이들 사유와 문장을 기반으로 하여 다시 새로운 사유 내용이나 문장들이 연기적으로 생성된다. 연기적 관계란 동시에 외적이면서 내적이고, 자의적이면서 당위적인 관계이다.

P 속에서 a, b, c는 서로를 연기하며, 소통적 상황에서 P는 Q, R, S 등을 연기하면서 장구한 서사의 단초를 만들어간다. 무형적이고 불가해한

의도와 최소한의 형식만을 지닌 내용 없는 소리, 이것이 **소통적 상황**에서 객관적인 의미와 새로운 사실을 등장시키며 새로운 세계를 구축해가는 것이다.

이야기는 이렇게 연기적으로 엮어진다. 이야기의 전개에서 핵심적인 것은 소통에의 의지, 해석, 믿음이다. 바벨적 상황을 넘어서 소통하고자 하는 대화적 공간은 전형적인 연기적 공간이다. 대화적 공간이 연기적일 수 있는 이유는 대화의 구조적 특색 때문이다. 우리는 타인에게 말을 건넨다. 사물에도 말을 건넨다. 말을 건넨다는 것은 무엇을 의미하는가? 그것은 서로의 내부, 마음이라 불리는 내부를 거울로 하여 자신을 비추어 보고자 하는 것, 그 타자의 마음에서 자신의 마음을 보고자 하는 것, 그래서 타자의 내부로 침투해 들어가 내적인 관계를 맺고자 하는 것이다.

놀이의 전개 원리

대화에서 연기적 관계나 서사적 연기성의 원리는 **놀이 동작을 전개시키는 원리**와 비슷하다. 놀이가 전개되면서 하나의 동작과 다른 동작이 서로를 요청하고 떠받치면서, 귀결하기도 한다. 그래서 처음에는 무연했던 놀이 동작들이 점차 긴밀하게 연관되면서, 놀이의 장은 다기적으로 뻗어나가면서도 통합성을 이루는 하나의 연면한 흐름을 구성한다. 놀이자의 놀이 동작을 구성하는 여러 몸짓들은 그들 상호간에는 자의적이고, 놀이의 상대방의 관점에서도 상호 아무 관계가 없는 것들이다. 하지만 놀이를 하려는 태도는 이들을 서로 연결하여 하나의 의미 있는 동작을 구성하는 것으로 간주하게 한다. 놀이의 상대방은 놀이자의 동작을 적절히 해석하고 이에 기초하여 그 동작에 대한 반응을 취하면서 놀이 활동이 이어지는 것이다. 놀이 동작의 수행, 타방의 해석, 그리고 이에 기초한 반응의 연쇄 과정을 거치면서, 애초에는 상호 무관했던 동작들이 긴밀히 연관된 것으로 변모한다. 나아가 이들은 새로운 동작을 불러일으키는 연기적 힘을 갖추게 된다.

어휘와 어휘들, 문장과 문장들 간의 관계는 언어 활동이 전개되면 될수록 상호 내적이 된다. 놀이의 경우에도 동작들 간의 연관성은 놀이 활동이 전개되면 될수록, 놀이 동작이 빈번해질수록 긴밀해진다. 더 일반적으로 한 개체의 정체성은 그것이 관계하는 타자가 많을수록 확실해진다. 한 가지 색의 모습은 그와 비교 · 대조되는 색깔들이 또는 색깔 어휘들이 많아질수록 뚜렷해지며, 개인적 자아의 정체성은 그가 관계하는 사람들이 많아지고 그들과의 관계가 다양해질수록 풍부해지는 것과 같다.

가장 간단한 공놀이에서 시작하여, 점차 놀이의 동작들이 복잡 · 정교 · 섬세해지면서 이 동작들이 의미를 취득해가며, 나아가 규칙들이 자생적으로 형성된다. 이와 함께 놀이자들과 그들의 동작들은 이들 규칙의 인도를 받는 한편으로 제약을 받는다. 놀이 동작의 의미들과 규칙들은 전적으로 **놀이장** 내에서 형성된 것이다. 공간 외부의 그 어느 것도, 참여자의 내면에 있는 그 어느 것도, 적어도 규정적인 것은 관여한 바 없다. 단지 행위를 하는 참여자들이 서로 주고받는 동작들의 의미를 추정 · 해석하고 반응하면서 새로운 동작을 수행하고, 안정적이고 지속적으로 놀이를 진행하고자 하는 노력이 의미와 규칙들을 생성시키는 것이다.

놀이자들은 때로는 타방이 예측할 수 없게 자유로이 동작을 취하지만, 동작의 의도는 전적으로 자의적이거나 갑작스레 생겨나는 것이 아니다. 그것은 타인과의 관계를 고려하고 놀이의 흐름 전체를 조망하면서 형성된다. 타방 역시 그에 반응하면서 나름의 동작을 취하는데, 그것은 어느 정도의 의외성이 있으며, 또 있어야 한다. 그러나 그것은 타인의 반응을 감안하기도 하고 전체적인 흐름을 타는 것이라 어느 정도는 예측 가능한 것이어야 한다. 그래서 두 놀이자의 동작은 전혀 무관한 것이 아니라, 어느 정도는 긴밀한 연관성을 지닌다. 그 자체로서는 상호 무관한 동작들이 **놀이의 과정에서 상호 긴밀한 관계를 맺게 된다**는 점에 우리는 주목할 필요가 있다.

이런 연관관계는 **전통의 논리성이나 인과성과는 전혀 다른 것이다**. 내적이면서도 외적이고, 돌발적이기는 하나 전체 상황에 적합한 원리에 의해 놀이의 동작이 이루어지는 것이기에 추정이 가능하다. 놀이 동작은 놀이의 장이나 규칙에 의해 제약되기는 하지만, 매번 새로운 것이며 놀이의 장을 새로운 장면으로 전개시킨다. 이렇게 하여 놀이 내적인 원리에 따라 놀이 동작들은 상호 연결되어 놀이 전체의 흐름을 구성한다.

놀이의 동작들 각각 그 자체로서는 다른 동작과의 관계를 결정하는 내적인 가능성이나 특성을 지니고 있지 않다. 놀이 동작들 간의 관계는 법칙적으로 결정될 수 있는 것이 아니다. 그러나 놀이자의 과거 동작 방식, 놀이자가 처해 있는 문맥, 이런 것들이 그의 이전 동작과 타방의 동작, 그리고 새로이 취해질 동작들을 연관 지으며 놀이의 흐름이 전개되게 한다. 놀이 동작을 취하는 것은 놀이자들이며 이들이 주도적인 역할을 하지만, 이들은 사전에 어떤 법칙이나 원리에 따라 움직이는 것이 아니라 위의 모든 요소들을 감안하여 동작을 취하는 것이다. 그에게 어떤 질료적이거나 무정형적인 의도는 있겠지만 선재적인 규칙이나 논리와 같은 것이 그가 취할 동작을 인도하는 것은 아니다.

놀이의 동작들이 단속적이어서는 이들이 전체로서 **하나의 놀이**를 구성할 수 없다. 놀이에는 연면한 흐름이 있어야 하며, 그러기 위해서는 동작과 동작이 유연하게 연결되어야 한다. 이런 유연한 연결의 원리를 놀이의 연기성이라고 부르는 것이다.

연기성 원리의 개방성

이야기를 만들어가는 언어 구성원들 간의 관계 역시 이와 비슷한 원리에 의해 주재된다. 연기성은 언어 요소들 간의 차이 또는 발언과 문장을 해석함으로써 생성된 의미를 기반으로 한다. 이 차이들이나 의미들은 해석 당시의 발언과 문장이 놓인 문맥 전체와 긴밀한 관계를 지니고 있을 것이다. 처음에 하나의 발언은 타방의 반응, 주위의 문맥이나 상황 등과 연관되어 의미를 취득할 것이며, 이 발언은 타방의 발언과 연결된다. 다시 청자의 언어적 반응은 화자의 새로운 발언을 촉발하는 등의 과정이 반복되면서 어휘와 어휘의 연쇄가 형성되고, 발언과 발언 간의 연결 관계가 생기면서 점차 긴 이야기가 직조될 것이다. 이들은 각자의 의식 속에 기억되어, 새로운 발언을 위한 배경이나 좌표대의 역할을 할 것이며, 점차 이야기의 장, 대화의 장, 언어 담론의 장은 넓고 두터워진다. 그리고 제3, 제4의 화자가 개입하면서, 발언과 문장의 수는 기하급수적으로 늘어날 것이다.

연기성緣起性의 원리는 어휘들의 의미나 논리나 문법은 물론이고, 다양한 수사법들, 즉 문장 전개를 가능하게 하는 모든 종류의 수사법들을 포함한다. 가령, 은유, 직유, 환유, 제유, 의암법, 의인화, 대구, 대조, 점층, 반복, 질문, 돈호법, 과장, 역설, 풍자, 심지어 오류로 간주되는 오류 추리법들, 가령 대인 논증ad hominem, 경사 논변slippery slope 등 역시 연기적 원리에 포섭된다.

연기성의 관점에서 우리는 전통의 오류론을 재고해야 한다. 통상적으로 오류 추리로 간주되는 것은 정당한 논법일 수 있다. 가령 대인 논증은 상황에 따라서는 매우 자주 동원되는, 효과적이고 정당한 추론이다. 전통의 형식 논리와 오류론은 보편자나 내포적 개념 내용의 존재를 전제하나, 이들의 존재를 수용할 수 없을 때 우리는 논리의 기준이나 정당성의 개념을 재규정해야 할 것이다.

연기성은 문장이나 텍스트의 양식에 따라 그 진폭이 다르다. 이른바 사실적 텍스트에서는 언어 요소가 갖는 연기성의 진폭이 좁고 직진적일 것이나, 문학적이거나 예술적인 텍스트에서는 연기성의 진폭이 넓고 우회적이며 다각적일 것이다. 시란 어휘 깊숙이 내장되어 있던 연기적 가능성을 이끌어내어 극대화하는 기술이다. 일상적 대화의 상황에서 '낙엽'은 '망명정부'와 아무 상관이 없다. 그러나 시적인 기술에 의해 이들 어휘들이 적절히 배치되면 이들은 의미 있는 연관성을 지니게 된다.[7] 이들이 연결되면서 조성하는 공간은 주관적인 상상이나 허구의 세계에 머물지 않는다. 낙엽과 망명정부 간의 연관성은 그 어휘들 각각의 내부 깊숙한 곳에 있었던 것이며, 시인은 단지 어휘들을 재배치하여 시적인 문맥을 조성하고, 이를 통해서 그 내부의 울림이나 상호 연관성을 이끌어낸 것뿐이다. 이런 공간을 우리는 연기적 공간이라고 부를 수 있다. 시인은 언어의 가능성을 최대한 이끌어내어 연기적 공간을 창출해낸다.

'국화'에서 우리는 쉽사리 가을을 연상하지만 그리움이나 누님의 상념을 떠올리기는 쉽지 않다. 하지만 시적인 어휘 구사에 의해 조성된 시적인 공간 속에 들어설 때 우리는 '국화'라는 어휘에서 '그리움' 또는 '누님'과 같은 어휘들의 반향을 들을 수 있다. 그런 반향을 들을 수 있기에, 우리가 어휘들 깊숙한 내면에서 퍼져나오는 울림을 들을 수 있는 청력을 지니고 있기에, 시 예술이 성립하는 것이다. 그 반향은 '국화'라는 어휘가 연기하는 것일 수도 있으며 그를 듣는 독자의 의식이나 그들의 기억 속에서 울려나는 것일 수도 있다. 시인이란 언어적 연기성의 전문가이며 연기적 가능성에 대해 지극히 섬세한 촉수를 지닌 사람들이다.

고대는 물론 현대에도 언어의 연기성이란 바로 언어의 공명성에서, 언어적 의식의 상호반향성에서 연유한다. 시는 우리 일상의 어휘들이 매우 심층적인 깊이를 지니고 있음을, 우리 영혼에 오래 가는 울림을 던질 수 있음을 알려준다. 언어 공간 내에서 언어 요소들은 상호 연기적으로 생성되며, 연기적으로 관계한다.

이야기의 흐름이나 시에서의 어휘들의 배치는 자유롭고, 어느 정도는 자의적이며, 불확정적이다. 하지만 그런 것이 전적으로 무법칙적으로 이루어지는 것은 아니다. 어휘들을 무작위적으로 연결한다고 해서 시가 만들어지지는 않는다. 연상, 상기, 환기, 논리 등, 위에 언급한 다양한 수사

---

7 김광균의 시 「와사등」에서 "낙엽은 망명정부의 지폐"라는 시구를 생각해보자.

의 기술이나 법칙들에 따라 이루어진다. 그래서 우리는 언어 공간의 원리를 자의성이라 하지 않고 연기성이라 하는 것이다. **언어 기호는 외계와는 무연無緣하나, 언어 공간 내의 다른 언어 기호들과 긴밀한 유연성有緣性 또는 연기성緣起性을 지닌다.**

3. 언어 연기론의 연관 논제들

불교적 연기

주지하다시피 연기 개념은 불교에서 온 것이다. 우리가 제안하는 연기 개념은 불교적인 개념과 중요한 차이점(다음 장에서 논의)을 갖기는 하나, 다른 한편으로는 핵심적인 사항들을 공유하고 있다. 불교의 연기론은 무실체론, 공空의 사상, 오온五蘊론, 고苦와 번뇌로부터의 해탈론, 자비론 등과 연관되어 있다. 불교의 연기 개념을 지원하거나 이것의 지원을 받는 존재론, 인식론, 윤리학은 우리의 입장과 상통하는 것이라 생각되며, 나아가 연기 개념을 통해 우리는 다양한 문제들을 단일한 원리에 의해 포괄적으로 설명할 수 있을 것이다. 뿐만 아니라 이런 설명은 동양의 철학 개념을 더욱 풍요하게 재해석할 수 있는 방안을 제시하리라 생각된다. 연기緣起는 팔리어로 쓰면 'Pratitya samutpada'로, 일반적으로 '의존적 생기dependent origination'로 번역되지만 또다른 대안적 번역은 '상호적 생성interdependent becoming'이다.[8] 이곳에서는 이 후자의 번역어를 택한다.

많이 지적하는 바이지만, 불교의 무상론無常論이나 색즉시공론色卽是空論은 아무것도 존재하지 않는다는 허무주의적 주장이라기보다는 존재자의

8 G. Reeves, 'Divinity in Process Thought and the Lotus Sutra', *Jr. of Chinese Philosophy*, 28:4(Dec. 2001), p.368 각주 12.

상생론, 다시 말해 상호 의존적 생성론이다.[9] 이들 입장은 연기적 관계 밖에 어떤 실체가 있음에 대해서는 비판적이나, 연기적 관계에 의해 생성되는 것들이 전적으로 허무라고 주장하지는 않는다. 연기론은 일종의 관계론 또는 상생론이다. 모든 것들은 타자와의 관계 속에서 서로를 생성시키며 상호 의존적 관계 속에서 존재한다. 이런 존재론은 타자나 타인과의 관계를 중요시한다는 점에서 윤리성에 더욱 공고한 지반을 제공할 수 있다. 타자는 나의 존재와 정체성의 의지처이기 때문이다. 우리가 주목하고자 하는 불교 연기론의 주요 논제들을 정리하면 다음과 같다.

> 이것이 있으니 저것이 일어나고, 저것이 있으니 이것이 일어난다.
> 이것이 없으므로 저것이 없게 되고, 이것이 소멸하므로 저것이 소멸한다.[10]
> 인연으로부터 발생하지 않는 존재는 단 하나도 없다. 그러므로 일체의 존재는 공(空) 아닌 것이 없다.[11]
> (만물은) 서로 서로 관계하여 일어난다. 말하자면 만물은 연기에 따라 일어난다.

연기적 생성론은 다음의 무자성론, 존재에서의 상호 의존론 또는 상생론, 마음 의존론과 긴밀한 관계에 있다.

> 여러 가지 인연으로 생한 존재를 나는 무(無)라고 말한다. 또 가명(假名)이라고 하고, 중도(中道)의 이치라고도 한다.[12]
> 모든 사물들은 연기에 의해 생성되기 때문에 자성(自性)이 없다. 따라서 그

---

9 T. Stcherbatsky, *The Conception of Buddhist Nirvana*, Delphi, 1968, p.72; 무르티, 『불교의 중심 철학』, 경서원, 1999, 436쪽; 길희성, 『인도철학사』, 민음사, 1984, 55쪽 이하.

10 길희성, 『인도철학사』, 민음사, 1984, 55쪽.

11 용수, 『중론中論』, 경서원(김성철 역주), 414쪽; 무르티, 『불교의 중심철학』, 경서원, 1995, 36, 365쪽.

12 용수, 위의 책, 414쪽; 길희성, 위의 책, 144쪽 이하 참조.

것들은 모두 공하다.
뚜렷한 본성을 갖는 것은 아무것도 없다.
모든 사물들은 여러 가지 원인과 요소들의 조합으로 생겨나기 때문에 대부분 구조적 복합체이며, 자존(自存)의 실성(實性)이란 없다. 그것들에는 독자적인 자성이 없으며, 그들의 존재를 다른 사물들에 의존한다.[13]

(만물이란) 단지 마음의 나타남이다.
(만물은) 환상이나 꿈과 같기 때문이다.
(만물은) 그림자나 상과 같기 때문이다.[14]

불교적 연기론 또는 연기적 생성론의 배경이 되는 존재론적 입장들은 무자성론이나 마음 의존론이다. 이런 연관성에서 불교 연기론의 핵심적 메시지는 실체론의 부정, 자성론의 비판, 집착심에 대한 경고 등 비판적인 내용이다. 우리는 연기 개념에 적극적인 내용을 부여하고자 한다. 연기성의 원리는 단지 존재자와 존재자들 사이의 상생적 관계, 존재에서의 상호의존성을 주장하는 것을 넘어서 그 **관계 지음을 위한 구체적인 원리**를 담고 있는 것으로 이해할 수 있다. 연기론이란 만물들 간의 상생과 의존적 관계가 일정한 질서에 따라 이루어지는 고로, 그 관계가 어느 정도는 추정이 가능하다는 주장까지 포함하는 것으로 확장해서 해석될 수 있다. 즉 세계 내의 사물들의 생성이 자의적이고 무법칙적인 것이 아니라, 엄격하지는 않으나 어느 정도는 **일정한 법칙에 따라 생성하고 연기한다**는 것이다. 이런 법칙을 연기적 법칙이라 부르고자 하며, 이는 기존의 인과성이나 논리성을 포괄할 수 있는 개념이다.

13 까르마 츠앙, 『화엄철학』, 128쪽 참조, 경서원, 1990.
14 징관, 『화엄현담』, 츠앙, 『화엄철학』 69쪽에서 재인용.

언어적 연기

앞서 언어 기호는 외계와 무관하며 언어의 배후에는 아무런 상응하는 실체도 없다는 입장을 개진한 바 있다. 그리고 우리 삶의 언어 의존성을 다각적으로 검토했다. 서사의 전개와 만물의 생성을 연기성의 원리로 설명하려는 우리의 시도는 이미 개진한 기존의 입장들인, 무연성 원리와 언어 의존성 논제 등의 논리적 귀결이라 할 수 있다. 그동안 개진되어온, 그리고 앞으로 제안할 우리의 입장을 연기성의 원리와 연관하여 정리해보자.

(1) 언어 무연성 원리: 언어는 외계에 대해 자의적이고 무연적이다. 우리는 언어 밖으로 나갈 수 없다. 언어 밖에 우리가 지칭 기술하거나 그릴 수 있는 것은 없다.

(2) 언어 의존성 논제: 모든 것은, 적어도 일의적이고 객관적인 모습을 지닌 한, 언어에 의존되어 있다. 모든 것은 언어의 전개, 서사의 전개에 따라 생성한다.

(3) 무실체론: 자체적으로 존재하는 것이란 없다. 의미 있는 존재자는 모습을 지닌 것이고, 그런 것은 인식의 대상으로서, 인식될 수 있는 한에서만 존재한다. 즉 궁극적 실체나 원자와 같은 것은 없다. 소위 분석적 환원의 방법을 통해 실체를 발견하려는 시도는 우리를 어디에로도 인도하지 않는다.

(4) 관계론: 존재자는 상호의존적으로 생성되는 관계적인 존재이다. 고정적인 자성自性이나 고정 불변의 본질을 지닌 존재자란 없다.

(5) 인과성과 논리성 부정: 전통의 인과관계나 논리관계는 물리적 특수자나 심적 보편자와 같은 고정적 실체의 존재를 전제하는데, 그런 것들이 부재하므로, 인과성이나 논리성 역시 성립하지 않는다.

(6) 언어 기술론 비판: 자성적 실체가 없다면 언어와 사고는 세계의 그림이라는 서구 전통의 입장은 수용될 수 없다. 우리의 사고와 언어는

언어 밖의 세계를 그리지 않는다.

(7) 언어 기호 상호 의존론: 언어 요소들이 정체성을 확보하고 사용 규칙을 확립할 수 있는 유일한 방법은 다른 언어 기호와의 관계를 통해서이다. 언어 기호의 정체성과 문법은 외계와 무연한 만큼 더욱 더 다른 기호들과의 관계, 즉 연기성에 긴밀히 의존되어 있다.

(8) 내재성 원리: 연기성이란 언어 기호들 간의 상호 의존성에서 연유하는, 언어 체계 내의 언어 요소들 간의 관계이다.

(9) 존재자 언어 의존론: 존재자들이 언어에 의존되어 있는 한, 이들 역시 연기성의 원리에 의해 주재된다. 이들은 내적이고 지속적이며 중첩적인 연기 관계에 의해 생성하고 존재한다.

(10) 언어 주체론: 연기적 관계의 중심에 마음이 있음에 동의하나, 마음은 언어 의존적이므로, 우리는 마음을 언어 또는 언어 주체의 개념으로 대체하고자 한다.

(11) 언어 사회성론: 언어는 본질적으로 통신의 매체이며, 그런 한에서 언어는 화자와 청자를 전제한다. 그래서 서사의 전개, 세계의 구축, 존재자의 생성, 나아가 마음의 생성을 위해서는 최소한 두 사람 이상의 화자가 있어야 함을 함의한다.

연기성 원리는 언어적 활동의 가능성, 서사의 전개, 텍스트의 구축 등을 설명할 수 있으며, 자아와 마음의 형성, 타자와의 관계, 그리고 존재자들의 생성과 이들 간의 관계 방식 등을 설명하는 원리가 될 수 있다. 전통적으로 세계 내의 물상들 간의 관계를 설명하는 주요 원리는 인과성이나 논리성이었다. 연기성의 원리는 이들을 융합하는, 더 포괄적이고 유연한 개념이다. 그리고 우리의 정신세계, 문화, 언어적 공간에 부합되는 개념이다. 연기성의 원리는 경험의 세계와 정신의 세계를 통합적으로 설명할 수 있을 것으로 기대된다.

인과성의 개념은 선형적線形的이고, 원자적인 존재자들을 전제로 한다.

인과율은 시간적인 원리로서, 원인은 항상 결과에 선행하며, 결과는 원인에 후행한다. 그리고 인과의 각 항이 되는 것은 원자적으로 구분될 수 있는 사물이나 사건들이었다. 인과성과 대조적으로 논리성은 보편적이고 추상적인 개념들 간의 내포적 관계이며, 생성적이기보다는 정태적인 질서를 전제한다. 인과성과 논리성의 두 원리는 각각 기본적으로 구체적이며 특수적인 물리 세계, 또는 추상적이고 보편적이며 심적인 개념 질서를 상정하며, 이 두 질서 간의 구분에 기초해 있다. 연기 개념은 이들 간의 경계를 헐어버릴 수 있게 한다. 우리는 보편과 특수, 추상과 보편, 심적인 것과 물리적인 것 간의 구분을 제거함으로써 이분법적인 세계관의 부담을 벗어던질 수 있으며, 나아가 존재 그 자체, 물 자체, 진상 등의 형이상학적 개념들을 요청할 필요가 없다.

이런 길을 택할 때 우리는 형이상학적 부담을 덜 수 있지만, 마음과 세계의 생성, 나아가 인식의 행위, 마음과 세계 간의 관계를 어떻게 설명할 수 있을 것인가라는 새로운 문제를 안게 될 것이다. **연기 개념은 최소한의 것만을 인정하면서 이들 문제들에 대한 해답을 제공할 수 있는 잠재력을 지니고 있다**고 생각된다. 그 최소한 것이란 기표를 매개로 한 **언어 주체들 간의 통신적 관계**이다. 연기 개념은 나아가 최근 많이 논의되는 수반성이나 창발성의 개념과도 조화할 수 있다고 여겨진다. 무엇보다도 우리 논의의 중심을 이루는 언어의 공시성과 통시성, 인식자의 관점이라는 개념과 일관된 원리이다.

4. 연기적 공간의 불확정성

연기적인 세계와 복잡계

언어 활동은 놀이의 구조를 지니고 있으며, 언어 공간은 일종의 놀이장이다. 놀이장을 주재하는 원리를 연기성이라고 할 수 있다. 연기적 공간은 비선형적이며, 이 공간에서 무엇이 생성될지는 선행적으로 알 수 없다. 모든 놀이장이 그러하듯이, 언어 놀이의 장은 일종의 복잡계이다.[15] 우리는 언어 공간을 놀이장, 시장, 등과 비유한 바 있는데, 시장이나 놀이적 공간에서 생성되는 것들의 정체성은 불확정적이며, 그 정확한 모습은 **결과적으로만** 알 수 있다. 이런 점에서 연기적 공간은 진화 과정을 통해 자연종을 창발하는 생태계와 일맥상통하는 점이 있다. 인과성은 결정성을 동반하고 법칙화 가능성을 함의하는 선형적 세계의 원리이나, 연기성은 불확정적이거나 확률적인 복잡계의 생성 원리이다.

우리가 사는 세계는 통상 물리적인 세계와 심적인 세계로 구분된다. 심적인 세계는 복잡계의 일원임을 인정할 수 있으나, 물리적인 세계 역시 복잡계라 할 수 있을까? 데이빗슨은 서구 존재론의 전통을 계승하여 진리를 원초적 개념으로 본다. 이런 진리 원초론과 함께 그는 일정한 모습을 지닌 세계가 인간의 마음이나 언어와 독립적으로 존재한다고 보며, 그 세계의 실체는 물리적이라는 물리주의를 주장한다. 그러면서도 그는 심적 세계의 자율성을 견지하려는 독특한 입장을 취한다. 이를 위한 그의 전략은 무엇인가? 그는 존재론과 의미론을, 그리고 세계와 언어를 구분한다. 즉 물리적인 속성과 물리적인 언어, 심적인 속성과 심적인 언어가 각각 서로 다른 논리에 의해 주재된다는 것이다. 데이빗슨에 따르면, 심적인 속성들은 물리적인 속성들로 환원된다는 점에서, 세계의 실체는 물리적이다. 하지만 심리적인 술어의 의미는 물리적인 술어들로 환원되지 않으며, 이들에 의해 완전히 설명되지도 않는다는 것이다. 이런 비환원성으로 인해 심적 술어들의 세계는 자율적인 영역을 구축한다. 그래서 물리적인 세계는 법칙적이되, 심적인 세계는 무법칙적이라는 것이다. 이것이 그의 무법칙적 일

15 제임스 글리크, 『카오스: 현대 과학의 대혁명』, 동문사, 1988; 윤영수 · 채승병, 『복잡계 개론』, 삼성경제연구소, 2005; 스티븐 존슨, 『이머전스』, 김영사, 2004 참조.

원론Anormalous Monism이다.[16] 이런 전략은 현대적 삶에서 물리학적 설명의 성공을 수용하여 존재론적으로는 물리주의를 취하면서도, 심적인 세계의 자율성이나 무법칙성을 설명할 수 있다는 장점을 지닌다.

마음이나 화자로부터 독립적인 세계가 존재함을 우리는 수용할 수 있을 것이다. 그러나 그것이 무엇인지는 원리적으로 말할 수 없다. 모습이나 성질은 항상 인식자와 관계해서만이 의미 있게 말할 수 있다.[17] 모습을 지닌 것은 항상 자체로 존재하는 것이라기보다는 인식되고 규정된 것으로 존재하기 때문이다. 그 자체로 모습을 지니고 있거나 특징을 지닌 존재라는 개념은 논리적으로 문제가 있다. 일의적이고 객관적인 모습을 부여하는 것은 언어인 한에서, 세계 구성의 기초는 언어이다. 물리적 세계 역시, 그것이 모습을 지니는 한은 언어에 의존하고 있다. 물리적 세계 역시 일종의 서사적 세계, 이야기의 세계로서,[18] 기본적으로는 비결정적 법칙에 따라, 다시 말하면 연기적으로 움직여간다. 미시적 세계의 불확정성은 이미 양자역학의 기초가 되어 있으며, 난류, 기상 현상, 태양계의 현상, 인간의 심장 박동 등은 복잡계의 일종이기에 비선형적이어서 전통의 인과 결정적 법칙에 의해 설명 예측되지 않음은 널리 알려져 있다.[19]

자연과학에서는 복잡계의 불확정성을 자기 조직화, 되먹임feedback, 단절적 변화, 임계 현상, 창발성 등의 개념을 동원하여 다양한 방식으로 설명한다. 우리는 복잡계를 연기적 공간이라 규정하며, 이런 공간의 불확정성을 이와는 다른 관점에서 설명하고자 한다. 연기적 공간의 구성원들은 근본적으로 언어 의존적인 존재이다. 그리고 언어 기호는 세계에 대해 자의적이며, 이들의 정체성은 서로 간의 차이에 의해, 놀이적 활동에서의 상호적 관계에 의해 규정된다. 존재자는, 서구 전통 형이상학의 어휘를 빌리

---

16 D. Davidson, *Essays on Actions and Events*, Oxford Clarendon Press, 1980.

17 이에 관해서는 5부의 여러 장들에서 논의할 것이다.

18 최근 서사이론에서는 자연과학 역시 서사의 일종으로 본다.

19 윤영수 · 채승병, 앞의 책, 103쪽 이하.

면, 그 자체로서는 본질이나 실체성을, 불교적인 어휘로 말하면 자성自性을 결여하고 있다. 그것이 어떤 특질을 취득하며, 나아가 어떤 가능성이나 경향성, 또는 의미를 지닐지는, 그것을 명명하고 규정하는 언어 기호들이 일정한 언어적 연기의 장에서 다른 언어 기호들과 어떤 상호적 관계를 지닐지에 따라 결정된다. 언어 활동이 진행되는 과정에서 언어 요소들은 상호작용하면서 새로운 담론의 장들을 형성하며, 새로운 언어 요소들을 만들어낸다. 하지만 언어 활동이 어떤 방향으로 전개될지, 어떤 요소와 장이 형성될지는 확정적으로 결정하기 어렵다. 인간의 정신세계가 어떤 모습을 보일지, 세계의 전개 과정에서 세계 요소들이 어떻게 상호 관여하며, 그 결과 어떤 존재자들을 생성할지는 법칙적 예측의 범위를 넘어선다.

놀이의 예를 다시 들면, 바둑알들은 그 자체로서는 아무 의미도 지니지 않으며 힘도 발휘하지 않으나 일단 바둑판 위에 놓이면, 다른 바둑돌과 바둑놀이의 논리에 따라 다양한 역할을 수행하고 여러 차원의 힘을 발휘한다. 하지만 일방이 놓은 수에 대해 타방이 어떤 반응을 보일지, 놀이의 판이 어떤 식으로 전개될지는 법칙적 예측의 범위 밖에 있다. 생태계의 예를 들면, 자연 진화의 과정에서 지속적으로 등장하는 변이들 중 일부의 것만이 살아남으며, 이 변이들의 누적되어 새로운 자연종을 등장시키기는 하지만, 어떤 종이 등장할지는 사전에 예측할 수 없다. 시장적 활동에서도 역시 다른 시장의 참여자들이 어떤 상품을 공급하고 필요로 할지, 그에 대해 어떤 가격을 제시할지는 오직 개연적 추정의 대상일 뿐이다. 시장을 움직이는 손은 보이지 않는다. **언어 공간은 진화적 생태계나 시장과 유사한 논리와 구조를 지니고 있으며 유사한 방식으로 진화해간다**.

놀이 활동, 생태계의 진화, 시장적 관계, 언어 활동은 불확실성 하에서 이루어지는 생성의 과정이다. 서로가 서로를 생성하기는 하지만 무엇이 무엇을 결과할지는 선행적으로 결정되어 있지 않으며, 문맥, 상황 등 **총체성과 관계성의 논리에 의해 결정된다**는 것이 연기론의 한 중요한 핵심이다.

무법칙성의 이유

연기적 관계가 법칙적으로 결정될 수 없는 이유는 무엇인가? 전통적으로 인과율이나 논리성은 자성적인 존재자들이 존재한다고 상정한다. 인과율의 개념은 시공적인 특수자와 보편 법칙을, 논리성의 개념은 보편자나 추상체의 존재를 상정하지만, 연기적 관계는 그것이 특수적이건 보편적이건 자성의 존재를 부정한다. 연기하는 모든 것들은 비자성적非自性的이다.

위에서 지적한 바와 같이, 데이빗슨은 심적 술어의 불가환원성을 수용하기는 했으나 그 이유를 명확히 하지 않았다. 우리의 언어관은 그런 불가환원성을 해명할 수 있다고 생각된다. 우리는 거듭 지칭적 의미론, 거울적 언어관, 그림적 언어관을 포기해야 한다고 논한 바 있다. 언어는 세계와 무관하나, 언어 공간은 자율적이며, 어휘들의 의미는 공시적으로 그 공간 속에서 타자와의 관계에 의해, 통시적으로는 역사적인 사용례에 의해 형성된다.[20] 모든 어휘들은 각각 고유한 관계망과 역사를 지니고 있다. 바로 이런 이유에서 어휘들의 의미와 이들에 대응하는 존재자들은 다른 것으로 환원될 수 없는 것이다. 연기론은 의미론적으로는 물론이고 존재론적으로도 **철저한 불가환원론**을 주장한다.

모든 인간들의 삶의 양식이 어느 정도는 유사한 만큼, 소위 기초적인 어휘들은 대체적으로 유사한 관계망으로 연결되어 있으며 사용의 역사를 거쳐왔을 것이다. 하지만 정확히 동일한 의미를 지닌 어휘란 없다. 전통적으로 생각하듯이, 어휘의 의미가 세계 내의 대상을 지칭하거나 기술함으로써 취득된다고 한다면, 언어권에 따라 어휘는 다르더라도 세계는 동일할 것이므로 정확히 동일한 의미를 지니는 두 어휘가 있을 수 있을 것이다.

어휘들의 의미는 과거의 사용례들, 그리고 이를 기반으로 드러나는 한 체계 내에서의 타자들과의 차이와 관계망을 기반으로 한다. 그러므로 연

---

20 언어의 연기성과 역사성은 곧 논의할 것이다.

기적 존재론 또는 생성론에서 어휘의 의미는 전적으로 타자에 의존한다. 사물들의 경우 역시 마찬가지이다. 한 사물의 본질이 있다고 한다면, 비트겐슈타인의 견해를 좇아 그것은 그 사물에 상응하는 어휘의 문법이라 할 수 있는데, 문법이란 사물에 상응하는 어휘의 사용례들을 기초로 한다. 사용례에는 사용의 상황들이 기억되거나 반영되어 있으며, 사용 상황은 매번 다르다. 언어적 활동이 전개됨에 따라 장기적으로 문법은 달라지기 마련이며, 따라서 사물의 본질 역시 변화하거나 그 사물이 아예 도태되어 사라질 수도 있다. 그래서 어휘의 의미이든 사물의 본질이든, 그것의 정체성은 **외부성, 상황성, 전체성,** 그리고 **인식자의 관점의 관여**에 의해 이루어진다. 이런 이유로 연기적 생성 세계에서는 규정적으로 법칙화할 수 있는, 고정적이거나 자성自性적인 존재라는 것이 있을 수 없으며, 따라서 전통 철학에서와 같은 인과 법칙이나 논리 법칙을 운위할 근거가 없다.

5. 연기성, 역사성, 합리성

연기 개념의 적극적 해석

이상의 연기 개념을 검토할 때, 연기적 관계 방식이란 비고정적, 역동적, 상황 의존적이며, 그래서 연기적 세계에서는 무엇이든 자의적으로 생겨나고 일어날 수 있음을 함의하는 듯 보인다. 무엇이 다른 무엇을 연기한다는 것은 무엇을 의미하는가? 그것은 존재자가 허공에서 튀어나오는 것이 아니라는 논제De nihilo nihil gigni, 또는 한 존재자는 타자들에 의존하여 생성한다는 관계적 생성론이나 상호의존론에 그치는 것인가, 아니면 그 이상을 의미하는가?

전통의 인과율과 인과 법칙은 새로운 존재자의 생성을 예견해줄 수 있었고, 논리성의 원리는 한 존재자를 분석함으로써 그것이 관계하는 다른 존재자들을 추론할 수 있게 해주었다. 전통적 입장에서 언어 요소들 간의 관계는 그것이 그리거나 지칭하는 존재자들에 예속되어 있었다. 위에서 논한 바에 따르면, 연기성의 원리는 그런 예측 가능성이나 추론 가능성을 배제하는 것으로 보인다. 그렇다면 연기성의 원리는 새로이 생성하는 존재자, 명제, 언어 기호, 의미, 사태의 생성을 예측하게 할 수 있는 어떤 법칙이나 지침을 내포하는 원리인가, 아니면 그런 것을 부정하는 원리인가?

불교적 문헌들에서 연기 개념에 대한 논의는 주로 추상적으로 무자성론, 무실체론, 관계론, 상생론, 상호 의존성 등의 개념들을 언급하고 있다. 그러나 무엇과 무엇이 관계할 수 있는지, 무엇이 무엇을 생성시키는지, 무엇과 무엇이 상호의존적인지, 또는 이런 관계성, 상생적 관계, 상호 의존성을 제약하는 요인들이 무엇인지에 대해서는 거의 언급이 없는 것으로 여겨진다. 불교적 연기론의 핵심적인 메시지는 자성론에 대한 비판적 견해와 상생론, 상호 의존론 등의 관계론에 치중되어 있다. 츠앙의 저서에서 한 문장을 인용해 살펴보자.

> 모든 사물들은 여러 가지 원인과 요소들의 조합으로 생겨나기 때문에, 대부분 구조적 복합체이며, 자존의 실성實性이란 없다. 그것들에는 독자적인 자성이 없으며, 그들의 존재를 다른 사물들에 의존한다.
>
> 상세히 고찰해보면, 이 세상의 어떤 것에도 일정한 성품이란 없음을 알 수 있다. 사물들은 이런저런 일들과 관련하여서만, 혹은 어떤 조건들 아래에서만 존재하는 그런 것들이다. 준거틀이 변화하면 목표물도 변화한다……[21]

우리는 사물들의 무자성성, 상호 의존성, 조건 생성론을 수용할 수 있을 것이다. 하지만 이런 의존 관계나 생성 관계가 제약적이거나 법칙적인지,

---

21 츠앙, 『화엄철학』, 128쪽. 그 밖에 필자가 접한 대부분의 연기론에 관한 경전의 구절들, 관련 문헌들에서 연기론에 대한 논의는 주로 비자성론, 공론, 관계론 등에 치중되어 있다.

제약적이라면 그 제약의 내용이 어떤 것인지에 관한 논의가 있어야 할 것으로 생각된다. 그 이유는 연기적 관계에서 어떠한 제약도 없다고 한다면 모든 것에서 모든 것이 생겨날 수 있을 것이며, 그런 경우 그런 생성 원리를 구태여 '연기성'이라 이름할 필요조차 없다. 그것은 단지 존재는 허무에서 생성되지 않는다는 논제로, 사고의 기본 원리라 할 모순 배제율의 다른 표현에 불과할 것이기 때문이다.

위에서 우리는 연기적 공간 내의 존재자들 간의 관계가 자의적인 것이 아니라 어느 정도는 법칙적일 수 있다고 언급한 바 있다. 연기나 인연의 개념은 생성하는 것과 생성되는 것 사이에 어떤 일정한 제약적 관계가 있음을 포함한다. 이런 제약성 때문에 연기적 세계의 생성 과정은 전적으로 예측 불가하거나 돌발적인 것은 아니라 어느 정도의 추정 가능한 것이다. 언어적 활동의 전개는 물론 존재자의 생성 역시 법칙 결정적인 것은 아니라 하더라도 여러 요인들의 제약 하에 일어나는 것이기에 생성의 폭은 제한되어 있다. 우리는 연기적 관계를 정량적으로 법칙화할 수는 없으나, 개략적으로 정형화할 수는 있다고 생각한다.

연기성의 원리가 주재하는 여러 종류의 활동과 변화를 다시 생각해보자. 놀이적 활동, 시장에서의 교환 관계, 자연 진화의 과정, 서사의 전개는 다양한 방식으로 자유롭게 전개된다. 그러나 이들 활동들에서 어느 정도의 예측은 실제로 이루어지며, 이런 예측이 연기의 주요 동인이거나 원리라고 할 수 있다. 그 이유는 이들 활동이 주체나 그와 유사한 존재에 의해 주도적으로 이루어지기 때문이다. 시장에서는 수요자와 공급자, 놀이에서는 놀이자, 언어 공간에서는 언어 주체들의 소통적 의지에 의해 활동이 이루어지며, 이런 능동성에는 참여자들의 예측이 포함된다. 심지어 생태계에서도 진화 과정의 동인인 변이의 등장은 기존의 유전자를 바탕으로 한다는 점에서, 기존 유전자의 정보 내용이 적극 관여하고 제약한다고 할 수 있다. 이들에 의해 구축되는 연기적 공간은 이들 주체적 존재자들이 관여하고 이들의 활동이 예측에 기반한 것이기에 다양성과 역동성을 지닌 공간이 될 수 있는 것이다. 더 근원적으로 이들 활동은 **예측적인 활동이 없이는 이루어질 수 없는 활동들**이다.

우선 연기적 공간의 전개 과정에서 관여하는 중요한 요인 몇 가지를 지적하고, 그 다음 이들 중 행위 주체가 이런 과정에서 고려하는 제약 요인으로 언어의 상황성과 역사성을 검토하기로 하자. 연기성 형성에 관여하는 요인들은 다음과 같다. 1) 행위 주체: 인식적 행위 주체가 연기 과정을 전개해간다. 2) 상호 반응: 연기적 공간의 참여자들은 서로의 행위에 반응해야 한다. 3) 추정적 해석: 이런 반응을 위해서는 서로의 행위에 담긴 의도나 의미를 추정적으로 해석해야 한다. 4) 관계성 또는 상황성: 행위 주체는 자신의 내면적 논리나 원리 또는 성향에 의해서가 아니라, 타자와의 관계와 그 관계에 의해 구축되는 놀이적 환경을 고려하면서 자신의 동작을 결정해 간다. 5) 상황 적응: 전체의 흐름에 적응해야 하며, 이를 위해서는 수시로 자신의 행동 방식을 미세 조정해야 한다. 6) 국지성: 그는 전체에 대한 확실한 지식을 가질 수 없다. 7) 평형성 또는 안정성: 놀이의 장은 안정적이고 평형적이어야 한다. 연기의 장이 무너지면 그 행위 주체가 생존할 기반이 사라지는 것이다. 연기적 공간은 그의 생존 공간이다.

언어의 역사성

언어는 진화한다. 현재의 자연 언어는 언어적 진화의 결과이다. 언어는 진화해왔고 진화해갈 것이므로 시간적인 존재이다. 시간성은 언어 활동의 전개에 결정적 중요성을 지닌다. 생태계에서 한 자연종의 정체성은 생태계에서 그 종이 차지하는 위치나 다른 종들과의 관계에 의해 결정되는데, 타자와의 관계는 한 자연종이 진화의 시간을 겪으면서 지나온 과거사를 기반으로 한다. 같은 논리로, 한 언어 요소의 정체성은 그것이 속한 언어 체계 내에서 타자들과의 관계에 의해 결정된다. 이것이 위에서 논한 언어의 공시성이다. 하지만 이런 관계 맺음에서 기반이 되는 것은 언어 진화의 과정에서 축적한 언어 요소들의 내력이다.

연기성의 기초는 언어 진화 과정에서의 이력이다. 어휘 의미의 기반이 되는 주요 요인들은 오랜 시간에 걸쳐 사용되면서 그것의 이면에 기의로 응축된 사용 경력이나 사용례들이다. 의미 사용론은 의미 본질론과 대조되는 것이다. 후자의 입장은, 어휘란 어떤 대상이나 실체를 지칭하기 때문에 핵심적이거나 본질적인 의미가 있다고 전제한다. 의미 사용론은 이런 본질적 의미의 존재를 부정한다.

언어 활동의 과정에서 한 어휘는 다른 어휘와 관계하게 되며, 이런 것들이 그 어휘의 사용례를 구성한다. 한 어휘의 사용례는 그것과 타자와의 관계망이라 할 수 있는데, 이런 관계망이 그 어휘의 의미 기반이 된다. 한 어휘의 의미 규정에서 타자는 배제되어서는 안 된다. 그것은 그 어휘의 의미 형성에 적극적으로 관여하기 때문이다. 이것이 의미 사용론의 핵심적인 함의이다. 소쉬르 식으로 표현하면, 어휘의 의미는 차이의 체계이므로, 한 어휘 의미 규정에서 타자는 필수적이다. 그래서 다른 어휘의 의미는 한 어휘 의미의 일부를 구성한다. 이는 전통적 입장과 대조적이다. 전통적 의미론에 따르면, 한 어휘의 의미를 규정함에서 다른 어휘들과의 관계는 오히려 적극적으로 배제되어야 하며, 언어 밖의 사물들에 대한 지칭이나 그림의 관계가 중요하게 여겨진다. 의미 지칭론에서는 다른 어휘들과의 관계는 오히려 의미의 불명확성을 초래하는 요인이지만, 의미 사용론에서는 의미 형성에 기여하는 핵심적 요인들이다. 타자 없이는 자성自性을 확보할 수 없다.

한 어휘의 새로운 사용은 기존의 사용례를 준거로 한다. 사용례의 개념은 차이의 개념보다 포괄적이다. 그것은 다른 기호들과의 차이는 물론, 그들과의 적극적인 관계, 나아가 발화적 상황이나 계기를 연루하는 개념이다. 이전의 사용례를 기반으로 그 어휘는 새로운 발화 상황에서 새로운 타자와 관계를 맺게 되고, 이 관계망은 그 어휘 의미에 추가된다. 그 어휘는 이런 식으로 의미를 축적하고 심화시켜간다. 이런 심화 과정에서 한 어휘는 무수히 많은 다른 어휘들과 관계하게 되는데, 이들 관계망은 모두 그 어휘의 중첩적인 의미망을 이룬다. 전통적 의미론에서 한 어휘의 의미는 그 어휘 사용례의 중핵으로 자리 잡고 있으나, 사용론에서는 타자와의 관계망 전체에 개방적으로 확산되어 있다.

이렇게 지속적으로 축적되는 관계망은 한 어휘의 내포로 간주된다. 의미 사용론이나 **의미 관계론**은 내포가 명석하고 외연이 판명한 결정체와 같은 의미체의 존재를 인정하지 않지만, 논리적 추론 가능성을 부정하지는 않는다. 논리적 추론의 개념을 달리 규정하고자 할 뿐이다. 논리적 추론이란 한 어휘의 의미 기반으로 여겨지는 명석 · 판명한 보편자 또는 추상체를 분석하여 이끌어낸 것이 아니라, 오랜 동안의 사용 과정에서 맺혀진 **타자와의 관계망들을 풀어내는 과정**이다.

저 밖에 흘러가는 외계는 시간에 따라 변화하고 스러져갈 뿐이다. 이와 대조적으로, 인간의 의식, 그를 품고 있는 언어 주체, 그가 사용하는 언어 기호들과 문장들은 시간적인 존재임에도 불구하고 시간의 흔적을 내재화하여 성장하고 깊이를 더해갈 수 있는 존재이다. 인간은 시간과 함께 흘러가는 것이 아니라, 오히려 시간을 고정시켜 인간의 의식과 언어 기호의 영양분으로 전화시킬 수 있다. 인간은 언어를 사용하여 기억하는 존재이기 때문이다. 인간 의식의 정체성은 그 의식을 지닌 사람이 살아오면서 행한 언어 활동의 이력 또는 축적된 기억이다.

일상적 언어 활동에서 어휘나 문장의 사용 방식은 과거의 사용 관행에 의해 영향받고 제약된다. 어휘의 의미는 사용례들의 연접이다. 한 어휘의 다른 어휘들과의 관계를 결정하는 것은 그 어휘의 누적된 과거 사용례들이다. 한 어휘의 미래적 사용은 과거 사용례를 준거로 하기에, 과거 사용례를 크게 벗어난 사용법은 이해되지 않는다. 다시 말하면 어휘와 어휘를 결합하고, 문장과 문장을 연결하여 새로운 서사를 전개할 수 있는 이유는, 언어가 **시간적인 내력**을 지닌 것들이기 때문이다. 언어의 이력은 연기적 서사의 가능근거이다. 다른 한편으로 이 내력은 서사의 전개 방식과 범위를 제약하기도 한다. 연기성은 이런 시간성의 제약을 받는다. 언어 요소는 오랫동안 사용되어오면서 깊고 넓은 사용 경력, 다양한 관계방식을 내부에 축적하고 있기 때문에, 이들 간의 관계는 법칙적으로 예측하기는 어려우나 실제로는 **상당히 많은 요소들에 의해 제약된다**고 할 수 있다. 시라는 예술이 성립하는 이유는 이런 언어의 과거, 어휘들과 문장들의 과거가 있기 때문이다.

존재자는 역사적 존재이고 그것의 본질은 문법이다

존재자들이란 시간적 내력을 지닌 언어의 결구이다. 새로운 존재자와 사실들이 등장하면서 세계가 전개될 수 있는 이유는 이들에 모습을 부여하는 규정적 언어가 시간적인 내력을 지니고 있기 때문이다. 우리의 존재자 언어 의존론에 따르면, 존재자란 그 자체로서 영원에서 영원으로 지속하는 것이 아니라, 역사적 과정을 거치면서 생성되는 것이다.[22] 역사의 전개와 시간의 흐름이 없이는, 이런 시간적 지평 위에서 언어 주체들의 활동이 없이는, 새로운 존재자들은 생성되지 않는다. 스피노자B. Spinoza가 말하는 영원의 상하에서의 존재나 칸트가 주장하는 시간의 흐름과 무관하게 밤하늘의 별처럼 빛나는 법칙이란, 자신의 존재성을 확보하고 확인받을 문맥을 결여한 철학적 허구이다. 사물이 언어 활동의 장기말로서만 의미가 있을 수 있다면, 한 사물의 본질은 그 사물에 상응하는 어휘의 사용을 위한 문법이고, 하나의 체계 안에서 한 사물이 다른 사물들과의 작용 관계에서 형성하는 패턴이나 무늬理이다.

본질은 문법에 의해 표현된다.

---

22 L. Daston ed., *Biographies of Scientific Objects*, The Univ. of Chicago Press, 2000 참조.

문법은 무엇이 어떤 종류의 사물인지를 말해준다.[23]

모든 사물과 사건에 이(理)가 존재한다는 것을 발견했을 때, 나는 이러한 발견에 대하여 너무 기뻐서 춤을 추지 않을 수 없었다.[24]

비트겐슈타인에 따르면, 사물의 본질이란 그 사물에 상응하는 어휘의 문법에 의해 표현된다. 사물은 존재계의 일부이고 문법이란 언어적 질서의 일부인데, 어떻게 사물의 본질이 문법일 수 있는가? 우리는 1장에서 사물들의 이름이란 언어적 제도의 일부로서만 존재할 수 있으며, 측정 단위가 측정을 위한 준비이듯 이름이란 기술을 위한 준비라는 비트겐슈타인의 입장을 살펴보았다. 이런 입장의 함의는 사물이란 언어 활동의 준비라 할 수 있는 이름의 상응체로 상정된 것이라는 것이다. 그러므로 한 사물의 본질이라는 것이 있다면, 이는 언어 활동의 장에서 그 사물의 이름이 역사적 과정을 거치면서 취득한 사용법, 다른 어휘들과의 관계망, 즉 그 이름의 문법이라는 것이다.

모든 사물과 사건에 리理가 존재한다는 신유학의 입장을 이해할 수 있는 한 유력한 방식은 이런 언어적인 해석이다. 유가적 사유에서 리란 옥의 결, 전체 속에서의 패턴이나 무늬를 의미한다.[25] 그렇다면 사물이 리理를 지니고 있다는 말은 그 사물이 전체 속에서 타자들과의 관계 방식이나 관계망을 지니고 있다는 말, 그런 관계가 일정한 패턴을 지니고 있다는 말로 이해할 수 있다. 이를 언어적으로 표현하면 그 사물에 대응하는 이름이나 어휘는 고유의 문법을 지니고 있으며, 그 문법이란 다른 어휘들과의 관계

---

23 Wittgenstein, *PI*, 371, 373절.

24 정호, 『송원학안宋元學案』, 카선창, 『신유학사상의 전개 I』, 형설출판사, 1997, 53쪽에서 재인용; A. C. Graham, *Disputers of the Tao*, Open Court Pub. Co., 1989, p.286 참조. 중국적 사고에서 理는 전체 속에서 한 사물이나 사건이 지니는 패턴이나 결로 이해될 수 있다.

25 J. Needham, *The Shorter Science and Civilization in China*, Cambridge Univ. Press, 1974, pp.238-242(C.A. Ronan의 요약본).

의 방식, 그 어휘의 사용법이라 해석할 수 있다. 이런 이해가 타당하다고 한다면, 비트겐슈타인과 신유학은 사물의 본질이 문법 또는 리라는 입장을 공유한다.

우리는 사물의 본질, 즉 그 사물을 위한 어휘의 문법이 생성되는 방식에 주목할 필요가 있다. 문법이란 놀이의 규칙과 같다. 놀이의 규칙이란 놀이장의 외부에서 취득되거나 부여되는 것이 아니다. 놀이 규칙이란, 놀이 과정에서, 놀이 동작들이 누적되면서 놀이장을 안정적으로 유지시키는 한편, 놀이 활동이 역동적으로 전개되도록 하는 틀로서 수용되고 정형화된 것들이다. 같은 논리로 문법 역시, 존재자의 구조를 반영하거나 초월적인 논리나 선험적 범주에서 연원하는 것이 아니라, 구체적이고 특수적인 언어 활동의 과정에서 자생적으로 그리고 점진적으로 형성된 것이다. 놀이 규칙의 형성에서 핵심적인 것은 놀이자들이 상호 놀이를 지속하고자 하는 의도인 것처럼, 문법의 형성에서도 주축적인 것은 언어 주체들의 의사소통에 대한 의지이다. 놀이 동작들 중 놀이장에 안정성을 부여하는 한편, 놀이를 역동적으로 전개시키는 행위 방식이 놀이의 규칙으로 확립되고 당연시된다. 같은 논리로 언어적 동작들 중에서 반복적이고 지속적이며 패턴화되어 관행으로 공유될 수 있는 것이 문법으로 자리 잡는다.

세계는 원자적이고 환원적인 개체들의 집합이 아니다. 세계는 전체적인 총체로서 존재하는 것이며, 개별적인 존재자들이란 상호 생성하고 소멸해 가면서 전체에 무늬를 놓는 구성적 일부들이다. 세계는 비유컨대, 그물망의 모습으로 존재한다. 문법이 사물들의 본질이라 한다면, **세계는 문법이 모여서 구성되는 복잡하고 중층적이며 교직적인 그물망의 모습으로 존재할 것이다**. 그리고 마치 놀이 규칙들이 새로운 놀이 활동을 위한 장을 구성하듯이, 문법과 이들에 의해 구축된 세계는 다시 새로운 언어 활동을 위한 장을 제공한다. 언어 활동이 세계를 구성하며, 놀이 활동이 놀이장을 구성한다. 언어 활동과 세계, 또는 놀이 활동과 놀이장의 양자는 상호적이다. 상류에서 한강물의 일부로 흘러가던 것은 중류나 하류 어느 지점에선가 강상江床의 일부가 되어 새로이 유입된 물이 흘러가는 수로를 형성하면서 물길을 인도한다. 언어 활동이 진행됨에 따라 어휘들은 다양하게 사용될 것이며, 그에 따라 어휘의 문법 역시 변화될 것이다. 문법이 사물의 본질이라 한다면, 사물들의 본질도 달라지고 나아가 새로운 존재자들이 창발된다. 이런 존재자 창발성의 원리가 연기성이다.

존재자의 역사성은 물리적 세계에도 적용된다.[26] 물리학은 천재적인 학자가 자연세계를 직접적으로 관찰하여 이론화한 결과도 아니며, 그렇다고 허공에서 구축된 것도 아니다. 최초의 물리적 세계관은 일상적 언어의 장을 배경으로 하며, 더 '학문적인' 물리학은 고대 원시사회에서는 아마 주술적이었을 물리학에서 비롯한다. 근대 과학의 기원은 주술이다. 현대 인과성의 개념은 시간적 개념이지만, 그 시원에서는 공간적인 개념인 공감적共感的 연속체의 개념을 기반으로 한다.[27] 뉴턴 물리학은 뉴턴의 천재적 두뇌만으로 구축될 수 있는 것이 아니라, 고전기의 아리스토텔레스적 우주관을 기초로 형성되었으며, 그것을 배경으로 해야만 이해 가능한 것이다. 다시 양자 물리학은 거시세계에 관한 뉴턴 물리학을 좌표대로 한다. 하이젠베르크의 말을 들어보자.

> 물론 그곳에 양자이론의 패러독스가 숨어 있기는 하지만, 한편에서는 우리는 고전 물리학과는 다른 법칙을 정식화하면서도 다른 한편—측정하고 사진을 찍는 것과 같은 관측 단계—에서는 고전적인 개념들을 아무 주저 없이 사용하는 것입니다. 우리가 얻은 결과를 다른 사람에게 전달하기 위해서는 우리의 언어에 의존해야 하기 때문에 그렇게 하지 않을 수 없는 것입니다.[28]

---

26 과학적 존재자들의 역사성과 비역사성에 관한 논쟁은 L. Daston ed., *Biographies of Scientific Objects*, The Univ. of Chicago Press, 2000 참조.

27 F. M. 콘퍼드, 『종교에서 철학으로』.

28 베르너 하이젠베르크, 『부분과 전체』, 지식산업사, 1981, 193쪽.

이와 같이 새로이 전개되는 언어의 장은 어느 분야에서나 기존의 언어 장을 전제로 하여 구축되고 이해된다. 뉴턴 물리학의 존재자들은 고전 물리학의 문법을 토대로 하여, 양자 물리학의 존재자들은 다시 뉴턴 물리학의 존재자들을 준거로 하여 창발되고 이해될 수 있다.[29]

한 사물의 본질이 문법이라 한다면, 그 사물이 무엇을 연기할지는 그것의 본질, 즉 문법의 영향을 받는다. 우리의 언어 활동이나 서사의 전개는 그를 구성하는 어휘 속에 내재되어 있는 문법에 의해 제약된다. 뉴턴 물리학은 아리스토텔레스 물리학에 대해, 양자 물리학은 뉴톤 물리학에 대해 변혁적인 측면이 있으나, 다른 한편으로 전자는 후자와 연속적인 것이므로 후자가 전자를 제약하는 측면도 있다.

비합리적 합리성과 연기성

언어 요소들 간의 연기적 관계에서 시간의 중요성은 정신 활동의 경우 더욱 분명하게 드러난다. 인간의 의식은 미로와 같다. 그러나 정신의 미로는 무질서하게 형성된 것은 아니다. 인간의 의식은 어휘들이나 의식 요소들의 과거사를 배경으로 연기적 원리에 따라 구축된 것이다. 수많은 사람들의 정신의 실타래에서 자아낸 문화의 다양한 현상들 역시 연기적 원리에 따라 전개된다. 가장 극단적인 경우에서도 그것은 어떤 리理에 따라 전개되는 것으로서, 일정한 패턴이나 무늬를 지니고 있다.

인간의 정신적 질환은 이전에는 합리성을 넘어선 불가해한 현상이었다. 그것은 악마적 존재가 덧씌워 일어난 현상이었다. 마귀란 퇴치해야 하는 것이므로, 환자를 몽둥이로 두들겨 마귀를 물리치거나 심지어 그를 불태울 수밖에 없다고 생각했을 것이다. 프로이트는 무의식의 개념을 도입하

29 새로운 사유 유형의 전통과의 연속성에 관해서는 R. Rorty, *Philosophy and the Mirror of Nature*, Princeton Univ. Press, 1979, pp.365-6; D. Hall, & R. Ames, *Thinking Through Confucius*, SUNY, 1987, p.38 참조.

여 인간 정신의 영역을 확장함과 동시에, 이런 현상이 정신분석을 통해서 해명되고 그 엉킨 의식의 실타래를 풀어내어 치유할 수 있음을 보여주었다. 데이빗슨은 프로이트의 이런 통찰을 적극 수용하고 더 한층 발전시켜 정신질환이 비합리적인 것이기는 하나, 합리적인 존재만이 비합리적일 수 있기에, 그것은 일종의 합리성, **비합리적인 합리성** 또는 **합리적인 비합리성**이라 논한다.[30] 정신 질환은 나름의 합리성을 지니고 있기에 설명되고 치유될 수 있다는 것이다. 데이빗슨의 논제가 지닌 함의는 정신 질환 역시 일종의 정신적 활동의 일부로서, 일상의 정상적인 정신 활동에서 완전히 일탈한 것이라기보다는 그 연장일 수 있다는 것이다. 정신 질환은 인간에게 전혀 이질적인 타자가 아니라, 우리 자신의 일부였던 것이다.

연기성의 개념은 합리적인 비합리성이라는 역설적인 개념까지도 포섭할 수 있다고 여겨진다. 정신 질환까지 포함하여 인간의 모든 정신적 활동은, 정상적 활동이든 비정상적 활동이든 모두 우리 안의 어떤 요소들에 의해 연기된 것이다. 정상성이 있으므로 비정상성이 있는 것이기에, 비정상성은 정상성에 기생적이다. 정상과 비정상 간의 차이는 사회적 통제력이 통어하고 있느냐의 여부에 있을 것이다. 사회적으로 통제된 언행이란 정상적인 차원에서 이해할 수 있는 영역을 이른다. 우리는 일상적 차원에서 이해될 수 있는 정신적 활동과, 천재성, 정신 질환, 신경증과 같은 일상적 이해의 차원을 넘어서는 활동을 구분해볼 수 있다.

연기성이 언어의 시간성에서 온다는 입장은 언어적 연기론과 불교 연기론 간의 중요한 차이점이기는 하나, 불교에서도 연기의 시간적 측면을 통찰하고 있는 것으로 보인다. 불교의 연기 개념은 업業; karma 개념과 밀접하게 연관되어 있다. 우리가 서로 인연을 맺고 사물들이 서로 연기적 관계를 갖게 되는 원인은 바로 우리가 과거에 쌓은 업이나 존재자의 역사성 때

30 D. Davidson, 'Paradoxes of Irrationality,' in *Probems of Rationality*, Oxford Clarendon Press, 2004.

문이다. 이런 업의 사상에 따르면, 현생을 넘어서 전생에 이르기까지 연장된 시간이 존재자의 현재와 미래의 모습에, 그리고 타자와의 관계 방식에 영향을 준다. 현재의 존재자들은 업의 결과이다. 하지만 이렇게 업을 쌓을 수 있는 존재는 시간을 살 수 있는 존재, 기억하는 존재, 내력을 지닐 수 있는 존재, 언어를 사용하는 언어 주체뿐이다. 그리고 그 언어에 의해 기술될 수 있는 존재자들, 언어의 한계 내에 있는 존재자들뿐이다. 그러므로 인연의 바탕이 되는 업은 **언어의 업**이다.

연기성과 언어의 공시성

언어의 시간성은 언어의 공시성 논제와 대조적일 뿐 아니라 비일관적인 것으로 보인다. 하지만 다음을 유념할 필요가 있다. 연기성의 기반은 시간성이지만, 시간을 가능하게 하는 것은, 역설적이지만 공간적인 것, 즉 언어 공간이다. 언어가 없으면 과거를 기억하고 미래를 예기함이 불가능하다. 지나간 체험은 언어의 옷을 입어야 기억에 저장된다. 기억은 과거를 현재화하고, 미래는 현재의 희망, 동경, 기대의 형태로 우리 현재 의식의 일부를 이룬다.[31] 언어는 시간이 타고 가는 것vehicle, 시간이 얽혀가는 운반체이다. 언어가 없으면 시간이 축적되지도, 의식되지도, 전개되지도 않는다. 이렇게 기억된 과거와 예기된 미래는 현재의 모든 요소들과 관계하면서 현재의 존재자들과 의식의 요소들에 연기성을, 타자와 관계하여 새로운 존재자를 창발하게 하는 연기성을 함양하게 한다.

소쉬르는 언어 요소들 간의 관계에 영향을 주는 것으로 주로 현재적이고 공시적인 것만을 강조했다. 그러나 방금 논한 바와 같이 언어의 연기성을 형성하는 데에는 과거적이고 통시적인 것 역시 중요하다.[32] 언어 기호

---

31 기억이 없이는 시간에 대한 의식이 생겨날 수 없으며, 기억은 언어의 도움이 없이는 누적될 수 없다. 그러므로 시간은 언어 없이는 의식될 수 없다. 의식되지 않는다면 시간이란 존재하지 않는 것이다.

의 의미나 가치의 모습 형성에는 한 체계 내에서 다른 것들과 맺는 관계가 주축적이지만, 이런 관계에서 기초가 되고 이를 제약하는 것은 그것의 과거사이다. 자아, 정신, 언어, 존재자들이 다른 것들과 관계하는 방식을 결정함에서 기반이 되는 것은 그것의 과거 경력이다. 우리는 여기서 언어의 공시성과 통시성의 역할을 정리할 필요가 있다. 언어 기호로 하여금 타자와 차별적인 자신의 기초적인 정체성을 확보하게 하는 것은, 한 체계 내에 동시에 존재하는 타자들과의 차이, 즉 언어의 공시성이다. 하지만 이들이 타자와 관계하여 서사를 전개하게 하는 것은 그 기호의 통시성에 기초한 연기성이다.

전체적 상황에서의 적응력

역사성 이외에 언어의 연기성을 제약하는 또다른 주요 요소가 있다. 그것은 한 체계 내에서 타자와 맺는 적합적 관계이다. 언어 공간과 유사한 다른 유형의 공간을 생각해보자. (1) 놀이의 장에서 선수들은 각자 다양하며, 예측 불허의 행동을 취할 수 있지만 그렇다고 해서 아무 행동이라도 취할 수 있는 것은 아니다. 이들은 놀이 규칙과 동작이 취해지는 당시 상황의 제약을 받아 이루어진다. 이런 점에서 타방에 의해 예측될 수 있어야 하며, 예측되어야 놀이의 활동이 전개될 수 있다. (2) 주식 시장을 생각해보자. 개별 주식의 가격은 지극히 유동적이라 예측할 수 없지만, 주식 자체의 내재적 가치, 수요 공급, 희소성, 정치 · 사회적 요인들, 시장 내외적인 요소들의 제약을 받아 그 가격이 결정된다. 그러므로 주식 가격은 어느 정도 예측 가능하며 실제로 주식 투자자들이 주가에 대한 적극적인 예측하에 시장에 참여하므로 주식 시장이 형성되는 것이다. (3) 자연 진화의 과정에서 등장한 새로운 변이 유전자들은 예측불허적으로 등장하기에

32 그렇다고 해서 공시-통시적 관점, 전시간적panchronistic인 관점이 가능하다는 것은 아니다.

'돌연변이'라 하지만, 그것은 기존의 유전자의 변이이므로 그 '돌연성'은 일정한 범위 내에서 이루어지는 제약적인 것이다. 새로운 변이는 기존 유전자의 정보를 기반으로 한다. 나아가 다양한 돌연변이들이 등장하지만, 이들 모두가 자연종으로 등록되는 것도 아니다. 그 유전자가 자연종으로 등록될 수 있을지의 여부는 자신을 기반으로 하는 개체가 처한 환경이 그 개체를 적자로 선택할지의 여부에 달려 있다. 즉 그 변이 유전자를 설계도로 생성된 개체가 현재의 생태적 환경에 적절히 적응해야만 그 유전자가 자연종으로 등록될 수 있다. 돌연변이는 진화의 긴 과정을 기반으로 하지만, 그것이 살아남을지는 현재의 생태적 환경의 선택 여부에 달려 있다.

전체는 부분보다 항상 크고 강하다. 부분은 항상 전체의 일부로서 생성되는 것이며, 그런 것으로서만 존재할 수 있다. 적합성의 조건과 긴밀히 관련되어 있는 것이 현재적 장의 안정성이나 평형성이다. 생태계는 다양한 자연종들이 저마다의 생존 방식에 따라 생존을 도모하는 역동적인 장이지만 일정한 평형성이 유지되어야 한다. 우리는 현재의 생태계 교란, 기후 변화 등을 생각해볼 수 있다. 시장이란 역동성을 넘어서 혼란스럽기까지 하지만 그것이 생산적이고 창조적이기 위해서는 적절한 안정성이 유지되어야 한다. 놀이의 공간에서 역시 자유롭고 창의적인 활약이 기대되지만, 놀이의 판을 깨는 정도의 과격한 동작은 허용되지 않는다. 파격은 좋으나 과격은 퇴출의 대상이다. **파격破格은 항상 배경적인 정격定格을 전제로 한다**. 물론 하나의 고정된 놀이장, 생태적 환경, 언어 공간이 영원히 지속되는 것은 아니며, 시간이 흐르면 이들은 다른 장, 환경, 공간에 의해 대체된다. 이들 역시 역사적 과정을 거치면서 변화되어간다. 하지만 이런 장의 전환은 오랜 시간에 걸쳐 서서히 일어난다.

10장

언어의 연기와 불교적 연기

1. 연기는 상相의 연기이다

연기적 관계에서 모습의 필수성

이상에서 우리는 연기성의 원리가 존재자의 생성, 서사의 전개, 인간의 마음과 세계의 구성을 위한 원리가 될 수 있음을 논하였다. 우리가 제안하는 연기성의 개념은 불교에서 차용한 것이기는 하나, 몇 가지 중요한 차이점을 지니고 있다. 이런 차이점들을 검토하면서 언어적 연기의 개념을 좀 더 규명해보도록 하자. 불교에서는 연기가 세계 자체의 특성이라고 보는 것으로 이해된다. 불교적 수행의 목표는 연기적 세계를 벗어나 열반에 이르는 것이다. 우리의 입장은, 연기성은 우리가 사는 언어적 세계의 생성 원리이며, 인간이란 언어의 구속을 벗어날 수 없는 것이기에 연기의 세계를 해탈할 수도 없다는 것이다. 연기로부터의 해방이 열반이라면 그 역시 삶의 이상이 될 수 없다는 것이다. 세계 자체라는 것이 있다면, 그것은 언어의 저편일 터인데, 그 모습은 알 수 없는 흐름이다. 세계 자체라는 것은 실질적으로는 존재하지 않으며, 의미 있고 실질적인 세계는 언어적으로 규정되는 한에서의 세계라고 논한 바 있다. 인식 범위 내의 세계는, 인류라는 자연종의 생활 세계는 언어 의존적이고, 그런 것으로서 연기적이다. **연기적 관계는 우리 삶과 세계 구성에서의 언어 의존성에서 연유한다**. 더 정확히는 연기성은 언어적으로 구성되는 모든 것들의 생성 원리이며, 그들 간의 관계 방식이다.

우리의 자아, 의식 세계, 삶의 공간, 그리고 세계는 언어 활동의 과정에서 구축된다. 언어 활동은 외계와 무연하게 자율적으로 전개되며, 그 전개 원리인 연기성 역시 자율적으로 형성된다. 이 원리는 언어 요소들이 상호 무관하며 외계에 대해서도 자의적이기에, 인과성과 같이 외부적이면서도, 다른 한편으로 어휘들이 누적한 과거의 기억들이나 사용례에 의해, 그리고 언어 공간 내의 다른 것들과의 관계에 의해 형성된다는 점에서 논리성과 같이 내부적이다.

왜 단순히 연기가 아니라 언어의 연기인가? 연기란 무엇의 연기이고, 무엇이 무엇을 연기하였다고 말할 수 있기 위해서는 모습이 있어야 하기 때문이다. 불교의 개념을 빌리면, 상相이 있어야 한다. 그런데 언어 밖의 외계는 그 자체로서는 모습을 지니지 않는다. 외계 그 자체는 연기적이지도 생성적이지도 않다. 그것은 그저 흘러갈 뿐이다. 세계가 연기적으로 생성된다는 말은 그것이 단지 흐르거나 변화하는 것이라는 말이 아니다. 연기란 흐름과 달리 무엇에 의한 무엇의 연기로, 모습을 지닌 존재자들 간의 관계이기에, **연기란 상들의 생성이다**. 그런데 일의적이고 객관적인 모습이란 언어적 규정력의 도움 없이는 생겨날 수 없다. 그러므로 상, 다시 말해 모습이란 언어적 인식자의 관여를 필수적으로 요청한다. 모습을 지닌 존재자들은 인식 이전부터 그 자체로서 독립적으로 존재하는 것이라기보다는 생성되는 것이며, 모습을 지닌 존재자의 생성을 위해서는 언어적 인식자의 개입, 이들 간의 상호적 관계, 그리고 언어 공동체가 필수적이다. 언어적 인식자의 관여를 중시한다는 점에서 우리의 연기론은 불교적 연기론과 차별적이다.

마음보다는 언어

불교는 모든 것이 마음에 의해 생성된다고 논한다. 언어 연기론은 언어가 마음과 동시적이거나 선재적임을 주장하지만, 불교는 모든 것의 생성에서 마음이나 사유의 중심성을 강조하며 언어를 마음의 표현 매체나 전달 수단으로서만 평가하는 것으로 여겨진다. 불교적 입장에서 보면 인간의 삶에서 사유는 근원적인 현상이고, 언어란 사유의 부산물이거나 도구에 불과하다. 우리 역시 존재의 마음 의존성 논제를 수용할 수 있기는 하지만, 마음은 근원적으로는 언어적 활동의 결과로 여겨진다. 즉 언어가 마음보다 기초적이라는 입장이다.

거듭 강조하지만 마음이나 사유의 단초이자 생성 원리는 인간이 소통하는 존재, 서로와 소통하려 하고 이를 기반으로 하여 외계를 규정하여 삶의 공간을 구축하려는 언어 주체라는 사실이다. 사유와 이의 주체로서의 정신적 자아는 우리가 서로의 말을 이해하려 노력하는 과정에서 상정된 것이다. 언어는 인식의 결과를 담아 세계를 비추거나 그리는 거울 또는 그림 이상이다. 언어의 일차적인 기능은 사유 내용을 표현하고 세계를 기술하는 것이 아니라, **타인과 통신하는 일**이다. 언어란 인식의 도구이기 이전에 인간이 다른 인간과 소통하기 위한 사회적 매체이다. 말은 항상 화자의 말이며, 화자는 세계가 아니라 청자를 상대방으로 한다. 이미 지적한 바와 같이, 인간의 통신 매체는 동물들의 그것과는 달리 불완전한 것이라는 사실에 그 본질적인 특징이 있다. 마음이나 사유 세계란 통신법으로서의 **언어의 불완전성을 보완하기 위해 인간이 상정한 영역이다**.

구약은 인간이 에덴을 상실한 이유가 그 자신의 원죄 때문이라고 전한다. 본서의 입장에 따르면, 실낙원의 진정한 원인은 자연 상태의 동물적 확실성이나 직접성의 상실이었다. 하지만 동물적 확실성의 결여는 동시에 인간이 자연 상태를 벗어나 인간의 공간을 구축할 수 있는 계기이자 단서가 된다. 낙원의 상실은 새로운 세계로 진입할 수 있는 기회를 제공하였다. 에덴의 확실성을 상실하게 되자 인간은 그들 간의 새로운 통신법으로 언어를 고안하게 된 것이다. 실낙원의 언어는 에덴의 언어와는 달리, 지칭에 의해 사물에 붙여진 언어가 아니라, 해석적 수렴에 의해 공동적으로 창출된 언어이다. 에덴의 언어는 사물과의 일대일 관계가 중요하며, 이런 언어의 일차적인 기능은 세계의 기술이다. 그러나 실낙원의 언어에서는 해석적 활동이나 타인과의 합의가 중요하며, 이것의 기초적인 역할은 타인과의 의사소통이다. 낙원에서 추방된 인간들은 이를 기반으로 해서 인간 삶의 공간으로서의 세계를 구축한다. 마음과 사유 세계란 해석적 활동과 상호 간의 수렴적 합의의 결과 상정된 것이며, 사유 세계의 지원에 의해 우리는 언어의 불완전성을 보완할 수 있게 되는 것이다. 에덴의 언어는 사물들의 지원을 받지만, 실낙원의 언어는 생각의 지원을, 상호 소통하고자 하는 노력으로 상정된 의미와 마음의 지원을 받는다.

인식자의 관점

세계 구축은 어떻게 이루어지는가? 언어의 배후에 대응하는 것이 없다고 논하기는 하지만 우리의 입장이 허무주의가 아님을 이미 지적한 바가 있다. 언어적 연기론은 상생론, 관계론, 존재자의 언어 의존성론이다. 하지만 연기에 의해 생겨나는 것은 실체가 아니라 모습, 상相에 불과하다. 이런 상의 생기에서 절대적인 것은 인식자, 그것도 인간이라는 언어적 인식자이다.

흘러가는 외계에는 어떤 힘이나 기氣와 같은 것이 내재해 있을 것이다. 그러나 그 자체로서는 모습을 형성할 수 없는 것이기에, 다른 무엇을 생성할 수도 없다. 그것은 인식 대상이 됨으로써 특정의 모습을 지닐 수 있으며, 그런 것으로서만이 다른 무엇을 생성시킬 수 있는 존재가 된다. 외계가 일정한 생성력을 갖게 되는 것은 언어를 매개로 해서이므로, 엄격히 말해서, 생성력을 발휘하는 것은 대상을 규정하는 언어라 말할 수도 있다. 흘러가는 것에서는 모든 것이 연속적이므로 무엇의 생성을 운위하기 어렵다. 흘러가는 것을 고정시켜 상을 부여하는 것은 언어이며, 외계는 이렇게 모습을 지님으로써만이 무엇을 생성시키고 연기하게 할 수 있는 것이 된다. 그래서 언어의 연기인 것이다.

연기적 관계는 언어 의존적인데, 언어란 인간에 고유한 현상이다. 연기적인 세계란 인간이 사는 세계의 모습이다. 연기란 **인간에게 비치는 세계의 모습**이지 세계 자체의 운용 원리가 아니라는 점을 다시 한 번 확인할 필요가 있다.[1] 연기성 원리에 의해 생성되는 것은 언어가 만들어낸 상相으로, 이것은 실체적이거나 자성적인 존재자가 아니다. 이런 상을 만들어내며 인식하는 능동적 주체는 언어적 인식자로서의 인간이다. 색종이 조각들이 거울에 비춰지면서 현란한 모습을 만들어내는 만화경 같은 것, 그것은 다양한 언어들로 교직된 인간의 의식이다. 인간의 언어는 단지 다양하고 현란한 것만이 아니라 섬세·정교하고 중층적이고 심층적인 모습을 만들어낸다.

화엄의 세계가 가능한 것도 연기가 언어를 기반으로 한 연기이기 때문이다. 언어는 환기력, 상상력, 연상력, 연기력 등의 형태로 울림을 발하고 반영상을 만들어내며, 이 울림과 반영상은 멀리 퍼져나가면서 우리의 의식 속으로 스며들어간다. 연기적으로 상응하면서 상생한다는 화엄적 세계의 가능성은 **언어적 규정성을 필수적인 조건으로 한다**. 흐름과 혼돈을 생기의 과정이라 말할 수 있는 것은 인식자가 개입하여 그의 관점에서 그 흐름을 언어적으로 규정하기 때문이다. 비트겐슈타인이 통찰한 규칙 준수의

1 우리는 이런 연기의 세계를 소쉬르적인 의미 생성의 장, 기표들이 의미 생성의 활동을 전개하며 기의를 생성하는 장으로 생각해볼 수 있다.

역설은 일련의 수의 계열이 규칙적일 수도 있고 불규칙적일 수도 있음을 알려준다. 수의 계열을 규칙적이게 하는 것은 일정한 인식자의 관점이다. 혼돈에서 규칙과 질서, 조화, 나아가 대상적 규정성을 생성하게 하는 것은 바로 인식자이다.[2]

개별적 주체의 능동성과 수동성

연기성은 언어 요소들이 상호 간의 관계를 통해 서로의 정체성을 확보하기에 확립되는 생성 원리라고 이미 논한 바 있다. 연기적 관계를 생성하는 것은 언어 주체와 그의 언어적 활동이다. 이 주체는 언어 활동 이전부터 선재하는 것이 아니라 언어 활동의 과정에서 형성되며, 이 언어 주체가 언어 활동에서 고려하는 것은 세계라기보다는 다른 언어 주체들의 활동방식, 전체 언어 장의 형세 등이다.

생성되는 모든 것들은 상호의존적 관계에서 생성되며, 그 관계에서 정체성을 확보한다. 하나의 사물은 상당히 많은 부분 타자이며, 타자는 자신의 존재와 정체성을 위해 그 사물을 필요로 한다. 나와 남은 상당히 많은 부분을 공유하는 관계, 즉 상즉相卽과 상입相入의 관계에 있다. 하지만 이런 관계적 공간을 구축하는 것은 어떤 알 수 없는 힘이 아니라, 바로 우리 자신들, 구체적이고 개별적인 언어 주체이다. 연기의 그물망은 인식하는 자, 일의적인 세계상을 지닐 수 있는 자, 곧 **언어적 인식자**에 의해서만이 교직될 수 있다. 언어적 인식의 능력, 이것이 가장 중요한 주체의 요건이다. 무생물들은 물론이고 인식 없는 유기체, 그것도 일의적 인식이 없는 유기체, 가령 일반적인 동물들은 진정한 주체일 수 없다. 인간만이 진정한

2 인식자의 관점에 관해서는 4부에서 논의한다. 현대 물리학에서 역시 관찰자 또는 참여자의 중요성을 강조하고 있다. F. 카푸라, 『현대 물리학과 동양사상』, 범양사, 1979, 163쪽 참조. 여기서 카푸라는 관찰자와 참여자를 구분하고 있으나, 우리가 말하는 인식자와 관찰자는 전통의 중립적 관찰자가 아니라 일정한 관점을 지닌 언어적 인식자이자 동시에 행위자이다.

주체일 수 있다는 점에서 인간은 불교적 중생들 가운데 차별적인 존재가 될 수 있을 것이다.

우리는 이런 주체론에 단서를 부칠 필요가 있다. 언어 주체는 연기의 그물망을 직조해 나아가는 주체이지만, 직조의 과정은 항상 타 언어 주체와의 공조적인 관계에서 이루어지기 때문에, 그는 항상 타자 의존적이다. 나아가 언어 주체들 자신이 구축한 그물망은 다시 그들의 활동을 인도하고 규제하는 규칙과 논리를 형성한다. 언어 주체는 이런 논리와 규칙에 따라 발언하고 행동해야 하며, 전체 그물망의 모든 요소들에 적응해야 한다는 점에서 전적으로 주체적인 것은 아니라 수동적인 측면도 있다. 주체는 역동적 공간 속에서 주변 환경에 적응해야 하며, 자신의 행동을 미세 조정해 나아가는 노력의 과정에서, **주체의 지위를 언어 자체에 양위한다**. 객관적이고 사회적인 존재로서의 랑그를 만들어가는 것은 구체적이고 개별적인 파롤의 주체, 즉 개별적인 화자들이지만, 이들은 다시 파롤의 행위에서 랑그에 종속되어 있다.[3]

전체는 항상 부분보다 크고 지배적이다. 이것이 전체에의 적응이 필수적인 이유이다. 개별 주체의 생존 여부는 환경에 의해 선택된다. 생태계의 진화에서는 생태적 환경이, 언어의 진화에서는 기존의 언어 상태가, 놀이의 장에서는 놀이장의 흐름이, 시장에서는 시장의 보이지 않는 손이 진정한 주체로 주재한다. 특정 변이가 진화하여 자연종으로 등록될지의 여부는 전체 생태계의 선택에 의하듯이, 새로운 어휘들이 일상의 어휘로 등록될지의 여부 역시 언어 생태계에 달려 있다. 놀이장에서 한 동작이 유효성을 지닐지의 여부를 결정하는 것은 놀이의 전체 판세이다.

언어 공간에서 언어 주체는 언어 생태계에 미세적으로 적응해가는데, 개별 주체들의 이런 노력 과정에서 언어 공간 전체에 새로운 질서가 산출된다. 그래서 한 언어 상태는 새로운 언어 상태로 이행해간다. 언어 공간

---

3 파롤과 랑그의 차이에 관해서는 본서 7장 1절 참조.

은 언어 진화의 결과이다. 놀이 공간을 구축하고 이 공간에서 활약하는 것은 구체적이고 특수적인 놀이자들이지만, 이들은 놀이 공간의 규칙과 논리에 종속되어 있다. 같은 논리로, 언어 공간에서의 주체는 언어 주체, 즉 개인이지만 이 주체는 다시 언어 공간의 논리에 종속되어 있다.[4]

연기적 공간의 대화적 구조

언어적 연기론의 이런 특징은 불교의 유심론적이고 관념론적인 경향을 피할 수 있다고 생각된다. 우리는 화엄경의 유명한 비유 인드라망을 구성하는 상호 반영적인 보석들을 상호 소통하는 화자들로 해석할 수 있다.[5] 전통적으로 인드라망의 보석들은 세계의 모습을 비추면서 홀로 사유하는 일심一心 또는 유심唯心으로 이해되어왔다.[6] 불교적 연기론에서는 마음이나 사유가 중심적이다. 인간은 말하는 존재 이전에 사유하는 존재로 믿어지기 때문이다. 인간은 마음의 거울에 세계를 반영하면서 만화경을 만들어내며, 이들 만화경들이 상호 조응하면서 세계 내 존재자들 간의 총체적 연관성을 만들어낼 수 있다고 본다. 그래서 불교적 연기론은 흔히 지적하듯이 유심론이나 관념론에 빠질 가능성이 있다. 홀로서도 세계를 구축할 수 있기 때문이다.

인간이 사유하는 존재자이기에 앞서 언어 주체라고 한다면, 인간은 홀로는 결코 세계를 구축할 수 없으므로 유심적 세계는 전개될 수 없다. 언어적 해석에 따르면, 인드라망의 총체적 세계가 연기됨에서 단서가 되는 반향성은 최소한 두 사람의 언어 주체, 즉 **화자와 청자**가 있어야 생겨난다. 언어는 통신 매체이기에 항상 두 사람 이상을 필요로 한다. 언어적 연

4 언어 공간은 놀이적 공간이다. 놀이적 공간은 진화적이며, 진화적 환경은 놀이적인 측면이 있다. 언어 공간은 일종의 복잡계이다. 복잡계 이론에 진화적 놀이(evolutionary game, 통시성과 공시성의 결합)이라는 개념이 있다고 한다. 윤수병 · 채승병, 『복잡계 개론』, 88, 90쪽.

5 인드라망의 비유에 관해서는 다음 장에서 더욱 자세히 논의할 것이다.

6 프란시스 쿡, 『화엄불교의 세계』, 불교시대사, 1994, 108쪽 이하.

기론에 따르면 사적인 언어는 논리적으로 불가능하다. 불교나 서구 전통의 입장에 따르면, 언어는 마음의 종복이며 마음의 사유와 인식 활동은 세계와의 관계에서 이루어지는 까닭에 사적인 언어가 있을 수 있다. 아니 언어는 본질적으로 사적이다. 아담의 언어는 신이 창조한 에덴의 존재자들을 보고서 아담이 고안한 지칭적 언어이기에, 그것은 아담 홀로서도 고안하고 사용할 수 있는 한, 원리적으로 사적이다. 아담이 인간의 언어를 만든 것은 이브가 태어나기 전이었다. 당연히 그녀와 상의하거나 합의하지 않았다. 비트겐슈타인의 사유언어 비판론에서 핵심적인 메시지는 바로 이런 언어가 논리적으로 불가능하다는 것이었다.

화자와 청자는 서로의 발언을 이해하기 위해 해석해야 한다. 자비의 원리에 따르면,[7] 해석을 위해서는 화자와 청자가 전반적으로 유사한 믿음의 체계를 공유해야 한다. 이는 의미론적 필연이다.[8] 이렇게 해석 과정에서 서로가 공유하는 것으로 상정되는 믿음의 체계는 최초의 거울 한 조각을 구성한다. 이것이 화자와 청자가 공유하는 것으로 상정되는 소통의 기반이다. 해석적 수렴에 의해 통신 매체의 정체성에 대한 합의가 이루어지며, 이를 통해 새로운 믿음들이 추가되고 공유된다. 대화 과정이 진행되면서 점차 공유하는 언어 기호와 믿음들이 늘어난다. 그들을 둘러싸는 거울들의 반영면은 점점 넓어지고, 외계와 타방을 새로운 각도에서 조응할 수 있는 새로운 거울들이 세워진다.

화자와 청자 각자가 지니고 있는 믿음의 체계는 타방의 내면 세계를 비추어 볼 수 있는 거울의 역할을 하는 것이다. 이런 거울상을 전제하지 않고는, 즉 서로의 의식에 타자의 믿음이 반영되어 있으며 그 믿음을 공유하고 있다고 전제하지 않고는, 우리는 타인의 발화 행위를 이해할 수 없으며 타인의 내면을 들여다볼 수 없다. 나는 나의 내면을 거울로 삼아 타인의

---

7 D. Davidson, *Inquiries into Truth and Interpretation*, Oxford Clarendon, 1984, pp.136-7, 152-3.

8 D. Davidson, 위의 책, p.197, 153.

의식을 비추어보고, 타인 역시 자신의 믿음 체계를 거울로 삼아 나의 마음을 들여다본다. **타인의 마음을 비추어볼 수 있는 우리 마음의 거울**, 이것이 이해의 구조이다.

믿음의 체계는 화자와 청자의 기억 속에 내장되어 정태적으로 사적인 영역을 구성하는 한편으로, 역동적으로 담론의 기반을 제공하기도 한다. 이들은 상대방의 발언으로부터 의미, 즉 반영적 의미를 형성해내는 거울의 역할을 한다. 타자의 발언은 나의 믿음 체계라는 거울에 비치면서 자신의 의미를 결정結晶해낸다. 발언의 의미란 타인의 발언이 나의 믿음 체계를 거울로 하여 이루어진 반영상이다. 거울이 상을 맺게 하기 위한 필수적 장치이듯이, 배경적 믿음은 발언의 모습, 즉 의미를 형성하기 위해서 필수적이다. 그래서 화자와 청자가 공유하는 배경적 믿음의 체계는 실질적인 언어 활동을 가능하게 하는 장이라 할 수 있는데, 그 이유는 바로 이 체계가 서로의 말과 행동의 모습을 비추어주는 거울의 역할을 하기 때문이다.[9] 새로운 화자들이 참여함에 따라 이들 믿음의 체계는 중중무진의 상들을, 새로운 믿음들과 존재자들을 생성하면서, 미로와 같이 섬세 · 정교하고 중첩적인 그물망을 구축해간다. 인드라망의 비유에서 보석은 화자들이며, 법장法藏이 이야기한 거울로 된 방들의 비유에서 거울로 된 방은 실은 대화적 공간 속에서 형성된 우리의 의식이었다.

자연 언어와 인공 언어의 차이

언어, 그리고 이 언어를 사용하는 화자와 청자의 의식은 역사적이다. 이들은 기억을 지니고 있다. 언어 기호의 기표는 알파벳 몇 개의 조합에 불

---

9 이전 장에서 이야기했듯이, 그 어떤 개인도 타자들로부터 절연된 독립적인 개체일 수 없다. 우리의 정신, 의식, 영혼은 다양한 층위의 무수히 많은 말들에 의해 교직된 겹겹의 그물에 의해 타자들과 연결되어 있다. 해석적 상황의 상호 반영성에 관해서는 Saarinen, E. 'Davidson and Sartre', p.472, in LePore, E. & McLaughlin, B. P. eds., *Actions and Events*, Blackwell, 1985 참조.

과하지만, 오랜 동안 무수히 많은 화자들에 의해 사용되면서 형성된 넓은 의미망과 두터운 의미층이 그 기표의 이면을 구성하고 있다. 우리의 의식을 담고 있는 신체 역시 이런 기표와 같이 의식을 일종의 기의로 한다.

시詩란 이를 읽는 독자의 의식이나 언어가 연기적 특성을 지니고 있기에 가능하다. 시는 실로 언어의 연기성을 기반으로 하는 예술이다. 이상 언어나 에스페란토와 같은 인공 언어로는 시를 쓸 수 없음은 물론이고 일상 언어로도 사용되지 않는 이유는 여기에 있다. 그것은 지극히 일차원적이고 평면적이기에 우리의 생각과 정서를 담아낼 수 없다. 어휘들의 의미 기반이나 사용 기반은 과거의 사용례들인데, 인공 언어에는 그런 과거가 없기 때문이다. 인공 언어는 언어가 아니다. 인공 언어는 언어의 본질에 대한 잘못된 가정에 기초하여 만들어진 것이다. 인공 지능이 만들어지더라도 인간의 의식까지는 지닐 수 없다고 생각되는 이유 역시 이와 연관이 있을 것이다. 그것에는 역사성이 없는 까닭이다.

일반적으로 인과성은 외적 관계이며 시간적 원리임에 비해, 논리성은 내적 관계이고 공시적 원리로 간주된다. 연기성은 언어에 기반한다. 언어는 공시적 언어 공간 속에서 작동하므로 연기성을 공간적이라고 할 수 있는 측면이 있다. 그리고 기호와 기호들은 서로에 대해 타자적이라는 점에서 외적이다. 다른 한편으로 언어 기호의 연기성은 언어 주체의 의식 세계를, 우리 의식이 위치하고 있는 공유의 믿음 체계를 배경으로 하며, 공유의 믿음의 체계는 역사적으로 형성되는 것이기에 연기성은 시간적이기도 하다. 그리고 연기성은 기호의 과거 사용례에 기반하므로 내적일 수 있는 측면이 있다. 연기성은 한편으로는 **인과관계의 시간성과 외부성**의 특징을, 다른 한편으로는 **논리관계의 공간성과 외부성**의 특징을 지닌다. 연기는 우연도 필연도 아니다. 또는 그 모두이다.

2. 불교적 연기 개념의 재해석: 마음에서 말로

해석적 태도와 믿음은 실체와 진리를 창출한다

불교적 입장은 언어의 실체성을 부정한다. 이것이 공空의 사상이다. 언어의 배후에, 언어 요소들이 지칭하는 바는 없다는 것이다. 이런 입장이 수용될 수는 있으나 일정한 단서를 필요로 한다. 언어의 저편에 있는 것은 무규정적인 흐름이며, 앞에서 논한 바대로 언어 기호는 세계와 무연하거나 자의적이다. 그럼에도 불구하고 모든 것이 공허하며 언어는 비실체적이라는 결론이 도출되는 것은 아니다. 오히려 언어가 인간들 서로를 이어주는 통신의 매체로 기능하며 우리의 삶이 언어의 인도를 받고 세계 기술에서 언어에 의존되어 있는 이유는, 그것이 실체적이라고 믿어지기 때문이다. 언어의 인도가 없으면 우리의 삶은 이루어질 수 없다는 점을 우리는 유념할 필요가 있다.

언어의 배후에 아무것도 없는데도 어떻게 언어는 실체성을 지닐 수 있는가? 언어는 어떻게 우리가 삶을 영위할 수 있는 단단하고 확실한 지반을 마련해주는가? 언어의 본질에 대해 다시 검토할 필요가 있다. 언어의 단초는 바벨적 상황에서 타자의 발언을 해석하는 활동이라고 앞서 논한 바 있다. 언어의 등장에서 해석적 활동은 결정적이며, 해석적 활동에서 핵심은 믿음의 태도이다. 해석적 활동에서 필수적인 선결 요건은 우선 상대방의 음성이 발언이라고, 즉 보이지는 않지만 무엇인가 의도를 담고 있는 발언으로 간주하는 것이다. 그의 말이 무엇인가를 전하고 있으며 대리하고 있다고, 즉 **실체성이 있다고 믿어야 그의 음성이 해석의 대상이 될 수 있다**. 그의 음성을 단지 고함 또는 무의미한 소음으로 간주하는 경우에는 해석하려는 노력을 기울일 수 없을 것이다.

청자가 해석적 노력을 경주하기 위한 전제는 상대방을 무엇인가 음성에 실어 전달하려는 자, 즉 화자로 간주하는 것이다. 그의 음성이 어떤 메시지를 담고 있는 것으로 간주하는 것이며, 이는 그를 **신뢰할 수 있는 존재**로 대우함을 의미한다. 귀에 전해지는 음성이 들리지도 보이지도 않는 무엇인가를 담아 전달하기 위한 통신 매체라는 믿음 없이는 해석적 태도를 취할 이유가 없을 것이다.

상대방이 화자라고 믿는다는 것은 무엇을 의미하는가? 그것은 그가 어떤 **의도를 지닌 존재**라고 여기는 것으로, 이런 태도는 자연적 태도와는 차원적인 차이를 지닌다. 이런 태도는 서로를 신체와는 다른 내면적인 세계를 지닌 존재로 격상시키는 것이기 때문이다. 나아가 그를 해석한다 함은 그의 내면에 침투함으로써 그 내면의 일부를 공유하고자 하는 것이다. 이런 전제 하에서만이 비로소 해석과 이해가 가능하다.

해석적 태도가 전제하는 믿음이란 인지적 태도로서의 믿음belief인 동시에 윤리적 태도로서의 믿음 또는 신뢰trust이기도 하다. 해석적 태도는 상대방이 믿음을 지닌 존재(인식적 존재)이자, 믿을 수 있는 존재(윤리적 존재)임을, 다시 말하면 그의 말이 실체성을 지니고 진리를 전하는 것이기에 그가 믿을 수 있는 존재임을 수용하는 것이다. 해석의 대상이 되면서 화자는 의도를, 믿음을, 마음을, 보이지 않는 세계를 지닌 존재로 변모한다. 이렇게 볼 때 실체란 화자의 의도와 해석자의 믿음에 의해 창출되는 것이다. 이를 우리는 진리라 명명할 수 있다.

데이빗슨은 진리란 원초적 개념이라고 주장한다. 아마도 우리는 그의 주장을 수용할 수도 있을 것이다. 하지만 진리는 발언이 진리조건을 충족할 때 갖추게 되는 특성 또는 발언이 외계 사실에 대응함으로써 갖게 되는 속성이 아니다. 그것은 해석적 태도의 구성적 일부이거나 그에 의해 창발되는 것이다. 해석자의 믿음이 적극 관여하지 않으면 화자의 발언은 단지 헛소리, 무의미한 소음, 아니면 허위의 수준에 머무를 뿐이다. 해석자의 믿음은 실체나 진리를 창출하여 언어를 실체화한다.

언어의 지평과 진리

해석적 노력에 의해 진리나 실체의 차원이 창출됨에 따라, 화자와 청자는 자연 상태를 벗어나 새로운 세계로 비약하게 된다. 동물의 통신은 자연 상태의 연장임에 반해, 인간의 언어적 소통은 자연 상태를 벗어나 인간의 세계를 전개하는 계기를 마련해준다. 해석은 의미론적 노력이자 동시에 존재론적 작업이다. 기표에 규정적 기의나 의미만이 아니라 실체성을 부여한다. 해석을 통해 기표는 음성이나 끼적임, 즉 물리적 존재의 수준을 넘어서 의미를 지닌 존재로 승격되며, 나아가 실체성을 확보하게 되고 이런 초월을 이룬 것을 우리는 언어라 한다. 언어는 소통의 매체에 불과한 것이 아니라 내용이며 실체이다. 언어의 지평은 이미 진리의 지평이다. 언어가 실체이거나 실체성을 창출하는 이유는 인간 삶의 특수성에서 연유한다. 언어는 우리가 의존할 수 있는 유일한 확실성의 길이다.

플라톤은 인식이 진리를 내용으로 하는 것임에 반해 믿음은 현상이나 가상만을 내용으로 한다고 구분하면서, 후자를 오도적인 것이라고 비판한 바 있다. 우리는 이런 견해를 수정할 필요가 있다. 진리의 인식은 믿음을 후견인으로 해서만 이루어질 수 있으며, **진리란 믿음과 해석적 태도에 의해 수태되어 태어난다**. 그런데 믿음이란 타인의 발언을 진리로 간주하는 태도이므로, 진리는 믿음의 구성적 일부이다. 믿음의 일부로서의 진리는 주관적인 것이지만, 해석적 수렴의 과정을 거치면서 객관적인 것으로 변모한다. 이런 태도나 논리로 하여 해석과 믿음은 새로운 공간, 다시 말해 음성이나 끼적임의 배후에 이들과는 전혀 다른 차원의 새로운 공간을 전개시킨다.

호메로스 시대의 고대 희랍인들은 일상의 세계와는 다른 세계가 있다고 믿었다. 그것은 호메로스와 같은 시인들의 탁월한 기억력을 통해 전승된 뮈토스(mythos, 신화 또는 이야기)의 세계이었다. 그들은 이것을 진리라 불렀음은 이미 지적한 바 있다.[10] 우리는 진리의 기원을 더 먼 과거로 소급해갈 수 있다. 진리는 호메로스 시대 이전부터 존재하고 있었다. 그것은 이미 **언어를 가능하게 하는 근거**이자 전제로서, 해석적 태도의 일부로서 전제되어 있었으며, 호메로스의 탁월한 기억력에 의해 전개되는 것보다 훨씬 더 넓고 깊은 세계였다.

언어적 지평은 항상 진리의 세계인가? 언표된 것은 항상 진리인가? 그렇지는 않다. 그런 경우 역설적이지만 진리의 개념이 형성되지 않고, 믿음의 태도가 무의미해지며 해석적 활동이 이루어질 수 없다. 진리의 개념이 생성되는 이유는, 화자가 자신이 진리로 간주하는 바를 전하려고는 하지만 이것이 항상 진리를 전할 수 있는 것도 아니며, 해석적 활동이 항상 성공적인 것도 아니기 때문이다. 진리의 개념은 오류의 가능성이 있어야 형성된다. 하지만 오류의 가능성은 예외적이고 국소적이어야 한다. 화자는 전반적으로 믿을 수 있는 존재이며, 그의 발언은 대체적으로 진리로 간주되어야 해석이 가능하기 때문이다.

신뢰는 허무를, 배후에 아무것도 없이 그저 단순한 음성에 불과한 것을 단단하고 구체적인 것으로 실체화한다. 언어는 우리의 행동을 유발하고, 우리의 사고, 정서, 믿음을 불러일으키는 원인이 되므로 진정으로 구체적이고 실질적이다. 신뢰가 창출한 세계는 물리적 세계보다 더 단단하다. 신뢰는 해석을 가능하게 하며, 해석에 의해 전개되는 언어 공간이나 의미의 세계는 반향적 공간이기도 하다. 그런 점에서 자연 상태보다 훨씬 더 풍부하다.

일상은 무상하지 않다

우리의 일상적 삶이란 일종의 가상이거나 현상이라는 것이 많은 전통적인 사상가들, 종교가들, 철학자들의 비판적 입장이었다. 불교 역시 이런

---

10 M. Detienne, *Masters of Truth in Archaic Greece*, Zone Books, 1996.

입장에 동조적인 것으로 보인다. 불교의 가르침은 우리의 경험적 삶의 세계를 실체가 아닌 비어 있는 것 또는 윤회라 부르면서 이를 제행무상이라 한다. 일상적 삶의 모든 요인들, 가령 감정, 정서, 믿음 등에 대한 집착을 끊어야 인간 본성을 찾아 니르바나에 들어갈 수 있다고 설파한다. 고집멸도苦集滅道를 통해 해탈하여 윤회를 넘어선 정토나 열반의 세계를 지향하라고 한다. 서구의 종교가나 철학자들은 인간 삶의 당위적 공간으로 신적인 에덴동산이나 형이상학적 실재계, 초월적 예지계 등을 상정하곤 했다. 불교와 서구의 형이상학은 그 처방만 달리할 뿐 일상의 삶에 대해서는 같은 입장을 지니고 있다. 하지만 언어의 실체성은 우리의 일상을 새롭게 평가하도록 요청한다.

신성, 초월성, 선험성은 인간이 접근할 수도 없는 것이지만 그런 것을 상정한다고 해도, 그것은 존재론적으로는 물론이고 인식론적으로도 하는 역할이 없다. 인간이 그것에 접근할 수 있는 특별하고 신비한 능력을 지니고 있다고 가정하지 않는 한, 그것의 객관성을 담보할 수 없기 때문이다. 그렇다고 인간의 삶이 공허한 것, 무상한 것, 실체성이 없는 것, 부유하는 것은 아닐 것이다. 이런 긍정적 믿음에 대한 단적인 논거로서 우리는 단 하루도 일상의 삶을 멈출 수 없다는 사실을 들 수 있다. 실로 무상, 공허, 무실체성 등의 개념들 자체는 일상성을 배경으로 할 때만 의미를 지닌다.

히말라야의 오지를 찾은 적이 있다. 경비행기를 타고 1시간여를 비행한 후 히말라야 언덕을 깎아 다진 가파른 비행장에 내렸다. 여기서 다시 10여 일 가까이 계곡을 걸어 올라갔다. 수년을 벼르다 순례하듯 찾아서 오른 곳이었다. 히말라야의 5, 6천여 미터 고지에 서서 에베레스트를 마주하고 세계 최고봉의 웅자를 알현하던 기쁨은 말로 표현하기 힘들었다. 그곳은 나의 메카였다. 오래 머물고 싶은 마음을 떨치고, 다시 닷새 정도 내려와 카트만두로 가기 위해 비행기를 기다렸다. 구름이 몰려오고 비가 오더니 히말라야 계곡에 안개가 자욱하게 끼었으나, 그것은 이제 더 이상 장관이 아니었다. 하루, 이틀, 사흘을 기다려도 비행기는 뜨지 않았다. 이제 오늘

이곳을 떠나지 못하면 한국에 가는 국제선 비행기도 놓칠 상황이었다. 왕복 2~30분도 되지 않는 마을의 거리를 시계추처럼 왔다 갔다 하면서, 하루 이틀 비행기 소식을 기다리며 한국의 일상으로 복귀하기를 고대했다.

경비행기는 날 수 없다고 한다. 마침내 차선책으로 헬기가 히말라야 계곡의 공기를 타고 한 마리의 잠자리처럼 연약한 날개로 날아왔다. 그마저 오전 중에 몇 팀을 실어 나르더니, 나의 순서가 되니 감감무소식이었다. 기상 악화 때문이었다. 거의 포기하고 짐을 풀려하던 늦은 오후, 계곡의 저편에서 헬기 소리가 들렸다. 그것은 에베레스트를 코앞에서 볼 때만큼이나 기쁜 모습이었다. 마지막 헬기를 타고 우여곡절 끝에 카트만두에 늦은 밤 도착하여, 다음 날 아침 한국 가는 비행기를 탈 수 있었다. 히말라야의 오지는 그토록 가고 싶어 했던 내 마음의 순례지였지만, 그곳은 한국에서 오랫동안 다져온 나의 일상이 있기에 의미를 지니는 것이었다. 나의 진정한 메카는 매일 오가는 서울의 시가지가 아닌가를 생각하게 하였다.

우리는 일상에 좀더 긍정적인 태도를 취할 필요가 있다. 종교적 메카는 일상을 배경으로 해서만 의미를 지닌다. 사람들은 흔히 우리의 일상을 그저 다람쥐가 쳇바퀴 돌리는 일과 비슷하거나 매일의 진부한 궤도를 답습하는 일에 불과한 것으로 치부한다. 그러나 일상이란 아무 노력 없이 주어지는 것이 아니다. 그것은 매일매일 타인과 신뢰를 주고받으면서 언어라는 기초적인 공적 규범을 확립하고, 그를 통해 우리 삶의 길과 사물의 질서를 조정하고 수렴하며 합의하면서 우리 삶의 기반으로서 단단하게 다져온 것이다. **일상日常은 무상無常하지 않다**. 그것은 우리 인간적인 삶을 위한 항상성恒常性으로서, 오랜 세월에 걸쳐 시간의 테스트를 거치면서 확보한 인륜성의 기반이다. 우리의 자연 언어에는 수많은 사람들이 살아온 오랜 삶의 역사와 그 세월을 산 사람들이 본 생활 세계의 모습이 담겨 있다. 이런 역사와 세계의 모습이 축약되고 정리되어 전승된 것이 우리의 자연 언어이다. 모국어에는 단군 이래의 우리 조상들의 삶의 내력과 틀이 담겨 있다. 일상은 무상無常이 아니라 평상平常이며, 일상이 없으면 무상도 논할 수 없음은 물론이고 우리의 삶이 영위될 수조차 없다.

서구 전통의 존재론자들과 불교는 일상적 삶에 대한 비판적 입장은 공유하지만 일상의 저편에 관해서는 서로 다른 견해를 취한다. 전자는 일상적 세계의 배후에는 실재계나 예지계와 같은 것이 우리의 경험계를 떠받치고 있다고 보았다. 이들과 달리 불교적 사유는 그런 세계에 대한 믿음은 언어가 만들어내는 신기루라고 비판하였다. 불교의 통찰대로, 저편의 세계는 존재하지 않지만 그렇다고 야수적 자연 상태로 되돌아가 살 수는 없는 것이기에, 인간은 스스로 자신의 노력으로 인간의 언어적이고 문화적인 세계를 창출한 것이다. 이를 창출한 것은 **언어와 신뢰**인데, 언어는 인간의 세계를 새로이 창조하였으므로 홉스의 표현을 빌리면, 필멸必滅의 신이라 할 수 있다.[11] 그것이 필멸인 이유는 기독교의 신과는 달리 인간 자신이 창출한 것이기 때문이며, 신이라 할 수 있는 이유는 그것이 새로운 인간과 새로운 세계를 구축하는 창조력을 발휘하기 때문이다.

일상의 삶에서 우리는 언어의 실체 창조력을 수용한다. 언어는 필멸의 신답게 창조력을 발휘한다. '사과'라고 지칭 또는 기술되는 것은 여러 가지일 수 있으나, 우리는 어느 정도 고정적인 모습을 지닌 하나의 존재자로서의 '사과'가 있다고 믿는다. 자연 언어의 무수히 많은 어휘들, 이들 모두에 대해 같은 말을 할 수 있다. 나아가 우리는 삶과 세계에 대한 기초적인 문장들에 대응하는 사실이 있다고 상정하며, 이들은 한 언어 공동체의 구성원들에 의해 수용된다. 가령 '무지개는 5색 또는 7색이며', '사과는 달콤하고', '과일 중의 왕이며', '속은 하얗지만 밖은 빨갛다'는 등의 문장들에 대응하는 사실들이 있다고 믿으며, 우리의 삶은 이런 믿음 위에서만 영위될 수 있다. 우리의 언어가 비실체적이라 확신한다면 우리는 단 한 마디도 말할 수 없을뿐더러 단 한 걸음도 내디딜 수 없다.[12] **언어의 실**

---

11 T. Hobbes, *Leviathan*, ed. with introd., by C. B. MacPherson, Penguin Books, 1968.

12 앞서 언급한 올리버 색스의 책에서 신경증 환자의 사례 참조.

체성은 우리의 언어 생활, 사고활동, 행동의 전제이다.

3. 윤리성의 근원적 기반

말을 건네는 인간과 인륜적 지평의 창출

흔히 신뢰의 태도란 윤리적이고 당위적인 가치로서, 결단적으로 선택할 수도 있고 선택하지 않을 수도 있는 것이라고 생각해왔다. 신뢰란 그렇게 임의적 태도가 아니라, 인간적 삶의 세계를 위해 절대 필수적인 초석과 같은 것이다. 언어 활동을 하는 한, 우리는 이미 타인에 대한 기초적이고 포괄적인 믿음을 전제로 하고 있다. 공유 언어에 대한 신뢰가 있어야, 서로 소통할 수 있는 매체를 공유하고 있다고 믿어야, 비로소 인간의 대지가 다져질 수 있다.

신뢰란 윤리적인 태도임을 넘어서 인간 삶의 시작과 함께하는, 인간의 삶을 전개시킬 수 있는 존재론적인 기획이다. 해석은, 그리고 해석의 전제가 되는 타인에 대한 신뢰는 무에서 유를 창조한다. 연기적 관계가 펼쳐지기 위해서는 우선 신뢰의 멍석이 깔려야 한다. 실체를 창출할 수 있는 신뢰의 능력은 인간에게만 고유하다. 인간 삶의 항해는 자그마하고 초라한 뗏목으로 시작한 물놀이이었으나, 이제는 문명이라는 거대한 항공모함을 타고서 대양을 항해해가는 장대한 여정이 되었다. 인간의 역사가 얽혀 가는 그것이 뗏목이든 항공모함이든 이를 구축하는 것은 언어이며, 이를 떠받쳐 항해를 가능하게 하는 부력은 신뢰에 의해 공급된다. 연기적 관계란 일단 이런 신뢰에 의해 모습을 지닌 존재자들이 생성된 연후에 이들 존재자들을 관계 짓는 원리이다.

언어에 대한 신뢰는 화자에 대한 신뢰를 의미한다. 화자에 대한 신뢰란 타인이 어떤 의도를 지니고 나에게 말을 건네는 대화적 존재라는 사실, 나의 이해를 구한다는 사실, 그러는 한 나와 대등한 존재라는 사실에 대한 믿음이다. 우리는 말과 사람에 신뢰를 부여함으로써 자연 상태의 인간과는 전혀 다른 종류의 인간을 창출한다. 이 인간은 형이상학적인 존재는 아니지만 그럼에도 윤리적 지위를 지닌다.[13] 우리는 윤리성의 새로운 기초를, 서구 전통의 방식과는 다른 기초를 제안할 수 있다.

서구 전통의 인간은 형이상학적 본성이나 신에 의해 자신의 존재성과 정체성을 지지받는 그런 종류의 인간이었다. 근대 이후 형이상학이 종언을 고하고 신이 죽음을 선고받은 이후로 인간은 자신의 존재 기반을 상실하게 된다. 형이상학과 종교의 위기는 바로 인간의 위기를 의미하였다. 애초에 형이상학의 마천루와 종교의 대성당을 드높이 축조한 것은 신의 영광을 위해서라기보다는 인간 자신의 존재 기반을 확보하기 위한 것이었기에, 종교의 위기와 함께 인간의 위기가 닥친 것이었다.

칸트는 전통적 인간관을 비판하면서도 이런 위기를 극복하기 위한 대안을 제시하고자 했다. 형이상학이나 신학에 의지하는 그런 종류의 인간은 진정으로 자율적이고 자립적인 인간일 수 없다는 것이다. 그래서 그는 인간 자립의 근거를 자신 안에서 찾으려 했다. 칸트는 경험계와 예지계, 자연적 성향과 도덕적 선의지, 가언명령과 정언명령을 구분하고, 인간을 실천이성에 의해 도덕법칙을 선택할 수 있는 자율적 존재로 파악함으로써 인간 자유의 근거를 마련하고자 했다. 인간이 의지적이며 자율적인 존재, 당위의 명령에 따라 선택할 수 있는 존재가 됨으로써 윤리의 근거가 확보될 수 있다고 보았고, 이런 시각에서 중세 이후 인간의 폐허에서 새로운 성채를 축조하려 했다. 이를 그는 목적의 왕국이라 부른다. 자연계의 필연적 인과성에도 불구하고, 그리고 형이상학적 물자체는 인간 인식의 한계 저편의 것으로 포기할 수밖에 없음에도 불구하고, 인간은 선험적 형식에 근거하여 정언명령을 자기 입법할 수 있으며 자유로운 결단을 할 수 있

13 유가적 사유에서 생각하는 인간이 아마도 이런 인간일 것이다.

는 존재이다. 그러하기에 인간은 사물의 왕국에 둘러싸인 가운데에서도 인격체의 공화국을 건설할 수 있다는 것이었다. 칸트의 기획은 현대 자유주의 인간관의 철학적 기초를 제공했다는 것이 일반적인 평가였다.

칸트의 기획은 고전기의 형이상학적 초월성이나 중세의 신성 대신에 선험성을 대체한 것에 불과하다. 선험적인 것은 초월적이며 신적인 것과 같이 객관성을 확보할 수 없기에, 그의 윤리학 역시 고대의 형이상학이나 중세의 신학적 윤리학과 같은 처지에 놓일 수밖에 없다. 이런 상황에서 20세기에 들어 윤리학과 형이상학이 종언을 고할 수밖에 없었던 것은 어쩌면 당연한 귀결이었고, 이것이 논리실증주의자들과 메타윤리학자들의 비판적 결론이었다. 많은 평자들이 윤리학은 학적인 기반을 상실하고, 회의주의, 상대주의, 주관주의 등에 빠질 수밖에 없다고 평가했다. 비트겐슈타인 역시 윤리적 가치와 규범의 객관성을 위해 초월성, 신성, 선험성에 의존하는 것은 오히려 그런 것들을 사적인 것으로 만들 수밖에 없다고 지적하였다. 이것이 아마도 규칙 준수의 역설이 전하는 하나의 중요한 메시지일 것이다.

최근의 경향은 자연주의적 입장을 취하여 인간의 이기심이나 쾌락, 복지, 행복 등의 자연적 성향에서, 또는 이를 타산적으로 마련하려는 타산적 합리성에서 윤리성의 기반을 마련하려는 것으로 보인다.[14] 하지만 이런 시도는 인간이 결국 자연적 존재 이상이 될 수 없음을 시인하는 것이며, 인간 고유의 공간으로서의 윤리적 공간을 포기하는 것과 마찬가지이다. 인간이 이기적이고 쾌락 추구적 존재에 불과하다면, 설혹 그 이기심이나 쾌락이 질적인 것이라 해도, 동물과 별다른 차이가 없는 존재일 것이기 때문이다.

인간은 윤리성의 기반을 상실한 채 자신만의 공간을 지닐 수 없으며, 그

14 J. Rawls, *A Theory of Justice*, Oxford Univ. Press, 1971; R. Nozick, *Anarchy, State and Utopia*, Basic Books, 1974.

저 자연적인 존재로 머물 수밖에 없는가? 우리는 아주 비근한 곳에서 윤리성의 기반을 마련할 수 있다. **인간의 자율성이나 자유를 확보할 수 있는 새로운 가능성**은 바로 인간이 말하는 존재, 의사소통하는 존재라는 사실에 있다. 인간의 소통 매체는 동물의 그것과는 달리 불확실하고 불완전하기에, 인간은 서로의 말을 해석하고 수렴하고 조정함으로써 새로운 삶의 질서, 동물과는 다른 규범의 체계, 말의 질서를 구축해야 하는 존재이다.[15] 위에서 지적한 바와 같이 해석의 전제조건은 상대방이 소리를 내던지는 발성 행위 이상의 것을 할 수 있는 존재라고 믿으며, 그가 청자 자신과 대등한 존재이기에 상대방이 자연적 존재 이상으로 화자라는 사실을 인정하는 것이다. 인간은 화자인 한에서 의도나 믿음을 지닐 수 있고, 마음이라는 보이지 않는 세계를 전개할 수 있다. 언어로 소통하면서 서로 주고받는 이런 신뢰는, 화자의 음성이 보이지 않는 무엇을 대리한다는 믿음을 포함하며, 이런 믿음은 새로운 세계, 심적이고 추상적이며 공적인 세계를 창출한다. 인간은 그런 세계에 거주하는 존재이다.

이런 인간관의 매력과 중요성은 형이상학이나 종교 또는 선험적 요소에 의존하지 않고도 인간이 스스로 고유의 지평을 전개할 수 있으며 스스로를 자율적 존재로 만들어갈 수 있는 여지를 제공한다는 점이다. 새로운 윤리학이나 존재론의 기초는 바로 언어적 활동에 의해 자신의 세계를 전개해 나아가는 인간관이다.

말의 질서는 공空적이라고, 허구적이라고 할 수 있는 측면이 있다. 말의 질서에서 생성되는 사물들은 언어의 연기적 관계에 의해 생성된 언어의 결구에 불과할 뿐으로, 그 배후에는 물物 자체, 실체, 본질, 의미, 형상, 원자, 아르케 그 어느 것도 없다. 그럼에도 그것이 실체적이라 할 수 있는 이유는, 그들이 언어 진화의 긴 과정을 거쳐오면서 여러 세대에 걸쳐 언어 공동체 구성원들의 신뢰가 누적되어 실체화되었고, 그리하여 우리 삶의

15 바로 이것이 유가적 사유의 통찰로 여겨진다. 특히 정명론.

단단하고 구체적인 지반으로 역할하기 때문이다. 이를 뒤집어 말하면, 신뢰가 붕괴되면 인간 삶의 기반 역시 붕괴된다. 말이 통하지 않는 곳에서는 인간의 삶이 영위될 수 없다.

불교의 상相과 언어

우리는 공의 논리를 재검토할 필요가 있다. 공의 논리는 언어의 배후에 아무것도 없으므로 실체화하지 말라고 충고한다. 하지만 인간들 사이의 소통을 위한 필수적인 조건은 기표의 배후에 무엇이 있다고 가정하여 언어 기호를 창출하고, 다시 이 **언어 기호를 실체화해야 한다**는 것이다. 이는 인간적인 삶을 위해 필수적이다. 인간 삶의 이런 조건이 인간에게 언어 능력을 발전시켰을 것이다. 언어 능력은 외견상 단순한 음성에 불과한 것에 기의를 부여하여 의미를 창출하고 의미 있는 대화를 가능하게 한다. 이런 능력은 음성적 행위의 배후에 어떤 의도가 있다고 간주하고서 이를 해석하여 의도와 의미의 세계를, 보이지 않는 것들의 세계를 전개시키며, 음성적 동작을 발언으로, 말로 전화시킨다. 더 나아가 이런 경향성은 사유와 정신의 능력을 형성하는 기초적인 원리로 작동한다. 이런 능력이나 경향성의 핵심은 **믿음의 능력**이다.

불교는 언어를 떠나라고 권고하지만 우리 삶에서 언어는 기초적이고 필수적이다. 우리는 말을 절제하고 바른 말을 사용해야 하며 때로는 침묵이 필요하기는 해도 말을 완전히 떠날 수는 없다. 참선의 수행이 그토록 어려운 것은 역설적으로 말을 끊는 것이 불가능하며 우리가 말의 포로임을 반증하고, 언어가 인간 존재의 집이며 우리 삶의 기반임을 증거한다. 우리에게 필요한 것은 묵언이나 금언 또는 말의 단절이 아니라 말을 알아[知言] 절제하고 말의 순리를 따르는 것이다. 말을 절대적 실체로 집착하지도 말며, 그렇다고 절대적 허공으로 치부하지도 말고, 오랜 시간의 진화적 테스트를 거치면서 신뢰에 의해 실체화될 수 있는 것, 하지만 언어 공동체의 신뢰에 의해서만 실체성을 유지할 수 있는 것으로 파악하는 것이다.

우리는 불교적 입장을 수용할 수 있을지도 모른다. 나아가 언어적 해석이 불교의 입장을 올바로 이해하는 것이라 볼 수도 있다. 불교의 대표적인 경전 중의 하나인 『금강경』은 상相이 허상임을 논하고 있다. 상이란 실체가 아니라 마음이 만든 것에 불과하다는 것이다. 그런데 마음이나 사유의 능력만으로는 상을 만들 수 없다. 사유가 상을 만들 수 있으려면, 외계가 일의적 모습을 지니고 있고 사유가 거울처럼 외계의 상을 반영하는 거울 같은 능력을 지니거나, 사유 자체가 만화경과 같이 스스로 상을 만들어내거나, 즉 자가생산적이거나 해야 한다. 첫 번째의 가능성은 논리적으로 문제가 있음을 여러 번 지적했고, 두 번째의 가능성 역시 수용하기 어렵다. 사유는 그 자체로서는 일종의 질료적인 것에 머문다. 언어의 도움이 없이는 사유는 모습을 지닌 무엇도 만들 수 없다.

상相이란 사물의 일의적이고 객관적인 모습이라 할 수 있는데, 그것이 사유 활동의 소산이거나 존재 자체가 갖는 것이 아니라 언어적 활동의 소산이라 한다면, 불교가 재검토하고자 하는 것은 언어가 빚어내는 상들의 실체성 여부로 해석해볼 수 있다. 따라서 불교가 강조하고자 하는 것은 올바른 언어의 사용이라 재해석할 수도 있을 것이다.

심신 관계의 재조정

언어에 대한 긍정적 입장은 불교의 또다른 강령을 재검토하게 한다. 불교는 몸과 마음의 배타적 이분법을 가정하고 있다. 그런 점에서 서구적 사유와 닮아 있으나 유가적 사유와는 차이를 보인다. 불교는 마음의 종교이다. 마음은 언어로 대체되어야 한다. 마음보다는 언어가 기초적인 것으로, 마음의 형성과 활동은 언어에 의존한다. 인간 삶의 주축을 이루는 것은 언어적 활동인데, 언어는 한편으로는 심적이지만 다른 한편으로는 신체적인 측면을 지니고 있다. 그것은 보이면서 보이지 않는다.

어떤 이유에서 말은 심적이자 신체적이라 할 수 있는가? 말은 몸을 입고 있다. 말은 음성 또는 끼적임 등의 물리적 존재를 타고서야 기능하는 매체이다. 다른 한편으로 해석의 대상이며 무엇인가 보이지 않는 것을 대리한다는 점에서, 몸 이상의 것을 지닌 심적인 존재이다. 더 정확히는 기표가 소리 이상의 보이지 않는 것을 담고 있다는 가정 하에, 소리를 떠받치는 보이지 않는 것으로 상정된 것이 의미와 마음이다. 말이 타고 있는 음성이나 끼적임 등의 물리적 존재는 보이지 않는 것을 해석해내기 위한 기반이다. 말은 몸과 마음을 동시에 지니고 있는 존재, 양자가 혼융되어 있는 존재이다. 몸과 마음이란, 언어라는 **인간의 기초적인 현상**을 추상적이고 사변적으로 분리하면서 등장한 2차적인 것이다. 몸, 마음, 말, 삼자 간의 올바른 관계는 다음이다: 몸과 마음이 말을 만드는 것이라기보다는 말이 몸과 마음을 조탁하며, 몸과 마음은 한 연장선의 양극이다.

심신의 관계는 서구적 사고가 믿어왔듯이 배타적 이분법의 관계일 필요가 없다. 심과 신은 불가분적이기는 하되, 종이의 양면과 같거나, 더 정확히는 **뫼비우스의 띠**와 같이 연결되어 있다는 것이 심신 관계에 대한 올바른 모습일 것이다. 양자는 존재론적으로는 물론이고 개념적으로도 분리될 수 없는 것일 수 있다. 우리는 불교의 입장을 전반적으로 수용하기는 하지만 마음을 언어로 대체하고자 하며, 언어는 심적이면서 물리적이라는 점에서 심신의 관계를 더욱 밀접하게 본다.

마음이 태초부터 있었던 것이 아니다. 마음은 언어적 활동의 과정에서 자라나고 진화하는 것, 해석적 활동과 그것이 동반하는 신뢰에 의해 창발되는 것이다. 그리고 이렇게 생성된 연후에야 마음은 우리 삶을 전개해 나아가는 주체의 역할을 할 수 있다.

11장

언어 진화의 구조와 기표의 중심성

1. 개념들의 진화

의미 실재론과 의미 진화론

진화론은 중요한 철학적 함의를 지니고 있다고 앞서 지적하였다. 인간이라는 자연종이 진화의 결과라고 한다면, 인간의 모든 것, 신체는 물론이고 언어, 정신적 능력까지도 진화의 결과라고 해야 할 것이다. 언어는 진화한다. 다양한 자연 언어의 어휘들, 나아가 인간의 삶에서 주축적인 역할을 수행하는 범주적 개념들, 가치어들 역시 **언어 진화의 결과**이다. 이런 입장을 우리는 의미 진화론이라 부를 수 있다. 의미 진화론은 전통의 의미 실재론이나 속성 실재론이 철학적 신화에 불과하다고 할 경우 의미와 속성의 존재를 해명하고 근거 지을 수 있는 유일한 대안이다. 마치 자연종이 신에 의해 창조되어 창세기부터 존재하였다는 자연종 실재론, 에덴동산론, 창조론이 우화에 불과할 때, 다윈의 진화론이 설득력 있는 유일한 대안인 것과 마찬가지이다.

철학자들은 가장 비판적인 정신을 지니고 있다고 생각되는데도 불구하고, 아직도 일부는 창조론을 고수하고 있는 듯이 보인다. 그들은 신의 존재나 아담의 에덴동산은 믿지 않지만 개념들의 에덴동산은 건재하다고 믿는다. 많은 철학자들이 아직도 논리적, 범주적, 윤리적인 개념들, 추상적이고 보편적인 개념들이 생득적이거나 선험적이라고 생각한다. 그들은 그런 개념들이 자연 진화를 거쳐 인간이 등장하기 이전부터 또는 인간의 등장과 함께 인간 정신 구조의 일부로서 존재한다는 생각을 버리지 않는다.

플라톤의 자체적으로 존재하는 초월적 형상이나 칸트의 순수이성 또는 선험적 범주의 개념, 데카르트의 생득적 관념을 포함해, 현대에 들어서도 촘스키의 데카르트적 언어관,[1] 현대의 본질주의, 논리적 원자론, 보편자 실재론,[2] 진리 개념이 원초적이라는 데이빗슨의 입장까지도 모두 일종의 창조론을 전제한다. 논리적 원자, 실체, 언어의 궁극적 기초로서의 논리적 고유명사, 세계와의 원초적 관계로서의 대응 관계correspondance, 지칭reference, 원초적 개념으로서의 진리 등의 존재론, 인식론, 논리학적 개념들은 물론이고 윤리학의 자체적 선, 궁극적 가치나 원리의 개념 등과 같이 많은 철학자들이 철학자의 고유 대상이라 생각하며 집착하고 있는 주요 개념들 역시 마찬가지이다. 일반적으로 자체적인 것, 본질적인 것, 항구적인 것, 범주적인 개념들은 모두 일종의 형이상학적 창조론의 유산이다.

언어 진화

범주적이거나 논리적인 것으로 우리의 사고와 행동에서 주축적인 역할

1 촘스키의 데카르트적 언어관을 중세적 입장이라 평하는 사람들도 있다. 크리스틴 케닐리, 『언어의 진화』, 96쪽 참조.

2 보편자와 관련한 여러 문제들에 대한 포괄적 논의는 이좌용, 『존재론 연구 I: 보편 논쟁』, 철학과 현실사, 2005 참조.

을 하는 이들 다양한 철학적 개념들은 모두 언어 진화의 결과이다. 모든 것은 변화한다. 자연 언어는 무수히 많은 언어 기호들과 의미들로 구성되어 있는데, 언어 기호나 그를 밑받침하는 의미들도 진화의 과정을 거치면서 등장한다. 우리가 사용하는 현재의 어휘들은 과거 어떤 어휘들의 변이로서 등장하여 언어 진화의 과정에서 언어적 환경의 선택을 받아 살아남은 것들이다. 그러나 이들 역시 상황이 달라지면 언젠가는 환경의 시련을 견디지 못하고 도태될 수 있다. 과거에는 빈번하게 사용되었으나 이제는 더 이상 사용되지 않는 고어들이 무수히 많으며, 한 언어권의 언어 전체가 사라진 경우도 많다. 수메르어, 헤브라이어, 페니키아어 등이 그러한 소멸의 과정을 거쳐 사라졌으며, 세계화가 진행되고 인터넷이 발전하면서 두어 가지의 주요 자연 언어가 국제적 공용어의 지위로 비약하는 급격한 변화의 과정 속에서 수많은 지역어들이 도태될 위기에 처해 있다.

고인류학자들의 연구에 따르면, 아프리카에 살던 호모사피엔스들이 약 4~5만 년 전 유럽 등지로 이주하면서, 이들 삶이 갑작스럽게 큰 변화를 보이게 되었다고 한다. 정교한 석기가 등장하고, 종교적 상징물을 함께 묻는 매장 문화가 널리 퍼졌으며 장식품들이 나타나기 시작했다는 것이다. 많은 학자들은 이 변화를 '대도약'이라 부르는데 이런 도약에 언어 사용이 중요한 기여를 했을 것으로 추정된다. 언어의 사용은 인간들에게 추상적 사유를 할 수 있게 하였을 것이다. 언어학자들은 인류 최초의 언어, 이른바 '원시 세계어proto-world language'는 대략 20만 년에서 5만 년 전에 등장했을 것으로, 그리고 좀더 인간 고유의 추상적 사유를 가능하게 한 언어는 대략 4~5만 년 전에 출현했을 것으로 추정한다.[3]

한 보도에 따르면, 모든 언어의 모어가 되는 원시 세계어를 재구성하려는 인류 언어 진화EHL, Evolution of Human Languages 프로젝트가 다국적

3 Wikipedia의 'Proto-Human Language' 항 참조. 원시 세계어가 있느냐 없느냐 하는 질문 자체도 인류의 다양한 언어가 하나에서 시작했느냐, 여러 기원을 갖느냐에 따라 달라진다.

학자들을 중심으로 진행되고 있다고 한다. 이 프로젝트는 노벨 물리학상 수상자인 겔만M. Gell-Mann이 이끄는 산타페 연구소가 주축이 되어 미국, 러시아, 등지의 학자들이 다수 참여한다. EHL에 참여하는 학자들은 인터넷에서[4] 방대한 어원 데이터베이스를 공유하고 각 언어 사이의 유사성을 찾아나간다. 가령, 원시 세계어에서 물을 뜻하는 단어는 'AQWA'였을 것으로 본다. 그들은 라틴어의 아쿠아aqua, 일본어의 '아카(あか, 뱃바닥에 괸 물)', 체첸어의 '아크(aq, 흡수하다)', 아프리카 방언의 '카우(kau, 비)', 중미 유카텍 언어의 '우크(uk, 목마르다)' 등 발음이 비슷한 여러 언어권의 단어들을 그 근거로 제시했다. 하지만 8천 년 이상 된 고대 언어는 연구 자체가 불가능하다는 것이 주류 언어학자들의 통설이며, 그래서 유럽의 여러 언어학회에서는 언어의 기원에 대한 논의를 금지한 바 있다.[5] 언어의 기원을 추적하려는 이런 시도에 동조할 수는 없을지라도 이런 시도의 전제, 즉 현재의 언어는 어떤 기원에서 진화적으로 발전되었으리라는 점에는 동의할 수 있을 것이다.

2. 언어 진화와 자연 진화 간의 유사성

언어 진화의 세 가지 의미

언어 진화는 자연 진화와 유사한 구조를 지니고 있다. 언어 진화의 과정도 변이의 등장, 적자생존, 자연도태, 환경의 선택 등을 거치며, 이 과정에서 기호나 개념들의 생존 여부를 결정하는 것은 언어 상태 또는 문화 생태계라 부를 수 있는 것이다.[6] 그리고 언어 생태계에 의해 선택되어 생존할

4 www.ehl.santafe.edu
5 크리스틴 케닐리, 앞의 책, 42쪽 참조.

수 있기 위해서는 환경과 적합적 관계를 맺을 수 있어야 하는데, 이런 적합성의 기준은 생태계 전체 내의 다른 것들과 평형적 관계를 유지할 수 있는지의 여부이다. 언어의 모든 요소들은 언어 활동의 장에서 다른 것들과 적합적 관계를 유지하면서 유용성을 인정받아 일정한 역할을 지니고 수행할 수 있어야 한다. 자연 진화와 언어 진화 양자 간의 유사성과 차이점을 지적하기 전에 우선 언어 진화의 여러 의미를 구분하기로 하자.

'언어의 진화'라는 말은 세 가지 의미로 사용된다. 언어 능력 또는 언어 현상이 자연 진화의 결과라는 의미의 언어 진화가 그 첫째이다. 이 주제는 최근 언어학에서 전개되고 있는 거대 논쟁점의 하나이다. 칸트나 데카르트적 전통을 이어받은 촘스키와 그 학파의 학자들은 언어 능력이 선험적이라는 입장이다. 이들에 따르면, 언어 현상은 진화의 결과가 아니라 생득적인 것이다. 이를 비판하면서 최근 부상하고 있는 것이 진화론적 입장으로 핑커S. Pinker, 블룸P. Bloom 등이 주장한다. 이들은 인간의 언어 능력과 언어 사용이 경험적으로 취득된 것으로 진화과정의 결과라고 본다.[7] 첫 번째의 언어 진화론을 다른 종류의 언어 진화와 구분하기 위해 '언어 능력 진화론'이라 부를 수 있다.

두 번째 의미의 언어 진화론은 언어 능력보다는 언어 요소들에 관한 입장이다. 이런 의미의 언어 진화론에 따르면, 기초적이고 기반적인 언어 능력은 모르겠으나 어휘들, 의미들, 구문들과 문법 등 언어를 구성하는 다양한 구성 요소들이 진화적 과정을 거쳐서 등장한다는 것이다. 언어의 역사가 진화적 구조를 지니므로 언어의 진화사를 논할 수 있다. 이 두 번째 의미의 언어 진화를 '기표 진화론' 또는 '언어 기호 진화론'이라 부르기로 한다. 기표 진화론은 언어 능력보다는 언어 기호의 변화에 관심을 두고 있

6 비트겐슈타인이 말하는 삶의 양식forms of life이란 이를 의미하는 것일 수 있다. 'forms of life'에서 'form'이라는 어휘는 '형식'보다는 '양식'이라 번역하는 것이 적합하다. '형식'이라는 어휘는 형식/내용의 구분을 전제하기 때문이다. 그는 서구 전통의 이분법들에 반대하는 입장이다.

7 크리스틴 케닐리, 앞의 책, 제3장 참조.

다. 일찍이 언어 진화를 논한 학자는 소쉬르인데, 그가 관심을 갖고 있는 진화론이 바로 기표 또는 언어 기호의 진화론이다.

세 번째는 개념 진화론 또는 의미 진화론이다. 어휘는 기표와 기의, 기호와 개념 내용으로 구성되어 있다. 그런데 한 언어권에서 오랜 동안 하나의 동일한 기표나 기호를 사용하더라도, 시간이 흐름에 따라 그에 담긴 기의나 개념 내용은 전혀 달라질 수 있다. 세 번째의 진화론은 이런 차이와 이런 차이를 결과한 변화 요인들을 설명하기 위한 것이다. 역동적으로 전개되는 언어적 활동 과정에서 언어 기호들이 교환되면서 외부 요인들이 유입되고 새로운 체험들이 이루어지며 기호의 결합에 의해 새로운 상념들이 언어 기호의 그물망 위에 생성될 수 있다. 이런 새로운 상념을 표현하고 담기 위해 새로운 기표를 고안하기도 하지만, 다른 한편으로는 기존의 기표들에 새로운 기의를 부여하여 그 기존의 기표를 그대로 사용할 수도 있다. 즉, 기표 자체는 변화가 없음에도 그것의 기의는 달라질 수 있다. 언어사의 이런 측면을 감안하여 개념이나 의미의 진화를 기표 진화론과 구분할 필요가 있다.

언어학의 분야에서 언어가 진화의 결과임을 주장하는 학자는 위에 언급한 소쉬르와 워프인데,[8] 이들이 논하는 것은 두 번째의 것이다. 철학자로서는 니체가 개념의 진화에 주목하여 계보학적 논의를 개진한 바 있다. 그는 윤리적 개념들의 진화 계열을 역추적하여 도덕 규범의 본질을 규명하려 했다.[9] 그 역시 일종의 언어 진화를 주장하는 셈인데, 그의 진화론은 세 번째 것이다. 비트겐슈타인 역시 언어사는 자연사의 일부라 논하면서, 언어가 역사적 변화의 과정을 거친다고 시사하고 있는데, 그가 시사하는 것은 두 번째에 가깝다. 분자생물학의 영역에서도 언어 진화를 주장하는 학자가 있다. 도킨스R. Dworkins는 자연 진화에 대응하여 밈meme의 진화를

8 소쉬르의 언어 진화론은 *Course*, pp.8, 153 참조. 워프의 경우는 B. E. Whorf, *Language, Thought, and Reality*, MIT Press, 1956.

9 프리드리히 니체, 『도덕의 계보학』, 지만지, 2008.

논한다.[10] 밈의 진화 또는 언어의 진화는 자연의 진화와 병행하기도 하며 또는 그를 자극하기도 하는데, 밈이란 문화의 유전자 역할을 하는 일종의 아이디어나 개념을 의미하므로 밈의 진화는 세 번째의 진화에 가깝다.

이 장에서 우리의 관심사는 세 번째 종류의 언어 진화, 즉 개념 진화론이다. 개념 진화론에 따르면, 우리의 언어 생활, 사고 활동, 그리고 인간 삶에서 주축적인 역할을 하는 범주적 어휘들, 가치어들, 일반적 통용성을 지닌 어휘들은 진화적 과정을 거쳐서 등장하였다. 그들은 초월적이거나 선험적, 또는 생득적인 것이 아니라 경험적이고 시간적 과정을 거치면서 등장한 것이다. 이 장에서는 이들 범주적 개념이나 의미의 등장에서 기표가 주축적인 역할을 한다는 논제를 제안하고자 한다.

자연 진화와 언어 진화의 유사성

언어의 변화 · 발전의 과정을 진화적이라고 할 수 있기 위해서는 자연종의 진화와 유사한 점이 있어야 할 것이다. 어떤 측면에서 언어사는 진화적이라 할 수 있는가? 먼저 자연 진화 과정에서 주요 원리를 요약하면 다음과 같다[11]: 1) 우연적 요인에 의해 유전자의 다양한 돌연변이들이 등장한다; 2) 자연이라는 전체 상황이 특정의 변이를 선택한다; 3) 선택된 변이 유전자를 기반으로 한 개체가 종족 번식을 하여 종으로 등록된다; 4) 선택되지 못한 변이 개체나 종은 도태되고 전체 상황에 적합한 종은 존속한다; 5) 이런 변이, 선택, 새로운 종의 등장 과정을 거치면서 다양한 종들이 생겨나고 생존한 종들에 의해 안정적인 생태계가 구축된다.

언어의 변화도 자연 진화와 유사한 구조적 특징을 지니고 있다. (1) 우선 인간의 의사소통 공간에 언어 기호 또는 기표가 등장할 것이다. 이들

---

10 리처드 도킨스, 『이기적 유전자』, 을유문화사, 1993.

11 에른스트 마이어, 『진화론 논쟁』, 사이언스북스, 1998; 스티븐 제이 굴드, 『풀하우스』, 사이언스북스, 2002.

기호를 사용하는 과정에서 기표 자체의 음성적 변화가 생길 수 있고, 동일한 기표가 다양한 방식으로 사용되면서 다양한 사용례들이 축적될 것이다. 생태계에서의 유전자의 변이에 상응하는 것은 한 기표의 변이적 기의나 다양한 사용례가 될 것이다. 곧 논의하겠지만 변화의 축이 이중적이라는 점에서 언어 진화는 자연의 진화와 차이를 갖는다.

(2) 우리의 관심사인 개념 진화론과 관련된 것은 변이적 기의나 사용례이다. 한 기표의 사용례들 또는 변이적 기의들 중에서 어느 것이 한 기표의 주축적 의미가 될지, 그리고 이렇게 어휘로 등록된 다양한 어휘들 중에서 어느 어휘들이 생존할지의 여부는 그것이 속한 언어 상태 전체에 달려 있다. 어휘들의 존재 여부를 결정하는 것은 언어 상태의 바깥 세계에 있는 것이 아니다. 공시적 언어 상태 내의 모든 어휘들과 적합적 관계에 있는 어휘들은 생존하여 범주적 어휘의 지위에 오를 수도 있고, 그와는 반대로 언어 상태의 선택을 받지 못하는 경우 도태된다. 즉 언어의 진화도 역시 전체성의 원리에 의존한다. 한 어휘의 존속 여부만이 아니라 그 의미 역시 그것이 속한 총체적 전체 내의 다른 것들과의 관계에 의해 결정된다. 우리는 전통적인 의미론을 비판하면서, 어휘들의 정체성이 다른 어휘들과의 차이들을 누적하거나 언어 놀이에서 일정한 역할을 수행함으로써 취득된다고 논한 바 있다.

자연종들은 전체로서 하나의 생태계를 구성한다. 어휘들 역시 전체로서 하나의 언어 상태 또는 언어 생태계를 구성한다. 언어 상태는 어휘들의 거처임을 넘어서 존재 기반이요 정체성의 근원이다. 자연종과 개체들이 생태계 속에서만 존재하고 정체성을 확보하듯이, 명사, 형용사 등의 어휘들도 구체적이고 고유한 언어 상태에서 존재하며 정체성을 확보한다. 생태계를 벗어나 영원히 존재할 수 있는 에덴적 자연종이 없듯이, 구체적이고 특수한 언어 상태를 벗어나거나 넘어서는 대상이나 본질이란 없다.

(3) 생태학적 환경에 적응하지 못하는 개체나 자연종은 도태된다. 마찬가지로 사용되지 못하는 어휘들은 사라져버린다. 진화론은 자연종의 창조

설과 종의 영원성을 부정한다. 그와 같이 개념 진화론 역시 범주적이거나 논리적인 어휘들, 가치어들에 상응하는 보편적 의미나 본질, 존재들, 또는 범주적 어휘의 영원성, 선험성이나 초월성을 부정한다. 따라서 그런 어휘들이나 그에 대응하는 어휘들의 보편성에 회의적이다. 보편자란 없다. 나아가 인간의 의식 세계나 정신세계의 내용 역시 진화적인 과정을 거쳐서 변화해간다고 주장한다. 진화론은 철학적으로 비본질주의나 총체주의를 함의한다. 개념 진화론 역시 전통 철학의 입장을 비판하면서 비본질주의와 총체주의를 주장한다.

(4) 진화론은 단순하고 경험적인 원리에 의해 인간의 등장을 설명한다. 변이의 등장, 환경의 선택, 일부 변이의 도태, 적자의 생존 등의 진화적 과정이 반복적이고 지속적으로 진행되면서 원형질적인 생명체에서 다양하고 새로운 자연종들, 나아가 인간과 같은 고등 생물이 등장하였다는 것이다. 개념 진화론 역시 위와 같은 언어 진화의 과정이 지속적으로 반복되면서 동물의 우짖음과 같이 지극히 모호하고 질료적인 의미를 지닌 소리에 불과했던 원시적 언어에서 분절적인 의미를 지닌 소리, 일반 명사, 보편 명사, 추상어, 심적 어휘들, 범주적 어휘들, 가치어들이 등장하였다고 본다. 수학적 어휘들, 논리적 어휘들, 이들 어휘들에 대응하는 의미나 실체들 역시 언어 진화의 소산이다. 진화 개념의 매력은 단순한 유기물에서 생명체들은 물론, 인간이라는 지적 존재까지 등장시킬 수 있는 기제를 제공한다는 것이다. 언어의 차원에서도 진화의 기제는 그런 창발력을 발휘할 수 있다고 생각된다. 기표를 사용하는 놀이적 활동은 진화적 원리에 따라 전개되면서 지극히 초보적인 어휘에서 시작하여 가치어, 범주어, 논리적 법칙들을 생성시킬 수 있는 것이다.

가치어나 범주어와 같은 어휘들은 우리 삶에서 주축적인 위치를 차지하고 있는 것들이나, 이들은 언어 진화의 소산이며, 진화의 과정을 거쳐 그런 주축적 지위에 오른 것이다. 그러므로 상황이 바뀜에 따라 개념 체계나 개념장이 변화할 수 있으며, 그와 함께 이들 주축적 어휘들의 지위나 역할도 달라질 뿐 아니라, 심지어 소멸할 수도 있다. 하지만 현재의 관점에서 보면 이들 가치어들나 범주어들은 언어 진화 과정에서의 승자라 할 수 있다. 에덴의 영원한 자연종은 없으나 자연 진화의 승자라 할 수 있는 종은 있을 수 있듯이, 영원한 개념들은 아니지만 진, 선, 미, 존재, 무, 부정 등 어느 정도의 일반성이나 지속성을 지닌 개념들이 존재한다. 길고도 역동적인 언어 진화의 과정을 거치면서 일반적 유용성이나 중심성이 어느 정도 입증되었기에 이들은 살아남은 것이다.

인간이라는 자연종을 떠받치고 있는 것은 진화의 결과 등장한 자연종의 체계이다. 그와 같이 자연 언어의 체계는 우리 삶의 기반이다. 하지만 자연 언어의 체계는 자연종의 체계보다 더 총체적이고 본질적인 기반이다. 자연 언어는 의사소통을 위한 수단에 그치는 것이 아니라, 인간 삶의 세계이자 거주 공간이기 때문이다.

3. 언어 진화에서 기표의 주축성 : 자연 진화와의 차이

언어 진화 단위의 이중성

언어 진화는 자연 진화와 중요한 차이점들을 지니고 있다. 일반적으로 언어사와 자연사 간의 차이로 지적될 수 있는 것은 주체와 의도의 존재일 것이다. 자연종의 등장에는 어떠한 의도도 개입하지 않는다. 하지만 언어 기호들은 언어 주체로서의 인간이 어떤 의도를 가지고 발화한 것이다. 언어적 활동에는 **주체나 의도**가 개입되어 있으나, 자연 진화의 과정에는 주체나 의도가 부재할 뿐 아니라 그런 요소의 개입도 허용되지 않는다. 그렇다면 언어는 진화 과정을 거칠 수 없을 것으로 여겨지는데,[12] 언어는 어떤 의미에서 진화한다고 할 수 있으며 그 진화의 원리는 무엇인가? 언어의 변화는 과연 돌연변이, 생존경쟁, 적자생존, 자연 선택의 과정을 거치는가?

이에 대한 답을 찾기 위해서는 우선 언어 진화의 진화 단위를 규명할 필요가 있다. 자연 진화에서는 진화 단위를 일의적으로 규정할 수 있다. 그것은 유전자이다.[13] 이와 대조적으로 **언어 진화의 단위**는 그렇게 일의적으로 규정할 수 없다. 언어 기호들은 이중의 존재로서 기표와 기의로 구성되어 있다. 바로 이 점에서 언어 진화에서의 제 과정이 자연 진화의 경우와는 다른 모습을 보인다. 새로운 어휘나 개념은 자연 진화의 경우에서와 같이 변이들에 의해 등장한다. 그러나 자연의 경우와는 다소 다르게, 언어 진화에서의 변이들은 기표의 변이이기도 하지만 구체적이고 개별적인 사용례에 의해 생성된 기의나 의미가의 변이이기도 하다. 언어 상황에 적합한 변이적 기표는 계속 사용되며, 적합한 변이적 기이는 한 기표의 의미를 구성하지만, 그렇지 않은 것들은 도태된다. 자연 진화의 경우, 진화의 단위나 축의 역할을 하는 것은 유전자이므로 진화의 과정이 단선적이지만, 언어 진화의 경우는 그 고정축이 기표와 기의로 구성된 이중적 존재인 언어 기호이기에 그 과정은 복선적이다. 이에 더하여 개념들 중에서 어떤 것이 범주적이고 기반적인 것이 될지 역시 진화적 과정에 의존한다는 점에서 언어 진화는 삼중적이라 할 수 있는 면이 있으나, 이 부분에 대한 논의는 여기서 생략하기로 한다.

기표와 기의는 상관적 관계에서 진화하지만 이 진화 과정에서 축의 역할을 하는 것이 있다. 진화 축의 역할을 하는 것은 더욱 지속성을 지니는 단위이다. 언어 기호의 두 구성 요소들 중 언어 진화의 과정에서 더 지속적인 것은 기표일 것이다. 하나의 기표는 구체적인 사용 상황이나 문맥에 따라 다양한 사용례를 가질 것이며, 언어 상태가 달라짐에 따라 그것의 기

---

12 곧 논의할 바와 같이 특수자로서의 언어 주체와 특수적인 것으로서의 의도는 리바이어던적인 언어, 그리고 언어의 논리에 흡수되어버린다.

13 도킨스는 진화의 단위가 유전자라 보는 반면(『이기적 유전자』), 굴드는 자연종이라 논한다.(『판다의 엄지』, 107쪽, 세종서적, 1998). 하지만 변이의 등장은 유전자의 차원에서 일어나는 일이고, 환경의 선택, 종의 생존 여부 결정의 준거가 되는 것은 종적 차원의 일이므로 양자의 입장은 시각의 차이일 것이다.

의 역시 변화할 것이다. 마치 인간의 DNA에 물고기의 모습, 파충류의 유전정보가 보존되어 있듯이, 기표의 다양한 사용례들이나 기의들은 그 기표의 기억 또는 그 기표를 사용하는 공동체의 기억 속에 보존되어 기표의 역사를 구성한다. 누적된 사용례들 중 어떤 것이 주축적인 의미가 될지는 언어적 환경, 타자와의 관계 등 진화적 원리에 따라 결정될 것이다. 말하자면 전체적 언어 상태와의 적합 여부나 언어 상태의 선택에 의존할 것이다. 하나의 고정적인 기표가 시대나 언어 상태에 따라 달리 갖게 되는 기의의 변화를 우리는 기의의 진화라 할 수 있는데, 기의의 진화에서는 기표가 주축이 된다.

언어 활동을 통해 언어 공간을 구축하고 언어 진화를 가동시키는 것은 구체적이고 개별적인 언어 주체들과 이들의 활동이지만, 언어 진화의 긴 과정에서 진정한 주체의 역할을 하는 것은, 자연 진화의 경우와 같이 전체의 언어 상황이나 언어 상태 또는 언어 활동의 장이다. 앞에서 지적한 것처럼 언어 진화에서 화자들의 의도가 언어 변화의 진화적 흐름을 막지 못하는 이유는 이들이 언어의 논리에 종속되어 있기 때문이다. 개별적 화자들은 자신의 의도를 표현하고자 해도, 그들이 몸담고 있는 언어 상태의 기표들을 사용해야 하며 전체 언어 상태의 문법과 논리를 따라야 한다. 그들은 그 문법과 논리에 종속될 때에만 자유롭다.

기표의 고정성은 의미 진화의 조건

통상 언어 기호의 이중성을 구성하는 기표와 기의 중에서 고정 축의 역할을 하는 것은 의미라고 사람들은 생각한다. 적어도 논리적이거나 범주적인 개념들, 보편적인 가치를 표현하는 개념들의 경우 보다 지속적이고 불변적인 것은 기표보다는 기의적인 것이라는 것이다. 가령 '정의justice'나 '삼각형'의 개념을 표현하는 기표는 고대와 현대, 서양과 동양 간에 차이를 보여도 그 기의나 개념 자체는 동일하다고 믿는다. 실로 이런 믿음은 철학의 보편성에 대한 통념의 기반이 되기도 한다. 이런 믿음이 전혀 타당성이 없는 것은 아니다. 일정 기간의 한 언어 상태에서는 기의가 기표적인 것에 비해 고정적이라 할 수 있는 측면이 있다. 의미는 심적인 것으로서 시간 · 공간적인 상황적 요소들에 영향을 받지 않아 자기동일성을 유지하며 언어 공동체에 의해 공유되는 반면, 기표적인 것은 한 언어권의 발성 습관, 개별적인 발화의 상황이나 화자의 신체적 조건의 영향을 받으므로 언어권마다, 사람마다, 발화시마다 다를 수 있다고 생각되기 때문이다.

여기서 우리는 랑그와 파롤을 구분할 필요가 있다. 랑그의 요소로서의 공적인 기표(기의의 담지자로서의 기표)와 파롤의 요소로서의 구체적인 기표는 구분되어야 한다. 후자는 우리가 위에서 단서의 영역에 속한다고 지적한 바들을 동반하는 기표이다.[14] 단서적인 것은 개인마다, 발화의 계제마다 달라서 구체적이고 개별적인 화자들이 사용하는 기표의 모습에 영향을 준다. 그래서 파롤의 요소로서의 기표(token적인 것)는 사람마다 차이를 보일 수 있다. 발화 때마다 다를 수 있는 것은 파롤의 요소로서의 기표이다. 이와 달리 랑그의 일부로서의 기표(type적인 것)는 사회적이고 공적인 매체이며, 그러하기에 일의성과 항상성을 유지한다. 그것은 한 언어권 안에서는 화자들에 의해 공유되어 있는 것이기에 개인들 간에 차이가 없으며, 있어서도 안 된다. 이에 비해 기표의 기의 또는 적어도 의미가는 사용의 계제마다, 발화의 상황마다 다를 수 있다.[15]

나아가 기표는 한 언어 상태에서 다른 언어 상태로 이동해갈 때 항상성을 유지하는 경우가 많다. 기의는 이와 달리 그 기표의 이면을 이루고 있으나 언어 상태의 변화에 따라 달라질 수 있다. 이런 차이 때문에 한 언어 상태에서 다른 언어 상태로의 이행 과정, 즉 언어 진화의 긴 과정에 주목할 때 고정 축의 역할을 하는 것은 기의가 아니라 기표이다. 예를 들어보

14 의미의 영역과 단서의 영역 간의 구분은 7장 1절 참조.

15 기의와 의미가의 구분에 관해서는 곧 논의할 것이다.

자. 가령 '선善'이나 '의義'라는 표현은 과거부터 현재까지 2, 3천 년 동안 지속적으로 사용되어 왔으나, 그 의미는 시대마다 다르다. 공자 시대에 '선善'이나 '의義'라는 기표에 대응하는 개념 내용은 윤리적이고 규범적인 것이지만, 그 이전으로 거슬러올라가 어원을 추적해보면, 과거의 개념 내용은 사회적이고 심리적인 사실에 기반한 것이었다. 고대 희랍어에서 'agathos'라는 어휘는 플라톤 시대에는 '선하다'라는 윤리적 평가어로 사용되었으나, 그 이전에는 단지 '유용하다', '귀족의 것이다'는 등의 사실적 의미 내용을 지니고 있었다. 다른 예를 들어보자. 'dike'라는 기표는 고대 희랍에서 4, 5백 년 이상 사용되어 왔으나, 이 희랍어 어휘가 정치·윤리적 의미를 지니게 된 것은 소피스트 시대 이후이다. 호메로스 시대에 'dike'는 '필연anangke', '운명moira' 등과 같은 의미를 담고 있었다. 그러므로 플라톤 시대에 와서 'dike'라는 어휘가 갖게 되는 정의라는 윤리적 기의는 호메로스 시대의 기의가 언어 진화 또는 의미 진화의 과정을 거쳐서 등장한 것이다. 이렇게 플라톤 시대의 'dike'의 의미는 전혀 다른 것으로부터 변화·진화했으나, 이런 변화하는 기의를 담고 있는 기표 'dike'의 모습은 호메로스 시대에서 플라톤 시대에 이르기까지 변함이 없이 유지되었다.

고대 중국에서 '왕王'이라는 기표는 애초에는 죄인을 처형할 때 쓰는 도끼의 머리 부분을 본 뜬 글자인데, 도끼는 왕의 재판권을 상징하게 되었고, 그래서 도끼를 본 뜬 글자가 후에는 왕을 의미하게 되었다 한다.[16] 다른 예로 입을 의미하는 한자 '口'는 '⊔'이라는 갑골문의 글자에서 연유하는데, 후자는 인간이 무엇인가 기원하는 내용의 글을 담아놓는 그릇의 모습을 모사한 글자라고 한다.[17] 이런 언어사적인 사실은 기표가 상대적으로 고정적임에 비해, 그에 상응하는 기의는 시대가 변함에 따라 달라짐을 알

16 시라카와 시즈카, 『한자의 기원』, 이다미디어, 2009, 46-7쪽.
17 시라카와 시즈카, 위의 책, 292쪽.

려준다.

기표의 고정성은 의미의 진화를 운위할 수 있는 근거나 축이 된다. 다양한 사용 상황과 문맥을 거치면서 하나의 고정적 기표의 다양한 사용례들 또는 그 기표의 변이적 의미들이 언어 진화의 과정을 거치면서 생겨나며, 그리하여 이전과는 전혀 다른 기의를 지닌 언어 기호나 개념들이 등장할 수 있다. 한 기표의 사회·경제적 의미로부터 윤리적이고 평가적인 의미가 자라날 수 있으며, 사실적 의미로부터 **규범적이고 당위적인 의미**가 진화되어나올 수 있다. 그래서 사회·경제적 어휘가 윤리적 어휘로 변모할 수 있는 것이다. 마치 물고기에서 영장류가, 영장류에서 인간이라는 자연종이 진화해 등장할 수 있었던 것과 마찬가지이다. 그런데 질적 변화를 가능하게 하는 이런 진화를 논할 수 있는 것은 기표가 고정성을 지니고 존속하기 때문이다. 변이적 의미들이 기대어 자라날 수 있는 **고정적인 기표가 없다면 의미의 성장이 불가능**하고, 의미의 성숙이 없으면 심층성을 지니는 심적 술어나 윤리적 술어들이 진화하여 창발될 수 없다. 기표의 고정성은 의미 진화의 필수 조건이다.

윤리적 어휘들이 등장하고 윤리적 차원이 전개될 수 있는 것은 기표를 주축으로 하는 언어 진화의 결과이다. 칸트는 규범적이고 당위적인 의식이란 선험적인 구조나 초월적인 존재에 대한 존경에서 오는 의식이라고 주장했다. 그러나 그런 의식은 좀더 일상적인 사실인 언어 기호의 규범성에서 연유하는 것이다. 그리고 법과 법적 강제력의 등장, 나아가 윤리와 정치의 분리는 원래는 사회의식이나 집단의식의 일부였던 개인들의 의식이 개별화되면서 집단의식에서 일탈하고, 이런 의식의 유혹으로 개인이 공동체의 규범을 위반하면서부터이다.[18]

18 A. MacIntyre, *After Virtue*, Notredame Univ. Press., 1981; 프리드리히 니체, 『도덕의 계보학』, 「두 번째 에세이」, 11절 이하 참조.

기의 중심주의와 진리의 신화

앞에서 우리는 전통적으로 이중적인 언어 기호를 구성하는 기표와 기의 중에 고정 축의 역할을 하는 것은 의미라고 믿어져왔음을 지적한 바 있다. 이런 기의 중심주의는 진리나 실재계가 존재한다는 서구의 믿음 또는 진리의 신화와 긴밀하게 연결되어 있다. 이에 따르면, '정의'나 'dike'라는 윤리적 어휘나 덕목에 상응하는 존재자, 가치, 본질들이 거주하는 실재계가 시공 초월적인 세계 어디엔가 존재한다는 것이다. 범주어나 가치어 등의 의미는 이런 존재자들을 인식함에 따라 획득된다. 그러므로 이들 어휘들의 근거로서의 의미나 존재는 불변한다고 보았다. '동그라미', '圓', 'circle', 'kyklos' 등 자연 언어는 다르고, 이들 어휘를 발화하는 음성의 어조는 사람마다 다르며, 발화의 상황 역시 차별적이지만, 이런 차이에도 불구하고 이들 표현들은 하나의 대상인 원 자체에 대한 표현들이다. 이들 서로 다른 표현들 간의 번역이 순조로이 이루어질 수 있고, 원에 관해 고대 희랍의 유클리드와 한국인, 서양과 동양이 의사소통을 할 수 있는 이유는, 이들 어휘의 의미와 이에 상응하는 수학적 존재로서의 원 자체의 불변성이 유지되어 있기 때문이라 믿어왔다.

객관적인 의미나 존재가 있다고 한다면, 각 시대와 문화의 지적 수준은 진리를 얼마나 인식했는가에 따라 비교·평가될 수 있을 것이다. 현대인의 지성과 호메로스 시대의 지성, 동양과 서양의 차이는 이들을 인식했느냐, 그리고 얼마나 정확히 인식했느냐에 있을 것이다.

기의적인 것이 기표적인 것보다 지속적이라고 여겨졌던 이유는 다음과 같은 전제들 때문이다: 1) 의미체나 존재자가 언어나 인식과 무관하게 독립적인 것으로 존재한다는 실체 존재론 또는 본질주의; 2) 우리의 인식이란 존재를 있는 그대로 반영하는 활동이라고 보는 전통의 반영적 인식론; 3) 언어는 이런 인식 결과를 담는 그릇이라는 언어 용기론; 4) 언어란 존재를 기술하는 것이라는 기술주의적 전제. 이 네 가지 전제들이 타당하다면 우리는 기의 지속론 또는 주축론을 수용해야 할 것이다. 전통의 강령들은, 기표적인 것은 발성 구조, 문화적 환경과 시대적 차이 등 상황적인 것의 영향을 받아 가변적임에 비해, 적어도 범주적이거나 주축적인 어휘들에서 기의적인 것은 시간 · 공간적인 것의 영향을 받지 않는 선험적이거나 초월적인 어떤 것이므로 불변적일 것이라는 믿음에 의해 지지되어왔다. 그러나 이런 선험적인 것이나 초월적인 것은 그 존재를 확인할 수 없다. 더 중요한 문제는 이들이 언어 주체들에 의해 그것의 존재성이 객관적으로 확인될 수 없는 것이라고 한다면, 이들은 맡겨진 소임을 수행할 수 없는 불필요한 존재로 전락한다는 점이다.

우리는 전통의 입장을 수정할 필요가 있다. 언어 진화에서 고정적인 축은 기의라기보다는 기표이다. 객관적 실재라고 할 수 있는 것은 기의라기보다는 기표이기 때문이다. 이는 우리의 언어 선재론과도 일관된다. 플라톤과 호메로스 시대 간의 차이는 동일한 기표 'dike'를 서로 다른 의미로 사용하고 있다는 점이다. 하지만 두 시대를 연결하여 연속적인 변화, 진화적 변화, 의미의 진화를 논할 수 있는데, 그 이유는 두 시대 사이의 변화를 연결해주는 축이 있기 때문이다. 'dike'의 호메로스적 의미와 플라톤적 의미는 서로 다르지만, 이들은 **모두 동일한 한 기표의 기의들이다**.

보편적이거나 편재적인 것으로 여겨지는 개념이나 속성은 언어에, 더 근원적으로는 기표에 의존적이다. 정의라는 덕목이나 개념이 진화의 결과로 등장할 수 있기 위해서는 '義', '善', 'dike' 등의 기표가 필수적이다. 그러므로 특정의 기표가 더 이상 한 언어권에서 사용되지 않고 도태되어버린다면, 그 개념이나 덕목도 역시 사라져버린다. 고대 사회에서 공감적 연속체를 의미하는 오란다, 조선조의 핵심적 가치였던 열녀, 충신, 순결 등의 덕목은 'Oranda', '열녀', '충신', '순결'과 같은 기표들의 퇴장과 함께 사라져가고 있다. 어느 정도의 항상성을 지니며 변화에 저항하는 것은 기의나 대상이라기보다는 사회적인 기표이다. 개념 진화론은 자연 진화론이 창조론을 부정하듯이, 전통의 의미론과 존재론의 기본 전제를 부정한다.

4. 언어의 진화와 기표의 의미가

기의와 가치는 구분될 수 없다

기표는 언어 기호로 작동하기 위해 두 측면을 지닌다. 물리적 존재인 기표가 언어 기호로 역할할 수 있기 위해서는 심리적인 것과 관계해야 하며, 다른 한편으로 기표 체계 내의 다른 기표들과 관계해야 한다. 소쉬르는 전자의 측면에서 기표는 기의signified를 지니며, 후자의 측면에서 가치value를 지닌다고 논하며, 기표의 기의와 가치를 구분한다.[19] 기의는 어느 정도는 고정성을 지니고 있는 것으로, 기표의 정체성에 해당하는 것이며 그것의 심적인 모습이다. 가치란 무엇인가? 기표는 한편으로 자신과 이질적인 기의와 표리적 관계에 있으며, 다른 한편으로 언어 기호 체계 내의 한 요소들로서 다른 수많은 기표들과 관계하면서, 이들 기표들과 비교되면서 사용된다. 한 기표의 이면인 기의는 그가 속하는 기표에 대해 이질적인 데 비해, 다른 기표들은 그 기표와 동질적이다.[20]

기표는 이 점에서 화폐와 유사하다. 화폐 역시 이질적인 것과 동질적인 것으로 구성되어 있다. 가령 1만 원짜리 화폐는 과일 한 상자와 교환될 수 있는 가치를 지닌다는 점에서 이질적인 것으로, 그리고 1천 원이나 5천 원짜리 화폐와 비교되어 그 가치를 규정받는다는 점에서 동질적인 것으로 구성되어 있다. 같은 식으로 '빨강'이라는 기표는 사과의 색, 피의 색, 붉은 악마 유니폼의 색을 기의로 한다는 점에서 이질적인 것과, 다른 한편으로 한국어의 기표 체계에서 '노랑', '파랑' 등의 기표와 비교되어 의미를 취득한다는 점에서 동질적인 것으로 구성되어 있다. 가치는 한 기표가 기표 체계 내에서 차지하는 위치, 그리고 기표의 체계 의존성을 설명하기 위

19 Saussure, *Course*, p.114 이하.
20 Saussure, 위의 책, p.115.

한 것이다.

소쉬르는 기의와 가치를 구분하기 위해 앞에서 언급한 다음의 예를 들고 있다. '양羊'을 의미하는 프랑스어의 'mouton'과 영어의 'sheep'은 동일한 기의를 지닌다. 그러나 두 어휘의 가치는 다르다는 것이다. 프랑스어의 'mouton'은 양만이 아니라 양고기를 의미하는 데 비해, 영어의 'sheep'은 그렇지 않기 때문이라는 것이다. 다른 예로 프랑스어의 복수複數와 산스크리트어의 복수는 기의에서는 같으나 가치는 다르다 할 수 있다는 것이다. 그 이유는 산스크리트어의 경우에는 단수, 복수 이외에 양수(dual; my eyes, my ears, my legs……)가 존재하기 때문이다. 프랑스어의 동사 현재형과 히브리어의 동사 현재형은 기의에서는 동일할지 모르나 가치에서는 전혀 다르다. 후자의 경우에는 현재, 과거, 미래를 구분하지 않기 때문이라는 것이다. 이런 예들에 비추어보면, 가치들의 가장 중요한 특징은 철저한 체계 의존성이다. 그래서 이런 특성으로 한 기표의 가치는 그것이 속한 체계 내에서 다른 것이 아닌 것이라 규정할 수 있다.[21]

기의와 가치 간의 관계에 관한 소쉬르의 입장에 중요한 단서를 달거나 다소의 수정을 해야 할 것으로 생각된다. 기표의 가치가 기의와 명확하게 구분될 수 있는지 확실하지 않기 때문이다. 그 이유는 다음과 같다: 먼저 한 기표의 기의와 가치 간의 구분을 위한 소쉬르의 규정 자체가 모호하다. 그에 따르면, 종이의 앞뒷면과 같이 기의는 기표의 불가분적인 이면으로서 기표와 함께 그 정체성이 결정되는 데 반해, 가치는 다른 언어 기호와의 관계에서 그 정체성이 결정된다. 하지만 기의는 기표의 불가분적인 이면으로서 존재하며, 기표의 정체성은 철저히 기표 체계 내의 다른 기표들과의 관계에 의해 결정된다고 한다면, 한 기표의 기의와 가치를 의미 있게 구분하는 것은 지극히 어려울 수 있다. 소쉬르가 둘 사이의 차이를 예시하

---

21 Saussure, 앞의 책, p.117, "Their most precise characteristic is being what the others are not."

기 위해 예로 든 프랑스어의 'mouton'과 영어의 'sheep'의 경우, 과연 이들 어휘의 기의는 동일하나 그 가치는 서로 다르다 할 수 있는지 의심스럽다. 프랑스어의 'mouton'이 영어의 'sheep'과 달리 '양'만이 아니라 '양고기'도 의미할 수 있다면, 'mouton'의 기의는 [양+양고기]라고 해야 할 것이며, 'sheep'의 기의는 [양]이라고 보는 것이 합리적일 것이다. 복수의 경우 역시 마찬가지이다. 프랑스어나 영어의 복수에는 다수성과 양수성의 의미가 혼융되어 있지만 산스크리트어나 희랍어의 경우는 양자가 철저히 구분되어 있다. 따라서 전자의 복수와 후자의 복수는 가치는 물론이고 기의도 다르다고 보아야 할 것이다.

기의의 고정성과 의미가의 변동성

이런 문제점을 해결하기 위해 우리는 기표의 다른 두 측면, 즉 고정성과 변동성에 주목하면서 '가치'라는 개념 대신에 '의미가意味價'라는 개념을 도입하고자 한다. 한 기표의 기의와 의미가는 다음과 같이 규정해볼 수 있다. 한 기표의 기의는 기표의 고정적 정체성으로서 다른 기표와의 차이(또는 다른 기표들에 얽혀 있는 기의들과의 차이)에 의해 결정된다. 이에 비해 의미가는 한 기표가 구체적 언어 상황에서 발휘할 수 있는 힘으로, 그 기표를 사용하는 매번의 상황 속 모든 요소들과의 관계에서 발휘되거나 취득되는 의미 또는 힘이다. 가령 오스틴J. L. Austin이 말하는 '말하면서의 효력illocutionary force', '말함으로써의 효과perlocutionary effect' 등을 포함한다.[22] 앞서 어휘와 화폐를 비유했지만, 이 비유는 중요한 점에서 비대칭적임에 주목할 필요가 있다: 화폐의 경우는 화폐와 교환할 수 있는 재화의 세계가 있으나, 우리가 언어 기호의 자의성 원리를 수용한다면 어휘의 경우는 그에 상응하는 사물이나 사실의 세계가 언어와 독립하여 존재

22 J. L. Austin, *How to Do Things with Words?*, Oxford Clarendon Press, 1962.

하는 것이 아니다. 이런 비대칭성을 보완하는 것으로 우리는 화자들의 마음이나 행동을 생각해볼 수 있다. 의미가란 구체적인 언어 상황 속에서 한 기표가 타인의 마음이나 행동에 미치는 힘, 다른 화자들의 마음을 사고 그들을 움직여 행동할 수 있게 하는 힘으로 규정해볼 수 있다. 말하자면 화폐의 구매력에 해당하는 것이다.

이와 같이 구분할 때, 우리는 기표의 기의와 의미가 간의 관계를 화폐에 유비하여 다음과 같이 정리할 수 있다. 화폐는 일차적으로는 금속이거나 종이 등의 물리적인 존재이다. 그런데 이런 물질은 사회적 합의에 의해 고정적 가치를 지닌 것으로 여겨진다. 이것이 액면가이다. 그런데 고정적 액면가를 지닌 화폐는 항상 그 가격으로 재화를 교환시킬 수 있는 것이 아니라, 시장 상황에 따라 그것의 실질적인 구매력이 달라질 수 있다. 우리는 물리적 존재로서의 화폐를 기표, 그 액면가를 기의, 그리고 그 화폐의 실질적인 구매력을 그 화폐라는 기표의 의미가로 이해할 수 있다. 이에 상응하여 한 언어 기호의 기표에 해당하는 것은 그것의 물리적인 측면이고, 그것의 기의는 그 기표의 사용을 위한 표준적인 기준, 언어 공간 내에서 그것의 신분증에 해당하는 것이다. 그리고 구체적이고 특수적인 언어 상황에서 한 기표가 수행하는 역할 또는 다른 화자의 마음이나 행동에 끼치는 영향력은 그 기표의 의미가에 해당할 것이다.

이런 규정에 의거, 기의에 더하여 의미가의 개념을 도입하면 언어 진화의 역동적인 과정을 설명할 수 있다. 자연 진화의 과정에서 특정의 유전자(기표)는 일정 단계의 생태계에서는 한 자연종(기의)의 생물학적 기반이 될 것이다. 그러나 시간이 흐름에 따라 그 자연종의 유전자 변이들(의미가)이 등장하고 이들 중 일부가 환경에 의해 선택되면, 선택된 변이 유전자를 기반으로 새로운 자연종(변화된 기의)이 등장할 수 있다. 그래서 원래의 그 유전자는 새로운 종의 유전자로 변모한다. 침팬지의 유전자는 오랜 시간을 거치는 과정에서 인간의 유전자로 변하였다.

그와 같이 한 기표(유전자)는 적어도 한 언어 상태에서는 고정적인 기의(특정의 자연종)를 지니겠지만, 장기적으로는 그것의 의미가들(변이들)의 영향을 받아 전혀 다른 기의(새로운 자연종)를 지닌 것으로 진화할 수 있다.[23] 언어 기호나 화폐 모두 사회 제도이기는 하지만 언어 기호의 체계는 모든 다른 사회 제도를 떠받치는 기반적인 제도이며, 따라서 기표가 화폐보다 지속적으로 더 오랜 기간 사용된다. 화폐의 경우와는 달리, 기표는 인간이 말을 하면서부터 사용되어왔으며 수세기, 심지어 수천 년에 걸쳐 일정한 모습으로 사용된다.[24] 그렇기 때문에 이런 과정에서 시간이 상당히 흘러 새로운 언어 상태가 들어서면, 기표는 동일하더라도 액면가 자체가, 즉 그것의 기의 자체가 달라질 수 있다.[25] 한 기표의 기의 또는 액면가의 변화에는 그것의 의미 또는 이에 해당하는 사용례들이 영향을 행사한다. 이상을 정리하면 다음과 같은 표를 만들 수 있다.

시장 매체(화폐)	지폐	액면가	구매력	화폐의 진화 – 새로운 화폐,단위
통신 매체(언어)	기표	기의	의미가	언어의 진화 – 새로운 기의, 기표
생태계	유전자	자연종	유전자 변이	자연진화 – 새로운 자연종

예를 들어보자. 고대 희랍어에서 신체를 의미하는 'soma'는 원래 '시체'를 의미했었다. 이런 극적인 변화를 가능하게 하는 것은 개념 진화 또는 의미 진화의 과정이다. 'soma'라는 희랍어 기표가 수백 년 동안 사용되는 과정에서 다양하고 새로운 사용례들을 내부에 축적하면서 원래의 의미와는 반대되는 바, 즉 살아 있는 '신체'를 의미하는 기표로 전환될 수 있게 된다. 호메로스 시대의 언어 상태에서 'soma'라는 기표의 기의는 '시체'였다. 점차 사회와 언어 상태가 변함에 따라 그 기표는 다양한 방식으

---

23 화폐의 경우도 그런 일이 일어난다. 화폐의 구매력과 액면가 간의 괴리가 심하고 그 괴리가 오래 지속되면, 평가 절상 내지는 절하를 통해 액면가 자체를 재규정해야 하는 것과 같다.

24 한문의 경우는 최소한 2-3천 년 이상 사용되어왔다.

25 언어 기호의 경우와는 달리, 화폐는 수세기가 지나면 그것의 사용 환경인 경제 상황이 판이하게 달라져 화폐 단위 자체가 변혁되거나 새로운 종류의 화폐 제도가 도입되어야 한다.

로 다양한 상황에서 사용되면서 이전과는 다른 기표들과 관계하게 될 것이다. 이런 사용례나 다른 기표들과의 관계 방식을 그 기표의 의미가라 할 수 있다. 이런 과정을 거치면서 축적된 다양한 변이적 의미가 새로운 언어 상태가 자리 잡음에 따라 그 기표의 표준적 기의 자체에 압력을 가하여 변화를 야기한다. 이제 'soma'라는 기표는 '신체'를 의미하게 되는 것이다. 그리하여 그를 사용하는 언어 주체의 의식 자체도 변화시킬 수 있다.

고전 희랍기의 'soma'와 호메로스 시대의 'soma'는 기표적으로는 동일하지만 기의적으로는 서로 전혀 다른 의미를 지닌다. 고대 희랍에서 신체와 시체라는 의미가 기표적으로 연관될 수 있었던 이유는 아마도, 희랍인들이 신체를 총체적으로 파악할 수 있었던 때는 신체가 시체가 되었을 때뿐이기 때문일 것이다. 살아 있을 때에는 신체 각 기관의 기능이 시선을 분산시켜 신체에 대한 총체적인 파악을 어렵게 할 수 있다.[26] 그러다 아마 점차 양자 간의 공통적 요소가 부각되면서 시체를 의미하던 기표가 신체를 의미하는 기표로 변모하게 되었다고 추정할 수 있다.

'시체'와 '신체'는 거의 정반대의 의미이지만, 이들은 동일한 기표의 사용례 또는 의미가라는 점에서 가족적 유사성의 관계에 있다. 약간의 차이들이 누적되면서 정반대의 의미로 변모하게 된 것이다. 그런데 이들 사용례들이 서로 다르기는 하지만 가족 유사적 관계에 있다고 말할 수 있기 위해서는 무엇의 사용례이어야 한다. 그 무엇, 즉 **변이의 고정점 역할을 하는 것이 바로 기표이다**. 다양한 사용례들을 하나의 의미체로 수렴하는 구심체의 역할을 하는 것은 기표였다. 그리고 하나의 기표에 상응하여 명확한 한계를 지니는 하나의 의미체, 즉 기의가 있다는 통상의 믿음은 바로 기표의 고정성에서 오는 착각에서 연유한다. 한 기표에 상응하는 고정적 기의가 있다면, 이는 한 언어 상태에서 그 기표를 일정한 방식으로 사용하

26 호메로스 시대에는 피부, 사지, 내장, 머리 등을 의미하는 어휘는 있었으나, 이들 모두를 통합하는 것으로서의 신체에 해당하는 어휘는 없었다. 다음 참조: B. Snell *Die Entdeckung des Geistes*, Goettingen, 1955 참조.

기로 한 언어 공동체의 잠정적인 합의의 결과일 것이다.

기표는 어느 정도는 고정적인 모습을 지니고 있어야 사용될 수 있다. 이 모습이 기의에 해당할 것이다. 기표와 기의의 고정성은 언어 체계 형성을 위해 필수적이지만 기표의 사용 상황은 매번 다를 수밖에 없으므로, 그 기표의 통용 가치 또는 구매력 역시 상황에 따라 다를 수밖에 없다. 상황이나 문맥에 따라 **기표의 실질적인 의미**, 사람의 마음을 사고 그를 움직일 수 있는 힘, 즉 **기표의 구매력**은 달라질 수 있다. 그렇기 때문에 기표에는 이런 유동적인 상황을 반영할 수 있는 측면이 있어야 한다. 이는 한 기표의 구체적이고 특수적인 사용례가 지니는 의미, 또는 그 기표의 의미가이다.

의사소통 공간에서 기표는 시장에서의 화폐와 같다. 이는 우리가 타인에게 전달할 의사와 인식을 재어 전달하는 측정 단위이자 의사소통의 매체로서 기능한다. 그런데 교환 매체로서의 화폐는 상반되는 측면을 지니고 있다: 고정적인 액면 가치를 지니기는 하지만 구매력은 상황에 따라 달라진다. 화폐의 유효성을 위해서 이 **상반된 두 측면은 필수적이다**. 화폐에 고정적인 액면 가격이 없으면, 교환되는 재화의 가치를 객관적으로 측정할 수 없으므로 교환 매체로서의 기능을 수행할 수 없다. 다른 한편으로 시장 상황은 역동적으로 변화하기 때문에 상황에 따라 화폐의 구매력은 달라질 수밖에 없고, 또 달라져야 한다. 가령, 1만 원 화폐로 살 수 있는 재화의 양은 수시로 달라진다. 봄에는 사과 10개를 살 수 있지만 사과 수확기인 가을에는 20개를 살 수 있을 것이다. 화폐의 구매력이란 변동하는 시장의 상황을 반영하여 결정된다. 그래서 실질 구매력이 액면가와 분리되어 있지 않으면 변화하는 시장의 상황을 반영할 수 없으므로, 시장에서 재화들의 실질적 가치를 측정하는 단위로서 기능할 수 없을 것이다. 물론 교환 매체로서도 역할할 수 없다. 바로 이런 이유에서 실질 구매력, 또는 화폐가 살 수 있는 물건의 시장 가격은 다양한 정보를 담고 있는 저장 매체의 기능도 수행한다.

화폐의 구매력과 액면가를 분리하지 않고자 한다면, 즉 양자를 일치시키고자 한다면, 통제 경제에서와 같이 정부가 재화의 가격을 지정해야 한다. 이런 경우 실질적으로 시장은 사라진다. 시장이 있더라도 화폐는 변동하는 시장과 교환되는 재화의 가치를 제대로 반영하지 못한다. 이럴 경우 화폐의 정보적 기능은 상실되고, 그 결과 매체의 핵심이라 할 신뢰를 잃어 교환 매체이자 측정 단위로서의 역할도 할 수 없게 된다. 구 소련 연방 해체시의 루블화나 바이마르 시대의 마르크화를 생각해보면 이해하기 쉽다.

기표의 경우도 **고정성과 변동성의 양 측면**을 지니고 있어야 한다. 기의가 한 기표의 고정적 정체성에 해당하는 것이며, 의미가가 그것의 구매력에 해당하는 것, 즉 구체적인 기표의 사용 상황, 특수적 발화의 상황을 반영하는 요소이다. 기표의 기의를 화폐의 액면가에, 실질적 의미가를 화폐의 실질 구매력에 비유할 수 있다.

의미가는 언어 진화의 조건

기표가 이런 두 측면을 지녀야 하는 이유는 무엇일까? 언어 기호는 고정적인 기준인 기의를 지니고 있어야 그 사용을 위한 최소한의 정체성을 갖출 수 있다. 이런 최소한의 정체성이 있어야 화자는 발화를 할 수 있고, 청자는 발화자의 발언을 이해하고 해석할 수 있는 준거점을 확보할 수 있다. 하지만 언어 기호의 기표가 고정적 기의만을 지녀서는 언어 기호로서 제 역할을 할 수 없다. 고정적 기의만을 지닌다고 한다면 하나의 기호는 오직 그것이 지칭하거나 표상하는 기의만을 대리해야 하므로, 역동적이고 다양하게 변화해가는 언어 상황을 반영할 수 없을 것이다. 그러다 보면 거의 쓸모가 없는 기호가 되거나 극히 제한적인 매체로 위축되고 말 것이다.

아마도 전통적으로 믿어온 것처럼, 세계가 하나의 고정적인 모습을 지니고 있으며 세계를 그리는 것이 언어의 역할이라 한다면, 언어 기호는 고정적 기의만을 지니는 것이 오히려 바람직할 것이다.[27] 우리는 그런 존재관과 언어관의 문제점을 지적한 바 있다. 언어의 본무는 세계의 기술이 아니라, 인간 상호 간의 소통이다. 인간 통신의 공간은 극히 역동적이고 개방적이며 자율적이다. 그것은 놀이의 구조를 지닌 공간, 창발적 공간, 끊임없이 새로운 것이 연기하는 공간이라고 말할 수 있다. 언어는 연기적 서사의 과정을 거치면서 새로운 문장을 만들어내며 어휘와 개념들을 진화시키고 나아가 새로운 존재자들을 생성시킨다. 존재자는 연기적으로 진화해 간다. 이런 공간의 매체로서 기표는 가변적이고 역동적인 상황을 반영하고 새로이 창발되는 요소들을 표현·전달할 수 있어야 한다.

언어 공간은 위에서 논한 바와 같이 상호 반영적인 관계에서 중중무진의 상을 만들어낸다. '국화'라는 기표는 가을뿐 아니라, 그리움과 누님을 연상시킬 수 있어야 한다. 다시 말하면 '국화'라는 기표는 가을을 대표하는 꽃이라는 기의를 담고 있기도 하지만, 어떤 문맥에서는 누님의 상념을 구매할 수 있는 힘을 발휘해야 하며, 기다림이라는 정서를 환기시킬 수도 있어야 한다. '뿌리'라는 기표는 땅 속에서 물과 영양을 공급하는 나무의 기관이라는 기의를 지니지만 족보나 굳건함을, 나아가 석보상절과 김수영과 세코이아를 연상시킨다는 점에서 이들을 자신의 의미가의 일부로 지니고 있다. 시詩, 더 나아가 서사 일반의 전개는 기표의 이런 의미가에 의존하며, 역으로 기표의 의미가는 새로운 서사에 의해 창출되기도 한다.

언어는 진화한다. 위에서 기표의 고정성은 언어 진화의 조건이라 논한 바 있는데, 나아가 기표의 변동성 역시 진화의 필수조건이다. 기표는 고정적 측면(기의)과 변화하는 측면(의미가)을 모두 지니며, 그렇기 때문에 진화할 수 있는 것이다. 왜 변화하는 의미가가 필요한가? 언어의 진화가 가능하기 위해서는 유전자의 변이에 해당하는 것이 등장해야 한다. 언어 진화에서 변이에 해당하는 것이 기표의 의미가이다. 한 기표가 사용되는 구체적이고 특수한 언어 상황은 매번 서로 다른 것이며, 본질적으로 일회적이다. 기표가 사용됨에 따라 매번 새로운 사용례들이 누적되고 이 사용례

27 이것이 이상 언어론의 이념이나 우리는 위에서 이상 언어는 언어의 무덤이라고 논한 바 있다.

들은 한 기표의 변이적 의미가를 구성한다. 언어의 진화란 이런 편차들이 누적되어 일어나는 것이다. 고정적 기의에 더하여 구체적 발화의 상황에 따라 약간의 변이를 가지고 달라지는 의미가가 생성되지 않으면, 언어는 진화하지 않는다. 지속적으로 새로운 의미가들이 추가되고, 적절한 때가 되면 한 기표가 지니고 있었던 이전의 표준적 기의는 누적된 의미가들의 압력을 받아 새로운 기의에 자리를 양보해야 한다. 이렇게 해서 'agathos'가 사실적이고 경제적 기의를 지닌 것에서 윤리적이고 당위적인 기의를 지닌 것으로, 'soma'가 시체에서 신체로, '王'이 도끼에서 임금으로 진화해간다.

언어 공간은 지극히 역동적이고 확장적이며 개방적이다. 언어 상태는 생태계보다 훨씬 더 역동적이고 다기적으로 변화해간다. 시장 상황이 급격하게 변화하여 그 시장에서 사용되던 화폐의 액면가가 무의미하게 되면, 화폐는 더 이상 재화의 측정 단위나 매개체로서의 역할을 할 수 없게 된다. 그런 경우 화폐 개혁을 해야 하거나 다른 경제권의 통화를 차용해야 한다. 언어적 환경에서도 기표가 자신의 정체성을 확장하고 수정하더라도 통신의 상황을 반영할 수 없게 되면, 그 기표는 의사소통의 매개체로서 제대로 기능할 수 없으며, 이런 경우 기존의 기표는 용도 폐기하고 새로운 기표를 고안해야 한다. 이런 상황은 드물지 않게 발생할 수 있으며, 이런 혁신적인 변화를 통해서 점차 새로운 언어 상태가 등장하는 것이다. 가령 20세기 초 서양 문물의 도입에 의해 동아시아의 언어 상태가 달라진 경우가 그 한 예이다. 우리는 조선조의 일상 어휘들과 현대 한국의 어휘들을 비교해볼 수 있다. 경제, 자유, 권리, 민주, 개인 등의 어휘는 당시에는 전혀 낯선 어휘들이었으나 이제는 일상적인 어휘로 자리잡고 있다. 하지만 새로이 취득되는 어휘들의 의미나 사용례들은 기존 어휘들을 기반으로 해야 한다. 어휘란 언어의 밖, 모든 어휘들 밖의 어떤 것과 관련하여 의미를 취득하는 것이 아니기 때문이다.[28] 기반적 어휘와 새로이 창출되는 어휘간의 접속이 순리적이 아닐 경우, 의식의 혼란이 야기될 수밖에 없다.

20세기 초 논리적 원자론자들이 구상했던, 이른바 이상 언어의 상황은 이런 의미가의 생성, 언어의 진화 가능성을 제거하고자 하는 시도이다. 이들에 따르면, 이상적인 상황에서 어휘의 의미는 절대적으로 고정되어 있으며 일의적이다. 기표는 고정적이되 언어적 상황에 따라 그 의미가가 달라질 수 있다면 기의의 의미가 명확성을 상실해 혼동이 일어나며, 그렇기 때문에 세계 기술과 전달, 나아가 의사소통과 인식에 착오가 생길 수 있다는 것이다. 이상 언어를 고안하게 된 동기는 바로 이런 불명확성을 제거하기 위함이고, 그래서 이름을 세계 밖의 대상에 고정시키고자 한 것이었다. 하지만 위에서 지적했듯이 이상 언어의 상황은 언어의 이상이 아니라 언어의 불모지이다. 논리적 원자론자들은 전통 철학의 세계관에 비판적이기는 하되, 그것의 세계 개념을 공유한다. 그들에 따르면 세계가 일정한 하나의 모습을 지니고 있으며, 언어의 역할은 단지 그것을 정확하게 반영하고 전달하는 것에 불과하다. 그들의 이상 언어론은 이런 세계관을 전제하고 있다.

이상의 논의는 다음의 입장을 함의한다: 영원하며, 불변하는 정의나 자유의 본질이란 없다. 정의나 자유 등의 가치는 언어사의 과정을 거치면서 진화적으로 등장한 것이다. 그들은 언어 진화의 귀결이다. 범주어, 가치어 등 우리 삶에서 주축적인 역할을 하는 개념들은 역사적 존재이지만, 그렇다고 그들의 기원이 그들의 가치나 범주의 본질인 것은 아니다. 정의나 자유의 기원이 정의나 자유의 본질은 아닌 것이다. 인간이라는 자연종의 기원이 인간이라는 자연종의 본질이 아닌 것과 같다. 진화의 결과 등장한 자연종의 본질은 현재의 자연 상태, 다시 말해 자연 생태계의 체계에 의거하여 결정된다. 그와 같이 가치어나 범주어들, 나아가 모든 어휘들은 언어 진화의 결과이지만, 그들의 본질, 어휘들이 대리하고 있는 대상들의 본질은 현재의 언어 상태 속에서 타자와의 관계에 의해 결정된다.

---

28 자연 진화의 경우도 변이는 항상 동일 유전자의 두 변이라 할 수 있을 정도의 미세한 차이를 지니고 있어야 한다. 그렇지 않으면 생태계의 안정성이 깨진다.

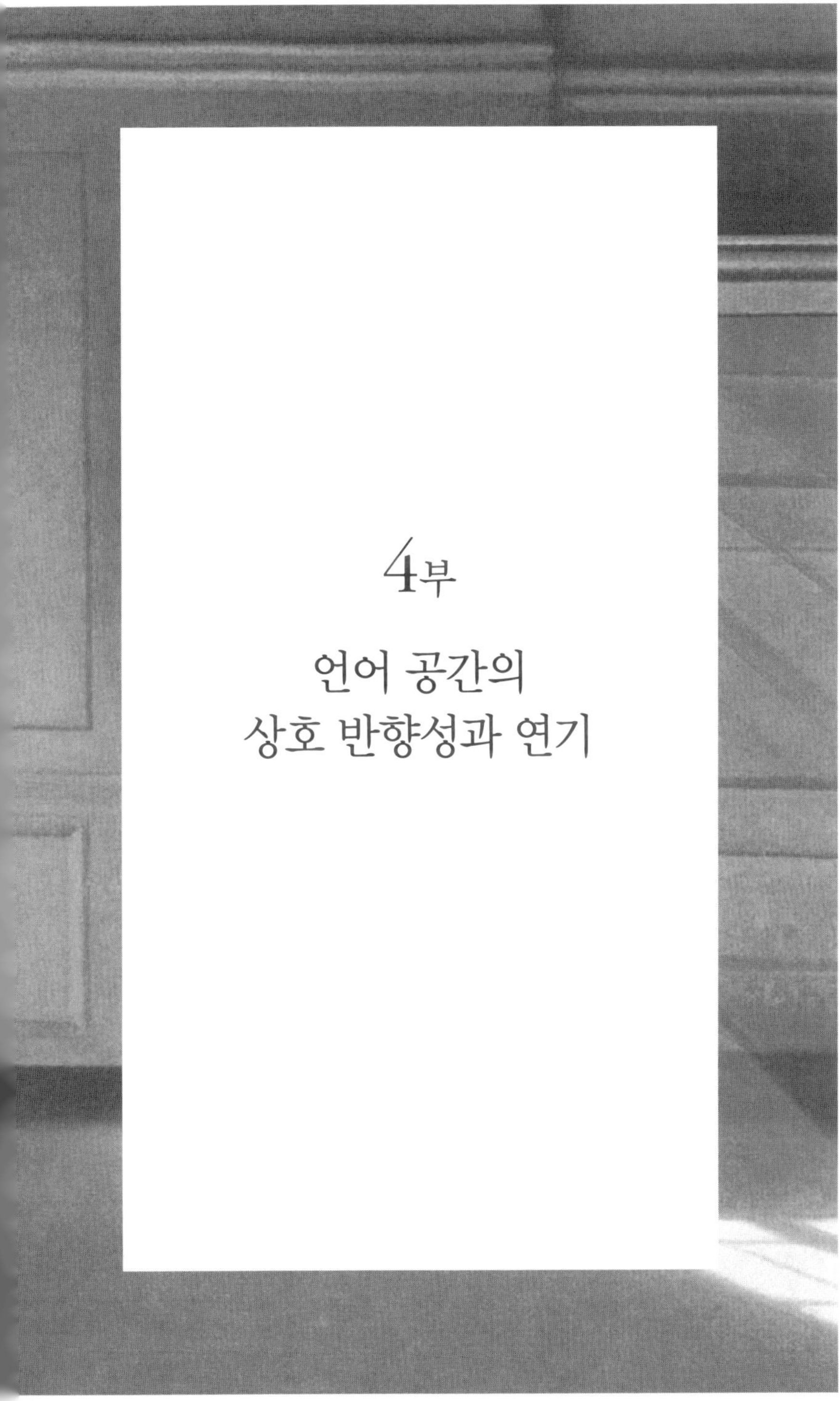

4부

언어 공간의
상호 반향성과 연기

12장

인드라망의 언어 철학적 해석

1. 인드라망의 비유

비유의 내용

앞 장에서 연기성이 서사의 원리임을 논한 바 있다. 연기성은 단지 서사의 원리에 그치는 것이 아니라 세계 내 존재자들의 생성과 마음 형성의 원리, 나아가 존재자들 간의 관계성을 규정하는 원리이기도 하다. 이 장에서는 연기성의 존재론적 의미와 관련하여 『화엄경』에 있는 인드라망이라고 하는 화려한 비유를 논의하도록 한다.[1] 이는 불교 연기론의 핵심적 사상을 담고 있는 비유로서, 존재의 일즉다一卽多, 다즉일多卽一, 상즉相卽, 상입相入, 상호 의존성, 존재의 공적空的 성격, 연기적 관계 등을 설명하기 위해

---

1 이 비유는 『화엄경』 입법계품에 나온다. 법정 역, 『신역 화엄경』, 동국역경원, 359쪽; 김지견 역, 『화엄경』, 민족사, 1994, 372쪽.

개진되었다. 만물은 자체로서는 자성 또는 실체성을 결여하고 있기는 하지만 상호 의존적으로 서로를 생성하며, 하나 속에 모든 것들이 다 들어 있어 하나가 전체이고, 전체가 하나이며, 심지어 하나의 티끌에도 세계가 들어 있다는 총체성의 철학을 집약적으로 표현하고 있다.[2] 우선 비유의 내용을 살펴보자.

> 『화엄경』에서 이르기를, 하늘 위 높은 곳 인드라 신의 궁전 지붕에 작은 수정 모양의 보석 형상을 띤 무수한 장식이 달려 있다고 한다. 그것은 아주 복잡한 그물 모양을 이루면서 여러 형태로 섞여 짜여 있다. 빛의 반사로 인해 이 일체의 보석들은 밑으로는 인간계의 대륙과 대양을 포함하여 전 우주를 반사할 뿐만 아니라, 동시에 그것들은 일체의 보석마다 반사되는 모든 상들을 빠짐없이 담고 서로를 반사해 낸다…….[3]

제석천궁에 있는 인드라Indra 그물망의 그물코마다 달린 보석들은 거울의 역할을 하여 서로를 비추게 되어 있다. 이 보석들은 마주 선 것들을 한 번만 비추는 것이 아니다. 서로에 비친 반영상은 다시 자신으로 돌아가 새로운 반복상을 만들어낸다. 결국은 모든 보석들의 모습이 하나의 보석에 반사되고, 다시 무수히 많은 보석들의 모습을 담고 있는 보석의 모습은 다른 모든 것들에 비치면서 무한히 많은 겹겹의 반영상反影相을, 중중무진重重無盡의 반영상을 만들어낸다.

이와 비슷한 또 하나의 비유는 법장이 예시한 거울로 만들어진 집의 비유이다.

측천무후는 법장에게 다음과 같은 요청을 한다. '그렇지만 당신의 재능이라

2 가마타 시게오, 『화엄의 사상』, 고려원, 1987, 60쪽 이하.
3 까르마 츠앙, 『화엄철학』, 경서원, 1990, 251쪽 이하.

면, 내게 법계(法界)의 신비—일중다(一中多)와 다중일(多中一), 모든 계의 동시구기(同時俱起), 제법의 융통과 융섭, 시공의 무애(無礙) 등등과 같은 불가사의들을 포함하여—를 드러내줄 실례를 들어 주실 수 있으리라 생각합니다.'

이에 법장은 황후를 인도하여 거울로 도배된 방으로 인도한다. 천정에도 바닥에도, 사면이 모두, 심지어 방의 네 구석마저도 거대한 거울들—모두가 서로를 향하고 있는—로 고정되어 있었다. 그때 법장은 불상을 하나 꺼내서 그 옆에 횃불과 함께 방의 한가운데 놓았다.……그리고 나지막이 법장은 그녀에게 말하였다. '폐하, 이것이 총체성과 법계에 대한 설명입니다. 폐하께서는 이 방 안에 있는 모든 거울 속에서 다른 모든 거울들이 그 안에 불상을 반사하고 있음을 보실 것입니다…….' [4]

이 비유는 화엄종의 중심적 사상을 담고 있다: "대승의 세 가지 주요 개념 곧, 총체성, 공空, 그리고 유심론은 모두 하나의 단일체로 융섭한다." [5] 이 비유에 담긴 화엄 사상을 우리의 논의와 관련하여 정리 · 요약하면 다음과 같다: 1) 존재자들은 상호 의존적으로 생겨나며 그런 점에서 상생적이고, 그런 의존적 관계 속에서만 존재할 수 있다. 2) 모든 것들 속에 모든 것들이 들어 있어 하나가 전체라 할 수 있으며, 전체는 이 모든 것들이 상호적으로 엮어져 구성된다. 3) 총체성의 논리는 윤리적인 관점에서 동정의 정서나 자비의 윤리학을 위한 존재론적 근거를 제공해준다. 4) 불교에서는 이런 상생과 상호 의존성의 관계 또는 원리를 연기緣起라 한다. 연기성이란 서구 전통의 인과성이나 논리성과 구분되는 생성과 존재의 원리이다. 5) 연기에 의해 생겨나는 것은 실체가 아니라 모습 또는 상相에 불과하며, 이들의 존재는 다른 상들에, 그리고 마음에 의존한다. 6) 실체적인

---

4 까르마 츠앙, 앞의 책, 67쪽.

5 까르마 츠앙, 앞의 책, 8쪽.

것은 없다. 모든 것은 상호 관계 하에서 생성되었다 다시 사라진다. 영원한 것, 상주하는 것이란 없다.

츠앙의 만화경 해석

인드라망이나 거울집의 비유는 화려하고 풍부하며 다양한 내용을 지니고 있다. 하지만 이 비유가 어떻게 성립할 수 있는지, 인간 자아나 이 세계 내의 존재자들이 어떻게 인드라망의 보석들처럼 서로를 비추는 거울 역할을 할 수 있는지에 대한 설명이나 논거는 제시되어 있지 않다. 뿐만 아니라 여러 주석가들이나 화엄적 세계관을 지지하는 학자들도 단지 그 비유를 인용하여 화엄 사상을 예시하고 있을 뿐이다.[6]

화엄 사상에 관한 주요 안내서의 하나인 츠앙의 저서를 살펴보기로 하자. 그는 인드라망의 보석들을 만물로 보고, 이들이 동시에 거울이자 상이라고 해석한다.

> 화엄의 총체적 관점에 의하면, 우주의 모든 것은 '거울'이자 동시에 '상'이다. 그것은 만물을 반사하므로 거울이고, 동시에 다른 모든 것에 의해 반사되므로 상이다.[7]

이런 해석은 단지 보석 대신에 거울이라는 표현을 도입했을 뿐, 비유를 반복한 것에 지나지 않는다. 대체 어떻게 만물이 보석이고 거울일 수 있는가? 저기 무심히 구르는 돌이나 땅에 뿌리를 박고 있는 나무가 어떻게 만물을 비추는 거울 역할을 할 수 있는 것일까? 내가 어떻게 타인들을 반영하고, 타인들이 어떤 이유에서 나의 모습을 반영하면서 나를 자기 모습의

---

6 까르마 츠앙, 『화엄철학』, 65쪽, 218쪽 이하 법장, 두순, 징관 등의 주석 참조.

7 까르마 츠앙, 위의 책, 195쪽.

일부로 하고 있다고 할 수 있을까? 어떤 근거에서 나무 안에 나를 포함한 만물이, 만물 속에 나무가 있다고 할 수 있을까?

우리는 츠앙의 저서에서 다른 해석의 가능성을 찾을 수 있다. 만물이 아니라 사람의 마음이 거울이기는 하되, 단지 전통적 의미의 유심론적 거울이 아니라 '생생하고 활동적인' 거울, '상호 투사하고 융통하는' 거울의 역할을 한다는 것이다.

> 화엄에서의 마음(universal mind)은 우주의 무한한 드라마들을 자발적으로, 그리고 동시에 반사시키고 있는 거대한 바다 거울(海鏡)에 비유된다. 유심론만이 유일한 투영 방법일 수 없으며, 그것은 상호 투사하고 융통(interpenetration)하는 다차원의 만화경이 된다.[8]

츠앙은 화엄 사상에 역동성을 불어넣어, 역동적 유심론으로 해석하려는 듯 보인다. 하지만 이에는 몇 가지 문제점이 있다. 먼저 마음이라는 거울이 이미 있는 세계나 우주의 모습, 그 속의 다양한 만상의 모습을 반사하는 수동적인 존재라는 것인지, 아니면 만화경과 같이 우주와 만상의 모습까지도 만들어내는 적극적이고 능동적인 존재라는 것인지가 불분명하다.

전자라고 한다면, 화엄의 사상은 기존의 서구적 사유와 별다를 바가 없을 것이다. 서구의 인식관이나 정신관도 마음이란 세계의 모습을 비추는 거울이요, 인식이란 존재 그 자체를 있는 그대로 반영하는 것이라고 보기 때문이다.[9] 이런 입장이 안고 있는 문제점들은 이미 여러 번 지적한 바 있다. 츠앙의 해석은 마음을 만화경으로 본다는 점에서 아마도 후자인 것으로 생각된다. 이런 해석은 마음이 모든 존재자들을 만들어낸다는 불교의 기본적 입장, 즉 일체유심조一體唯心造의 논제와 일관된다. 인드라망의 비

---

8 까르마 츠앙, 앞의 책, 8쪽.

9 Rorty의 저서 제목인 *Philosophy and the Mirror of Nature*는 서구의 이런 정신을 잘 표현하고 있다.

유는 보석들이 만화경의 거울들과 같이 서로를 비추면서 무수히 많은 상들을 만들어낸다고 묘사하고 있다. 만화경 해석은 인드라망의 비유에 충실한 듯하며, 화엄의 총체론적 우주관과 부합하는 것으로 보인다. 하지만 그 경우에도 **마음이 어떻게 하여 만화경의 역할을 할 수 있는지**, 어떻게 하여 우주와 만상의 모습을 만들어낼 수 있는지에 대한 설명을 제시하지 않고 있다. 나아가 만화경적 세계가 전개되려면 우리의 마음만이 아니라 사물들도 거울의 역할을 해야 하는데, 어떻게 그럴 수 있는지를 해명하는 문헌은 찾기 어렵다.[10]

과연 우리는 산 속에 있는 바위에서 사자나 고래의 모습을 찾을 수 있을까? 나아가 이들 속에 인간의 다양한 정서들이 비추어져 있다고 볼 수 있을까? 자연 그 어느 곳에서 우리는 인간적인 희로애락의 정서가 반영되어 있는 것들을 찾을 수 있을까? 더 가까이 우리는 과연 타인의 마음속에서 우리의 모습을 읽을 수 있을까?

문헌 내에서 찾을 수 있는 하나의 해답은 모든 것들이 연기적 관계에 있기 때문이라는 것이다. 그러나 이런 식의 답은 문제를 뒤로 물릴 뿐, 최종적인 해답이 될 수 없다. 대체 어떤 이유에서 모든 것들은 연기적 관계에 있게 되었는가, 연기성의 구조가 어떠하기에 만물들은 서로를 생성하고 비추는 거울의 역할을 할 수 있는가, 더 근본적으로 존재계와 존재자들의 구조가 어떠하기에 이들 간의 상호관계가 연기적이라 할 수 있는가? 이 물음에 대해 츠앙이 제시하듯이, 만물들이 거울이나 보석과 같기 때문이라고 답한다면 이 또한 완전한 답이 되지 못한다는 점은 이미 지적하였다. 대체 왜 만물들이 거울이나 인드라망의 보석과 같다고 하는 것일까?

---

10 까르마 츠앙, 『화엄철학』, 경서원, 1990; 고은, 『화엄경』, 민음사, 1999; F. Cook, *Hua-yen Buddhism: The Jewel Net of Indra*, The Pennsylvania State Univ. Press, 1977; 가마타 시게오, 『화엄의 사상』, 고려원, 1987.

생태학적 해석

다른 해석을 찾아보자. 사물들의 연기적이고 상호 의존적인 관계를 기술하고 있는 다음의 문장을 보자. 이는 약간의 도움을 준다. 적어도 사물들이 상호 의존적 관계에 있다는 것을 이 책의 예들은 보여주고 있다.[11]

아무것이나 예로 들어봅시다. 나무 같은 것으로요. 나무에 대해 생각할 때 당신은 그것을 다른 것과 구별하여 분명하게 정의된 대상으로 생각하는 경향이 있는데, 어떤 수준에서는 그러합니다. 그러나 보다 중요한 차원에서는 나무는 독립적인 존재를 가지고 있지 않습니다. 관계의 그물 속으로 녹아들어가 버립니다. 잎사귀에 떨어지는 비와 나무를 흔드는 바람과 그것을 받쳐주는 땅이 모두 나무의 한 부분을 이룹니다. 생각해보면, 궁극적으로는 우주 속의 모든 것이 나무를 나무로 만들도록 돕고 있습니다. 그것은 고립될 수 없습니다. 그것의 본성은 순간순간 변합니다. 그건 한 순간도 똑같지 않습니다. 이것이 공(空)의 의미입니다. 사물이 독립된 존재를 가지고 있는 것이 아니라는 말입니다.[12]

모든 것이 연기의 법칙 하에 있습니다. 나가르쥬나가 말했듯이, '관계를 통한 근원은 부처의 풍요롭고 심오한 보배입니다.' 이 수준에서 우리의 범주와 구분, 이름—'너'와 '나', '정신'과 '물질'—은 하나가 되고 사라져버립니다. 우리가 견고하고 실체가 있는 것이라고 생각하는 것이 사실은 순간순간 변하고 있습니다. 나무가 공(空)인 것과 똑같이 '자아'도 空입니다. 그것을 깊이 생각해보면, 당신 자신도 주위의 모든 것의 한 부분으로 녹아버립니다. '자아'는 궁극적으로 우주 속의 다른 모든 것과 마찬가지로 분리되어 있는

---

11 헬레나 노르베리 호지, 『오래된 미래』, 녹색평론사, 1996.
12 헬레나 노르베리 호지, 위의 책, 79-80쪽.

것이 아닙니다.[13]

불교의 연기론은 최근의 대지 윤리, 심층생태학, 가이아 이론 등이 제안하는 생태계의 상호 의존론, 즉 생태계의 구성원들이 상호 연관되어 있으며, 상호 의존적이라는 입장을 공유하고 있다.[14] 이들 불교의 연기론이나 생태학적 이론이 아니어도, 우리가 겪고 있는 다양한 환경 문제들은 우리가 다른 생명체들은 물론이고 심지어 물, 공기, 지구의 기상적 환경 등과도 연관되어 존재하고 있음을 알려주고 있다. 인간을 포함한 모든 생명체들은 생태계의 일원으로서만 생존할 수 있다는 점을 누구도 부인하지 않는다. 세계는, 특히 생태계는 상호 의존적이다. 서로가 없이는 존재할 수 없다. 악어와 악어새, 유산균과 소화기관의 관계, 더 일반적으로 한 생명체의 죽음이 다른 생명체의 생명에 기여하는 먹이사슬 관계가 생태계의 기본적 작동원리라는 사실을 생각해보자.

분자생물학적 해석

좀더 미시적으로 유전자적 관점을 취할 때, 생명체들의 더 근원적인 상호 연관성, 나아가 문자 그대로 인척 관계를 논할 수 있다. 피타고라스의 말대로 모든 생명체들은 친척 관계, 그것도 사돈의 팔촌이 아니라 매우 가까운 일촌, 이촌, 삼촌, 사촌의 관계이다. 분자생물학의 연구에 따르면, 인간은 침팬지와 98퍼센트 이상의 유전자를, 생쥐와는 70퍼센트 이상을, 심지어 선충이나 식물과도 50퍼센트 내외의 유전자를 공유하고 있다고 한다. 이제 적어도 생물학적으로는 인간 영장론을 더 이상 주장할 수 없는 상황이다. 이들 유전자는 수십억 년의 진화 과정에서 등장한 것이며, 모든

---

13 헬레나 노르베리 호지, 앞의 책, 81쪽.

14 불교와 생태학 간의 관계는 M. E. Tucker, & D. Williams, *Buddhism and Ecology*, Harvard Univ. Press, 1997 참조.

생명체들의 유전자는 이런 동일한 생명 진화의 계열에서 갈래를 쳐서 나온 것이기에 그런 유사성을 갖는 것이다. 다양한 자연종들의 유전자들은 진화의 과정을 거치면서 형성된 것이기에, 한 자연종의 유전자 속에는 무수히 많은 다른 종들의 진화사가 기록되어 있다. 그래서 모든 자연종들의 유전자는 서로의 모습을 담고 있으며, 서로의 과거까지도 저장하고 있다. 달리 말하면, 인간종의 유전자는 침팬지종의 유전자를 반영하고 있으며 그 역 또한 성립한다. 이런 반영적 관계는 공시적으로만이 아니라 통시적으로도 성립한다. 현재의 유전자 속에는 수십 억 년 과거의 진화 기록이 내장되어 있다. 그래서 우리는 자연종 또는 유전자들 간의 인드라망을 구축할 수 있다.

인드라망의 비유는 이런 생태계 내의 상호 의존성이나 생명체들의 유전적 인척 관계를 2000년 앞서 통찰하고 있는 것일까? 화엄경의 저자가 현대의 분자생물학에 앞서 생물학적 진실을 통찰했다고 주장한다면, 이는 역투사의 오류를 범하는 것이자 과도한, 아니 너무 좁은 해석을 제시하여 인드라망의 비유가 지닌 의의를 평가절하하는 것이다. 화엄 사상은 생태학적이거나 생물학적 진실 이상으로 존재론적이고 우주론적인 메시지를 전하고자 한다. 모든 것들 속에 모든 것들이 들어 있어, 모든 것 하나하나 속에서 전체를 볼 수 있다는 것이 인드라망 비유가 전하는 내용이다. 나아가 서로는 서로를 생기하며 각자의 존재를 위해서는 모든 것을 필요로 한다는, 존재와 정체성에서의 연기성을 또는 긴밀한 내적 관계성을 시사하고 있다. 인드라망은 인식론적, 존재론적, 윤리적 함의까지 담고 있다.

그렇다면 인드라망의 비유는 단지 수사에 그치는 것일까, 아니면 실제로 존재자들 간의 관계, 존재계의 구조, 각각의 존재자와 전체 세계와의 관계를 집약적으로 묘사하고 있는 것일까?

2. 인드라망과 화자들의 공동체

상호 반향적인 화자들과 언어 기호들

화엄의 인드라망은 생태계만이 아니라, 모든 존재자들 간의 관계에 대한 생각을 담고 있는 비유이다. 이런 함의를 드러낼 수 있는, 좀더 포괄적이고 근원적인 해석을 제안하고자 한다. 바로 언어적 해석이다. 언어 공간은 그 구조에서 연기적이고 반향적이다. 언어적 해석에 따르면, 인드라 그물망의 보석들은 우리 주변의 구체적인 사람들, **화자로서의 사람**이다. 인간은 화자로서 타인들과 말을 주고받으며 담론적 활동을 한다. 언어 활동은 구조적으로 대화이며, 말을 주고받는 관계는 반향적이거나 반영적인 구조를 지니고 있어, 화자들은 서로가 던진 말을 상으로 맺어 간직하며 이를 기초로 하여 반응한다. 이런 반향적 관계에서 우리는 서로의 정신과 의식을 형성하고 이를 통해 문화를 일구어간다. 언어적 해석은 존재자들 간의 상호 의존성을 넘어서 내적 연관성, 상호 내재성, 상호 반영성, 상즉상입, 나아가 윤리적 태도나 정서까지도 근거 지을 수 있다고 생각된다.

좀더 좁게 해석한다면, 그 수정 보석들은 언어 요소들, 기표나 그 배면에 맺혀진 의미인 기의들로 해석될 수 있다. 인드라망의 보석들은 상호 반영하면서 맺혀진 상을 누적하며 자신의 모습을 만들어간다. 그와 같이 기표들은 화자들 간의 담론 과정에서 사용되면서 타자와의 차이나 관계망을 결집하여 자신의 기의를 형성한다. 기의들은 기표를 매개로 하여 상호 조응하며, 다시 기표들은 서로 관계를 맺으면서 자신의 이면을 구성하는 기의의 내용을 풍부히 하고 깊이를 더하게 한다. 언어의 의미나 기의들이란 이의 기체基體가 되는 기표들이 다양한 문맥에서 사용되면서 형성되는 것들이다. 보석들이 상호 반영에 의해 영롱하고 화려하며 깊이를 지닌 모습을, 중중무진重重無盡의 상相을 만들어가듯이, 기표들은 각자 자신의 기의를 다른 기표들에 투사하고 상호 조응 · 반향하면서 **풍부한 울림이 있는**

의미체로 변화되어간다.

하나의 어휘나 문장은 상기력, 환기력, 연상력, 행위 유발력, 인과력의 모습으로 다른 어휘들에게, 다른 언어 주체들에게, 나아가 다른 사물들에게도 힘을 발휘하는데, 그 이유는 어휘나 문장의 의미가 이런 울림이나 반향의 능력을 지니고 있기 때문이다. 하나의 개념에는 현재의 액면가만이 아니라, 오랫동안 다양한 문맥에서 사용되면서 축적된 그것의 사용례들, 다른 어휘들과의 관계, 이런 관계에서 묻혀온 다른 개념들의 의미의 일부, 그들의 울림이 내장되어 있다.

전통적으로 개념들은 개념 내용이나 내포를 지니고 있으며, 이들은 개념 분석 또는 연역적 추론의 대상이라고 여겨져왔다. 이런 믿음은 아리스토텔레스적인 연역 논리의 기초를 이룬다. 우리는 개념 내용이나 내포의 의미를 재규정할 필요가 있다. 개념 안에 들어 있는 것은 논리적 분석의 대상으로서의 내포라기보다는 과거의 사용례들, 다른 개념들과의 관계망들, 이런 그물망이 만들어내는 울림이고 반향이다. **기표와 개념들의 세계**는 아리스토텔레스적인 연역 체계의 피라미드이거나 플라톤적인 원자적 형상계가 아니라 일종의 인드라망이다.

의식의 감응과 기표의 자력

우리의 의식은 기표와 기의들, 그리고 이들의 연쇄에 대한 기억에 의해 구조화되어 있다. 이런 구조에 비추어 우리의 의식은 대단히 정교하고 다양하며 깊은 **울림을 만들어내는 악기**에 비유할 수 있다. 심금心琴이라는 표현은 마음의 구조에 대한 이런 통찰을 담고 있다. 마음이라는 신비한 악기는 자신을 내면으로 지니고 있는 화자에 의해 연주되기도 하지만, 다른 악기의 소리나 외계의 모습에도 반향하며 다양한 음조의 음악을 빚어내기도 한다. 우리의 마음은 스스로 말을 울려내기도 하지만, 타인의 말에 화답하면서 그들과 서사적 직물을 직조해나가기도 하고, 자연의 모습에 감홍하여 시를 짓고 노래를 불러낼 수 있다. 우리의 의식과 정서와 마음은 새벽 숲속에서 피어오르는 안개를 뚫고 광속으로 날아오는 여명의 신선하고 따스한 빛을 받아, 인드라망의 구슬처럼 새벽 숲의 다채로운 모습을 자신의 모습으로 반영해내는 이슬방울들과 같은, 다즉일의 존재이다. 이런 반영성을 존재 원리로 하기에 우리의 마음은 봄날의 투명하고도 가녀린 연두색 신록의 생명력, 저녁 하늘과 등산객의 마음 가득히 퍼져가는 황혼의 따스한 빛, 계절에 따른 자연의 변화와 그 색조 등에 감응하여 울림을 반향하며 노래를 하고 시를 읊조릴 수 있는 것이다. 비둘기가 나는 모습은 나와 무관한 듯하지만 그럼에도 나의 정서는 감동하며, 시상을 떠올리고, 삶의 의욕을 느끼며, 새로운 행위를 준비하게 한다. 나의 마음은 주위의 것들과 분리되어 있는 것이 아니라, 그들과 상관하면서 삶의 결을 만들어 간다. 이런 것이 아마 유가에서 말하는 유어예遊於藝의 한 모습일 것이다.

기의는 기표 이면에 맺히는 것으로, 기표에 비해 생성적으로는 이차적이기는 하지만, 언어적 활동이 전개되면서 점차 언어 요소에서 본질적이고 일차적인 역할을 수행한다. 최초의 언어 요소는 단지 소리, 최소한의 소통 의지나 의도가 담겨 있는 소리였을 것이다. 우리가 확인할 수 있는 최초의 언어다운 언어는[15] 단지 외계를 구분하고 분류하기 위한 기표들의 체계로서 등장하였다고 한다. 그것이 바로 토테미즘의 체계이다.

토템적 체계에서 기의의 형성은 어떻게 이루어지는가? 토테미즘의 체계는 고대 원시인들이 모든 것을 구분하고 분류하기 위한 격자적 틀의 역할을 하였다.[16] 고대 원시인들이 토템적 체계를 구체적이고 다양한 상황에 적용함에 따라 토템 체계를 구성하는 기표들은 사용례들을 자신의 기의로 끌어모은다. 자석들이 이리저리 돌아다니면서 다양한 모습의 철금속들을 끌어오듯이, 기표들도 언어 요소로 사용되는 한 이런 자력磁力을 발휘한

---

15 C. Lévi-Strauss, *The Savage Mind*, The Univ. of Chicago Press, 1962.
16 C. Lévi-Strauss, 위의 책.

다. 기표들이 자력을 발휘할 수 있는 이유, 그리고 그렇게 해야 하는 이유는 이들이 관계적 존재, 즉 **타자와의 차이와 타자와의 관계에 의해서 자신의 정체성을 형성해가는 존재**이기 때문이다. 그래서 하나의 기표는 많은 수의 기표들과 관계하면 할수록 더욱 더 풍부한 기의나 가치를 획득한다. 이런 관계성은 그 기표가 지니는 정체성의 일부로서 기억되어 차후의 사용을 위한 준거의 역할을 한다. 그래서 한 기표가 관계하는 모든 기표들은 그 기표의 기의 형성에 기여하며, 차후에 사용되는 경우, 그 다른 어휘들을 환기시킨다. 기표들의 이런 성향이 연기성 원리의 일부를 구성한다. **의미들 간의 상호 감응적 관계**는 이런 연기성에서 우러난다.

언어의 반향성을 지원하는 명제들

인간이 말하는 존재라는 사실은 언급이 불필요한 지극히 비근한 일상사이다. 인드라망에 대한 언어적 해석의 매력은, 지극히 일상적 차원에서 인간이나 만물들 간의 상즉상입, 일즉다, 연기성의 관계를 설명해준다는 점이다. 우리는 특별히 신비하거나 초월적인 요소를 도입할 필요가 없다. 나아가 언어적 해석은 인드라망의 보석들이 더욱 역동적 관계 속에 놓이도록 만들어준다. 언어적 활동은 인간 삶의 본질이면서 지속적으로 이루어지는 활동이기 때문이다. 화자들 간의 연기적 관계는 정태적인 것이 아니라 지속적으로 사물들을 창출하고, 그들 사이의 관계를 지속적으로 교직해가며 중중무진의 인드라망을 구축해간다. 뿐만 아니라 인드라망의 보석에 해당하는 것이 화자로서의 인간이기에, 우리는 인드라망의 비유를 세계 생성원리로서만이 아니라 인간의 존재 구조를 드러내어주는 비유로 적극 해석하면서, 인간을 우주의 중심에 위치시킬 수 있다. 이는 천동설이 필연적이라는 우리의 입장과 일관된다. 언어적 해석과 관련된 명제들을 정리하면 대략 다음과 같다.

제1명제(언어 주체성 명제): 인간은 가장 기초적이고 일상적 차원에서 언어 주체이며, 언어적 인식자이다.

제2명제(일의적 모습 명제): 사물들이 실질적인 존재자이기 위해서는 일의적이고 객관적인 모습을 지니고 있어야 한다.

제3명제(언어 규정성 명제): 사물들의 일의적이고 객관적인 모습은 언어에 의해 규정된다. 따라서 의미 있는 존재자들은 자신의 존재와 모습을 언어에 의존하고 있다.

제4명제(타자 의존성 명제): 사물을 규정하는 어휘들의 정체성이나 의미는 타자와의 차이와 관계 등에 의존한다. 제4명제는 언어의 연기성과 관련하여 가장 중요한 것으로, 이는 제2, 3명제와 긴밀하게 연관되어 있다.

제5명제(객관성 합의 명제): 어휘의 정체성이나 의미는 언어 공동체 구성원들 간의 합의에 의해 객관성을 확보한다.

제6명제(의미 내재주의 명제): 어휘의 객관적 의미는 체계 내적으로, 다른 어휘들과의 관계에서, 그리고 언어 주체들 사이의 합의에 의해 규정된다. 이 6명제는 4, 5명제로부터 뒤따른다.

이제 이상의 여러 명제들은 어휘들이 상호 반향적이라는 논제의 전제 역할을 하는데, 그 추론 관계를 간략히 살펴보면 다음과 같다. 사물들은 언어에 의해 규정됨으로써 일의적이고 객관적인 모습을 획득한다. 그런데 규정적인 어휘들의 정체성이나 의미는 언어 밖에 있다고 여겨지는 존재자를 지칭하거나 그에 대한 인식 결과에 의해서가 아니라, 한 언어 체계 내에서의 다른 어휘들과의 차이나 관계에 의해 형성된다. 한 어휘의 내부에는 무수히 많은 다른 어휘들과의 관계의 흔적들이 누적되어 있다. 나아가 이들에 의해 규정되어 모습을 갖게 되는 존재자들 역시 타자들의 모습을 다양한 방식으로 담고 있다. 타자와의 관계는 선행적으로 결정되어 있는 것이 아니다. 그것은 상황에 따라 개방적으로 새로운 존재자들과 관계할 수 있다. 역설적이지만, 어휘들은 그 자체의 모습을 지니지 않는 비어 있는 존재이기에 가득해질 수 있으며, **외계에 대해 자의적이고 무연적이기에 오히려 무수히 많은 것과 연기적으로 관계하면서 풍부해질 수 있고**, 자성自性적인 모습을 결여하기에 다양한 울림을 울려낼 수 있다. 타자와의 관계에 열려 있는 것, 타자를 반영하고 반향하는 것, 그것이 어휘나 존재자가 정체성을 확보할 수 있는 유일한 길이다.

이상의 추론에서 전제 역할을 하는 위의 명제들은 타당한가? 제1명제에 대해서는 별 이론의 여지가 없을 것이다. 제2명제의 논거를 간략히 지적하면 다음과 같다. 의미 있는 존재자는 모습을 지니고 있어야 한다. 모습이 없는 존재자는 실질적으로 부재의 존재이다. 그러므로 인식되지 않거나 인식될 가능성이 없는 존재자라는 개념은 논리적으로 부조리하다고 논한 바 있다. 이른바 '인식의 한계 밖에 있는 존재자'란 실질적으로는 허무이다. 그리고 하나이면서 둘인 모습이란 논리적으로 있을 수 없으므로, 모습이란 논리적으로 일의적이다. 또 모습이란 인식 내용을 구성하고, 인식이란 객관적이어야 하므로, 모습은 객관적이다. 제3명제는 전통의 입장을 비판한다. 그 자체로서 하나의 모습을 지닌 것이란 없다. 하나의 모습을 지닌 존재자는 실질적으로는 언어적으로 인식되고 규정된 바의 것이다.[17] 제4명제는 자의성이나 무연성 논제의 귀결이다. 어휘의 기초적인 의미는 소쉬르의 주장대로 차이에 의해 확보되거나, 비트겐슈타인의 지적대로 사용에 의해 취득된다. 전통적으로 객관성의 근거는 물 자체, 진리 자체, 인식자 저편의 대상에서 오는 것이라 믿어졌으나, 그런 객관성의 기준은 무의미함을 넘어서 오히려 사적인 세계에 함몰하게 할 가능성이 있다고 논한 바 있다. 의미 있는 객관성은 인식자들 사이의 간주관적 객관성, 언어적 객관성, 사회적 객관성이다. 명제 5는 위에서 지적한 바와 같이 명제 4, 5의 귀결이다.

---

17 인식과 존재 간의 논리적 관계에 대한 자세한 논의는 본서 15, 16장 참조.

3. 해석과 반향

화자의 의도와 청자의 해석

이상의 논변을 염두에 두고서 어떻게 언어에 의해 규정되는 존재자들이 반영적이고 반향적이 될 수 있는지, 그래서 연기적 관계를 맺을 수 있는지 좀더 자세히 살펴보자. 이는 언어의 본질과 연관되어 있다. 첫째, 언어는 **해석적 노력**의 결과이다. 둘째, 언어는 차이의 체계로, 기표들의 의미는 공시적으로는 **타자와의 차이**를 기반으로 형성된다. 기표는 관계적 존재이다. 셋째, 언어는 통시적으로는 역사적 산물로서 과거의 기억을 담고 있다. 어휘의 내부에는 과거의 사용례들이 누적되어 있다. 진화 결과인 생명체와 유사하게, 하나의 어간에서 무수히 많은 어휘들이 갈래를 치고 나오는데, 새로운 어휘들의 의미는 이전 어간이나 어휘들의 의미를 기반으로 하기 때문에 한 어휘의 내부에는 다른 어휘들의 의미가 반영되어 있다. 기표는 **기억을 지닌 존재**이다. 언어의 기억에 관해서는 앞에서(9장) 논의하였으므로, 이 장에서는 해석의 구조에 대해 검토하기로 하자.

먼저 언어 공간을 구조적으로 분석할 필요가 있다. 서구 전통적 사고는 언어를 세계와의 관계에서 파악한다. 언어는 사고나 인식의 결과이며, 인식과 사고의 능력은 본질적으로 세계를 인식하고 사고하는 것이다. 그러므로 언어는 세계의 그림이며, 어휘의 의미근거는 세계 내에 있는 지칭 대상이다. 따라서 서구적 사고에서는 언어를 알기 위해서는 세계를 알아야 한다. 이와 대조적으로, 중국적 사고에서는 언어는 화자 내면의 표현이므로, 말을 통해 화자의 내면을 알 수 있다고 생각한다. 언어를 서구는 세계의 그림이라고 보는 데 비해, 동아시아는 화자의 내면의 표현이라고 본다. 동아시아에서 말과 마음은 표리의 관계가 있다. 지언知言은 지인知人이다.[18] 서구 전통의 언어관에 따르면 언어는 의미 취득을 위해 사회적 관계보다는 존재적 관계가 일차적이므로 사적일 수밖에 없으나, 사적인 언어란 통신의 매체로서 역할할 수 없다.[19] 그러므로 **존재론적 언어관**이라 할 수 있는 이런 전통의 입장을 지양하고, 우리는 언어는 사회적 활동이라는 사회적 언어관을 수용해야 한다. 사회적 언어관에 따르면, 언어 주체는 세계를 마주하여 인식하고 독백하는 화자가 아니라 의사소통하는 화자들이다. 본질적으로 언어 활동은 사회적 현상이며 대화이다.

대화적 존재로서 화자들이 갖추어야 할 조건이 있다. 최초의 화자들은 먼저 일정한 수준의 대뇌 신경망을 지니고 있을 터인데, 이들은 이를 기초로 서로의 음성적 통신에 반응할 것이다. 그런데 화자로서 인간의 상호반응 방식은 동물들의 상호 통신 방식과 다르다. 후자는 인과적으로 반응하지만, 화자들은 서로의 소통을 위해 적극적이고 능동적인 태도를 갖추어야 한다. 즉 화자들은 소통을 위한 최소한의 조건으로, **상호 소통할 의도**를 품고 있어야 한다. 위에서 지적한 바와 같이 언어의 단초이자 아르케는 바벨적 상황이다. 바벨적 상황은 오히려 화자들로 하여금 소통에 대한 적극적인 의지 또는 의도를 형성하게 한다. 동물들의 소통은 직접적이고 인과적이지만, 인간의 소통은 반성적이고 자의식적이다. 소통 의지라는 조건은 최소한의 단순 조건이지만 많은 것을 함의한다.

화자들이 상호 소통할 의도가 있다는 것은 무엇을 의미하는가? 우선 화자는 다음과 같은 존재이다.

화자의 조건

① 자신의 음성에 자의식적으로 어떤 메시지를 담아 전달해야 한다.

② 그 메시지가 청자에 의해 어느 정도는 이해되기를 의도해야 한다.

③ 그러므로 그의 발언은 청자가 이해할 수 있는 방식으로 이루어져야 한다.

18 『논어』의 마지막 구절 참조; 『맹자』, 「공손축」 참조.

19 이것이 비트겐슈타인의 사유언어 비판론의 핵심이다.

화자의 조건에 상응하여, 청자 역시 일정한 조건을 갖추어야 한다. 청자는 화자의 음성을 듣고 다음과 같은 태도를 취해야 한다.

청자의 조건

① 화자가 그 음성에 무엇인가를 담아 전달하려는 의도를 지니고 있다고 간주해야 한다.

② 그 발언에 담긴 무엇을 이해하고 해석하려는 태도를 지니고 있어야 한다.

③ 해석과 이해를 위한 기반으로 그 발언과 발언의 상황을 고려해야 한다.

그리고 양자 모두 충족시켜야 할 조건은 다음과 같다.

화자와 청자의 조건

① 화자와 청자는 해석된 바에 합의할 수 있어야 하며, 합의 여부를 확인할 수 있는 방법을 가지고 있어야 할 것이다.

이렇게 정리하면 의사소통 공간에서 가장 중요한 것은 화자의 의도와 이 의도를 이해하려는 청자의 해석적 노력이다. 인간적 통신의 상황은 외계와 오직 간접적이거나 자극 · 원인의 관계만을 지니므로, **놀이 활동의 구조**를 지니고 있다. 화자의 발언은 놀이 공간에서 놀이자의 놀이 동작과 유사하다. 놀이자가 놀이 동작을 취할 때, 그는 무심히 그런 동작을 취하는 것이 아니라 어떤 의도를 담아 행한다. 이 의도는 막연할 수도 있고 구체적일 수도 있으나, 놀이 동작은 동물적 행태 또는 물리적 반사행동과는 전혀 다르다는 사실이 중요하다. 위에서 지적한 바이지만, 인간 소통법의 불완전성은 더욱 이런 차별성을 지니게 한다. 이러한 불완전성에 대한 자각은 화자로 하여금 소통하고자 하는 의도를 더욱 적극적으로 품게 한다.

화자가 의도해야 한다는 조건이 중요한 이유는, 인간의 언어가 동물의 통신법과는 달리 불완전하고 불투명하다는 사실과 관련이 있다. 화자가 자신의 말이 이해되기를 의도하고 기대하는 이유는 그의 말이 **이해되지 않을 수도 있기 때문이다**. 인간의 시원적 말이 개미의 페로몬이나 벌춤과 같아서 즉각적인 반응을 유발할 수 있는 것이라면, 그래서 원초적인 언어 주체들이 상호 소통에 장애가 없었다면, 그런 기대감이 형성조차 되지 않았을 것이다. 하지만 불통의 상황이 자주 발생하였기 때문에 이해에 대한 기대감이나 의도도 생긴 것이다.

그런데 이 의도는 타방에게 보이지 않으며, 따라서 즉각적으로 파악되지는 않는다. 이런 불확실성의 상황에서 놀이의 상대방은 적절한 반응 동작을 취해야 하지만, 이를 위해서는 먼저 그 동작의 의미를 어떤 방식으로든 추정하고 해석해야 한다. 놀이적 상황에서 놀이 동작에 담긴 보이지 않는 의도는 어느 정도 불가예측성을 동반하는 것이기에, 이런 해석 없이는 반응이 불가능하다. 놀이 공간에서의 동작들은 물리적 공간에서의 사건들의 관계들과는 달리, 인과법칙에 따라 정확히 예측할 수 있는 것이 아니다. 놀이 공간에서 타방의 의도를 추정하거나, 원초적 의사소통 상황에서 해석하는 일은 데이빗슨의 지적대로 불확실성 하에서의 결단의 구조를 지닌다.

하지만 놀이 동작이 전혀 예측할 수 없는, 불가해한 것은 아니다. 그런 경우 놀이가 진행될 수 없다. **어느 정도의 불확정성과 어느 정도의 예측 가능성**, 이것이 해석의 여지를 제공한다. 이런 해석 아래 반응을 취하면, 타방도 이에 다시 해석적으로 반응한다. 이런 식으로 즉발적인 것이기는 하지만 연쇄적인 해석을 매개로 놀이와 상호 간의 의사소통이 이루어진다. 동물의 통신과 인간의 통신 사이의 결정적이고 핵심적인 차이는 바로 이러한 해석적 태도의 유무이다.

해석 조건으로서 자비의 원리

해석은 어떤 식으로 이루어지는가? 데이빗슨은 해석적 구조가 잘 드러나는 상황을 원초적 해석의 상황이라 규정한다. 우리는 마가렛 미드와 같은 인류학자가 뉴기니아에 가서 그곳 원주민들의 말을 이해하려고 노력하는 상황을 상상해볼 수 있다. 이런 상황에서 원주민의 말을 해석하기 위한 원리로 데이빗슨은 자비의 원리를 제안한다.

자비의 원리란, 화자의 발언을 해석하려면 청자는 그 발언의 배경적 믿음들이 대체적으로 진리라고 간주해야 한다는 것이다. 하지만 문제는 화자의 배경적 믿음을 청자가 알 도리가 없는 상황에서 어떻게 이를 진리로 간주할 수 있느냐는 것이다. 그렇게 관용적 태도를 취한다 해도 진리로 간주한 내용을 알 수 없으니, 그런 태도는 그 어떤 실질적이고 구체적인 도움을 줄 수 없을 것이다. 이에 대한 해법은 다음과 같다: 청자는 화자의 배경적 믿음 대부분이 자신의 것과 비슷할 것이라고 가정하는 것이다. 즉 원초적 해석의 상황에서 청자는 화자가 자신과 비슷한 믿음들을 배경으로 해서 말할 것이라 가정하고서 화자의 발언을 해석할 수밖에 없다는 것이다. 이런 자비의 원리는 선택적이거나 당위적인 것이 아니라, 필연적인 원리라는 것이 그의 논리이다.

이렇게 보면, 원초적 해석의 이론이나 자비의 원리가 함의하는 바는 다음과 같다: 화자의 발언에 대한 청자의 해석은 **서로의 배경적 믿음들이 대체적으로 동일하다**는 전제 하에서, 서로 대체적으로 비슷한 믿음들을 공유한다는 전제하에서만 성공적일 수 있으며, 그래야 의사소통에 성공할 수 있다.

해석적 상황의 구조를 달리 표현하면 다음과 같다: 타방의 해석을 위해서 청자는 자신의 믿음 체계를 화자에게 투사하여, 화자가 그런 믿음을 배경으로 발화한다고 가정해야 한다. 의사소통적 상황에서 서로의 의식은 상대방의 믿음들을 비추고 있는 거울의 역할을 한다. 그래서 대화적 상황에서 나의 의식에는 타방의 믿음 체계가, 타인의 의식에는 나의 믿음 체계가 반영되어 있다. 이런 상호적 반영이 서로 간의 소통을 가능하게 한다. 통신 공간에서 화자들은 적어도 의사소통을 하는 한 상호투사적인 태도를 취해야 하며, 그 결과 그들의 의식은 상당히 유사해질 수밖에 없다고 말할 수 있다.

해석적 상황에서 자비의 원리를 택하는 것은 왜 필연적인가? 해석의 상황은 암중모색이요, 군맹무상의 상황이다. 의지할 것은 아무것도 없다. 언어 기호나 문법은 외계에 대해 자의적이므로, 언어 밖의 세계는 해석을 위한 근거를 제공하지 않는다. 단지 자극 원인으로서만 기능할 뿐이다. 데이빗슨은 해석을 위한 의지처로 진리 조건을 제시하지만, 해석 대상이 되는 발언 P를 위한 진리 조건이 발화적 상황 전체에서 어느 부분인지 불확정적이어서 그 조건의 내용을 알 수 없다. 설혹 그 부분을 고정할 수 있다고 하더라도 그 부분은 언어 이전에는 일의적 모습을 결여하고 있기 때문에 그 자체가 해석의 대상이다. 따라서 해석자가 해석을 위한 기반으로 확보할 수 있는 것은, 1) 화자가 소통의 의지를 지니고 있으리라는 것, 2) 그가 진리로 간주하고 있는 것을 말했으리라는 것, 3) 소통의 의지가 있으므로, 화자는 그가 할 수 있는 범위 내에서 최대한 타방이 이해 가능한 방식으로 말했으리라는 것, 4) 그러므로 화자는 청자의 처지를 감안하여 발화했을 것이라는 것, 5) 나아가 화자는 어떤 배경적 믿음을 지니고 있으며, 이 배경적 믿음을 좌표대로 하여 발화했을 것이라는 정도이다. 화자가 한 발언의 의미는 이 좌표대 위에서의 위치와 긴밀히 연관되어 있는데, 그 좌표대, 즉 배경적 믿음은 화자의 내면에 있으므로 이 역시 추정의 대상이다.

이런 상황에서 청자가 취할 수 있는 전략은 그 발화 상황에서 자신이 지니고 있는 배경적 믿음들을 화자에게 투사하여, 그것이 곧 후자의 배경적 믿음이라고 상정하는 것이다. 가령 숲 속을 뒤지며 사냥을 하는 상황에서 사냥꾼이 P라는 문장을 발화했다고 해보자. 그때 P는 숲속의 꽃, 나무, 곤충, 숲의 향기, 하늘, 날씨, 화자나 청자의 모습, 태도 등 무수히 많은 것에 관한 내용일 수 있다. 하지만 발화의 상황이 사냥의 과정이라는 점을 감안할 때, 화자나 청자의 배경적 믿음을 구성하는 것은 사냥과 관련될 것이기에 문장 P는 사냥감과 관련된 내용이라고 추정할 수 있다.

원초적 상황에서만이 아니라, 일단 의사소통이 성공적으로 이루어져 상호 대화하는 과정에서도 자비의 원리는 적용된다. 일상적인 대화의 현장에서도 현재 진행 중이거나 이후에 이루어지는 서로의 담화는 이전에 오간 담론들을 기반으로 이해된다. 그래서 갑자기 대화에 끼어든 사람은 기존 담화자들의 대화 내용을 쉽사리 이해할 수 없다. 그들의 말을 이해하고 그들 대화에 끼어들 수 있으려면, 대화의 흐름을 어느 정도 파악한 후에야 가능하다. 기존의 대화자들은 대화 과정에서 말을 주고받으며 공유의 텍스트를 교직해왔으며, 이 텍스트가 그들 의식의 일부를 이루어 대화의 배경으로 작동하고 있는 것이다.

대화의 공간이나 의사소통의 공간이란 전혀 다른 사람들이 각자의 말을 주고받는 것이 아니라, 상당히 유사한 배경을 지니고 있다는 전제 하에서 서로 말을 주고받는 공간이다. 그리고 그런 주고받음을 통해 서로 유사성의 정도를 높이며, 대화자들은 공동의 세계를 구축해가는 것이다. 공동의 기반이 없이는 이해가 불가능하고, 이해가 없이는 대화가 진행될 수 없다. 그래서 대화는 공동의 기반을 구축하는 과정이기는 하지만, 다른 한편으로 공유의 배경 없이는 대화가 진행될 수 없다. 대화의 쌍방은 각자의 의식에 서로가 지닌 믿음의 체계가 반사되고 있다는, 투영되어 있다는 가정 하에서만 대화를 성공적으로 진행할 수 있다.

의사소통의 공간은 음성적 존재로서의 발언들이 오가는 물리적인 공간, 그 발언에 각자가 형성한 의사를 담아서 전달하는 공간에 그치는 것이 아니다. 의사소통의 공간은 상당히 많은 부분 공유된 믿음들에 의해 교직되어가는 심적인 공간이다. **의사소통의 공간은 거대한 담론의 교직체, 즉 텍스트이다.** 이 텍스트는 담론 공간의 참여자 모두에 의해 공유되어 그들의 집단의식을 이룬다.[20] 이런 집단의식의 원형이 신화이다. 텍스트text는 영어 어휘가 시사하는 대로 직물이나 교직체texture이다.[21] 화자들은 이런 교직체를 좌표대로 삼아, 그리고 이런 교직체의 일부로서만이 의사소통을 성공적으로 수행할 수 있다. 화자는 이 교직체의 직조공으로서 각자의 실가닥을 타인의 실 가닥과 교직하면서 하나의 직물을 짜며 나아가고 있는 것이다.

해석적 공간의 상호 반영성

이제 우리는 왜 의사소통의 공간이 반향적인지, 화자들이 어떤 점에서 서로를 반영하는 거울이며, 서로의 말을 반향하는 울림통이라 할 수 있는지에 대한 물음에 답할 수 있게 되었다. 화자들이 서로 이해 · 해석되기 위해서는 자비의 원리가 적용되어야 한다. 그리고 자비의 원리에 따라 양자는 대체적으로 유사한 믿음의 체계를 공유해야 하며, 그러기 위해서는 청자는 자신의 믿음 체계를 화자의 내면에 투사해야 한다고 앞서 논한 바 있다. 자비의 원리가 함의하는 바는, 화자와 청자가 대화를 성공적으로 진행하는 한, 각자의 의식을 거울삼아 타방의 믿음 체계를 반영하고 있으며, 이 반영상을 배경으로 서로의 발언 배후에 있는 의미를 이해할 수밖에 없다는 것이다. 이 반영상은 실질적으로는 자신의 배경적 믿음인데, 이를 타방의 믿음이 빚어낸 반영상으로 볼 수 있는 이유는 바로, 그런 가정 하에서만이 해석과 이해에 성공할 수 있기 때문이다. 달리 말하면, 화자와 청자는 서로 이해하며 의사소통하는 한, 서로의 말과 믿음을 상호반향하는 투사적이고 반향적인 존재일 수밖에 없다.

대화와 독백의 핵심적인 차이는 단지 둘이서 말을 주고받느냐, 혼자서

---

20 집단의식에 관해서는 L. Levy-Bruhl, *How Native Thinks*, Princeton Univ. Press, 1985 참조.

21 두 영어 어휘 모두 라틴어 어휘 textus(woven thing)에서 유래했다.

이야기하느냐에 있지 않다. 그 차이는 서로의 마음속으로 침투하려 하느냐 하지 않느냐, 서로의 마음을 반영하고 반향하려 하느냐 여부에 있다. 대화하는 자는 타방의 마음을 헤아리면서 말해야 한다. 타방과 함께 이야기하더라도, 타방의 마음을 헤아리지 않고 말할 때, 이는 실질적으로는 독백이라고 할 수 있다. 대화자는 서로를 마음을 지닌 존재로 간주하지만 독백하는 자는 타자를 반향이 기대되지 않는 벽으로 간주한다.

대화하고 이해하는 한, 화자와 청자의 의식은 서로의 믿음 체계를 반영하는 거울과 같다. 대화가 진행되면서 배경적 믿음은 추가되고 감소하고 매번 달라질 것이다. 서로의 의식은 매번 달라지는 배경적 믿음 체계를 수시로 조정하면서 반영하는데, 이런 반영상은 거울에서와 달리 바로 사라지는 것이 아니라 의식 깊숙한 곳에 누적되면서 심층적인, 그러나 공유된 의식 세계를 형성해간다. 한 언어 공동체 구성원의 의식 세계는 이런 식으로 하여 넓고 깊게 형성되는 것이다. 우리 마음 속에는 우리가 교유한 수많은 사람들의 믿음, 생각, 느낌, 행동 방식 등이 반영상으로 누적되어 있다. 그래서 우리는 상당히 많은 정도로 타인이며, 타인 역시 상당한 정도로 나의 의식을 분유하고 있다. 대화가 성공적으로 진행되는 한, 대화의 진행과 함께 공유하는 믿음 체계는 점점 더 확대되고 이해의 깊이 역시 심층성을 더해간다. 이렇게 집단의식이 형성되며, 개인 저마다의 의식은 집단의식이라는 거대한 바다의 부력으로 떠 있는 빙산과 같다.

해석에 대한 노력이 실패할 수 있지만, 이런 실패는 오히려 상호조정과 점진적 수렴을 위한 발판이 된다. 실패나 오류의 개념 없이는 진리나 객관적 세계의 개념이 형성될 수 없으며, 언어와 세계, 또는 음성 동작과 의미의 구분, 즉 언어의 개념이 생길 수 없다. 중요한 것은, 화자란 청자가 자신의 말을 알아들을 수 있도록 최대한 노력해야 하며, 청자는 최대한 정확히 화자의 의도를 파악하고자 노력해야 한다는 것이다. 이런 노력의 과정에서 발언의 상황이나 서로의 행위 등을 단서로 화자는 자신의 말을, 청자는 자신의 해석을 조정하여 의사소통에 성공할 수 있을 것이다. 해석적 활동이 화자와 청자로 하여금 서로의 믿음 체계를 투사하고 반영하게 하여 일치시킬 수밖에 없는 이유는 그것이 **심층적인 의미에서 협동적 작업**이기 때문이다.

해석을 통해 기표는 기의를 확보하게 된다. 이런 기표를 언어라 한다. 해석은 기표에 규정성뿐만 아니라 실체성을 부여한다고 이미 논한 바 있다. 이제 인간은 언어 기호에 의해 새로운 차원이나 지평을 전개하고 그 지평 위에서 거주하게 된다. 세계는 언어적 지평 위에서 전개되고 체험되며, 존재자들은 언어의 좌표대 위에서 타자와 관계하고 이런 관계에서 자신의 모습을 형성해간다. 언어 활동이 발전하면서 인간의 마음이 형성되고 언어의 결구로서 존재자는 등장한다. 언어는 존재자의 옷이요, 집이다. 공통의 언어로 소통한다는 것은 같은 문법이나 어휘를 사용하고 있다는 것 이상을 의미한다. 이는 곧 공동의 생활 세계를 구축해가는 일이다.

이런 해석론에서 흥미로운 것은 소통에 대한 의지가 결과적으로, 첫째, 화자의 보이지 않는 세계, 또는 화자의 마음을 상정하게 하고, 둘째, 서로를 대체적으로 유사한 믿음을 지닌 존재, 유사한 마음을 지닌 존재이게 한다는 점이다. 소통하기 위해서는 해석해야 하며, 해석하기 위해서는 서로가 유사하다고 가정해야 하는데, 유사할 수 있는 가능성이 생기는 것은 믿음을, 다시 말해 마음을 지닌 존재가 될 때이다. 청자와 화자의 외양은 같지 않으나, 내면을 가진 존재가 됨으로써 양자는 같은 배경을 지닌 존재, 유사한 존재가 될 수 있다. 마음의 소유는 양자가 유사한 존재가 될 수 있는 유일한 가능성이자 조건이다.

인드라망 그물코의 보석들로 비유될 수 있는 것은 일차적으로는 화자로서의 인간들 또는 이들의 의식이나 마음이지만, 2차적으로는 화자들의 공동체에서 구축되는 존재자들이다. 그러면 인드라망 전체는 화자들로 구성된 언어 공동체, 언어 활동에 의해 구축된 언어 상태, 언어적으로 규정된 존재자들을 구성원으로 하는 세계로 생각할 수 있다. 세계는 언어에 의해 규정됨으로써 실질적인 모습을 갖추게 되고, 나아가 상호 반영적이며 반향적인 존재가 되며, 그리하여 세계는 전체로서 상즉상입하는 연기적인 세계로 변모해간다.

구술적口述的 공간의 반향성

인드라망이나 거울로 만든 집의 비유는 정태적이고 공간적이다. 우리는 인드라망의 비유를 더욱 동태적으로 이해할 필요가 있다. 언어에서 좀더 기초적인 것은 글보다는 말이다. 언어의 원형은 말, 다시 말해 입말이다. 최초의 언어적 활동은 글이 아니라 말을 통한 것이었고, 원초적 언어 공간은 문자적인 것이 아니라 구술적 공간이었다. 이런 공간은 어떤 구조를 지니고 있을까? 구술적 공간에서 화자들의 모습은 거울이라기보다는 현악기의 공명통과 같은 울림통의 모습일 것이다. 고대 구술 문화적 사회에서는 모든 이들이 사회적 공명실social echo chamber 속에서 소리로 연결되어 일체감을 느끼며 살았다. 우리는 인드라망을 구성하는 것이 무수히 많은 울림통들이라 생각해볼 수 있다. 또는 무수히 많은 계곡과 능선과 봉우리들을 거느리고 있어 이들 각각이 제 나름의 메아리를 만들어내는 거대한 산군山群과 같은 것일 수도 있다. 화자는 실은 현악기보다 훨씬 더 정교하고 섬세한 악기이며, 화자의 의식에는 자연의 산보다도 더 복잡하고 미로와 같은 오솔길, 다양한 식물상으로 구성된 짙은 숲들, 그리고 깊은 울림을 만들어내는 계곡을 지닌 산들이 들어서 있을 것이다.

언어 주체로서 인간이란 타자의 말이나 외계의 자극을 수용·변용하거나 이를 모방하는 수준에 머물다가 점차 자신의 색조나 울림의 방식을 갖추고 일종의 변주 과정을 거치면서 새로운 울림을 만들어내는 악기이다. 이 울림통은 타인과 대화를 진행해가면서 외부의 소리를 나름으로 변형하고 누적하며 이의 도움으로 무정형적인 내부의 신경 다발들을 정리하여 정교하고 섬세한 회로망으로 구축해간다. 그리하여 단지 반향하는 것을 넘어서서 점차 자신의 소리를 만들어낼 수 있는 독립적인 울림의 세계를 구축해간다.

언어의 학습은 반향적 구조를 지니고 있다. 언어의 학습은 모방하고, 모방한 것을 반복적으로 연습함으로써 이루어진다. 모방과 연습이란 부모나 교사의 말을 받아 반향하는 활동이다. 말을 모르는 단계에서 유아는 부모가 하는 말을 모방하고 반향함으로써 언어를 배운다. 말을 할 수 있는 성인의 단계에서도 순수하게 나의 말, 전적으로 나의 창작에 의해 이루어진 말이란 없다. 항상 타인의 말을 자신의 일부로 삼아서 또는 타인의 말에 대한 반응으로서 우리는 말을 하는 것이다. 더 기초적으로 말하자면, 어휘들과 문법은 우리의 생각과 느낌이 흘러가는 의식의 수로 역할을 하는데, 이들은 언어 공동체 공유의 것이다. 우리의 발화란 이들에 의존하기에, 우리는 공동체의 다른 구성원들과 상당히 유사한 음조의 노래를 할 수밖에 없다. 나와 타인은 같은 악보를 사용한다.

인간 공동체는 본질적으로 언어 공동체, 즉 화자들의 공동체이다. 화자를 반향하는 울림통이라 할 수 있다면, 인간의 사회는 서로 다른 식으로 반향하고 연주해내는 무수히 많은 악기들로 구성된 교향악단과 같다. 교향악단을 이루는 악기들 저마다의 모습은 제각각이고 다른 소리를 내지만, 이들이 전혀 다른 음계를 사용하거나 다른 악보를 가지고 있어서는 조화롭고 웅장한 교향악을 연주해낼 수 없을 것이다. 각각의 악기를 위한 파트보는 다르겠지만, 이들은 기본적으로 같은 7음계를 사용하며 동일한 곡의 총보를 기초로 한다. 그렇기에 하나의 교향악을 연주해낼 수 있는 것이다.

외부로부터 유입된 어휘들과 문장들은 우리의 의식 속에 각인되어 우리 의식의 내부에 복잡한 반향의 회로를 음각하고, 회로들은 일종의 현 역할을 하면서 무수히 다양하고 섬세·정교한 반향을 울려낸다. 타인의 말은 나의 심금을 울리면서 그에 화답하는 소리를 만들어낼 수도 있고, 역으로 나의 심금에 난조를 일으킬 수도, 심지어 심금의 현을 끊어 훼손을 가할 수도 있다. 그 역 또한 성립한다. 칼에 벤 상처는 시간이 지나면 치유되지만 말에 베인 상처는 쉽게 아물지 않는다.

4. 마음의 사회성: 마음의 상호 반향적 형성

나의 의식과 타인의 의식

우리의 마음이나 의식은 대화 과정에서 주고받는 말들을 이해하고 해석하는 과정에서 서로의 믿음들을 반영 · 투사하면서 형성된다. 언어적 활동은, 특히 원초적 의사소통은 비트겐슈타인의 말대로 놀이의 구조를 지니고 있지만, 언어 놀이는 일상의 놀이에 비해 훨씬 더 정교하고 섬세하며 복합적이다. 놀이 참여자들은 놀이 과정에서 서로의 동작에 반응하고 자신의 역할을 수행하면서 자신의 정체성을 확보해간다. 놀이자들은 서로의 동작을 해석하고, 이 해석에 기초하여 각자의 동작을 취하고 이런 과정에서 자신의 역할과 정체성을 규정해간다. 놀이자들이 자신의 동작과 역할을 규정해가는 토대는 타인의 동작들이다.

의사소통의 공간에서도 역시, 타인의 모습 없이는 나의 모습을 조탁해갈 수 없으며, 타자의 반응 없이는 나의 행동이 의미를 갖지 못한다. 개인들의 의식에는 무수히 많은 타인들의 흔적이 남아 있다. 그들의 몸짓과 그들이 던진 목소리는 이미 사라져버렸으나 그 몸짓과 목소리의 메시지는 화석과 같은 흔적으로 남아 있다. 우리의 의식에는 과거 사람들에 대한 기억, 현재 대화를 나누는 이웃들과의 교감, 앞으로 등장할 미래 사람들에 대한 기대와 예상들이 인드라망의 보석처럼 반영되어 있으며, 이들은 다시 서로 결합하면서 중중무진의 복합적인 상들을 되쏘아내고 있는 것이다.

나의 마음에는 타인의 말들, 언어의 옷을 입고 건네어진 타인의 감정, 정서, 느낌, 태도, 행동들, 의식들이 반영상으로 맺혀 있다. 이런 반영들은 축적되는 과정에서 나의 방식으로 조합되고 결합되어 나의 마음이나 의식을 구성한다. 그리고 이는 다시 내가 타인에게 건네고 수행할 말과 행동의 터전이 된다. 내가 건네는 말들, 행동들, 표현되는 정서들은 다시 다른 사람의 의식 속으로 스며들어 그들의 일부를 구성한다. 화자는 하나이지만 그의 말은 무수히 많은 사람들의 의식 속에 스며 들어갈 수 있다. 월인천강月印千江, 달은 하나이지만, 천 개의 강에 자신의 모습을 비춘다. 우리의 의식은 흡수적이다. 흡수되는 내용에 옷을 입히는 것은 언어이다.

전통적으로 우리의 의식 내용은 외계를 직접 경험하고 인식한 바를 토대로 하여 형성된다고 믿겨왔다. 그래서 정신을 표현하는 언어는 그 전형에서 세계의 그림이요, 세계 기술이 언어의 본질적인 직무라 여겨져왔다. 우리의 마음이 마주하고 있는 것은 세계가 아니라 **다른 화자의 마음**이다. 더 정확히는, 타인의 마음이란 대화적 상황에서 청자가 화자의 말이나 언어적 동작을 이해하고 설명하고 해석하기 위해 화자에게 귀속한 것이다. 그러므로 청자나 해석자가 없으면 마음의 개념도, 마음도 생성되지 않는다. 세계란, 적어도 구체적인 모습을 지닌 것으로서의 세계란 화자와 청자가 **대화하는 과정에서 공통의 기반으로 구축되는 것**이기에, 마음이나 의식 이후에 생성된다. 이런 과정에서 언어의 저편에 있는 외계는 언어의 옷을 입고, 그런 후에야 실질적인 세계가 될 수 있다.

마음과 말

우리의 의식이 직접 경험하는 것은 서로의 언어적인 것 이외에는 없다. 적어도 내용을 지니는 것으로서는, 객관화할 수 있는 내용을 지닌 것으로서는 언어적인 것 이외에는 없다. 언어의 옷을 입지 않으면 그 무엇도 일의적이고 객관적인 모습을 지닐 수 없기 때문이다. 외계에 대한 감각 경험이라도 이는 언어의 옷을 입어야 비로소 규정적이고 객관적이며 일의적인 내용을 형성할 수 있다. 그리고 언어적인 것이란 의사소통 공동체에서 서로 주고받는 과정에서 산출된다.

철학, 언어학, 통신 이론의 세계에서는 다음의 견해, 즉 의식하는 경험이란 언어를 통해 스스로에 반영되는 의식이라고 이해하는 견해가 전개되고 있다(경험된 바는 그 자체로서가 아니라, 언어화를 거쳐 반영상이 만들어진 후에야 의식으로서 경험될 수 있다). 이는 다음의 사실, 즉 우리에게 경험하는 의식이 가능한 것은 오직 우리가 언어를 문화적으로 고안해내었으며, 뒤이어 이를 발전시켜 경험된 의식을 수용할 수 있게 했기 때문이라는 사실을[22] 함의한다.

경험된 바는 왜 언어화를 거쳐 반영상이 만들어진 후에야 의식 내용이 될 수 있는가? 의식의 내용이 되기 위해서는 일의적 규정성을 지녀야 하며, 일의적 규정성을 갖기 위해서는 언어화되어야 한다. 언어 밖에, 우리가 직접 경험하고 지칭할 수 있는 그런 것이란 없다. 지칭되기 위해서는 규정적 내용을 지녀야 하며, 그러기 위해서는 언어의 도움을 받아야 한다. 우리의 의식이 경험하는 것이 언어적인 것 이외에는 없다고 한다면, 우리의 의식은 상당한 정도로 서로 소통하는 과정에서 주고받는 것을 기반으로 형성되며, 그런 점에서 우리 의식은, 더구나 동일한 소통의 공간 속에 있는 의식들은 상당히 많은 것을 공유한다고 말할 수 있다.

인간은 기억하는 존재이다. 언어를 사용함으로써 인간의 기억은 더욱 효율적이 되고, 깊이를 지니게 되었으며, 생물학적 기억에 더하여 문화적이고 정신적인 기억을 지니게 되었다. 우리는 타인의 말과 정신을 기억에 저장하여 우리의 정신을 형성하고 발화하는 과정에 투영한다. 그래서 타인의 말과 정신은 나의 말과 정신의 일부가 된다. 개인들의 의식 내용은

---

22 G. Nixon, 'A 'Hermeneutic Objection': Language and the Inner View', Varela ed., *The View from Within: First Person Approaches to the Study of Consciousness*, eds. F. Varela, & J. Shear, Imprint Academic, 1999. 이어 Nixon은 데니트와 디콘의 저서를 언급하고 있다. "이런 입장은 Dennett(D. Dennett, *Consciousness Explained*, Little Brown & Co., 1991)의 결론과 일치한다. 하지만 '해석학적 비판'은 더 이상을 겨냥하여 객관적 학문들 그 자체가 해석학적 서클을 벗어났다는 주장을 부정한다. 우리 인간들이 경험하는 의식은 오직 상징적 현관을(T. Deacon, *The Symbolic Species*, W. W. Norton & Co., 1997) 넘어서는 문맥에서만이 발전될 수 있다."

서로 다르다. 그러하기에 개별적이고 개성적인 자아를 논할 수 있을 것이다. 그러나 차이의 논리는 역설적이지만 유사성을 전제로 한다. 두 개체 사이의 차이는 배경적 믿음을 공유해야 의미 있게 드러날 수 있다. 공유하는 것이 없는 두 개체 사이에서는 차이를 의미 있게 말할 수 없다. 가령 두 짝, '삼각형과 공기'와 '삼각형과 사각형'을 비교해보자. 삼각형과 사각형의 차이는 명확히 지적할 수 있지만, 삼각형과 공기 간의 차이는 너무도 많거나 불확정적이라서 양자를 의미 있게 비교하는 것이 거의 불가능하다. 차이의 이런 논리로 인해, 공유하는 것이 많을수록 그 차이도 분명하고 의미 있게 드러난다. 많은 것을 공유하고 서로를 반영하면서, 우리의 의식이나 마음은 서로 간의 차이를 만들어내는 것이다.

인간의 삶이 연기적일 수밖에 없는 이유는 지극히 일상적 사실, 즉 인간이 바로 언어적 존재이며 인간의 마음은 언어적 공간 속에서 오가는 어휘들, 문장들, 문법들을 흡수하여 기억으로 축적하면서 자신의 마음을 만들고 변화시켜 가는 존재라는 사실에서 연유한다. 그 어떤 개인도 타자들로부터 절연된 독립적인 개체일 수 없다. 우리의 마음, 의식, 영혼은 다양한 층위의 무수히 많은, 겹겹의 말들의 그물에 의해 타자들과 연결되어 있다.[23]

우리 자아의 모습은 주위에 인드라망의 보석처럼 둘러서 있는 다른 모든 타자들을 거울로 하여 무수히 많은 자신의 반영상들을 만들고, 다시 이 모든 반영상들을 되받아 하나의 상으로 응집하여 이루어진다. 그런데 이 보석들 또는 거울들은 반영의 행위를 무한히 지속할 것이므로, 자신의 모습은 새로이 생겨나는 다수의 겹겹상들에 의해 지속적으로 복잡하게 변화해간다. 그리고 이런 반영상들이 내부에 누적되면서 심층적 의식이 형성되는 것이다.

---

23 E. Saarinen, 'Davidson and Sartre', p.472 참조.

13장

동물 비유와 상즉상입의 존재론

1. 정신의 발견을 위한 반영상

형용사의 발명

우리는 9장에서 어휘의 의미란 어휘의 기억 속에 내재해 있는 과거의 사용례들과 타자와의 공시적 관계를 기반으로 형성되며, 이런 통시적 기억과 공시적 관계를 기반으로 하는 언어의 연기성이 서사의 기초임을 논했다. 이런 연기성은 **서사적 연기성**이라 부를 수 있다. 10장에서는 불교적 연기를 재해석하여 언어적 연기의 개념을 제안하였다. 의사소통을 위해서는 해석적 활동이 진행되어야 하며, 이런 과정에서 화자와 청자는 서로 타자의 의식을 반영해야 한다. 이를 우리는 **반영적 연기성**이라 명할 수 있는데, 이것이 바로 11장, 12장의 주제였다. 이번 장에서는 우리의 일상 언어의 주요 어휘들, 형용사들, 특히 심적 형용사의 발명에서 이런 반영적 연기성이 주요 원리가 된다는 점을 살펴보도록 하겠다.

고대 사회에서는 사람과 자연 간의 상호 반영적 연기성이 주요 어휘의 생성 원리였다. 고대 신화 등에서는 은유가 빈번하게 사용되었다. 가령, 용맹한 영웅을 사자에 비유하고 온갖 세파와 시련에도 흔들리지 않는 모습을 바위에 비유한다. 흔히 사람들은 이런 은유를 직유보다 완곡하고 발전된 비유의 일종으로 분류한다. 은유란 다른 비유와 같이 비유되는 두 대상에서 유사점을 찾아 비교하여, 그들을 수식하는 형용사를 강조하거나 수식적 내용을 효과적으로 또는 인상적으로 전달하기 위한 장치라고 생각한다. 하지만 고대 신화에서 사용되는 은유를 이렇게 파악하는 것은 고대 정신을 피상적으로 이해하거나 근현대적 사유틀로 접근하는 것이다. 고대 사회에서 은유는 수사적인 장치 이상의 것이었다.

은유는 어떤 역할을 했으며, 어떤 구조를 지니고 있기에 그런 역할을 할 수 있었던 것인가? 인간의 삶이 다양해지고 발전하면서 다양한 종류의 심적 활동을 하게 되었다. 전쟁에서 영웅적인 용기를 발휘하고, 고대 희랍의 헬렌과 같은 미인과 사랑에 빠지며, 천둥 번개에 놀라기도 하고, 영감이 떠올라 시를 짓기도 할 것이다. 이런 심적인 현상들은 감각을 통해 인지할 수 있는 것이 아니기에, 언어로 그 모습을 기술하고 설명하는 것은 어려운 일이었다. 심적인 어휘들이 언어의 초기 단계 때부터 존재한 것은 아니었기 때문이다. 그렇다면 고대 사회의 인간이 자신들의 심적 활동을 설명·규정하고 언어적으로 기술하는 방안은 무엇이었을까? 그 방안은 주변에서 인간 자신들과 유사한 행태를 보이는 자연물들, 특히 동물들의 행태를 통해 설명하고 기술하는 것이다. 아킬레스가 위험을 무릅쓰고 적진에 뛰어들어 적을 무찌르는 행위는 두려움을 모르는 사자의 행위와 비교할 수 있다. 그로 하여금 그런 용맹한 행위를 하게 한 것은 사자로 하여금 그런 행태를 보이게 한 것과 같은 원리이다. 고대인들은 사자에서 아킬레스의 모습을, 아킬레스에게서 사자의 모습을 본 것이다. 아킬레스의 내부에는 사자적인 원리가 있기에 그런 용맹스러운 행동을 할 수 있었던 것이다. 이와 같은 상호 반영성을 표현하고 있는 것이 고대 은유의 구조라고 할 수 있다.

사람과 자연 간의 상호 반영성은 주요 어휘의 생성 원리일 뿐 아니라, 고대인이 인간 정신을 발견하고 형성하기 위한 제1원리였다. 고대인들은 자연적 존재에서, 가령 동물이나 바위에서 인간 마음의 반영상을 찾아내고, 이런 반영상을 통해 자신의 정신을 발견 또는 형성하였다고 한다. 브루노 스넬B. Snell에 따르면, 고대적 서사에 등장하는 다양한 비유들, 동물 비유, 바위 비유 등은 인간이 자신의 정체성을 형성하기 위한 필수적인 장치였다. 비유라는, 더 정확히는 은유라는 언어적 장치에서 핵심적인 기능은 반영성反影性이었다. '트로이 전쟁에서 아킬레스는 사자였다'라는 문장이 성립할 수 있는 것은 아킬레스와 사자가 동일하거나, 사자에서 아킬레스의 용맹한 마음의 모습을 볼 수 있을 때이다.

인간은 동물이나 바위에 자신을 비추어봄으로써 자기 정신의 모습을 보고 내면의 목소리를 들을 수 있게 되었다. 고대인들에게 동물이나 바위는 자신의 마음의 모습을 반영해보는 일종의 거울이었다. 인간이 그들을 반영 장치로서 필요로 하는 이유는, 그렇지 않고서는 자신의 모습, 특히 정신의 모습을 직접 관찰할 수 없기 때문이다. 고대인들은 자신의 마음을 오직 반영상으로만 볼 수 있으며, 반향으로서만 들을 수 있고 형용할 수 있었다.

형용사는 현대인들에게는 매우 자연스러운 어휘들이다. '빨갛다', '노랗다', '단단하다', '둥글다' 등의 형용사는 일상적으로 별 어려움 없이 이해되고 사용된다. 우리가 경험하는 장미, 바나나, 박달나무, 달과 태양 등은 그 자체로 빨강, 노랑, 단단함 등의 속성을 지니고 있으며, 우리는 이들 대상에서 일정한 속성을 인지하고 이렇게 인지된 바를 기술하기 위해 형용사를 사용한다고 믿는다. 그러나 일찍이 소크라테스가 통찰하였듯이 빨간 사과, 빨간 장미 등 구체적이고 특수적인 것들과 그들을 빨갛다고 말할 수 있게 하는 요인은 구분되어야 한다. 이 후자는 빨강의 속성 일반, 빨강 그 자체, 빨강의 개념 등 여러 가지로 생각할 수 있는데, 그 어느 것이든 이는 우리가 직접 감각으로 경험할 수 있는 것이 아니다. 빨강의 속성 일반은 구체적이고 특수적인 대상 자체에 있는 것이 아니기 때문이다.

속성 빨강의 존재론적 지위가 여하하든 간에, 우리는 언어의 인도를 받아야만 그 대상들을 일정한 것으로 지각할 수 있으며, 언어적 규정성의 도움을 받아야만 의식 내용이 될 수 있는 것으로 경험될 수 있다. 즉, 언어가 매개되어야만 감각·지각은 실질적이고 내용을 지닌 경험이 될 수 있다. 언어화되기 위해서 이들은 일정한 관점에서 규정되고 기술되어야 하는데, 그런 규정을 위한 형용사는 언어 형성의 초기 단계에서 쉽사리 고안될 수 있는 것이 아니다. 형용사들이란 우리가 경험하는 구체적이고 특수적인 사물들을 일정한 관점에서 비교하고, 그들에게 공통적인 특성을 발견할 수 있을 때에만 등장할 수 있고 사용될 수 있는 것들이다. '장미, 사과, 피, 불, 고추'에서 어떤 이는 빨강이라는 공통된 특성을 발견할 수도 있지만, 어떤 이는 그런 공통적 속성을 찾아내지 못할 수도 있다.

속성이라는 것은 우리가 발견하도록 저기 저편에 놓여 있는 것이 아니다. 속성이란 대상을 어휘에 의해 일정한 방식으로 규정한 후에야 등장한다. 일정한 방식의 언어적 규정을 위해서는 어휘가 고안되어야 할 것이며, 어휘의 고안을 위해서는 관점이 정립되어야 하는데, 이는 사회적이고 공적인 행위이다. 우리는 언어권마다 색깔의 분류가 다르며, 심지어 어떤 언어권에서는 색깔 어휘가 아예 없다는 사실,[1] 개가 짖는 소리도 언어권마다 다르게 묘사된다는 사실들을 유념할 필요가 있다.

동물 은유와 심적 술어의 발명

이른바 감각적인 것으로 여겨지는 속성들의 등장이 이런 언어적 우회로를 거친다면, 심적 상태나 속성을 묘사하는 형용사의 경우는 더욱 문제가 어려워진다. 대체 고대인들은 심적인 속성을 어떻게 발견할 수 있었을까?

---

1 다니엘 에버렛, 『잠들면 안 돼, 거기 뱀이 있어』, 꾸리에, 2009, 225쪽.

아니 속성이나 상태 이전에 먼저 정신이나 마음의 개념이 있어야 할 것인데, 보이지 않는 정신이나 마음을 어떻게 '발견'할 수 있었을까? 어쩌면 발견된 것이라기보다는 고안되거나 발명된 것은 아닐까? 브루노 스넬이 그의 저서에서 답하고자 하는 것은 이런 문제들이었다. 그는 서양 정신의 기원을 추적하는 방안으로 서양에서 가장 오래된 문헌인 호메로스의 서사시들을 분석한다. 그의 분석 결과를 들어보자.

> [희랍인들은] ……모든 생물의 특유한 형태 중에서……확정되지 않은 자신의 감정과 태도를 해석할 수 있는 모델을 발견하고 또 자신의 모습을 비춰보는 거울을 찾아낸다.[2]

> 인간이 자기 자신을 단지 메아리의 형태로만 듣고 이해할 수 있다는 것은 비유를 이해하기 위한 근본적인 점이다.[3]

인간의 행태는 다양하고 복잡하다. 더욱이 인간의 행태는 조건반사적이거나 기계적인 것도 아니며, 어떤 보이지 않는 것이 원인이 되어 결과한 것인데, 그런 행태의 원인이 되는 것은 쉽사리 관찰할 수 있는 것이 아니다. 이에 비해 동물들의 행태는 단순하고 전형적이다. 사자는 용맹하고, 여우는 교활하며, 당나귀는 고집스럽고, 개는 충성스럽다. 고대인들은 이렇게 전형화된 행태를 보이는 동물들을 이용하여 인간의 다양한 행태와 그 행태를 가능하게 한 원인을 묘사하였다는 것이다. 그리고 다양한 행태들을 원인 짓는 것들이 모여서 정신으로 결집되게 된 것이다.

호메로스가 '마치 사자처럼' 어떤 사람이 적을 향해 돌진한다고 말하는 경

2 브루노 스넬, 『정신의 발견』, 까치, 2002, 309-10쪽.
3 브루노 스넬, 위의 책, 307쪽.

우, 우리는 그것을 말 그대로 받아들여야만 한다. 사자와 전사를 움직이게 하는 것은 동일한 힘이다. ……호메로스적 비유의 동물들은 단지 상징에 불과한 것이 아니라, 오히려 생생한 힘의 특별한 담지자(실체)들이다. ……동물 그 자체로 호메로스의 흥미를 끄는 일은 거의 없다.[4]

동물 그 자체는 호메로스는 물론이고 모든 고대인들의 관심사가 아니었다.[5] 자연이나 동물들이 고대인의 관심 대상이 되는 하나의 중요한 이유는 그들의 동작에서 인간의 행태를 발견할 수 있기 때문이었다. 그런데 현대인들은 아킬레스가 사자와 비슷하다고 생각하지만, 고대인들이 보기에는 양자는 비슷한 것이 아니라 **동일한 존재**였다. 그들은 같은 원리에 의해 주재되기 때문이다. 아킬레스는 '마치 사자처럼' 돌진한 것이 아니라, 정확히 말하면, '사자와 같은 존재로', '용맹한 사자의 모습으로', '사자로서' 적을 향해 돌진한 것이다. 호메로스가 이런 식으로 아킬레스의 용맹한 행태를 기술하면서 그가 의도한 것은 아킬레스와 사자를 비유하려는 것이 아니라, 그를 사자와 동일시하려는 것이었다. 그는 아킬레스가 적을 무찌를 수 있었던 것은 그의 안에 있는 **사자적인 힘**, 다시 말해 사자를 움직이는 동일한 힘이 아킬레스의 내부에 있기 때문이라고 믿었다.

정신이나 주체의 개념은 아직 고대인의 의식 속에 자리 잡고 있지 않았다. 그러하기에 그들의 인식관에 따르면 아킬레스가 그렇게 돌진한 것은 그가 주체적이고 능동적으로 용기를 내어서라기보다는 그의 내부에 사자를 움직이는 것과 같은 힘이 내재하기에 가능한 일이었던 것이다. 용기, 고집스러움, 현명함, 교활함, 이들 모두 인간 정신의 특성이라기보다는 자연에 편재한 사자적인 힘, 당나귀적인 요소, 여우적인 어떤 것 등이 인간의 신체에 깃들어 생긴 특성들이고 행태였다. 동물들은 인간 정신의 모습

4 브루노 스넬, 앞의 책, 308-9쪽.

5 아마도 현대인들에게도 동물 그 자체는 관심 대상이 아닐 것이다, 아니 될 수 없을 것이다. 동물 그 자체라는 것이 없는 탓이다.

을 투영해볼 수 있는 거울들이었으며, **동물 비유는 최초의 심적 술어이자 형용사였다**.

고대인들의 사유는 점차 체계화되면서 동물 비유는 신화로 발전한다. 이에 따라 다양한 직능적 신들이 등장하고, 고대인들은 자신의 정신을 신들을 통해 발견하고 이해하게 된다. 우리가 사랑을 하게 되는 것은 사랑의 마음이 생겨서가 아니라, 인간 밖에서 인간사를 주재하는 에로스 신이 우리의 정서를 통제하기 때문이다. 호메로스가 장대한 트로이 전쟁의 서사를 읊을 수 있는 것은 그가 탁월한 시적 능력을 지녔기 때문이 아니라, 뮤즈와 뮈네모쉬네의 도움이 있었기에 가능한 일이다. 그래서 이런 서사들은 인간의 성취가 아니라 신들의 업적이었다. 고대 그리스의 직능적 신들은 인간이 자신을 이해하기 위한 장치였다. 이런 장치는 점차 정령, 조상, 영웅 등으로 변화하면서 문화적이 되고 인간화된다. 그래서 인간의 정신은 동물적인 것에서 신적인 것으로, 영웅으로, 바위로 주거지를 이전하며, 급기야 흙, 공기, 불과 같은 원소에 의해 구성된 자연적인 것으로 변모해 간다. "인간이 자신을 이해하는 에코(울림)가 인간적이 되면 될수록, 그만큼 인간 자신이 인간적이 되어간다."[6]

의암법 역시 동물 비유와 유사하다. 고대인들에게는 아직 마음의 개념이 없었기에 인간 자신의 내부에 의지나 강인한 마음이 있다고 생각하지 못했다. 기원 8세기 호메로스 시대까지도 고대 희랍인들은 후대에 이르러 정신을 의미하게 되는 프시케Psychē를 생명체가 죽을 때 빠져나가는 미세한 공기 입자라 생각했다.[7] 하지만 고대인들도 인간의 다양한 행태를 설명하고 기술할 필요를 느꼈을 것이며, 이런 설명을 위한 개념적 장치로 동물 비유나 의암법을 채용한 것이었다. 고대인들은 지속적이고도 거친 파도와

---

6 브루노 스넬, 『정신의 발견』, 309-10쪽.

7 고대 희랍의 영혼관에 관해서는 E. Rhode, *Psyche: The Cult of Souls & Belief in Immortality among the Greeks*, Harper & Low, 1966, p.6; W. Burkert, *Greek Religion*, Harvard Univ. Press, 1985, p.195; E .R. Dodds, *The Greeks and the Irrational*, The Univ. of California Press, 1951; 남경희, '희랍의 생사관과 서구의 윤리학', 『철학연구』, 2006.

세찬 바람에도 흔들리지 않는 바위에서 의지적이고 강인한 모습의 전형을 본다. 바위가 그런 모습을 보일 수 있는 것은 바위적인 힘이 내재해 있기 때문이다. 그 바위적인 힘은 바닷가 바위에 전형적으로 나타나 있는 것이다. 10년 동안의 오랜 항해와 사이렌 등 온갖 정령의 유혹에도 흔들리지 않는 오디세우스의 모습에서 고대 희랍인들은 바위의 모습을 본다. 그는 단지 바위와 같은 것이 아니라, 일종의 바위이다. 그가 그리 강인하고 의지가 굳건한 것은, 바위를 굳건하고 강인하게 하는 힘이 그에게도 내재해 있기 때문이다. 바위는 인간 의지의 반영상을 볼 수 있는, 자신의 내면의 모습을 비추어볼 수 있는 거울이었다.

자아상의 형성과 반영상

거울이 필요한 이유는 무엇보다 인간이 자신의 모습, 특히 자기 내면의 모습을 볼 수 없기 때문이다. 동물 비유나 바위 비유는 고대인들 자신의 정신을 이해하고 자아상을 형성하는 과정에서 자연스럽고, 나아가 필연적인 과정이라 할 수 있다. 자신의 모습을 보려고 하는 자는 거울을 찾아야 한다. 고대인들에게 그 거울의 역할을 했던 것이 주위 자연의 존재자들, 동물이나 바위 등이었다. 이들 자연물이 거울의 역할을 할 수 있는 이유는 동물이나 바위의 모습에서 인간 정신의 특성이 더욱 집약적이고 단순하게, 다른 특성과 분리되어 전형적으로 드러나기 때문이다. 사자는 용맹함, 수사슴은 비겁함, 당나귀는 고집스러움, 황소는 우직함의 전형이다. 고대인들은 동물들의 이런 태도를 인간의 내면으로 전이하여 인간 정신의 모습을 조탁하고 형성해갔다. 우리는 앞에서 형용사에 대응하는 성질이나 특성이란 쉽사리 관찰되거나 추출되는 것이 아님을 지적한 바 있다. 그것이 심적인 속성이나 상태인 경우에는 더 말할 나위 없다. 고대인들에게는 용맹함이나 현명함의 심적 속성보다는 사자, 여우, 바위 등의 구체적 동물들이 더 관찰하기 쉽고 그 모습이 쉽게 파악되는 것이었다. 전자의 속성들은 보편적이고 추상적이지만 사자나 바위 등은 구상성을 갖추고 있기 때문이다.

심적 속성은 물론이거니와 빨강, 단단함, 시원함과 같은 이른바 감각적 특성도 그것이 일반적이고 보편적인 속성인 한, 직접 감각되는 것이 아니며 어느 정도의 일반화와 추상화가 이루어져야 인지된다. 그러하기에 언어의 도움이 있어야 그들 속성이 '감각' 또는 '지각'될 수 있는 것이다. "인간은 자신을, 자기 행동의 원인을, 자신의 정신을 알고 듣기 위해서는 우선 주위의 구체적인 자연물에서 자신의 반영상을 보아야 하며, 그들로부터 메아리를 들어야 한다." 이것이 동물 비유나 바위 비유에서 가동하고 있는 원리이다.

고대인들에게 비유는 두 대상들 사이의 유사성을 지적하고 기술하기 위한 수사법이 아니었다. 동물 비유나 바위 비유을 통해 인간과 동물, 인간과 바위 둘을 동일시하여 인간의 행태를 설명하고 있기에, 동물과 바위는 인간의 정신을 묘사하기 위한 **최초의 심적 형용사**라고 할 수 있다. 그러므로 그들에게 비유 문장, 특히 은유 문장은 직설적인 기술문이었다.[8] 동물의 행태나 바위의 모습은 인간 자신의 보이지 않는 내면의 모습을 비추어 보는 거울이고, 메아리를 울려 자신의 목소리를 듣게 해주는 울림통이다. 고대인들은 동물이나 바위 등에서 자신들의 반영상을, 자기 스스로는 볼 수 없는 정신의 모습을 발견한다. 자연에서, 바위나 동물에게서 자신의 모습을 보는 것은 '미숙한 원시적' 사고가 보여주는 특징이 아니다.

앞에서 우리는 고대인에게 (아마 현대인에게도 마찬가지로) 동물이나 바위 그 자체는 관심의 대상이 아니었다고 지적한 바 있다. 그들은 오로지 인간 마음의 다양한 특징들의 반영상으로서만 관심의 대상이 되며, 그렇

8 데이빗슨은 은유란 은유적 술어가 문자적으로 의미하는 그대로이며, 그 이상의 은유적 의미란 없다고 논하고 있다. 즉 '베드로는 바위이다'라는 은유는 베드로가 진짜 바위라는 진술이라는 것이다. 그의 이런 논지는 고대적 사고에서는 은유는 최초의 형용사, 형용사의 원형이라는 입장과 상통하는 것으로 여겨진다. D. Davidson, 'What Metaphor Means', in S. Sacks, *On Metaphor*, The Univ. of Chicago Press, 1978 참조.

다고 한다면 이들을 지칭하는 어휘의 의미 속에는 인간 마음의 반영상이 내재해 있다고 할 수 있다. 이것이 동물이나 바위의 이름이 최초의 심적 술어가 될 수 있는 이유이다. 이런 식으로 생각해보면, 모든 자연물의 이름 속에는 인간의 관심사가 투영되어 있으며, 역으로 심적 술어의 의미 속에는 동물이나 바위의 모습들이 반영되어 있다고 생각해볼 수 있다. 최초의 시원적인 어휘들, 그리고 이를 기반으로 하는 모든 어휘들, 인간 행태를 기술하는 어휘들, 동물 등 자연물들의 어휘들은 인드라망의 보석, 거울집의 거울들과 같이 상호 반영적인 관계에 있다. 인간과 자연 간의 상호 조응과 반향은 어휘 생성의 기본 원리이다.

은유의 기초성

우리는 흔히 직유는 직접적이고 단순한 비교인 데 비해, 은유는 간접적이며 세련된 비유라고 생각한다. 그래서 직유가 먼저 등장한 연후에 은유법이 발전했으리라 추정한다. 직유가 더욱 기초적이라는 것이다. 하지만 이상에서 논한 비유의 원초적 기능과 역할에 비추어볼 때, 비유의 원형은 은유이며, 직유는 이 은유에서 자라났다. 다음의 두 문장을 비교해보자.

(A): 아킬레스는 사자였다.
(B): 아킬레스는 사자와 같이 돌진했다.

흔히 비유에서 비유하는 대상과 비유되는 대상 양자는 인식론적으로는 일치하지만 존재론적으로는 오히려 상이한 것으로 생각한다. 현대적 어법에서는 (A)와 (B) 모두가 발언될 수 있으며, 우리는 양자 모두에서 아킬레스와 사자가 분리된 존재라고 생각한다. 그러나 현대에서와 달리, 고대적 어법에서 (B)와 같은 직유적 문장은 아직 발언될 수 없었으며, (A)와 같은 은유적 발언만이 전형적으로 사용된다. 정확히 말해, 고대 원시적 사유에서는 비유의 개념조차 없었다고 말할 수 있다. (B)와 같은 직유가 가능하기 위해서는 비유되는 두 대상 간의 구분이 이루어져야만 하는데, 고대 원시적 사고에서는 인간이 아직 독립적 자아상을 확립하지 못하여 자연으로부터 분리·독립되어 있지 않았기 때문이다. 직유란 독립적인 두 대상을 일정한 관점에서 비교하여 유사성을 인지한 후에 구사할 수 있는 수사이다. 그러므로 이런 비유가 이루어지기 위해서는 먼저 자아에 대한 파악이 이루어져야 한다. 이런 자기 파악을 가능하게 하는 것이 현대 수사학에서 말하는 은유이다. 그러나 이미 지적한 바와 같이, 이들 은유는 고대인들에게는 비유의 일종이 아니라 **직설적 서술**임을 다시 확인할 필요가 있다. 고대인들은 사자나 바위와 같은 자연의 전형화된 모습을 통해 비로소 자신들을 바라보고 묘사할 수 있는 것이며, 그래서 (A)와 같은 발언이 그들에게 자연스럽고 (B)의 직유보다 선행적인 이유이다. 이런 식의 은유에 의해 인간 정신에 대한 파악과 기술이 이루어진 후에, 이를 토대로 인간은 자아상을 수립할 수 있으며, 독립적인 존재로서 이 우주 안에 자리 잡을 수 있게 된다. 그런 다음에도 인간사와 자연 간의 분리가 이루어져야 비로소 직유와 같은 어법이 가능하게 된다.

고대적 관점에서 보면, 은유와 직유는 비유의 두 종류, 한 가지 사고방식의 두 양태가 아니라 전혀 다른 사고방식을 대표하며, 나아가 두 비유는 판이하게 다른 세계관과 인간관을 담고 있다. 호메로스 시대의 동물 비유나 바위 비유는 인간 정신을 발견하고 그 모습을 그리기 위한 통로에 그치지 않고, 존재론적 함의까지 담고 있다. 아킬레스와 사자, 더 일반적으로 인간의 행위와 동물의 행태가 유사한 이유는 이들이 같은 원리에 의해 움직이기 때문이다. 따라서 양자는 그 점에서 동일하다고 말할 수 있다. 양자는 인식적으로만, 단지 유비에 의해서만 연결되어 있는 것이 아니라, 사실적으로, 즉 존재론적으로 연결되어 있다. 이런 동일성 원리에 의해 인간은 이 자연 세계 속에 자신의 자리를 확보하게 된다. 인간은 이제 자연과 우주 안에서 자리 잡지 못하고 낯설어하는 미아, 고아, 사생아, 이방인의 처지를 벗어난다. 동물이나 바위 비유를 통해 인간은 스스로를 자연의 수많은 존재자들과 동일한 원리에 의해 주재되며 그들과 연대적인 존재자로 자리매김하게 되고, 이런 연대성을 통해 인간의 삶은 안정성과 확실성을 얻게 된다. 이런 연대성의 근거를 고대인들은 퓌시스, 프시케, 만나Manna, 오란다Oranda 등 공감적 연속체의 개념에서 찾았다.[9]

근현대인은 인간이 심적 술어에 의해 기술될 수 있다는 사실에서, 즉 인간이 심적인 존재라는 사실에서 동물과의 종차를 찾으며, 이를 통해 세계 안에서 자신의 지위와 자신의 정체성을 확인한다. 정신의 형성기에 있던 인간은 오히려 동물과의 유비를 통해서, 더 정확히는 동일시를 통해서 자신의 자아를 형성하고 자신의 모습을, 그것도 정신을 지닌 자신의 모습을 이해한다. 서구의 정신을 형성해가던 호메로스 시대의 인간들은 인간이 동물과 같은 질서에 있는 존재이며, 그들과 같은 힘에 의해 지배되기에 심적인 존재라고, 용맹하고 영리하며 두려움을 느끼는 존재라고 추론하였던 것이다. 인간과 자연물과의 차이를 강조하는 근대적 사고는 인간 자신의 모습을 형성하는 근거가 되었던 것을 부정하고 있다. 시원적 사고에서 동물 은유나 암유법은 인간이 자연 안에서 자신의 지위를 확보하는 데 매개적인 역할을 하였기에, 그것은 수사법을 넘어서 그들의 핵심적인 존재론이자 인식론이었다.[10] 그리고 그들의 존재계는 상즉상입의 세계, 즉 인간의 마음이 동물의 모습 속에 있고, 동물적인 원리가 인간의 몸과 마음을 주재하는 연기적 세계이다.

은유는 인간이 자신의 정체성을 찾아가는 존재론적 탐구의 한 과정, 자아 모색의 한 과정이다. 토테미즘적 사고는 이런 의식을 조금 더 체계적으로, 그리고 확고히 드러내고 있다. 고대인들은 자신 또는 자신이 속한 부

---

9 F. M. 콘퍼드, 『종교에서 철학으로』; L. Levy-Bruhl, *How Natives Thinks*, Princeton Univ. Press, 1985.

10 브루노 스넬, 『정신의 발견』, 310쪽, "인간은 동물과 자신과의 관계에서 비단 자기의 인식을 위한 지주뿐만 아니라, 또한 자기의 존재를 위한 지주까지도 발견하는 것이다."

족의 존재와 정체성을 확보하는 장치로 토템을 설정하는데, 이 토템이 되는 것들은 대개 동물들이다.

이상을 요약하면, 고대인들은 동물 은유를 통해 세 가지를 성취한다. 첫째, 인간 자신을 기술할 수 있는 형용사, 그것도 심적 술어를 발견한다. 둘째, 이들 형용사를 통해 인간 정신을 발견한다. 셋째, 자연과 우주 안에서 인간의 지위를 확보한다.

고대의 동물 비유는 인드라망의 비유와 어떤 관계에 있는가? 동물 비유는 인드라망의 비유에 대한 우리의 언어적 해석을 지원한다. 동물 비유는 우리 일상어의 근간이 되는 형용사나 동사들이 등장하고 의미를 획득하는 구조나 원리이다. 그리고 동물 비유의 내적 구조는 인간과 자연 간의 상호 반영성이다. 이렇게 보면 인드라망의 비유는 언어 기호들이 의미를 취득하며, 존재자들이 형성되고 자신의 모습을 갖추어가는 구조에 대한 비유로 해석될 수 있다. 언어 기호들은 자신의 정체성을 기호의 영역 밖 외계와의 관계를 통해 확보할 수 없기에, 이런 인드라망과 같은 상호 반영적 관계망 속에서 기의를 축적하고 심화해가며, 존재자들 또한 이런 관계망 속에서 등장해 자신들의 정체성을 만들어가고 주변 타자들이나 이들을 인식하고 규정하는 화자들과의 내적인 관계망을 엮어가는 것이다.

2. 대화적 타자의 필수성

정신의 발견과 대화

동물 비유와 관련된 스넬의 논의에 한 가지 추가할 사항이 있다. 바로 인간이 자신을 알고 자신의 정신을 발견하기 위해서는 동물 비유나 바위 비유가 제공하는 거울만으로는 충분하지 않다는 점이다. 우리가 처음 발견한 정신은 나의 정신이 아니라 타자의 정신이다. 이 점은 우리가 데이빗슨이 말한 자비의 원리를 논하면서도 지적한 바이다. 그래서 정신을 발견하기 위해서는 거울만이 아니라 타인과의 대화가 추가로 필요하다. 그 이유는 나 혼자만이 있을 경우, 거울상이 나의 모습인지, 산울림이 나의 목소리인지 알 수 없기 때문이다. 아킬레스 홀로 있는 경우, 아킬레스의 정신의 모습이 사자의 행태와 유사한지는 알 수 없다. '아킬레스는 사자였다'는 발언은 아킬레스 자신이 발화하는 것이 아니라, 그를 관찰한 타자가 한 말이기 때문이다. 동물 비유나 바위 비유는 내가 타인에 대해, 또는 타인이 나에 대해 사용하는 것이지, 스스로가 스스로에게 사용하는 것이 아니다.

거울을 처음 본 사람이라면 거울상이 자신의 모습이라고 알아채기 어렵다. 그것은 평면적이면서도 입체적인 기이한 존재, 거울 속에서도 살 수 있는 외계인일 수도 있다. 내가 거울상을 나의 모습으로 인식하게 되는 것은 **타인과의 대화**를 통해서이다. 마찬가지로 사자의 행태가 아킬레스가 지닌 정신의 모습과 유사한지 여부는 아킬레스 자신이 아니라, 그를 바라보는 사람이 판단할 수 있다. 사자의 모습과 용맹한 전사인 아킬레스의 모습이 동일하다고 일러준 것은 다른 전사들이었으며, 거울상이 자신의 얼굴이라고 알려주는 것은 타인이다. 그러므로 거울을 거울이게 하는 것, 동물 비유를 반영상이게 하는 것, 메아리를 산신령의 목소리가 아니라 자신의 메아리임을 확인시켜주는 것은 타인이다. 타인이야말로 진정한 나의 거울이다. 아니 타인과의 대화, 즉 언어야말로 우리의 거울, 우리의 모습을 형성해가고 그렇게 해서 정신의 존재성을 확보하게 하는 거울이다.

이제 다시 전통적 언어관—언어는 그림이고, 인식은 세계의 거울이며, 언어는 그 거울에 비친 상을 담는 그릇이라는 입장—이 수용될 수 있을 것이다. 나의 발언에 대한 해석에 기초한 타인의 반응에서 내가 발화한 발언의 의미를 알고 그 의미를 엮어 나의 마음을 형성해갈 수 있다. 언어는 거울이되, 외계의 모습을 반영하는 거울이라기보다는 타인의 내면적 모습을 결정화結晶化하여 반영상을 만들어주는 거울이다. 다른 한편으로 우리의 마음은 타인들의 말을 듣고 거기에 나의 의식 속의 울림을 더하여 나의 말로 반향하는 울림통이며, 있는 그대로의 모습이 아니라 자신의 방식으로 변환된 반영상을 만들어내고 이를 되쏘아 보내는 거울이다.

14장

시 예술과 연기적 공간의 창출

1. 시적 공간의 연기성

시에서 보이는 은유와 반향성

심적 형용사는 은유라는 기제에, 즉 인간과 자연물 간의 상호 반영적 관계에 기대어 등장하였으며, 이를 통해 고대인들은 마음의 세계를 구체적으로 그려 마음을 발견 또는 발명할 수 있게 되었다. 현대적 언어 생활에서 은유의 기제를 가장 적극 활용하는 것, 실로 그것을 본질로 하는 분야는 시 예술일 것이다. 그런 점에서 시는 언어의 본질을 드러내고 있다.

20세기 초반의 논리실증주의자들은 형이상학과 윤리학의 문장들이 시적인 것이므로 사이비 문장이라 비판한 바 있다. 이런 비판의 전제는 언어의 역할을 올바로 수행하는 문장이란 사실 기술적이며 따라서 진위 판정이 가능해야 하는 것인데, 시적인 문장이란 진위 판정이 불가하므로, 언어의 본질에 위배되는 비문장이거나 주변적인 문장이라는 논리이었다. 이제 이런 논리는 전복되어야 한다. 언어는 언어 밖의 진리를 기술하면서가 아니라 상호 반영적 관계에서 의미를 취득한다. 이런 의미론에서 볼 때, 시적인 언어는 언어 기호의 반향적 성격을 원리로 하기에 오히려 언어의 본질을 극적으로 드러내고 있다. 위에서 논한 바와 같이 은유의 상호 반영성이나 일체화의 기능을 감안하여 우리는 시적 작업의 의의를 새로이 규정할 수 있다.

시는 언어의 반향성, 공명성, 연기성이 가장 잘 드러나는 언어 형식이다. 시인은 여러 수사법들, 은유, 직유, 환유 등을 다양하게 사용하면서, 일상적 공간에서는 별로 관계가 없는 어휘들을 시적으로 재배치한다. 이런 수사법들이 시적 메시지를 효과적이고 인상적으로 전하기 위한 인위적인 어휘 구사의 기술이라고 생각하는 것은 피상적인 이해이다. 이들은 어휘들이 본래적으로 지니고 있는 반향성이나 반영성을 현실화하는 작업, 그리하여 언어의 연기성, 나아가 사물들 간의 연기성을 드러내어 우리 삶의 공간을 깊이 하고 풍부히 하거나 새로운 공간을 창출하는 작업이다. 시에서 은유는 임의적인 도구에 그치지 않으며, 시의 본질적 구조라고 할 수 있는 측면이 있다. 은유는 위에서 논한 바와 같이 비유되는 것과 비유하는 것 사이의 상호반향이자 반영을 통한 일체화이며, 시적 작업은 바로 어휘들의 이런 반향성이나 반영성이기 때문이다. 고대인들은 동물 은유를 통해 자신들의 내면세계를 구상화하면서 정신을 형성해갔다. 같은 논리로, 시는 우리의 의식과 주위 세계의 다양한 사물들 간의 은유적 관계를 설정하여 양자가 유사함을 넘어 동일할 수 있음을 보여주는 것으로 우리가 사는 세계를 넓혀가며 깊이를 더하게 하고, 일즉다 다즉일의 전일적 공간이 되도록 한다.

시도 일종의 서사이다. 그러나 좁은 의미의 서사에서와 달리 시에서는 어휘들이 비일상적인 방식으로 조합되어 있다. 시적 조합을 통해 일상적 삶에서는 서로 무관했던 사물들이 서로 조응하고 반향하며 서로의 반영상을 만들어내면서 내적 외적 연관을 맺고, 깊고 넓은 공간을 구축해간다.

우리는 시적인 작업을 일상적 삶이 이루어지는 공간과는 다른 새로운 공간, 즉 **연기적 공간의 창출**로 이해할 수 있다. 정확히 말해서 연기적 공간이 새로이 창출되는 것이라기보다는, 어휘들 내부에 내재해 있는 연기적 힘을 이끌어냄으로써 어휘와 어휘들, 사물과 사물들이 내적으로는 깊은 연관성을 맺고 있음을 보여주고, 그리하여 우리의 일상적 삶의 공간이 연기적임을 드러내는 작업이다. 시 예술은 일상적 삶에서 잊혀 있던 원래적 공간을 상기시키며, 우리의 일상 세계가 새로운 차원과 깊이를 지니고 있는 공간임을 보여준다. 시적인 작업은 존재론적이고 창조적이다. 시적 작업의 기초는 어휘들이 의사소통 공간에서 시원적 언어부터 역사적 과정을 거치면서 누적적으로 형성해온, 어휘들에 내재적인 상호 반향성과 상호 연기성이다.

공간적 연기성

시적 어휘들과 이 어휘들이 기술하고 지칭하는 사물들은 서로를 반영하는 거울로서, 반향하는 울림통으로서 역할한다. 이들이 만들어내는 반영상과 메아리는 일상의 생활 세계와는 전혀 다른 새로운 공간을 구축해 간다. 이는 우리 의식 세계의 기저를 형성하는 시원적 공간과 같은 구조를 지닌다. 우리는 호메로스 시대나 더 이전의 토테미즘 시대에 인간들이 자연을 거울삼아 자신의 모습을 비추어보았다는 점을 유념할 필요가 있다. 선조들은 바위에서 인간의 의지를, 사자에게서 인간의 용기를 보았다. 고대의 시원적 공간에서는 인간과 사자와 바위가 같은 생활 세계 속에서 살았다. 시가 복구하려는 것은 이런 총체적인 연기 공간이다. 시적 작업을 통해 우리는 드넓고 어두운 겨울 하늘에서 임 그리는 우리 마음의 모습을, 시골의 작은 역에서 우리의 내면과 삶의 도정을 들여다볼 수 있다.

동천

서정주

내 마음 속 우리 님의 고은 눈썹을
즈문 밤의 꿈으로 맑게 씻어서
하늘에다 옮기어 심어 놨더니
동지 섣달 나르는 매서운 새가
그걸 알고 시늉하며 비끼어 가네[1]

그믐달이 떠 있는 동지섣달 겨울 하늘은 차갑고 어둡겠지만, 그믐달 달빛이 어두움에 반영되면서 오히려 그 어두움이 선명하게 보인다. 겨울 밤하늘 어두움 속에 떠 있는 그믐달은 그리는 임의 아미蛾眉와 같으며, 시인이 임을 그리는 마음은 매서운 새도 비껴갈 만큼 절실하다. 어두우면서도 선명한 겨울 하늘에서 시인은 임을 그리는 순수한 자신의 마음을 보는 것이다. 마치 호메로스가 사자에게서 아킬레스의 용맹한 행위를 가능하게 하는 용기의 모습을 보고, 바위를 보며 굳건하고 유혹에 흔들리지 않는 오디세우스의 의지를 떠올릴 수 있는 것과 마찬가지이다.

시인이 그리는 임의 눈썹은 그믐달 또는 초승달과 같으니, 그녀는 동양적인 아름다움을 지니고 있을 것이며, 시인의 그리움도 동양적이고 한국적인 것이리라. 우리는 겨울 하늘 그믐달에서 동양적 아름다움을 볼 수 있다. 하지만 동일한 대상이라도 누가 보느냐에 따라 다른 모습으로 나타난다. 사막의 밤을 달리던 모하메드는 같은 모양의 달에서 이슬람의 정신을 보았을 것이다. 한국의 시인이 보는 겨울 하늘의 그믐달은 임 그리는 한국인의 마음을 구체화하고 명확하게 한다. 그믐달은 우리 마음속에 걸려 있는 임의 모습이다. 그믐달이 걸린 겨울 하늘이 구상화하고 반영하는 것은

1 서정주, 『동천』, 민중서관, 1968.

시인 자신만의 마음이 아니라 모든 한국인들이 공유하는 정서, 즉 한국인들이 한국적인 시간을 살면서 오랜 동안 즈문 밤의 꿈을 꾸며 그리워하는 과정에서 형성된 정서일 것이다.

겨울 하늘은 이제 시적 변환을 거쳐 우리를 춥고 외롭게 하는 어두운 공간에서 나의 마음으로 변모하며, 나의 마음은 곧 겨울 하늘이 된다. 시적인 재구성을 통해서 일상의 삶에서는 서로 무관했던 존재자들이 상호 반영하는 존재자가 되는 것이다. 시적 상상력의 날개를 달고서 나의 마음은 높이 비상하여 겨울 하늘 저편으로 날아가며 넓고 자유로워진다. 겨울 하늘은 단지 우리를 춥고 어둡게 하는 물리적 기상 현상에 머물지 않고 우리가 품는 심미적 마음의 표상이 된다. 시인의 마음과 겨울 하늘은 더 이상 분리되어 각자의 세계, 전자는 인간적 정서의 세계, 후자는 기상학적인 세계에 머물지 않고, 상호 반향하고 반영하면서 서로를 연기하고 상즉상입하는 연기적 공간의 일부가 된다.

이 시는 두말할 것도 없이 단순한 사실 기술이 아니다. 그렇다고 시인은 단지 시적인 기교를 부리고 어휘를 선택적으로 구사하여 허구적 아름다움의 세계를 만들어내고자 하는 것도 아니다. 시인이 어휘들의 연출을 통해 상기시키고자 하는 공간은 오히려 진정한 실재의 공간, 과거 토테미즘 시대의 인간과 자연이 공유했던 공간, 호메로스 시대에 거친 바다에도 의연한 바위와 의지 굳은 오디세우스가 공감적 연속체에 의해 연대적이었던 공간과 같은 것이다. 시적 작업에 의해 창출되는 공간은 일상의 공간보다 훨씬 풍부하고 깊으며, 우리 삶을 더 넓은 지평에 위치시킨다. 그 공간은 우리의 정서가 위치하고 있으며, 우리의 정서가 세계 내의 다른 사물들과 상호 감응하는 공간이기에 더욱 실재적이고 구체적이라고 할 수 있다. 이는 새로이 창출된 것이 아니라 우리 일상적 삶의 공간이 지닌 시원적 구조이다.

'인정물정人情物情'이라는 말, 또는 '낯설고 물설고'라는 어귀가 있다. 우리는 사람들에게서만이 아니라 사물에서도 정을 느낀다. 우리는 어떤 자연이나 산수에서는 친근함을, 어떤 풍광에서는 소외감을 느낀다. 우리가 물정을 느끼는 것들은 내 삶의 세계를 구성하지만, 낯선 사물이나 세계는 우리를 튕겨낸다. 낯선 것들은 서로에게 속하지 않는다. 이국의 풍광만이 아니라, 반복적이고 잡다한 일상의 삶도 사물들이나 자연의 피상만 스치게 하며 정을 느끼지 못하게 하는 경우가 있다. 일상의 기계적인 반복에서 모든 것은 의미를 상실한다. 시적 작업, 어휘들의 선택, 어휘와 사물들의 적절한 순열과 조합, 재문맥화를 통해서 사물에 대한 정감과 그리움을 일깨우고, 일상적 삶에서 무의미하게 된 사물의 의미를 되살려 내는 일, 둔감해진 우리의 감성과 지성을 일깨워 어휘와 사물들의 연기성에 눈뜨게 하는 일, 이것이야말로 시 예술이 하는 작업일 것이다.

> 시인은……점점 深大해 가는 사물에 대한 그리움으로 밝힌 한 개의 사랑의 등불을 그 마음속에 켜고, 이 불 속에서 이루어지는 모든 감동의 푼수들을 言語配置의 힘을 빌어 재현해서, 다시 저 食傷난 無味化의 세계에 그 간절한 사물의 그리움을 전파하는 사람인 것이다.[2]

시간적 연기성

이제 겨울 하늘에서 시골의 작은 역으로 옮겨가보자. 「동천」의 시상은 막막한 겨울 밤하늘을 배경으로 전개되는 공간적 연기성이라 한다면, 다음 시는 시골 작은 역에서 밤차를 기다리는 동안 안으로 깊이 침잠해 들어가면서 전개되는 시간적 연기성의 세계를 전개하고 있다.

---

2 서정주, 『한국의 현대시』, 일지사, 1969, 271쪽.

사평역에서

곽재구

막차는 좀처럼 오지 않았다
대합실 밖에는 밤새 송이눈이 쌓이고
흰 보라 수수꽃 눈 시린 유리창마다
톱밥 난로가 지펴지고 있었다.
그믐처럼 몇은 졸고
몇은 감기에 쿨럭이고
그리웠던 순간들을 생각하며 나는
한 줌의 톱밥을 불빛 속에 던져 주었다.
내면 깊숙이 할 말들은 가득해도
청색의 손바닥을 불빛 속에 적셔두고
모두들 아무 말도 하지 않았다.

　　………

그래 지금은 모두들
눈꽃의 화음에 귀를 적신다
자정 넘으면
낯설음도 뼈아픔도 다 설원인데
단풍잎 같은 몇 잎의 차창을 달고
밤 열차는 또 어디로 흘러가는지
그리웠던 순간을 호명하며 나는
한 줌의 눈물을 불빛 속에 던져 주었다.[3]

이 시의 시상이 전개되는 배경은 「동천」에서와는 달리 외진 시골의 작

3 곽재구, 『사평역에서』, 창작과비평사, 1983.

은 역 대합실이다. 그믐 밤 시골의 역, 모두 아무 말도 하지 않고 막차를 기다리고 있으나 차는 오지 않는다. 사평역에서 움직이는 것은 난로에서 불타는 톱밥의 불길, 담배 연기, 쿨럭이는 기침 소리 정도이다. 게다가 밤새 눈송이까지 내리고 있으니 더욱 조용하고 가라앉는 분위기이다.

이 시에서 우리의 상념을 불러일으키는 주요 요소들은 시간성을 지시하는 어휘들이다: 막차, 그믐, 그리움, 순간, 과거에 대한 회상, 오래 앓은 기침 소리, 자정, 어디로 흘러가는지 모르는 밤 열차. 막차는 좀처럼 오지 않지만, 그래서 우리의 마음은 그믐처럼 졸면서 꿈꾸듯이 지난 한 해를 거슬러 올라가고, 과거로, 지나온 세월로, 뼈아프고 낯설지만 그래도 그리웠던 순간들이 여기저기 박혀 있었던 인생살이로 시간 여행을 떠나고 있는 것이다.

시간의 흐름을 거슬러가노라면, 난로 속 톱밥의 불길에서 승객들은 과거의 아픈 체험, 낯선 타향살이, 그리웠던 순간을 들여다볼 수 있으며, 그 순간이 불꽃처럼 환하게 빛났다가 사라졌다는 것을 회상하게 된다. 시인은 겨울날 얼어붙은 유리창의 성에 무늬에서 봄날 라일락의 반영상을 보며, 따스하고 아름답던 시절을 추억한다. 오지 않는 막차를 기다리고 있지만, 그 차가 드디어 도착하더라도 다시 우리를 어디로 싣고 갈지 모르니, 그것은 인생 열차와 같다. 우리는 모두 한 줌의 눈물을 불빛 속에 던져버리고, 어디로 가는지도 모르는 기차를 타고 다시 삶의 여정을 떠나는 나그네들이다.

대합실 밖으로 내리는 눈은 나의 내면으로, 대합실 승객 모두들의 마음속으로 내리는 눈이다. 그리하여 자그마한 역사 안과 눈 내리는 주변 시골, 나아가 그 물리적 공간과 나의 내면 간의 경계는 없어지고 새로운 차원의 공간이 전개된다. 안과 밖, 내면과 외면의 구분이 없는 공간이다. 그 넓고 깊은 공간에서 눈송이들은 타향의 낯설음과 인생살이의 뼈아픔을 덮어버리고 차분히 가라앉힌다. 차가운 눈이 따스하게 우리를 위로하고, 타들어가며 사라지는 불꽃이 과거를 되살린다. 창밖으로 소리 없이 내리는 눈꽃들이 화음 소리를 만들어낸다. 이런 시간에는 시각적인 것이 청각적인 것으로 전화하기도 한다. 시어들이 채우고 있는 것은 종이 한 장의 넓이이지만, 이 어휘들은 수많은 것들을 연기시키며 드넓은 공간을 만들어내고 있다.

이 시의 다양한 어휘들, 시간적 지시사들, 은유들은 겹겹의 울림과 반영상들을 만들어내면서 시를 읽는 우리의 마음을 풍요하고 깊게 하고 있다. 더 중요한 것은 이 시의 어휘들과 이들이 지칭하는 사물들은 그 전체로서 하나의 연기적 공간을 구축하고 있다는 점이다. 감각의 전화, 계절의 교차가 이루어지면서, 이런 공간에서는 차가운 눈이 따스할 수 있고, 이런 시간 속에서는 겨울의 유리창에서 봄날의 꽃을 볼 수 있으며, 이런 세계에서는 시각적인 것이 청각적인 것으로 전환되며 공감각共感覺을 야기한다. 사물들과 우리의 내면이 상호 조응하고 반향하며 반영하면서 인드라망의 보석과 같이 연기적 세계를 만들어가고 있는 것이다. 이 시에서 선택된 어휘들은 시적인 재배치에 의해 법장法藏의 거울집과 같이 또는 인드라망의 보석과 같이 상호 반영적인 것으로 변모한다.

아마 시적 공간만이 아니라, 일상적 생활 세계에서도 눈은 따스할 수 있고, 겨울의 성에가 봄의 꽃일 수 있으며, 내리는 눈송이에서 화음을 들을 수 있을 것이다. 그 이유는 시 예술이나 일상의 언어 생활이 모두 어휘들 속에 내장된 연기적 힘과 상호 조회적 능력에 의존하고 있기 때문이다. 단 시가 창출한 연기적 공간은 일상생활 세계보다 훨씬 깊고 풍부하다. 시는 일상언어가 작동하는 방식을 좀더 극적으로, 집약적으로 보여주고 있을 뿐이다. 언어의 연기성이 없다면, 그리고 그것이 생산하는 사고와 정서의 풍요함이 없다면 우리는 하루도 살아갈 수 없을 것이다. 언어적 연기성이 없는 삶이란 로봇의 삶과 같을 것이리라.

사평은 나주 근처의 조그마한 마을인데 실제로는 기차역이 없다고 한다. 사평역은 시적인 상상력에 의해, 시어들의 연기성에 의해 구축된 공간이다. 일상의 공간에서는 기차역의 구성 요소들, 대합실, 송이 눈, 톱밥 난로, 기다리는 사람들, 담배 연기, 그들의 침묵과 기침소리, 밤 열차, 등등이 그 자체로는 무표정한 것들, 즉 물리적인 공간만을 공유할 뿐 아무런 연관이 없는 것들이다. 시적인 작업을 통해 이들은 서로 긴밀한 관계망을 형성할 뿐 아니라, 우리 의식 깊숙이 들어와 우리가 살아온 삶의 도정과 체험들, 일화들을 비추어 반영상을 만들어내는 거울이 되며, 먼 과거의 기억을 환기시키는 코드 역할을 한다. 그래서 작은 기차역의 모든 요소들과 우리의 시간적 의식은 하나의 총체적인 연기적 세계를 구축해간다. 이 시를 통해서 자정의 한 순간에 과거와 현재, 그리고 올지 안 올지 모르는 미래가 만나며, 시골의 작은 간이역과 승객들의 삶이 혼융되면서 그 모든 것들은 풍요로운 깊이를 지닌 하나가 된다.

시적 감수성으로 세계를 대할 때, 우리 삶의 진정한 공간은 이렇게 모든 것들이 연기적으로 조응하고 반향하는 공간일 것이다. '동천'이나 '사평역'은 우리 삶의 공간 전체에 대한 은유일 수 있다. 은유는 단지 비유, 두 존재자를 은밀하게 또 드러나지 않게 비교하는 것이 아니라 양자를 동일시한다. 그런 동일시를 통해 시의 은유는 언어의 비밀, 존재의 비밀, 우리 정신의 비밀을 열어 보이고 있다.

언어의 연기성

우리는 시에서 동원된 모든 요소들이 어떻게 연기적인지를 좀더 명확히 할 필요가 있다. 앞에서 소개한 두 시 「동천」과 「사평역에서」에는 여러 사물들이 등장하고 있는데, 일상적 삶에서 이들은 사물 그 자체로서는 서로 무관한 사물들이다. 겨울 하늘은 겨울 하늘, 그믐달은 그믐달, 임의 눈썹은 눈썹, 기차는 기차, 난로는 난로, 불꽃은 불꽃, 눈은 눈일 뿐이다. 그것은 기상현상이고, 계절이고, 신체의 일부이고, 교통수단, 난방기구 등일 뿐이다. 그런데 물적이며 서로에 대해 완전히 타자적인 사물들이 서로 조응하고 긴밀한 내적인 관계를 맺으며 연기적 공간을 구축할 수 있는 이유는 무엇인가?

이들은 **언어의 옷**을 입고서, 자신들을 규정하는 기표의 힘을 빌어서 서로 공명하고 조회하고 조응하는 존재로 변할 수 있는 것이다. 위에서 논한 바와 같이 기표는 역사적 존재이며, 다수의 다양한 언어 주체들에 의해 사용되어 오면서 무수히 많은 것들과 맺어진 관계망을 내장하고 있다. 시적인 작업은 어휘 속에 내장된 관계망을 발현시켜, 독자로 하여금 불타는 난로 속 톱밥의 불길에서 과거를, 시골역 대합실에서 떠난 이에 대한 기다림을, 간이역에서 나그네의 모습을 비추어볼 수 있게 한다. 이들 사물을 대리하는 어휘들은 단 하나의 상만을 반영하는 것이 아니다. 이들 어휘가 새로운 문맥에 들어서고 새로운 어휘들과 관계하게 되면, 자신의 내부에 내장되어 있던 무수히 많은 관계망들이 알라딘 램프의 지니와 같이 환기되어 튀어나오는 것이다. 그래서 눈은 따스할 수 있고, 겨울은 봄이 될 수 있으며, 눈꽃은 화음을 발하는 것이다. 이와 같이 하나의 모습을 가진 것이 또다른 상을, 그래서 실로 무수히 많은 상들을 반영하고 다양한 소리들을 울려낼 수 있는 것은 언어의 연기적 힘 때문이다. 그믐달은 동양 미인의 아미일 수도 있지만, 이슬람적 문맥에서는 진리나 유일신일 수도 있다.

시적 배치에 의해 발현되는 어휘들의 연기적인 힘과 관련하여 또 하나 지적할 것은, 시어에서는 추상적 어휘가 잘 사용되지 않는다는 점이다. 왜 추상적인 어휘를 피해야 하는가? 추상어는 구체적인 시간을 산 어휘들이 아니라 사유의 진공 속에 있는 어휘들이다. 이들은 일상적으로 잘 사용되지 않는 어휘들, 안락의자에서, 연구실에서 사용하는 어휘들이기에 일상적 사용례를 불러내고, 환기시키며, 상상하게 하는 힘, 한마디로 연기하는 힘이 없다. 말하자면 골격만 남은 어휘들이다. 시어는 연기하는 힘, 다시 말해 구체적인 정서, 느낌, 상념들, 사건들을 불러낼 수 있는 힘이 있어야 하며, 그런 어휘는 추상어가 아니라 구상적이고 구체적인 어휘들이다. 일상적 삶의 공간에서 사용된 어휘들이 그러하기 때문이다.

2. 시어와 일상어의 반향성

언어의 본질과 상호 조회성

시적 어휘의 울림이나 반향성을 유종호는 '보이지 않은 인용부호'라는 표현으로 지적하고 있다.

> 모든 낱말에는 무수한 선인들이 발음하고 발언했다는 뜻에서 보이지 않는 인용부호가 숨어 있다. 사장된 보이지 않는 인용부호를 특정 문맥에서 되살려 시인은 자기 언어에 풍부한 암시성과 두 겹 세 겹의 울림을 더할 수가 있다.[4]

이와 함께 유종호는 보들레르C. P. Baudelaire의 산문시집 『파리의 우울』에서 첫머리 시 「이방인」이 복음서의 구절들을 반사하고 있음을, 엘리엇T. S. Eliot의 『황무지』의 한 구절이 마블A. Marvell의 「수줍어하는 애인에게」를 조회하고 있음을 지적하고 있다. 이런 조회성은 엘리엇 시 이론의 중요한 일부로서, 실제 그는 『황무지』에 50개의 각주를 붙여, 마블뿐 아니라 신화, 구약, 단테, 셰익스피어 등을 참조하게 하고 있다.[5] 보들레르나 엘리엇은 과거의 인문적 텍스트를 되살려 넌지시 조회하고 시사하면서, 자신의 "언어에 풍부한 암시성과 두 겹 세 겹의 울림을 더할"[6] 뿐 아니라, 자신의 시와 복음서, 황무지와 마블의 시를 상호 조응 · 반향하게 함으로써 더 풍부하고 깊이 있는 시적 공간을 연출해내는 것이다. 나아가 이는 우리 언어의 깊은 내면의 모습임을 알리는 것이기도 하다.

더 근원적이고 일반적인 입장을 취할 수 있다. 우리는 위에서 언어의 반

---

4 유종호, 『시란 무엇인가』, 민음사, 1995, 122쪽.

5 T. S. 엘리엇, 『엘리엇 선집』, 을유문화사, 1968, 128쪽 이하; F. Kermode, *Selected Prose of T. S. Eliot*, Faber and Faber, 1975.

6 유종호, 위의 책, 122쪽.

향성이나 연기성의 근거로 의미 사용론 또는 의미 역사론을 제시한 바 있다. 보이지 않는 인용부호가 숨어 있는 것은 단지 시적인 어휘만이 아니다. 유종호도 잠시 언급하고 있듯이 모든 어휘들에는 보이지 않은 인용부호가 숨어 있다. 아니 모든 어휘들의 사용은 그 인용부호를 기반으로 이루어진다.

우리는 낱말의 의미란 그것이 지칭하거나 기술하는 물상들에 기반한다는 전통 의미론을 비판한 바 있다. 어휘의 의미는 그것의 과거 사용례들이다. 의미 역사론은 시의 차원에서만이 아니라 더 포괄적이고 기본적으로 일상의 언어생활에서도 타당하다. 우리가 한 어휘를 사용할 수 있기 위해서는 그 어휘의 과거 사용례에 대한 기억, 그 어휘가 들어간 타인의 오래된 문장들을 기억해야 한다. 어휘들은 그런 사용례들에 기대지 않고서는, '보이지 않는 인용부호' 없이는, 과거 선인들의 발음과 발언이 없이는, 의미를 지닐 수도 없고, 따라서 사용될 수도 없다. 그런 것은 껍질뿐인 기표에 불과하다. 우리의 어휘 사용이나 언어 생활은 세계와의 관계에서가 아니라 과거의 사용례를 준거로 이루어진다. 모든 일상적 어휘들의 기억 속에는 과거의 사용례들이 압축적으로 누적되어 있으며, 이런 기억이 **언어적 연기성의 기반**이라는 것을 우리는 논한 바 있다. 어휘의 연기적인 힘 없이는 겨울 하늘에서 임 그리는 우리의 마음을 볼 수 없으며, 시골역에서 먼 과거로 시간 여행을 할 수도 없다. 시어란 일상어와 다른 어휘들이 아니며, 단지 시인의 능력에 의해 일상어에 잠재되어 있던 연기력이 발현될 때, 시어가 되는 것일 뿐이다.

이전의 시와 텍스트를 언급하고 시사하는 것은 시어들만이 아니다. 일상의 모든 어휘들은 이미 이전에 발화되고 작문된 수많은 서사와 텍스트를 언급하고 있다. 아니 언어의 전 역사를, 나아가 인간 정신의 전 역정을 조회하고 있다. 한 기표의 사용례들은 그 기표와 함께 우리 의식 깊숙이 각인되어 누적되어 있으며, 그 기표가 적절한 문맥 위에 위치할 때, 그 기표의 과거 사용례들이 환기되기 때문에 어휘들은 공명성을 발휘할 수 있는 것이다. 이미 지적한 바와 같이 어휘들은 고집적 회로를 내장하고 있는 저장장치이다. 이들은 개인의 의식이나 생애보다 더 긴 시간을 거쳐오며 사용되었고, 더 오랜 역사를 산 통시적 존재이기에, 신화 시대, 아니 더 이전인 구술 시대부터의 기억을 담고 있다. '뿌리'라는 어휘를 들으면서 우리는 김수영의 「거대한 뿌리」를, 『용비어천가』의 '뿌리 깊은 나무'를, 또는 세코이아 공원의 3천 년이나 버텨온 나무뿌리를 연상할 수도 있다. 이들은 모두 '뿌리'라는 어휘, 더 정확히는 기표의 의미를 구성한다. 시인은 언어 작동의 기본적인 원리를 좀더 분명하게 이해하고, 어휘들의 연기적인 힘을 가동시킬 수 있는 능력을 지니고 있을 뿐이다. 그래서 '시인은 언어의 기억'이다.[7]

시어만이 아니라 일상적 어휘들 역시 그런 두 겹 세 겹의 울림에, 언어의 연기성에 기초하고 있다. 그러하기에 일상의 언어 활동은 인드라망의 보석들과 같이 중중무진의 반영상을 만들어내며, 우리 의식에 누적되어 깊고 넓은 세계를 형성해가는 것이다. 의식의 특이성, 의식 내부에서의 화학적 변화, 점증적 복합성과 심층성, 고도로 정치·현란함 등은 바로 언어의 이런 과거 조회성과 공명성, 상호 반영성에서 기인한다고 말할 수 있다. 언어가 연기성을 지니고 있기에, 우리의 의식을 새로운 세계로 비상하게 하는 상상력이나 타인을 움직이는 감화력을 발휘하는 것이다. 나아가 논리적 추론을 통해 새로운 명제들을 이끌어낼 수 있는 이유, 그리고 자유, 혁명, 정의 등의 어휘가 대중을 움직이는 이유, 즉 막강한 말의 힘을 설명할 수 있을 것이다.

시는 일상 언어가 작동하는 방식을 더욱 극적이고 집약적으로 보여주고 있을 뿐이다. 우리는 언어의 연기성이 창출하는 연기적 공간 속에서 행위하고 느끼고 생각하며 사는 것이다. 일상의 지극히 단순한 문장을 생각해보자. 가령 '봄날은 간다'와 같은 문장을 생각해보자. 이 문장은 단 세 개

---

7 리카르도 피글리아, 『인공호흡』, 문학동네, 2010, 201쪽.

의 어휘로 구성된 지극히 단순한 서술 문장이지만, 이 단문은 단지 봄이라는 계절이 지나가고 있음만을 기술하지 않는다. 이 문장은 우리에게 다양한 느낌과 풍부하고 마음 속 깊이 자리 잡은 상념들을 불러일으킨다. 사나흘 화려하게 뽐내며 피다가 뚝뚝 떨어져버린 목련, 봄바람에 흩뿌리던 벚꽃의 꽃잎들에 대한 기억들, 그리고 그 따스하고 화사했던 봄날의 설레던 마음, 무엇인가 꽃피우고 싶었으나 이루지 못한 안타까움, 짧은 봄이 속절없이 지나감에 대한 아쉬움, 나아가 우리의 삶도 그런 봄날과 같을 수 있음에 대한 자각 등을 유발하면서, 이 문장은 우리로 하여금 아련한 생각에 젖어들게 한다. 이런 것이 언어의 연기성이다. 언어의 연기성이 없다면, 그것이 가져다주는 사고와 정서의 풍요함이 없다면 우리는 하루도 살아갈 수 없을 것이다. 산다고 해도 목석과 같은 삶을 지속할 따름일 것이다. 우리가 물리적 어휘로만 기술된 세계를 살 수 있을까? 문화란 무엇인가? 왜 우리는 마음을 필요로 하는가를 생각해볼 필요가 있다.

모든 일상의 어휘들은 일종의 은유이거나 은유를 기반으로 한다. 상호조응적이고 조회적인 관계가 없다면 어휘들이 의미를 취득할 길이 없다. 놀이자들이 상호 조응, 상호 반영에 의해 자신의 정체성을 규정해가는 것과 마찬가지이다.

정의定義인가, 반향성인가

이와 관련하여 잠시 한문적 의미론을 참고할 수 있다. 중국적 사고에서 어휘의 의미에 대한 정확한 정의는 관심 대상이 아니었다. 우리는 『논어』와 플라톤의 초기 대화록을 비교해볼 수 있다. 후자의 주인공인 소크라테스는 항상 주요 어휘의 정의를 찾으려고 고심한다. 플라톤의 초기 대화록들은 '경건', '정의', '우정' 등의 올바른 정의를 알기 위해 던지는 전형적인 질문인, "그것은 무엇인가What-is-x?"라는 물음에 의해 주도된다.[8] 이에 반해 공자는 『논어』에서 단 한 군데서도 '인', '의' 등의 주요 개념에 단일한 정의를 내린 적도, 추구한 적도 없다. 제자들이 질문을 던질 경우에도 항상 사례나 문맥만 제시할 뿐이었다. 간혹 '인仁' 등의 의미를 규정하더라도 그 내용은 상황에 따라 다르다.[9] 공자는, 더 일반적으로 중국적 사고는 정확한 정의가 가능하거나 필요하다고 생각하지 않았기 때문이다. 그들에게 중요한 것은 반향성이었다. 한문적 사고에 따르면, 어휘들은 동시적으로는 다른 어휘들과의 관계에서 의미를 취득할 뿐 아니라, 통시적으로는 과거의 전적에서 사용된 사용례의 역사를 자신이 갖는 의미의 일부로 지니고 있다.[10]

3. 연기적 힘의 기초는 기표

시와 일상 언어에서 기표의 주축성

어휘는 다양한 상념을 불러일으키는 매체이지만, 어휘의 연기력에서 주축이 되는 것에 주의할 필요가 있다. 어휘는 [기의/기표]의 두 요소로 구성되어 있다고 이미 지적한 바 있다. 그런데 시적 공간이든 일상 언어의 공간이든, 반영과 울림을 만들어내는 과정에서 주축이 되는 것은 **기의적인 것이 아니라 기표적인 것이다**. 기의가 아니라 기표가 우리 두뇌의 신경망을 튕기고 그래서 마음의 현, 즉 심금을 울리며 다채로운 마음의 음악을 울려낸다.

그 이유는 무엇인가? 기표의 이면으로 존재하는 기의는 고정적이고 일의적이다. 기의는 **기표의 신분증**과 같기 때문이다.[11] 그것은 본질적으로

---

8 *Euthyphron, Laches*, 『국가』 1권 등 플라톤의 초기 대화록들 참조.

9 가령, 『논어』의 「이인」, 「옹야」, 「안연」 등의 장구 참조(仁은 恕이다, 孝悌이다, 禮이다 등등).

10 S. Owen, *Readings in Chinese Literary Thought*, Harvard Univ. Press, 1992, pp.4–5.

11 S. Owen, 위의 책, 11장 4절 참조.

기표들의 사회에서, 즉 기표들의 교환관계에서 기표의 정체성을 확보해주어야 하는 것, 한 기표와 다른 기표를 구분하고, 그들과 맺을 관계를 위한 고정점, 언어 체계 내에서 그 기표의 위치를 알려주는 역할을 한다. 기표는 이런 신분증이 있기에 소리의 흔적 또는 물리적인 필적을 넘어서 언어 세계의 시민으로 다른 기표들과 관계할 수 있다. 기의는 한 기표로 하여금 다른 기표들과의 관계를 통해서 다양한 사용례를 남기고, 다양한 가치 value를 창출하게 하기 위한 장치이다. 한 기표의 기의는 마치 어휘의 사전적 의미와 같다. 기표는 다양하고 구체적인 언어 상황에서 사용되는 데 비해 기의는 이런 사용을 위한 하나의 고정적 준거의 역할을 한다.[12]

한 기표의 사전적 의미는 그 기표를 사용하는 데 필수적이지만 편이적인 것일 뿐이다. 화자가 실제로 다양한 언어 상황에서 사용하는 것은 기표이며, 기표는 이런 사용례를 통해 다양한 관계망이나 가치들을 자신의 것으로 끌어들인다. 우리가 하나의 기표를 사용할 때, 그 기표를 통해 동원하고자 하는 것은 그의 사전적 의미, 즉 한 기표의 기본적인 사항만을 담고 있는 메마른 기의가 아니다. 우리는 기표를 통해 그 기표와 다른 기표들 간의 다양한 관계망을 동원하여 여러 가지 감정, 정서, 과거의 구체적인 상황 등을 환기시키고자 한다. 그래서 한 편의 시를 구축하는 과정에서 시인이 공명성이나 상호 텍스트성을 확보하기 위해 우선적으로 고려해야 하는 것은 시어의 기의라기보다는 기표이다. 위에서 지적한 바와 같이 상호적 울림이나 반영상을 만들어내는 것은 기의가 아니라 기표이기 때문이다. 우리의 신경망에 각인되어 있는 것은 기표이다. 물론 기의나 사용례들 역시 저장되어 있으나 이들은 기표에 의존해서이다.

우리는 기표의 연기적 힘을 사투리에 비유할 수 있다. 한 기표의 기의와

12 유종호 역시 기표의 우위성이나 중요성을 지적하고 있으나(『시란 무엇인가』, 35쪽 이하), 왜 그런 우위성을 점하는지와 왜 중요한지는 설명하고 있지 않다. 나아가 그는 우리가 "어떤 발언이나 진술을 접하고 나서 우리가 기억하는 것은 기호 내용, 즉 기의이지 기표가 아니다"(36쪽)라고 주장하고 있으나, 필자의 생각으로는 우리 의식에 각인되어 있는 것은 기표이며, 우리가 기의를 기억하더라도 그것은 기표를 통해서이다.

그 **기표가 발휘하는 연기적인 힘의 관계란 표준어와 사투리 간의 관계**와 같다. 우리는 다음과 같은 관계를 설정할 수 있다:

기표의 연기적 힘	:	기의
어휘의 사용례	:	어휘의 사전적 의미
사투리	:	표준말
구체어	:	추상어

흔히 시, 특히 좋은 시를 번역한다는 것은 불가능하다고 한다. 역으로 말하면 번역될 수 있는 시는 좋은 시가 아니다. 그 이유는 시의 힘이란 각 언어권에 고유한 기표들의 체계에, 그리고 이들이 환기하고 연기시키는 고유한 사용례들의 연접이나 관계망에 기반하기 때문이다. 한 언어권의 기표 체계를 다른 언어권의 기표 체계로 대체하는 것은 당연히 불가능하다. 그런 시는 모국어의 역사를 조회하고 있지 않은 연기성이 없는 시라고 평가할 수 있다. 그래서 우리는 이렇게 말할 수 있다: 시 예술이란 모국어의 기의가 아니라 **기표를 구사하는 예술이다**. 정확히 말해서 모국어의 기의란, 기표와 독립적인, **순수하게 기의적 차원에서의 모국어란 없다**. 기의란 기표의 사용례나 상호 간의 관계망에 의존해 존재하는 것이지, 기표로부터 완전히 분리되어 독립적으로 존재할 수 있는 것이 아니다. 모국어와 외국어 간의 차이의 기반은 **기표의 차이**이지 기의의 차이가 아니다. 이는 어떤 언어관을 택하더라도 마찬가지이다.

그 이유는 다음과 같다. (1) 전통적 언어관을 취해보자. 그러면 언어 기호에 대응하는 것은 세계 내의 사물이거나 그것이 표상하는 의미체일 것이다. 예를 들면, 한국어 기표 '어머니', 영어 기표 'mother', 독일어 기표 'Mutter', 희랍어 기표 'mether'에 상응하는 대상이나 의미체는 어머니라는 가족의 일원, 나를 낳아주고 길러주는 사람 또는 어머니임motherness으로 동일할 것이다.[13] 그래서 기의적 차원에서는 영어, 한국어, 독일어, 희랍어 등등은 물론이고 동서고금의 차이가 없다. 영어, 독일어, 한국어 등으로 자연 언어들 간의 차별화를 가능하게 하는 것은 기표이다.

(2) 소쉬르적 언어관을 취해보자. 그러면 언어 기호는 [기의/기표]의 구조를 지니고, 기의는 기표와 표리의 관계에 있을 것이다. 그러면 기의 상의 차이는 실질적으로 기표 상의 차이이다. 그러므로 모국어의 기의라는 것이 있다면, 이는 기표와 불가분의 관계에 있다. 즉 기표 체계에 의존적이다. 따라서 모국어의 기표와 별개로 모국어의 기의란, 기의적 차원의 모국어란 없다.

(3) 비트겐슈타인의 의미관이 맞다고 해보자. 그는 기표와 독립적인 것으로서 의미의 존재에 대해 회의적이다. 그의 입장에 따르면, 어휘의 의미는 그 어휘의 사용례들, 더 정확히는 그 기표의 사용례의 연접이고, 그러면 자연 언어의 주축은 어휘 또는 기표가 된다. 한국어 '어머니'의 의미는 '어머니'라는 기표의 사용례 또는 관계망들의 집합이며, 영어 'mother'의 의미는 'mother'라는 기표의 사용례들이다. 그리고 양자는 당연히 다르다. 이들과 별도의 기의란 존재하지 않는다.

모국어는 사투리이다

모국어란, 자연 언어란 항상 기표를 기초로 한다. **모국어는 기표와 그 기표 사용례들의 총체이다**. 우리는 한 자연 언어를 다른 자연 언어로 번역할 때 매개가 되는 것이 기표라는 사실을 유념할 필요가 있다. 이는 모국어성母國語性이란 기의적 차원이 아니라 기표적 차원임을 알려준다. '어머니'와 'mother'는 그 사전적 의미에서[14] 동일할지 모르나, 각각의 사용

13 이런 의미론에 근거해 이상 언어론자들이나 에스페란토어와 같은 국제어를 고안한 자멘호프L. Zamenhof는 다양한 외국어를 없앨 수 있다고 논한 것이다.

상황, 사용례, 가치[15]는 전혀 다르다. 전자는 한국적인 문화 상황에서, 후자는 영어적 상황에서 사용된다. 구체적인 언어 상황 속에서 언어 공동체의 화자들이 **공유하며 사용하는 매체**는 기의가 아니라 기표이다. 한 기표의 기의 또는 그 기표의 사전적 의미는, 미터원기가 표준국 창고나 문서에 있듯이, 언어의 표준국 창고나 사전에 있다. 아마도 모국어는 **사투리의 모습**으로 있을 것이다. 모국어는 말 그대로 어머니와의 관계에서, 구체적인 시공간 속에서 사용된 언어이며, 모국어의 이런 성격은 사투리에서 분명하게 나타난다. 사투리의 연기적 힘을 주제로 한 시를 읽어보자.

제주에서 어멍이라는 말은

정일근

따뜻한 말이 식지 않고 세찬 바람을 건너가기 위해
제주에선 말에 짤랑짤랑 울리는 방울을 단다.

가령 제주에서 어멍이라는 말이 그렇다.
몇 발짝 가지 못하고 주저앉고 마는 어머니라는 말에
어멍이라는 말의 방울을 달면
돌담을 넘어, 올레를 달려, 바람을 건너
물속 아득히 물질하는 어머니에게까지 찾아간다

어멍……, 이승과 저승의 경계를 지나
ㅇ이라는 바퀴 제 몸 때리듯 끝없이 굴리며
그리운 것을 찾아가는 순례자의 저 숨비소리 같은 것[16]

---

14 기의, 정확히는 준거적 의미, 사전적 의미는 말 그대로 사전에 있는 것으로, 아직 사용되지 않은 것이며, 이는 구체적 사용을 위한 준거가 되는 일종의 표준적이고 추상적인 의미이다.

15 소쉬르가 기의와 구분하여 value라 한 것을 가리킨다.

시인은 말, 즉 제주도 사투리의 어휘가 따스하다고 한다. 말, 즉 사투리에는 정서가 담겨 있다는 것이다. '따뜻한 말', 말은 우리의 마음과 같이 따스할 수 있고 차가울 수도 있다. 그래서 말은 마음이다. 말을 알면 사람을 알 수 있다 했다.[17] 우리는 말에, 기표에 우리의 정서를 담아 전한다. 그런데 어떤 말, 특히 사투리의 많은 어휘들, '어멍'과 같은 어휘들은 그 사투리를 사용하면서 살아온 사람들 고유의 시간과 공간에서 형성된 독특한 정서를 담고 있으며, 그와 관련된 다채로운 정서, 느낌, 상념, 생각들을 환기시킨다.

'어머니'나 '어멍'이나 사전적 의미는 동일할 것이다. 하지만 '어머니'라는 표준적 어휘는, 또는 사전적 의미의 어휘는 제주도 사람들에게는 정감적 표현력이나 환기력을 발휘하지 못한다. 표준어는 진공 속에 있는 어휘이다. 표준어로서의 '어머니'는 단지 가족 관계를 분류·구분하고 일정 집단의 여자를 호칭하는 형식적 어휘일 뿐이다. 일상의 어휘란 항상 구체적인 삶의 문맥에서, 우리의 정서, 생각, 태도, 자세, 삶의 조건 등과 연관하에 사용되며, 그 어휘에 대한 기억에는 그런 심적 요소나 체험의 흔적들이 묻어 있다. 사투리는 자성磁性을 지니고 있으며, 이런 자성을 발휘하여 그 여러 요인들을 끌어들여 자신의 내력으로 하고 있다. 그러므로 그 다양한 요소들, 정서, 상념들을 불러낼 수 있는 어휘는 구체적이고 고유한 삶의 환경에서 사용되는 개인적이고 고유한 어휘인 사투리이다.

'어머니'라는 표준어와 '어멍'이라는 사투리의 기의는, 즉 어휘로서의 신분증은 동일하겠지만 기표에서는 차이가 있다. 표준어와 사투리의 차이는 기표의 차이이다. 그러므로 '어머니'라는 표준어와 달리, '어멍'이라는 사투리로 하여금 구체적인 삶의 기억을 불러일으키며, 정서적 충전성을 발휘하게 하는 요인은 사투리의 기표적 차별성이라고 말할 수 있다. 'ㅇ'

16 『애지』 봄호, 애지문학회, 2009.

17 『논어』, 「요왈」, "말을 모르면 사람을 알 수 없다(不知言 無以知人也.)."

이라는 자음을 붙이는 것은 제주도 특유의 방언 형식이다. 제주도 사람들은 말에 방울을 매달아 거센 바람을 뚫고서 멀리 울려 나아가게 하고, 바퀴를 달아 바닷가 올레길을 굴러가게 한다. 'ㅇ'이 종성으로 추가됨으로써 '어멍'이라는 어휘는 어머니라는 어휘보다 공간적인 의미의 전달력이 있다. 이는 방울소리처럼 경쾌하게 멀리 퍼져나간다. 어멍이라는 수레는 바퀴가 달린 양, 세찬 바람에도 돌담을 넘고, 올레를 지나, 심지어 바다 속까지 어머니에 대한 그리운 마음을 전해지게 하며, 어머니가 세상을 떠나 저승에 계시더라도 우리의 그리운 마음을 실어 어머니에게로 순례 길을 떠나게 할 수 있는 것이다. '어멍'이라는 사투리는 어느 때, 순례자의 숨비소리와 같은 것, 하데스로 에우리디케를 찾아가는 오르페우스의 현금 소리와 같은 것이다.

지극히 간단한 하나의 자음이 바퀴 노릇을 하여 우리의 마음을 담아 세찬 바람이 부는 삶의 공간을 굴러서 건너게 하는 힘을 발휘한다는 것은 놀라운 일이다. 어떻게 그런 힘을 발휘할 수 있을까? 그 이유는 그 음절에는 오래된 정서, 어머니와의 관계에서 형성된 오래된 정서가 담겨 있기 때문이다. 그 정서는 제주도에서 산 사람만이 감지할 수 있는 것이리라. '어멍'이라는 어휘는 아방, 할망, 하르방, 바당 등 다른 많은 유사한 어휘들을, 나아가 제주도 고유의 어휘들을 연상시키면서, 그 어휘들에 담긴 느낌들, 상념, 생각, 삶의 모습, 돌 많고 바람 많은 제주도의 삶의 조건들을 떠올리게 한다. 그래서 제주도 사람들에게는 '어머니'가 아니라 '어멍'이라는 기표를 사용해야 고향의 깊고 풍부한 정서나 자신의 마음을 형성한 과거 시간에 대한 그리움을 불러일으키며, 마음의 울림을 만들어내는 것이다. 나아가 심지어는 이승과 저승의 경계도 넘어설 수 있게 하는 것이다.

여기서 사투리에 관한 말을 모두 자연 언어로 이전할 수 있다. 자연 언어, 다시 말해 모국어는 고유의 기억이나 정서를 담고 있다는 점에서 본질적으로 일종의 사투리이다. 모국어란 오래된 기억의 문을 여는 고유한 기표들의 체계, 기표가 환기하는 사용례들의 총체적 집합체이며, 그러므로 한 언어권의 모든 역사, 정신적 역사이다. 우리는 모국어의 기표를 사용하여 우리의 생각, 정서, 느낌, 상념 등을 담아 전달한다. 언어 기호, 기표는 전달 매체이지만 동시에 인간이 발명한 가장 탁월한 저장 매체이기도 하다. 언어는 기억, 그를 사용하며 살아온 모든 사람들의 기억이기에, 기억 없는 언어는 모순 어법이다. 우리는 그 기표에 담겨 전달된 내용을 기억하며, 그 기표는 내용을 압축적으로 담아 우리 의식 깊숙한 곳에 저장한다. 그리하여 훗날 우리가 그 기표를 적절한 문맥에서 사용하거나 들을 때, 우리의 마음은 주문에 걸린 듯 그 기표에 내장된 것들을 이끌어내어 풀어 펼쳐놓는 것이다. 우리가 연기적인 힘이라 말하는 것은 바로 이러한 힘을 가리킨다.

한국에서 영어 열풍이 불고 있다. 조기 영어 교육, 조기 유학, 영어 공용어화 주장에 심지어 대학에서까지 영어 강의를 설치 · 확대하고 있다. 정부는 대학 국제화의 한 지표로 삼고 재정 지원을 하고 있으나, 이는 정신의 본질이나 학문의 국제성에 대한 피상적 이해를 드러낼 뿐이다. 단적으로 학문은 모국어로 해야 한다. 학문을 하기 위해서는 먼저 생각의 힘을 길러야 한다. 생각의 힘이란 무엇인가? 분석력, 종합적 능력, 창의력, 상상력, 개념화의 능력 등을 어느 때는 과감하고 파격적으로, 어느 때는 섬세 · 정교 · 치밀하게 전개할 수 있어야 한다. 생각이란 언어로, 그것도 모국어로 하는 것이다. 생각의 힘을 키우기 위한 기초 중의 기초는 언어의 잠재력을 아는 일이다. 우리는 '어머니' 또는 '어멍'이라는 어휘를 사용하고 들으면서 다양한 상념과 정서를 느끼고 알 수 있지만, 'mother'나 'Mutter'라는 어휘를 들으면서는 단지 그들의 사전적 의미만 인지할 수 있다. 즉 모국어는 깊고 풍부히 알 수 있지만, 외국어는 피상만을 그리고 최소한의 의미만을 알아챌 뿐이다. 외국어로 생각할 때 우리의 사유는 겉돌고 빈곤해질 수밖에 없다. 외국어로 학문하는 것은 한 나라를 고속도로나 간선도로 위에서 차를 탄 채 구경하는 것과 같다. 모국어에는 정서만이 아니라 논리나 세계관이 들어 있다는 점을 유념해야 한다.

모국어란 기본적으로 기표의 체계이며, 그래서 우리는 연기적인 힘을 발휘하는 것은 기표라고 한 것이다. 언어 진화의 긴 과정에서 다양한 심급의 의미들을 끌어모으면서 새로운 의미체를 구성할 수 있게 하는 것은 기표라고 논한 바 있다. 즉 언어 진화의 주축은 기표이다. 시간적인 과정에서만이 아니라, 공간적으로 한 체계 내의 다양한 기표들과의 연기적 관계를 가능하게 하는 것 또한 기표이다.

존재자들의 연기

이상에서 우리는 주로 어휘들 간의 연기성에 관해 논의했다. 이런 논의는 사물들 간의 연기성의 근거가 된다. 우리는 다음과 같은 논변을 구성해 볼 수 있다.

1. 언어적으로 규정되어야 실질적인 존재자이다.
2. 언어적으로 규정되는 한, 존재자는 자신을 규정하는 어휘들의 논리에 의해 주재된다.
3. 그러는 한, 언어가 연기적인 만큼, 존재자 역시 연기적이다.

우리는 사물들의 이름이 사물 자체와의 관계에서 지어지는 것이 아니라, 다른 어휘들과의 관계를 제약 조건으로 한 언어 체계 내에서 지어진다는 점을 확인할 필요가 있다. 그러는 한에서 그 체계의 논리나 다른 어휘들과의 관계는 필연적이다. 가령 물리학의 존재자, 원자, 분자, 현string 등을 생각해보라. 존재자의 이름이 존재 그 자체와의 관계 아래에서 주어지는 것이라 한다면, 그 어휘는 고독하게 허공에서 존재하며, 그 상태로 의미를 지닐 수 있을 것이며, 다른 존재자와도 무연할 수 있을 것이다. 그러나 다른 어휘들과의 관계 아래에서 지어지기 때문에 다른 존재자와 연기적인 관계에 들어서는 것이다.

5부

연기적 세계의 중간성과 마음

15장

인식자의 관점

1. 인식자의 관점과 생존방식으로서의 인식

인식에서 소통 가능성의 조건

앞서 여러 장들에서 우리는 언어와 세계, 언어와 인간 삶과의 관계를 검토해보았다. 전통적으로 언어와 가장 긴밀한 관계를 맺고 있는 것은 정신이나 사유라고 여겨졌다. 언어란 1차적으로 사유의 결과를 표현하고 전달하기 위한 매체라는 믿음 때문이다. 사유 활동에서 가장 핵심적이고 주축적인 것은 인식 활동이고, 언어의 본질적인 역할은 인식의 결과를 표현하고 전달하는 도구라는 것이었다. 여기서 언어 그림론이나 언어 기술론 등이 제안된다. 이런 전통의 입장은 인식은 세계의 모습을 수용하여 표상하고 반영하는 활동이라는 입장, 철학적 인식은 거울이라는 입장을 반영하고 있다. 과연 그런가? 이에 답하기 위해 지금부터 인식의 구조와 인식과 언어 간의 관계를 검토하고자 한다.

서양 철학에서 인식론은 중심적인 위치를 차지한다. 진정으로 존재하는 것, 실재, 진리나 진상, 또는 물 자체에 대한 인식이 서구 철학의, 나아가 모든 학문들의 목표였다. 그런데 대체 인식이란 무엇인가? 인식이란 정신이나 사유의 중심적 활동이고 그 결과는 언어로 표현되는데, 과연 인식과 사유, 인식과 언어 간의 관계는 무엇인가? 언어는 인식에 대해 도구의 관계에 있는 것인가? 인식 활동 그 자체에는 아무 영향을 미치지 못하는 것인가?

인식자 없는 인식이란 있을 수 없다. 그런데 인식자는 항상 자신의 고유한 관점에서 인식한다. 전통적으로 진리 그 자체를 인식할 수 있는 절대 인식이나 신적인 인식을 모든 학문과 인식의 이상으로 삼아왔다. 형이상학에 대한 다각적인 비판이 있어왔지만, 진리, 실재, 존재론과 형이상학 등의 학문이 성립할 수 있다는 믿음이 견지되고 있음은 그런 전통이 아직 살아 있다는 것을 입증한다. 하지만 인간이 절대적 인식의 경지에 오를 수 있을지는 물론이고, 더 근원적으로 절대적 인식자라는 것이 의미 있는 개념인지 회의적이다. 중립적이거나 절대적인 관점에서의 인식 또는 관점 없는 인식이 있을 수 있을까? 전통 인식론에서는 관점을 필요로 하지 않는 인식자를 상정해왔으나 그런 개념은 공허하며, 그런 인식 활동이나 인식자는 인식의 개념에 어긋난다. 절대적 인식자로 신을 생각할 수 있겠지만 신은 인식의 필요가 없으므로 인식할 이유가 없고, 따라서 인식자일 수 없을 것이다.

인식되는 바의 것이 인식자 자신에게 이해되어야 함은 자명하다. 인식 행위의 이런 조건은, 인식 행위를 한편으로는 **관점 의존적**이고, 다른 한편으로는 **인식자 중심적**이며 **현재주의적**이게 한다. 이런 조건에 대한 규명을 통해 인식의 구조와 특성을 살펴보기로 하자.

인식한 바가 인식 내용이 될 수 있기 위해서는 인식틀에 담겨야 한다. 그러하기에 인식된 바는 인식이나 기술 단위에 의해 재어져야 하는데, 인식이나 기술 단위는 측정 단위와 같은 논리적 구조를 지니고 있다. 인식 내용은 동류의 다른 인식자에게 전달되어 그가 이해할 수 있어야 한다. **공유할 수 없는 인식은 실질적인 인식이 아니다**. 따라서 인식 내용을 담을 측정과 기술 단위는 인식자 자신이나 다른 인식자에 의해, 즉 인식 공동체에 의해 공유되고 그들에게 친숙한 것이어야 한다. 이들 단위들은 공적인 매체이다. 그래서 전달되는 인식 내용의 모습이 갖추어야 할 우선적인 조건은, 인식 대상을 반영하는가의 여부보다는 다른 인식자에게 전달되고 인지될 수 있는지의 여부이다. 즉 외계 반영 가능성보다는 타자와의 소통 가능성이 인식의 우선적인 조건이다. 인식의 이런 구조 때문에 인식자는 인식 공동체를 중심으로 하며, 자신이 거하는 현재를 중심 또는 기반으로 하여 인식 대상을 인식하거나 구성한다.

인식자는 구체적이고 특수적인 개체이나, 그는 특수자로서 인식하기보다는 종적인 존재로서 인식한다. 이런 인식의 논리 때문에 주관주의나 상대주의는 원리적으로 불가능하다. 각 인식자의 인식 내용은 상이할 수 있으나 그 내용이 담기는 인식틀은 공유되어 있다. 인식자는 그가 속한 종의 고유한 인식 기관과 틀을 사용하며 나아가 그것에 의존하여 인식한다. 모든 인식자나 인지자는 종의 일원으로서 태어나며, 인식하거나 인지된 바는 소통되어야 하기 때문이다. 그래서 인식된다 함은 인식 공동체에 수용될 수 있음을, 인식 공동체의 다른 주체들에 의해 이해될 수 있음을 함의한다. 인간의 인식틀에서 필수적인 것은 언어이다. 인식이 언어 공동체에서 통용될 수 있기 위해서는 그것이 언어에 담겨야 한다.

인식이 인식자의 관점에 의존적인 이유는 무엇인가? 우선 관점 없는 인식이란, 마치 시점視點 없는 시각적 인지와 같이, 있을 수 없다. 다음으로, 앞서 지적한 바와 같이, 인식은 공유되어야 한다. 인간이 인식한 바는 다른 인간이 이해할 수 있어야 하고, 개미가 인지한 것은 다른 개미에 의해 인지되어야 함은 동어반복적으로 자명하다. 이를 위한 최소한의 조건은 그 내용이 **인식 공동체 고유의 관점에서 인식된 내용**이라는 것이다. 개미 한 마리가 인지한 바는 그나 다른 개미들에 의해 수용될 수 있어야 하며,

그러기 위해서는 종적 존재로서 개미의 제반 조건, 인지 능력, 인지의 틀, 인지 방식 등, 그 특유의 관점에 의존적이어야 한다. 이는 필연적이다.

이해 가능성의 조건은 인식이 관점 의존적이어야 하는 또다른 이유를 제공한다: 관점이 없이는 인식되는 바가 이해되지 않는다. 시각에 의해 지각되는 것은 시각에 의해 수용되고, 시각을 지닌 존재에게 인지될 수 있어야 한다. 그러기 위해서는 시각적 인식은 필연적으로 시각적 관점에서 이루어진다. 시각이 청각의 대상이 되는 것을 인지할 수는 없을 것이다. 역으로 청각이 시각 대상이 되는 것을 인지할 수도 없을 것이다. 인간의 언어적 인식은 언어적 관점에서 이루어진다. 인간이나 기타의 인식자 또는 인지 주체자들은 자연적 진화의 소산으로서 특유의 인식 능력을 지니고 있을 것이다. 각각의 인식 주체들은 그러므로 각각의 인식 능력이 허용한 것만을, 그 인식 주체의 관점에서 이해될 수 있는 것만을 이해할 수 있을 것이다.

인식은 진화적 적응을 위한 기제이다

인식 주체는 동시에 행위 주체이며 **삶의 주체**이다. 인식 능력이란 생존 과정에서 어떤 필요에 의해 형성된다. 전통적으로 철학자들은 인간은 인식자로서 세계 밖에 설 수 있다고 믿어왔는데, 이런 믿음은 수정될 필요가 있다. 우리는 인식에 대해 진화론적 시각을 취할 필요가 있다.[1] 인식 주체나 인지 주체란 외계나 자연이 존재하기 이전부터 이들과 독립적으로 존재해온 것이 아니라, 인식 활동의 대상이 되는 외계가 흐르며 변화하는 과정에서, 생태계가 진화되는 과정에서 등장했다. 인간은 진화의 결과인 자연종의 하나이며, 인간의 인식 능력과 구조는 오랜 진화 과정을 거치면서 외계에 끊임없이 적응하는 과정에서 형성되었다. 따라서 여타 생명체들은

1 이런 시각에서 논의되는 것이 진화론적 인식론이다.

물론이고 인간의 인식 능력도 생존의 필요와 긴밀하게 연결되어 있다. 인간 고유의 인식 능력은 다른 모든 종들의 인지 능력과 마찬가지로, 인간의 생존을 위한 능력일 것이다.

> ……자신이 뛰어오르고자 하는 큰 나무의 가지를 실제로 인지하지 못하는 원숭이는 곧 죽은 원숭이이다. 따라서 그 원숭이는 (멸종했을 것이므로) 우리의 조상에 속하지 않는다.[2]

외계에 대한 올바른 또는 적절한 인식은 생존을 위해 필수적이다. 우리가 알 수 있는 범위 내에서 인식자나 인지자는 인간이나 동물들 이외에는 없다. 이들은 항상 활동하면서 생존을 영위해가는 생명체이다. 동물들의 인지 능력이나 인지 결과가 그들의 생존에 도움이 되지 않는다고 한다면, 그런 인지의 방식을 지닌 종은 이미 도태되어 사라져버렸을 것이다. 즉, 자신의 생존에 도움이 되지 않는 외계 인지 방식을 지닌 종은 더 이상 자연 세계에서 살아남을 수 없는 종이다. 그런 종은 자기모순이다. 이런 일반적인 원리가 인간에 대해서는 예외적이라고 생각할 수 있을까?

인식자는 항상 생존 주체이며, 생존의 조건이란 생존의 주체마다 다르다. 화성인이 있다면 그들의 생존 조건은 우리와 완전히 다를 것이다. 따라서 세계에 대한 그들의 인식 방식은 우리와는 차원적인 차이를 보일 것이며, 그들이 생존을 영위하는 공간 또한 지구인의 공간과는 모습이 다를 것이다. 그들은 자연과 우주를 다른 식으로 구분하고 정리하여, 그들의 우주에는 태양계가 없을 수도 있고 생명의 분류법도 전혀 다를 것이다. 인류사의 현 단계, 100년간에 이룬 물리 · 천문학적인 지식이 4~50억 년의 역사를 지닌 우주의 질서를 반영한다고 보는 것은 무리이다.

일정한 인식 또는 인지 방식을 생존 방식의 한 특징으로 하는 생명체는

---

2 에른스트, 피셔, 『또 다른 교양』, 이레, 2006, 465쪽에서 재인용.

오랜 진화의 과정에서 생존 능력을 테스트 받아 성공한 존재이다. 그 특정한 인식 방식은 그들의 생존에 기여했을 것이다. 인식이나 인지가 **생명체의 활동에서 중심적인 위치를 차지한다**는 점을 감안할 때, 그 일정한 인지 방식이 그들 생명에 무관하거나 저해 요인이었다면, 그들은 이미 도태되어 사라져버렸을 것이다. 인간의 인식 능력과 활동은 진화의 결과이며, 인간의 생존과 본질적 관계에 있다. 인간의 인식은 인간의 생존에 기여해야 하며, 실제로 그런 기여를 해왔기에 인간이라는 자연종이 살아남은 것이다. 그러므로 생존에 기여하지 않는 인식 활동이란 인식의 기원과 존재 이유에 배치된다.

여기서 인식의 개념을 재규정할 필요가 있다. 인식이란 일종의 **적응 과정**이다. 동물의 세계에서 인지 능력이 인지한 바는 외계를 있는 그대로 반영한 것이라기보다는 어떤 식으로든 **외계와 적합적 관계를 유지하는 과정**에서 형성된 것이다. 인간을 포함해, 살아남아 존속하는 자연종들의 생존 방식은 주위 생태계와 적합적 관계에 있다. 각 종들의 인식 또는 인지의 방식은, 그리고 그 방식에 의해 인지된 세계의 모습은 그들 생존 방식의 일부이다. 그러므로 각 자연종들의 삶의 세계는 그들 각각이 지닌 생존 방식의 일부이다.

2. 존재자의 모습과 언어적 인식

인식, 모습, 존재

인간의 삶은, 아니 모든 생명체의 삶은 주위 세계가 질서 잡혀 있기를 요청한다. 생명체란 일종의 질서이므로, 그들의 생존 역시 어떤 질서에 따라 영위된다. 따라서 생존의 공간은 질서 있는 것이어야 한다.[3] 생명체와 외계 간의 이런 관계를 우리는 적합적 또는 적응적 관계라 부를 수 있다.

생명체의 이런 구조는 세계를 질서 있는 것으로 간주하고, 여기에서 세계에 대한 인식의 필요성과 가능성, 현실성이 생기는 것이다.

세계에 질서가 있거나 있어야 한다면, 질서를 위한 필수적 요건은 무엇인가? 가장 중요한 것은 **모습이나 질quality의 존재**이다. 모습이나 질이 없으면 질서가 확립될 수 없다. 질이란 질서를 위한 고정점이나 매듭의 역할을 하기 때문이다. 우리는 대상의 모습이나 질을 대상 자체가 지니고 있는 것이라 생각한다. 그리고 인식이란 대상 자체의 모습을 파악하는 것이라고 믿는다. 대상의 자체적 모습이란 전통적 인식관의 핵심적 일부이다. 우리는 이런 인식관이나 모습관이 안고 있는 문제점을 지적한 바 있다. 모습을 지닌 존재자와 질서 잡힌 존재계가 생성되기 위해서는 **관점을 지닌 인식자의 등장**이 필수적이다. 중요한 것은 이점이다. 모습이란 항상 인식자를 전제하고서만 의미를 지닐 수 있는 개념이다. 존재자의 모습이란 항상 인식된 것으로서 존재자의 모습, 그것도 동류의 인식자들에게 공유될 수 있는 객관적인 모습이다. 인식자가 없다면 구태여 존재자가 모습을 지녀야 할 이유도, 필요도 없을 것이기 때문이다. 모습과 인식자의 개념은 논리적으로 연결되어 있다. 다른 한편으로 그 모습을 알 수 없거나 아예 모습을 지닐 가능성이 없는 존재자는 진정으로 의미 있는 존재자라 할 수 없다. 다음 두 표현을 비교해보자.

(가): (∃x) Fx ("F인 x가 있다")

(나): (∃x) x ("x가 있다")

양자 간의 차이는 x가 규정적인 것, 술어를 지닌 것, 또는 모습을 지닌 것인지의 여부에 있다. 하지만 이 차이는 술어 규정의 유무 이상의 차이를 만들어낸다. 논리적으로 '(∃x) Fx'는 의미 있는 명제이나 '(∃x) x'는 무

---

3 질서 잡힌 세계관은 생존을 위한 지도이다. 본서 17장 2절 참조.

의미한 명제, 다시 말해 비非명제이다. 즉 모습이 없는 것, 알 수 없는 것은 그것이 존재한다고 주장해도 별 의미가 없다는 뜻이다. 다시 말하면, 모습이 없거나 알 수 없는 존재는 실질적으로 허무와 같다(모습과 존재 간의 관계). 그렇다고 한다면 존재자란 항상 인식의 대상으로서, 인식의 가능성을 지닌 것으로서만 의미를 지닐 수 있다(존재와 인식 간의 관계).

그러면 정신이나 인식의 행위, 인식자는 태초부터 있었는가? 창세기의 설화나 전통적인 철학은 인식 능력을 인간의 근원적인 능력으로 상정하고 있지만, 인간이 인식자가 된 것은 진화의 결과, 더 정확히는 정신사적 발전의 결과이다. 아마도 인간을 인식자의 지위에 오르게 한 주요 계기는 **오류의 개념과 객관성의 이념**일 것이다. 인식의 이념과 객관성의 개념은 서로 영향을 주고받으며 형성되었을 수도 있다. 동아시아의 인식 이념은 서양과 상당히 다르다고 할 수 있는데, 그런 차이가 있는 이유 중 하나는 오류의 개념도 희박하고 객관성의 이념도 희미하기 때문일 것이다. 객관성의 이념은 아테네 광장에서의 토론과 논증에 대한 요구, 더 근원적으로는 서구적 언어의 특색, 특히 존재(be) 동사, 인식적 비관주의 등과 밀접하게 연관되어 있다.[4]

객관성의 이념은 존재 그 자체라는 개념을 형성하게 한다. 플라톤 이래 전통적으로 존재의 개념이 자체성을 함의한다고 보았다. 이런 개념 내용을 감안할 때, 존재 그 자체, 물 자체라는 개념은 중복적이다. 플라톤이 실재를 규정하는 전형적인 표현은 '자체적인 것kath' auto'이란 개념인데, 그가 그런 표현을 사용한 이유는 '이상적 인식'의 조건을 규정하기 위해서였다. 이상적 인식의 대상이라는 것이 있다면, 이는 다른 것에 의존하지

4 동아시아적 사고에서 논리적 논증에 대한 요구가 강하지 않았다는 것은 일반적으로 지적되는 사항이다. 동아시아의 인식적 낙관주의에 관해서는 D. N. Keightley, 'Epistemology in Cultural Context: Disguise and Deception in Early China and Early Greece,' in S. Shankman, & S. W. Durrant, eds., *Early China/Ancient Greece: Thinking Through Comparison*, SUNY, 2002; G. E. R. Lloyd, *Adversaries and Authorities*, Cambridge Univ. Press, 1996 참조.

않고 스스로 존재하는 그런 것, 즉 자립적인 것이어야 한다. 서양 철학사가 전개되면서 이런 이념은 본질, 실체, 궁극적 존재, 절대자, 원자, 단순자 등의 개념으로 이어진다. 하지만 방금 지적한 바와 같이, 존재자란 그것이 모습을 지니는 한, **본질적으로 인식될 때만 모습을 지니고 존재할 수 있다**. 그러므로 본질적으로 존재자란 자체적으로 존재할 수 있는 것이 아니다. 그렇다면 플라톤 이래 서구의 인식론자들이 설정한 인식의 이상이란 논리적으로 부조리한 개념으로, 그들이 설정한 인식의 이상이란 실질적으로는 **인식의 종언**을 의미한다. 인식은 항상 인식자의 인식이고, 그렇기 때문에 특정의 여건에 의해 제약되게 마련이다.

대상의 객관적 모습과 언어

모습과 관련하여 중요한 것은, 무엇의 모습을 최종적으로 승인하는 것은 언어라는 사실이다. 모습이 의미 있기 위해서는 객관적이어야 하는데, 모습의 객관성은 언어의 옷을 입어야 확보할 수 있다. 언어적 규정에 의존하지 않고 모습의 객관성을 확보할 수 있는 다른 방법이 있을까? 전통적으로 객관성의 개념은 주관성과 대비되는 것이었으며, 그런 대비적 관계에서 모습의 객관성이란 주관성을 넘어서는 차원에서 확보될 수 있다고 생각해왔다. 그런 차원에서 철학자들은 객관성의 지평으로 초월적이거나 신적인 세계 또는 선험적 차원을 상정하였다. 그러나 그런 차원은 오히려 경험을 넘어선 것으로 인식자들이 합의할 수 있는 공적인 기준을 구비하고 있지 못하기 때문에, 모습의 객관성을 확보하기보다는 오히려 제거해 버린다. 그러므로 객관성에 대한 전통적인 관념은 포기되어야 한다. 한 대상의 모습이 어떻게 인지되었든 간에, 그것이 감각이나 사유 또는 경험의 어떤 인식 과정을 거쳐서 얻어졌든 간에, 객관적 모습을 최종적으로 승인해주는 것은 인식 공동체의 소통매체인 언어이다.

모습의 객관성이 언어를 통해서 표현되고 표현된 모습이 언어 주체들 간에 합의됨으로써 비로소 확보되는 것이라면, **존재자의 객관적 모습**은 사회적이라 말할 수 있을 것이다. 우리에게 가능하고 의미 있는 객관성이란 간주관적 객관성이다.

심적인 것과 언어

객관적 모습의 언어 의존성과 깊이 관련되어 있는 것은 **심적인 것의 지위**이다. 진정으로 전통적인 의미의 '심적인 것' 이 있다면, 이는 신체적인 것과 대비되며, 나아가 내적이고 사적이어야 한다고 믿었다. 정신이 신체와 대조적이라는 생각은 플라톤 이래의 굳건한 믿음이며,[5] 정신이 사적으로만 접근할 수 있다는 견해는 데카르트 이래로 서양 철학의 강령이었다. 그러므로 그것은 물리적인 것이나 신체적인 것과는 달리, 스스로는 자신의 모습을 타인에게 드러낼 방도가 없다. 통상적으로 심적인 것은 마음을 지닌 자가 내관을 통해 직관할 때 비로소 그 존재가 확인될 수 있다고 믿어져왔다.

심적인 것에 대한 이런 견해는 논리적으로 심중한 문제점을 안고 있다. 심적인 것이란 주체가 내관을 통해서만 인지할 수 있다면, 그 모습은 물론이고 존재 여부를 객관적으로 확인할 길이 없기 때문이다. 내관을 하는 자가 착각에 빠져 있을 수도 있으니, 타인은 물론이고 주체 자신조차 심적인 것의 존재 여부를 객관적으로 확인할 수 없다. 설혹 어떻게든 해서 객관적으로 확인할 수 있는 방법이 있다고 하더라도, 여하튼 그것의 모습은 언어적으로 규정되어야 한다.

심적인 것은 자신의 모습을 드러내기 위해서 언어에 의존해야 한다. 그것은 오직 언어의 옷을 입어야만 객관적인 모습을 확보할 수 있고, 나아가 그것이 어떤 식으로 다른 것들과 관계하는지도 오직 언어를 통해서만 드

---

5 Platon, *Phaidon*, 78b-84b 참조.

러날 수 있다. 그렇다고 한다면, 심적인 것의 존재 방식 역시 공적이고 사회적이며, 심적인 것이 존재하는 거처는 내밀한 주관 내부가 아니라 객관적이고 언어적인 지평이라고 할 수 있지 않을까? 그래서 심적인 것은 내적이고 사적인 것이 아니라, 공적 지평에 드러나 있는 것이 아닐까? 오히려 신체야말로 타인과 공유할 수 없는 것이므로, 진정한 나만의 것으로 사적이라 말할 수 있다. 그러나 마음은 오히려 그 존재와 모습을 나 혼자 확인하고 주장할 수 없으며, 언어의 옷을 입어야 드러나는 까닭에 오히려 공적인 것, 타자의 인식과 동의에 의존하는 것이 아닐까?

심적인 것의 객관성 확보를 위해 행태주의를 취할 수도 있을 것이다. 심적인 것이 언어가 아니라 행태를 통해 객관적인 모습을 갖출 수 있다는 것이다. 그러나 그런 경우에도 행태의 일의적이고 객관적인 모습은 언어를 통해서 규정되어야 드러나며, 특정의 행태가 심적인 것들 중 어떤 것의 표현일지는 역시 언어적으로 규정되어야 하므로 사정은 변하지 않는다. 사실상 심적인 것이 언어 의존적일 수밖에 없는 이유는, 근원적으로 심적인 것이 언어를 기반으로 상정되기 때문이다. 이에 관해서는 앞에서 논한 바 있다.

3. 혼돈에서 질서를 창출하는 인식자

무질서에서 질서로

어떤 대상이든 모습이 있어야 인식되며, 어떤 세계든 질서가 있어야 하나의 세계로 인식될 수 있다. 대상의 모습과 세계의 질서는 인식의 전제조건이다. 외계가 모습과 질서를 지니고 있지 않더라도 인식의 행위가 이루어지기 위해서는 인식자나 인식 활동은 그 무정형적인 대상과 혼돈스러운 세계에서 모습과 질서를 창출해야 한다. 무규정적인 것에서 어떻게 규정성이, 모습이 없는 것에서 어떻게 형상이, 철저히 혼돈스러운 것에서 어떻게 질서가 발견 또는 생성될 수 있는가? 무정형적인 것에 형상의 가능성이, 혼돈 속에 질서의 잠세태가 내재되어 있다고 볼 수 있는가? 정의상 혼돈이란 현실적으로는 물론이고 가능적으로도 질서를 생성시킬 수 있는 요인을 가질 수 없다.

우리는 모습과 질서의 생성을 **인식자의 관점**이라는 개념을 사용하여 설명할 수 있다. 인식이란 인식의 내용이 있어야 하며, 인식의 내용은 최소한의 규정성과 질서를 지니고 있어야 한다. 위에서 논한 바와 같이 인식자는 항상 자신의 관점에서 자신이 이해할 수 있는 방식으로 대상을 인식하므로, 인식자는 필연적으로 자신의 인식틀과 관점을 동반할 수밖에 없다. 바로 이 틀과 관점이 그 혼돈에서 어떤 질서를 생성시킬 수 있는 단서가 될 수 있다.[6]

인식자의 개입이 무질서에서 질서를 창출하는 구체적인 사례를 들어보자. 이들의 사례는 질서의 등장에서 인식자의 중요성이나 중심성을 보여준다. (1) 쇳가루가 뿌려져 있는 곳에 자석을 놓으면, 자석의 자력은 혼돈스럽게 흩어져 있던 쇳가루에 영향을 주어 이들을 일정한 방식으로 배열되게 하는데, 그 자장의 질서는 그 자석을 중심으로 이루어진다. 인식자가 주위 세계에 가하는 영향력은 자석과 유사하다. 자석이 무질서한 쇳가루의 더미에서 자장을 형성하여 일정한 질서를 지니게 하듯이, 혼돈 속에 인식자가 들어서면서 질서나 일정한 정형이 출현할 수 있다. 자석은 자신이 지니고 있는 특별한 성질을 기반으로 하여 쇳가루를 자장의 형태로 배치하는 것으로 볼 수 있다. 유사하게 인간이라는 인식자는 자신의 인식 구조, 특히 자신의 의식이나 믿음을 배경으로 타자의 음성이 지닌 메시지나 외계의 모습을 구축할 수 있다. 이것이 바로 해석의 구조일 수 있다.

---

6 아마도 이것이 칸트의 선험적 구성주의의 기본 착상이라 생각된다. 비트겐슈타인의 규칙 준수의 역설도 유사한 구조를 지니고 있다.

(2) 색맹판은 인간과는 다른 시각 구조를 지닌 동물들이나 색맹인에게는 혼돈이다. 그저 무질서하게 흩어져 있는 색점들의 집단일 뿐이다. 그 속에서는 아무런 규정적 형상이나 질서를 발견할 수 없다. 동물들이나 색맹인의 시력이 그 속에서 어떤 유형을 발견할 수 있는 틀, 색을 구분할 수 있는 틀을 지니고 있지 않기 때문이다. 그러나 정상적인 색 구분 능력을 지니고 있는 사람이 보면 그 속에서 숫자나 도형이 드러나기 시작한다. 이런 사실에서 우리는 색맹판의 숫자나 도형이 우리의 색 구분 능력과 밀접한 관계를 지니고 있다는 것을 추론할 수 있다. 그 관계는 적합적 관계이거나 발현의 관계일 수 있다.

혹자는 그런 형상은 이미 그 색맹판에 있었기 때문에 그 사람이 발견한 것이며, 색맹인은 그의 시각 능력에 장애가 있기 때문에 그 속에서 숫자나 도형을 파악하지 못했다고 주장할지도 모른다. '색맹色盲'이라는 어휘는 그런 평가를 담고 있다. 그러나 그렇다고 한다면, 인간과 다른 시각 구조를 지닌 다른 동물들도 그 시각에 장애가 있다고 해야 할 것인가? 당연히 그렇지는 않을 것이다.

인식 단위의 자의성과 절대성

비유가 아니라 혼돈에서 질서가 창발되는 구체적이고 실제적인 사례를 들 수 있을까? 혼돈에 질서를 주기 위해서는 인식틀이 필요한데, 인간의 인식틀은 무엇이든 간에 언어를 기반으로 한다. 그런데 언어 기호가 자의적이듯이, 어휘들 역시 외계에 대해 자의적이다. 인간의 통신 매체는 언어인데, 인간의 언어는 동물들의 통신법과는 달리 생득적이 아니라 학습되어야 한다. 동물들의 경우는 동일한 자연종에 속하는 개체들 사이에 생득적인 공동의 통신 매체가 존재하지만, 인간에게는 그러한 생득적인 공동의 매체가 존재하지 않는다. 물론 음성적 기호를 사용한다는 점에서는 공통적이지만, 그 기호들의 의미나 용법은 언어권마다 다르다. 이런 차이 때문에, 인간들 사이의 통신 매체는 기존의 언어 주체들 사이에서는 합의된 자연 언어의 모습으로, 기존 언어 공동체에 새로이 들어서는 신입자에게는 자의적이면서도 절대적인 모습으로 존재한다.

저기 저편에 있는, 모양은 둥글고, 밖의 색은 빨강이나 속은 하얀 것, 맛은 시큼하고 달콤한 것을 무엇이라 규정할지는 공동체 내부에서 합의되어야 한다. 그것은 '과일', '둥근 것', '안과 밖이 다른 것', '사과', '유혹적인 것', '선악과' 등등 무엇으로도 불릴 수 있다. 도라지는 한국에서는 나물이지만 서양에서는 그저 야생 잡초일 뿐이다. 한국어는 색깔 어휘가 발달해 있지만, 아마존 밀림의 파다한족 언어에는 아예 색깔 어휘가 없다고 한다.

인간 언어의 모든 요소들이 세계를 재는 가장 기초적이고 포괄적인 측정 단위이지만, 역사가 전개되면서 좀더 체계적이고 조직화된 측정 단위가 등장한다. 인류학자들의 보고에 따르면, 고대 원시사회의 토템 체계는 우리가 확인할 수 있는 가장 오랜 분류 체계라고 한다. 이 토템 사상은 간단히 말하면, 자신들 또는 자신의 부족과 동일시되는 토템을 중심으로 사회, 자연, 우주의 분류 체계를 구축하고, 나아가 이 토템 체계를 측정의 준거로 하여 다른 모든 것들, 부족, 우주, 자연, 방위, 나아가 규범까지 측정하고, 구분 · 분류해 나간다는 것이다. 토템은 고대 원시사회에서 사회관, 우주관, 자연관, 규범관의 확립을 위한 가장 기초적인 틀을 제공한다. 나아가 그들의 세계관과 모든 규범체계를 위한 최종적인 정당화 논거이기도 하다.

그런데 토템 체계 자체는 고대인들 삶의 중심이며 모든 분류의 주축이자 기초적인 측정 단위임에도 정당화의 논거가 없다고 한다. 그들이 왜 특정한 토템을 자신들의 토템으로 하였는지에 대한 이유가 없다. 고대 원시 부족들에게 중요한 것은 토템의 정당화 논거가 아니라, 그 자신의 부족을 그 토템과 동일시함으로써 자신들과 다른 부족을 구분하고, 다른 모든 구분과 분류 체계의 출발점으로 삼을 수 있다는 사실이다. 가령 곰을 토템으로 하는 부족은 곰의 특성을 지니고 있어서 곰을 모시는 것이 아니다. 설혹 그런 경우에도 그런 이유는 부차적이고 사후적인 논리일 뿐이다. 그들에게 중요한 것은 그와 동일시함으로써 자신들을 다른 부족과 차별화할 수 있다는 사실과 이를 원리로 다른 모든 구분과 분류 등을 행할 수 있다는 점이다. 고대의 원시적 사유는 어떤 식으로든 자신과 다른 부족들, 자연의 세계를 구분하고 분류하여 정리할 필요를 느꼈을 것이고, 이를 위한 중심적인 준거틀이 필요하기에 특정한 토템을 상정한 것이다. 그렇지 않으면 삶의 노력을 경주할 수도, 행위를 수행할 수도 없기 때문이다.

무엇을 자신들의 토템으로 할지는, 가령 자신들의 토템을 곰이나 호랑이 중 어느 것으로 할지의 여부는 합리적 숙고나 토의의 대상이 되지 않는다. 그것은 자의적인 것이다. 하지만 자의적 선택에 의한 것이든, 강제적 주입에 의한 것이든, 일단 채택된 후에는 공동체 구성원들이 그 공동체의 일원으로 머물러 있는 한, 그 토템을 수용하여야 한다. 그런 점에서 고대 원시사회에서 모든 것을 구분 · 분류하며, 고대인의 행동을 규제 · 인도하는 원리는 자의적이고, 그러하기에 오히려 절대적이다. 이런 절대성을 프로이트는 '관념의 전능성'이라 부른다. 토템 체계는 자의적으로 채택되었지만, 일단 채택된 후에는 부족의 정체성을 확보해주며 혼돈스럽고 무질서한 자연의 세계에서 **질서를 창출할 수 있는 원리의 역할을 한다**. 그리고 그런 역할을 하면 충분한 것이다. 그것이 자신들이나 세계와 유사한지 어떤지 그 여부는 거의 상관이 없다. 그들의 자연관, 사회관, 규범관 등은 절대적으로 정당한데, 그 이유는 이들이 그들 자신이 절대 수용하는 토템 체계를 준거로 한 구분이며 분류이기 때문이다.

규칙 준수의 역설

비트겐슈타인의 『철학적 탐구』에 규칙 준수의 역설이라 불리는 것이 있다. 그 내용은 다음과 같다: 규칙은 어떠한 행위의 방식도 결정하지 못하는데, 그 이유는 모든 행위의 방식이 규칙과 부합하게 할 수 있기 때문이며, 그러면 그것은 다시 규칙과 갈등하게도 할 수 있기 때문이다.[7] 이의 의의에 대해서는 학자들마다 해석이 다르다. 우리는 또 하나의 해석을 추가하여, 이 역설에서 혼돈으로부터 질서가 생성되는 방식을 모색해볼 수 있다. 이 역설의 메시지는 다음과 같이 해석할 수 있다: 하나의 모습으로 보이는 것은 무수히 많은 것들의 모습일 수 있으며, 역으로 무질서하여 어떠한 모습도 지니지 않는다고 여겨지는 것도 질서 있는 것으로 볼 수 있다. 즉 인식자의 관점만 정립이 되면, 혼돈으로부터 그 어떤 질서도 이끌어낼 수 있으며, 하나의 모습도 관점을 달리하면 무수히 다른 모습으로 보일 수 있다.

예를 들면, 수의 계열

G: 1, 2, 3, 4, 5……

는 일정한 하나의 모습을 지니고 있는 것으로, 즉 일정한 하나의 함수를 예화한 것으로 생각된다. 그래서 유한 수의 정수 계열 G를 보여준 후에, 학생에게 5 다음 여섯 번째의 숫자를 제시하라 하면, 대개는 6을 제시한다. 그는 이 수의 계열이 계속 하나를 더해가는 정수의 계열을 전개하는 함수의 일부로 생각하고 있는 것이다. 즉

G1: 1, 2, 3, 4, 5, 6, 7, 8……

그러나 조금만 더 생각해보면, G는 실은 무수히 많은 함수의 일부일 수 있다.

---

7 이에 대한 자세한 논의는 정대현, 『맞음의 철학』, 철학과현실사, 1997, 189쪽 이하; 남경희, 『비트겐슈타인과 현대철학의 언어적 전회』, 3장, 이화여자대학교출판부, 2005 참조.

G2: 1, 2, 3, 4, 5, 1, 2, 3, 4, 5, 1, 2, 3, 4, 5……

G3: 1, 2, 3, 4, 5, 6, 1, 2, 3, 4, 5, 7, 1, 2, 3……

G4: 1, 2, 3, 4, 5, 6, 7, 1, 2, 3, 4, 5, 6, 7, 8, 1, 2……

G5: 1, 2, 3, 4, 5, 5, 4, 3, 2, 1, 1, 2, 3……

G6: 1, 2, 3, 4, 5, 2, 3, 4, 5, 6, 3, 4, 5, 6, 7……

무수히 많은 함수의 일부일 수 있는 것은 실질적으로는 그 어떤 함수의 일부도 아니며, 따라서 무규정적이며 무질서한 것이다. 무엇일 수도 있는 것은 아무것도 아니다. 그럼에도 G를 일정한 질서를 지닌 것으로, 즉 특정 함수 G1의 일부로 파악하는 이유는 일정한 관점에서 형성된 우리의 사고방식 때문이다.

다른 한편으로 무질서한 것으로 보이는 수의 계열을 생각해보자.

H: 1, 4, 5, 3, 7……

이 계열은 관점에 따라서는 질서 있는 것으로, 실로 여러 종류의 질서로 볼 수 있다.

H1: 1, 4, 5, 3, 7, 1, 4, 5, 3, 7……

H2: 1, 4, 5, 3, 7, 7, 3, 5, 4, 1……

H3: 1, 4, 5, 3, 7, 2, 5, 6, 4, 8……

H4: 1, 4, 5, 3, 7, 2, 8, 10, 6, 14……

이와 같이 얼핏 보아 무질서하고 비규칙적인 수의 계열을 우리는 질서 있는 것으로, 규칙적인 것으로 만들 수 있다. 이런 사례들은 인식 대상이 질서 잡힌 것인지 무질서한 것인지의 여부, 일정한 모습을 가진 것인지 무정형적인 것인지의 여부는 그 자체라기보다는 그를 보는 관점에 달렸음을 알려준다. 인식 대상이 질서나 모습을 지니고 있느냐의 여부는 물론, 그 질서나 모습이 어떤 내용의 것이냐 역시 관점에 따라 달라질 수 있다.

규칙과 이야기

이와 긴밀히 연관되어 있는 것 중 하나는 우리가 흔히 채용하는 암기의 기술이다. 무작위적인 수나 단어의 계열을 쉽사리 암기하는 한 방법은 그들을 엮어 이야기를 만드는 것이다. 이런 사실을 일반화하면, 우리는 하나의 이야기를 지어내어 무작위적인 수들, 단어들, 경험적인 특수자들의 계열을 하나의 조리 있는 이야기의 구성 요소로, 즉 서로 연관된 것으로 만들 수 있다. 이야기란 대상들을 보는 하나의 방식이라 한다면, 관점을 어떻게 취하느냐에 따라 일견 서로 무관한 것으로 보이는 특수자들의 무리를 일정한 법칙의 일부로, 상호 연결되어 있는 것들로 만들 수 있다는 것이다. 이야기는 서로 무관해 보이는 사건들이나 개인들을 내적인 관계를 갖는 것, 하나의 이야기를 구성하는 연대적 동료로 만들 수 있다. 이것이 **이야기의 힘**이다.

이야기는 언어 놀이를 하는 기초적인 방식이다. 놀이 공간 속에서는 원래 상호 무관한 동작들이 서로 긴밀한 연관성 속에서 서로를 생성하면서 놀이 활동을 전개해간다. 각각의 동작들은 그 자체로서 또는 놀이 공간을 벗어나서는 전혀 무관한데도 불구하고, 놀이의 장에서는 놀이 활동에 의해 이들 동작들이 긴밀한 관계를 맺으면 서로를 생성시키는 인과적 또는 연기적 힘을 발휘한다.

같은 식으로 이야기 속에서 서로 무관한 어휘들이 연결되어 문장을 이루고, 이들이 엮어져 문단을 형성하며 문단들이 이어지면서 하나의 통합적인 텍스트가 만들어지는 것이다. 이와 함께 애초에는 서로 무관했던 대상들이 연결되어 사실을 구성해내고, 사실들이 연결되어 점차 복합적이고 중층적이며 정교한 세계가 구축된다. 그래서 원래는 상호 무관했던 대상들이 동일한 사실과 세계의 일부가 됨으로써 이제 긴밀한 내적 관계를 맺는 것으로 변모한다. 우리는 이런 이야기의 힘을, 이야기 속이나 언어 놀이의 공간 속에서 서로 무관했던 것들이 상호의존적인 관계를 맺으면서 서로 생성해가며 새로운 공간인 세계를 구축하는 힘을, 연기성이라 이름 붙인 바 있다.

규칙은 이야기이다. 위에 예시한 수의 계열 내에 배열된 특수자들(H: 1, 4, 5, 3, 7)은 서로 무관해 보인다. 하지만 일정한 관점을 취하여 이들을 규칙(H1 또는 H2, H3……)에 포섭된 것으로, 규칙의 일부로 만듦에 따라 이 규칙은 애초에는 서로 무관했던 특수자들을 연결시켜 상호연대적인 존재자들로 변모시키는 역할을 한다. 이런 점에서 규칙은 이야기와 같은 구조와 작동 원리를 지니고 있다. 이야기는 전체적인 하나의 구도 속에서 이야기의 구성 요소들을 밀접한 관계를 지닌 것으로, 상호 연관되어 있는 것으로 만든다. 규칙 역시 이야기와 같이 특수자들을 서로 연결되어 있으며 공통점을 지니고 있는 것으로 만든다. 이야기는 상호생성과 상호 의존성의 기반이며, 그 역할은 하나의 세계를 구축하여 홀로는 무의미한 것들을 서로에 의존하여 의미를 지닐 수 있게 한다. 이야기를 구성하는 어휘들은 그 자체로서는 무작위적이고 비규칙적이다. 이야기는 이런 것들을 연결시켜 의미 있는 총체를 만들어낼 수 있는 힘을 지니고 있다. 규칙의 경우도, 규칙의 사례들을 구성하는 요소들은 그 자체로서는 상호 무관하다. 하지만 이들 사례가 일정 규칙의 사례가 됨에 따라, 그 구성 요소들은 상호 긴밀한 연대적 존재로 변모한다.

전통적으로는 경험적인 특수자의 배후에는 인식 능력에 의해 접근할 수 있는 보편자, 일반적인 법칙, 함수적 존재, 논리, 또는 진리가 있다고 믿어져왔다. 이런 것들이 규칙의 존재 근거이며, 우리는 이를 인식함으로써 규칙을 준수할 수 있다고 생각했다. 그리고 이야기가 전개될 수 있는 근거 역시 이야기 밖의 '사실'이라고 보았다. 경험적 특수자들의 계열이 법칙적이 될 수 있는 이유는 보편적 법칙의 지배를 받기 때문이며, 이야기가 설득력이나 호소력을 발휘하는 이유는 진리를 반영하거나, 논리성에 기반하기 때문이라는 것이었다. 우리는 비트겐슈타인의 어법을 빌어, 보편자, 논리, 진리 등을 '철학적 최상급'이라고 부를 수 있다. 규칙 준수의 역설을 통해 그가 말하고자 하는 내용은 그런 것을 상정할 때 오히려 역설이 발생한다는 것이다. 그러므로 세계나 우리 삶의 질서를 전통적 방식으로 설명하려 해서는 안 되며, 그런 최상급적 존재에 대한 집착을 버려야 한다는 것이다. 규칙을 만들어내는 것은 보편자가 아니라, 우리의 관점이다.

그러면 우리 삶의 세계에, 우리 삶에서 수행되는 매일의 특수한 동작들과 우리가 매일 부딪치는 일화들에 질서와 규칙성을 부여하는 것은 무엇인가? 그것은 바로 서사이다. 하지만 방금 지적한 바와 같이, 서사를 구성하는 서사 단위들 사이의 관계는 자의적이다. 위의 예를 들면, 수의 계열 H(1, 4, 5, 3, 7……)는 전체로서 규칙의 일부일 수 있지만, 1과 4, 4와 5 간의 관계는 비규칙적이고 자의적이다. 이들 양자의 관계를 정당화하는 것은 없다. 그럼에도 이들이 상호 연결되어 있는 것으로 여길 수 있는 이유는 이들이 H의 구성원이며, H는 규칙적인 것이 될 수 있기 때문이다. 최초의 어휘들은 언어를 배우는 유아에게 자의적이고 강제적으로 주입되지만, 언어 놀이를 통해 이들이 엮어지면 이야기를 구성할 수 있다.

인식의 순서와 존재의 순서

중세 철학에서 중요한 구분이 있다. 바로 인식의 순서와 존재의 순서 사이의 구분인데, 중세 철학자들은 양자의 순서가 상반된다고 보았다.[8] 먼저 인식된 것이 먼저 존재하는 것이 아니라, 오히려 그 반대라는 것이다. 가령 우리가 주변에서 경험하는 물리 · 화학적 복합체들은 이들을 구성하는 원자들보다 먼저 인식된다. 산소와 수소보다는 이들의 결합체로서의 물이

8 J. Weinberg, *A Short History of Medieval Philosophy*, Princeton Univ. Press, 1964.

먼저 인식된다. 그렇다고 복합체들이 먼저 존재한다는 것이 아니라, 오히려 인식론적 탐구의 결과로서 드러나는 원소들이 이들보다 먼저 존재한다고 믿어진다. 이런 관계는 진상과 현상, 신과 피조물, 형상들과 경험적 사물들의 경우에도 마찬가지라는 것이 고대 이래의 믿음이었다. 환원주의는 이런 믿음에 기초한다.

이런 구분이나 순서는 어떤 원소적인 것이 자체적으로 존재하고, 이들이 하나의 모습을 지닌 절대적이고 객관적인 존재자로 저편에 있으며, 그것이 인간 인식의 대상이 될 수 있다는 전제 하에서만 타당하다. 그런 존재자나 이들을 구성원으로 하는 존재계는 없거나, 존재한다고 해도 인식자들에게 무의미하다고 한다면 그런 구분이나 순서는 재고되어야 한다.

앞에서 논의한 바와 같이 존재자의 모습이 인식자의 관점에 의존한다면 자체적으로 존재하는 원소나 실체란 논리적으로 있을 수 없다. 산소와 수소와 같은 원소들은 우리가 경험하는 일상적 세계의 무수히 많은 '복합체들', 물이나, 공기나, 음식물들의 일부로 존재하는 것이지, 그런 것들에 선재하여 그 자체적인 것으로서 존재하면서 단지 그런 것들을 만들어낼 가능성을 지닌 것으로 존재하는 것이 아니다.

왜 그런가? 원소나 실체들이 선재적으로 존재한다면, 이들은 수많은 복합체들과 무관하게 자체적으로 존재할 수 있어야 한다. 그런 경우 과연 우리는 그것의 모습을 인식할 수 있을까? 자체적인 것만이 있다면, 그것의 성질이나 속성을 파악할 길이 없고, 따라서 그것의 모습을 인식할 수도 없다. 성질이란 다른 것과의 관계에서, 복합체를 형성하는 어떤 가능성으로서 나타나는 것이기 때문이다. 자체적으로 존재하는 한 인식의 대상이 될 수 없다면, 그것은 실질적이고 의미 있는 존재자가 아니다. 그런 것들에 대한 통상적인 인식 방식은 우리가 경험적으로 인식할 수 있는, 소위 '복합체'의 일부로서 인식하는 것이다. 이른바 원소나 실체는, 현상을 분석하고 '환원'한 결과로서 등장하고 인지되기에 복합체나 현상의 매개 없이는 인식될 수 없다. 진상을 매개자 없이 인식하기 위해 다양한 방법들, 변증법, 지적 직관, 방법적 회의, 선험적 통각, 현상학적 직관 등의 방법이 제안되었으나, 이들 방법은 인식 공동체의 객관적 합의를 얻지 못하였으며, 원리적으로도 합의를 얻기 어려운 것들이다. 이들 제안은 오히려 방법의 부재만을 반증해줄 뿐이다. 복합체나 현상들과의 관계 하에서만 이들 원소들이 의미 있고 실질적인 인식 대상이 될 수 있다고 한다면, 소위 원소나 진상이라는 것들은 존재론적으로도 **'복합체'와 '현상'에 의존되어 있을 가능성**이 있다.

그렇다면 인식의 순서와 존재의 질서는 동일하며, 인식과 존재는 긴밀한 내적인 관계를 지니고 있다. 우리에게 의미 있는 존재계, 모습을 지닌 존재계, 언어적으로 규정할 수 있는 존재계는 인식 활동 이후에 또는 인식됨에 따라 존재하는 것은 아닐까? 무규정적인 흐름으로서의 외계, 기술되지 않은 것으로서의 자연이나 세계는 인간 이전에도, 인간의 인식 활동 이전에도 존재할 것이다. 그러나 우리는 그런 것들이 존재한다는 말을 의미있게 할 수 없으므로, 그런 것들은 존재하지 않는 것이나 마찬가지이다.

인식되거나 될 수 있는 가능성이 있는 것만이 우리 인식자에게 의미 있는 존재이다. 그리고 언표되거나 될 수 있는 가능성이 있는 것만이 우리 인간에게 의미 있는 인식 대상이고 인식 내용이다. 언표될 수 없는 것은 우리가 객관적으로 논의의 대상으로 삼을 수 없으며, 그것이 우리에게 영향을 미치더라도 그 영향력을 의미 있게 논의할 수 없다. 그것이 우리에게 영향을 주고 있다는 말조차 할 수 없다. 인식될 수 없는 것은 우리가 그 정체는 물론이고 존재 여부조차 논의할 수 없으므로, 우리에게는 실질적인 존재가 아니다.[9]

여기서 혹자는 어떤 모습을 지닌 무엇이 존재하기 때문에 우리가 그를 인식이나 언표의 대상으로 삼는 것이지, 아무것도 존재하지 않는데 어떻

---

9 이런 논의는 비트겐슈타인의 '언어의 한계 = 세계의 한계'라는 등식을 연상시킬 수도 있을 것이다. 그러나 필자는 언어의 한계가 존재한다고 생각하지 않는다. 여하튼 필자의 의도는 그와는 달리 언어의 한계, 언표 가능성의 한계를 긋고자 하는 것이 아니다.

게 인식이나 언표의 활동을 시작할 수 있겠냐고 이의를 제기할 수 있다. 물론 우리의 인식과 언표의 활동이 허공에서 이루어지지는 않는다. 우리의 삶과 행동은 어떤 환경에서 영위되고 수행되는 만큼, 인식과 언표의 활동 역시 어떤 환경에서 이루어진다. 하지만 **인식과 언표의 자극 원인과 근거를 구분**할 필요가 있으며, 인지되고 언표된 것이 바로 자극 원인의 모습이라고 말할 수는 없다. 자극 원인의 모습은 자극을 수용하는 것이 무엇이냐에 따라 달라진다. 따라서 자극 원인에 대한 언어적 규정의 내용은 원인 자체의 모습과는 무연하며, 자극 원인 자체는 언표 이전에는 객관적인 모습을 지니지도 않는다.

4. 인식의 현재주의적 관점

인식의 관점 의존성과 현재주의

인간의 인식 활동은 독특한 구조를 지니고 있다. 인식 능력은 자연 진화, 나아가 언어 진화의 소산이다. 그런데 인식 능력은 활동을 개시하면서부터 자신을 낳은 자연과 문화에 대해 주인이나 창조주 역할을 한다. 인식 활동이 있기 전에 자연은 혼돈이거나 무규정적인 무엇이었을 것이다. 인식 활동이 이루어지면서 자연은 일정한 모습을 지니게 되는데, 그런 모습을 지니면서 비로소 의미 있는 존재자들의 집합으로 다시 등장하게 되는 것이다.

인식의 관점 의존성과 긴밀히 연관되어 있는 특징 중의 하나는 현재주의적 성격이다. 인간의 인식은 언어 의존적이라 언어가 지닌 공시성의 영향을 받는다. 언어적 인식은 외계를 있는 그대로가 아니라, 구조적으로 **항상 현재의 관점에서 기술한다**. 인식이란 인식자의 관점에서 외계를 동결시켜 그것의 현재상을 파악하되, 그것도 인식자들이 이해할 수 있는 단위에 의해 기술하고 측정하는 일이다. 마치 동화상을 순간적으로 포착하여 정지상을 잡아내는 사진 촬영과 같이, 인식의 행위는 흐르는 외계를 정지시켜 인위적인 정지상을 구성한다. 인식이란 거울에 외계를 반영하는 일이라기보다는 사진기로 정지상을 찍는 일이다. 인식의 전형을 학문이라 한다면, 학문은 항상 공시적이다. 과거를 연구하는 경우에도 현재를 기준점으로 하기 때문에 공시적이다.

인식이 현재주의적인 이유는 무엇인가? 인식 능력은 이미 지적한 바와 같이 자연 진화와 언어 진화의 소산으로서 등장하고 발전한 것이다. 유인원 단계에서의 인간의 인식 능력과 호모사피엔스로서의 인간의 인식 능력은 동일하지 않을 것이다. 인간이 자연사를 벗어나 역사를 전개한 이후에도, 고대 원시사회의 인식 능력과 문화적 단계에서의 인식 능력은 다를 것이다. 인식 활동은 활동이 이루어지는 당시의 정신적 수준이나 인식틀에 의해 제약된다. 이런 특성을 우리는 **인식의 현재주의적 성격**이라 규정할 수 있다. 스피노자는 영원의 상하에서의 인식을 제안했으나, 이는 하나의 추상적 관념으로서만 존재하는 것이며 논리적으로 있을 수 없는 인식이다.

현재의 시점에서 현재적 인식틀의 제약 하에 과거를 탐사할 때, 그 모습은 당연히 세계 그 자체의 모습일 수 없다. 흔히들 과거를 탐사한다고 한다. 고고인류학, 역사학, 고생물학, 우주와 물질의 기원을 탐사하는 이론물리학 등은 인간과 역사와 생물과 우주의 과거를, 또는 그 진상을 밝히려 한다. 그러나 인식의 행위가 인식자가 서 있는 시점에 구속되어 있다는 점에서, 과거의 진상을 있는 그대로 드러내는 것은 원리적으로 불가능할 수 있다. 우리는 위에서 언급한 **인식의 역투사적 성격**에 주목할 필요가 있다.

인식의 구조는 진화론의 구조와 매우 비슷하다. 아니 진화론은 인식의 구조를 잘 드러내 보여주고 있다. 진화론의 구조를 들여다보자. 진화론자들이 자연종들의 등장 과정으로 제시하는 진화의 계보는 자연에서 생명체들의 발전 과정을 있는 그대로 그리고 있다고 볼 수 있는가? 다윈이 진화론을 주장하게 한 중요한 논거는 화석의 증거였다. 하지만 생명체가 화석으로 남기는 쉽지 않다고 한다. 10억 개의 뼈들 중에서 하나 정도만이 화석이 된다는 것이다. 미국 인구 2억 7천만 명은 각각 206개 정도의 뼈를 지니고 있는데, 미국인들이 지닌 모든 뼈들(2억 7천만 × 206) 중에서 화석으로 남게 될 것은 겨우 50개 정도이고, 이들이 발견될 확률은 더욱 희박하다. 지금까지 지구에 살았던 생물종이 3천억 종에 이르고, 이들 중 그 일부라도 화석으로 남아 있는 종은 25만 종에 불과하다고 한다.[10] 그렇다면 진화론의 타당성 여부와 상관없이, 일부의 흔적이라도 남아 있는 종은 지구에 존재했던 생물종들의 극히 일부에 불과한 120만분의 1에 지나지 않으며, 이들도 극히 적은 일부만이 남아 있다. 그런데 이들을 기초로 구축한 진화의 계열이 생명체의 변천 과정을 있는 그대로 그리고 있다고 본다는 것은 무척이나 무리일 것이다.

고생물학자들이 현재까지 구축한 진화의 계보는 생명의 역사를 흘러온 바대로 그린 것이라기보다는 현재의 시점에서 현재의 인식틀에 의해 잠정적으로 재구축한 것이다. 현재를 결과한 과거로부터 현재까지의 진화 과정은 그 자체로서는 아마도 우연이 개입하고 돌연변이가 일어나는 혼돈스럽고 무질서한, 아니면 그로부터 무수히 많은 계열들을 구축할 수 있는 흐름에 불과할 것이다. 그 무규정적이고 무질서한 인과적 흐름을 현재의 관점에서 바라보면, 현재 인식자의 관점과 틀 때문에 하나의 질서를 지닌 과정으로 인식될 수 있겠지만, 그 하나의 질서는 여러 가능한 질서들 중 하나에 불과하다.

무수히 많은 봉우리들이 솟아 있는 산군을 어느 지점에서 보느냐에 따라 다양한 산맥의 흐름이 형성될 수 있다. 그 산군을 아래에서 보면 거대한 봉우리들이 우뚝우뚝 솟구쳐 있는 모습이겠지만, 에베레스트 산정에서 보면 구겨진 지각의 모습일 것이다. 지구를 지리적 관점에서 그리면 한반

10 빌 브라이슨, 『거의 모든 것의 역사』, 까치, 2003, 227-8쪽.

도는 아시아 대륙 변방 한 귀퉁이에 붙어 있는 작은 반도이지만, GNP의 관점에서 그려보면 13~5번째의 크기를 지닌 소대륙의 모습으로 그 크기가 아프리카만 할 것이다.[11] 인구학적 관점에서 지구를 그리면, 중국과 인도는 합쳐서 세계 대륙의 3분의 1을 차지할 것이다. 이렇듯 세계 지도를 그릴 수 있는 관점이나 방식은 그 기준에 따라 다양하다.

인식과 언어적 규정은 인간적 삶의 방식

인간 인식 능력의 특성들을 살펴보기 이전에 우선 전통의 인식관과 긴밀하게 연결되어 있는 언어관을 살펴보기로 하자. 전통적으로 언어는 인식의 결과를 담아 전달하는 통신 매체이거나, 우리 사유 세계 속에 있는 사유 내용을 외화하여 드러내는 표현의 도구로 여겨졌다. 이런 견해에 따르면 사유 활동은 언어 없이도, 또 언어와는 독립적으로 이루어지며, 문화와 언어권에 따라 자연 언어의 차이가 있음에도 사유 내용이나 인식 내용은 동일할 수 있다.

우리는 앞에서 언어 없이는 사유가 형성되기 어려움을 논한 바 있다. 사유는 언어에 앞서는 것이 아니라, 거꾸로 사유는 언어와 동시적이거나 후행하는 것이라고 논한 바 있다. 그렇다면 자연 언어의 차이에 따라 사유 방식과 내용이 달라질 수 있으며, 인식 방식과 내용 역시 달라질 수 있다. 더 근원적으로 인식이라는 활동 자체가 모든 사유권에 편재적이고 보편적인 현상이라기보다는 특정의 문화나 언어 놀이에 특유한 것으로 볼 수 있다. 설혹 모든 문화가 인식 또는 그에 상응하는 개념을 지니고 있다고 하더라도 문화마다 인식이나 지식에 대한 견해가 다를 수 있다. 가령 동아시아와 서구는 다른 인식관과 학문관을 지니고 있다. 동아시아의 대표적인 경전인 『논어』의 첫 글자는 학學이며 사서四書의 하나는 『대학大學』이다.

---

11 2008년 조사에 따르면, 한국의 GNP는 아프리카 전체의 GNP에 해당하는 크기라고 한다.

그만큼 학문을 중요시했다는 것을 시사한다. 하지만 유가적 학문관은 서구적 학문관과는 아주 다르다. 유가적 학문관에서 중요한 것은 진리가 아니라 모범적인 것의 학습學習, 즉 반복적 모방과 실천이다. 서구적 관점에서 보면 학문episteme; science과 불가분의 관계에 있는 것은 진리이나, 우리는 『논어』의 어느 곳에서도 진리의 개념을 발견할 수 없다.

사유 및 인식이 언어에 의존한다고 한다면 자연, 인간, 사회에 대한 한 문화권의 인식과 사유는 그 문화권에서 사용하는 자연 언어의 차이에 따라 달라진다. 각 문화권에서 사용하는 자연 언어가 다른 만큼이나 그 문화권의 세계관, 인간관, 사회관이 다를 것이다. 가령 서구어에서 존재론이 발달하고 언어의 주된 기능을 사실 기술에 있다고 보는 언어관은 그들 구문에서 존재be 동사가 중심적이라는 사실과 연관되어 있을 가능성이 있다. 언어가 이렇게 근원적이고 기초적이라고 한다면, 언어는 사유와 인식의 종복이자 통신 매체가 아니라, 언어 활동 그 자체가 사유와 인식의 활동일 수 있다. 더 정확히는 인식이란 이미 있는 존재자들의 모습을 수동적으로 수용하는 반영적 활동이 아니라, 세계의 모습을 구축하고 존재자를 창출하는 존재론적이고 창조적인 작업이다. 이 점에서 인식은 인간의 삶에서 기초적이고 근원적인, 그리고 인간 특유의 행위와 생존의 방식이다.

언어 요소들 중 가장 기초적인 어휘가 어떻게 등장하고 그 의미가 형성되는가를 간략히 검토해보자. 가령 '사과'라는 어휘를 생각해보자. 언어의 가장 기초적인 요소들은 이런 보통명사이다. 그런데 일반적으로 이런 명사들은 지칭적 명명의 행위를 통해서, 즉 '사과'라 불리는 대상을 직접적으로 접촉하고 인지한 후에 그 대상을 '사과'라 부르기로 합의하여 고안된다고 생각한다. 하지만 실제의 순서는 그 반대일 가능성이 있다. '사과'라는 어휘를 처음 접하는 언어 학습자인 아동은 그 어휘가 지칭하는 바를 바로 잡아낼 수가 없다. 지칭의 불투명성 때문이다.[12] 교사가 '사과'라

12 이에 관해서는 W. Quine, *Word and Object*, MIT Press, 1960 참조.

는 어휘를 발하면서 가리키는 바는 그것의 색깔, 형체, 맛, 촉감, 그것이 달린 나무와 가지 등 다양한 것일 수 있다.

한 어휘를 하나의 대상 또는 그 대상의 일정한 국면과 연결시킬 수 있기 위해서는 우선 외계를 분절하여 '사과'라 불리는 대상을 주위 다른 것들과 다르게 구분하여 인지해야 한다. 이렇게 어휘의 지칭 대상을 집어낸다 해도 '사과'라 불리는 것은 둥근 것, 먹을 것, 열매, 빨간색, 둥글고 빨간 것, 속이 하얀 것, 안팎의 색이 다른 것, 유혹적인 것, 새콤달콤한 맛을 지닌 것, 가을 과일 중 하나, 대표 과일 등과 같이 실로 다양함을 넘어서 무수히 많은 것일 수 있다. 나아가 산성에 대단히 민감한 종족에게는 독성이 있는 것일 수도, 사과벌레와 같은 미물에게는 전 세계일 수도 있을 것이다. 그러므로 그 대상 자체도 여러 방식으로 분석하고 정리한 후에야 비로소 일의적인 지칭이 이루어질 수 있다. 그러므로 하나의 어휘가 한 대상을 명명하는 것으로 확정되기 위해서는 일정한 관점에서 그것을 다른 것들과 분리하고 구분하여야 한다.

우리는 대상 a에 대해 무수히 많은 관점을 취할 수 있을 뿐 아니라, 그를 전혀 대상화하지 않을 수도 있다. 특정의 대상은 물론이고 대상이라는 관념 자체가 언어적 진화의 한 소산이다. 그러므로 '먹을 수 있는 열매'라는 특성이 대상 a에 대해 취할 수 있는 무수히 많은 여러 관점들 중 한 관점을 취할 때 드러나거나 생성되는 것이라고 한다면, 그 특성은 실질적으로는 대상 a의 한 측면에 불과하거나, 그것에 실재하는 어떤 국면조차 아닐 수 있으며, 단지 언어적 규정자의 관점에서 구성된 모습일 수 있다. 가령 '먹을 수 있음'이라는 특성을 생각해보자. 신 것이 독이 되는 생명종에게는 먹을 수 없는 것일 테니 '먹을 수 있음'이라는 특성은 그것에 실재하는 특성이라 말하기 어려울 것이다. '먹을 수 있음'이라는 특성은 기껏해야 특정의 생명종과 사과 간의 **관계적 특성**이라 할 것이다.

대상 a를 '먹을 수 있는 열매, 사과'로 명명케 하는 근거는 그를 명명하는 자, 인식자에 있으며 대상에 대한 명명이나 기술 등의 언어적 규정은 대상에 대해 무연적이다. 인식자는 인식자의 관점에서 그의 관심에 따라 대상을 규정한다. 그런 점에서 대상의 모습은 인식자에 의해 창출되는 것이며, 그 객관적 모습은 명명이나 규정의 행위에 의해 이루어진다는 점에서, 명명 등의 언어적 규정은 대상 자체를 창출하고 존재계를 구축하는 행위이다. 언어적 규정의 행위는 무규정성에서 규정성을 조각해내는 작업이며, 이 규정성의 기반은 자신의 신체, 인식의 틀, 인식적 관심 등일 것이다. 언어적 규정을 산출하는 것으로 여겨지는 **인식의 활동은 언어 주체인 인간의 생존 방식들 중 하나이다**.

자연 언어는 인식의 체계이다

언어 활동을 통해 이루어지는 대상의 창출, 존재계 구축의 결과들, 사유와 인식의 내용들은 언어 공동체에서의 여과 과정을 거쳐 그들 자연 언어의 일부를 이룬다. 우리는 각 언어권의 자연 언어를 분석함으로써 그 언어권의 세계관, 인간관, 자연관, 사회관을 발굴해낼 수 있다. 언어 활동은 가장 근원적이고 기초적인 인식의 활동이다. **자연 언어는 인식의 체계 그 자체이다**.

언어 없이 세계를 인식할 수 있는 것도 아니며, 언어란 우리는 인식 결과를 담아 전달하기 위한 용기나 매체로서 사후에 고안되는 것도 아니다. 자연 언어에는 이미 그 언어를 사용하는 언어권의 주체들이 세계를 인식한 결과들 중 가장 근원적인 인식이나 그들이 세계를 보는 인식틀이 담겨 있다. 언어를 단지 기술이나 서술을 위한 도구로만 이해하는 입장은 자연 언어의 표층만을 보고 있는 것이다. 어휘들의 의미 구조, 이들 어휘들 간의 품사적 관계, 문법적 관계, 논리적 관계 등을 분석하면 이에 담긴 자연관이나 인간관이 드러난다. 그 이유는 다음과 같다: 언어 요소들, 가령 어휘들은 대상과의 일대일 관계에서, 또는 자의적으로 생겨나는 것이 아니라, 기존의 어휘들과의 관계 속에서 그리고 이들 관계의 제어를 받아 생겨난다. '엄마'라는 어휘는 '아빠'라는 어휘와 상보적 관계 속에서, '가족'이라는 어휘의 핵심적인 일부를 구성하면서, 그리고 성적인 금기, 포근함, 여성, 모성애, 대지, 수용성 등 무수히 많은 관념들을 연루하면서 생겨난다. '엄마'를 포함한 모든 어휘들은 한국어 어휘 체계, 언어 체계의 일부로서 의미를 지니며 그 역할을 수행한다.

한국어에는 한국인의 인간관이, 영어에는 영어의 인간관이 담겨 있다. 가령 한국어에서 다양한 인간관계를 표현하는 어휘들을 분석하면 '정情'이라는 어휘가 편재적으로 들어 있다: 우정, 애정, 연정, 부정, 모정, 충정, 인정, 온정 등. 그래서 '정 든다', '정 떨어진다', '정나미', '미운 정, 고운 정' 등의 어휘들이 있으며, 심지어 물정物情이란 어휘도 사용하고 있다. 이런 한국어 어법은 한국인들이 모든 종류의 인간관계에서 정을 핵심이라 생각한다는 것을, 심지어 싫어하는 사람과도 정情을 주고받는 관계를 맺을 수 있다고 생각한다는 것을 알려준다. 나아가 물정이라는 어휘는 한국인들은 사물과도 정적인 관계를 맺을 수 있다고 믿고 있음을 시사한다. 그래서 한국인은 사람에 대해서도 낯설어하지만 자연에 대해서도 낯설어한다. '낯설고, 물 설은 곳'이라는 표현을 생각해보자. 이는 서구인들의 의식과는 매우 다른 의식이자 태도이다. 이런 예들에서 보듯이, 인간관계나 기타 여러 것들에 대한 한 언어권의 믿음 체계를 드러내는 좋은 방법의 하나는 그 언어권의 자연 언어를 분석하는 것이다.

물론 특정 문화권의 인간관이나 자연관은 변화될 수 있다. 그러나 이런 변화는 언어의 변화와 상관없이 이루어지지 않으며 그 문화권이 사용하는 자연 언어의 변화와 병행한다는 점을 잊어서는 안 된다. 자연계에 대한 견해만이 아니라, 사유에서 기초적인 범주를 이룬다고 여겨지는 의식, 정신, 물질, 가치, 선과 악, 공동체, 필연, 시간, 공간, 심지어 우연의 개념까지도 모두 자연 언어의 문맥 속에서만, 자연 언어의 인식과 구분과 분류 체계를 배경으로 해서만 의미를 지닌다는 점에서 자연 언어의 소산이다.

5. 진화론의 언어 의존성

진화론의 현재적 관점

진화론은 이제 시대 정신인 듯 보인다. 진화론적 사고가 모든 곳에서 지배적이며, 모든 것을 진화라는 개념으로 설명하려는 경향이 편재적이다. 진화의 개념은 매우 유용하며 강력한 개념이라고 인정하지만, 필자는 자연 진화보다 더 기초적인 의미의 진화론을 제안하고자 한다. 바로 언어 진화론이다. 자연 진화는 **언어 진화를 전제로 하고 있으며**, 그런 관점에서 진화론은 재해석되어야 한다고 생각한다.

진화론에 따르면, 현재의 자연종들은 창조의 결과가 아니라 자연적 변화의 결과이다.[13] 진화의 두 축은 돌연변이와 자연선택이다. 다양한 유전자들이 우연히 등장하였고, 이들 중 일부가 상황에 따라 우연히 선택되어 생존하고 개체를 번식하면서 자연종이 등장하게 되었다는 것이다. 이런 점에서 보면 진화론에서 핵심적인 원리는 상황적 우연이다. 진화적 세계에는 본질도, 필연도, 당위도, 목적도 존재하지 않는다. 진화론은 철학적 관점에서 보면 비본질주의이거나 비목적론이다.

자연계는 여러 방식으로 분류될 수 있다. 전통적으로 대상들이 자신의 모습을 지니고 있으며, 이들이 선재적 모습을 지니고 있기에 일정한 기준에 따라 분류할 수 있다고 생각해왔다. 우리는 이런 논리를 뒤집을 필요가 있다. 일정한 모습을 지닌 대상들이 등장하는 것은 오히려 분류가 이루어진 연후이다. 현재 우리의 자연 언어는 이미 자연에 대한 인식을 담고 있는데, 다양한 자연 언어가 존재하듯이, 이에 담긴 자연의 분류 체계는 여러 가능한 체계들 중 하나일 뿐이다. 보르헤스가 제안한 대로, 동물들을 1) 황제에 속하는 것, 2) 박제된 것, 3) 순치된 것, 4) 젖 빠는 돼지, 5) 인

---

13 리처드 로티, 『우연성, 아이러니, 연대성』, 민음사, 1996, 22쪽 참조.

어, 6) 전설상의 동물, 7) 주인 없는 개, 8) 현재의 분류 체계에 포함된 것, 9) 광분하는 동물, 10) 헤아릴 수 없이 수가 많은 것, 11) 매우 섬세한 낙타털 붓으로 그린 것, 12) 기타 등등에 포함되는 것, 13) 물병을 깬 것, 14) 멀리서 보면 파리처럼 보이는 것 등으로 분류할 수도 있다.[14]

실제 이루어진 바 있는 분류 체계로 우리는 고대 원시사회의 토템 체계나 나바호 인디언들의 분류법을 생각해볼 수 있다. 나바호 인디언들은 우선 생물을 언어가 있는지 없는지에 따라 두 종류로 분류하고, 후자에는 동물과 식물이 포함된다. 동물은 달리는, 날아다니는, 기어다니는 동물로 분류된다. 각 군은 다시 세분되어, 땅에 사는 동물, 물에 사는 동물, 주행과 야행으로 분류된다.[15] 중국 황제의 분류법, 토테미즘의 분류법, 나바호 인디언의 분류법, 현대 생물학의 분류법 등 이런 다양한 분류법들 중 어느 것이 조금 더 더 실재를 반영한다고 말할 수 있는, 절대 객관적인 기준이란 것이 있을까?

진화의 계열은 자연계에 대한 **현재적 분류 체계**를 전제로 한다. 과거의 진화 과정을 추적하기 위해서는 과거의 종들이 남긴 화석이나 유전자들 간의 유사성과 차이점 들을 구분해내어야 한다. 이런 구분이 가능하려면, 구분의 준거가 되는 어떤 고정점이 있어야 하는데, 그것은 현재 자연종들의 모습이 될 수밖에 없다. 진화론은 현재의 분류 체계를 자연 탐구를 위한 고정점 또는 출발점으로 삼아 과거 자연사를 추적하여 확립된 이론이다. 진화의 계열이란 현재의 분류 체계 하에서 실체로 간주되는 자연종들의 계보를 추적하여 구성된 것이다. 하지만 현재의 자연종 체계가 자연 그 자체의 모습 또는 항구적 질서라고 보기는 어렵다. 현재의 생태계는 다른 기준으로 분류될 수 있을 것이며, 그런 경우 전혀 다른 자연종의 체계가

14 M. Foucault, *The Order of Things: An Archaeology of the Human Sciences*, Vintage Books, 1970(1966), xv에서 재인용.

15 C. Lévi-Strauss, *The Savage Mind*, 다양한 토템적 분류에 관해서는 C. Lévi-Strauss, *The Savage Mind*, 2장 토템적 분류의 논리 참조.

등장하고, 이를 준거로 하여 새로운 모습의 자연사를 전개시킬 수도 있을 것이다.

현대의 생물학계에도 현재와는 다른 분류 체계를 주장하는 학자들이 있다. 지구상의 동물과 식물 중에서 97퍼센트는 아직 발견되지 않고 있으며, 발견된 것들 중 99퍼센트에 대해서도 우리는 지극히 단편적인 지식만을 가지고 있다고 한다.[16] 게다가 가시적인 동물과 식물들이 생물의 주류인 것도 아니다. 생물의 세계에서 지배적인 생명체는 미생물들이다. 지구상에 살고 있는 식물을 포함한 모든 생물 자원(바이오메스)의 총량을 합치면 미생물이 적어도 80퍼센트 또는 그 이상을 차지한다.[17] 땅 속에 있는 박테리아를 모두 꺼내서 지구 표면을 덮으면 그 높이가 1.5미터는 될 것이라고 한다.[18] 그리고 이들은 어떤 환경에서도 살 수 있으며, 지구의 모든 곳에 서식하고 있다. 진한 황산 속에서도, 화산의 불구덩이에서도, 수심 11킬로미터 속에서도, 지하 600미터 속에서도, 달 표면에서도 살며, 방사성 물질을 먹고 살기도 한다.

미국의 생태학자 휘태커R. Whittaker가 제안한 분류법에 따르면, 생물세계는 동물계, 식물계, 진균계, 원생물계, 모네라계의 다섯 계로 구분된다.[19] 생물들의 대부분을 차지하고 있는 것은 단세포생물이며, 위에서 언급한 바와 같이, 지구 바이오메스의 80퍼센트를 차지하고 있는 것이 미생물이다. 이런 사실에 대한 통찰 하에, 박테리아 연구가인 보즈는 좀더 전복적인 분류 체계를 제안하면서, 생물을 박테리아, 고세균Archaea, 진핵생물Eukarya의 세 영역으로 분류하였다.[20] 현재의 통상적 분류의 중심을 이루는 식물과 동물에 속하는 생물들은 진핵생물 영역의 가장 바깥쪽에 있는 작은 가지에 불과하다는 것이다.

---

16 빌 브라이슨, 『거의 모든 것의 역사』, 까치, 2003, 380쪽.
17 빌 브라이슨, 위의 책, 328쪽.
18 빌 브라이슨, 위의 책, 321쪽.
19 빌 브라이슨, 위의 책, 324쪽.
20 빌 브라이슨, 위의 책, 326쪽.

인간 중심의 분류

현재 우리에게 익숙한 분류법은 대체적으로 교접 가능성이나 형태학적인 유사성을 근거로 한 **인간 중심의 분류법**이다. 유사한 것들의 계열이란 비교의 관점을 무엇으로 보느냐에 따라 다양하게 구성될 수 있고, 비교의 관점은 무수히 많이 정립될 수 있을 것이다. 그렇다면 우주의 시작에서 현재의 자연계까지 이르는 점진적 변화의 계열은 무수히 다양하게 구축될 수 있지 않을까? 유사한 것들의 수많은 가능적 계열들 중에서 다윈 식의 진화론적 계열을 자연 자체의 발전 과정이라 보는 것은 무리일 것이다. 진화 계열 구축의 기준이 되는 현재의 자연관은 현재 시점에서 자연계를 규정하고, 일정한 방식으로 분류하고 체계화한 결과이다. 진화론은 현재의 우리를 중심으로 구축된 질서이다. 그것은 인간이라는 자연종의 등장을 설명하기 위한 이론이므로, 필연적으로 인간 중심적일 수밖에 없다. 즉 진화론은 자연의 변화 과정을 우리 **인간 자연종을 향하여 끊임없이 전개되어오는 긴 사슬**로 간주하고 있다.

모든 학적 이론이 그러하듯이, 진화론은 어떤 사태를 설명하는 이론이다. 진화론은 현재의 자연종들과 관련된 여러 사태들, 그리고 자연종들 간의 관계와 이들의 등장 과정, 나아가 현재 존재하는 자연종들의 분류 체계를 설명하려 한다. 달리 말하면 진화론은 특정의 분류 방식을 통해 구축된 현재의 자연 체계를 피설명항으로 놓고 이를 설명하려 한다. 이런 역할 때문에 당연히 진화론은 피설명항을 가장 잘 설명할 수 있는 이론으로서 구축된 것이다. 설명항은 피설명항의 영향을 받을 수밖에 없다. 그 어떤 설명이든 현재의 우리에게 이해 · 납득될 수 있는 것이어야 하고, 그러기 위해서는 모든 설명은 현재적 관점을 취하고, 현재의 것을 측정과 설명의 기본 단위로 삼을 수밖에 없다. 우리는 학적 설명의 이런 측면을 **학문의 현재주의**라 부를 수 있다.

진화론은 생명의 시초부터 현재의 생태계 형성까지 35억 년 이상의 기간에 관한 이론이라는 점을 유념할 필요가 있다. 우리 인류가 사유 활동을 하고 철학이나 학문적 활동을 하게 된 것도, 이 기나긴 진화 과정에서 보면 극히 최근의 활동이다. 길게 보아야 2~3천 년이고, 짧게 보면 근현대 2~3백 년 동안 이루어진 지적 탐구의 누적적 결과가 우주에 관한, 아니 생태계 전체에 관한 그림을 그릴 수 있다고 생각하는 것은, 이제 겨우 말을 하게 된 아기가 하루의 체험으로 인생의 진실을 말할 수 있다고 하는 것과 비슷하지 않을까? 인간이 인식자가 된 것은 언어를 사용하고도 한참이 지난 후의 변화이다. 더욱이 철학적 또는 학문적 인식 활동은 문자적 언어가 자리 잡고 난 이후의 일일 것이다.

인간의 언어는 다른 동물들의 통신법보다 정교하며, 더 중요한 것은 그것이 인간에게 자율적인 공간을 구축할 수 있게 한다는 점이다. 인간은 언어를 사용하여 자신의 주변 세계를 구분 · 분류하고 구조지어가면서 자신의 삶의 공간을 구축해간다. 사회적 질서를 정립하며 그 안에서 인간들이 취해야 할 행위 규범을 자율적으로 정립하고, 이런 사회 구조와 행위 규범을 외계에 투사하여 우주관을 형성한다.[22] 초기의 우주관은 우주와 자연에 대한 객관적 인식의 결과라기보다는 사회적 질서와 규범을 외계에 투사한 결과라는 것이 고인류학자들의 연구 결과이다. 물론 우주에 투사된 사회 구조, 사회 질서, 사회관의 형성은 전적으로 자의적인 것이라기보다는 어느 정도는 자연적 조건 등 삶의 조건들의 영향을 받아 이루어졌을 것이다. 하지만 이는 거의 최소한일 것이며, 그 영향 관계는 반영적이라기보다는 자극 원인적이었을 것이다.

자연관을 구축하게 하는 자극 원인은 물론 자연에 있다. 하지만 이에 촉발되어 이루어지는 인식 활동의 결과로서의 그 내용은 원인적인 것의 모습을 반영한다기보다는 인식자 자신에게 친숙한 것들을 기초로 구성된 것이다. 가령 외계의 양적인 모습을 손의 크기나 발걸음으로 재는 것과 마찬

---

22 F. M. 콘퍼드, 『종교에서 철학으로』.

가지이다. 이런 최소한의 기초적인 측정 단위 없이는 인식 내용을 구성할 수 없으며, 타인에게 전달할 수도 없다. 그리고 인식을 위한 최초의 측정 단위는 아마도 인간에게 가장 친숙한 것이거나 사회·상황적으로 주어진 단위였을 것이나, 자연 자체에 대해서는 자의적인 것이다. 이렇게 보면 최초의 우주관이나 자연관의 구축은 인간 중심적인 규정 행위, 그것도 매우 적극적인 구성 행위였다. 설혹 그 이후에 객관적 인식의 이념이 발전한다고 해도, 그 인식은 이미 전승된 우주관과 자연관, 인간관, 즉 원초적 사회 구조를 투사하여 규정된 것들의 견해들을 바탕으로 이루어진다.

16장

인식자의 관점과 존재자의 연기

1. 창발론의 새로운 이해

창발론, 그리고 그 문제점

근간에 심리 철학에서는 창발emergence이나 수반supervenience 등의 개념이 주목을 받고 있는데,[1] 이런 개념들은 인식자의 관점이 중요함을 알려준다. 이들은 모두 존재자의 연기성을 지원한다고 생각된다. 새로운 차원이나 질質의 창발 또는 수반 현상은 세계를 인식하는 자가 존재하여 그의 관점이 개입되어야만 가능하다고 생각되기 때문이다. 그런 존재론적인 기적은 세계 자체에서 일어나는 사건들이 아니라 인식자가 개입해야 가능한 언어적 연기의 귀결로 이해할 수 있다.

---

1 M. A. Bedau, & P. Humphreys, eds., *Emergence: Contemporary Readings in Philosophy and Science*, MIT Press, 2008.

창발론은 간략히 말하면 어떤 종류의 과정이 일정한 임계점을 지나면, 새로운 질이 부상 · 창발 · 수반한다는 입장으로 요약할 수 있다. 창발론은 기본적으로는 물리주의적 입장을 취하면서 심리 · 윤리적 성질들의 존재를 설명하려는 입장이다. 이에 따르면 세계의 기초를 이루는 것은 물리 · 화학적인 현상인데, 이런 기본적인 물리 · 화학적 과정이 일정한 수준 또는 적절한 정도의 복잡성에 이르게 되면, 전혀 새로운 특성들, 가령 심리적 특성과 같은 것이 부상 또는 창발한다는 것이다. 이는 알렉산더S. Alexander, 모르건C. L. Morgan, 브로드C. D. Broad 등이 주창한 것으로, 1930~40년대에 활발히 논의되었던 존재론적 견해이다.[2] 현대에 와서는 헤어R. M. Hare의 윤리 이론, 데이빗슨의 비환원적 물리주의나 김재권의 수반론이 이와 유사한 입장이다: 이들은 모두 심성적 특성은 물리적 속성에서 창발하거나 이에 수반한다고 주장한다. 창발과 수반의 개념은 존재론적으로 유사한 개념이다.

창발론의 현대적 유형이라 할 수 있는 수반의 개념을 잠시 살펴보자. 이는 헤어가 제안한 개념으로, 그에 따르면 한 사물의 내재적 가치들은 그것이 지닌 기술적 또는 자연적인 특성에 수반한다. 두 사물이 그들이 지닌 기술적이거나 사실적인 여건 또는 특성에서 정확히 동일하다면, 그들의 윤리 · 도덕적 특성 역시 동일하다. 그래서 "도덕적 속성들, 특히 행위의 옳고 그름은 그 행위의 도덕 외적 속성들(행위의 옳고 그름에 대한 이유를 제공할 수 있는)에 수반한다"는 것이다. 그런 경우에, "한 사물의 내재적 가치intrinsic value는 그것이 지닌 기술적 비非평가적 속성들descriptive non-evaluative propeties에 수반한다."[3] 헤어의 문장을 직접 인용해보자.

한 대상의 수반적 특성이라 불리는 '좋음'의 특성을 예로 들어보자. 우리가

---

2 J. Kim & E. Sosa eds., *Metaphysics: An Anthology*, Blackwell, 1999, p.542.
3 J. Kim, 'Supervenience as a Philosophical Concept', 위의 책, p.543.

> '프란시스 성인은 좋은 사람이다'라고 말했다고 해보자. 이런 말을 하면서 동시에 다음과 같이 주장하는 것은 논리적으로 불가능하다: 즉 프란시스와 정확히 동일한 상황에 놓여 있으며 정확히 동일한 방식으로 행동하기는 하나, 그러나 그는 좋은 사람이 아니라는 점에서만 프란시스와 다를 수 있는 그런 사람이 있다고 주장하는 것은.[4]

수반론이 타당하다면, 물리적 입장을 취하면서도 질質의 등장을 설명할 수 있을 것으로 보인다. 창발론은 이전의 존재론이 영원에서부터 존재하는 실체나 속성, 성질 등을 상정하고 영원한 상하에서의 세계를 그리려던 것과는 달리, 질들이란 어느 시점에서 생성 또는 발현된다고 본다. 창발론의 전략이 성공적이라면 이론적으로 영원성, 불변성, 실체성, 독립성, 초월성, 선험성, 내재성 등 전통 존재론의 주요 개념들이 야기하는 난점을 피해갈 수 있을 것이다. 하지만 창발론은 다른 문제점들을 야기한다.

(1) 우선 창발론은 왜, 어떻게 그런 질들이 등장하는지에 대한 설명이 전혀 없다. 왜 특정한 임계점에서 질의 변화가 생기는지에 대한 설명 없이, 단지 어떤 임계점을 넘어서면 새로운 질이 등장한다고 주장하는 것이다. 질들의 등장 이유에 대한 설명을 제공하지 않는다면, 창발론은 문제를 해결했다기보다는 회피하거나 기존의 문제를 유예했을 뿐이라는 비판을 면할 수 없다.

(2) 더 근원적인 문제점은 다음이다. 창발론은 자신이 극복하고자 하는 기존 존재론이나 심신론의 기본적인 전제를 그대로 상속하고 있다. 즉 창발론은 어떤 **고정적인 속성**property**이나 성질**quality **또는 모습**이 타자와 독립적으로, 특히 인식자와 무관하게 있을 수 있다고 전제한다.[5] 창발론을

---

4 J. Kim & E. Sosa eds., 앞의 책, p.543에서 재인용.

5 J. Kim & E. Sosa eds., 앞의 책, p.543에서 J. Kim의 글, 그리고 인용된 Moore의 글 참조: "Thus, Moore's point amounts to the statement that the intrinsic value of a thing supervenes on its descriptive, nonevaluative properties."

포함한 전통적 존재론이나 심신론의 중요한 전제는 고정적인 속성이나 질들이, 그것이 물리적이든 심적인 것이든 다른 종류의 질을 창발 또는 수반시키는 기저적인 속성들이 존재하며, 나아가 그에 수반되어 어떤 일정한 질이 인식자나 언어적 규정의 관여 없이 독립적으로 생성·등장할 수 있다고 본다는 것이다.

과연 언어적 인식과 별개로 그런 고정적인 속성이 존재하고 등장할 수 있을까? 우리는 이미 언어적 규정 없이는 일의적이고 고정적인 속성이나 규정성이 등장할 수 없음을 여러 번 지적했으나, 다시 한 번 위의 헤어의 논리를 검토해보기로 하자. 기술적이고 비非평가적인 특정 속성에 어떤 평가적 속성이 수반하는지의 여부를 판정하기 위해서는 먼저 그 특정의 기술적이고 비평가적인 속성의 일의적 고정성이 전제되어야 한다. 즉 헤어의 기준에 따르면, 두 사람 A와 B가 '정확히 동일한 상황'에서 '정확히 동일하게 행동한다'고 해도, A는 '선하다' 평가될 수 있음에 반해 B는 '악하다' 평가되는 경우가 있는지의 여부를 판단할 수 있어야 한다. 그런데 그런 판단이 가능하기 위해서는 먼저, 두 사람이 정확히 동일한 상황에서 동일하게 행동하는지를 확인해야 한다. 그런데 이런 확인 행위가 의미 있으려면, **어느 경우에서나 동일한 상황이나 동일하다고 할 수 있는 그런 행동이 있어야 한다**. 그러나 그런 것이 있을 수 있을까? 그 답은 회의적이다. 하나의 상황이나 행동이 처한 시간과 공간이 달라지면 그 문맥도 달라질 것이다. 그에 따라 물리적으로 동일하다고 여겨지는 상황이나 행동도 달리 기술될 것이며, 따라서 다른 모습을 가진 것으로 간주될 것이기 때문이다. 위에서 우리는 한 사태나 행위의 모습은 언어 의존적이라고 논한 바 있다. 가령 장작불이 타는 과정은 고대인들에게는 신비한 활력의 개입으로, 중세인들에게는 플로기스톤이라는 것이 작동하는 현상으로, 현대인에게는 산화酸化의 과정으로, 앞으로 새로운 물리학 이론이 등장한다면, 그것은 현재와는 전혀 다른 어휘들에 의해 기술될 것이다. 비근한 일상의 예를 들어보면 뙤약볕에서 일하는 세 명의 벽돌공에게 '무슨 일을 하고 있냐'고 물었더니, 한 명은 '벽돌을 쌓고 있소'라 했고, 다른 한 명은 '돈을 벌고 있소'라는 무덤덤한 답변이었으며, 나머지 한 명은 웃는 얼굴로 '아름다운 성당을 짓고 있소'라고 답하였다고 한다. 다른 예로 수업 중에 하는 제스추어는 강의에 효과적일 수 있지만 그 '동일한' 제스추어를 지하철에서 행한다면 실없는 동작으로 간주될 것이다. 일반적으로 기표가 동일해도 그 기표의 기의는 달라질 수 있다.

헤어의 수반성 조건은 물리적 세계에서는 변하지 않고 동일성을 유지하는 속성이나 상황이 있을 수 있다는 전제 하에서 성립한다. 그러나 한 평가적 속성이 수반supervenience하는지의 여부를 확인하기 위한 물리적 또는 자연적 조건 자체가 실질적으로 성립할 수 없다면, '수반'이라는 현상을 존재론적인 것이라고, 즉 존재론적 차원에서 일어나는 현상이라고 말하기 어려울 것이다. 평가적 속성을 수반하는 것으로 여겨지는 바가 무엇인지 말할 수 없을 것이기 때문이다. 아마도 **변하지 않는 것**은 기표밖에 없을지 모른다.

우리가 한 사람을 윤리적으로 평가하는 것은 그의 행위 유형을 보고 하는 것이다. 이런 점에서 헤어의 말대로 '선하다'와 같은 평가적 술어는 경험적으로 기술될 수 있는 행위 유형에 수반된다고 할 수 있을 것이다. 그런데 일련의 행위 유형에 대한 기술 방식은 다양할 수 있다. 경험적인 관점에 서더라도 그 행위 유형은 상황에 따라 다르게 기술될 수 있다. 실로 상황과 문맥에 따라 일련의 행위 '유형'의 모습 자체가 달라질 수 있다. 유형이란 전체의 문맥, 보는 이의 관점에 따라 달라질 수 있기 때문이다.

수반적 속성과 인식자의 관점

이른바 '수반한다'고 여겨지는 것은 일정한 관점에서의 인식과 기술 방식의 결과에 불과할지 모른다. 전쟁터에서 위험을 무릅쓴 전사의 행동은 시대와 상황에 따라 달리 기술될 수 있을 것이다. 어떻게 기술하느냐에 따라 다양한 '수반적 속성'들, 가령 '자연 속의 프시케Psyche가[6] 솟아나 일어나는 현상', '사자의 기운이 분출하는 현상', '전쟁의 신 마르스가 관여하는 행위', '주체적인 의지로 용기를 내는 행위', '리비도의 활성화' 등 소위 상이한 '수반적 속성'들이 등장하는 것으로 볼 수 있다. 이들 여러 수반적 속성 중 평가적 판단을 내릴 수 있는 경우, 그래서 윤리적 속성을 귀속시킬 수 있는 경우는 네 번째 '주체적 의지로 용기를 내는 행위'로 기술될 때뿐이다. 외계를 인식하거나 기술하는 다양한 관점이나 측정 단위들이 있을 수 있으며, 이에 따라 다양한 '수반적 관계'가 생성될 수 있다. **수반하는 것은 속성이라기보다는 술어이다**. 그리고 속성과 술어는 상호교환적으로 사용될 수는 없다. 전자는 존재적 차원에 속하며, 후자는 언어적이고 인식적인 차원에 속한다.[7]

물론 단지 술어만이 수반하고 등장하는 것은 아닐 것이다. 인간 삶의 양상이 복잡다단해지고 중첩적이 되어감에 따라, 새로운 행위 유형, 새로운 문맥이 반복적으로 등장할 것이다. 이에 따라 인간의 언어적 활동이 섬세하고 정교해지면서 그 새로운 행위 유형에 상응하는 어휘를 고안하거나, 기존 어휘를 채용하되 그 의미를 확장하여 새로운 개념을 등장시킬 수 있다. 기표나 어휘, 또는 개념概念; concept은 영어 어휘가 함의하는 대로 하나로 묶는 역할, 나아가 물화하고 실체화하는 역할을 수행한다. 새로운 종류의 어휘군들이 등장하면서 인간 삶이나 언어 놀이에 새로운 장이나 세계가 전개될 것이다. 윤리적 담론의 질서, 물리학적 담론의 질서, 다시 뉴튼적 물리학의 담론, 양자역학의 담론 등등에 새로운 존재자와 성질들 역시 이들과 함께 생성된다.

---

6 고대 희랍에서 나중에 영혼을 의미하는 프시케는 자연계 전체에 퍼져 있는 생명적인 힘physis, 자연적인 생기를 의미했다.

7 J. Kim의 앞의 책 p.543의 다음 구절 참조: "the characteristic of moral properties or ethical predicates that has to do with their *necessary covariation* with descriptive-nonmoral and nonevaluative-properties or predicates. The attribution of moral properties, or the ascription of ethical predicates, to an object……."

인식자의 관점이라는 개념은 창발론이 안고 있는 위의 문제점들을 해소하면서 창발론이나 수반론을 수용할 수 있는 방안을 제시한다. 위에서 우리는 존재자, 적어도 의미 있는 존재자, 즉 모습을 지닌 존재자가 등장하기 위해서는 인식자의 활동이 개입되어야 한다고 논한 바 있다. 인식자가 들어섬에 따라 관점이 생기고, 어떤 관점을 취하는가에 따라 다양한 술어나 질들이 창발하거나 수반한다고 말할 수 있다.

인식 대상은 인식자와 만나면서 비로소 모습을 지닌 존재자로 변모한다. 더 정확히는 일종의 흐름에 불과하던 외계가 인식자의 감각 기관이나 의식의 흐름과 만나면 상호분절이 이루어지고, 이에 따라 일정한 규정성과 이런 규정성을 지닌 존재자가 등장한다. 물의 흐름과 공기의 흐름이 만나면 물결과 바람결이 생기는 것을 생각해보라. 일정한 파장의 공기 흐름이 청각을 만나면 소리가 된다. 소리의 흐름과 사유(의식)의 흐름이 만나면 분절된 의미와 음성이 생긴다. 물체에서 반사된 빛의 파장이나 스펙트럼이 인간의 눈과 같은 특정 구조를 지닌 시각을 만나면 색깔이 생기지만, 황소처럼 색깔을 형성할 수 없는 시각적 구조에 부딪치면 명암적 차이만을 지닌 단조로운 세계가 전개될 뿐이다.

창발, 발현, 또는 수반의 현상은 **이질적 두 흐름이 관계하여 결과하는 이중성** 속에서, 또는 외계와 인식자와 사이에서 모습을 지닌 존재자가 생성되는 현상을 이르는 것이 아닐까? 그러나 대체 인식자가 개입할 때, 이전에는 없던 질이나 모습이 왜 그리고 어떻게 창발 또는 수반되는가? 이에 대한 완전한 설명은 주어질 수 없을지도 모른다. 특히 어떤 과정을 거쳐서 창발되는지는, 아마도 철학이라기보다는 분과과학의 과제일 가능성이 있다. 단 우리는 다음과 같이 말할 수는 있다. 위에서 지적한 바와 같이 인식자로서의 인간은 행위자이고 삶의 영위자이며, 그런 존재로서 그는 자신이 행동하고 생존해야 할 세계의 일정한 모습을 구축해야 한다. 삶과 행위의 활동 자체가 모습이나 질의 존재, 그리고 이 모습과 질들 내의 일정한 질서를 삶과 행위의 선험적 조건으로 요청한다. 이런 요청이 질을 창발 또는 발현시켰다고 말할 수는 있을 것이다.

두 흐름의 중간에서 생성되거나 창발되는 일정한 모습의 존재자를 우리는 발현형이라 부를 수 있다. 이런 존재자의 구조는 언어학에서 '은폐 유형'이나 '유도 저항' 또는 분자생물학에서 제안하는 '표현형' 또는 '연장적 표현형'과 유사하다. 이제 창발성과 관련하여 언어학과 분자생물학에서 제안하는 개념들을 검토해보자.

2. 언어학과 생물학에서 창발적 현상

언어학에서 발현형

타자와의 관계를 통해 모습, 특질, 특성이 드러나는 사례를 언어학에서 찾아볼 수 있다. 워프B. L. Whorf는 언어학에서의 이런 특색을 은폐 유형 또는 은폐적 분류라 부른다.[8] 가령 인도유럽어에서 사물들을 지칭·기술하는 어휘들은 남성과 여성으로 구분되어 있으나, 이런 성적 구분은 어휘 자체에서는 표현되어 있지 않다. 어휘들 속에 은폐되어 있던 성적 구분이 드러나는 것은 이들이 인칭대명사 등과 관계할 경우이다. 어휘들 자체는 성적 구분을 나타내는 형태소를 자신의 일부로 하지는 않는다. 하지만 다른 어휘들과의 관계 속에 들어갈 때는 자신들 속에 잠재되어 있는 성적 구분을 드러내어, 대명사나 다른 관계 어휘들에 영향을 미친다. 가령, '자동차automobile'는 'she'로, '황소ox'는 'he'라는 인칭대명사로 지칭된다. 말하자면, 이들이 들어서게 되는 다른 어휘들과의 관계는 이들 어휘로 하여금 자신 속에 내재되어 있던 성적 범주를 발현하게끔 자극하는 것이다.

---

8 B. L. Whorf, 'An American Indian Model of Universe'; 'A Linguistic Consideration of Thinking in Primitive Communities' in B. L. Whorf, *Language, Thought and Reality*, MIT Press, 1956.

이들 어휘의 은폐 유형은 서구인들이 외계를 보는 시각, 사물을 남성과 여성으로 구분하여 보는 서구인의 사고방식을 드러낸다.

다른 예로 전치사의 '유도 저항'이라 부르는 것이 있다. 영어의 'up'은 통상적으로는 '위에'라는 의미이지만, 이런 표면적 의미 이외에도 '완전하게', '끝내는' 등의 의미를 자신의 이면에 간직하고 있다. 이 후자의 의미는 'up'의 통상적인 용법에서는 드러나지 않고 은폐되어 있다. 하지만 이 전치사 'up'이 일정한 다른 동사들과 결합되어 사용될 때에는(finish up, line up, turn up) 이면에 있던 은폐된 의미가 모습을 드러낸다. 한 어휘의 유도저항적 의미란 마치 오랜 세월에 걸쳐 누적되어 형성된 지층과도 같아서, 일정한 조건이 형성되면 주위의 압력에 의해, 과거의 지층처럼 밖으로 드러난다. 유도 저항적 의미에서 중요한 것은 한 어휘의 지층적 의미란 그것이 사용되는 일정한 문맥에서만, 즉 다른 어휘들과의 연관성 속에서만 드러난다는 점이다. 즉 은폐된 의미를 발현시키는 것은 타자와의 관계망이다.

우리는 은폐형의 개념을 확장할 수 있다. 은폐형은, 표현형과는 다른 의미 생성 방식의 하나에 그치지 않는다. 그것은 **어휘들이 의미를 생성하는 일반적인 방식**이라 말할 수 있다. 은폐 유형적 특징이나 유도 저항적 의미가 내장되어 있지 않다고 여겨지는 통상의 어휘 대부분도 홀로 있을 경우에는 의미를 지니지 않는다고 볼 수 있다. 다른 모든 어휘들 역시, 은폐 유형이 의미를 생성하듯이 다른 어휘들과의 관계 속에서 그리고 다른 어휘들과의 관계에 의존하여 의미를 생성하는 측면이 있다.

우리는 이런 현상을 한문의 경우에 더욱 현저한 형태로 관찰할 수 있다. 한문에서 어휘들은 고정적인 의미를 지니고 있지 않다. 한문 어휘의 의미는 그 어휘가 사용된 문맥이나 문리를 알아야 정확히 이해될 수 있다. 가령 한문의 '白'은 아마도 처음에는 홀로 의미를 지닐 수 있었으며 그 의미는 흰색이라는 명사 또는 형용사였을 것이다. 그러나 어휘수가 늘고 문맥이 복잡해지며 표현하고자 하는 내용이 섬세해지고 다양해지면서, 문맥에 따라서는 '하얀白衣', '없는白痴, 白民', '하얘지다頭髮爲白', '사뢰다告白' 등의 여러 의미로 사용될 수 있다. 이렇게 '白'의 의미가 다기화하면서 '白'이라는 어휘는, '흰색'이라는 명사적 의미를 표현하기 위해 쓰이는 경우에도 타자와의 관계, 즉 문맥에 의존하게 된다. 이제 이런 문맥이 없으면, 홀로 쓰인 '白'이 명사인지, 형용사인지, 동사인지를, 동사인 경우에도 어떤 의미로 쓰였는지 알 수 없게 되기 때문이다. 이렇게 보면 한문의 글자들은 문리文理에 의존하여, 즉 다른 어휘들과의 관계망에 의해 자신의 의미를 규정받고 표현한다고 말할 수 있다.

표의문자가 아닌 표음문자, 가령 영어의 경우도 그러한가? 즉 은폐형이 의미 생성의 일반적인 방식인가? 아마도 우리는 표음문자의 경우는 더욱 그러하다고 말할 수 있다. 왜냐하면 상형문자와 달리, 표음문자의 경우에는 기표 자체에 문자의 의미를 제약하는 요소가 없기 때문에, 그 의미는 더욱 타자와의 관계망에 의존할 수밖에 없다. 우리는 사용례들이 어휘의 의미라는 비트겐슈타인의 주장, 언어 기호는 차이의 체계이며 기표의 가치는 다른 기표들과의 관계에서 결정된다는 소쉬르의 주장을 깊이 생각해 볼 필요가 있다. 가령 '아버지', '어머니', '동생', '형' 등의 호칭들은 가족관계 내에서의 위치를 표현하는 어휘이다. 그래서 '아버지'라는 어휘는 '어머니', '동생' 등의 어휘가 없이는 의미를 지닐 수 없다. 색, 온도, 크기 등을 표현하는 모든 어휘들 또한 그러하다.

분자생물학에서 표현형과 연기성

유전자의 세계에서도 유사한 관계가 존재한다. 유전자의 차원에서 파악할 때 생명체들 간의 경계는 모호하다. 인간과 침팬지의 유전자 차이는 1.6퍼센트에 불과하므로, 유전적으로 인간과 침팬지는 거의 유사하다. 인간이라는 종, 침팬지라는 종은 각각 이 유전자 집단들의 발현형이라 할 수 있는데, 발현형으로서의 양자의 차이는 신체적 구조에서 1.6퍼센트 이상의 차이를 보이며, 행태에서 보이는 차이는 거의 단층적이다. 나아가 이 발현형으로서의 신체를 기반으로 이루어지는 생존 방식은 전혀 비교할 수 없을 정도의 차이가 있다는 데에 제3자도 동의할 것이다. 우리는 도킨스의 어휘를 빌어 양자의 생존 방식을 '연장적 표현형'이라 부를 수 있다. 양자는 유전자적 차원에서는 근친적일지라도, 연장적 표현형에서 두 종은 전혀 차원을 달리 하는 존재이다.

전통적으로 진화 과정을 생물 개체 수준에서 이해하려는 것이 일반인들은 물론이고 생물학자들의 경향이었다. 이를 비판하면서 도킨스는 개체의 개념을 제거하고 표현형의 개념을 도입할 것을 제안한다.

> 일부 생물학자는 앞질러 가서 생물 개체가 보기 위해서 눈을 사용하는 것처럼, DNA를 마치 생물 개체가 번식을 위해 쓰는 도구라고 보고 있다. 이 책의 독자는 이 같은 태도가 당치도 않은 큰 오류라는 것을 알게 될 것이다. 그것은 완전히 거꾸로 된 진실이다…… 생물 개체를 의문의 여지가 없는 것으로 간주하는 낡은 태도를 우리의 정신에서 제거하는 것부터 시작해야 한다…… 정신을 깨끗이 하기 위해서 우리가 사용하는 장치는 내가 '연장된 표현형' 이라 부르는 사고방식이다.[9]

도킨스에 따르면 개체는 2차적인 현상이요, 유전자의 연장적 표현형에 지나지 않는다. 그는 유전자를 물방울에, 개체는 구름이라는 현상에 비유하고 있다. 구름은 사라지더라도 물방울은 존재하듯이 개체는 소멸하더라도 유전자는 영원하다는 것이다. 자연종은 다양한 형태의 구름들을 분류하는 개념이 될 것이다. 그의 논지는, 개체나 자연종은 각각 구름과 같은 현상이거나 개념에 불과하며 생태계에서 실재적인 것은 유전자, 다시 말해 이기적 유전자라는 것이다. 우리는 도킨스의 이런 주장이 오히려 '**거**

9 리처드 도킨스, 『이기적 유전자』, 을유문화사, 1993, 352-3쪽.

꾸로 된 진실' 임을 논할 것이다.

우선 그의 입장을 계속 살펴보자. 유전자가 현실적으로 직접 영향을 끼칠 수 있는 것은 단백질 합성뿐이라고 한다. 유전자가 한 개체의 신경계나 눈 색깔 또는 콩의 주름에 미치는 영향력은 항상 간접적이다. 하지만 유전자가 한 단백질의 아미노산 서열을 결정하면 그것이 X에 영향을 끼치고 X가 또 Y에도 영향을 끼치며 Y가 다시 Z에 영향을 끼치는 연쇄적 과정을 거쳐, 최종적으로 종자의 주름이나 신경계 세포의 배선에까지도 영향을 끼친다는 것이다. 나아가 도킨스는 유전자의 이런 효과가 유기체적 개체의 특성을 넘어서 그 개체가 거주하는 세계로까지 펴져 갈 수 있다는 것이다. 한 유전자의 표현형에 해당하는 효과는 그것을 유전자로 하는 생물 개체에 미치는 모든 효과들을 넘어 "그것이 세계에 미치는 모든 효과"로 생각할 필요가 있다는 논리이다. 유전자는 "생물체 바깥의 세계에까지 미치는 표현형 효과"를 가진다.[10] 이것이 도킨스가 말하는 연장된 표현형의 의미이다.

날도래는 수면 위를 서툴게 나는 갈색 곤충이다. 유충일 때는 하천 밑바닥을 기어다니면서 외부의 재료, 예를 들어 낙엽 조각, 달팽이 껍질 부스러기, 어느 때는 자그마한 돌로 정교한 집을 만든다고 한다. 날도래 집은 마치 바다가재 껍질과 같이 몸을 보호하는 덮개이고, 그런 것으로서 다윈주의적 선택에 의해 진화해온 하나의 적응 현상이다. 자연선택의 과정은 효과적인 집을 만들도록 작용하는 날도래 조상의 유전자를 선택한 것이다. 날도래의 집은 이와 같은 인과의 계열을 다시 한층 더 연장해간 것에 불과하다. 도킨스는 (날도래 집을 구성하는) 돌의 견고함을 날도래 유전자의 '연장된' 표현형 효과라고 부르고 있다. 날도래 집은 날도래에게, 바다가재의 껍질과 같은 것이라는 것이다. 그래서 그는 날도래의 유전학뿐 아니라 날도래 집의 유전학을 연구해야 한다고 주장한다.[11] 날도래의 유전

10 리처드 도킨스, 앞의 책, 353쪽.

자는 날도래의 유전자일 뿐 아니라 **날도래 집의 유전자**라고도 할 수 있기 때문이라는 것이 그런 주장의 근거이다. 콩의 주름이나 눈의 색깔을 위한 유전자 등에 대해 논할 수 있듯이, 날도래의 견고한 돌집의 유전자에 관해서 논할 수 있다. 즉 연장된 표현형의 유전자를 우리는 논할 수 있다는 것이다.

도킨스는 또 다른 사례를 들고 있다. 어떤 흡충류가 기생하는 달팽이는 그 껍질이 특별히 두껍다고 한다. 이는 흡충이 어떤 화학적 영향을 끼쳐 달팽이로 하여금 두꺼운 껍질을 형성하도록 작용한 결과라고 한다. 그렇다고 한다면 달팽이의 유전자가 달팽이 몸에 영향을 끼친 것은 물론이고, 나아가 흡충의 유전자도 달팽이의 몸에 영향을 끼쳤다고 추론할 수 있다. 흡충의 유전자가 자신의 몸 밖에까지 영향을 미쳐 외계를 조작하고, 달팽이에게 영향을 끼친 것이다. 흡충이 기생하는 달팽이의 두꺼운 껍질은 달팽이 유전자의 표현형이라기보다는 **흡충 유전자의 연장된 표현형**이라 할 수 있다. 이런 논리를 확장하면, 한 자연종의 생존 공간에서, 적어도 그 자연종의 생물학적 존재 방식이 영향을 끼쳐 구성된 그 부분은 그 자연종 유전자의 연장적 표현형이라 할 수 있다. 개미탑은 흰개미의 연장적 표현형이며, 인간이 세운 도시는 **인간 유전자의 표현형**이라 볼 수 있다. 환경은 유전자의 생존에 영향력을 발휘하지만, 유전자 역시 어느 정도는 환경에 변화를 가할 수 있다.

> 자연 선택은 스스로의 증식을 확실히 하도록 **세계를 조작하는** 유전자를 택한다. 이것이야말로 내가 '연장된 표현형의 중심 정리'라고 하는 것에 연결된다. 즉 '동물의 행동은 그들의 유전자가 그 행동을 하고 있는 동물의 몸 내부에 있거나 없거나 그 행동을 위한 유전자의 생존을 최대로 하는 경향을 가진다.'[12](별도 서체는 원문상의 표기)

---

11 리처드 도킨스, 앞의 책, 355쪽.

생태계의 모든 동식물들은 그 모습이나 생존방식에서 상호의존적이다. 서로를 요청하고, 서로에 영향을 끼치는 관계에 있다는 점에서 실질적으로 공생 관계에 있다. 다시 말해, 공생적 동식물, 가령 흡충과 달팽이, 꽃과 나비, 악어와 악어새, 기생충과 숙주, 위장 내의 유산균과 그 위장을 지닌 생명체들만이 아니라, 먹이사슬의 관계에 있는 모든 유기체들이 상호의존의 관계에 있다. 심층생태학의 개념, 가이아의 이론, 더 일반적으로 생태학의 모든 이론들이 이런 사실에 대한 통찰에 기반하고 있다. 이렇게 보면 한 개체가 거주하는 생태계의 거의 모든 생명체들과 이들의 특징들, 생명 현상들은 생태계의 기초가 되는 다양한 유전자들의 연장적 표현형으로 볼 수 있다. 생태계 전체는 개별 유전자들의 연장적 표현형이다. 모든 유전자들은 상호적으로 엇물려 있다.

한 유전자가 전하는 파장은 호수의 파문과 같이 멀리 퍼져나간다. 이런 파장은 다른 유전자가 전하는 파장과 결합하여 다양한 무늬와 결을 형성한다. 결이란 두 흐름 이상이 상호 적합적 관계에서 형성되는 것이다. 유전자의 파장들이 생성하는 결, 우리는 이를 유전자의 결, 더 포괄적으로 생태계의 결이라 할 수 있다. 이는 물결 위에 번지는 파문과 같이 퍼져나가며, 다른 곳에서 시작한 파문과 만나 새로운 무늬를 만들어가면서 전체의 새로운 결을 만들어간다. 우리는 연장적 표현형으로 나타나는 생명체들 간의 이런 의존적 관계를 연기적 관계에[13] 있다고 말할 수 있다. 생명체들은 의존적 생성관계, 상즉상입하는 연기적 관계에 있다.

발현형의 창발과 인식자의 관점

언어학의 표현형이나 생물학의 발현형 개념은 다음을 보여준다: 한 개

---

12 리처드 도킨스, 앞의 책, 374쪽.

13 연기 개념에 대해서는 본서 3부에 속한 장들 참조.

별적 어휘의 의미나 개별적 생명체들의 특성으로 우리가 인지하는 바는, 실은 한 언어 요소나 한 생명체의 유전자가 홀로 지니거나 산출할 수 있는 의미나 특성이 아니라, 그 어휘나 개체가 타자와 관계할 때 형성되고 드러나는 특성, 특히 그 특성을 우리가 일상적 삶의 수준에서 인지할 때 드러나는 현상이다. 'up'이 '완전하게', '끝내는'이라는 의미를 지닐 수 있는 것은 'up'이라는 전치사가 일정한 동사와 결합하여 일상적 숙어구의 일부로 사용될 때이다. 보통의 경우보다 두꺼워진 달팽이의 껍질은 달팽이가 흡충과 관계할 때 형성되는 특성이며, 그런 점에서 두꺼운 껍질은 달팽이의 특성인 동시에 흡충의 연장적 표현형이라고도 할 수 있다.

더 정확히 할 필요가 있다. 그 숙어熟語구의 의미나 달팽이의 특성 등은 우리가 우리의 관점에서 그것들을 인식하는 경우에만 그런 모습을 파악해 낼 수 있다. **그 표현형들은 우리 인식자의 관점에서 파악되는 특성들이다.** 언어 현상이나 자연 현상을 다른 관점에서 파악하면, 그런 표현형들은 사라지거나, 아니면 다른 유형의 특성들이 창발될 것이기 때문이다. 사물들의 성적 구분이나 전치사의 발현형은 관련 어휘들을 사용하는 영어권의 언어 주체에게만 드러난다는 점은 재론을 요하지 않는다. 동양인들에게는 서구어에서 보이는 일반적인 사물의 성적 구분은 지극히 낯설어서, 우리가 영어를 사용할 경우에는 영어 어휘의 성적 구분이 자동적으로 발현되지 않기에 따로 암기해야 한다. 유도 저항의 경우에도 지층적 의미를 부상하게 하는 타자와의 관계망은 영어적 관계망이라는 점을 유념할 필요가 있다. 우리 한국인이 'up'의 유도 저항을 인지할 수 있으려면, 오랫동안의 학습을 통해 우리의 언어의식이 영어적 관계망에 상당히 깊숙이 연루될 수 있도록 해야 한다.

언어적 발현형은 특정 언어권의 인식자가 개입하여야 생성될 수 있다. 생태계의 발현적 특징 역시 그 두 유기체들, 날도래와 날도래 집, 흡충과 달팽이 간의 관계만으로 드러나는 것이 아니다. 이들의 존재나 이들의 관계로 발현하는 특성들은 날도래, 달팽이 등을 구성적 일부로 하는 현재의 생태계 분류법을 전제로 하고 있으며, 현재의 분류는 일정한 관점에서의 분류법이다. 이 점을 유념하면서 다시 표현형이나 발현형에 대한 논의를 계속해보자.

3. 표현형과 유전자, 어느 것이 우선적인가?

유전자는 표현형의 유전자

분자생물학이 유전자가 생명체의 기초임을 보여준 이후, 개체(표현형)와 유전자 간의 관계에 대해 다음과 같은 견해가 일반적이다: 개체(표현형)가 인식론적으로는 우선적이지만 존재론적으로는 유전자가 우선적이고 일차적이다. 앞의 인용구에서 도킨스 역시 비슷한 입장을 시사하고 있다. "일부 생물학자는 앞질러 가서 생물 개체가 보기 위해서 눈을 사용하는 것처럼, DNA를 마치 생물 개체가 번식을 위해 쓰는 도구라고 보고" 있는데, "이 같은 태도가 당치도 않은 큰 오류"라는 것이다.

그래서 우리는 "완전히 거꾸로 된 진실"을 신봉해왔으며, "생물 개체를 의문의 여지가 없는 것으로 간주하는 낡은 태도를 우리의 정신에서 제거하는 것부터 시작해야 한다"는 것이다. 그의 비판의 핵심은 다음이다: 우리는 당연히 DNA보다는 생물 개체를 먼저 인식한다. 그런데 일부 생물학자들은 이런 인식의 순서를 존재의 순서로 생각하여, DNA란 마치 생물 개체가 번식을 위해 쓰는 도구처럼 생각한다는 것이다. 그래서 전자보다는 후자, 즉 생물 개체를 존재론적으로 우선적인 존재로 간주하는데, 이는 '당치도 않은 큰 오류'라는 것이다. 중세 신학자들은 인식의 순서와 존재의 순서는 정반대라는 논변을 개진한 바 있는데, 그는 이들과 비슷한 논리를 펼치고 있다.

필자는 도킨스의 입장이 오히려 거꾸로 된 진실이라고 생각한다. 표현형은, 즉 생물 개체는 인식론적으로만이 아니라 존재론적으로도 우선적이고 기초적이다. 간단히 말해서 DNA가 아니라 생물 개체가 바로 의문의 여지가 없는 우리 사고의 출발점이다. 우리가 생물학적 개체의 기초를 찾는 과정에서 **그 해답으로 설정된 것**이 DNA이기 때문이다. 그러므로 한 생물 개체의 DNA는 그 개체 때문에 존재한다. 위에서 논한 바와 같이, 인식론적 관점과 존재론적 관점은 불가분의 내적인 관계에 있기에, 양자 간의 구분은 정당화될 수 없다.

개체와 유전자의 모습은 무엇이든 언어적으로 기술되어야 그 모습이 드러나고 알려진다. 그런데 기술을 위해 동원하는 어휘들은 현재 자연 언어의 일부를 구성하는 것이며, 우리의 자연 언어는 인간중심적으로, 다시 말하면 **개체나 표현형의 관점에서 형성된다**는 점을 유념할 필요가 있다. 자연 언어는 그것이 지칭하고 기술하는 것이 무엇이든 우리의 일상적 생활세계 속에서 드러나고 인지되어 있는 범위의 모습만을 담고 있다. 자연 언어는 원자적 관점이거나, 신의 관점, 또는 제3자의 관점에서 형성된 언어가 아니라, 우리가 일상의 삶을 영위하면서 오랜 역사적 과정을 거쳐 자연스럽게 형성된 언어이다. 자연 언어는 인간이 인간적인 삶을 살면서 형성한 것, 더 정확히는 인간적 삶의 방식의 주축이자 기초로 형성해온 것이다. 그러므로 자연 언어는 종 특수적species-specific,[14] 더 정확히는 일정하고 구체적인 삶의 공간을 점유하고 있는 자연 언어 공동체에 특수적일 수밖에 없다. 자연 언어는 인간의 언어, 일상의 삶을 사는 인간의 언어이다. 그것은 원자의 삶, 신의 삶, 화성인의 삶을 사는 외계인의 언어가 아니라, 한국인의 언어, 미국인의 언어, 중국인의 언어이다. 다양한 자연 언어는 한 보편 언어의 하위종이거나 개인의 언어가 아니라 시공적으로 고유한 특정 언어권의 언어이다. 그런 점에서 언어는 사회적이고, 그 언어를 사용

---

14 이 어휘에 대해서는 논문 J. Kim, 'Multiple Realization and the Metaphysics of Reduction', in *Philosophy and Phenomenological Research*, March 1992 참조.

하는 사람들의 마음 역시 사회적이다.

인간의 언어는 인간적 삶의 방식의 기초를 구성하는 것이므로, 종 특수적인 것에 그치는 것이 아니라, 매우 구체적이고 실천적이다. 그것은 특정의 자연 언어를 사용하는 언어권 사람들의 **삶의 방식 그 자체**이다. 자연 언어는 한 언어권의 구성원들이 오랫동안 생존을 위해 노력하는 과정에서, 그 노력의 핵심적 일부로서 구축된 것이기 때문이다. 영어는 영어권 사람들의, 한국어는 한국인의, 한문은 중국인의 가장 기초적인 삶의 방식이다. 언어는 실천적이다. 언어는 우리 정신의 흐름을 위한 수로를 깔아주며, 우리 행위를 인도·규제하고 우리 삶의 기초를 제공한다. 우리는 그래서 언어가 문화 특수적culture-specific이라고, 나아가 하나의 자연 언어는 그 언어를 사용하는 사람들의 문화임을 넘어 세계이자 거주지, **우리 정신의 거주지**라고 말할 수 있다.

자연 언어주의

자연 언어가 표현·기술하고 있는 것은 '현상적인' 것들, 말하자면 도킨스가 말하는 '표현형'들이다. 학문이란 이런 표현형들의 세계에서 일어나는 현상을 설명하기 위한 것이라 할 때, 학문의 단초이자 기반은 자연 언어일 수밖에 없다. 자연 언어에 의해 기술되는 표현형적인 현상을 설명하는 요인들을 찾다보니 유전자가 등장한 것이지, 유전자가 어떻게 표현되는가를 탐색한 결과 표현형이 등장하거나 발견된 것은 아니다. **유전자는 표현형의 유전자이다**. 특정의 표현형이 없고, 그를 인식하는 자가 없다면, 특정의 유전자는 등장하지 않는다. 아니 존재해야 할 이유조차 없다. 따라서 현재의 생태계를 인식하는 방식이 달라지면 유전자도, 그 생물학적 기반도 달라질 수밖에 없다. 지구상의 생태계를 기술하고 분류함에서 전혀 새로운 방식이 들어서면, 생태계에서 유전자의 자리가 사라지거나 적어도 그 위치가 달라질 것이다. 분자생물학은 이제 겨우 50여 년의 역사를 지닌 학문이라는 사실을 유념할 필요가 있다. 유전자란, 표현형을 미시적 단위로 기술한 것으로, 항상 표현형에 의존적이다.

유전자는 표현형을 결정하거나 또는 그에 영향을 주지만, 그 반대는 성립하지 않는다는 이유에서 혹자는 후자가 존재론적으로 근원적이라고 논한다. 이는 어느 면에서는 설득력이 있어 보인다. 미시적인 것이 거시적인 것을 결정하거나 그에 영향을 주는 것이지, 그 반대는 아닐 것이기 때문이다. 하지만 모습을 지닌 존재자만이 진정 실질적인 존재자라고 할 수 있으며, 모습이란 특정 관점에서의 인식 활동을 전제로 한다. 그런데 미시적인 것의 모습은 거시적인 것의 모습을 준거로 하며, 전자의 존재는 후자에 의존한다. 유전자는 항상 표현형의 유전자로서, 표현형이 있기에 유전자가 있는 것이다. 따라서 표현형이 유전자를 있게 한다고, 즉 표현형이 유전자의 존재 근거라고 할 수 있다. 그렇다면 **표현형이 유전자를 결정한다**고 할 수도 있다.

모든 것의 단초이자 기초는 자연 언어이다. 학적 탐구 역시 자연 언어로 기술된 세계의 모습을 기초로 한다. 자연 언어로 기술된 세계상을 기초로 세계에 대한 문제가 제기되고 탐구가 이루어진다. 분석과 환원도 이렇게 기술된 바를 기초로 한다. 설명 대상 자체가 현재 입장에서 기술된 것이다. 자연종이 자연 진화의 결과이듯이, 자연 언어 역시 오랜 세월에 걸친 언어 진화의 과정에서 형성되어 등장했다는 점을 유념할 필요가 있다. 이런 논의를 확장하면 다음과 같이 말할 수 있다: 물리적 것들보다는 심적인 것들, 생명성, 욕구, 관심, 믿음 등의 심적 요인이 더 기초적이라 할 수 있는 측면이 있다. '물리적'이란 의미의 영어 어휘는 희랍어의 'physis'를 어원으로 한다. 이 어휘가 담고 있는 개념은 서양에서 근원적 표상의 역할을 했던 것인데,[15] 이는 원래 생기, 기운, 생명력, 영적인 힘, 생명의 세계, 인간의 세계를 움직이는 힘이었다. 그 힘은 단지 물리적인 것도, 생명적인

---

15 F. M. 컨포드, 『종교에서 철학으로』.

것 또는 정신적인 것만도 아니었다. 그 모두가 혼융되어 있는 원리였다.

우리는 결코 인간의 관점을, 자연 언어의 관점을 벗어날 수 없다. DNA의 관점이라는 것이 있을 수 있는지 회의적이지만, 그런 관점이 있을 수 있다고 해도 우리는 그런 관점에 설 수 없다. 인간에게는 인간의 관점이 필연적이다. 인식이란 관점 없이 이루어질 수 없는 활동이라 한다면, 학문에서 중립적 관점이라는 어휘는 제거될 수밖에 없다. 그리고 학문적 활동은 재규정되어야 한다.

은폐 유형, 유도 저항, 표현형의 등장에서 인식자의 관점이 필수적이라 한다면, 우리는 이들 개념을 더욱 정확히 규정하고 이런 규정에 따라 새로운 개념, 가령 창발성이나 연기성의 개념을 제안할 수도 있다. 은폐적 의미나 표현형 등의 개념은 그 의미나 존재가 한 어휘나 유전자 자체에 숨어 있거나 가능성으로 잠재되어 있던 것이 현실화되는 것이라는 인상을 준다. 이런 인상은 시정되어야 한다. 은폐 의미는 다른 어휘들과의 관계가 누적되면서 서서히 형성되어 있다가 일정한 문맥에서 인식자의 관여에 의해 연기되어 생성되며, 표현형은 그 모습의 형성에 주위 환경과의 관계나 인식자의 관점의 관여에 의해 연기·수반된다고 볼 수 있다.

17장

자연 언어와 감각질의 불가환원성

1. 불가환원론과 그 논거

제한적 물리주의와 의식의 문제

최근 서구 형이상학이나 심리 철학에서 가장 논쟁이 활발한 주제들 중 하나는 감각질 또는 현상적 질의 환원 가능성 문제이다.[1] 감각질의 존재는 중요한 철학적 문제를 제기한다. 물리주의를 고수하면서 감각질의 불가환원성을 설명하려는 유력한 입장이 위에서 언급한 창발성이나 수반성의 개념을 원용한 입장이다. 감각질이란 대체적으로 오감에 의해 지각되는 성질들, 맛, 색깔, 나아가 고통, 기쁨, 행복감 등을 이른다. 이들은 우리 일상적 삶의 주축을 이루는 것들이다.

---

1 이들에 대한 논의에 관해서는 T. Nagel, 'What Is It Like to Be a Bat,' in Block, N. Flanagan, & O. Guzeldere eds., *The Nature of Consciousness*, MIT Press, 1997 참조.

감각질qualia 또는 현상적 질phenomenal quality의 존재에 대해서는 대체로 두 입장으로 갈려 있다. 일부 학자들은 감각질이란 없으며, 감각질의 존재는 철학적 허구라고 주장한다.[2] 감각질이나 의식의 현상은 물리적이거나 신경생리학적인 현상으로 환원된다는 것이다. 의식 상태는 우리의 일상적 삶에서는 가장 중요하고 기초적이지만 학문적인 관점에서는 좀더 근원적인 것으로 환원될 수 있는 2차적인 현상에 불과하다는 얘기이다. 상당히 오랫동안 이런 의식 제거론은 과학적인 이론으로 추종되어왔다.[3]

최근 이런 추세는 시정되는 듯이 보인다. 학계의 흐름은 역류하여 이제 다수의 학자들이 공유하는 입장은, 인간이 경험하는 많은 것들이 물리적인 것으로 환원이 되더라도, 감각질이나 현상적 질은 환원이 불가능하다는 것이다. 이 입장이 최근까지 도달한 중론으로 보인다. 김재권에 따르면, 다수의 학자들은 여전히 지향적/인지적 속성은 기능화될 수 있는 것이기에 환원이 가능하다고 본다.[4] 하지만 그들도 의식되는 현상적 질이나 감각질은 기능적 속성이 아님을 인정하고 이런 이유에서 환원이 불가능하다는 입장을 취한다는 것이다.[5] 즉 감각질의 세계는 물리주의적 환원주의가 타당할 수 없는 영역이라는 것이다.

김재권Jaegwon Kim은 미국 심리철학계의 대표적인 물리주의자이다. 그럼에도 그 역시 감각질이나 현상적 질들은 물리주의의 잔여물임을, 물리적으로 환원되지 않을 것임을 인정하고 있다. 그는 물리학이 탁월한 수준까지 발전하여 두뇌의 물리적 · 전기자기적인 과정이 모두 규명되더라도 감각질은 환원되지 않을 것이라 예견한다. 그의 논거는 다음과 같다.

---

2 D. Dennett, 'Quining Qualia' in Block, N. Flanagan, & O. Guzeldereeds., *The Nature of Consciousness*; J. Kim, *Physicalism, or Something Near Enough*, Princeton Univ. Press, 2005, p.11, 168. p.11. 각주 참조.

3 J. Kim, 위의 책, p.10 참조.

4 J. Kim, 위의 책, p.27, p.168.

5 J. Kim은 이런 진영의 학자로 N. Block, C. Hill, F. Jackson, C. McGinn 등을 거명한다. 위의 책, p.27의 각주.

가령 최고의 물리학자가 감각질이 생성되는 인과적 과정을 물리적으로 기술할 수 있고, 이를 기반으로 하여 고통을 야기하는 자극 원인에 반응하는 고통 기계를 만들 수 있다고 해보자. 의식 활동의 물리적 기반은 두뇌이고, 두뇌 활동은 물리 · 화학적, 전자기적 변화이다. 그러므로 두뇌에서 일어나는 물리 · 화학적, 전자기적 변화는 시간이 흐르면 모두 규명할 수 있을 것이다. 이런 성과를 바탕으로 우리는 정교한 로봇을 만들 수 있을 것이다. 이 로봇은 인간이 고통을 느끼는 그 자극 원인에 정확히 동일하게 반응하고 정확히 동일한 식의 행태를 보인다고 해보자. 이런 경우에 그 고통 기계는 과연 고통을 느꼈다고 할 수 있는가? 김재권은 인간과 정확히 동일한 행태를 보이는 그런 정교한 기계를 만드는 것과 그것이 고통을 느끼게 하는 일은 전적으로 다르다고 답한다.[6]

그 이유는 무엇일까? 김재권의 논리를 약간 보완하면서 더 들어보자. 기계 안에서 일어나는 일은 아무리 섬세하고 정교한 과정이라 해도 이는 **물리적인 과정**에 불과하다. 우리는 그런 과정을 우리가 느끼는 **의식 상의 질** 또는 고통이라는 의식 상태와 동일시하기 어렵다.[7] 물리적 인과 과정은 아무리 정교 · 섬세하더라도 인과적인 상호변환이 가능하고 제3자가 관찰할 수 있다. 하지만 감각질은 인과적으로 설명이 되지 않으며, 이는 그것을 느끼는 인식 주관만이 인지할 수 있는 것, 그런 것으로서 의식되는 것이다. 그것은 제3자가 관찰할 수 있는 것이 아니다. **감각질의 본질**은 어떤 행태를 야기하는 것에 있지 않고, 의식상에서 일정한 하나의 모습을 지닌 질이나 존재자로 인지됨에 있다는 것이다. 김재권의 지적대로, 현상적 질이란 기능적 속성이 아니다. 즉 일정한 행태를 유발하는 원인의 역할을 본질로 하는 속성이 아니다.[8] 한 개체의 기능적 속성이란 인식 주관의 의식

6 J. Kim, 앞의 책, pp.11, 168.
7 J. Kim, 앞의 책, pp.11, 168; 빌라야누르 라마찬드란, 『라마찬드란 박사의 두뇌실험실』, 바다출판사, 2007, 423쪽 참조.
8 J. Kim, 앞의 책, p.169. 기능적 속성의 개념에 관해서는 pp.163-4.

이 개입하지 않더라도 그 개체가 일정한 행태를 보이면 그 개체가 그러한 기능적 속성을 지닌다고 할 수 있다. 그러나 한 개체가 일정한 행태를 보이기는 하지만 인식적 의식은 지니고 있지 않다고 할 때, 과연 그 개체에 감각질이 있다고 말할 수 있을지는 지극히 회의적이다. 감각질을 경험하는 의식이 없는데 감각질이 있다고 말하기는 어렵기 때문이다. 감각질은 의식 위에, 의식이 경험하는 것으로서 존재한다. 이런 회의는 현상적 질이 생겨나는 물리 · 화학적, 신경생리학적 **과정을 밝히는 문제**와, **그 과정을 거쳐 현상적 질이 생겨나는 것을 밝히는 문제**는 전혀 다르다는 것을 알려준다. 의식이 경험하는 현상적 질이나 감각질은 물리 · 화학적 존재도 신경생리학적인 존재도 아니다. 감각질을 물리 · 화학적인 상태로 환원하는 것이 불가능한 이유는 바로 이런 원리적인 차이 때문이다.

이런 난점을 감안하여 김재권은 현상적 질의 불가환원성을 인정하면서도, 다른 모든 것들이 물리적으로 설명될 수 있다면 그것으로 물리주의를 주장할 충분한 논거가 될 수 있다는 결론을 조심스레 취하고 있다.

불가환원론에 대한 차머스와 김재권의 논거

이제 현상적 질이 환원될 수 없다는 주요 학자들의 논변을 검토한 후 우리의 논거를 제시해보기로 하자. 감각질이 환원되지 않는다는 주장을 하는 대표적인 학자 중 한 사람은 차머스D. Chalmers이다. 그에 따르면, 물리적으로나 행태적으로 우리 인간과 똑같지만 의식이 없는 존재를 상상하는 것이 가능하다. 가령 매우 정교하고 섬세한 인조 인간이나 의식 상태가 없는(무의식 상태에 빠진) 인간을 생각할 수 있다. 그 인조 인간은 가정에 의해 물리적으로는 우리 인간과 동일하지만, 의식이 없으므로 그들의 세계에는 감각질이 없을 것이다. 그는 이를 좀비 가설이라 하는데, 이 가설이 가능한 경우 의식 상태와 감각질은 물리 상태의 부수 현상이 아니며, 물리 상태로 환원이 되지 않는다고 논한다.

반면 김재권은 이런 가설이 불가능하다고 본다. 이런 가설이 성립하기 위해서는 전반적 오류의 가능성을 인정해야 하는데 이는 논리적인 문제점을 안고 있다는 것이다. 그 논거는 다음과 같다. 그들이 우리와 기능적으로나 행태적으로 동일하다면, 그들도 **우리와 유사한 언어 행태**를 보일 것이다. 그래서 그들도 언어를 사용할 것이며, 우리와 같이 고통의 언명 '내 팔꿈치가 쓰리다'거나 '모기 물린 곳이 정말 가렵다'와 같은 발언을 해야 할 것이다. 이런 발언들은 그들의 다른 발언들과 정합적이고 일관된 흐름을 형성할 것이다. 즉, 이들 발언은 그들 담론의 관계망 전체의 일부를 이루며, 그러할 때만 의미 있는 발언이 될 수 있다. 그런데 그들에게 의식이 없다고 한다면 그들이 현상의 감각질들을 의식할 수 없으니, 감각질에 관한 그들의 발언은 모두 허위일 수밖에 없어 보인다. 하지만 그런 가정, 좀비의 모든 발언이 허위라는 입장은 부정합적이거나 부조리하다incoherent는 것이 김재권의 평가이다.[9] 그는 왜 부조리한지의 추가 설명은 제공하지 않는데, 추정하면 그런 가정이 부조리한 이유는, 전반적인 허위는 그것이 무엇에 관해 허위인지조차 알 수 없게 한다는 것이다. 즉 그들 문장은 허위인 것이 아니라 무의미한 것이다.[10] 그래서 그들 좀비는 우리와 달리 언어를 사용할 수 없을 것이므로, '쓰리다', '가렵다'는 등의 감각질에 관한 발언을 할 수 없다고 보아야 한다는 것이다. 그러므로 행태적으로 인간과 같지만, 의식이 없는 좀비를 상정하는 것은 불가능하다.

김재권은 감각질의 불가환원성을 지지하지만, 그 논거는 차머스의 좀비 가설과는 다르다. 바로 감각질 도치의 가능성이다.[11] 가령 우리와 다른 어떤 존재는 양상추를 보고서 토마토의 색감을 느끼고, 토마토를 보고서 양상추의 색감을 느낄 수도 있을 것이다. 이들은 우리의 '빨강'을 '초록', 우리의 '초록'을 '빨강'이라고 하지만 여하간 빨강과 초록을 구분하므로,

---

9 J. Kim, 앞의 책, p.169의 각주 16.

10 이는 위에서 논의한 전반적 회의가 불가능하다는 입장에 대한 논거와 같은 종류의 논거이다.

11 J. Kim, 앞의 책, p.27, 169.

그들은 양상추 중에서 토마토를 골라내고, 신호등을 준수하는 등 우리와 비슷한 행태를 보일 것이다. 그들은 초록과 빨강의 차이에 기반한 행태에 관한 한, 우리와 똑같이 능숙하게 행동할 것이라는 것이다. 만약 그렇다면 색의 감각질은 행태에 수반하는 속성이 아니다. 즉 두 지각자는 그들 감각 기관에 주어진 자극 요인과 관계하여 동일하게 행위한다고 하더라도, 서로 다른 감각질을 느낄 수 있을 것이기 때문이다.[12]

감각질은 우리의 행태에 수반하는 기능적 속성이 아니며, 나아가 감각질은 우리 두뇌의 물리적 조건으로 환원될 수 없다고 할 수 있다는 것이 김재권의 논리이다. 그의 논거의 핵심은 두 의식적 존재가 동일한 물리적 존재에 대해 전혀 다른 감각질을 느낄 수 있다는 데 있다. 그래서 그의 결론은, **감각질은 기능적으로 정의될 수 없으며** 물리적 영역 속에 포섭될 수 없는 '심적인 잔여물the mental residue'로 간주해야 한다는 것이다.[13]

감각질의 도치 가능성과 언어 의존성

필자 역시 감각질의 불가환원성에 동조하며, 김재권의 지적대로 차머스의 좀비 가설은 불가능하다고 생각한다. 김재권의 입장에 기본적으로 동조하기는 하지만, 다른 시각에서 추가적 논거를 제시할 수 있다고 생각한다. 우선 한 가지 논거는 김재권이 지적한 감각질 도치 가능성과 관련된다. 김재권이 말하는 감각질 도치의 가능성은 형이상학적 가능성에[14] 그치는 것이 아니며, 적어도 그와 유사한 상황은 현실적으로 일어나는 사태이다. 그리고 이런 사태는 감각질의 존재 방식에 관해 중요한 시사를 하는 것으로 보인다. 감각질 도치 가능성은 감각질의 언어 의존성을 보여준다.

---

12 J. Kim, 앞의 책, p. 170. 곧 지적하겠지만, 김재권의 감각질 논변의 이 부분은 다소 문제가 있다고 생각한다.

13 J. Kim, 앞의 책, pp.169-170.

14 J. Kim, 앞의 책, p.27.

때때로 한국인들은 미국인들이 '뜨겁다hot'라고 하는 것을 '시원하다'는 말로 표현한다. 다시 말하면 미국인이 뜨거움의 감각질을 느끼는 것에서 한국인은 시원함의 감각질을 느낀다. 그리고 서로 다른 감각질을 느끼므로 행위 방식 역시 다르게 나타난다. 미국인들은 그 'hot'한 물에 들어가려 하지 않겠지만 한국인은 기꺼이 들어가려 할 것이다.

한국어의 '시원하다'와 같은 어휘의 중의성重義性이나 애매성을 영어 어휘 'hot'도 지니고 있다. 이 어휘는 온도 감각만이 아니라 맛 감각을 표현하는 어휘이기도 하다. 즉 미국인들은 한국인이 '맵다'고 하는 것을 'hot'하다고 표현한다. 그들은 한국인이 매움의 감각질을 느끼는 것에서 'hot'의 감각질을 느끼는 것이다. 더 중요한 차이는 'hotness'는 온도 감각질인 데 반해, 매움은 고통의 감각질이므로, 한국인과 미국인은 동일한 자극 원인을 전혀 다른 범주로 분류한다는 것이다. 또다른 예를 들면, 한국인들이나 나바호 인디언들은 미국인들이 'green'이라 기술하는 것이나 'blue'라 말하는 것 모두를 '푸르다'고 한다. 일본어의 'ao'는 문맥에 따라 영어에서 채소의 색 'green'이나, 바다의 색 'blue'나 구름의 색감 'pale' 모두를 의미한다.[15]

온도 어휘나 색깔 언어에 관한 이런 차이는 다음을 알려준다. 한국인과 미국인은 각각 동일한 자극 원인에 대해 상반적이라고까지 할 수 있는 감각질들을 느끼며(한국인은 시원함, 미국인은 'hotness'), 한국인들의 눈에는 적어도 이전에는 'green'에 대응하는 감각질과 'blue'에 대응하는 감각질이 동일한 것으로 보였음을 알려준다. 이런 사실은 감각질이란 문화나 언어와 독립적으로 존재하는 것이라기보다는 이들과 밀접한 관계에 있음을 시사한다.

색깔과 색깔 술어는 긴밀한 관계가 있으며 나아가 색의 구분, 더 일반적으로 감각질의 구분, 그러므로 감각질의 생성은 언어에 의존적이라거나

15 D. Crystal, *The Cambridge Encyclopedia of Language*, p.106.

최소한 언어에 의해 영향을 받는다고 말할 수 있지 않을까? 이 물음에 대해 긍정적인 답으로 기울게 하는 한 가지 사실은 언어가 시각보다 차별적이고 분절적이어서, 감각보다 섬세한 구분을 가능하게 한다는 점이다. 언어의 이런 차별적 섬세성은 모호한 색들 간의 미묘한 차이를 인지하고 구분할 수 있게 한다. 차량 카탈로그는 차의 색상을 다양하게 제시한다. 흰색도 '순백색', '화이트 크리스털', '펄 화이트' 등으로 구분하며, 회색도 '슬릭 실버', '하이퍼 메탈릭', '다크 그레이' 등으로 세분된다. 검은색은 한 가지라 생각되지만 '에스프레소', '챠콜 블랙', '블랙 다이아몬드'를 분별해낼 수 있다. 무채색들조차 이렇게 다양하게 분별된다면, 유채색은 더 말할 것도 없을 것이다. 이런 어휘들은 색의 지각이란 시각만이 아니라 재료, 질감, 촉감 등이 관여하여 이루어짐을 알려준다. 이런 섬세한 구분은 언어 없이는 이루어질 수 없다.

언어는 우리가 세상을 분별해내는 더듬이이다. '언어감각'이란 표현은 통상 어휘나 문장들의 의미나 어감에 대한 섬세한 감수성을 이르는 표현이지만, 우리는 이 표현을 언어 능력 자체가 오감과는 또다른 감각 능력을 의미하는 것으로, 감각 능력보다 더 섬세하며 이들을 제어하는 상위적인 감각 능력을 의미하는 것으로 이해할 수 있다. 언어는 인간이 세상을 인지하는 더듬이, 인간에 고유한 제6의 감각, 아마도 인간이 지닌 감각들 중에서 가장 섬세하고 정교하며 종합적인 감각이라 할 수 있을 것이다. 특히 심적인 것의 섬세성, 차별성, 정교성, 중층성은 언어 없이는 생겨날 수 없다.

혹자는 감각질과 그를 기술 지칭하는 감각 어휘를 구분해야 한다고 논할 수 있다. 가령 'hot'이라는 술어와 'hotness'의 감각질, '뜨겁다'라는 형용사와 '뜨거움'의 감각질, 그리고 '시원하다'는 어휘와 '시원함'의 감각질은 구분된다고 주장할 수 있다. 이런 구분 하에 목욕탕 물이 야기하는 감각질, 그래서 한국인이나 미국인이 목욕탕에 들어가면서 피부 표면에서 인지한 감각질은 모두 하나의 동일한 감각질, 즉 hotness나 뜨거움의 감각질이지만, 문화적인 영향을 받거나 삶의 방식에 따라 한국인은 이 하나의 동일한 감각질을 '시원하다'고 기술하고, 미국인은 'hot'하다고 기술한다는 것이다.

그러나 그런 경우, 말 따로 감각질 따로이니 우리는 감각질의 정체를 고정시킬 수도[16] 없고 인지할 수도 없을 것이므로, 양국의 사람이 목욕탕 물에서 느끼는 감각질들을 비교하여 두 감각질이 동일하다는 주장도 할 수 없을 것이다. 이런 난점을 피하면서 사태를 설명할 수 있는 또 하나의 대안은, 한국인도 미국인과 같이 뜨거운 목욕탕 물에서 뜨거움의 감각질을 느끼는데, 한국인은 이에 더하여 말하자면 '뜨거운 시원함'이라는 추가의 감각질을 느낀다고 보는 것이다. 즉 미국인은 목욕탕 물에서 한 가지의 감각질을 느끼는 데 반해 한국인은 두 가지 감각질을 지각한다는 것이다. 그러나 이런 경우 한국인은 '뜨거운 시원함'을 구분하기 위해 새로운 어휘를 고안·사용했어야 한다. 나아가 목욕탕 물에서 느끼는 시원함의 감각질[시원함 a]과 산바람에서 느끼는 시원함의 감각질[시원함 b]을 구분하고, 이를 위한 어휘들을 고안해야 할 것이다. 결과적으로 우리의 자연 언어 체계는 뒤죽박죽이 되어버릴 것이다. **하나의 감각 어휘에 대해서는 하나의 감각질을 상정**하는 것이 우리의 언어감각에 자연스럽다. 목욕탕 물에 들어가면서 '시원하다' 고 했으면 그는 시원함의 감각질을 느낀 것이고, 그 감각질과 산바람에서 느끼는 시원함의 감각질은 같은 것으로 보아야 한다. 그러하기에 하나의 동일한 어휘를 사용하는 것이다. 아니면 감각질 어휘란 상응하는 하나의 고정적 감각질에서라기보다는 사용례나 사용 문맥에서 의미를 취득한다고 보는 것이다.

위에서 잠시 언급했지만 감각 어휘는 외계의 성질과 관계해서 고안·생성되었다기보다는 우리의 삶의 양식, 외계 접촉의 방식, 우리의 언어 체계 등과 관계해서 등장하는 것이다.

---

16 감각질을 포함해 모든 것의 모습을 고정시키는 것은 언어이다. 각자의 의식이 느끼는 감각질 자체의 모습은, 우리가 그의 의식 속에 들어가지 않는 한, 객관적으로 확인할 수 없다. 그것의 모습을 객관적으로 확인할 수 있는 길은 의식 주체가 사용하는 술어를 통해서이다.

2. 인식자의 의식 상태로서의 감각질

환원의 논리적 구조와 감각질의 존재 방식

감각질의 불가환원성에 대해 좀더 원리적인 논거를 제시할 수 있다. 김재권이 지적하듯이, 물리적으로나 행태적으로 우리와 완전히 같은 존재이면서 우리와는 달리 감각질이나 의식 상태를 느낄 수는 없는 그런 좀비적 존재는 있을 수 없다. 인공지능이나 로봇 기술이 발전하여 물리적으로나 행태적으로 우리와 완전히 같은, 기계적 존재를 만들어낼 수 있다고 한다면, 그것은 의식 상태를 지니며 감각질을 느낄 것이라고 보아야 할 것이다. 하지만 이런 가능성이 감각질이나 의식 상태의 환원 가능성을 함의하는 것은 아니다.

그 이유는 '환원'의 논리적 구조와 관련이 있다. 환원은 궁극적 존재나 질서가 있다는 가정 하에서 의미 있는 작업인데, 그런 것의 존재는 회의적이다. 환원의 목표는 환원 대상, 즉 환원하려는 현상계의 질을 분석하여 궁극적 존재자로 되돌리고 이들로부터 현상적 질들이 생성되는 과정을 제3자적 관점에서 객관적으로 기술하려는 것이다. 하지만 환원하려 하는 감각질들은 **주관의 의식 상태로서만 존재**하며, 이런 주관의 상태란 인식자가 개입되어야 형성된다. 더 정확히는 감각질이란 외부의 자극과 그를 수용하는 주관의 경계에서 생성되어 존재한다. 질이나 모습 일반이 모두 그러하지만, 인식 주관이 개입하지 않고서는 이들은 결코 생겨날 수 없다. 질은 인식의 행위가 있기에 생기는 것이므로, **질이 있어 인식하는 것이라기보다는 인식의 행위를 통해 질이 창출된다**고 말할 수 있다. 질은 인식자의 의식에 수반하거나 또는 인식 행위에 의해 창발된다. 그런데 환원의 작업은 질을 제거하려는 것이므로 환원 작업은 인식자의 제거를 귀결하게 된다. 이것이 바로 감각질의 환원이 논리적으로 불가능한 이유이다.

질이 인식자의 의식 상태로서 창발하여 존재한다고 한다면, 다음과 같은 새로운 문제가 제기된다: 감각질은 주관의 의식 상태로 존재하는 것, 즉 주관적인 것일 텐데, 주관적인 것이 어떻게 객관적 현상 세계를 구축할 수 있는가 하는 문제이다. 이는 곧 논의하기로 하고 우선 감각질의 존재 방식에 관해 더 검토해보기로 하자. 먼저 텔레비전 모니터의 제작을 생각해보자. 우리는 모니터에서 다양한 색과 형상을 볼 수 있다. 그러나 모니터 설계자나 제작자는 모니터에 다양한 형체와 색깔을 입히는 것이 아니라, 시각적 인식자가 그것을 볼 때 그에게 다양한 형체와 색깔을 드러나게 할 전기·물리적 구조 방식을 부여할 뿐이다. 모니터 자체에는 형체나 색깔이 없다. 그런 질들은 그 모니터를 시각적 인식자가 볼 때 비로소 창발한다. 전기·물리적 구조 방식은 객관적이지만, 이를 기반으로 우리가 느끼는 그 질은 주관적인 것, 더 정확히는 모니터의 기계적 구조가 만들어내는 자극과 시각적 감각 사이에서 생겨나는 **중간적인 것**이다. 감각질은 모니터나 시각적 감각을 지닌 존재 어느 하나만 있는 경우에는 생겨나지 않고 양자가 만나야 생성된다.

감각질의 생성과 언어적 인식자의 관여

감각질의 환원론에 대한 이상의 원리적인 반론을 배경으로 몇 가지 추가의 논변을 제기하기로 하자. 우리는 이미 여러 곳에서 외계가 그 자체로서 일정한 모습을 지니고 있다는 전통적 믿음을 비판한 바 있다. 이런 비판은 감각질의 경우에도 해당된다. 적어도 '외계 대상의 객관적 성질'로서의 감각질이라는 것은 없다. 현상appearance, 즉 '누군가에게 나타남'이 실재reality의 구조라고 한다면, 당연히 그런 것은 있을 수 없을 것이다. 의미 있는 외계는 현상으로서만, 그래서 역설적이지만 중간 세계로서, 이중성으로서만 존재한다. 중간계에 관해서는 다음 장에서 논의할 것이다.

질이라는 개념은 단절성을 함의한다. 현상적 질은 **질이므로** 논리적으로 그 어떤 것으로부터도 생성될 수 없다. 질은 그 개념상, 어떤 연속적인 과정을 거쳐서 다른 것으로부터 나올 수 있는 것이 아니다. 질과 질 사이에는 간극, 넘을 수 없는 간극이 존재하는데, 그 간극은 연속적인 과정에 의해 메울 수 있는 것이 아니다. 불가환원론의 원조라 할 아낙사고라스의 동질소homoiomereia; 同質素 개념은 이런 통찰을 담고 있다. 단순한 원소들에서 일정한 질이 등장하는 과정을 완전히 기술한다고 하더라도 어떤 단계에서는 질적인 비약이 불가피한데, 이 비약이 어떻게 일어나는지는 원리적으로 설명할 수 없을 것이다. 왜 그런가? 객관적 질의 등장을 위한 최소한의 조건은 언어 기호의 등장이다. 위에서 언급했듯이 한국인들은 하늘의 푸른색과 초원의 초록색을 구분하지 않고 모두 '푸른 하늘', '푸른 초원'이라 묘사했다. 하늘의 푸른색과 초원의 푸른색을 구분하기 시작한 것은 아마도 '초록草綠'이라는 어휘가 도입된 이후로 추정할 수 있다. 앞서 언급한 자동차 색깔의 경우도 '슬릭 실버'나 '하이퍼 메탈릭'에 상응하는 색들 간의 차이는 이런 어휘들이 등장하고서야 비로소 실질적으로 구분되었을 것이다.

차가움과 뜨거움이라는 촉각적 질은 객관적으로 존재하는 어떤 성질, 즉 차가움과 뜨거움이라는 성질에 대한 감각이라기보다는 온도의 차이에서 생겨나는 감각질이다. 이를 통해 유추해보건대, 촉각적 질만이 아니라 감각질 일반이 감각 대상들이 지니는 특성들 간의 차이에 기반하며, 차이는 상대적이므로 감각적 인식자가 이 차이를 인지할 때 비로소 드러난다. 감각질이란 이렇게 인지된 차이로 생각해볼 수 있다. 그런데 섬세하고 미묘한 차이는 우리의 신체적 감각만으로 분별·인지되지 않고, 언어의 매개적 도움이 있어야 구분·인지될 수 있다. 섬세하고 미묘한 언어의 그물망 속에 외계에 대한 감각 자료가 놓이면, 그것이 언어의 정교한 선들에 의해 규정적 모습을 갖추어 가면서 실체화되는 것이다. 소쉬르가 통찰한 대로 언어는 차이의 체계이다. 섬세한 차별을 만들어낼 수 있는 언어 없이는 외계도 그리 섬세하게 구분되지 않을 것이며, 더 중요한 것은 **언어 기호 없이는 감각질이 일의적 규정성을 갖지 못한다**는 사실이다.

질은 인식 행위의 구조적 일부이다

질은 관계자이고 이중성duality이다. 청각적 질, 가령 음절과 음성의 구조를 생각해보자. 음성이란 목소리나 그에서 나오는 음파, 또는 그를 청취하는 청각의 특성이 아니다. 그것은 음파와 청각 사이에 생성되는 존재, 즉 양자의 관여에 의해 생성되는 이중적이고 중간적인 존재이다. 색깔 역시 이중적 존재로서 그것은 대상이나 눈의 특성이 아니라, 빛의 스펙트럼과 시각이 만나서 생성된다. 이를 일반화하면, 모든 감각질은 이런 이중성 또는 이중적 존재로 볼 수 있다. 하지만 외계의 자극과 감각 기관이 만나서 생성된 것은 아직은 질료적인 수준에 머물러 있으며, 이것이 일의적인 규정성을 지닌 감각질이 되기 위해서는 **외계 자극**과 **감각 기관** 간의 관계에 더하여 **인식자의 관점**, 그것도 언어적 인식자가 개입되어야 한다. 감각질이란 이런 세 항이 관여하는 지점에서 생성되어 존재한다. 질은 따라서 이중성이 아니라 삼중성이다!

질의 생성을 설명하는 것이 원리적으로 불가능한 이유는 이런 삼중성과 인식자 의존성 때문이다. 질의 생성을 '과학적으로' 설명할 수 있으려면 이를 객관적으로 관찰하고 기술할 수 있어야 하는데, 그러기 위해서는 **인식자가 자신으로부터 벗어나야 한다**. 그러나 이는 원리적으로 불가능하다. 인식자가 자신으로부터 벗어나면 질을 생성하는 핵심 요인인 인식자의 관점이 더불어 소멸하므로, 관찰·분석하려던 질 역시 사라져버린다. 모습과 질들의 존재는 인식의 선험적 요청이라는 것은 위에서 지적한 바 있다. 질이란 **인식 행위의 구조적 일부**로서 존재한다(일정한 질만이 아니라 질이라는 범주 자체가, 데이빗슨이나 김재권의 어휘를 빌면, 인식자로서 인간이라는 종 특수적species-specific이다). 인간이 지각하는 감각질이란 우리가 **외계를 접하는 방식의 일부**로서, 외계를 접촉하는 과정에서 생긴다. 이를 우리는 감각질의 부사 이론the adverbial theory of qualia이라 부를 수 있다.

이를 달리 표현하면 다음과 같다: 감각질이 물리적으로 환원되지 않는 이유는, 학문, 특히 물리학과 같은 자연과학의 논리적 구조와 연관이 있다. 학문은 본질적으로 객관성을 지향한다. 학문적 주관은 자신의 의식이 체험하는 바를 기술하고자 하되, 이런 목표를 의식의 상태를 기술하는 어휘와는 전혀 다른 어휘들을 사용하여 성취하고자 한다. 학문하는 자의 **시선은 외부를 향하고 있으며**, 모든 언어권의 사람들이 이해할 수 있는 어휘들, 이른바 물리적이고 기계화할 수 있는 어휘로 기술하기를 목표로 한다. 그런데 감각질은 인식 주관의 체험 상태로서 존재하는데, 그런 주관적 감각질을 기술하는 어휘들은 원리적으로 학문적 주관이 목표하는 최종적인 이론(객관적 어휘로 기술되는) 내부에 자리할 수 없다. 학문적 탐구와 문제의 출발점이 되는 감각질이나 현상은 그가 의식하는 존재일 때만, 즉 **자신의 시선을 내부로 향할 때만 드러나는 것**이기 때문이다. 이런 차이, 제3자적 관점과 주관적 관점의 차이는 감각질을 포함한 모든 질이란 인식자가 없이는 등장하지 않는다는 사실과 긴밀한 관계에 있다. 여기서 인식자의 관점이 소위 '현상계'의[17] 구축, 질의 세계 구축에서 결정적으로 중요하다는 사실이 드러난다.

질적인 세계관은 생존을 위한 지도이다

그러면 원래의 물음으로 돌아가 인식자의 관여는 왜 그리고 어떻게 감각질을 생성시키는가? 인간은 인식자인 동시에 삶과 생존의 주체이며 그가 생존을 유지하기 위해서는 외부 세계에 질서가 지어져야 하며, 질서의 구축을 위해서는 외부 세계를 어떤 식으로든 구분 · 분류하고 정리하여야 한다. 구분, 분류, 정리의 작업을 인식의 작업이라 할 수 있는데, 이를 위

17 필자는 현상이란 개념은 실재라는 개념과의 연관 하에서만 의미가 있으므로, 감각질 저편의 어떤 것으로서, 완전한 존재성을 갖춘 것으로서의 실재를 인정하지 않는 한, '현상'이라는 개념을 사용할 수 없다고 생각한다. '현상'은 바로 실재, 곧 실재의 구조이다.

해서는 **인식 내용의 구성 단위**가 있어야 할 것이다. 질이란 이런 인식 단위로서 생각해볼 수 있다.

가령 30도의 대기와 10도의 대기가 인간이라는 생명체에게 단지 20도의 차이를 지닌 것으로, 그저 한쪽은 온도가 20도 높고 한쪽은 20도 낮은 것으로만 인지된다면 적절한 행동을 취하는 데 지장이 있을 것이고 생존의 위협마저 느낄 수 있을 것이다. 이들 각각은 일정한 모습을 지닌 것, 즉 더운 것과 서늘한 것으로 인지되고, 그리 인지되어야 생존에 적합한 행동을 취할 수 있다. 외계는 단지 흐름으로서가 아니라, 명확하게 분절적인 discreet 단위를 지닌 것으로 인지 · 구분되어야 하며, 그런 **명확하고 분절적인 구분, 정리, 질서의 필요성**은 질적 세계의 산출을 요청하게 한다. 명확한 구분과 적절한 대처 행동은 열 흐름의 연속선 상에 있는 온도들이 양적인 차이가 아니라 질적인 차이를 지닌 것으로 인지되어야 이루어질 수 있다. 이렇게 보면 빨강, 주황, 노랑, 파랑 등과 같은 시각적 감각질들의 체계는 빛의 스펙트럼에서 색상 어휘들에 의해 생성되는 마디나 매듭들이라 할 수 있다. 이런 색들의 체계는 삶의 양식과 관련 있기에 언어권마다 다를 수 있으며, 아마존의 파다한족들에게는 색깔을 구분할 필요가 아예 없을 수도 있다.[18] 삶의 필요에 따라 적절한 감각질들을 구성원으로 하는 현상계를 구축할 수 있는 인식자만이 생존할 수 있게 되는 것이다.

질적인 세계는 생존을 위한 일종의 **상징 체계 또는 지도**라 할 수 있다. 어쩌면 지도나 상징 체계 이상일 것이다. 감각질의 세계는 인간의 생존을 위한 거주지요 생존을 위한 세계 그 자체일 것이다. 생태계는 인간이라는 자연종의 연장적 표현형, 더 정확히는 인간 자연종과 생태계의 상호적인 관계에서, 인간은 적응하고, 생태계는 선택하는 과정에서 구축된 연장적 표현형으로 볼 수 있다. 미시세계나 거시세계는 일상의 자연 언어적 세계, 현상적 감각질의 세계를 측정 단위를 달리하여 확장한 결과이다.

---

18 비슷한 설명을 라마찬드란도 제시하고 있다. 빌라야누르 라마찬드란, 앞의 책, 441-2쪽 참조.

언어 상태와 신경 상태

인식자의 상태로서 질이 생성된다는 우리의 입장은 부수현상론과 유사한 것으로 여겨질 수도 있는데, 이런 오해를 피하기 위해 양자 간의 차이점을 지적할 필요가 있다. 부수현상론자들은 질의 등장에서 언어의 중요성을 강조하지 않는다. 부수현상론은 신경의 일정한 물리·화학적 상태가 주어지면 거기에 감각질이나 심적 속성이 부수적으로 수반한다는 입장이다. 이에 반해 우리의 입장은 그것만으로는 부족하고, 언어가, 언어적 인식자의 관여가 감각질 생성에 필수적이라는 것이다. 그 이유는 언어만이 감각질에 일의적이고 객관적인 모습을 가능하게 하기 때문이다.

혹자는 언어적인 세계가 신경 상태의 일부로 존재하며, 그래서 감각질이 신경의 물리·화학적 상태에 수반한다는 부수현상론의 기본 입장이 유지된다고 논할 수도 있다. 우리는 언어적인 세계가 신경 상태를 기반으로 한다는 점을 부인할 수 없을 것이다. 그러나 동물들의 신경 상태와 언어적 통신을 하는 인간의 신경 상태는 질적으로 다르다. 동물들 간의 통신적 관계는 신경계 내에서 일어나는 생리적 인과관계의 일부라 할 수 있다. 인간의 언어적 통신 또한 신경 상태를 기반으로 하며, 후자에 의해 포괄적으로 영향을 받고 구속되어 있기는 하지만, **세부적인 것은 거의 자율적으로 이루어진다**. 그런 점에서 어느 정도는 독립된 영역을 구축하고 있다.

어휘와 어휘들, 문장과 문장들 사이의 관계가 인과적이고 생리적인 원리에 의해 지배된다고 보는 것은 무리일 것이다. 그들 사이의 관계를 주재하는 것은 그와는 다른 원리일 것이며, 이를 우리는 연기성이라 칭한 바 있다.[19] 나아가 신경 상태는 언어 능력의 생물학적 기반으로 인과적 영향력을 발휘하지만, 역으로 언어적 활동은 신경 상태의 변화를 가져올 수 있다. 유아기의 언어 습득과 언어적 활동은 신경세포의 재배치, 발달, 연결

---

19 앞의 3부와 4부의 여러 장들 참조.

망의 확대 등에 영향을 주어 사고능력이 창발되게 한다고 한다. 언어를 배운 아동과 배우지 못한, 가령 늑대 소년을 비교해보면 그 극적인 차이를 알 수 있다. 그 반대, 즉 신경 상태의 변화는 언어 활동에 영향을 줄 것인가? 물론 이 역시 영향을 주겠지만 그 영향 관계는 포괄적일 것으로 추정되며, 세부적으로 모든 어휘나 문장들에 대응하여 일대일로 고정적인 신경 상태를 상정할 수 있을지는 회의적이다. 즉 일정한 신경 상태가 조성된다고 해서, 특정의 어휘나 문장이 튀어나오는 상황이 가능해 보이지는 않는다. 여하튼 그런 상황이 가능하다 하더라도 감각질의 형성에서 언어가 필수적이라는 점은 변하지 않는다. 널리 알려진 비트겐슈타인의 오리-토끼 그림은 보는 자가 어떤 관점을 취하느냐에 따라 오리로 또는 토끼로 보인다.[20] 그 어떤 쪽에 대한 개념도 없는 자에게는 그 그림은 그저 이상한 곡선으로 보일 뿐이다.

3. 감각질의 주관성과 객관성

감각질의 주관성과 감각질 술어의 객관성

감각질이 불가환원적인 이유는 이들이 제3자의 입장, 객관적 입장에서라기보다는 주관적으로 그것을 감각하는 자가 있어야 등장하게 되며 그에 의해서만 그 존재와 모습이 확인되기 때문이었다. 감각질의 생성에 관여하는 인식자는 **구체적이고 특수적인 인식자이다**. 그런 인식자는 말하자면 주관적 인식자라 할 수 있다. 그렇다면 감각질은 주관적인 것일 수밖에 없

20 이런 예는 비트겐슈타인 이전에도, 그 이후에도 많이 제시되었다. 미국의 뇌신경학자 라마찬드란은 감각질의 한 특징이 '감각질 출현의 비가역성'이라고 지적하면서, 이런 특징을 지지하는 사례로 달마시안의 모습으로 읽힐 수 있는 얼룩 그림을 제시하고 있다(빌라야누르 라마찬드란, 앞의 책, p.437의 그림 12-2).

을 터인데, **어떻게 그런 것이 객관적인 것이 될 수 있는가**? 주관적인 것이 어떻게 모든 사람들이 공유하는 것, 인간 모두가 살고 있는 객관적 경험 세계를 구성하고 있는 것으로 간주되는가? 이런 존재론적 위상의 변화는 어떻게 가능한가?

우리가 논한 감각질의 언어 의존성은 이에 대한 답을 제공한다. 전통 철학에서 말하는 이른바 현상계는 자연 언어로 구축되고 기술되는 세계라는 점을 유념할 필요가 있다. 이런 사실은, 객관적인 세계의 구성원으로서 감각질 또는 현상적 질이 있다는 믿음을 갖게 하는 것은 자연 언어일 뿐만 아니라, 자연 언어가 감각질의 생성에 긴밀히 관여하는 것임을 시사한다. 감각질 자체는 주관적일지 모르나, 감각질들의 이름은 사회적이고 객관적이므로 감각질의 세계도 객관적인 것으로 믿기는 것이다. 서로 다른 두 주관을 매개하여 객관적이거나 간주관적 공간을 구축하게 하는 것은 바로 **자연 언어의 감각질 어휘들**이다. 이상의 논의를 중심으로 대략 다음과 같은 논변을 구성해볼 수 있다.

(1) 감각질은 인식자가 관여해야 생성된다. 그런데 이 단계에서는, 즉 인식되는 순간에는 아직 질료적이며 어느 정도는 무규정적인 것이라 할 수 있다.

(2) 인식자는 구체적이고 특수적인 인식자이며, 인식의 행위 역시 특수적이다.

(3) 따라서 감각질은 주관적이고 특수적이다. 즉 인식 주관의 의식 상태로서 존재한다.

(4) 감각질은 의사소통의 내용이 되는 한, 언어에 기대어야 한다.

(5) 한 인식자가 인지한 감각질이 어떤 모습일지, 그를 위한 적절한 어휘가 무엇일지는 언어 공동체에서 수렴·합의되어야 한다.

(6) 한 자연종의 생활공간에서 감각질은 합의된 감각 어휘의 양태로 존재하거나 그것의 이면으로서 존재한다. 한 감각 어휘에 대응하는 감각질이 무

엇일지는 어떤 방식으로든 합의되어야 하며, 합의되어 있다고 말할 수 있다. 합의를 위한 기준은 객관적일 수 있다.

(7) 감각질은 일의적이고 객관적인 모습을 지닌 공적인 것으로 존재한다.

감각질은 인식자의 의식 상태에 존재하는 주관적인 것이다. 인식 대상으로서의 감각질은 지각되는 사람에게, 지각되는 때에만 존재한다. 지각되는 순간의 질은 특수적이고 지각될 때마다 서로 다르다. 그러나 감각 어휘들은 공적 어휘의 일부이므로 객관적이고 공적인 것이다. 이들은 언어공동체의 일부이며, 나아가 이들에 상응하는 의미 또는 의미근거의 역할을 하는 것으로 여겨지는 '객관적 감각질'은 객관적인 현상계의 일부이어야 할 것이다. 그런데 감각질과 감각 어휘는 기의와 기표, 종이의 표면과 이면 같은 방식으로 존재한다. 즉 양자는 불가분적인 것으로 존재한다. 그러므로 주관적인 감각질은 소통되고 공유되기 위해서는 어떤 식으로든 조정이 이루어져 객관적인 감각 술어의 옷을 입어야 하며, 이는 **객관적 술어의 이면으로 지위 조정을 해야 하는 것**이다.[21] 정리하면, 의식되고 인식되는 것으로서의 감각질은 주관적이지만, 감각 어휘의 대응체로서의 감각질은 객관적이다. 즉 주관적인 것이, 주관이 의식한 바가 객관화되는 이런 조정 과정에서 핵심은 언어적 규정성이다.

이런 객관화의 과정을 비유하면, 재화의 사용 가치가 교환 가치 또는 시장 가치로 대체되는 과정과 유사하다. 우리는 여러 곳에서 어휘를 화폐와 비유한 바 있다. 주관이 의식한 감각질과 감각 어휘의 대응체로서의 감각질 간의 관계는 재화의 사용 가치와 시장 가치(교환 가치) 간의 관계와 유사하다. 주관적인 것(주관적 감각질 또는 사용 가치)이 객관적인 것(객관적 질 또는 교환 가치)으로 전화되는 과정에서 결정적인 역할을 하는 것은

21 그래서 감각되고 의식된 것으로서의 감각질과 감각 어휘의 대응체로서의 감각질은 정확히 일치하지는 않는다. 전자가 수렴적 조정을 거쳐야 후자로의 지위 변경을 할 수 있다.

교환 매체, 즉 어휘 또는 화폐이다.

사용되는 것으로서의 재화 가치는 사용할 때만 존재하고 그 가치는 사람마다 다르다. 재화의 사용 가치는 객관적일 수 없다. 밥 한 그릇의 사용 가치는 배부른 사람과 굶주린 사람에게 각각 다를 것이다. 그런데 재화가 시장에서 교환되기 위해서는 그 가치가 합의되어 객관화되어야 하며, 그러기 위해서는 공유의 측정 수단이자 매체인 화폐에 의해 그 가치의 가격이 매겨지고 표현되어야 한다. 이런 공적 측정의 과정을 거쳐 재화는 객관적인 가치를 취득하게 된다. 다시 말하면, 사람마다 다른, 재화의 주관적인 사용 가치는 시장에서 교환되는 과정에서 조정됨으로써 객관적인 가치로 전화하게 된다. 이렇게 해서 이 교환 가치가 재화의 공식적이고 객관적인 가치가 된다.

같은 논리로, 주관적인 감각질은 언어 공동체의 담론 과정에서 의사소통의 매체이자 측정 단위인 어휘들에 의해 재어지고 표현되어져야 하는데, 이 과정에서 그것의 모습이 조정되어 객관적인 감각질 술어의 이면으로 지위 이동을 한다. 그리하여 주관적인 감각질이 객관적인 감각질로 전화한다. 언표의 과정에서 조정된 이런 것이 감각 어휘의 공식적이고 객관적인 의미, 대응체, 현상계를 구성하는 현상적 감각질이 된다. 이렇게 볼 때, 감각 어휘의 대응체로서의 감각질은 정확히 말해서 의식된 바로서의 감각질과는 다른 것이다. 전자는 후자를 기초로 하여 언어 공동체에서 조정·합의된 것이다. '푸르다'와 '시원하다'에 대응하는 감각질이 어떤 것인지는 한국어 공동체에 의해 합의되어야 한다.

주관적인 가치가 시장과 화폐의 매개에 의해 생성된 객관적 교환 가치에 의해 대체되듯이, 주관적인 감각질은 언어 공동체와 감각질 어휘의 매개에 의해 객관화되어 객관적 감각질로 대체된다. 그래서 감각질 어휘의 대응체는 이 객관적인 감각질이 되는 것이다. 객관성은 주관들 상호가 공유하는 매체에 의해 확보되며, 이것이 언어나 화폐와 같은 **매체의 힘**이다. 언어나 화폐와 같은 매체는 주관 내부에 있는 것을 표현하고 전달하는 것에 그치지 않고 **주관적인 것을 공적이고 객관적인 것으로 변환시킨다**. 매체가 없이는 공적인 세계, 공유의 객관적 세계를 구축할 수 없다. 우리는 매체의 역할을 새로이 규정해야 한다: 공유의 매체란 주관적인 것을 객관적인 것으로 변환시키는 존재론적인 역할을 한다.

공유되는 것만이 실재하는 것이다

주관적인 것이 객관화되는 데 언어나 화폐와 같은 공적 매체가 결정적인 역할을 한다는 사실은 실재성의 기준에 관해 중요한 시사를 한다: 실재성의 한 핵심적인 기준은 주관들에 의한 공유 가능성이다. 2010년 〈인셉션〉이라는 영화가 특이한 소재로 화제를 불러일으킨 적이 있다. 남의 꿈에 들어가 생각을 심어놓고서 행동의 변화를 일으킨다는 주제를 다루는 작품이었다. 이 영화의 여러 주제나 대사들은 나름의 설득력이 있다. 생각이 우리를 움직인다는 것, 무의식이 우리를 움직인다는 것, 생각은 그 어떤 타자보다, 박테리아, 바이러스보다 강력하게 우리의 신경에 달라붙어 있다는 것, 아니 곧 우리를 구성하고 있는 타자라는 등등이 그러하다. 하지만 이 영화의 가장 중요한 전제는 내가 타인의 꿈속에 들어갈 수 있다는 것인데, 그렇다면 과연 이런 일이 가능한 것일까?

남의 꿈에 들어가기 위해서는 꿈속 세계와 그 속에서 일어나는 내용들을 공유할 수 있어야 한다. 꿈 침입자는 꿈을 꾸는 자와 꿈에서 일어나는 일들을 함께 느끼고 체험하면서 그와 동일한 의식으로 있을 수 있어야 한다. 즉 꿈꾸는 자와 꿈의 세계를 함께 공유하면서 꿈 침입자가 자신의 의지대로 그에게 말하고 행동하고 태도를 취할 수 있어야 한다. 이런 것이 가능할까? 아마 현실적으로는 몰라도 논리적으로는 동일한 내용의 꿈을 꾸는 것이 가능할지 모른다. 하지만 그 동일한 내용의 꿈을 동일한 의식으로서 체험하고 의식하는 것은 불가능하다. 동일한 내용의 꿈을 꾼다는 것과 그 꿈을 공유하거나 **동일한 의식으로서** 꿈을 꾼다는 것은 전혀 다른 문제이다. 전자의 경우는 꿈이 둘임에 비해 후자의 경우는 꿈이 하나이다. 전자는 다른 의식으로 있으면서도 가능한 일이므로 두 사람의 꿈은 내용적으로 동일하더라도, 그 꿈들은 두 개의 서로 다른 꿈, 즉 공유되지 않은 꿈이다. 달리 말해서, 꾸는 꿈의 내용이 동일하다고 해서 꿈을 꾸는 의식까지 동일할 수 있는 것은 아니다. 두 사람은 전혀 다른 의식으로 있으면서도 동일한 꿈을 꿀 수 있다.

꿈이란 진정으로 사적인 것이고, 꿈의 기반이 되는 무의식은 더욱더 사적인 것이다. 꿈의 세계, 그 속에 등장하는 인물들, 그들의 말과 행동, 그들의 삶 등, 모든 것이 꿈꾸는 자의 의식이나 무의식의 조작에 따라 일어난다. 꿈의 세계는 전적으로 꿈꾸는 자의 것이다. 그러므로 꿈의 공유, 꿈속 세계와 그 속에서 일어나는 사건들을 타자와 공유하는 것, 즉 영화처럼 침입자가 타인의 꿈에 들어가 배역을 맡는 것은 원리적으로 불가능하다.

현실과 가상, 꿈과 깨어 있음 간의 차이는 바로 이것, 공유 가능성 여부에 있다. 많은 사색가들이 삶이란 곧 꿈이고 한낮의 백일몽이며, 나비가 꾸는 꿈 속의 일이며 허망한 환영과 같은 것이라 설파했지만, 이런 입장이 수사적 매력 이상의 호소력을 발휘할 수 없는 이유는 바로 공유 불가능성에 있다. 우리 삶이 영위되는 현실 세계는 **타인들과 공유 가능한 것**인 데 반해, 꿈이란 **공유가 불가능한 것**, 진정으로 사적인 것이라는 점이다. 꿈의 세계는 혼자 경험하고 혼자 사는 것이며, 그 속에서 타자가 등장하여 꿈속의 내가 그와 말을 한다 해도, 그 타자는 꿈을 꾸는 자의 연출에 따라 움직이는 인형에 불과하거나 나의 일부이므로, 그와의 '대화'는 본질적으로 혼자만의 독백이다. 꿈속에서의 행위는 책임을 수반하지 않지만, 현실 세계는 함께 경험하고 함께 사는 것이며, 그 속에서의 행위는 책임을 져야 한다. 그러나 꿈속에서의 행위는 오히려 책임, 죄책감, 콤플렉스를 해소하기 위한 장치이다.

꿈의 세계와는 대조적으로 현실 세계는 공유되어 있다. 더 정확히, 현실 세계는 함께 구축된 것이지만, 꿈의 세계란 꿈을 꾸는 자 홀로 연출한 것이다. 각각 다른 삶을 영위하면서 같은 현실 세계를 갖는 것은 가능하지만, 같은 꿈을 꾸는 것, 동일한 꿈의 세계에서 함께 삶을 영위하는 것은 불가능하다. 꿈이란 그 각각 다른 삶의 일부이다. 그래서 현실에 기생적이며 현실과의 대비를 통해서 의미를 지닌다. 이런 대비적 관계에서 주축적인 것은 현실 세계라고 할 수 있는데, 현실이 꿈보다 더 주축적이라 할 수 있는 이유는 바로 이런 공유 가능성을 통해 객관성이나 실재성을 확보하고 있기 때문이다.

주관적 파롤과 객관적 랑그

주관적 감각질과 객관적 감각질 어휘 간의 관계는 파롤과 랑그 간의 관계와 유사하다. 사회적이고 공적인 존재로서 랑그를 형성시키는 기초는 구체적이고 특수적인 화자들의 발언 활동이다. 이들이 사회적 존재로서의 랑그를 구성해가는 과정을 개략적으로 정리해보면 다음과 같다.

(1) 사유 질료(화자의 의도)는 화자에 의해 생성된다.
(2) 자신의 의도를 전달하기 위해 화자는 구체적이고 특수적인 발언(파롤)을 발화한다.
(3) 사유 질료는 주관적이고, 발언 행위는 구체적이고 특수적이다.
(4) 의도가 이해되고 발언이 소통수단으로서 유효성을 갖추기 위해서는 의도가 의미로, 발언이 언어로 전환되어야 한다.
(5) 이를 위해서 그의 발언과 의도는 그 모습이 해석 · 수렴 · 합의되어야 한다.
(6) 해석과 수렴적 합의의 과정을 거치면서 사유 질료나 의도는 그 모습이 합의된 어휘들과 문장들의 이면으로서, 그것들의 기의 또는 의미로서 자리매김한다. 이런 합의가 이루어져야 언어(랑그)가 등장하는 것이다.
(7) 합의된 기의들이나 의미의 체계를 랑그라 할 수 있으며, 이는 추상적이

지만 사회적이고 공적이다.

수렴적 합의를 통해 객관적 세계를 조성해야 하는 것이 꼭 필요한 이유는, 인간을 포함한 모든 생명체가 유적類的인 존재로서 살아간다는 사실 때문이다. 유적 존재로서 모든 생명체의 생존 세계는 간주관적이고 공적인 세계여야 한다. 그래서 이 세계는 상호 간의 통신 매체에 의해 조정된 세계일 수밖에 없다. 인간이라는 생명체 역시 자신의 생존을 위해 생활 세계를 구축해야 하며, 인간적 삶의 세계 구축은 인간이라는 인식자의 관점에서 이루어질 수밖에 없다. 이런 관점에서 주축이 되는 것은 감각과 언어이다. 색, 소리, 향, 맛, 감촉 등으로 구성된 감각질의 세계, 즉 현상계는 인간이 자신에 적합한 방식으로 구축한 세계의 주요 특성들이다. 경험계는 단지 '대뇌 속의 환영들phantoms in the brain'이 아니라,[22] 외계의 흐름, 두뇌, 감각, 언어가 협력하여 구축한 중간적인 세계, 주관적으로 생성되기는 하지만 인간들 사이에서 매체에 의해 조정되어 어느 정도 객관적 지위를 확보한 질서나 세계이다. 감각질이나 현상적 질은 그 현상에 사는 유기체의 생존과 긴밀하게 연관되어 있는데, 이는 그 유기체의 생존 방식이나 적응 방식이거나 특정 생명체의 생존권에 고유한 특색일 수 있다.

22 빌라야누르 라마찬드란, 『라마찬드란 박사의 두뇌 실험실』, 원제는 *Phantoms in the Brain*이다.

18장

존재계의 중간성과 자율성

1. 존재계의 사회성과 자율적 구성

존재자 구성에 관여하는 세 요소

전통적으로 실재자는 그 자체로 자신의 모습으로 존재할 수 있었다. 항구성, 궁극성, 자립성과 고유성, 이런 것들이 실재자의 전형적인 특성으로 간주되었다. 실재자는 말 그대로 저기 저편에 인식자나 인식의 행위와는 무관하게 홀로 자신의 모습으로 존재하는 것이며, 그런 것으로서 실재자들의 세계인 실재계 또는 진상은 존재론적이거나, 더 일반적으로 학적인 발견의 대상이었다. 존재론적 인식 활동이란 이런 실재자의 모습을 발견하는 것을 목적으로 한다. 따라서 전통적으로 존재론의 물음은 실재자는 어디에, 어떤 모습으로 있는가 하는 것이었다. 존재론이나 학문은 현상의 저편 저 멀리에 있는 진리, 진상, 실재계를 탐사하는 것이었다.

우리는 전통의 견해를 재고해야 한다. 정관적 인식의 이념은 추상적인 허구이며 인식자와 무관한 실재자란 사실상의 비존재이다. 의미 있는 존재자는 인식 활동과, 따라서 인식 주체와 필연적 관계에 있다. 인식될지의 여부가 단지 우연에 그치는 그런 존재자는 모습을 지닐 이유가 없으며, 모습이 없는 존재자는 의미 있는 존재자가 아니다. **존재자는 모습이 있어야** 하는데, 그 자체로서 모습을 지니는 존재자란 없다. 그 자체로서 확실한 자신의 모습을 지니고 있는 형상이나 논리적 원자와 같은 것은 원리적으로 있을 수 없다. 이에 대해서는 앞에서 논의한 바 있다.

모습은 중간자로서만 존재할 수 있다. 실질적인 실재자는 인식 의존적이며, 인식 주체는 동시에 그리고 우선적으로 삶의 주체이다. 이런 조건을 감안하면 실재자는 인식의 주체이자 삶의 주체들에 의해 구성되는데, 대략 다음 세 가지 조건의 제약을 받는다. (1) 실재자의 존재나 모습은 자연종으로서의 생존 주체가 지닌 인식이나 인지 능력에 의존한다. (2) 그것은 인식자의 생존 방식에 의해 영향을 받는다. 통신 방식이나 인식 방식 역시 인식자의 생존 방식의 일부이며, 양자는 상호 영향을 준다. 이런 점에서 통신의 방식과 인식의 방식은 명확히 구분되지는 않지만 논의의 편의를 위해서 분리해 논할 수 있다. (3) 가장 중요한 것으로, 실재자의 존재나 모습은 동류의 인식 주체들 간의 통신 방식과 함수 관계에 있다. 한 인식 주체가 인식한 바는 다른 주체에 의해서도 수용되어야 한다. 무엇이 인식 내용이 되기 위해서는 소통 가능성의 조건을 충족시켜야 한다. 소통 가능성은 인식 내용의 구성만이 아니라 그 객관성을 위해서도 필수적인 조건이다. 이제 전통적으로 실재자의 기준이었던 절대 객관성이란 조건이 무의미하거나 현실적으로 충족될 수 없는 조건이라면, 인식 공동체의 승인 여부가 실재자의 객관적인 모습 결정에서 필수적이다.

한 자연종이나 인식 공동체의 **인식, 통신, 생존 방식의 세 가지 요소**가 그 자연종이나 공동체에게 무엇이 실재자가 될지를 결정하는 요인이라면, 언어는 인간이 실재자와 실재계를 구축하는 데 결정적이다. 언어는 인간의 인식과 서로의 통신에서 필수적이므로, 존재자의 객관적 모습은 언어를 통해서 나타난다. 개미에게는 더듬이로 인지되어 페로몬 등을 매개로 통신된 것들이, 벌들에게는 후각으로 냄새를 맡아 벌춤 등으로 전달된 것들이 실재적이듯이, 언어에 담기거나 담길 수 있는 것들만이 인간에게 실재적이다. 인지 능력은 특정 인식자가 지닐 수 있는 실재계의 한계를 정하는데, 인지 능력은 다시 통신 능력에 의해 제약된다. 그러므로 한 생물종의 통신 매체나 언어의 한계는 **그 종이 거주하는 존재계의 한계**이다.

인지 능력의 한계와 생존의 자율성

인식과 통신 능력은 우리가 거주하고 접할 수 있는 세계의 한계를 그어 외계와 제한적인 관계만을 가능하게 한다는 점에서 단절적이고 제약적이다. 그 점에서 인식과 통신 능력은 그 자연종의 한계이다. 우리는 인지 능력 덕분에 외계와 접하며 적극적이고 능동적인 생존 노력으로 삶의 세계를 확대해가지만, 바로 그 능력 때문에 인간 삶의 세계는 제한적이다. 한편으로는 한 자연종의 인지 능력이나 통신 능력의 한계는 이질적인 것을 배제하고 **동질성과 연속성**을 부여함으로써 그 자연종이나 인식 공동체에 고유한 통신 공간과 생존 환경 또는 삶의 세계를 구축하게 한다.

인식과 통신의 한계는 대외적으로는 단절과 제약을 가하는 한편, 대내적으로는 동질성과 연속성을 부여함으로써 자연종의 통신과 생존의 공간을 자율적이게 한다. 이 공간에서 생존 주체들은 외계로부터 독립하여 구축된 세계 속에서 자율적이고 독립적인 원리와 법칙들에 의해 생존을 도모한다. 이런 논리에 따르면, 모든 한계적인 것은 **자율성의 공간 구축**을 위한 울타리를 제공한다. 황소의 세계, 개미의 세계, 미생물의 세계 등은 모두 한계가 지어져 있는 동시에 각각의 고유하고 자율적인 세계를, 적어도 외부로부터는 어느 정도 독립적인 생존 공간을 구축하고 있는 것으로 생각해볼 수 있다. 개미탑 안에서의 개미들의 행태는 개체들 간에는 상호적으로 유전기제에 의해 구속되어 있으나, 외계 독립적인 측면을 지닌다.

생존 공간의 자율성은 여러 가지 제약을 가한다. 먼저 이 공간의 구성원들이 지니는 모습은 오직 자율적 공간의 원리와 법칙에 의해서만 드러날 수 있고 알려질 수 있다. 설사 그것이 이 자율적 공간으로부터 독립적인 모습을 지니고 있다 하더라도, 자율적 공간에서 통용될 수 있는 **매체나 척도**에 의해 변환되어서만이 인지되고 객관성을 부여받을 수 있다. 대내적으로 동질성을 확보해주는 한계는 동시에 이질적 타자와의 통신과 교류도 차단한다. 한 공간 내의 구성원들의 모습은 그 공간의 체계 내에서 타자와의 관계에 의해, 그리고 그 공간 내의 인식과 통신 방식에 의해 결정된다. 우리가 보는 개미의 모습과 개미들끼리 인지하는 서로의 모습은 전혀 다를 것이다. 역으로 개미가 보는 인간의 모습과 인간들끼리 인지하는 우리의 모습은 전혀 다를 것이다.

자율성의 정도는 그 공간 내의 통신수단의 발달에 비례하며, 체계의 자율성은 한 자연종의 개체들로 하여금 자신들이 속한 체계에 대한 예속성을 강화시킨다. 그러나 체계 의존성 또는 예속성은 그 종의 개체들 간의 결집력을 높이며, 자연계로부터의 독립성도 강화하게 한다. 그리하여 한 군집이나 종은 발달된 통신수단에 의해 내적으로 독립적인 삶의 공간을 구축할 수 있다. 수많은 개미들은 개미들 간의 복잡한 통신망에 의해 연결되어 거의 하나의 거대한 군체를 구성한다고 한다.[1] 인간이 자연 상태에서 벗어나 정치적이고 문화적인 존재가 되면 될수록 인간의 생존 공간은 독립적이 되고, 인간은 더욱 자율적인 존재가 된다.

이렇게 우리는 **여러 수준의 자율적인 공간이나 세계**를 생각할 수 있다. 이들 공간이나 세계들은 자율적이기에, 상호 위계적 질서에 의해 서열화될 수 있거나, 상위 체계가 하위 체계에 의해, 말하자면 분석적으로 환원될 수 있는 그런 관계에 놓여 있지 않다. 이들 여러 수준의 공간은 각자 나름으로 동질적이고 통합적이며 완결적인 체계를 구성하여, 하나의 자율적

---

1 에드워드 윌슨, 『사회생물학』, 민음사, 1992.

이고 독립적인 세계가 된다.

인간 삶의 세계는 이런 여러 수준의 공간들 중 하나일 것이다. 인간 삶의 세계는 랑그 체계 또는 언어 체계에 기반한다. 그런데 랑그나 언어의 체계는 소쉬르가 지적한 바와 같이 외적 기반과는 상관없이 자의적으로 구축된 것이다. 그러므로 인간 삶의 세계가 지닌 모습은 언어 의존적인 한, 외계와는 무관하게 인간 삶의 논리에 따라 구축된 것이다. 삶의 세계를 구성하는 **원인이나 계기**는 분명 외계에서 온다고 할 수 있으나, 이들이 지니는 모습은 **외계 그 자체의 모습**을 반영하는 것이 아니다. 바로 언어의 자의성은 인간 삶의 영역을 자율적인 영역으로 만들며, 언어의 질서는 자율적인 것이기에 인간 삶에 절대적인 영향력을 행사한다. 그래서 언어적 공간으로서의 국가는 리바이어던이다.[2]

자율적 공간에서 모습의 생성

각 종들의 세계가 자율적일 수밖에 없는 또다른 이유가 있다. 모습을 지닌 세계는 인식자가 인식 대상과 관여하여 형성하는 중간적인 존재라 논한 바 있다. 인식자는 자신이 인식할 대상을 구성해낸다. 더 정확히는 이 인식 대상들은 인식자가 자신들의 거주지를 구축하기 위한 벽돌들이다.

음성은 발성기관에서 나온다기보다는 발성기관과 청각기관의 중간에서 생성되며, 랑그는 사유 질료와 음성 질료가 마찰하며 분절되는 접촉 지대에서 형성된다. 소리란 우리의 귀가 이를 듣기 이전부터 자신의 모습을 지니고 있는 것이 아니다. 일종의 흐름에 불과하던 것을 우리가 청각적으로 수용하면서 모습을 지닌 소리로 변모하게 되는 것이다. 같은 논리로, 규정적인 모습을 지닌 의미나 사유의 내용은 **언어 활동을 거치면서 비로소 생성된다**. 그 이전에는 단지 질료적이고 무규정적인 것에 머물러 있다. 우

2 남경희, 『말의 질서와 국가』, 이화여자대학교출판부, 1997.

리가 발화하기 이전부터 이미 표상이나 명제의 형태로 자신의 모습을 지닌 심적인 것이 있고, 우리의 언어 활동이란 그것들을 전달하기 위한 도구적 활동에 불과하다는 통념을 우리는 수정해야 한다. 음성은 발성기관이나 청각기관과는 다른 제3의 존재이며, 랑그 역시 사유 능력이나 발성기관과는 다른 **제3의 존재**이다.

음성이나 의미 내용은 이들을 산출해낸 발성기관이나 청각기관, 또는 사유 능력이나 음성기관 등과는 이질적인 제3의 존재이기에, 이들의 존재 방식과 작동 원리는 **이 양자들과는 다를 수밖에 없다**. 여기서 음성세계나 언어세계, 사유세계의 자율성이 생기는 것이다. 같은 논리로, 인간의 생활세계 구성원들은 다른 생명체들의 생존 공간 구성원들과 다른 성격을 지니며, 다른 원리에 따라 존재하고 생존한다.

자율적 공간 안의 모든 것들은, 이들이 자율적 존재자라고 해서 적극적인 자신의 모습을 지니거나 그 자체로서 독립성을 지닐 수 있는 실질적 실체인 것은 아니다. 이들은 오히려 이 공간 내에 있는 다른 존재자들에 의존적이다. 실체들은 오직 자율적 공간의 구성원으로서만 존재자일 수 있으며, 인식의 대상으로서만 모습을 지닐 수 있다. 세계와의 직접적인 관계에서 형성되는 것으로 보이는 어휘들의 대표적인 예는 아마 의성어나 색채어일 것이다. 의성어는 들리는 대로의 소리를 그대로 묘사한 것으로 여겨지지만, 실은 닭 울음소리를 묘사하는 어휘들은 언어권마다 매우 다르다. 색채의 분류 방식 역시 제각각인데, 예를 들어 나라마다 무지개에서 색을 구분하는 방식이나 숲의 색채를 보는 방식이 다르다. 한국인들은 무지개에서 오색만을 분별해내었으며 숲이 하늘의 색과 같다고 보았다.

한 공간이나 세계가 자율적이라 하는 것은, 그 세계의 운영 원리나 구성원들의 모습이 외부에서 오지 않는다는 의미이다. 자율적 공간의 구성원들이 지닌 모습은 그 내부에서 형성된다. 정확히 말해서, 구성원들은 이 자율적 공간의 구성과 **동시적으로 존재하며 이 공간 안에서만 존재한다**.

존재자들은 자율적 세계 내에서 어떻게 자신의 모습을 확보할 수 있는가? 존재자가 모습을 구비할 수 있는 방법은 타자와 관계 맺음을 통해서이며, 존재자가 존재성을 확보하는 것은 모습을 획득함과 동시적으로 이루어진다. 존재자는 타자와의 관계를 통해 비로소 자신의 정체성이나 모습을 갖추고 존재자로 등장하게 된다. 그러므로 존재자는 항상 **한 세계 내의 존재자**이며, 그 세계 내의 다른 존재자들과 일정한 관계 속에서만 존재하고 모습을 지닌다. 한 세계 내에서 다른 존재자들과 관계를 맺기 전에는 이들은 모습도, 실재성도 갖출 수 없다.

자율적 공간 내의 한 존재자가 다른 것들과 맺을 수 있는 가장 원초적이고 기초적인 관계는 무엇인가? 바로 차이의 관계이다. 자율적 공간에 들어선 초기 단계의 존재자들을 좌표대 위의 점들로 생각해볼 수 있다. 이들은 좌표대 위의 점들처럼, 다른 것들과 같은 공간에 있다는 점에서는 동질적이며 다른 존재자들과 구별된다는 점만 다르다. 그리고 이런 구별 가능성 또는 차이만이 이들이 타자와 맺을 수 있는 유일한 관계이다. 자율적 공간 속의 존재자들은 이런 최초의 차이를 기반으로 타자들과 다양한 관계에 들어서면서 관계망을 누적하고, 그럼으로써 점차 자신들의 정체성을 위한 기반을 확립한다.

인식자의 관점과 존재자의 중간성

여기서 유념할 것은 차이들의 누적만으로는 각 구성원들의 모습이 형성되지 않으며 인식자의 관점이 필수적이라는 것이다. 차이란 항상 인식된 차이이며 모습은 **항상 총제적이고 통합적인** 하나이다. 이런 통합적 총체성은 누적된 차이들이 인식 대상이 될 때만 비로소 생겨날 수 있다. **인식 대상이 되는 한 모든 것은 하나의 모습을 지니고 있다**. 길고 짧은 공기의 파장이, 경계가 모호한 빛의 스펙트럼이나 정도의 차이가 있는 온도가 분절적인 음성으로, 뚜렷한 하나의 색깔로, 차갑고 뜨거운 것으로 인지되기 위해서는 인식자의 관점 개입이 필수적이다. 차별화는, 그리고 하나의 모습이나 하나의 질의 생성은 인식의 기본적인 논리이자 구조이다.

인식이란 흐름과 생성의 세계에서 특이한 활동이다. 인식은 인간과 같은 인식자가 자신을 주위 세계로부터 스스로를 분리해내고, 자신을 생성시킨 세계로부터 독립성을 확보하며, 나아가 **자신을 중심으로 세계를 새로이 구축하는 방식**이다. 인지나 인식의 행위를 통해서만이 비로소 유기체는 외계로부터 독립적이게 된다.

체계 내의 차이들은 인식되는 것에 따라 다양한 모습이나 질을 지닌 존재자들로 변형된다. 존재자의 필수적 조건 가운데 하나가 모습의 구비라 한다면, 모습을 지닌 존재자란 외계와 인식 주관의 중간 지대에서, 인식 활동에 의해 **중간자**로서, 그리고 **관계자**로서 생성되는 것이다. 마치 하나의 소리가, 다른 소리 조각들과의 차이와 이에 대한 인지 능력인 청각이 가세하여 생성되는 존재인 것과 같다. 우리가 살아가며 인식의 대상으로 삼는 세계는 중간계이다.

2. 실재와 현상

현상은 실재자의 구조이다

전통의 존재론은 실재와 현상을 엄격히 구분한다. 이런 구분 하에 진정한 인식의 대상들은 실재자들이라 주장하면서, 인식론적 이상의 실현은 현상계의 장애를 넘어서야 가능하다고 보았다. 파르메니데스와 플라톤, 그리고 이들 이후의 존재론과 인식론은 이런 믿음 위에 기반하고 있다. 서구 철학의 기본 강령인 토대주의도 이런 구분과 믿음에 근거하고 있다. 데카르트의 회의는 현상이나 믿음에 대한 철저한 방법적 회의를 거쳐 지식의 체계를 위한 확고한 토대를 찾고자 하는 것이다. 칸트는 현상과 물 자체를 구분하면서 고전 형이상학이나 존재론을 비판한다. 고전 철학이 인식의 목표로 하는 실재계나 물 자체는 인간 인식의 한계 저편에 있으므로, 그에 대한 인식을 포기해야 올바른 철학의 길로 들어설 수 있다고 그는 조언한다. 이런 한계 설정에 기초하여 그는 실재의 형이상학에서 경험의 형이상학으로, 또는 존재론에서 인식론으로 철학의 주축을 이전시킴으로써 근대 철학의 전기를 마련하고 새로운 철학의 방향을 제시하였다는 평가를 받아왔다.

칸트의 인식 한계라는 개념, 그리고 물 자체와 현상의 구분은 고전 철학의 존재론적 이분법을 전제로 하고 있으며 그런 점에서 칸트도 고대적 형이상학의 전통을 벗어나지 못했다. 고전 존재론에 대한 칸트의 비판에는, 논리적으로는 인간 인식의 한계를 넘어선 '완전한 인식'이 있을 수 있으며, 인간이 지닌 인식 능력의 한계를 넘어선 인식자, 가령 신과 같은 인식자가 있다면 물 자체는 인식될 수 있다는 가정이 전제되어 있기 때문이다. 현대 철학의 현상학, 실존철학, 논리적 원자론 등에서 현상 자체, 실존과 세인世人의 대비, 논리적 원자 등에 대한 탐구 역시 그런 토대에 대한 모색을 동기로 한다.

서구 존재론의 기본 가정은 더 이상 수용되기 어렵다. 우리는 앞에서 인식과는 상관없이 그 자신의 모습을 지니고 있는 자체적인 존재자의 개념이 논리적으로 문제가 있다는 것을 지적하였다. 인식의 한계라는 개념은 무의미한 개념이며, 인식의 한계 저편에 있는 것들은 물 자체 또는 자체적인 존재자라고도 규정될 수 없음은 물론이고, 그런 것들은 존재한다고도 말할 수 없다. 소리는 눈에는 존재하지 않는 것이며, 색깔은 눈은 없고 귀만 달고 있는 동물에게는 부재할 수밖에 없다. 우리는 그런 것들을 각각 시각의 한계 저편에, 청각의 저편에 그 자체로서 존재한다고 하지 않는다.

무엇이 실재할 수 있는 유일한 방도는 현상이 되는 것이다. 그렇다면 현상만이 실질적으로 실재일 뿐 아니라 실재의 구조가 된다. 소리(음소)의 경우를 예로 들어보자. 소리는 청각에 들어오기 전에는 그저 흐름에 불과하였다. 청각을 만나기 전에는 사실상 소리의 가능성이랄 수도, 공기의 파장이라고도 할 수 없었다. 왜 소리의 가능성일 수도 없는가? 무엇이 x의 가능성이라 의미 있게 불리기 위해서는 언젠가는 필연적으로 x로 현실화될 수 있어야 한다. x가 될지의 여부가 우연적인 것을 우리는 x의 가능성이라 하지 않는다. 우연의 행운이 없다면 x가 되지 않을 수도 있는 것을 'x의 가능성'이라 말하는 것은 공허한 일일 것이다. 삼엽충은 인간이 될 가능성이기도 하지만, 투구게가 될 가능성이기도 하고, 다른 모든 자연종의 가능성이기도 하다. 그렇다면 삼엽충은 무엇에 대한 가능성도 아닌 것이다. 우연이나 행운은 빈번히 일어나지 않기에 우연이고 행운인 것이다. 그리고 우연의 개입에 의해 x가 될 수 있는 것은, 다른 종류의 우연이 개입한다면 y가 될 수도 있을 것이기에 그런 것을 x의 가능성이라 부르는 것은 부조리하다.[3]

그러면 소리가 될 그 흐름을 공기의 파장이라 말할 수는 없을까? 그런 규정 역시 정당화될 수 없다. 그 어떤 흐름이 소리나 음소가 되기 이전에 '공기의 파장'이라는 정체성을 부여받을 수 있기 위해서도 역시 귀에 들린다거나 또는 어떤 일정한 관점에서 인지·기술되어야 하기 때문이다. 귀에 의해 수용되지 않는다면, 이는 그저 공기의 흐름, 아니 그저 흐름이거나 지극히 미묘한 바람, 또는 대기 기온의 변화이거나 원자들의 충돌 과정일 수 있다. 나아가 원자를 구성하고 있는 핵과 전자 사이에 엄청난 허공이 가로놓여 있다는 점에서 원자들은 허공이라고도 할 수 있을 것이다. 소리의 기체基體가 된 그 어떤 것은 소리가 등장하기 이전부터 '공기의 파장'이라기보다는 **소리 등장 이후에야 비로소 '공기의 파장'이 될 수 있는 것이다**. '공기의 파장'은 인식론적으로나 존재론적으로 소리와 소리를 생성시키는 청각적 인식자에게 의존적이다.

공기의 흐름이 '소리'라 불리며 소리로서의 모습과 실재성을 갖추기 위해서는 청각과의 만남이 필수적이다. 어떤 무규정적인 흐름이 소리가 될

3 Wittgenstein, *PI*, 194절 참조.

지 그 여부는 청각기관과의 접촉이라는 상황적 우연에 의존한다. 일반적으로, 그 어느 것이든 간에 실재성과 정체성, 모습을 갖추기 위해서는 인식자가 필수적이다. 인식자가 부재한다면, 모습을 지닌 것은 아무것도 존재할 수 없다.

그것이 소리이든, 공기의 흐름이든, 하나의 모습은 항상 인식하는 순간, 인식자와 인식 대상 사이의 중간 지대에서 형성되어 연기緣起한다. 이런 인식자 의존성 때문에 실재자는 인식자에 현상하는appear 것으로서만 의미 있는 실재자일 수 있다. 더 정확히 말해서 **실재자는 현상적인 것으로서만 존재한다**. 전통의 실재/현상의 구분은 더 이상 유효하지 않다.

형식과 내용

우리는 더욱 정확히 할 필요가 있다. 존재자는 인식 의존적이기는 하나, 이런 관계가 존재자에 앞서 인식자가 선재한다는 것을 함의한다고 이해해서는 안 된다. 양자는 동시적으로 등장한다. 언어 기호의 경우를 보자. 언어 기호는 기표와 기의의 두 이질적인 요소로 구성되어 있다. 전자는 물리적 존재인 음성의 측면이며, 후자는 사유적 존재인 의미의 측면이다. 더 포괄적으로 구분하면 전자는 언어, 후자는 사유에 대응된다고 말할 수 있다. 기의/기표, 음성/의미, 언어/사유, 인식/존재의 관계는 그 어느 것이 선행하고 후행한다고 말할 수 없다.

사물의 모습이나 윤곽은 그 사물을 타 대상과 구분 짓는 전형적인 울타리나 경계peras이기도 하다. 경계에 의해 자신을 타자와 구분 짓고 자신의 모습을 만들어내는 인식 대상의 전형으로 기하학적 도형을 생각할 수 있다. 삼각형의 울타리나 윤곽은 삼각형의 모습이자 자신을 다른 것과 구분하는 경계이기도 하다. 그런데 도형의 울타리는 그 도형의 모습을 담는 형식이자 그 형식에 담긴 또는 그 형식에 의해 구성된 내용이다. 숫자 역시 마찬가지이다. 기하학적 도형이나 숫자의 경우 형식과 내용은 일치한다.

플라톤은 이런 한계, 윤곽, 존재자의 기초적인 모습(eidos 또는 idea)을 직관적 인식의 대상이자 내용이라 규정하고 있는데, 그가 이런 규정을 한 이유는 두 가지로 해석할 수 있다. 첫째는 인식의 기초적인 대상에서는 형식과 내용이 동일하다고 보았기 때문이다.[4] 인식의 기초인 형상들은 원자적이고 불가환원적인 질을 지니고 있다는 점에서 내용적인 존재이며, 기하학적 도형과 같이 내용을 담는 형식이기도 하다. 둘째, 존재자는 인식 대상으로서만 의미가 있으며,[5] 인식의 대상으로서의 존재자는 최소한의 조건으로 모습을 지니고 있어야 한다. 그리고 플라톤은 그 최소한의 질이나 모습이란 자신을 타자와 구분하는 한계나 경계로 여긴 듯 보인다. 형상은 바로 이런 최소한의 질 또는 모습이며, 그 자체로서 타자와의 경계이다.

일반적으로 현상은 실재의 그림자, 그림은 다시 그런 그림자를 모사한 그림자의 그림자라는[6] 것이 플라톤 이래 서구 존재론의 통념이었다. 현대의 논리적 원자론자들은 인식 능력이란 존재를 비추는 거울이라고 보면서, 그런 인식을 담는 언어를 사실의 그림[7]으로 파악해 왔다. 이제 우리는 현상, 그림, 언어를 이전과는 다르게 대접해야 한다. 현상은 무엇의 그림자, 대체물, 대리인, 심부름꾼이 아니다. 현상이란 무엇이 실재자가 될 수 있는 조건이고 구조이다. 현상은 더 이상 실재나 진상이 외출을 한 사이에, 또는 실재나 진리가 은폐되어 있는 동안, 슬며시 자신의 가시성을 무기로 삼아, 그 실재자인 체하고 있는 떳떳하지 못한 2차적인 존재가 아니다. 실재는 오직 중간자로서만, 인식자에 의존하여 드러나는 현상의 구조

---

4 모든 원자들에서 형식과 내용은 동일하지 않을까? 데모크리토스의 원자는 형식만이 있고 질은, 즉 내용은 없다. 반면 감각여료sense-data나 감각질qualia과 같은 것들은 형식은 결여한 채 내용만을 지닌 것들이다. 아낙사고라스의 동질소도 후자와 같은 부류에 속할 것이다.

5 『국가』, 476d–480a. 존재는 인식의 대상이다, 허무는 무지의 대상이다, 믿음의 대상은 존재도 무도 아닌 것이라는 그의 주장 참조.

6 Platon, *Republic*, 그림은 실재로부터 세 번 떨어져 있다.

7 Wittgenstein, *TLP* 참조.

로서만 의미 있게 존재할 수 있다면, 현상은 그 자체가 실재의 본질이다. 그 자체의 독립성을 지니며 그 자신으로서 있는 존재, 이제 숨어 있는 실재나 진리라는 것은 존재하지도 않고 존재할 수도 없다.

언어는 존재의 집

현상은 언어적으로 기술될 때에만 객관적인 모습을 지닐 수 있으므로, 언어는 존재의 집이자 어휘는 존재자의 주민등록증이다. 언어의 옷을 입지 않고는 존재자가 객관적인 모습을 지닐 수 없고, 존재자는 언어적 규정성에 의해 인증되어야만 실재계의 주민으로서 대접받을 수 있다. 언어란 이미 모습을 지니고 있는 존재자의 모사체나 반영상이 아니다. 오히려 존재자에 규정적인 모습을 부여함으로써 실재에 본질적이고 기초적인 기여를 한다. 우리는 한 걸음 더 나아갈 수 있다: 이제까지는 보편자, 추상체, 심적인 존재자의 지원 하에서만 보통명사나 형용사 등이 의미를 지닐 수 있다고 믿어왔으나,[8] 이제 양자 간의 존재론적 순서를 바꾸어야 한다. 보편자, 추상체, 심적인 속성 등은 오히려 언어에 기대어 존재한다. 즉 보편적이고 추상적인 존재가 언어의 의미론적 기반이라기보다는 언어가 이런 것들의 기반이다.[9]

우리는 그림에 대해서도 이와 같이 말할 수 있다. 대상 자체는 다의적이나 그림은 일의적이다. 우리는 대상을 그릴 때, 그것이 사실화이든 추상화이든 대상의 모습을 있는 그대로[10] 그린다기보다는 항상 무엇으로, 어떤 시각에서 그 대상을 무엇으로 그리고자 한다. 외계 대상이 일정한 규정성을 지닌 것, 인지될 수 있는 그 무엇이 되는 것은 그림에 의해서이다. 그림

8 플라톤에서 전기 비트겐슈타인에 이르기까지의 실재론자들의 입장은 서구의 특징적이며 주류를 형성해온 입장이다.

9 보편자에 관해서는 이좌용, 『존재론 연구 1: 보편자 논쟁』, 철학과현실사, 2005 참조.

10 앞에서 여러 번 지적한 바와 같이 그런 것은 존재하지 않는다.

은 외계 대상을 무엇으로 등장하게 한다. 그런 점에서 그림은 언어와 비슷한 논리로 작동하며, 그것은 일종의 언어이거나 언어를 기초로 한다. 우리는 그림을 그 무엇의 그림이라고 하지만, 그 무엇은 그림 이전부터 그 무엇인 것이 아니라, 우리가 그 대상을 그 무엇으로 보고 그린 연후에야 무엇일 수 있다. 우리의 시선이 가해져 그림이나 언어로 그려지지 않으면, 인식 대상은 하나의 일의적인 모습을 지닐 수 없다.

러시아의 심리학자 루리아A. Luria는 언어 능력에 심각한 훼손을 당하여 대상에서 하나의 모습을 찾지 못하는 사람의 경험을 기록한 바 있다. 그 부상자는,

> 단 하나의 사물도 지각할 수 없었다: 그의 세계는 파편으로 붕괴되어 갔으며, 이들은 완전한 대상이나 이미지를 형성할 수 없었다.[11]

심지어 그는 그 자신의 몸마저 파편화되는 경험을 하며, 자신의 몸에 대한 지각도 상실하여 자신의 몸의 부분들을 짚어내지 못하곤 했다고 한다.[12] 그래서 그의 결론은,

> 언어는 단지 통신의 수단에 불과한 것이 아니라, 인지의 전 과정에서 핵심적인 부분이다.[13]

언어와 독립하여 존재하며, 언어가 기술해야 할 원형적 존재, 또는 그림이 그려야 할 원형적 실물이란 것이 있다는 믿음은 형이상학적 신화에 불과하다. 실재자란 언어가 기술하고 규정하는 대로, 그림이 그리는 대로 그런 모습으로 생성되는 것이다.

---

11 A. Luria, *The Man with a Shattered World*, Harvard Univ. Press, 1972, pp.36-7.

12 A. Luria, 위의 책, p.43.

13 A. Luria, 위의 책, p.32.

기자들은 보고 들은 바를 기술하여 전달하며, 화가는 모델을 놓고서 그린다. 과연 그들이 전달하거나 그려낸 바가 과연 저편에 있는 사태나 사물 자체의 있는 그대로의 모습일까? 하나의 물상을 기술하고 묘사할 수 있는 방식은 무수히 많다. 그러므로 실상 하나의 물상이라는 것도 존재하지 않는다. 하나의 기술문이나 그림을 보고서 서로 다른 사람들이 그것이 하나의 어떤 물상에 대한 진리인 기술문이요 정확한 그림이라고 합의하며, 다른 한편으로는 다른 글이나 그림에 대해서는 허위요 부정확한 그림이라 평가하는 데 동의하는 경우가 있지 않은가? 이런 사실은 단지 그들이 동일한 시각을 공유하는 공동체(일종의 시각 공동체)에 소속되어 있음을 입증할 뿐이다. 하지만 그 사실들이 하나의 모습을 지닌 물상이 존재한다는 것까지 입증하지는 않는다. 속해 있는 인식 공동체가 다르면 보는 방식도 다르다. 한국인들의 눈에는 초원도 '푸르고' 하늘도 '푸르지만', 서양인의 눈에는 초원은 'green', 하늘은 'blue'라는 색깔을 지닌다.

우리의 입장은 유명론적 입장, 이름만 있고 이름에 대응하는 실재는 없다는 입장이라 할 수 있는가? 유명론적 입장은 보편자 논쟁에서 실재론과 대조적인 입장이기는 하지만 실재론과 중요한 가정을 공유하고 있다. 유명론은 실재론과 같이 규정적 모습을 지닌 무엇이 실재한다고 믿는다. 단, 전자는 그 실재자가 특수적 개별자들일 뿐으로, 형용사나 명사 등 보통명사에 대응하는 보편자는 부재한다고 주장하는 데 비해, 후자는 그런 보편자가 실재한다고 본다는 차이가 있을 뿐이다. 나아가 이들은 우리의 입장과는 달리 언어의 역할과 힘에 대해 소극적이다. 그들은 이름의 대상 창조력을, 언어의 사실 구성력을 신뢰하지 않는다. 유명론은 기본적으로는 언어의 특성에 대한 통찰에서 나온 입장이라기보다는 보편자의 실재성에 관한 존재론적 논쟁의 소산일 뿐이다.

우리는 앞에서 언어는 존재자의 집이라 했으나, 존재자들의 총체로서의 세계는 다시 언어 주체, 삶의 주체를 위한 집이라 규정할 수 있다. 언어 주체는 행위 주체인데, 행위 주체의 인식 활동이란 무엇인가? 그것은 행위 주체가 최적적 행위를 수행하기 위해 행위의 환경을 구축하는 매개적 활동이며, 이런 활동의 결과로서 구축된 세계란 그런 최적적 활동을 위한 생존 공간 또는 생활 세계이다. 행위 주체나 그가 구축한 생활 세계가 외계와의 적합적 관계에 있지 않으면 그 행위 주체는 도태되어, 더 이상 존재할 수 없다. 인간에게 세계는 일종의 집, **행위 주체이자 생존 주체가 거주하기 위한 집**, 달팽이에게 달팽이집과 같은 것일지도 모른다.[14]

존재론과 진리 개념이 없는 철학

서구적 사고에서 존재론의 역사는 오래돼고 끈질기다. 서구인들은 실재와 진리에 대한 관심을 버리지 못한다. 동양에서와 달리, 진리 개념은 서구인들의 사고에서 거의 선험적인 범주의 역할을 한다. 20세기 후반에 언어적 전회의 선봉장 역할을 했던 데이빗슨마저도 진리를 원초적 개념으로 간주하고 있다. 이와 긴밀히 연관되어 있는 것이 서구적 사고에서 존재 개념의 범주성이다. 이런 특성은 아마도 술어적 구문이나 존재(be) 동사의 사용이 그들 문장의 전형적 특징이라는 사실과 무관하지 않을 것이다. 서구 철학에서 존재론은 자연철학자들에서 시작하여 파르메니데스, 플라톤에 의해 확고히 서구 철학의 전통으로 자리 잡았고, 존재론에 대한 관심은 서양 철학의 모든 역사를 지배한다. 현대에 이르러 플라톤에 의해 존재 망각의 역사가 시작되었다며 플라톤을 비판하고 있는 하이데거마저도 수미일관하게 존재론적인 작업을 하고 있다. 그의 전기와 후기에 걸친 모든 저서에서 가장 빈번한 논의 주제는 존재론이다. 훗서얼E. Husserl이나 가다머H-G. Gadamer의 경우도 마찬가지이다. 이는 분석철학의 전통에서도, 가령 프레게G. Frege, 러셀B. Russell, 전기 비트겐슈타인, 데이빗슨, 크립

---

14 우리는 자신의 세계 속에 갇혀서 자신이 만든 세계를 보는 유기체일지 모른다. 움베르토 마투라나, 『있음에서 함으로』, 갈무리, 2006 참조.

키S. Kripke 등의 철학자들에게도 존재와 진리는 그들 논의의 중심을 차지한다.

우리는 존재론이나 진리 개념이 없거나 또는 존재론과 진리 개념이 중심을 차지하지 않는 철학을 생각해볼 필요가 있다. 그런 철학으로 우리는 동아시아 유가 전통의 철학을 생각할 수 있지 않을까? 동아시아적 사유에 존재론이 있다고 말할 수 있을까? 혹자는 동양 철학에서 존재론이나 형이상학을 찾아내려고 하지만, 그런 시도는 동양 철학을 의미 있고 연관 있는 것으로 만들기보다는 오히려 동양 철학의 고유성을 퇴색케 하거나 서구적 사유틀에 억지로 집어넣는 오류를 범할 가능성이 있다.[15] 혹자는 존재론에서 관계론이나 관계주의로 이행할 것을 주장하고 있다. 그러나 관계를 위해서는 관계항이 선재해야 하기 때문에, 관계라는 개념 역시 존재론적 시각에서 나온 개념이다. 아마도 접촉이라는 개념을 우리는 다시 수용할 수 있겠지만, 접촉 이전에 있는 것은 상호 이질적인 흐름, 질료, 혼돈뿐이다. 존재자들의 생성은 인식자가 이 흐름과 접촉함으로써 이루어진다. 접촉되어 창발 또는 연기하는 것을 고정시켜 실체화하는 것은 인식자의 언어적 기술이다.

모든 존재자들은 중간자이고 관계자들이며, **우리가 사는 세계는 중간계이다**. 마치 물과 공기의 이질적인 두 흐름이 만나 양자의 접촉점에서 물결이나 바람결이 형성되는 것과 같다. 무엇이 모습을 지니려면 이런 이질적인 것들의 접촉이나 마찰이 있어야 한다. 모습을 지닌 존재자가 등장하기 위해서는 우선 상호 구분되는 단위들이 존재해야 하는데, 이 단위의 등장은 흐름의 분절에 의해 이루어지며, 분절의 형성을 위해서는 마찰이, 마찰이 야기되기 위해서는 이질적인 두 흐름의 접촉이 필수적이다. 현악기의 현은 활과 마찰해야 소리를 빚어낸다. 그러므로 마찰이나 갈등은 헤라클

---

15 신유가의 형이상학적 이론은 불교의 영향을 받은 것으로 알려져 있다. 카선창, 『신유학사상의 전개』, 형설출판사, 1997, 127쪽 이하 참조.

레이토스가 통찰하였듯이 부정적인 것이 아니라, 존재자나 새로운 질서를 생성하는 창조적인 기능을 발휘할 수도 있다.

감각질의 중간성

촉각에 인지되는 촉각적 성질, 가령 부드러움과 딱딱함, 차가움과 뜨거움 등의 성질을 생각해보자. 촉각적 성질은 촉감의 대상이 동일할지라도 누가 만지는가에 따라 달라진다. 이 성질들은 우리가 만지는 대상 그 자체가 지니고 있는 성질이 아니라, 대상과 촉각이 만나서 형성한 중간적 존재이다. 다른 모든 감각의 내용들 역시 대상 자체의 성질이 아니라, 촉각 내용과 같이 외계와 지각능력 사이에서 구성된 중간적 존재로 생각해볼 수 있다. 청각적 성질의 경우는 앞에서 논한 바 있다. 일정한 모습을 지닌 소리는 소리를 내는 어떤 대상에서 나오는 것이 아니라, 우리의 청각과 외계의 파장의 흐름이 만나서 형성한, 물결과 같은 중간적 존재이다.

우리는 이런 관계론을 더 확장하여 모든 질, 색깔, 크기, 모양, 명암, 나아가 자연적 속성 모두, 그리고 심적 속성들까지도 모두 관계적 속성이라고 생각해볼 수 있다. 가령 내가 노트북 모니터에서 보는 상이나 이 상의 배경이 되는 푸른색은 모니터 자체가 지니고 있는 성질일 수 없다는 것이 분명하다. 그것은 모니터에 생성된 전자적 현상과 그를 접하는 눈의 구조 사이, 이것이 산출한 어떤 상과 눈의 신경조직, 나아가 심리적 기제 등과의 관계, 다중적이고 복합적인 관계가 누적되어 생성되는 **발현적 성질**로 볼 수 있다. 푸른색은 모니터, 나의 눈, 그 중간의 공간, 이들 어디에도 존재하지 않는다. 그러면 색이란 부재하는가? 아니다. 그 존재는 내가 그 모니터를 보는 순간, 모니터와 나의 눈과의 관계에서 생성되고 있다.

인간의 눈과 전혀 다른 구조를 지닌 인지 기관은 이 모니터에서 푸른색을 보지 못할 것이다. 우리의 눈은 저편에 스스로 존재하는 색채를 수용하는 것이 아니라, 그것의 생성에 직접적으로 관여한다. 나의 귀가 소리를 수동적으로 듣는 것이 아니라, 소리의 존재와 그 모습의 형성에 적극 참여하는 것과 마찬가지이다. 색들이 생성되는 기계적 과정은 광학, 전자기학, 신경생리학, 등 다양한 학문이 관여해 밝혀낼 일이지만, 색깔이 대상이나 나의 눈의 특성이 아니라, 양자가 관계함으로써 생성되는 것이라고는 확실하게 말할 수 있을 것이다. 바로 이런 이유에서 감각질의 생성 과정은 밝혀낼 수 없을지 모른다.

감각질의 중간성은, 우리의 지각 능력이란 일종의 조절 능력, 중간자를 구성하여 그 감각적 기관을 지닌 자연종들이 생존하게 하는 생존 환경이나 생활 세계를 구성하여 유기체의 생존에 기여하는 능력임을 시사한다. 그리고 이런 시사가 맞다면, 우리는 **인식의 의미를 재규정해야 한다**. 인식이란 인식자인 동시에 삶의 주체의 관점에서 구축·구성하는 행위이다.

3. 존재자의 중간성과 존재자의 본질로서의 결

바람을 귀로 들으면 소리가 된다

바람은 귀를 만나 청아한 자연의 소리가 되고, 달빛은 눈을 만나 부드럽고 깊이 있는 색을 만들어낸다. 이런 관계적 만남이 존재자들이 생성되는 원리이며, 이런 존재자들의 총체가 우리가 사는 삶의 공간이다.

> 오직 강가의 맑은 바람과 산야의 밝은 달은 귀로 들으면 소리가 되고 눈으로 보면 색이 되어, 가져도 금할 이 없고 써도 다하지 아니하니, 이는 조물주의 무궁무진한 곳집이요 나와 그대가 함께 즐거워할 것이로다.[16]

---

16 소동파, 「적벽부」, 『고문진보』, 을유문화사, 2001, '惟江上之淸風 與山間之明月 耳得之而爲聲 目寓之而成色 取之無禁 用之無竭 是造物者之無盡藏也 而吾與子之所共樂…….'

소쉬르에 따르면 언어는 사유 질료와 음성 질료가 접촉하면서 생성된다.[17] 신비한 것은 이런 이질적인 것들 간의 접촉이 양자를 분절시키고, 나아가 이들 사이에 제3의 공간을 형성하면서 양자의 복합적 관계자로서, 또는 이중적인 존재로서 언어 기호의 체계인 랑그의 체계를 생성시킨다는 것이다. 소쉬르는 이런 생성의 과정을 파도의 생성을 들어 비유하고 있다. 공기의 흐름이 물의 흐름과 마찰을 하면서 파문을 만들어낸다. 파문은 양자의 접촉 결과이다. 좀더 생각해보면 중간에서 생겨나는 것은 파문만이 아니다. 파문과 정확히 대응하면서 공기의 흐름 위에 무늬가 만들어지며 바람결이 생성된다. 여기서 중요한 것은, 공기나 물 그 어느 것이라도 홀로 있는 경우에는 파문이나 바람결이 생성될 수 없다는 것이다.

두 흐름이 제3의 존재자들을 만들어낼 수 있게 하는 요인은 아마도 이들 간의 유속 차이, 양자의 질료적 차이들일 것이다. 그리고 양자가 서로에 대해 자극체이자 수용체로서 상호 반응할 수 있기 때문일 것이다. 이런 역동적이고 교호적인 관계가 없으면 파문이나 바람결이라는 제3의 존재는 생성될 수 없다.

이 유비에서 주의할 것은 물결이나 바람결의 **존재론적 위치**이다. 파문은 물의 무늬이기에, 우리는 파문이 물의 일부라고 생각하기 쉽다. 물결이라는 어휘가 이런 통념을 반영한다. 그러나 좀더 생각해보면, 물결은 물의 결이기도 하지만, 동시에 공기나 바람의 결이다. 우리가 그 결을 단지 물결로만 인식하고 공기나 바람의 결로 인식하지 않는 이유는 물과 달리 공기와 바람은 보이지 않기 때문이다. 우리는 통상적 인식의 구조를 뒤집어 물결을 통해 바람의 존재나 바람의 무늬를 파악할 수 있다고 논할 수도 있다. 물결은 물의 결이기도 하지만, 동시에 바람의 결이기도 하다면, 물결은 물이나 바람의 일부로서 존재한다기보다는 물과 바람의 접경 지대에서, 양자의 관계 접점에서 존재하는 것이라고 말할 수 있다.

---

17 Saussure, *Course*, p.112.

사물의 본질로서의 결

공기와 물의 두 흐름이 접촉하고 마찰하는 것만으로 파문이나 바람결이 생겨날 수 있는가? 물결이나 바람결의 모습은 그것을 누가 인식하느냐에 따라서 달리 보일 것이다. 가령 물 위를 나는 새, 물속을 헤엄치는 물고기, 물 위를 걷는 곤충 등에게 그 파문은 우리가 보는 바와는 전혀 다른 모습일 것이다. 새로이 생성된 제3의 존재자로서의 파문의 모습은 물론이고 그것의 존재함까지도 그것을 보는 **인식자의 시선에 의존한다**.

여기서 우리는 파문의 존재론적 지위에 관해 몇 가지를 보완하며 정리할 수 있다. 1) 파문은 두 이질적인 존재자들의 접촉에 더하여, 이를 인식하는 제3의 존재인 인식자가 개입할 때 생성된다. 2) 파문은 물이나 바람의 일부라기보다는 인식의 공간, 또는 인식의 활동이 구축한 공간 속에 존재하는, 진정으로 제3의 존재자이다. 3) 이 파문들은 물과 바람의 중간에 존재하는 중간계를 구성하며, 이 중간계는 전체로서 하나의 독립적이고 자율적일 수 있는 제3의 존재계이다. 세계의 성립에서 질서의 존재가 필수적이라고 한다면, 이 중간계만이 진정한 세계를 구성한다고 말할 수 있다. 4) 그런데 이 중간계는 인식의 대상이나 결과라기보다는 두 이질적인 존재자의 공존을 위한 질서로 볼 수 있다는 것이다. 바람과 물은 이 바람결-물결을 매개로 하여 접촉하며 나아가 공존한다.

물결의 위치를 이렇게 정리할 때, 우리는 랑그의 체계에 관해서도 소쉬르의 입장을 좀더 보완할 수 있을 것으로 보인다. **모든 질서는 결과 같이 중간적인 존재인데**, 중간적인 결의 형성에서와 같이 랑그 체계의 생성에서도 인식자, 인식자의 관점, 또는 적어도 인식적인 태도가 필수적이다. 인식적인 태도의 기반은 아마도 사유 질료의 구조적 일부일 가능성이 있으며, 이 구조는 신경망과 같은 형태로 존재할 수 있다.

인식적 태도는 처음부터 완성된 것으로서 언어 체계에 선재하는 것이 아니라, 언어 체계와 함께 점차적으로 형성된다고 할 수 있다. 사태의 정확한 그림은 아마도 다음과 같을 것이다: 인식적 태도의 성장과 언어 체계의 구축이 동반적이라는 말은, 인식의 활동과 언어적 활동이 사실상 동일함을 시사해준다. 동물적 인지기관은 인과적 연쇄의 일부로서 자극－반응의 기제에 머물러 있다. 그러나 인간의 인식 기관과 능력은 자신과 외계의 **중간 지대에 세계라는 새로운 공간을 전개시키며**, 이곳에서 마치 결과 같이 제3의 존재자들인, 모습을 지닌 인식 대상을 생성시킨다.[18] 그리고 결들은 언어적 기술의 내용을 구성한다. 언어적 기술이 정련되면, 이는 다시 문법, 사물의 본질, **사물들에 내재적인 이성**이 된다.[19] 중간자로서의 사물들의 체계는 우리의 생활 세계를 구성하는데, 이 체계는 일정한 결을 형성하고 있다. 이 결을 우리는 세계에 내재적인 이성이라 말할 수 있다. 우리의 생활 세계는 이성적이다.

진화적 생태계에서도 자연종 개체를 위한 생존의 공간이 있을 것이다. 물고기들에게 일정한 조류가 흐르는 대양, 개미들에게 흰개미탑, 판다에게 대나무숲 등은 각 자연종 개체들의 생존 공간이라고 수 있는데, 이런 공간의 형성은 자연종 개체와 생태계 간의 관계에서 이루어진다. 진화론에 따르면, 자연종 개체와 환경 간의 관계란 후자가 선택하고 전자는 적응하는 관계인데, 이런 선택과 적응 과정에서 각 자연종에 적합한 질서로서 각각의 생존 공간이 구축되었다고 볼 수 있다. 이런 생존 공간은 중간계이며, 중간계는 공존의 질서라는 점에서 일종의 합리성이고, 결이나 리理의 모습으로 존재한다. 결이나 리는 공존의 질서, 상호 적합적인 질서이다.

객관 세계와 언어

우리의 언어는 여러 겹의 관계들이 중첩된 결과이다. 발성기관과 청각

18 문법, 말의 결이 사물의 본질이라는 비트겐슈타인의 입장 참조.
19 사물들 속에는 理가 있다는 신유학의 입장 참조.

기관이 만나 소리를 형성하고, 소리가 신경을 자극하여 소리 이미지를 만들어내며, 미분화된 소리 이미지들의 흐름과 사유 질료가 만나 서로를 분절시켜 결을 이루면서 음성 이미지와 기의가 산출된다. 그 결과 이들을 표면과 배면으로 하는 언어 기호가 등장한다.

외계는 그 자체로서는 규정성 없는 혼돈이고 상호 구분되지 않은 일종의 흐름과 같다. 우리는 이를 세계 질료라 부를 수 있다. 우리는 언어 기호들의 체계를 사용하여 무규정적이고 미구분의 상태인 세계를 최초로 분류해낸다. 하지만 분류의 기준은 언어의 안이나 세계의 안 어디에도 없다. 그 기준은 언어 공동체에서 채택되는 것인데, 채택 기준은 자의적이다. 우리는 토템의 체계를 참조할 수 있다. 고대 원시사회에서 토템의 체계는 그들 삶의 주축적 기반의 역할을 하여 모든 것을 분류하고 규정하는 기반의 역할을 하는 준거적 틀이었지만, 인류학자들의 연구에 따르면, 이들이 특정의 토템을 채택하고, 이에 따라 토템적인 분류를 하는 기준은 전혀 합리적인 이유가 없는 자의적인 것이다. 그리고 바로 그런 자의성 때문에 토템적 체계는 더욱더 절대적인 힘을 발휘한다고 한다.

인간은 어느 단계에 이르러 외계를 접촉 · 체험하면서 체험의 결과를 정리하여 질서를 부여하고자 할 것이다. 그래야 삶과 행위의 확실성을 담보할 수 있을 것이기 때문이다. 그런데 인간이 사회적 삶을 영위함에 따라 이 질서는 공유될 수 있는 것, 객관적이거나 공적인 것이 되어야 한다. 이를 위해서는 그 질서가 그들 공유의 통신 수단이자 세계의 모습을 재는 측정 단위인 언어에 의해 표현되어 수락되어야 할 것이다. 그들은 외계에 대한 믿음을 언어 기호를 사용하여 표현하고 공식화하고자 할 것이다. 언어 기호의 사용자로서 인간이 행하는 최초의 구분은 허공에서 이루어지는 것이 아니라, 외계를 체험하고서 이루어지며, 따라서 어느 정도는 이 체험의 내용에 의해 영향을 받는다고 할 수 있다. 하지만 언어 이전에는 외계가 모습을 지니지 않거나 적어도 객관적이고 공적인 모습은 지닐 수 없으므로, 외계에 대한 체험은 모습의 형성을 위한 계기나 원인을 제공하는 데 그칠 것이다. 이런 계기에 의해 음성의 흐름과 세계 질료는 상호적으로 구분되어 결을 만들어낼 것이다. 언어를 사용하게 된 인간의 세계 체험 과정은 **결의 형성 과정**, 물의 흐름과 공기의 흐름이 만나 물결과 바람결을 이루는 과정과 유사한 것으로 비유해볼 수 있다. 이런 결의 형성을 통해 토테미즘과 같은 세계에 대한 최초의 분류 체계가 등장하게 된다.

모습을 지닌 것으로서의 세계 형성에는 언어가 적극 관여한다. 세계가 그 자체로서 모습을 지닐 수 있는 것도 아니며, 감각적 지각만으로 모습이 인지되거나 형성되는 것도 아니다. 언어가 없는 동물적 단계에서의 감각이란 신체적인 반응을 위한 일종의 자극 원인 정도의 역할만 한다. 감각에 내용이 생기기 위해서는 언어의 도움이 필수적이다. 모습이 있는 존재자는 외계와 언어적 인식자가 만나는 지점에서 생성되는 것이다. 그런데 문제는 인식자가 보편자가 아니라 특수적인 개인들이라는 데 있다. 그래서 모습이 있는 존재자는 개인의 인식적 의식과 외계 사이에서 생성되는 것으로 생각되는데, 어떻게 그 존재자의 모습이 객관성, 사회성, 간주관성의 지위를 획득할 수 있는 것일까? 그래서 객관적 세계를 구축할 수 있는 것일까? 우리가 앞에서 논한 바와 같이, **그 답은 언어에 있다**. 인식적 개인은 언어적 인식자이며, 그런 점에서 그의 인식은 사회적으로 조정되어 있다고 보아야 할 것이다. 언어를 습득한 후에야, 그리고 언어의 제약 아래에서 비로소 인식적 활동을 시작할 수 있다. 암묵적으로 개인적·주관적 인식자는 자신의 인식이 사회적 인식이기를, **사회적 승인을 받기를 의도하면서 인식하는 것이다**. 인식 행위는 그 행위가 개인적으로 이루어진다고 해도 사회적 좌표대 위에서 이루어진다.

일반적으로 모습을 지닌 대상은 중간자이다. 그것은 인식자가 가담하여 생성된다. 이렇게 모습을 지닌 존재자를 생성한다는 점에서 인식은 일종의 창조 행위이다. 인식을 통해서 비로소 규정적인definite 모습을 지닌 대상이 생성된다. 그 인식은 언어적 인식이며, 그러므로 자연 언어의 질서는 실재를 반영하거나 자연 언어 그 자체가 실재이다(자연 언어주의).

여기서 우리는 더욱 정확하게 할 필요가 있다. 세계와 그 안의 사물들은 우리의 인식에 의해 비로소 모습을 구비하고 존재하게 되지만, 그렇다고 인식자가 그들 존재자들과 세계에 선재하는 것은 아니다. 인식자 역시 인식의 과정에서, 세계와의 접촉 과정에서 생성된다. 순환적이지만, 인식자는 인식함으로써 비로소 인식자가 된다. 인식자의 사유 질료, 주관, 의식 또는 신경망이 외계와 접촉하여 결이 생성되면서 대상들, 세계와 함께 인식이라는 개념이 형성되고 삶의 주체, 행위 주체가 다시 인식자가 되는 것이다. 존재자와 인식 주체는 이렇게 상호적으로 생성된다.

| 참고문헌 |

1. 국내 문헌

가마타, 시게오, 『화엄의 사상』, 고려원(한형조 역), 1987.

가버, 뉴턴 · 이승종 공저, 『데리다와 비트겐슈타인』, 민음사, 1999.

곽재구, 『사평역에서』, 창작과비평사, 1983.

굴드, 스티븐, 『풀하우스』, 사이언스북스(이명희 역), 2002.

그랜딘, 템플, 『나는 그림으로 생각한다』, 양철북(홍한별 역), 2005.

글리크, 제임스, 『카오스: 현대과학의 대혁명』, 동문사(박배식 · 성하운 공역), 1988.

『금강경』.

길희성, 『인도철학사』, 민음사, 1984.

김규영, 『시간론』, 서강대학교출판부, 1987.

김기현, 『현대 인식론』, 민음사, 1998.

김도식, 『현대 영미 인식론의 흐름』, 건국대출판부, 2004.

김효명, 『영국 경험론』, 아카넷, 2002.

남경희, 「세계 구성과 측정」, 『정대현철학을 토론한다』, 철학과현실사, 2006.

_____, 「소크라테스와 학문의 발견」, 『서양고전학연구』 28집, 2007.

_____, 「순자의 정명론에 대한 비트겐슈타인적 이해—사회규범의 언어 철학적 정초」, 『철학』 102집, 2010.

_____, 「언어의 규정력」, 『철학적 분석』 1호, 2000.
_____, 「한국현대철학의 방향정위」, 『한국철학 50년』, 이화여대한국문화연구원, 2003.
_____, 『말의 질서와 국가』, 이화여자대학교출판부, 1997.
_____, 『비트겐슈타인과 현대철학의 언어적 전회』, 이화여자대학교출판부, 2005.
_____, 『이성과 정치존재론』, 문학과지성사, 1997.
_____, 『플라톤: 서양 철학의 기원과 토대』, 아카넷, 2006.
노르베리 호지, 헬레나, 『오래된 미래』, 녹색평론사(양희승 역), 1996.
『논어』.
『능가경』.
다이아몬드, 재레드, 『제3의 침팬지』, 문학사상사(김정흠 역), 1996.
데카르트, 르네, 『성찰』, 문예출판사(이현복 역), 1997.
도킨스, 리처드,『이기적 유전자』, 을유문화사(홍영남 · 이상임 공역), 1993.
라마찬드란, 빌라야누르 · 샌드라 블레이크스리, 『라마찬드란 박사의 두뇌 실험실』, 바다출판사(신상규 역), 2007.
로티, 리처드, 『우연성, 아이러니, 연대성』, 민음사(김동식 외 역), 1996.
마이어, 에른스트, 『진화론 논쟁』, 사이언스북스(신현철 역), 1998.
마커스, 개리, 『클루지』, 갤리온(최호영 역), 2008.
마투라나, 움베르또, 『있음에서 함으로』, 갈무리(서창현 역), 2006.
『맹자』.
무르티, 『불교의 중심철학』, 경서원(김성철 역), 1999.
박동환, 『서양의 논리, 동양의 마음』, 까치, 1987.
박영식, 『비트겐슈타인 연구』, 현암사, 1998.
벌린, 이사야, 『이사야 벌린의 자유론』, 아카넷(박동천 역), 2001.
법정 편, 『신역 화엄경』, 동국역경원, 1988.
보르헤스, 호르헤 루이스, 『허구들』(부록 '보르헤스 강연집Borges Oral'), 녹진(박병규 역), 1992.
보만, 토를라이프, 『히브리적 사유와 그리스적 사유』, 분도출판사(허혁 역), 1968.

브라이슨, 빌, 『거의 모든 것의 역사』, 까치(이덕환 역), 2003.
『브리태니커백과사전』.
색스, 올리버, 『아내를 모자로 착각한 남자』, 이마고(조석현 역), 2006,
색스, 올리버, 『화성의 인류학자』, 바다출판사(이은선 역), 2005.
서정주, 『동천』, 민중서관, 1968.
서정주, 『한국의 현대시』, 일지사, 1969.
『성경』.
소광희, 『시간의 철학적 성찰』, 문예출판사, 2001.
소동파, 「적벽부」, 『고문진보』, 을유문화사(황견 편, 이장우 · 우재호 · 장세후 공역), 2001.
『순자』.
신옥희, 『일심과 실존』, 이화여자대학교출판부, 2000.
알렌, 사라, 『거북의 비밀: 중국인의 우주와 신화』, 예문서원(오만종 역), 2002.
엄정식, 『비트겐슈타인의 사상』, 서강대학교출판부, 2003.
에버렛, 다니엘, 『잠들면 안 돼, 거기 뱀이 있어』, 꾸리에(윤영삼 역), 2009.
엘리어트, 토마스 S., 『엘리어트 선집』, 을유문화사(이창배 역), 1968.
옹, 월터 J., 『구술 문화와 문자문화』, 문예출판사(이기우 · 임명진 역), 1985.
와인버그, J. R., 『중세철학사』, 민음사(강영계 역), 1989.
용수, 『중론』, 경서원(김성철 역주), 1993.
윌슨, 에드워드, 『사회생물학』, 민음사(이병훈, 박시룡 역), 1992.
유종호, 『시란 무엇인가』, 민음사, 1995.
윤보석, 『컴퓨터와 마음』, 아카넷, 2009.
윤영수 · 채승병, 『복잡계 개론』, 삼성경제연구소, 2005,
이명현, 『신문법 서설』, 철학과현실사, 1997.
이영철, 『진리와 해석』, 서광사, 1991.
이좌용, 『존재론 연구 I』, 철학과현실사, 2005.
이한구, 『역사학의 철학』, 민음사, 2007.
정대현, 『심성내용의 신체성』, 아카넷, 2001.
정일근, 「제주에서 어멍이라는 말은?」, 『애지』 봄호, 2009.

정호, 『송원학안宋元學案』.
존슨, 스티븐, 『이머전스』, 김영사(김한영 역), 2004.
징관, 『화엄현담』.
츠앙, 까르마, 『화엄철학』, 경서원(이찬수 역), 1990.
카선창, 『신유학사상의 전개』, 형설출판사(이진표 역), 1997.
카프라, 프리초프, 『현대 물리학과 동양사상』, 범양사(김용정 · 이성범 공역), 2006.
컨포드, F.M., 『종교에서 철학으로』, 이화여자대학교출판부(남경희 역), 1995.
케닐리, 크리스틴, 『언어의 진화』, 알마(전소영 역), 2009.
쿡, 프란시스, 『화엄불교의 세계』, 불교시대사(문찬루 역), 1994.
프리드리히 니체, 『도덕의 계보학』, 지만지(강영계 역), 2008
피글리아, 리카르도, 『인공호흡』, 문학동네(엄지영 역), 2010.
피셔, 에른스트, 『또 다른 교양』, 이레(김재영 외 역), 2006.
핑커, 스티븐, 『단어와 규칙』, 사이언스북스(김한영 역), 2009.
하이젠베르크, 『부분과 전체』, 지식산업사(김용준 역), 1981.
한자경, 『유식무경』, 예문서원, 2000.
『화엄경』.

2. 국외 문헌

Aristoteles, *Politics*.
Atlas of the World's Languages, Mosley & Asher, 1994.
Austin, J. L., *How to Do Things with Words?*, Oxford Univ. Press, 1962.
Baker, G. P. & Hacker, P. M. S., *Wittgenstein: Rules, Grammar and Necessity*, An Analytical Commentary on the Philosophical Investigations, Vol. 2, Blackwell, 1985.
Bedau, M. A. & Humphreys, P. eds., *Emergence: Contemporary*

Readings in Philosophy and Science, MIT Press, 2008.

Bergson, H. L., *Time and Free Will: An Essay on the Immediate Data of Consciousness*, Allen and Unwin, 1950.

Block, Flanagan & Guzeldere eds., *The Nature of Consciousness*, MIT Press, 1997.

Bloor, D., *Wittgenstein: A Social Theory of Knowledge*, Columbia Univ. Press, 1983.

Brunner, J., *Acts of Meaning*, Harvard Univ. Press, 1990.

Burkert, W., *Greek Religion*, Harvard Univ. Press, 1985.

Chomsky, N., *Cartesian Linguistics*, Harper & Low, 1966.

Comrie, B., *Aspect*, Cambridge Univ. Press, 1976.

Crystal, D. ed., *The Cambridge Encyclopedia of Language*, Cambridge Univ. Press, 2000.

Culler, J., *Ferdinand de Saussure*, Penguin Books, 1976.

Daston, L. ed., *Biographies of Scientific Objects*, The Univ. of Chicago Press, 2000.

Davidson, D., 'Mental Events,' in *Essays on Actions and Events*, Oxford Univ. Press, 1980.

Davidson, D., 'Paradoxes of Irrationality,' in *Probems of Rationality*, Oxford Univ. Press, 2004.

Davidson, D., 'The Second Person,' in French, Uehling, Wettstein, eds., *Midwest Studies in Philospphy Vol XVII: The Wittgenstein Legacy*, Univ. of Notre Dame Press, 1992.

Davidson, D., 'What Metaphor Means' , in S. Sacks, *On Metaphor*, The Univ. of Chicago Press, 1978.

Davidson, D., *Essays on Actions and Events*, Oxford Univ. Press, 1980.

Davidson, D., *Inquiries into Truth and Interpretation*, Oxford Univ. Press, 1984.

Dennett, D., 'Quining Qualia' in Block, Flanagan & Guzeldere eds., *The Nature of Consciousness*.

Detienne, M., *The Masters of Truth in Archaic Greece*, Zone Books, 1996.

Dodds, E. R., *The Greeks and the Irrational*, The Univ. of California Press, 1951.

Engler, R., *Cours de Linguistique Generale: Edition Critique*, Wiesbaden, 1967.

E. Saarinen, 'Davidson and Sartre' in LePore, E. & McLaughlin, B. P., eds., *Actions and Events*, Blackwell, 1985.

Foucault, M., *The Order of Things: An Archaeology of the Human Sciences*, Vintage Books, 1970.

Graham, A. C., *Disputers of the Tao*, Open Court Pub. Co., 1989.

Gudmunsen, C., *Wittgenstein and Buddhism*, The MacMillan Press, 1977.

Hall, D. & Ames, R., *Thinking Through Confucius*, SUNY, 1987.

Hallett, G., *A Companion to Wittgenstein' s Philosophical Investigations*, Cornell Univ. Press, 1977.

Hansen, C., *A Daoist Theory of Chinese Thought: A Philosophical Interpretation*, Oxford Univ. Press, 1992.

Hansen, C., *Language and Logic in Ancient China*, The Univ. of Michigan Press, 1983.

Harris, R., *Language, Saussure and Wittgenstein*, Routledge, 1988.

Heil, J. & Mele, A. eds., *Mental Causation*, Oxford Univ. Press, 1993.

Hobbes, T., *Leviathan*, ed. with introd., by C.B. MacPherson, Penguin Books, 1968.

Holdcraft, D., *Saussure: Signs, System, and Arbitrariness*, Cambridge Univ. Press, 1991.

International Encyclopedia of Linguistics, Bright, 1992.

Kalupahana, D., *Buddhist Philosophy: A Historical Analysis*, The Univ. of Hawaii Press, 1976.

Kalupahana, D., *Nagarjuna: The Philosophy of the Middle Way*, SUNY,

1986.

Katz, N., 'Nagarjuna and Wittgenstein on Error,' in Katz, N. ed., *Buddhist and Western Philosophy*, Humanities Press, 1981.

Keightley, D. N., *The Ancestral Landscape: Time, Space, and Community in Late Shang China(ca. 1200-1045 B.C.)*, Univ. of Cal-Berkeley, 2000.

Keightley, D. N., 'Epistemology in Cultural Context: Disguise and Deception in Early China and Early Greece,' in Shankman, S. & Durrant eds., *Early China/Ancient Greece: Thinking Through Comparison*, SUNY, 2002.

Kermode, F. ed., *Selected Prose of T. S. Eliot*, Faber and Faber, 1975.

Kim, J. & Sosa, E. eds., *Metaphysics: An Anthology*, Blackwell, 1999.

Kim, Jaegwon, "Multiple Realization and the Metaphysics of Reduction", in *Philosophy and Phenomenological Reaserch*, March 1992.

Kim, Jaegwon, *Physicalism, or Something Near Enough*, Princeton Univ. Press, 2005.

Lévi-Strauss, C., *The Savage Mind*, The Univ. of Chicago Press, 1966.

Levy-Bruhl, L., *How Native Thinks*, Princeton Univ. Press, 1985.

Lloyd, G. E. R., *Adversaries and Authorities*, Cambridge Univ. Press, 1996.

Lord, A. B., *The Singer of Tales*, Harvard Univ. Press, 1960.

Luria, A., *The Man with a Shattered World*, Harvard Univ. Press, 1972.

MacIntyre, A., *After Virtue*, Notredame Univ. Press, 1981.

McGinn, C., *Wittgenstein on Meaning: An Interpretation & Evaluation*, Blackwell, 1984.

Nagarjuna, *Madhyamikakarikas*.

Nagel, T., 'What Is It Like to Be a Bat,' in Block, Flanagan & Guzeldere eds., *The Nature of Consciousness*, MIT Press, 1997.

Nam, Kyung-Hee, *Logos, Knowledge, and Forms in Plato's Theaetetus and Sophist*, Texas Univ. Press, 1982.

Needham, J., *The Shorter Science and Civilization in China*, Cambridge, 1974(C.A. Ronan의 요약본).

Nozick, R., *Anarchy, State, and Utopia*, Basic Books, 1974.

Owen, S., *Readings in Chinese Literary Thought*, Harvard Univ. Press, 1992.

Parry, M., *The Making of Homeric Verse*, Oxford Univ. Press, 1971.

Platon, *Cratylos*.

Platon, *Euthyphron*.

Platon, *Laches*.

Platon, *Republic*.

Platon, *Phaedon*.

Platon, *Sophistes*.

Platon, *Theaetetus*.

Platon, *Timaeus*.

Quine, W., *Word and Object*, MIT Press, 1960.

Rawls, J., 'Kantian Constructivism in Moral Theory,' *Jr. of Philosophy*, Sep. 1980.

Reeves, G., 'Divinity in Process Thought and the Lotus Sutra' , *Jr. of Chinese Philosophy*, Dec. 2001.

Rhees, R., *Recollections of Wittgenstein*, Oxford Univ. Press, 1984.

Rhode, E., *Psyche: The Cult of Souls & Belief in Immortality among the Greeks*, Harper & Low, 1966.

Robinson, R. H., *Early Madhyamika in India and China*, Wisconsin, 1967.

Rorty, R., *Philosophy and the Mirror of Nature*, Princeton Univ. Press, 1979.

Rousseau, J.-J., *On the Social Contract with Geneva Manuscript & Political Economy* ed., by Masters, R. D., St. Martin' s Press, 1978.

Rubinstein, M., *Marx and Wittgenstein: Social Praxis and Social Explanation*, Routledge & Kegan Paul, 1981.

Saussure, Ferdinand de, *Course in General Linguistics*, McGraw-Hill, 1959.

Searle, J., *Speech Acts*, Cambridge Univ. Press, 1969.

Shaughnessy, *Before Confuscius*, SUNY, 1997.

Snell, B., *Die Entdeckung des Geistes*, Goettingen, 1955.

Souilhé, J., *Etude sur le Terme Dynamis dans les Dialogues de Platon*, F. Alcan, 1919.

Streng, F. J., *Empitiness: A Study in Religious Meaning*, Nashville, 1967.

Taylor, C., *Sources of Self: The Making of the Modern Identity*, Cambridge Univ. Press, 1989.

Tucker, M. E. & Williams, D., *Buddhism and Ecology*, Harvard Univ. Press, 1997.

Vernant, J. P., *Myth and Thought among Greeks*, Routledge and Kegan Paul, 1983.

Vlastos, G., *Platonic Studies*, Princeton Univ. Press, 1973.

Whorf, B. E., *Language, Thought, and Reality*, MIT Press, 1956

Wittgenstein, L., *Culture and Value* ed., by G.W. von Wright, The Univ. of Chicago Press, 1980.

Wittgenstein, L., *Philosophical Grammar*, Univ. of California Press, 1974.

Wittgenstein, L., *Philosophische Untersuchungen*, Suhrkamp, 1952, (영역: *Philosophical Investigations*, tr. by Anscombe, G. E. M., MacMillan Pub.co., 1953)

Wittgenstein, L., R*emarks on the Foundations of Mathemathics*, ed. by G. W. von Wright, Rhees, R. & Anscombe, G. E. M., Blackwell, 1956.

Wittgenstein, L., *The Blue and Brown Books*, Blackwell, 1969.

Wittgenstein, L., *Zettel*, Blackwell, 1967.

| 찾아보기 |

[ㄱ]

가마타, 시게오 364, 368, 543

가족 유사성 67, 68, 69, 70

가치(value) 204, 258, 350-353, 356, 357, 360

- 가치의 체계 204, 258

간주관적 객관성 377, 444

감각 어휘의 대응체 509, 510

감각질 491, 496, 500, 501, 507

- 감각질 도치의 가능성 495, 496

- 감각질 술어의 객관성 507

- 감각질의 부사 이론 503

- 감각질의 언어 의존성 496, 508

- 감각질의 주관성 507

- 감각질의 중간성 532, 533

갑골문 157, 158, 159, 248, 250, 346

개념(concept, begriff) 185, 187, 188, 202, 214

- 개념 진화론 338, 339, 340, 341, 348

객관 세계 140, 536

객관적 151, 161, 169, 170, 171

- 객관적 감각질 509, 510, 513

- 객관적 규정력 170, 172

- 객관적 모습 122, 169, 171, 182, 247, 253, 443, 444, 463, 516

객관화의 과정 509

객체적 또는 역사적 분석 192-196, 203

거울 317, 331, 364-8, 382, 385, 386, 388, 393

- 거울로 만들어진 집 364

겔만(Gell-mann, M.) 336

결(생태계의 결) 484

고은 368

고집적 회로 80, 166, 422

공간적 연기성 411, 414

공감각(共感覺) 252, 417

공감적 연속체 248, 349, 405, 413

공(空) 283, 284, 319, 329, 365, 369

공(公) 182, 330
- 공의 차원 182
공명성 282, 410, 421, 422, 425
공시성 65, 192, 197, 203, 210, 215, 258
- 공시성의 차원 66, 67, 214, 242
공유 162, 163, 245, 511-513
- 공유 언어 162, 163, 245, 326
공적인 매체 345
곽재구 415
관계론 286, 294, 298, 311, 531, 532
관계망 50, 51, 166, 167, 185, 186, 210, 215, 292, 297, 298, 300, 372, 373, 406, 418, 419, 425, 426, 427, 479, 480, 485, 495, 521
관념의 전능성 248, 249, 449
관점 없는 인식 436
관점 의존적 224, 436, 438
교환 가치 90, 509, 510
구술 시대 120, 165, 233, 234, 246, 422
구약 93, 126, 134, 135, 136, 198, 254, 310, 420
국지성 296
굴드(Gould, S. J.) 339, 343
규칙 준수의 역설 121, 328, 446, 449, 454
규칙과 이야기 452
『금강경』 205, 331
그림 24, 57, 73-6, 83, 115
- 그림론(그림 이론) 35, 49, 73, 116
- 그림은 언어의 하위 체계 115
글리크(Gleick, J.) 289
기술주의(記述主義; descriptivism)적 언어관 104
기억 165-167, 208, 209, 233-236, 238
- 기억과 진리 233
기의(signified) 84, 100, 350
- 기의 중심주의 348
- 기의의 진화 344
기의/기표 60, 93, 96, 97, 104, 424, 427, 525
기표(signifier) 84, 100
- 기표 진화론 337, 338
- 기표의 고정성 344, 347, 355, 358
- 기표의 신분증 424
- 기표의 정체성 97, 99, 121, 215, 216, 350, 351, 425
- 기표의 주축성 342, 424
- 기표의 힘 419
길희성 284
김광균 282
김규영 226
김재권(Kim, J.) 26, 472 이하, 487, 493
꿈 285, 412, 413, 511, 512, 513

[ㄴ]
내재성 원리 287
내재적 필연성 52
내재적인 이성 536
노르베리-호지(Norberg-Hodge, H.) 369
노직 162
논리성 6, 269, 280, 286, 288, 292, 293,

309, 318, 365, 454
논리실증주의 31, 91, 126, 328, 409
논리적 고유명사 29, 30, 35, 76, 115, 203, 334
논리적 원자 23, 26, 27, 29, 32, 35, 40, 76, 111, 115, 149, 334, 516, 523
논리적 원자론 76, 91, 111, 115, 334, 360, 523, 526
『논리철학 논고』 26, 32, 33, 57
『논어』 164, 379, 423, 424, 429, 460, 461
놀이의 장 38, 44, 48, 70-72, 107, 178, 180, 210, 220, 223, 247, 278, 280, 289, 296, 306, 452
놀이 규칙 47, 48, 50, 108, 237, 253, 301, 306
뉴턴 물리학 302, 303
늑대 소년 175, 176, 507
『능가경』 76
니체(Nietzche, F.) 260, 262, 338, 347

[ㄷ]
다중 지성 225
단서의 영역 217, 219, 345
단일 언어론 135
대뇌 속의 환영들(phantoms in the brain) 514
대상의 본질 49, 51, 53, 55, 74
대응 259
- 대응 관계 90, 334
더듬이 24, 129, 161, 169, 172, 173, 241, 498, 517
데모크리토스 526
데이빗슨(Davidson. D) 22, 84, 119, 143, 144, 148, 210, 212, 219, 224, 225, 289, 292, 304, 320, 334, 381, 382, 383, 402, 472, 503, 530
데카르트(Descartes, R.) 5, 21, 176, 211-213, 232, 334, 444
- 데카르트적 언어관 334
도덕 계보학 260
도덕 규범의 공시성 262
도킨(Dworkin, R.) 338, 339, 343, 481, 482, 483, 484, 486
돌연변이 128, 200-202, 306, 307, 339, 392, 459, 465
동물 비유 9, 394, 396, 400-402, 404, 406, 407
동물의 시간 241
동물적 확실성 73, 137, 139, 144, 163, 247, 252, 311
동서 철학 6, 7, 10
- 동서 철학의 융합 6, 7, 11, 12
동아시아 11, 178, 240, 245, 359, 378, 442, 460, 531
동질소(同質素; homoiomereia) 63, 526
「동천」 412, 414, 415, 418
두순 366

[ㄹ]
라마찬드란(Ramachandran, V.) 493, 505,

507, 514
랑그 112, 219, 220, 238, 314, 345, 513, 514, 519, 520, 534, 535
레비스트로스(Lévi-Strauss, C.) 123, 158, 200, 248, 254, 374, 466
로고스(logos) 27-9
로크(Locke, J.) 5, 162, 178
롤즈(Rawls, J.) 22, 162, 328
루소(Rousseau, J.-J.) 162, 178, 206, 225
리(理) 300, 303, 536
리바이어던(Leviathan) 8, 97, 107, 169, 177, 225, 248, 251, 253, 343, 519

[ㅁ]
마블(Marvell. A) 420
마음 26, 121, 149-152, 284, 285, 287, 310, 317, 332, 363, 367, 386, 393, 433, 488, 15장 이하
- 마음 귀속 150, 157
- 마음 의존론 284, 285
- 마음의 사회성 151 이하, 488
- 마음의 위상 58
- 마음의 형성 6, 10, 157, 287, 331
마이어(Mayr, E. W.) 339
마투라나(Maturana, H.) 530
마커스(Marcus, G.) 126, 141
만물의 척도 169
만화경 해석 366, 368
말로 표현할 수 없는 사유 64, 65
말의 결 48, 173, 536
말의 길 188, 191, 247
말의 질서 8, 243, 244, 245, 251, 329
맥긴(McGinn, C.) 153
메아리 388, 398, 402, 407, 411
명명적 언어관 93, 94, 98, 102, 117
모국어 133, 134, 324, 426, 427, 428, 430, 431, 432
모습(eidos, idea) 89, 116, 448, 450-452, 456, 457, 526
- 모습과 존재 간의 관계 442
- 모습은 중간자 516
- 모습의 객관성 443
- 모습의 생성 519
목적의 왕국 327
무늬 290
무르티 284
무법칙성 224, 290, 292
무법칙적 일원론 224
무상론(無常論) 283
무실체론 283, 286, 294
무자성론(無自性論) 79, 80, 284, 285
문법 48, 49, 50, 51, 52, 53
- 문법 자의성론 46, 52, 55, 65
문화(文化) 180
- 문화 특수적(culture-specific) 488
물(物) 자체 22, 23, 34, 251, 252, 260, 288, 377, 436, 442, 523
물리적 세계관 302
물리주의 224, 289, 290, 472, 491, 492, 494
뮈토스(mythos) 270, 271, 273, 321

므네모시네(Mnemosyne) 274
미터법 33, 34, 36, 37, 39, 43, 118, 122, 212
미터원기 118, 428
믿음 34, 35, 36, 37, 39, 42, 43
- 믿음은 인식의 가능성 252
- 믿음의 체계 212, 316, 317, 318, 384, 385

[ㅂ]

바다 거울[海鏡] 367
바둑 48, 189, 197, 220, 223, 244
바벨 9, 125, 126, 132, 134, 135, 136, 139, 140, 141, 142, 152, 276, 278, 319, 379
바위 비유 395, 397, 401, 402, 404, 405, 406, 407
반영상(反影相)
반영성 6, 317, 372, 374, 385, 395, 396, 406, 410, 422
반영적 연기성 394, 395
반향 83, 116, 127, 312, 317, 364, 385, 386, 390, 392, 393, 394, 396, 401, 402, 403, 407, 408, 410, 416, 418, 422, 425, 527
반향성 6, 282, 315, 375, 388, 409, 410, 411, 420, 423, 424
방법적 회의 21, 456, 522
배경적 믿음 61, 317, 382, 383, 384, 385, 386, 393
배타적 공시성 197, 208, 215, 217, 221, 258
벌린(Berlin, I.) 224
법장(法藏) 317, 364, 365, 366, 417
보들레르(Baudelaire, C. P.) 420
보르헤스, 호르헤 루이스(Borges, J. L.) 227, 228, 229, 230, 232, 465
보편자 23, 27, 118, 150, 281, 286, 292, 298, 334, 341, 453, 454, 527, 529, 538
보편자 실재론 334
복잡계 288, 289, 290, 315
본질 300-303
- 본질 문법론 52, 65, 75
- 본질주의 75, 79, 80, 116, 121, 334, 348
부수현상론 506
분자 생물학 338, 370, 371, 478, 480, 486, 488
불가환원론 292, 491, 494, 502
불교 75, 308, 319, 330
- 불교의 언어관 75, 77, 78
- 불교적 연기 9, 283, 308, 319
- 불교적 연기론 25, 285, 294, 310, 315
블룸(Bloom, P.) 337
붓다 76
브라이슨(Bryson, B.) 459, 467
비본질주의 79, 80, 341, 465
비트겐슈타인(Wittgenstein, L.) 8, 22, 25, 26, 28, 31-35, 37, 41, 44, 46, 47, 49, 50, 53, 54-57, 60, 65, 66, 68, 70, 73, 75, 76, 82, 83, 94, 96, 106, 107, 116, 121, 126, 130, 131, 133, 147, 154, 163, 165, 166, 168, 171, 181, 191, 211, 212, 219, 222, 225, 256, 267, 269, 300, 301,

312, 316, 337, 338, 377, 379, 390, 427, 446, 449, 450, 454, 456, 480, 507, 524, 526, 527, 530, 536
비합리적 합리성 303

[ㅅ]
사물의 본질 46, 56, 80, 81, 166, 167, 293, 299, 300, 301, 303, 535, 536
사실과 가치 259
사용 가치 66, 509, 510
사용례 65-68, 70, 80, 165, 166, 292, 293, 297, 298, 309, 318, 340, 342, 344, 347, 354-356, 358, 359, 373, 374, 378, 394, 419, 421, 424, 425-428, 430, 480, 499
사용(use)과 언급(mention) 59, 60, 61, 65
사유 독립론 62
사유 선재론 61, 64, 104
사유 질료 88, 91, 92, 99, 167, 513, 519, 534, 535, 537, 539
사투리 425, 426, 427, 428, 429, 430
「사평역에서」 415, 418
사회계약 8, 162, 163, 242, 245, 251
『사회생물학』 138, 177, 260, 518
사회성 151 이하, 287
– 사회성의 기초 151, 152
사회적 51, 108, 151 이하, 182, 189, 251, 262, 310, 353, 377, 379, 378, 388, 469, 537, 538
– 사회적 공명실 388
– 사회적 매체 51, 310
– 사회적 언어관 379
– 사회적 합의 108, 353
삶의 양식 44, 100, 292, 337, 499, 505
상(相) 308, 309, 311, 312, 330, 331, 365
상상력 63, 141, 161, 184, 272, 312, 413, 417, 422
상즉상입(相卽相入) 10, 168, 375, 388, 394, 405, 413, 484
상호 반영 315, 358, 372, 387, 395, 403, 406, 409, 410, 417, 423
상호 반향 81, 372, 376, 390, 413
상호 분절론 91, 92, 99, 102
상호 조회성 420
상호 텍스트성 425
상호적 생성 283
상황성 79, 200, 293, 296
새로운 언어관 7, 24
생각의 힘 431
생성적 관점 173
생존 공간의 자율성 518
생존 주체 439, 516, 517, 530
생존을 위한 지도 441, 504
생태학 340, 369, 370, 484
샹폴리옹(Champollion, J.-F.) 143
서구 존재론 24, 34, 54, 57, 75, 83, 93, 289, 523, 526
서구 학문 이념 24
서사 267-270, 274, 275, 277, 278, 286, 287, 290, 295, 298, 303, 306, 308,

358, 363, 373, 394, 396, 400, 410, 421, 454
– 서사 단위 268, 454
– 서사 전개 267, 275
– 서사적 연기성 278, 394
서정주 412, 414
선의 이데아 23
선의지 23, 223, 327
선험 21, 22, 51, 72, 142, 143, 147, 210, 221, 224, 227, 256, 257, 260, 275, 301, 327–329, 334, 337, 339, 347, 349, 443, 456, 477, 503, 530
– 선험성 5, 22, 23, 223, 254, 256, 262, 323, 328, 341, 473
– 선험적 구성주의 446
– 선험주의 257, 258, 260, 261
성서 93, 135
세계의 그림 6, 73, 84, 89, 116, 127, 129, 275, 378, 391
소광희 226
소동파 533
소마(soma) 354, 355, 359
소쉬르(Saussure, F. de) 25, 55, 60, 65, 66, 71, 73, 82–89, 91–107, 109–111, 114, 117, 119, 130, 131, 133, 144, 147, 157, 192, 193, 196, 203–205, 215, 219, 220, 222, 245, 246, 267, 269, 297, 305, 312, 338, 350, 351, 377, 427, 428, 480, 502, 519, 534
소크라테스의 꿈 26, 27, 28, 32
소통 가능성의 조건 84, 173, 435, 516
소통의 의지 374, 379, 383
소통적 확실성 142
『소피스트*Sophistes*』 27, 28, 30
수렴적 합의 276, 311, 513, 514
수반(supervenience) 10, 101, 102, 104, 212, 218, 288, 471, 472, 474–7, 490, 491, 496, 500, 506, 512
– 수반론 472, 473, 477
– 수반적 속성 475, 476
『순자』
스넬(Snell, B.) 249, 355, 396, 405
스피노자(Spinoza, B.) 299, 458
승계호(Seung, T. K.) 23
시 예술 10, 282, 409, 411, 414, 417, 426
시각인식 불능증 184, 186
시간 6–8, 70, 71, 81, 84, 86, 128, 134, 143, 158, 160, 168, 174, 176, 183, 188, 192, 194, 198, 203, 204, 206, 207, 209, 217, 221, 225–242
– 시간에 대한 공간의 기초성 225
– 시간적 연기성 414
시라가와, 시즈카 346
시어 417, 419–422, 425
시인 233, 234, 246, 250, 271, 273, 274, 282, 321, 410, 412–414, 416, 420–422, 425, 429
시장 가치 509
신경 상태 506, 507
신경증 114, 183, 184, 186, 217, 253, 304,

325
신유가 531
신화 55, 65, 70, 128, 133, 154, 245, 270, 273, 274, 321, 333, 348, 385, 395, 400, 420, 422, 528
실낙원의 언어 311
실수나 오류의 개념 140
실재 10, 22, 24, 53, 54, 136, 219, 251, 254, 349, 413, 436, 466, 501, 504, 522, 523, 525-527, 529, 530, 538
실천이성 224
실체 23, 26-28, 31, 34-36, 40, 46, 51, 54, 75, 76, 93, 111, 118, 150, 169, 179, 198, 213, 235, 243, 245, 260, 275, 284, 286, 289, 297, 311, 319-321, 323, 325, 326, 329-331, 334, 341, 348, 365, 369, 399, 443, 445, 466, 473, 520
심금(心琴) 365, 373, 389, 424
심적 83, 89, 91, 96, 105, 116, 118, 152, 158, 159, 183
- 심적 속성 9, 224, 289, 397, 401, 402, 506, 527, 532
- 심적 술어 9, 10, 205, 224, 292, 347, 397, 400, 403, 405, 406
- 심적 술어의 무법칙성 224
- 심적 술어의 발명 397
- 심적인 것의 객관성 445
심층생태학 370, 484

[ㅇ]
아낙사고라스 41, 63, 168, 502, 526
아담적 언어관 135, 168
아리스토텔레스 5, 26, 199, 235, 243, 302, 303, 373
아우구스티누스 229, 230
알렌(Allen, S.) 159
액면가 353, 354, 356, 357, 359, 373
어휘의 역사성 165
언어 공간 6, 8, 10, 47, 48, 50, 74, 163, 171, 172, 181, 197, 207, 215, 219, 221-223, 225, 227, 229, 236, 276, 282, 283, 288, 289, 291, 292, 295, 305-307, 309, 314, 315, 318, 322, 344, 353, 358, 359, 378, 388
언어 공동체 44, 71, 80, 81, 84, 86, 97, 100, 104, 106, 109, 114, 115, 117, 122, 168-170, 175-178, 309, 325, 329, 330, 345, 356, 376, 386, 387, 389, 428, 437, 448, 463, 487, 508-510, 537
언어 그림론 57, 116, 125, 126, 210, 435
언어 기술론 286, 435
언어 기호 상호 의존론 287
언어 기호의 자율성 111
언어 기호의 전능성 248, 249
언어 기호의 정체성 70, 89, 90, 91, 96, 99, 102, 109, 123, 163, 204, 205
언어 놀이 25, 33, 34, 37, 39, 43, 44, 46, 48, 51, 55, 70-72, 74, 78, 79, 100, 106-109, 114, 119, 130, 147, 178, 180-

182, 189, 222, 225, 245, 247, 267, 289, 340, 390, 452, 454, 460, 476
언어 능력 진화론 337
언어 무연성 25, 75, 286
언어 사회성론 287
언어 상실증 217, 218
언어 상태 67, 70, 71, 193, 194, 195, 198, 203, 207-210, 215, 216, 219, 220, 233, 236, 237, 238, 239, 240, 242, 245, 246, 256-258, 262-264, 314, 336, 340, 343, 344, 345, 353-355, 359, 360, 387, 506
언어 선재론 64, 349
언어 용기론 348
언어 제국주의 168
언어 제도 21, 46, 51
언어 주체 47, 66, 84, 103, 105, 106, 168, 173, 189, 220, 225, 236, 238, 287, 288, 295, 298, 299, 301, 305, 310, 313-315, 318, 342-344, 349, 355, 373, 376, 381, 388, 419, 443, 448, 463, 485, 529
언어 진화 23, 66, 67, 70, 71, 128, 198, 257, 297, 315, 329-333, 334-349, 353, 357, 360, 432, 457, 458, 465, 489
- 언어 진화의 조건 357, 358
언어 철학 6, 8, 9, 363
언어 체계론 98
언어 행위(speech-act) 180, 189, 190, 219
언어를 잃어버린 인간 183
언어 요소 43, 44, 47, 55, 66, 71, 93, 94, 111, 194, 195, 198, 199, 203, 206, 221, 222, 237, 240, 270, 280, 281, 282, 287, 291, 294, 296, 297, 299, 303, 305, 309, 313, 319, 337, 372, 374, 461, 463, 485
언어의 공명성 282
언어의 구속성 247
언어의 반향성 375, 410
언어의 본무 73, 357
언어의 본질 6, 118, 134, 140, 141, 318, 319, 378, 391, 409, 420
언어의 역사성 296
언어의 옷 6, 105, 169, 170, 221, 247, 305, 390, 391, 419, 443-445, 527
언어의 자의성 25, 131, 391, 519
언어의 장 47, 197, 219, 247, 248, 267, 302, 303
언어의 저편 34, 35, 49, 78, 100, 119, 236, 258, 319
언어의 종언 134
언어적 규정성 184, 251, 252, 312, 397, 509
언어적 연기 9, 270, 282, 286, 291, 308, 394, 471
언어적 연기론 304, 311, 315
언어적 전회 7-9, 263
언어적 제도 46, 116, 300
언어적 확실성 112, 142, 170, 172
언어학 7, 82, 85, 117, 192, 193, 208, 246, 337, 338, 391, 478, 484
언어학의 제1원리 82, 85, 89, 222
업(業; karma) 304

에덴적 언어관 40, 41, 93
에버렛, 다니엘 42, 397
에스페란토어 141, 427
엘리엇(Eliot, T. S.) 420
역사성 165, 226, 293, 296, 302, 304, 306, 318
연기성(緣起性) 25, 106, 267, 275, 281, 283
- 연기성 원리의 개방성 280
- 연기성의 원리 8, 275, 276, 278, 286, 287, 294, 295, 308
- 연기적 공간 278, 282, 288, 289, 290, 295, 296, 315, 409, 411, 413, 417, 418, 422
- 연기적 힘 278, 411, 417, 419, 421, 424-426, 428, 431, 432
열반(nirvana) 22, 34, 323, 325, 327
예지계 77, 308, 323
오리-토끼 171, 452, 507
오스틴(Austin, J. L.) 165, 352
옹(Ong, W. J.) 120
완전 양도 147, 251
외국어 132-135, 217, 426, 427, 431
용수(나가르쥬나, 龍樹) 77, 78, 284, 369
울타리(peras) 51, 66, 517, 525
워프(Whorf, B. L.) 338, 478
원소 24, 26-34, 43, 44, 94, 400, 455, 456, 502
원시 세계어(proto-world language) 335, 336
원(原) 언어 138, 142, 145, 161, 162
원초적 불확실성 136, 137, 139, 152, 160
원초적 사회계약 162, 163
원초적 해석의 상황 143, 382
월인천강(月印千江) 391
윌슨(Wilson, E.) 138, 177, 260, 518
유교 11
유도 저항 475, 478, 485, 490
유명론 529
유사성 36, 55, 57, 65-69, 106-109, 114, 116, 202, 336, 337, 339, 355, 371, 384, 393, 402, 404, 466, 468
유심(唯心) 315, 367
유전자 62, 69, 80, 81, 167, 174, 200, 295, 306, 307, 339, 340, 343, 353, 354, 358, 371, 466, 480-490
유종호 420, 421, 425
윤리 규범 75, 153, 240, 258, 259, 260, 262, 263
윤리성 163, 164, 284, 326, 327, 328
윤리적 지평 146, 163, 164, 245
윤리학 8, 22, 23, 75, 165, 181, 259, 273, 275, 283, 328, 334, 365, 409
윤영수 289, 290
윤회(samsara) 77, 78, 174, 323
은유 281, 395, 396, 403-405, 410, 417, 418, 423
- 은유의 기초성 403
은폐 유형 478-490
음색인식 불능증 218
음성 질료 88, 91, 92, 99, 519, 534

의도 135, 145, 153, 378 이하, 513
의미 관계론 298
의미 사용론 68, 71, 81, 168, 297, 421
의미 실재론 333
의미 역사론 421
의미가(意味價) 100, 101, 343, 345, 352-360
의미의 객관성과 공적 성격 104
의미의 영역 217, 218, 345
의사소통 공간 190, 253, 339, 356, 380, 411
의성어 88, 107, 108, 112, 113, 115, 222, 520
의식 486
이름들의 교의(doctrine of names) 77
이상 언어(ideal language) 78, 91, 141, 318, 358, 360
이성 5, 23, 24, 51, 63, 127, 134, 136, 163, 173, 183, 223, 224, 234, 254, 257, 259, 260, 536
이야기 270-4, 278, 280-2, 290, 321, 452, 453
이좌용 334, 527
이중성(duality) 342, 344, 503
이한구 238, 263
이해 가능성의 조건 438
인간 의식의 시간성 225, 227
인간 중심의 분류법 468
인간의 관점 69, 490
인공 언어 317, 318
인과 필연성과 자유의 공존 가능성 224
인과성 6, 57, 224, 280, 285-289, 309, 318, 327, 365
인드라망 315, 363, 366, 368, 371-373, 387, 388, 390, 393, 403, 406, 417, 422
- 인드라망의 비유 9, 315, 317, 363, 367, 368, 371, 374, 375, 387, 388, 406
인류 언어 진화(EHL, Evolution of Human Language) 프로젝트 335
인문적 텍스트 274
〈인셉션〉 511
인식 공동체 437, 443, 456, 516, 517, 529
인식 단위의 자의성 447
인식과 통신의 한계 517
인식의 개념 436, 440
인식의 관점 의존성 457
인식의 구조 174, 435, 436, 458, 534
인식의 순서 454, 456, 486
인식의 역투사적 성격 458
인식의 한계 21, 22, 251, 252, 327, 377, 523
인식적 비관주의 442
인식틀 58, 436, 437, 446, 447, 458, 459, 463
- 반영적 인식론 348
인식자 471, 475, 484, 500, 501
- 인식자의 개입 309, 446
- 인식자의 관점 173, 197, 199, 202, 207, 241, 288, 293, 311, 313, 435, 437, 446, 450, 455, 457, 459, 463, 471, 475, 477, 484, 485, 490, 503, 514, 521, 535
- 인식자의 의식 상태 500, 509
일의적 118, 129, 137, 138, 141, 172, 182, 183,

209, 247, 252, 253, 286, 290, 309, 313, 331, 343, 360, 376, 377, 383, 391, 392, 445, 462, 474, 502, 503, 506, 509, 527
- 일의적 규정성 392, 502
일즉다 363, 375, 410
일체유심조(一體唯心造) 367

[ㅈ]
자극 원인 380, 383, 457, 469, 493, 497, 538
자멘호프(Zamenhof, L.) 427
자비의 원리 143, 210, 212, 219, 382-385, 406
자성(自性) 284-226, 291-293, 297, 312, 364, 429
자아상 243, 272, 401, 404
자연 언어 25, 29, 53, 54, 67, 86, 106-108, 113, 114, 123, 127, 133, 134, 138, 143, 144, 168, 174, 175, 195, 204, 296, 317, 324, 325, 333, 335, 342, 348, 427, 430, 448, 463-5, 487-91, 508, 538
- 자연 언어는 인식의 체계 133, 138, 143, 463, 487
- 자연 언어주의 488, 538
자연(적) 진화 23, 66, 67, 70, 128, 198, 227, 257, 291, 295, 306, 334, 336-339, 342-344, 349, 353, 360, 458, 465
자연종 23, 68-71, 80, 126, 137, 138, 159, 167, 174, 180, 197-202, 246, 262, 291, 296, 307, 309, 314, 333, 340-345, 360, 371, 440, 447, 458, 465, 466, 468, 481, 483, 489, 505, 508, 516-518, 524, 533, 536
- 자연종 체계 198, 199, 466
- 자연종의 현재적 모습 199, 262
자유 213
자율성 79, 111, 162, 163, 215, 221-223, 225, 289, 290, 329, 515, 517, 518, 520
자의성 원리 82, 83, 85-89, 93, 96, 97, 100-104
자체적인 것(kath' s auto) 334, 442, 455
자체적인 존재자 241
장기 33, 48, 52, 55, 72, 131, 222, 223
저장 매체 209, 356, 431
전달 매체 6, 25, 26, 56, 62, 431
전면적 회의 210, 211
전일적(全一的) 총체 71
전통 존재론 23, 25, 26, 35, 54, 75, 82, 211, 473
전통의 견해 152, 515
전통의 세계관 276
전통의 오류론 281
전통적 언어관 93, 112, 126, 128, 135, 407, 426
절대적 인식자 436
정관적 인식 515
정대현 40, 450
정명론(正名論) 163, 165, 329
정신의 발견 394, 398, 406

정언명령 116, 259, 327
정의 416
정일근 428
정치 148
정치성 7
정호 300
제한적 물리주의 491
존슨(Johnson, S.) 225, 289
존재계의 사회성 515
존재론 9, 10, 21–40, 44, 46, 54–57, 73, 75–77, 82–84, 92, 93, 111, 115, 116, 118, 120, 127, 128, 133, 145, 146, 158, 178, 179, 211, 224, 251, 260, 268, 273, 283–285, 289, 290, 292, 293, 321–326, 329, 332, 334, 348, 349, 363, 365, 371, 379, 397, 403–405, 411, 436, 456, 461, 471, 472–475, 486–489, 508, 511, 515, 522–529, 531, 532, 535, 541, 542
존재와 언어 간의 초강력 관계(super-strong connection) 76
존재와 인식 간의 관계 442
존재의 순서 454, 486
존재의 집 330, 527
존재자 언어 의존성 331
존재자의 모습 116, 440, 441, 455, 538
존재자의 중간성 521, 533
좀비 가설 494–496
종 특수적(species-specific) 487, 488, 503
종의 기원 70, 200
주체적 분석 192–194, 203, 208
중간계 501, 521, 531, 535, 536
중국적 언어관 165
중도(中道) 275
중중무진의 상 364
지도 441, 460, 504, 505
지언(知言) 378
지칭론 49, 81, 120, 168, 297
지칭적 언어관 39–41, 93
지칭적 의미론 49, 55, 292
직물, 직조물(texture) 48, 220, 270, 273, 274, 281, 314, 373, 385
직유 140, 281, 388, 395, 403, 404
진리 210, 212, 214
– 진리 원초론 289
– 진리와 의미 간의 관계 210, 212, 214
– 진리의 기원 321
– 진리의 영역 274
– 진리의 장 210
진화론의 구조 458
진화론의 현재적 관점 465
진화의 구조 68, 333
진화의 신비 139
진화적 의미론 71, 81
진화 축 343
질료적 언어 142, 161, 162, 170, 280
질(quality) 441, 473
집단의식 347, 385, 386
징관 285, 366, 543

[ㅊ]
차이의 체계 60, 130, 217, 249, 267, 276, 297, 378, 480, 502
창발(emergence) 466
- 창발론 471–473, 477
- 창발성 288, 290, 302, 478, 490, 491
창조론 21, 23, 62, 80, 120, 121, 126, 127, 135, 167, 333, 334
채승병 289, 290, 315
천동설 24, 175, 375
천재적 악마 211, 212, 232
철학적 존재자 150
철학적 창조론 23, 127
철학적 최상급 23, 454
철학적 혁명 21, 24, 123
『철학적 탐구』 28, 32, 449
청자의 믿음 146, 147, 153
청자의 조건 380
초월성 22, 23, 254, 256, 257, 262, 323, 328, 341
초월주의 257, 260, 262
촘스키(Chomsky, N.) 143, 334, 337
총체성의 철학 364
총체주의 341
최초의 언어 142, 148, 335, 374, 388
추상체 150, 292, 527
추정적 해석 272, 296
츠앙, 까르마 285, 294, 364–368, 543
측정 단위 35, 38, 39, 51, 52, 54, 122, 123, 165, 174, 202, 253, 300, 356, 357, 359, 436, 448, 470, 476, 505, 510
측정의 이념 202

[ㅋ]
카선창(Chang, Carsun) 300, 531
카푸라(Capra, F.) 313
칸트 5, 21–23, 24, 31, 63, 165, 223–225, 251, 256–259, 299, 327, 328, 334, 337, 347, 446, 522, 523
컴퓨터 언어 141
콘퍼드(Cornford, F. M.) 14, 274, 302, 405, 469
쿡(Cook, F.) 315, 368
키에르케고르 224

[ㅌ]
타자의 정신 406
『테아이테토스*Theaetetus*』 27, 28, 32, 33
텍스트(text) 11, 91, 188, 234, 268, 271, 273–275, 281, 287, 384, 385, 421, 425, 452
토대주의 205, 522
토테미즘 157, 158, 163, 199, 255, 374, 404, 411, 413, 466
토템 체계 123, 158, 248–250, 374, 448, 449, 466, 537
통시성 65–67, 70, 71, 192–197, 203, 204, 215, 218, 221, 236, 240, 242, 255, 288, 306, 315
통신 공간의 동질성 206
통신 공동체 177

통신 매체 9, 117, 125, 128, 129, 131, 134, 137, 138, 142, 154, 161, 162, 168, 175, 178, 204, 206, 207, 217, 239, 310, 315, 316, 320, 354, 447, 448, 460, 461, 514, 517
통신 수단 26, 177, 537

[ㅍ]
파롤 219, 238, 314, 345, 513
패턴 48, 80, 207, 299, 300, 303
표상 24, 44, 57, 85-89, 98, 102, 116, 117, 122, 180, 357, 413, 426, 435, 489, 520
표준어 426, 429
표현과 의미의 구분 58
프시케(Psyche) 400, 405, 476
프로이트(Freud, S.) 248, 303, 304
플라톤 5, 7, 9, 22-37, 40, 44, 57, 63, 73, 76, 111, 116, 126, 188, 194, 234, 235, 251, 252, 258-260, 321, 334, 346, 349, 373, 423, 424, 442-444, 522, 526, 527, 530
피글리아(Piglia, R.) 422, 543
피셔(Fischer, E.) 439, 543
피타고라스 370
필멸(必滅)의 신 97, 251, 325
핑커(Pinker S.) 126, 337, 543

[ㅎ]
하이데거(Heidegger, M.) 226, 229, 530
하이젠베르크(Heisenberg, W.) 302, 543
학문의 이념 57
학문의 현재주의 468
학적 탐구 69, 202, 489
한문적 의미론 423
합리성 226, 269, 293, 303, 304, 328, 536
해석 142 이하, 149, 150, 153, 157, 210, 214, 270, 277, 278, 296, 316, 378 이하, 381, 382 이하, 390, 392, 513
- 해석론 142, 212, 387
- 해석의 전제조건 329
- 해석적 태도 149, 160, 161, 319-322, 381
해탈 77, 78, 283, 308, 323
행위의 언어 의존성 182
향일성 160, 161
헤겔 5
헤라클레이토스적 흐름(flux) 174, 236
헤어(Hare, R. M.) 472
현상은 진상의 구조 252
현상적 질의 불가환원성 494
현재적 관점 67, 201-203, 465, 468
현재주의 436, 457, 458
형상 5, 23-33, 35-37, 40, 43, 44, 73, 76, 89, 111, 116, 149, 259, 277, 329, 334, 364, 374, 446, 447, 455, 501, 516, 526
형식과 내용 525, 526
형용사의 발명 394
형이상학 8, 23-27, 31, 34, 113, 180, 181, 213, 223, 254, 259, 273, 275, 276, 288, 290, 323, 327-329, 334, 409, 436,

491, 496, 522, 523, 528, 531
호메로스 233, 234, 249, 273, 274, 321, 322, 346, 348, 349, 354, 355, 398-400, 404, 405, 411-413
혼돈 63, 91, 161, 212, 235, 253, 269, 312, 313, 445-457, 449, 450, 457-459, 531, 537
홉스 97, 147, 162, 169, 178, 251, 325
화엄 불교 8
화엄(의) 사상 364-367, 371, 543
화엄의 세계 312
화자들의 공동체 220, 372, 387, 389
화자의 조건 379, 380
화폐 111, 123, 165, 166, 169, 170, 253, 350, 352-354, 356, 357, 359, 509-511
- 화폐의 논리 169
확실성의 탐구 21
환원 10, 25, 34, 27, 28, 76, 94, 184, 194, 195, 203, 205, 224, 260, 262, 286, 289, 292, 301, 455, 472, 489, 491-496, 500-502, 504, 507, 518, 526
휘태커(Whittaker, R.) 467

Alexander, S. 472
Ames, R. 303
Baker & Hacker 53
Bedau, M. A. 471
Bloor, D. 232
Broad, C. D. 472
Brunner, J. 268
Burkert, W. 400
Chalmers, D. 494
Crystal, D. 134, 176, 205, 497
Culler. J. 98
Daston, L. 299, 302
Deacon, T. 392
Dennett, D. 392, 492
Detienne, M. 231, 233, 234, 274, 322
Dodds, E. R. 400
Engler, R. 98
Foucault, M. 466
Graham, A. C. 300
Gudmunsen, C. 76
Hall, D. 303
Hallet, G. 96
Hansen, C. 165, 189
Holdcraft, D. 72, 98
Humphreys, H. 471
Kalupahana, D. 78
Katz, N. 129
Keightley, D. N. 159, 442
Kermode, F. 420
Kim, J. 26, 472, 473, 476, 487, 492, 493, 495, 496
LePore, E. 317
Levy-Bruhl, L. 385 405
Lloyd, G. E. R. 442
Lord, A. B. 274
Luria, A. 187, 528

MacIntyre, A. 183, 268, 347
McLaughlin, B. P. 317
Moore, G. E. 473
Morgan, C. L. 472
Nagel, T. 491
Nam, Kyung-Hee 27, 28, 29
Needham, J. 300
Nixon, G. 392
Owen, S. 424
Parry, M. 274, 546
Quine, W. 461
Reeves, G. 283
Rhees, R. 22, 211
Rhode, E. 400
Robinson, R. H. 77
Rorty, R. 89, 303, 367
Rubinstein, M. 153
Russell, B. 126, 530
Saarinen, E. 317, 393
Searle, J. 104
Seung, T. K. 23
Shaughnessy, E. L. 159
Sosa, E. 26, 472
Souilhé, J. 31
Stcherbatsky, T. 284
Streng, F. J. 236
Taylor, C. 178
Tucker, M. E. 370
Varela, F 392
Vernant, J. P. 231
Vlastos, G. 36
Weinberg, J. 454

언어의 연기와 마음의 사회성

언어 기호 · 마음 · 세계에 관한 동서 철학의 융합

펴낸날 | 초판 1쇄 2012년 2월 8일
2쇄 2013년 8월 19일
지은이 | 남경희
펴낸이 | 김훈순
펴낸곳 | 이화여자대학교출판부
주소 | 서울특별시 서대문구 이화여대길 52(우편번호 120-750)
등록 | 1954년 7월 6일 제9-61호
전화 | 362-2966(편집), 362-6076(마케팅)
팩스 | 02) 312-4312
전자우편 | press@ewha.ac.kr
인터넷서점 | www.ewhapress.com
책임편집 | 이정원
찍은곳 | 네오프린텍

ISBN 978-89-7300-942-8 93100

값 29,000원